中国社会科学院近代史研究所中华民国史研究室

总编 李 新

中华民国史

大事记

第十二卷

(1947—1949)

韩信夫 姜克夫 主编

中 华 书 局

编著者名录

1905—1910 年　韩信夫　刘明逵

1911 年　郭永才　王明湘　齐福霖　范明礼

1912 年　张允侯　张友坤　章伯锋　胡柏立
　　　　耿来金　刘寿林　钟碧容

1913 年　胡柏立　耿来金

1914 年　章伯锋　张允侯

1915 年　钟碧容

1916 年　郭永才　王明湘

1917 年　韩信夫　范明礼

1918 年　刘寿林　钟卓安　章伯锋

1919 年　张允侯　张友坤

1920 年　钟碧容

1921 年　齐福霖

1922 年　陈　崧　王好立

1923 年　朱信泉　任泽全

1924 年　蔡静仪

1925 年　韩信夫　丁启予　陈永福

1926 年　严如平　柏宏文

1927 年　吴以群　罗文起

1928 年　查建瑜　韩信夫

1929 年　娄献阁　白吉庵

1930 年　李静之　张小曼

1931 年　任泽全

1932 年　石芳勤　徐玉珍

1933 年　江绍贞

1934 年　熊尚厚

1935 年　吴以群　刘一凡

1936 年　郭　光

1937 年　郭大钧　王文瑞　李起民
　　　　　　李隆基　常丕军　刘敬坤

1938 年　陈道真　韩信夫

1939 年　李振民　张振德

1940 年　梁星亮

1941 年　陈仁庚　梁星亮

1942 年　董国芳

1943 年　李振民　张守宪

1944 年　梁星亮　张振德

1945 年　齐福霖　王荣斌

1946 年　查建瑜　任泽全

1947 年　陈　敏　章笑明　汪朝光

1948 年　卞修跃　贾　维　陈　民

1949 年　江绍贞　朱宗震

审　订　李　新　韩信夫　姜克夫　齐福霖　吴以群
　　　　　（以下按姓氏笔划为序）
　　　　　王学庄　江绍贞　刘敬坤　朱宗震　朱信泉
　　　　　孙思白　汪朝光　李振民　严如平　杨天石

　　　　　杨光辉　邱权政　张允侯　陈铁健　郑则民

　　　　　尚明轩　周天度　查建瑜　贾　维　梁星亮

　　　　　章伯锋　曾业英

校　阅　王述曾

修　订　韩信夫　江绍贞　齐福霖　孙思源

目　录

第十二卷

1947 年（民国三十六年）…………………………………………………… 8251
1948 年（民国三十七年）…………………………………………………… 8479
1949 年（民国三十八年）…………………………………………………… 8765

1947 年(民国三十六年)

1 月

1月1日 国民政府公布《中华民国宪法》,定于本年 12 月 25 日施行。宪法凡 14 章 175 条,主要条文为:"中华民国基于三民主义,为民有民治民享之民主共和国";"中华民国之主权属于国民全体";"中华民国人民,无分男女、宗教、种族、阶级、党派,在法律上一律平等";人民身体之自由应予保障,非必要者外,"不得以法律限制之";国民大会"代表全国国民行使政权",选举、罢免总统、副总统,修改宪法,代表任期六年;"总统为国家元首,对外代表中华民国"统率军队、公布法律、发布命令(经行政院长副署),并可于立法院休会时,发布紧急命令;任期六年,可连选连任一次;行政院为最高行政机关,院长由总统提名,经立法院同意任命,对立法院负责;立法院为最高立法机关,议决法律、预算等,由选举产生,任期三年;省得制定省自治法,省议会、省长民选;外交实行独立自主,平等互惠;经济以民生主义为原则,平均地权,节制资本。

△ 蒋介石发表元旦广播词,宣称:国民政府今天公布宪法,"完成了多年来实施宪政的夙愿","汉、满、蒙、回、藏及国内其他各民族的一律平等,各政党在法律上一律平等,以及人民权利自由的积极保障,都有明确的规定。这一部宪法的精神,是荟萃全国各方面的意见,是根据

政治协商会议所定的原则"。又称:"政府决不关闭和平商谈之门,而且还希望中共参加政府。"

　　△　中共中央主席毛泽东发表《新年祝词》,指出:"现在国民党当局还没有表示起码的和平意图,他们在美国政府指使下,正在忙于以分裂的'国大'和独裁的'宪法'来装饰自己,以便使他们的战争和美国的'援助'合法化。"预言"中国人民争取民主自由的运动将要得到比 1946 年更重要的胜利","独立和平民主的新中国,一定要在今后数年内奠定稳固的基础"。

　　△　中国人民解放军总司令朱德发表元旦广播词,提出 1947 年的十大任务,号召解放区军民为在今年停止反动派的进攻,收复失地,进行土地改革,发展生产,加强支援前线工作,声援国民党统治区人民的独立、和平、民主运动而努力。

　　△　中国民主同盟发表声明,指出:国民党去年召开的"国民大会"和现今公布的"宪法",都违背政治协商会议的决议程序与精神,表示要"唤起全国人民共起坚决反对"。

　　△　中国青年党对实施宪政准备问题发表宣言称:"此次宪法,乃朝野各政党相互忍让之光荣的结果","中国制宪已有三十余年以上之历史,直至今日,始有一部经合法手续制成,经公布之宪法。"

　　△　北平各机关举行新年团拜会,胡适在会上发表讲话宣扬国民大会的"成功",并称《中华民国宪法》"乃世界上最合乎民主之宪法"。

　　△　上海人民团体联合会、中国民主建国会、中国民主促进会、世界和平促进会、国际人权保障委员会、工商业协进会、中国经济事业协进会、中华全国文艺协会、金融业民主和平促进会、中国妇女联谊会、九三学社 11 个人民团体发表联合声明,指出:"宪法的基础及其基本精神,彻头彻尾是反民主、反政协的,其根本目的,又在于利用这一所谓'民主宪法'作为政治武器,藉以伪装民主,对付异党,扩大战争,重苦人民","它的作用也是反和平、反民主的。"

　　△　上海 20 余所大学学生四万余人游行示威,抗议圣诞节夜美国

海军陆战队伍长皮尔逊在北平强奸北京大学女生沈崇事件,要求美军撤出中国。天津学生亦再次举行示威游行,抗议美军暴行。

　　△　国民政府颁布大赦令,规定除战争罪犯等罪外,犯罪在 1946 年 12 月 31 日以前,其最重本刑为无期徒刑以上者,死刑减为有期徒刑 15 年,无期徒刑减为有期徒刑 10 年;有期徒刑或并科罚金者,减其刑期或金额二分之一,由司法、行政两院分别施行。

　　△　国民政府公布《特种过分利得税法》,税率由 10％至 30％,同时废止《非常时期过分利得税法》。16 日,财政部订出年度货物税税收预算为 1.2337 万亿元,其中上海货物税局占 6500 亿元,占全额 50％强。财政部并规定税额随价上涨,从价增收,并于 2 月 10 日公布《特种过分利得税法实行细则》。

　　△　政府重行纱布管制,规定自是日起,凡由政府供给外汇购棉之纱厂,所得之棉纱或由纱自织之棉布,均由政府依其成本并加 20％的利润之价格,收购其半数。收购办法自 1 月 13 日起实行。

　　△　美国政府财政部宣布解除于 1941 年 6 月冻结之中国在美资产。美财政部估计中国资产时值 3.564 亿美元。

　　△　交通部东北运输总局在沈阳成立,职掌东北九省之铁路、公路、航政等运输业务。交通部特派员陈延炯兼任局长。

　　△　中央防疫实验处新厦在北平举行落成仪式。

　　△　台湾省自即日起废止日本制度量衡,改用全国标准制即万国公制。

　　△　于斌就任天主教南京教区总主教职。

　　1 月 2 日　傍晚,山东野战军集中苏北、鲁中八个师,约七万兵力,分左右两路发起鲁南战役。战至 4 日下午 3 时,先后攻克卞庄、向城、兰陵等 40 余重要据点。歼灭整编第二十六师(师部及第四十四、第一六九两旅)和第一快速纵队,以及整编第二十八师之第八十旅、直属炮兵第五团、战车营等。鲁南战役第一阶段结束。

　　△　蒋介石接见政治协商会议副秘书长雷震,听取雷赴沪与民社

党、青年党等商谈改组政府的情况。

△　蒋介石接见美国驻华大使司徒雷登及傅斯年,听取对美军强奸北大女生沈崇事件意见。

△　南京专科以上各校学生约 2000 人,为抗议美军暴行,不顾教育部禁令,举行示威游行。队伍先至国民政府,向蒋介石请愿,继至美驻华大使司徒雷登官邸示威,要求立即撤退驻华美军。次日,3000 余学生再度游行示威。

△　教育部长朱家骅、外交部长王世杰密电北大校长胡适,以最迅速方法查明沈崇事件真相、家庭意见、学生情绪等报南京。

△　东北外交特派员蒋经国抵沈阳,与苏方交涉东北接收问题。

△　南京、北平、汉口各大城市工商界以农历年关已近,成立请求贷款团,要求政府贷款维持业务。

△　台湾省高雄发生大火,焚毁房屋百余间,损失约 7000 万元。

△　民盟负责人罗隆基,公开指责国民政府单独召开国大,进行所谓改组,是关闭和平之门,准备长期内战与长期分裂。章伯钧提出,要进行和谈,"政府应先消除征粮征兵,停止依赖美国援华政策,真正实现四项诺言,五项决议"。

△　重庆市民盟支部会同民建分会及其他民主人士集会,成立"沈案"后援会和反对伪宪委员会筹备会。

△　国民政府主席西北行辕主任兼新疆省政府主席张治中奉召昨日专机抵南京,是日见蒋介石,谈打破国共僵局问题,在座者有陈诚、白崇禧、陈立夫、张厉生、雷震等。

1 月 3 日　雷震对记者谈称:国内政治商谈,将于短期内恢复。政府改组本月内可实现,改组之步骤为各党派提国府委员名单,经国府明令公布后,即共商各院、部之改组。

△　中国民主社会党开会讨论应否参加政府事,议决在现阶段时局情况下,民社党绝不参加政府,如参加,必待政协所商定之包括各党派的联合政府实现后。6 日,民社党发言人徐傅霖否认上述消息。

△　民主建国会召开常务理事会,通过决议,反对国民党不顾政协协议,单独召开国大,通过宪法。

△　中共派饶漱石会同联合国善后救济总署驻北平执行部代表兰士英、联总驻华卫生专员卜放,并邀联总黄河水利委员会顾问塔德、联总驻华办事处河南区代表韦士德、联总豫北办事处卫生医务主任朱志民,在邯郸举行黄河问题会议。晋冀鲁豫解放区代表滕代远及边区政府副主席戎子和参加会谈。饶漱石指出:黄河堵口放水不是一个单纯工程技术问题,而是严重的军事政治阴谋。滕代远指出,黄河问题实质是蒋介石企图利用黄河归故来淹没解放区 700 万人民的生命财产。塔德表示次日即停止堵口,并立即分赴郑州、上海进行停堵和督促拨给迁移费诸工作。

△　中共驻京办事处向联合国善后救济总署、行政院善后救济总署及黄河水利委员会分别提出抗议书,抗议国民党进攻解放区,破坏复堤工程,提出:立即停止堵口放水工作;在此期间依据协议迅速进行中下游复堤工程及办理居民迁移救济工作;"联总"援助黄河复堤之物资器材,应由"联总"直接交付解放区。

△　上海各大学教授伍蠡甫、洪深、陈望道等 30 余人,签名致书美驻华大使司徒雷登,要求美国政府惩凶、道歉、赔偿,改变对华政策,即刻撤退美军。武汉华中大学教授黄溥卡、彭许衍、熊文敏等及英、美教授薛世和、江贝宁、威海世、哈顿女士、渥浮女士等对美军暴行表示愤慨,要求美军退出中国,并以中国法律制裁美军暴行。

△　美国国务院电召马歇尔回国"磋商中国问题及其他事项"。

△　美驻华北海军陆战队第一批 4600 人开始撤退。驻北戴河及秦皇岛之第七联队全体官兵登美运输舰三艘,定 48 小时内启程归国。美方声明,此次撤退与中国学生要求美军撤出中国无关。

1 月 4 日　蒋介石召见王世杰、朱家骅,指示处理学潮原则,谓中美关系不应以美士兵个人罪行而致破坏。

△　国民党中央秘书长吴铁城对记者称:政府确在准备改组,正与

参加"国大"各党派商洽改组办法,现一面布置改组,一面谋恢复和谈。

　　△　国防最高委员会决议第四届国民参政员任期延至年底,名额增加 44 名。

　　△　行政院对教育部及各地军政机关发出指示,命令压制各地学生对北平沈崇事件的抗议运动,称"此事为该犯美兵私人行为","至中美两国间友谊,自不应因此而受损害"。

　　△　教育部就沈崇事件电北大、清华校长胡适、梅贻琦称,京、沪等地学生游行"查系有人鼓动反政府及反美运动"。"此系美兵个人行为,纯属法律案件,并非外交问题。现美军已将凶犯交军事法庭审判,自应听候依法解决。诚恐有人扩大煽动,特电注意防范"。

　　△　上海学生成立"抗议美军暴行委员会",号召全市大、中学生总罢课,并吁请市内各公共团体签名支持,要求美军退出中国。

　　△　东北民主联军南满部队向通化集安线展开反击,迫使进攻的国民党军收缩。

　　△　黄河顾问团萨凡奇等 13 位专家到达黄河花园口,视察堵口工程。

　　△　菲律宾排华加剧,宣布暂不准华侨入境。

　　△　中国为保侨,经外交部多次交涉,获法国及越盟双方同意,在越南法越冲突地区设立中立区。

　　△　河南人民反对国民党为打内战抓壮丁,投函《大公报》,抗议河南征兵额达 10.2 万人之众。

　　△　汉口市催收壮丁顶替费,有按户征收一万至三五万元者,有按名征收 3000 至一万元者。汉口市参议会以"工业萧条,民生痛苦"电国防部请求缓征,以苏民困。

　　△　美国政府照会苏联政府,提出:大连应交由中国管理,恢复中国长春铁路交通。

　　1 月 5 日　行政院副院长张群、国民大会副秘书长雷震抵沪,连日分晤各党派人士,探询各方对改组政府及恢复和谈意见。民社党表示党内意见尚不一致。青年党表示原则上决定参加政府。

　　△　民盟中常委章伯钧对记者表示,民盟在全国停战、和平实现后,一定参加政府,目前应首先恢复和谈,民盟不放弃调解国共之责任。

　　△　中共驻南京办事处主任董必武下午在梅园新村举行中外记者招待会,反对黄河堵口放水,并重申恢复和谈之两项要求,即召开党派会议,恢复去年 1 月 13 日军事位置。

　　△　东北民主联军以 12 个师渡松花江南下吉林作战,采取远途奔袭、围城打援战法,攻击其塔木,调国民党军出援。至 8 日歼灭其塔木国民党军大部,及援军两个团。此役迫使攻击南满的国民党军回援。17 日民主联军撤回江北。

　　△　北大女生沈崇被美军强奸后,腿上发现伤痕五处,是日下午 3 时,北平市政府外事处派员会同美国军医检验,仍有两处伤痕未痊。沈已写 3000 余字之自白书,交其法律顾问费青教授等人,详述被蹂躏经过。市府恐此举对肇事美军不利,特将担任法律顾问之北大三位教授召去,出示两年前国民政府与驻华美军签订之文件——美军"治外法权"协定,声称美军犯罪时应由彼方军法审判,被害者及我官方只能旁听,被害人之律师亦不能出庭。三教授对此极为愤慨。

　　△　重庆市民盟支部、民主建国会等 10 余个民主团体成立陪都反对美军暴行委员会,并发表《慰问爱国游行同学书》、《反对美军暴行抗议书》及《慰问沈崇书》。次日,又发表联合宣言,要求立即驱逐美军出境,废除中美商约,公开审判各地暴行美军,严惩凶手,抵制美货等。

　　△　中国航空公司由沪飞平班机第一〇一号 7 时 45 分在青岛失事,乘客 39 人及机师三人全部罹难。

　　1 月 6 日　美国驻华特使马歇尔向蒋介石辞行,告以将回国磋商中国问题,并称美国两位参议员默里和弗兰德斯倡议美、英、法、苏四国共同保证中国之稳定。蒋介石要马歇尔转告杜鲁门总统,不管什么情况,只要他担任中国政府首脑,就决不会接受有苏联政府和英国政府参加作出的关于中国内部事务的任何行动。

　　△　美国驻华大使馆公使巴德华照会外交部长王世杰,促请迅速恢复大连正常状态。

　　△　国民政府令:经核准退役之陆军中将蔡廷锴任为陆军上将。

　　△　第四届国民参政会驻会委员审查国家总预算完毕。

　　△　内政部公布《内政部地方自治督导团设置办法》,将全国各省、市分为六个督导区,分别组织地方自治督导团实行督导。第一区川、康、滇、黔、桂、湘及重庆市;第二区陕、甘、宁、新、青、绥;第三区粤、闽、浙、赣、台湾及海南岛;第四区苏、皖、鄂及南京、上海两市;第五区东北九省及哈尔滨、大连两市;第六区冀、鲁、豫、晋、察、热及北平、天津、青岛三市。各督导团由内政部指定高级人员三至五人组织。同日公布《内政部内政专门委员会组织规程》。

　　△　国民政府水利委员会委员长薛笃弼对黄河堵口问题发表谈话,并函复中共代表董必武为扣发解放区应得之工款与救济款进行辩解,并攻击中共"妨碍国家建设大计","有意陷害人民"。

　　△　行政院善后救济总署署长霍宝树称:黄河旧道居民迁移费即日发放,惟该款不拟径交中共当局,而由"联总"、"行总"、水利委员会派员前往,会同中共当局点名发放。

　　△　中国民主同盟二中全会在上海开会,出席中央委员及各地总支部代表36人。主席张澜致开幕词称:"宁可长期不参加政府,也不可失去自己的立场。"10日全会闭幕,通过若干决议案,要求和平、统一、民主,反对内战,举行政治协商,成立全国一致的联合政府。张澜连任主席,张东荪继梁漱溟为秘书主任。会议期间,参加民盟之第三党首领章伯钧宣布第三党决定改名为农工民主党。

　　△　美驻华第一陆战队司令何华德中将就北平沈崇案件发表声明称:公众不能希望此事的调查审判在数日内处理完毕,并称此事与政治不相联系。

　　△　北大校长胡适接见记者谈沈崇案件称:学校决定聘请法律系刑事专家集体为被害人搜集证据。对北大今后学生运动,胡适称:不应

以罢课为手段。

　　△　就平、津、京、沪学生反美示威运动,中共中央电董必武并转北平军调处中共方面委员叶剑英、中共四川省委书记吴玉章、中共中央华南分局书记方方等,指示:"我党在蒋管区的工作,应尽量利用这次学运的成果,扩大民族爱国主义的宣传与活动。"

　　△　中央合作金库上海分库开幕,由总库拨予资金 10 亿元,其业务以推展各地合作社为主。

　　△　陈嘉庚发动他所主持的新加坡华侨促进中国和平民主协会,举行美军退出中国周活动,并以 10 万人签名信件致杜鲁门,要求撤退驻华美军。同日,又致电港、京、渝、津、平、延各报,提出"凡属中国同胞,均应支持学生运动"。

　　△　《解放日报》载,中国劳动协会发表声明说:"本会特向中国全体工人并代表中国工人向美国工人弟兄呼吁,以共同的力量要求修正美国错误的对华政策,切实执行帮助中国停止内战,建立民主联合政府,不干涉中国内政"的政策。

　　△　新华社电:晋绥解放区百万贫苦农民经几年来减租、反奸清算和土地改革运动,已获得土地 300 余万亩。获得土地的人数占全部人口总数的三分之一,每人平均为三亩九分。

　　1 月 7 日　蒋介石设晚宴饯别马歇尔。蒋介石再次邀请马歇尔重返中国担任特别顾问,答应赋予他所拥有的一切权力,共同为使中国成为中美两国人民所想望的国家而努力。

　　△　美国驻华特使马歇尔奉召离华返美就任国务卿。是日发表对华局势声明,称:"和平最大之障碍,厥为国共两方彼此完全以猜疑相对。"国民政府"最有势力之反动集团,对于余促成真正联合政府之一切努力,几无不加以反对"。中共方面"真正极端之共产党徒,则不惜任何激烈之手段以求达到其目的"。"对于时局的挽救,系于自由主义在政府中的和在少数党中担起领导作用,而他们如果能够在蒋委员长领导之下活动成功,或可通过一个好的政府而达成统一"。

　　△　马歇尔会见外交部长王世杰，王世杰转交蒋介石致杜鲁门总统的信，信中表示接受美国所提的许多改革项目。旋又会见宋子文，马氏称他经常向蒋坦率直言，而蒋亦接受他的坦率。宋表示蒋之需要马歇尔胜过马歇尔之需要蒋。

　　△　国民政府修正公布《国民参政会组织条例》及《国民参政会参政员名额表》。

　　△　蒋介石以特急电令浙江省对上年未征起之田赋，限一月终收足，如不收足，县田粮处长将严予惩戒。

　　△　盟军驻日最高统帅麦克阿瑟宣布：留居中国各地约 300 万日侨、日俘已遣送完毕。

　　△　内蒙卓索图、昭乌达两盟代表团和东、西两部内蒙古代表团吴南鹏、扎奇斯泰、任秉钧等 12 人，向行政院请求：一、恢复内蒙古自治政务委员会；二、实行国民党二中全会有关边疆民族问题之决议；三、拨款一百亿元救济自嫩江至新疆之一百万蒙古同胞；四、彻底改组蒙藏委员会。

　　△　广州中山大学学生 2000 人，游行示威历五小时，响应宁、沪、平、津反美军暴行运动。中华文化学院、国民大学、省立文理学院学生1000 余人半途加入。

　　1 月 8 日　马歇尔离华返美，蒋介石夫妇至机场送行。

　　△　国民党中常会、国防最高委员会举行联席会议，决议：立法委员任期延长至依宪法产生之立法委员集会之日为止；立法委员名额增加 50 人。

　　△　中共中央军委副主席周恩来发表严正声明，请求全国同胞和国际正义人士站在人道主义立场上，一致起来紧急制止蒋介石政府以黄河水势淹没豫鲁解放区人民和军队的阴谋。声明再次要求立即停止堵口放水，并按协议立即拨付解放区应得之全部工款、工粮、器材及河道居民之全部救济款。

　　△　解放区救济总会主任、中共驻京代表董必武偕驻汴代表赵明

甫等由宁抵沪,与"联总"、"行总"当局交涉停止黄河堵口放水,以便进行复堤,并迁移故道居民。

△ 行政院以苏浙皖区敌伪产业处理局已于三十五年(1946)终撤销,明令所遗业务,交中央信托局接办。

△ 行政院修正公布《德侨处理办法》和《德侨在华私人产业处理办法》。

△ 川省参议会大会决议,要求政府停止田赋征实。

1 月 9 日 蒋介石电令正在郑州的陆军总司令顾祝同,在陇海东段与鲁南,先集中主力对付陈毅一部,再肃清刘伯承部。称此"实为堵共军成败之唯一关键","既定不易之方针"。

△ 驻美大使顾维钧,在世界问题协会讲演,指责雅尔塔协议使苏联重新进入中国东北及东北亚洲。

△ 国民党中央宣传部部长彭学沛发表谈话称:"政府对于停止冲突,及改组政府等问题,具体办法甚愿与中共竭诚商谈。"

△ 张群与民社党张君劢、青年党曾琦、左舜生会谈改组政府、恢复和谈等事。

△ 民社党发言人孙宝毅称马歇尔声明"无疑是医治中国病状最好的诊断书。他指出和平建国的一线希望端在两党温和分子与其他开明分子的抬头,此项认识相当准确"。青年党宣传部长左舜生亦称马歇尔声明"相当深刻并具有正确性"。

△ 董必武等在沪访晤"联总"分署长艾格顿,要求就停止堵口放水问题进行会谈。花园口堵口工程已完成十之八九,口门日益缩小,复归故道水流已到长垣,宽约 20 米,深达一米。

△ 第八十八师师长方先觉率所部第六十二旅以及刚由台湾调来之第七十师第一四〇旅,由山东鱼台出援至金乡,是夜,在鱼台西北被晋冀鲁豫野战军歼灭一个半旅共万余人,第一四〇旅旅长谢懋权以下 7000 余人被俘。

△ 中共山东野战军猛攻枣庄。激战至 12 日,攻占外围阵地。

　△　参谋总长陈诚报请裁撤军官总队,蒋介石批复同意。

　△　外交部长王世杰密电胡适,制止胡为沈崇事件出庭作证。电谓:"美方刻正羞愤同深,兄之地位或未便如此。"

　△　台湾学生组成"台湾省学生界抗议美军暴行委员会"。是晨,台湾大学、延平大学、台湾师范学院、法商学院、建国中学、台北女师等10余校学生及一部分公务员、店员、工人约万余人,在台北市新公园集会并示威游行。

　△　解放区青年、妇女联合筹备会为沈崇案件发表通电:代表解放区9000万青年男女抗议美军暴行,并声援平、津、沪、宁及全国各地学生罢课游行的爱国运动。

　△　云南省参议会电行政院长宋子文,呼吁自今年起停止田赋征实。

　1月10日　立法院院长孙科发表书面谈话称:解决国共和谈问题的方法,最好于不久的将来各党派负责代表再举行一次圆桌会议。

　△　青年党、民社党举行联席会议,商议恢复和谈及政府改组方案,拟将两党草案合并为一共同方案,由民社党领袖张君劢亲赴南京面交蒋介石。

　△　中共中央军委副主席周恩来在延安发表广播演说,评马歇尔离华声明,指出马歇尔声明只提政协决议不提停战协定,有意回避他的责任,并为军调部美方人员寻求解脱。要求美国停止援蒋内战,重新调整中美关系,以利于远东和平与国际合作。

　△　中共南京办事处发言人王炳南表示中共之和平愿望,重申中共所提恢复和谈之两项要求,即:取消宪法,恢复去年1月13日军事位置。

　△　军调部中共发言人称黄河堵口问题系政治阴谋,并提出两点要求:一是故道居民应假以时间迁移他处;二是故道沙堤应予修筑,沙道应予以疏浚,然后循上游建筑大小闸。

　△　上午,民主同盟二中全会举行第九次会议,决定对于北平美军

暴行事件,以民盟名义谴责政府,并推罗隆基、史良、章伯钧起草抗议书。

△　国民党军占领苏北沭阳,蒋介石指示徐州绥署主任薛岳,继续进击,求于 10 日内结束苏北军事。

△　四川省参议会第一届第三次大会通过成渝铁路修建案。办法为:一、改组川黔铁路公司为成渝铁路公司;二、官商合办;三、速筹 260 亿元;四、确定股款筹集办法;五、目前急需之款,由省府向中央先行借贷;六、从速清理收回川汉铁路股款,作成渝铁路资金之一部。

△　中国与阿根廷友好条约在阿京布宜诺斯艾利斯签订。

△　美太平洋海军陆战队司令杜纳格抵华,将视察平、津地区美军设施。

△　刘元瑄指挥的国民党川康靖边军与康属及川滇交界之大凉山彝族民变武装发生激战,彝族民变武装在沙哈橹领导下,有 10 万人参加战斗,双方均伤亡数百人。

1 月上旬　全国学生掀起抗议美军暴行,要求撤退驻华美军运动,北平、天津、上海、南京、开封、重庆、昆明、武汉、成都、广州、福州、杭州、苏州、台北等地 50 万以上学生,连日相继举行抗议罢课和反美游行示威,要求严厉惩办凶手,要求美军退出中国。

1 月 11 日　蒋介石对美国《纽约时报》记者发表谈话,称马歇尔离华声明"似有若干漏略",指责中共"无诚意遵守三人小组之协议"。

△　蒋介石接见东北行辕主任熊式辉与国防部长白崇禧,商讨接收大连问题。

△　中共驻南京办事处发言人就孙科建议举行党派圆桌会议事发表谈话,认为国民党应对中共的两项要求明确答复。同日,民盟中常委章伯钧亦认为,国民党应以事实表示诚意。

△　上午,"行总"署长霍宝树、"联总"中国署长艾格顿、总工程师塔德与中共代表董必武、伍云甫、赵明甫、王笑一等正式会谈黄河堵口问题,经数小时,未获结果。董必武会后告记者,中共为使下游 700 万

人民不致葬身鱼腹,要求:一、停止放水;二、暂停堵口五个月。均遭"行总"拒绝,无法继续商谈,故不再出席下午会议。

　　△　山东野战军攻占峄县,国民党军整编第五十一师、第五十二师各一部及第二十六师残部被歼,整编第二十六师中将师长马励武及第一一四旅旅长李步青以下 7000 余人被俘。

　　△　国民政府与苏联在南京谈判中长路业务问题,中方主张以 1905 年以前中东路产权为限,苏方则要求应包括南满路之产权。

　　△　负责审理沈崇案件之美方军事法官费滋洛中校宣称:被害者沈崇女士"仅以证人身份出席法庭",而不能以"原告人地位"出席;至于沈女士之法律顾问,亦"不得在法庭代证人发言或回答问题,并不得在法庭表示本人对此案意见"。除与该案"有特别关系者"则一概不准旁听。

　　△　东北解放区政务委员会常委会决定合并黑龙江、嫩江两省政府为联合省政府,于毅夫任主席。

　　△　"巨港旅星华侨受难同胞委员会"在新加坡成立,另巴邻旁亦有华侨救济组织,均展开护侨工作。

　　△　菲律宾远东航空公司巨型客机"吕宋小姐号"在中国海失事,旅客大部分为中国人,已有 36 人获救,六人失踪。

　　△　中国盐业公司成立。

　　1 月 12 日　外交部长王世杰照会英、美、法、苏四国外长,声明:一、将来和会必须由五国外长(即中、美、英、法、苏外长)召集;二、莫斯科外长会议,在未经中国外长同意前不得讨论德、奥和约以外之问题。

　　△　中共代表董必武就马歇尔离华声明发表谈话,指出:如无美国之装备,中国内战决打不起来,美国应负中国内战之责任。

　　△　晋冀鲁豫野战军第三、第六纵队主力于金乡西南地区歼灭由定陶增援金乡之国民党军暂编第四纵队第一支队,暂编第四纵队司令张岚峰被俘。

　　△　孙科、张群、雷震乘专车抵宁,就恢复和谈事请示蒋介石。蒋

对孙科召开各党派圆桌会议之建议,认为可以考虑研究。张群抵宁时称:和平仍有希望,但中共如坚持恢复去年 1 月 13 日军事位置、国大重订宪法两条件,则和谈恐难谈得好。

1 月 13 日　民社党领袖张君劢表示极端赞成孙科所提圆桌会议建议,认为任何一方均不应提出恢复和谈之先决条件。民社党发言人孙宝毅称:如和平无望,民社党仍将参加政府,因和谈主要系国共两党之事,决不能因其无成而任令其他重要问题长期搁置。民社党既已参加制宪,则依照宪法参加政府,实属义不容辞。

△　国防最高委员会通过本年度总预算为 9.3 万余亿元,其中军费 3.8 万余亿元。

△　上海各界知名人士丁聪、于立群、史良、李伯球、沈钧儒、沈志远、杜国庠、洪深、陈铭枢、胡绳、侯外庐、冯雪峰、楚图南、华岗、廖梦醒、许广平、胡子婴、田汉、吴祖光、徐迟、胡风等,分别参加签名活动,向美蒋提出抗议。

△　北平市政府通知新闻记者公会,推定记者九人组成美军法庭审讯美兵案中国记者观审团,并宣布消息由中央社统一发布,各报刊载时,不许增减一字,如违反则立即停供消息。

1 月 14 日　孙科、张群、邵力子、张治中、陈立夫、雷震等在孙科私邸集会,商拟恢复和谈方案:一、尽速实现就地停战;二、逐项实施整军协定与恢复交通协议;三、对地方政权作一定让步;中共所占区域较大、县份较多之省份中,中共可在省政府中多占席位。其所占区域较小、县份较少之省份中,以政府之省委为多数。县级政府则暂维现状,由政府重新加委。

△　蒋介石召见张群,商谈改组政府问题。

△　美驻华军事法庭宣称:出席审讯美兵案之中外人士各九人已核准出席旁听。国人九名为:沈女士之父、沈之监护人、北平市长何思源及市府女性公务员六人。美军官九人亦将出席,以维持中美双方人数平衡。

　　△　据《文汇报》报道：台湾工业生产处于半停工状态。蔗糖去年仅产八万吨，不及全盛期十六分之一；特产樟脑业已全部停顿，价格飞涨不已，现有价无市。

　　△　湖北省参议会要求省府严禁各县摊派勒捐。

　　△　西康最近发生空前激烈之民变，有组织之民兵超过 10 万人，有枪支四万余，已占领县城四座，西康保安团六个团前往镇压，反被包围，重庆行辕已派三个旅前往"清剿"。行辕副主任兼西昌警备司令贺国光是日乘军用飞机离京经汉口、重庆，飞往西康。

　　1 月 15 日　蒋介石与美驻华大使司徒雷登会晤，提出政府决定恢复和谈的四点方案："一、国民政府愿意派一个代表团到延安去或是邀请共产党派一个代表团到南京来，以继续谈判，或同意在任何双方可以接受的地点举行圆桌会议；二、政府与共产党方面应立即颁布停战命令，并商讨命令的实施问题；三、政府愿意根据三人小组会的原则，重新讨论有关整编军队与恢复交通的实际计划；四、政府表示愿意对于发生争执地区的政治管辖问题与共产党方面立即达到一项协议。"蒋请司徒雷登与在南京之中共代表接触，以探知中共方面的态度。

　　△　蒋介石与国民党政协代表会商恢复和谈方案。

　　△　宋子文抵沪，召集贝祖贻、钱昌照、秦汾、林凤苞、束云章、杨锡仁等会议，商促进输出争取外汇，在最高经济委员会下，成立输出推广委员会，宋子文任主委，王云五、俞鸿钧、俞大维、周诒春、贝祖贻、钱昌照等为委员。输出推广委员会举行首次会议，研究如何在有利于国计民生的情况下，尽量增加输出物资种类，争取外汇资源，谋求平衡我国国际收支。

　　△　依据中、苏、韩三方本日于新义州签订的协定，于一周内，我军正式接防安东省水丰发电所总水闸的拉古哨。

　　△　第一战区司令长官胡宗南赴郑州晤参谋总长陈诚、郑州绥靖主任顾祝同检讨战局，研究作战方案。

　　△　司徒雷登分晤张群及中共代表王炳南。

△ 晋冀鲁豫解放区黄河水利委员会及农工青妇各界联合总会向全国同胞及世界公正人士通电,抨击国民党破坏治河协议堵口放水的行径,望国内外人士急起制止。

△ 北平各报记者对记者公会理事会推定"美军法庭审讯美兵中国记者观审团"表示异议,认为该项决定未经全体记者同意,且统一发布新闻之规定违反新闻自由之原则,理事会决定凡不遵照统一发布办法之记者予以取消会员资格,也与该会章程不符。

△ 福建省参议会电请政府不再征实、征借,以苏民困。

△ 沪宁铁路货运,自本日起加价一倍。

△ 上海数日内有 89 家商店及 59 家商业公司宣告破产,六家毛纺厂及 10 家其他工厂停工;另有千余家商店未通知社会局而自行关闭。失业人口达 200 万,约占全市人口之半。

1 月 16 日 蒋介石决定派张治中携和谈新方案到延安商谈和平。和谈方案四项,计有就地停战,整编军队,恢复交通,解决地方政权等。此一方案经由司徒雷登转交中共在京代表王炳南。

△ 中共中央致电南京中共代表团,指出:蒋方正通知你们恢复和谈,并派张治中来延安。根据目前形势,恢复和谈只利于蒋介石重整军队再度进攻。毛泽东在此电上加写一段话:"对于美方调停,此时形式上我们虽然尚不公开正面反对,但实际上应拒绝之。"

△ 国民政府派刘大钧为中华民国出席国际小麦会议代表。

△ 驻美国大使顾维钧与美副国务卿艾奇逊会晤,就日本对华赔偿等事进行磋商。

△ 长春卫戍司令部派遣 10 余名官兵,闯入军调部长春分部中共人员宿舍,中共代表及工作人员 20 余人被迫停止工作,行动被监视,电台被封闭。

△ 国民党中央宣传部长彭学沛举行记者招待会,答记者关于中共要求花园口黄河堵口延期五个月完工一节,以堵口不久可完工,中途停顿则木桩石块随时有冲去可能等理由,表示不能停止堵口。

　　△　由山东菏泽增援金乡的国民党军第六十八师、第五十五师三个团于 14 日夜被围于定陶附近后,是日全部被歼。晋冀鲁豫野战军发起的巨(野)金(乡)鱼(台)战役至此结束,歼灭国民党军 2.8 万人。

　　△　集安国民党军第五十二军两个师北进,企图打通通化集安线,至 19 日未果而返。

　　△　国民政府分别向英、美、苏、法四国提出备忘录,要求依据波茨坦协定,参加对德及对奥和约之起草工作。

　　△　中央银行发行新关金券,分 250 元及 500 元两种,规定对法币比例为 1∶20。所谓新关金券实系 5000 元及一万元法币大钞之替代品。同日,财政部公布实施携带国币出口限制办法。

　　1 月 17 日　周恩来代表中共中央发表谈话,指出:国民党当局对于中共中央两项要求置之不理,证明其所谓和谈完全是骗局。我们对于所谓"和谈",完全丧失信心。

　　△　民社党发表对和谈之意见称:国共两党和谈之所以不能成功,其最大原因,在彼此各有其兵力。希望国共两方皆能切切实实还军于国,还政于民,共同造成一个超然于各党之上公平正直之法治政府。

　　△　东北保安司令部司令长官杜聿明通知驻长春军调部执行小组之中共代表停止活动,并禁止其无线电通报。

　　△　军调部中共方面委员叶剑英为当局非法封闭长春分部中共代表团电台及监视该代表团全体工作人员,向国方和美方提出严重抗议,并转请长春军事当局立即发还电台,恢复中共人员之自由,惩处卫戍司令部肇事人员。

　　△　参谋总长陈诚近日往来于徐州、开封、郑州一带指挥军事。

　　△　美驻华海军陆战队军事法庭开庭审理沈崇案件。

　　1 月 18 日　中共驻南京代表王炳南至美驻华使馆访司徒雷登,转告延安之答复:中共中央对和谈问题,坚持过去所提两条件,即一、遵守停战协定,恢复去年 1 月 13 日军事位置;二、取消伪宪,重新拟订宪法。如政府同意,则恢复和谈即刻可在南京开始,否则即使政府派人赴延,亦无补于事。

△ 司徒雷登面见蒋介石,告以中共对政府和谈方案之答复通知。

△ 政府代表孙科、张群、张治中等与青年、民社两党领袖在孙科公馆会晤,认为延安之答复已关闭和谈之门,考虑另辟新途径,由政府发表声明。

△ 外交部宣布,对因荷印苏门答腊岛东部巨港荷军与印尼军最近发生战事致使该地华侨所受严重损害事,政府已在南京与巴达维亚两地分别向荷方及印尼当局提出强硬抗议。同日,中国驻巴达维亚领事宣布,巨港荷军与印尼独立军最近冲突结果,华侨 150 人罹难,另 500 人受伤,无家可归者 800 人。

△ 驻法大使钱泰以 1 月 17 日法军舰“东京号”到西沙群岛一案发表声明:西沙群岛属于中国。19 日法军舰在西沙群岛登陆。

△ 晋冀鲁豫野战军第四纵队会同晋绥野战军攻克孝义,守军第三十四军第四十五师一部及地方团队 2500 人全部被歼。

△ 阎锡山以孝义失守,是日赴平遥前线部署,调九个师及两个纵队共三万余人分三路往援。

△ 广东省主席驻琼办事处主任兼第九区专员蔡劲军宣称:“海南岛现尚有中共冯白驹部六千余人,以前用全面进剿办法收效不大,近正采取碉堡政策进行清剿。”

△ 在发行新关金券刺激下,汉口市场黄金饰金每两陡增四万元,其他物价亦随之趋涨。南京、上海金价亦涨。各地美钞、港票亦被金价拉高。中央银行在上海极力抛出黄金,但仍求过于供,金价上涨不已。

1 月 19 日 蒋介石在官邸宴请青年、民社两党领袖张君劢、曾琦等人,商洽和谈声明等事,孙科、吴鼎昌、张群、邵力子、王宠惠、张治中等作陪。

△ 民盟发言人张东荪发表谈话称:当前所谓的恢复和谈运动,系政府与民社、青年两党共同计划之行动,政府并未与民盟正式接洽。

△ 外交部长王世杰约见法驻华大使梅里霭,就法军舰“东京号”

在西沙群岛登陆一事,郑重表示西沙群岛的主权属于中国。

△ 国民党军占领新安镇,打通陇海路东段。

△ 上海学生抗议美军暴行委员会发表声明,反对沈崇案件之审讯方式,要求改由中美双方组织军事法庭审理。

△ 中华全国文艺协会首届年会在南京举行,曾虚白、傅抱石等150余人出席。会议改选理事,张道藩、王平陵、朱光潜等31人当选理事;熊佛西、陈树人、徐悲鸿等九人当选监事。

△ 美海军上将柯克宣称:国民党青岛海军训练团系完全由美人负责,美政府专为该团运来之训练器材、物资价值法币150亿元。美方在青岛移交给国民党的船只已有26艘,大部分为登陆艇,重六万吨。美海陆军在华之费用每月为100万美元。

1月20日 国民党中央宣传部发表政府对和谈问题的声明,对中共两项条件表示不能接受,并公布《和平方案》:"一、政府愿意派员赴延安,或请中共派员来南京继续进行商谈,或举行圆桌会议,邀请各党派及社会贤达参加;二、政府与中共双方立即下令就现地停战,并协议关于停战之有效办法;三、整编军队及恢复交通,政府仍愿根据三人会议过去协议之原则,继续商谈军队驻地、整编程序以及恢复交通之实施办法;四、在宪法实施以前,对于有争执区域之地方政权,政府愿与中共商定公平合理之解决办法"。

△ 午后5时蒋介石邀民社党张君劢至官邸谈话,表示公开政权。

△ 张群、陈立夫访青年党曾琦、左舜生等,吴鼎昌、王世杰、雷震访民社党张君劢、伍宪子等,邀请两党参加政府。两党均表示须经党内讨论决策。

△ 中国民主同盟在上海举行记者招待会,提出四项主张:一、努力促成和谈;二、重新举行政治协商;三、实行以往的政协决议;四、成立联合政府。

△ 国史馆在南京正式开馆,张继与但焘任正、副馆长。国防部史料局亦告成立,吴石任局长。

△　山东野战军经 10 日激战,是日攻占枣庄,歼灭国民党军整编第五十一师 8000 余人,俘师长周毓英。自 1 月 2 日开始的峄枣战役结束,共歼灭国民党军两个整编师、一个快速纵队,五万余人。

△　晋察冀野战军发起保南战役。26 日占新乐,28 日占定县,控制了保定以南、石家庄以北的平汉路。

△　广东省参议会响应江西、湖北省参议会建议,要求政府今年停止征实、征借。

△　交通部成立民用航空局,戴安国任局长。

△　陕甘宁边区政府明令规定,1946 年 11 月 4 日国民党和美国签订《中美通商航海条约》之日为"国耻日",并举行国耻纪念集会,直至该约废除。

1 月 21 日　国府秘书沈昌焕将和谈声明(即《和平方案》四条)送交美驻华大使司徒雷登,请转致中共。23 日,司徒雷登派其私人顾问傅泾波持政府声明赴中共办事处,面交王炳南。

△　蒋介石接见民主同盟秘书主任张东荪。

△　国防部长白崇禧宣称:"西沙群岛主权属于我国,不仅历史、地理上有所根据,且教科书上亦早载明。去年敌人投降退出该群岛后,我政府即派兵收复。本月 10 日有法国侦察机一架飞临侦察,18 日复有法国军舰一艘驶至群岛中最主要一岛,我守军当即表示守土有责,不许其登陆,并责令其退走。"

△　保南战场,晋察冀野战军攻克望都。

△　国民党军第一次对临江的进攻被迫停止,东北民主联军收复通化以南地区。

1 月 22 日　蒋介石邀晤美国驻华大使司徒雷登,商谈为促中共恢复和谈事宜。

△　蒋介石核准经济建设五年计划,并交行政院付诸实施。

△　印尼、越南华侨受害惨烈,外交部与侨务委员会分途救侨护侨,并向荷兰、印尼、法国提出严重抗议。

　　△　北平美军暴行案因罪证确凿,庭审宣布伍长皮尔逊为强奸已遂罪,但应处何罪须呈华盛顿海军部长核定后宣布。

　　1月23日　国民政府任命蒋介石兼任国立政治大学校长。

　　1月24日　参谋总长陈诚赴鲁南视察,部署军事。

　　△　蒋介石召见上海市警察局副局长俞叔平,了解有关上海治安、卫生、警员、学术等各项问题。

　　△　中国航空公司开辟中美航线,首次试航班机是巨型"南京号",今后中航班机将定期由上海往返旧金山。

　　△　法军再度登陆西沙群岛,中国政府对法政府提出严重抗议,并派军舰驰赴西沙群岛巡视。

　　△　天津工业界李烛尘等电国民政府反对日本请运盐100万吨,指出:如大量供应,无异培植日本化学工业,而中其"原料中国,工业日本"之毒计。

　　△　晋冀鲁豫野战军攻占定陶。

　　1月25日　蒋介石召见国防部长白崇禧、西北行辕主任张治中等,商谈中共拒和问题。

　　△　中共中央宣传部长陆定一发表声明,反驳国民党中央宣传部1月20日关于政府《和平方案》的声明,指出政府的《和平方案》无诚意可言,全系骗局。去年1月13日军事位置必须恢复,否则等于鼓励反动派大打内战;蒋伪宪法必须取消,否则等于承认独裁。

　　△　中国航空公司第一三八号班机,在由广州飞重庆途中,于贵州上空失事。

　　1月26日　为影响即将在莫斯科召开的苏、美、英三国外长会谈,蒋介石制订"鲁南会战"计划。集中23个整编师,53个旅,共31万余兵力,分由陇海线徐州至海州段、津浦线徐州至济南段,及胶济线中段三方面向鲁南进攻,图与华东野战军在临沂地区决战。主力组成南、北两集团,以临沂、蒙阴为目标,经陇海、胶济两线夹击。南线,以整编第十九军军长欧震指挥八个整编师为主要突击集团,自台儿庄、新安镇、城头,分三路向临沂进攻。左路为第十一、第五十九、第六十四三个整编师,由第十一师师长胡琏指挥。中路为第七十四、第八十三两个整编师,由第八十三师师长李天霞指挥。右路为第二十五、第六十四两个整编师及第六十七师(旅),由第二十五师师长黄百韬指挥。整编第二十、第二十八、第五十七、第七十七等师位于徐州、海州段,随后跟进。是日左路自运河站向北进占邳县。右路 30 日自徐塘北进占桃林及河村。北线,以第二绥靖区副司令官李仙洲指挥九个师(旅)为辅助突击集团,由淄川、博山、明水经莱芜、新泰南进蒙阴。参谋总长陈诚坐镇徐州督战,声言"党国成败,全系鲁南一役,只许成功,不许失败"。为免遭各个歼灭,采取"集中兵力、稳扎稳打、齐头并进、避免突击"的战法。

△ 外交部为"中长路及大连接收案",再与苏驻华大使彼得罗夫举行谈判。

△ 外交部情报司长何凤山称:西沙群岛主权属于中国,汉马伏波曾到该群岛,清宣统二年李准亦悬旗鸣炮,正式成为中国领土。根据 1887 年中法条约规定,红线以东属于中国,故无论在历史上、地理上,西沙群岛均为中国领土。法军之登陆,无疑系属非法。

△ 北平大学生联合会举行会议通过决议,要求将沈崇案件罪犯皮尔逊交由中美联合法庭重审。

1 月 27 日 西贡法国当局向报界发表关于西沙群岛争端之声明,略谓:"法军舰'东京号'载有少数军队,一部分奉命在波西岛登陆,其余在拔陶儿岛登陆。上述两岛有 1938 年法军所建军队营房、码头及气象站,可见主权属于法国。"

△ 经济部派李铭等参加中美两国商人会议,并即筹设中国商事协会。

△ 年前起义的民主建国军总司令郝鹏举通电归顺国民政府,出任第四十二集团军总司令,防区为鲁南七县,司令部驻连云港附近之白塔埠。

1 月 28 日 蒋介石电示顾祝同,称陈毅、刘伯承各部正分由东、西两面对徐州发动钳形攻势。

　　△　国民党中央秘书长吴铁城抵沪,分别与民社党张君劢、青年党陈启天晤谈。吴发表谈话称:和谈暂时已无恢复希望。改组政府事正依计划积极进行,短期内当可使其实现。

　　△　外交部照会法国驻华大使,抗议法军入侵我国西沙群岛珊瑚岛。

　　△　水利委员会委员长薛笃弼离京飞郑,赴花园口视察。中共驻汴代表王笑一亦由"行总"豫分署长马杰陪同至花园口,察看黄河堵口工程进行情形。

　　△　晋察冀野战军于 26 日收复新乐后,是日又攻占定县,保南战役至此结束,共歼国民党军 8200 余人;收复县城三座,控制大垅店至新安间铁路 100 公里。

　　△　自沪飞渝之中国航空公司第一四五号机在湖北天门失事,乘客 23 人及机师三人均罹难。

　　1 月 29 日　美国国务院宣布:美国政府决定退出旨在调停中国国内冲突之三人会议,并尽速撤回军事调处执行部之美方人员。

　　△　司徒雷登面见蒋介石,告以美国决定退出军事三人小组与军调部。

　　△　国民党中央宣传部长彭学沛举行记者招待会,声称中共正式拒绝和谈,吁请各党参加政府。

　　△　民社党召开中常会,对是否参加政府问题发生激烈争执,意见未能统一。

　　△　联合国救济总署远东区域委员会在上海举行最后一次会议,商讨该会结束和善后工作。联合国救济总署在欧洲各机构已定于本月底全部结束。亚洲部分则延至今年 6 月底全部结束。中国行政院之善后救济总署定今年 9 月结束。

　　△　晋冀鲁豫野战军发起的汾孝战役结束,连同上年 11 月的吕梁战役,国民党军在山西损失 2.2 万人。

△　外交部次长刘锴在国民党中宣部记者招待会上郑重否认法国政府外交部声明中谓中国于 1938 年同意法国占领西沙群岛之说。称中国于彼时仅重申其一向立场,中国对该岛之主权,为无可争议者。

1 月 30 日　国民政府宣布解散军事三人小组及北平军事调处执行部。

△　国民大会副秘书长雷震再次与民社、青年两党商谈改组政府事,民社党徐傅霖称:民社党"没有理由不参加政府"。惟望政府先提出改组之新名单,如人选系采人才主义,并非国民党包办,民社党参加政府并无问题。

△　国民政府特派白崇禧为行政院绥靖区政务委员会督察团团长,谷正纲、邓文仪为副团长。

△　行政院颁发"保障人权"令,称:"保障人民身体自由,为实行法治之要图。乃据报载,有若干机关滥用职权,非法逮捕拘禁人民,妨碍人权及法治前途。嗣后各机关务须切实保障人民身体自由,以重人权而维法治。"

△　中国通知英、美、法、苏四国,指出中国有权参加对德、奥和约起草工作。

△　国民党军集中四个师分三路第二次进攻南满临江地区。2 月 3 日,左、右两翼各一个师出动,直指临江门户八道江。

△　美海军法庭是日公审沈崇案帮凶美兵普尼查德,判其以不报强奸罪行及帮同皮尔逊殴打沈崇有罪。

1 月 31 日　国民党军发动鲁南会战,以临沂为中心目标。整编第十九军军长欧震指挥八个整编师 20 个旅,自陇海路向北行动,采取稳扎稳打、步步为营战法推进。

△　立法院通过三十六年度总预算。主计处处长徐堪在立法院说:"本年度预算最主要为军费,如整军不成,现列之数恐难维持。"

△　中共军队聂荣臻部进迫冀北保定,国民党军失守豫东鹿邑,鲁东共军逼近即墨、胶县,威胁青岛。

△　中国人民解放军延安总部公布去年 7 月至今年 1 月爱国自卫战争几项重要统计:七个月中,共歼灭国民党军 56 个整旅、其中 1 月份歼国民党军 12 个旅(仅计整师、旅、团、营被歼的正规军及交通警察总队);毙、俘其将级以上军官 103 名,其中俘获 87 名,俘获后逃跑四名,击毙 12 名。国民党军攻占解放区城市 199 座,人民解放军攻占国统区城市 100 座。

△　中共南京办事处发言人梅益对美国退出三人小组会议及军调部事发表个人感想:美国今退出军调部,但决不能逃卸助长中国内战的责任。

△　民盟发言人叶笃义称:美国退出三人小组及军调部,是马歇尔特使返国后的必然结果。政府同时宣布单独改组政府,这种举措实为关闭和平之门,准备长期内战的表示。

△　美海军陆战队第一师第十一团是日自塘沽开拔回国,华北所驻美军因之减少至一万人,天津所驻第十一炮兵团则已撤至关岛驻防。

△　上海市小学教师联合进修会发表宣言,要求生活安定,力言物价高涨和职业无保障之痛苦。

是月　《解放日报》讯:川、康、滇、黔四省民变武装发展迅速。西康民变部队组成人民自卫军,以陈经武、李元亨、赵国祥为正、副司令。部队分七路,提出组织人民政府口号,已占领天全、宝兴、芦山等县城,四川民变武装已达 12 人万以上,新旧部队共百余单位,川西邛崃、岷山中一部达数万人,称“民主人民军”。川滇边境的殷禄才、曾子明等 17 个民变领袖合组“川滇总司令部”,所属各部分驻成犄角之势。云南全省民变武装二万余人,共约 20 个单位,以滇西北金沙江北永胜一带彝族武装力量最大,人枪一万余。贵州织金、黔西、金沙、大定、桐梓、仁怀等县均有民变活动。重庆行辕及西昌警备司令部遣驻川康边的三个旅、驻云南的航委会特七旅与整七十九师等部,会同各省保安团队向四省边境变民“进剿”。

△　冀中中心地区土地改革,截至今年 1 月,已大体完成。据高

阳、肃宁等 37 个县、市统计,完成土改的村庄已达 6287 处,占全部村庄 83％强。参加运动人数,据任丘、安平等 14 个县统计,有 76 万余人。据安国、饶阳等 17 个县统计,有 55.5 万余亩土地重新回到农民手中。经土改后的农村大为改观,大城全县已无赤贫。安平全县 2760 户升为中农,96 户雇农变为自耕农。翻身农民生产热情高涨,热爱自己的政府和军队。青县泰庄去秋布置征收公粮,当晚群众即缴纳完毕。为保田保家,两月内冀北已有四万翻身农民参军。

2　月

2 月 1 日　下行 5 时,蒋介石偕宋美龄在励志社举行茶会,招待立法院全体立法委员,到孙科等 60 余人。蒋称,今兹胜利复员,实施宪政,立法委员工作益加繁重,特表慰勉。下午 7 时半,又在黄埔路官邸邀宴于右任、孙科、戴传贤、邵力子、王宠惠、吴鼎昌、张厉生、陈立夫、张治中等,就行宪准备工作交换意见。

　　△　北平军调部电令各地军调部执行小组美方人员撤回北平。

　　△　政府宣布解散北平军调部后,军调部政府方面以备忘录致中共方面:请将撤退人员名单提交政府。

　　△　中共中央政治局召开会议,通过关于时局与任务的指示,要求在军事方面集中优势兵力,各个歼灭敌人;在巩固解放区方面,大力发展生产,实行土改;党的任务是为争取中国革命新高潮的到来及胜利而斗争。

　　△　中共中央发表声明,表示对 1946 年 1 月 10 日以后,国民党政府单独成立的一切对外借款、丧权辱国条约及协定,与一切同类外交谈判,本党现在和将来均不承认。

　　△　民主同盟在沪招待各界,交换当前时局意见。主席张澜致词称:民盟"将尽心尽力求得和平民主的实现,惟感力有未逮,尚望各界多予督促指示"。中共代表董必武致词称:"政府前所表示恢复和谈,并非

诚意的。""中共现在是为生存和自卫被迫应战的。"人民团体联合会负责人马叙伦提出:"希望民盟负起领导中国民主运动的责任。"

△ 行政院长宋子文准拨 500 亿元低息贷款,作生产钢铁之用,俾于本年内生产钢至少 17 万吨、铁六万吨,以供国防、交通之需要。

△ 中国石油公司与招商局合组之中国油轮公司在沪正式成立,资本总额为 800 亿元。董事长翁文灏,副董事长徐学禹,总经理李允成。该公司为全国惟一专运石油机构,由招商局拨油轮 20 余艘,共载重六万多吨,本月起开始运输。

△ 美国驻华大使馆公使巴德华于 1 月 6 日照会外交部长王世杰,促请恢复大连为国际贸易港,并同时照会苏联方面。王世杰本日答复美大使馆,称:"中国政府业经努力,并愿继续效力,以期达此目的。"

△ 美海军陆战队总部在华盛顿声称:陆战队并未接到关于撤退驻华军队之命令。

2 月 2 日 蒋介石上午专机飞徐州,布置"鲁南会战",责令前方将领"把握战机,督率所部前进"。下午原机飞返南京。

△ 敌伪产业处理局奉行政院令,将英人与日伪合作之门头沟煤矿资本中英资部分,发还中英公司总经理麦边。

△ 黑龙江省解放区军民擒获国民党收编之匪首混成第六旅旅长刘山东,击毙其副旅长刘汉臣、团长李万臣等 350 人,缴获军马 400 匹。7 日,又擒审扰牡丹江地区之匪首东北第二纵队第二支队司令张东山(匪号坐山雕)以下 25 人。

2 月 3 日 第三党在沪举行第四次全国干部会议,出席 40 余人。会议决定"中华民族解放行动委员会"(第三党)正式易名为"中国农工民主党",并修改党章。会议决定完全同意民盟政治纲领,党员参加民盟者应忠诚遵守民盟决议,并愿为实现政协决议及《和平建国纲领》而奋斗。会议选举章伯钧、丘哲、郭冠杰、李伯球、张云川、季方等 34 人为中央执委、候补执委,彭泽民、韩卓儒等 15 人为中央监委、候补监委。

△ 中国农工民主党发表宣言,提出四项主张:一、"完全同意民主

同盟的政治纲领及其时局对策,凡本党党员参加民盟者,均须切实遵守民盟决议,为实现其主张而奋斗"。二、"本党所组织之农工平民群众,当与全国工农结成联合力量,进行共同的斗争,以求自身的解放"。三、"本党对于现阶段中国经济之改造,一贯主张首须改善农民生活,实现耕者有其田,增进工人福利,由工人参加国家生产管理,并与工商业者一致合作,以发展生产。当前之任务,则在于停止征兵征粮,求农村之安稳,停止通货膨胀及官僚买办之垄断,求工商业之复兴与失业之救济"。四、"中国民族解放运动,本可完成于抗日之后,然卒以当权政党的利用外援进行内战而自毁其功。若帝国主义势力遂益加深入,吾人势必加以拒抗,确系国家的独立自主,以与世界民主力量共同维护人类之和平幸福,而免致中国沦为世界的战场"。

△ 国民政府特派王世杰、钱泰为签署对意大利和约全权代表。

△ 国民政府代表吴铁城、陈立夫与青年党代表左舜生等,商谈改组国民政府问题。

△ 驻美大使顾维钧及驻联合国参谋委员会代表何应钦,拜会美国务卿马歇尔。何告记者,美国撤退军调部人员之后,中国内战不致因此趋于激烈。并估计目前政府军约有 150 个师。

△ 中共华东野战部队正式合编为华东野战军,陈毅任司令员兼政治委员,粟裕任副司令员,总兵力达 30 万人。

△ 河内中华会馆及华侨互助会电南京华侨代表,吁请政府速予救济。政府官员宣称,法国政府已在原则上同意赔偿华侨损失,中国政府已采取措施援助华侨,并决定撤退战区内的华侨。

△ 美国驻华大使馆否认司徒雷登参加中国政府改组之任何工作,并称:大使与中国各方政界人物之接触,乃其例行公事。

△ 美方非正式通知南京中共办事处,谓如拟撤退,可代准备交通事宜。中共办事处答复:无撤退计划。

△ 美军驻延安联络团成员撤离延安。

△ 美国民主党众议员曼斯斐尔德在众议院向总统杜鲁门提议,

主张召开中、美、英、苏四国会议,为中国内争觅致和平解决办法。

2月4日 上午10时,蒋介石乘专机飞往郑州"视察",当天下午5时原机飞返南京。

△ 外交部人士称:中国政府已就印尼巨港华侨所受之损失,向荷兰政府提出抗议,并建议重划安全区,组织华侨民团,保护安全区内华侨。巴城荷兰当局已接受此建议。中国政府亦已向印尼共和国当局提出抗议,要求设法救援华侨。

△ 各华侨协会一致向陈嘉庚建议,由东南亚1100万华侨对荷兰实行总抵制。

△ 国际民用航空南太平洋区会议在澳洲墨尔本开幕,会期三周。中国派刘敬宜等代表出席。

△ 荷兰女王函谢中国东印度华侨抗战有功。

△ 中国向日追还善本古籍首批10箱运返,尚有108箱待运。

△ 黄金上涨,上海每两达48万元,美钞每元8500元。

2月5日 国防最高委员会通过出口结汇由政府补贴100%,进口货物从价征附加税50%,自次日起实行。美国以此举危害美国对华进出口利益为由,表示反对。

△ 北平军调部美国方面向派往各地的执行小组美方人员发出紧急命令,要求迅即集中北平与长春,以便撤退回国。

△ 首都警察厅发表南京人口数字,计为102.0371万人。

2月6日 蒋介石接见美国驻华大使司徒雷登,听取报告北平军调处结束与遣返国共双方人员事宜。

△ 宋子文向美驻华大使司徒雷登提交备忘录,说明需要美国财政上之援助,请贷款1.5亿美金,购买棉、麦。

△ 美驻华大使馆发言人康纳士发表公告称:"美国政府将于3月5日前协助中共负责人员撤回至合理而可至之中共地区,及执行小组中之政府人员撤回至原来地区。""双方人员中,任何人于3月5日后仍留驻于现在地区者,概应自行负责。"

△　军调部组织一特别小组,负责办理交换国共两方互相扣留之联络官及遣回事项。中共方面扣留者周北峰等三人,及国民党第十二战区扣留者袁剑等五人,均于是日在北平交换遣回。

△　行政院救济总署运输登陆艇"万敬号"装载救济物资 800 吨,自上海运往山东解放区。是日上午驶近石臼所,突遭青岛方面飞来空军飞机两架投弹轰炸,船员五人受伤。该艇不及卸货即转驶烟台。

△　平津学生团体抗议美军暴行联合会发表声明,指出:美方退出军调部,为美国表面充作调人、暗中资助一方进行内战的必然结果。美军遣俘任务早已完成,军调部又告解散,中国主权独立不容侵犯,美军应立即全部撤离中国。声明最后并呼吁废除片面受惠的中美商约。

△　教育部令各省、市教育厅、局实行男女分校。

△　汉口、广州金价每两超过 55 万元,天津 64 万元。

2 月 7 日　行政院令全国各地行政机关,"凡足以引起人民反感及受人煽动利用之行政措施应予避免。如取缔摊贩、取缔人力车、拆除棚户等政令,易招人民之反感,均宜酌量缓办,更不得有强迫情事"。

△　是晚,军调部中共委员叶剑英、参谋长薛子正在北京饭店举行酒会与北平各界话别。北平行辕主任李宗仁以次高级军政长官、各大学校长、民社党、民盟人士及美方高级军官等,均应邀出席。

△　军调部美方工作人员及眷属 300 余人首批由北平赴塘沽搭轮返国。

△　军调部长春分部美方代表泰森上校书面通知国共两方,美方工作即日起正式结束,另组北平美军总部对华联络处长春分处,执行撤退前之未完任务。一俟该部东北区内之运送事务完毕,即行撤退。

△　美国国务卿马歇尔在记者招待会上谈关于美国在华保有军事基地问题,认为谈判仍在进行,并无任何困难,目前尚有少数陆战队留驻青岛,协助训练中国海军。

△　美国西南太平洋舰队赠中国 900 吨中型登陆舰一艘,在青岛大港码头举行交接典礼。

　　△　由华中民主建国军叛变后改编的第四十二集团军在连云港附近白塔埠地区被华东野战军歼灭,总司令郝鹏举被捕。

　　△　4日及是日,南侨总会主席陈嘉庚在新加坡两次召集社团代表举行座谈会,商讨对付荷兰惨杀我侨胞及夺船劫货等暴行之步骤。议决:一、关于荷兰暴行,如交涉无效,对荷发动抵制;二、将来发动抵制时,各有关团体损失估计,可提出办法或来函南侨总会。

　　△　上海金价每两达 55 万元(一日五涨),美钞每元达一万元。

　　2月8日　各地金价暴涨:南京每两 61 万,汉口 62 万,重庆 61.5 万,天津暗盘达 70 万元。各业市场亦随之节节上涨,人心不安,形成抢购物资之疯狂状态。同日,中央银行停止暗售黄金。次日,米价受金价影响,继续狂涨。广州上米每石 12.5 万,汉口上机米 8.4 万,福州上白米 13 万,南京各汽油站全日停售汽油,以观望上海新价。

　　△　蒋介石召见宋子文,商讨上海金钞物价暴涨问题。

　　△　国民政府任命王化成为驻葡萄牙国特命全权大使。

　　△　第二绥靖区副司令李仙洲指挥九个师(旅)参加鲁南会战,自胶济路南下,占新泰、颜庄、莱芜等地,企图与南线部队夹击华东野战军。

　　△　由于东北民主联军反击,国民党军第二次进攻临江受挫,损失 4000 余人。

　　△　首都高等法院判决伪特工总部主任、社会部长、交通部长、浙江省长丁默邨通敌叛国,处以死刑。

　　△　外交部派代表往印尼巨港,调查荷兰海军扣留中国船只及办理受难侨胞善后事宜。

　　2月9日　上午 9 时,上海市百货业职工筹组之爱用国货抵制美货筹备委员会在南京路劝工大楼召开成立大会,郭沫若、邓初民、马寅初、马叙伦出席演讲。9 时 15 分,突发生暴徒行凶事件,殴伤 22 人。永安公司职工梁仁达因伤势过重当晚死亡。沪警局黄浦分局赶往"弹压",反将被殴群众悉数带局讯办,是为"二九"血案。郭沫若、马寅初、沈钧儒、胡子婴等以中国学术工作协会代表名义,前往上海市警察局提出质问。

△ 国共双方代表商定:一、小丰满电供哈尔滨;二、中共放回张大同、曹志瑚等重要俘虏;三、中共保证小丰满通长、沈电路之安全。

△ 西安绥署主任胡宗南在三原召开作战会议,布置对关中地区的进攻。

△ 中国民主促进会在上海召开第五次会员大会,通过新一届理事会章程,选举马叙伦、王绍鏊、许广平、周建人等九人为理事。28 日,理事会推马、王、许三人为常务理事。

△ 新加坡 27 个华侨团体决议向联合国控诉荷兰人在印尼屠戮和杀伤成百名华侨之暴行。

△ 美国民主党远东政策委员会致函马歇尔,指责美国的外交政策,抨击国民党,谓恢复中国之和平与统一所以失败,其主因为美国一方面企图调解,一方面在军事及经济上援助国民党之反动分子,致使调解基础破坏殆尽,国民大会最近所通过之宪法,亦仅为一种姿态而已。主张组织真正民主联合政府,不为国民党或共产党所控制。

2 月 10 日 毛泽东在延安会见美国记者斯特朗,提出国共恢复和谈的条件是:恢复 1946 年 1 月 10 日双方控制区域;取消“宪法”,恢复政协决议。

△ 中央银行停止对金号配售黄金,仅配与银楼 180 条。各地金钞价格狂涨,市场混乱。上海金价升至 72 万,美钞 1.6 万。天津黄金暗价 72 万,无卖主。汉口上等机米每石近 10 万元,零售千元一升,且谢绝整购。

△ 上海市市长吴国桢下午举行记者招待会,对“二九”血案发表谈话,认为罪过全在于主持此次爱用国货抵制美货之人员,声称要社会、警察两局查出主持者,予以严办。

△ 中国民主同盟为劝工大楼梁仁达血案提出抗议,称:“希望政府一方面制止恐怖压迫,一方面严饬出事地点之负责当局,对血案彻底

办到惩凶、抚恤等,以息民愤,而重人权。"

　　△　"联总"驻烟台人员奉命撤回,"联总"副署长傅克逊等亦中止赴烟巡察之行。山东解放区善后救济委员会发言人发表谈话,要求"联总"迅速派员至解放区继续救灾工作。

　　△　《中国阿根廷友好条约》在阿根廷首都布宜诺斯艾利斯签订,中国驻阿大使陈介、阿外长布拉玛葛里亚代表双方签字,要点有三:一、中阿两国互相合作,以维持世界和平与经济繁荣。二、两国人民居住、工作、旅游及信仰自由。三、早日签订航行及通商条约。该约经立法院与阿根廷国会批准后即告生效。

　　△　外交部令驻法大使钱泰在对意大利、保加利亚、匈牙利、罗马尼亚、芬兰战败国之和约上签字。同时签字的有苏、美、英、法等国代表。

　　△　国民政府任命汪德耀为国立厦门大学校长。

　　△　广东各界组织紧急救济越侨委员会,决先请省银行垫汇 1000 万元赴越救济。同时发动各县、市募捐,限一个月汇齐。

2 月 11 日　各地物价继续上涨:上海金价为 73.4 万,南京为 93 万,武汉为 95 万,重庆为 95 万,广州为 110 万,北平为 86 万,天津为 83 万,青岛为 75 万。各地金价均高出上海,各地纷纷向上海抢购黄金。上海黄金黑市高达 94 万,白粳米达 14 万元,有价无市。黑市米价喊至 18 万元。

　　△　蒋介石召集宋子文及政府金融经济要员举行紧急会议,商讨应付金价物价飞涨之对策。各市参议员为行政院对金价物价飞涨、币值暴跌无能为力,纷起责难。立法委员楼桐荪、简贯三等建议宣布黄金收归国有,否则停止黄金买卖。

　　△　军调部中共首批撤退人员共 20 余人,是晨由北平搭美机分别撤回延安、邯郸。第二批撤退人员 10 余人于 14 日由北平撤至哈尔滨。

　　△　重庆学生抗议美军暴行联合会发动学生总罢课,抗议国民党特务两次袭击学生宣传队之恐怖暴行。重庆各民主团体组成联合后援会,声援学生。

2 月 12 日 国民党中央常务委员会开会,蒋介石主持讨论金市狂潮及物价飞涨之经济混乱状况,决议设立经济政策委员会研究具体对策。

△ 行政院院长宋子文召集财政部部长俞鸿钧、中央银行总裁贝祖贻商讨制止金潮对策,美籍顾问数人亦与会。

△ 彭学沛答记者问,称:对经济危机更改货币名称、汇率均难奏效,根本办法在及早恢复建设。政府改组何日进行尚难确言。目前情形难言和平。

△ 青岛、成都市参议会以黄金、美钞连日猛涨,紧急决议停止市场黄金、美钞交易。

△ 北平军调部中共新闻处黄华、张香山在北京饭店宴别平市各报记者,叶剑英、薛子正等出席,与各记者畅谈目前战局及中国之前途。

△ 晋冀鲁豫野战军结束出击豫皖边,共歼灭国民党军 1.6 万余人。

△ 上海爱用国货抵制美货筹备委员会发表《为梁仁达烈士惨死告顾客书》及《我们的抗议》,向政府提出四项要求:一、彻查真相、惩办凶手;二、抚恤受难同事家属及负担一切治丧费用;三、赔偿一切损失;四、保证以后不发生类似事件。

△ 联合国救济总署副署长杰克逊抵青岛视察。

△ 张东荪等教育与文化界人士在上海成立"中国改建学社"。

△ 国营招商局中印航线班轮"海天"轮由上海首航。

2 月 13 日 蒋介石与宋子文及美顾问研商经济对策。宋主继续抛售黄金,蒋反对。最后决定停抛黄金、管制物价、取缔投机、禁用外钞等。

△ 监察院召开会议,院长于右任主持讨论最近黄金风潮事,决议选派何汉文、谷凤翔、张庆桢、万灿四监委为上海黄金风潮案彻查委员,并责成上海审计处协助工作。

△ 苏联答复外交部长王世杰照会,谓对德和会由原起草的四国召集,不包括中国。王外长斥其不合波茨坦协定。

△　美驻华使馆发言人康纳士称:军调部美方人员大部分自2月7日起60日内可撤退完毕,留官兵25人负责清理财产、房屋等事宜。彼等于此期间,行政上隶属于美军顾问团,然此非美军顾问团将在平设立分团。

△　国民党军五个师分四路第三次进攻南满临江地区,其中二个师攻八道江,二个师攻临江。东北民主联军内线阻击,外线迂回。加上北满部队二下江南,迫使国民党军于10日后开始退却。

△　菲副总统兼外长季里诺与中国驻菲公使陈质平重行谈判中菲通商友好条约。双方同意设立特别委员会,调整最后草约中之争论点。

△　交通部6日令中央、中国航空公司恢复国际航线。是日,中央航空公司沪港、渝港、昆港三线同时起飞,途经厦门、广州两地。中国航空公司决定恢复沪菲(至马尼拉)、沪印(至加尔各答)、沪港等三线。于次日先行飞航沪港线。

△　宜昌以下船只全数被国民党军调用,航运中断,滞宜乘客3000人,食宿均极困难。

2月14日　立法院举行例会。楼桐荪、简贯三抨击政府对经济危机束手无策,要求宋子文到院接受质询。陈志平则要求宋子文辞职以谢国人。

△　参政会驻会委员会开会。经济部长王云五、财政部长俞鸿钧到会报告,认为金潮案源于游资过多。参政员纷纷抨击政府经济政策,指斥少数人搜刮国富民财,要求政府迅采有效办法。傅斯年称:现在国家资本被官僚资本吃尽,官僚资本又被豪门资本吃尽,此现象如不取缔,国家将陷于极端危险的境地。

△　军调部长春分部派驻哈尔滨市之美方人员格莱因斯中校等五人,是日飞返长春。行前,东北民主联军总部设宴饯行。

△　教育部函各省政府,请于本年上半年内,在各县恢复县教育局。

△　教育部训令各私立大学及学院,谓:青年军退役复学学生可领全公费,由教育部统筹办理。各校对由教育部分发入学学生,应准先注

册入学,不得将膳费扣抵学宿杂费。入学后其膳费由校按月造册报部请领。

　　△　广州中山大学师生举行反内战、反独裁大会,是日起罢课两天,抗议政府内战政策造成之金融危机,百物狂涨,使师生生活困苦。

　　2 月 15 日　蒋介石与五院院长及财经主管首长研商经济紧急措施方案。

　　△　国民党中央常会经济政策委员会商讨全盘经济方案。

　　△　中央银行公告停止抛售黄金。自 1946 年 3 月 8 日至是日,该行共抛售黄金 350 余万两,耗费外汇 3.54 亿美元;截至抗战胜利为止,该行原储备黄金 600 万两,美元八至九亿元。

　　△　联合国提出报告草案,详述中国八年所遭战争破坏的惨状:据估计战争死亡人数逾 900 万,由于战争死于疾病及受伤人数达数百万,劫后余生者亦陷于穷困和流亡。交通遭巨大破坏,教育受严重损害,工矿业十损其九,灾荒和瘟疫波及广西 500 万人、湖南千万人。美对华经援在考虑中。

　　△　北平行辕主任李宗仁举行酒会,为军调部三方人员送行。叶剑英表示,决 17 日离平返延。

　　△　第四届戏剧节在上海举行,周信芳、梅兰芳分别获改良京剧奖及忠贞荣誉奖。

　　△　傅斯年在《世纪评论》撰文《这个样子的宋子文非走开不可》。文章抨击宋子文黄金政策“彻底失败”,工业政策“毫无常识”,官商不分,“公私不分”,办事只依靠“三几个秘书”与“亲信”,为了“中国将来之命运”,“第一件便是请走宋子文,并且要彻底肃清孔、宋二家侵蚀国家的势力”。其后,傅又在 2 月 22 日的《世纪评论》上撰文《宋子文的失败》、3 月 1 日的《观察》上撰文《论豪门资本之必须铲除》,继续猛烈抨击宋子文。

　　△　中国民主社会党发表声明,决定参加改组之立法院、监察院、宪政实施促进会及参政会四机构。17 日,民社党将参加该四机构之 47

人名单递交政府。

　　△　国民党军占领中共华东局与华东军区总部所在地临沂。华东野战军主力日前已秘密北移，准备围歼李仙洲部。

　　△　晋冀鲁豫野战军先后撤出鲁西曹县、定陶等地。

　　△　中央合作金库信托部开幕。理事长陈果夫，常务理事谷正纲、俞鸿钧、霍宝树、刘攻芸、赵棣华、寿勉成，总经理寿勉成。

　　△　东北人士周鲸文、宁武、卢广绩致函蒋介石，要求释放张学良，称于法于理，张学良再没理由受禁闭的了。

　　△　上海各人民团体"二九"惨案后援会招待各界，报告组织动机，为劝工大楼血案呼吁。马叙伦、邓初民、马寅初、施复亮等表示为保障人权而奋斗。

　　2 月 16 日　国防最高委员会举行会议，蒋介石主持，于右任、孙科、戴季陶、宋子文、张继、邹鲁、吴铁城、陈立夫、吴鼎昌、俞鸿钧、王云五、彭学沛、王宠惠、陈布雷等 30 余人出席。会议通过施行蒋介石提议之《经济紧急措施方案》：一、禁止黄金买卖，禁止外币在国境内流通；二、调整外汇牌价，以法币 1.2 万元合美金一元；三、取消出口补助进口附加办法；四、标售敌伪剩余物资；五、国营事业酌售民营；六、指定地点限定物价，薪工以本年 1 月份生活指数为最高指标，亦不增加底薪；七、禁止闭厂、罢工或怠工；八、先于京、沪试办民生日用品定价供应。此方案于次日公布。同时宣布《取缔黄金投机买卖办法》、《禁止外币券流通办法》、《加强金融业务管制办法》及《修正中央银行管理外汇暂行办法》。

　　△　蒋介石发表谈话，说明《经济紧急措施方案》之必要，认为经济情况"日见严重"。"政府对于经济政策，必须全盘重加检讨"。

　　△　蒋介石接见美国驻华大使司徒雷登，商谈政府对目前经济紧急措施。

　　△　蒋介石电召长江沿线各省主席、市长来南京，商讨实施稳定物价办法。

　　△　宋子文与王云五、俞鸿钧等到上海处理管制金融物价事宜。

△　监察院四委员抵沪调查黄金风潮案。

△　军事调处执行部长春分部正式结束。

△　山东国民党军李仙洲部因态势突出,惧怕被歼,自新泰后撤,次日又因南京严令而重占新泰。

△　中国解放区救济总会主席董必武致函"联总"中国分署署长艾格顿,谴责国民党空军飞机故意轰炸"联总"运往山东解放区之救济供应品,恐吓"联总"和"行总"的官员,企图停止一切驶往解放区的运输船,迫使"联总"人员从烟台和石臼所撤退。要求:一、立即采取行动停止轰炸"联总"赴解放区口岸的救济船;二、"联总"人员立即返回烟台和石臼所。

△　中荷双方代表是日起在新加坡谈判交涉扣船及保侨事,至 20 日获初步结果。荷方答允发还华侨之土人产品,负责赔偿因检验及扣货而引起之损失;对华侨在巨港战事中遭受之损失表示歉意,并允考虑我方提出之赔偿数字;赞成在军事地带划安全区等。华侨团体代表表示暂缓抵制荷货运动,听候交涉。

△　甘肃省天水麦积山发现万佛洞,深广五丈余,计有大佛像 25 座,巨碑 18 座,碑侧面亦刻佛像。

2 月 17 日　蒋介石在国府纪念周发表讲话,称"国家处于非常时期,目前军事、社会、政治、经济四者问题甚为严重",但又称"确有把握击败共产党"。

△　行政院在上海召开最高经济会议,由院长宋子文主持。

△　上海经济监察团是日起在淞沪警备司令部五楼办公。该团由警备司令部等四单位组成,其发言人称:经济监察团为《经济紧急措施方案》在上海之监视执行机关,任务为彻查金融风潮之责任与来源,执行新颁布之《经济紧急措施方案》。

△　参政会驻会委员会通过决议,称:此次黄金风潮,行政院长及有关当局未能预为防止,贻误国计民生至巨,应请国防最高委员会查明责任所属,认真处分。

　　△　国民政府发布命令称：凡中华民国之人民、公司或团体存有外汇在外国者，应向政府自行申报。此项外汇存款除有合法用途者外，应由政府定期按照法定汇率收买。其不申报或拒绝收买及收存于本国银行者，应严予处罚。

　　△　美国政府由其代表团向联合国提出托管昔日在日本统治下、现为美军占领的太平洋 1500 个岛屿的要求。中国对此原则支持，但是，其中原本隶属中国版图的冲绳、琉球诸岛的问题，保留原有要求。

　　△　财政部分电各海关，切实严防黄金走私出口。

　　△　中央银行开出黄金收兑价格为每 10 两 480 万元，美钞收兑价格为一元兑 1.164 万元。黄金由中央银行业务局出纳科收兑，美钞由中央银行业务局外汇科收兑。

　　△　四联总处召开临时会议，各国家行、局负责人出席，会商执行《加强金融业务管理办法》，规定各项放款，以协助民生必需品及出口物资之增产为主，数额在 5000 万元以上，需经四联总处核定。各行局多余款项，应一律存放中央银行，不得以买汇贴现及其他方式以资金转放省、市银行或商业行庄。军政及国营事业机关支用存款时，一律使用抬头支票，必需提取现款时，应注明用途。

　　△　南京、汉口、杭州、昆明、蚌埠等各地金号、银楼及兑庄均告停业。

　　△　驻美大使顾维钧访晤美国务卿，讨论中国财政危机，希望日本赔偿早日实行，并提出美国援助中国之五项要求。

　　△　中央研究院复员后第一次院务会议在南京鸡鸣寺举行，到该院总干事与各研究所所长萨本栋、傅斯年等 30 余人，除听取教育部长朱家骅报告外，并讨论召开全国学术会议，收集集中敌伪时期图书仪器，会同教育局合理分配，将各研究院集中首都等案。

　　△　重庆行辕主任张群在成都召集会议，讨论"进剿"川康民变武装，会后抵渝称：已责成川康绥署负责此事。西康民变武装 5000 人集结于雅安以东数里之地准备发动攻击。

△ 越南法军以大炮、飞机猛攻河内华侨区内之越军。该处尚余华侨 5000 余人,生命财产大受威胁。马来亚华侨因此发动抵制法国运动。槟榔屿码头工人亦宣布:是日起拒绝为法国船只装载货物;本月底起并停止为法国船只卸货,荷兰船只亦在此抵制之列。

2 月 18 日 蒋介石及宋子文要求美国务院同意"联总"将所余价值 2.4 亿美元善后救济物资中,调换价值二亿元而可由黑市出售之物品,以便取得现款。

△ 平、津、京、杭各地学生抗议美军暴行联合会代表抵沪,与上海学生抗议美军暴行联合会举行会议,筹备成立全国学生抗议美军暴行联合会,筹备会决定总会设沪,并分电渝、蓉、穗、昆各地学生"抗暴会"派代表来沪共同筹备。

△ 越南国民联合会代表黄荣协在广东侨务处招待记者,报告法越战争发生后华侨之遭遇。并指责中国驻河内总领事袁子健的渎职行为以致华侨遭受重大损失。

△ 驻菲律宾公使馆奉命停止谈判中菲友好通商条约,指责菲政府缺乏诚意,对菲律宾 10 万华侨有歧视行为。

△ 驻美大使顾维钧在纽约中美工商会议上发表演说,促请美国增加对华援助。

△ 德文报刊《纽约州先锋时报》称,1937 年日军在南京大屠杀时,曾保全无数华人生命的德国人,现已确定其人为前任某德商公司南京分行经理约翰·拉贝。

△ 据前美国驻华大使馆德籍职员洛森(现任职于纽约州汉密尔柯尔凯大学)、前德国军官兼华军顾问亚纳多(现住纽约)提供材料称:拉贝曾创办难民收容所,保全数千名华人生命,并主持国际救济协会南京分会。1938 年返德,因发表演说,展览照片,暴露日军在京暴行,遭秘密警察逮捕,关押集中营,至于目前下落,彼等亦无所悉。

2 月 19 日 国防最高委员会例会通过《民生日用必需物品供应办法实施细则》,决定 3 月 15 日以前完成实施手续,先在宁、沪试办,然后通行全国。《细则》规定：一、供应物品为：米、面粉、纱布、燃料、食盐、食糖、食油。二、经济部主管纱布、燃料、食油；粮食部主管米及面粉；财政部主管食盐；资源委员会主管食糖。三、对公教人员之物品供应，按定量定价配售。四、对于工厂职工之物品供应，按代购方式办理。五、对于市场所需物品之供应，以扶助商营为主，政府于必要时出售物品，调剂市场。

　　△　财政次长徐柏园召见海关总税务司李度、副总税务司丁贵堂等，研讨防止走私问题，决定加强稽查，如发现走私黄金、美钞，即予没收。

　　△　山东国民党军占领枣庄、巨野。

　　△　陈诚、王耀武判明华东野战军有围攻新泰、莱芜之意图，又令李仙洲兵团后撤。

　　△　云南省政府令省警务处及昆明市府封闭《新华日报》昆明分销处。

　　△　农林部、外交部与驻东京盟军总部协商订立《关于准许日本渔轮在中国朝鲜琉球外公海捕鱼办法》，凡10条。

　　2月20日　蒋介石与宋子文直接要求美国务院将联合国救济总署拨给中国复兴农工业的2.4亿美元中的二亿元改购棉麦等能在市场上售卖的生产品，以纾解中国经济危机。对此，中共代表董必武以中国解放区救济总会主席身份表示反对，认为这将使为战争所损毁的区域中受创甚巨的人民，尤其是中共区人民，无法再得任何善后救济。并将巩固目下对中共区进行的战争。

　　△　蒋介石派赴东京盟军总部联系代表王之少将会晤麦克阿瑟元帅。

　　△　国防最高委员会常会通过平抑物价实施办法。25日，行政院例会通过实施，适用地区为南京、上海、广州、武汉、重庆、成都、昆明、西安、兰州、太原、郑州、济南、青岛、天津、北平等32城市，并规定南京、上海为严格管制区域，工资不能增加，公教人员配售实物。

　　△　中共发言人在延安发表声明："京、沪、渝三处中共联络处之设

立与存在,以前皆为国、美双方所请求及国方所许可,其任务为与中外各方联络,包括与联总、行总之联络在内。除非国方决心从此以后再不谈判,正式通知中共撤退此等机关,或中共方面自行决定撤回,则决无取消三地联络处之理。如国方既不正式通知中共撤退,还要阴谋扣捕中共人员,则一切后果应由国方完全负责。"

△ 南京中共发言人声明:"中共中央已决定继续其驻南京、上海、重庆三地区办事处之工作,因办事处除与军调部有关之活动外,尚有其他许多活动。"次日,再次发表谈话:政府现正以种种手段欲迫使南京、上海、重庆三地中共联络处关门。除非国民党政府予以正式通知,则上述三处决不实行结束。倘政府施行卑劣手段,如扣押或逮捕等,则需负此责任。国民党政府已两次要求南京中共联络处自动关闭,并告知中共联络处房屋将改作他用,由此可知国民党显已决定关闭谈判之门。

△ 华东野战军八个纵队发起莱芜战役。次日包围莱芜城。

△ 北平军警进行空前大逮捕。自 14 日起一周间,各界人士被捕者已达 2000 余人,其中包括著名文字学家、《联绵字典》编著者符定一、年逾七十高龄之河北名著书家耶檐亭、北大教授王之相、张东荪之子张宗款等。

△ 长春市警察局是日起至 26 日实行联保连坐编组。每甲以五至十户编为一组,分为若干连坐单位。编组完毕后,办理联保连坐切结,规定凡与"奸匪"勾结者、私藏军火者、发现上项情事而不具报者,出具联保连坐之切结人均受同等处分。

△ 迪化发生示威游行,参加者要求罢免哈密、和田、莎车专员,军队不得干政,中央军撤出新疆,重新地方选举等,游行得到三区方面支持,其后两天,游行继续,并向省政府请愿。

2 月 21 日 晨八时北平军调部中共代表叶剑英,偕参谋长薛子正、新闻处长黄华等最后一批撤退人员 20 余人,全部由平撤返延安。

△ 东北民主联军 12 个师为配合南满作战,再次渡松花江南下。其后连占城子街、九台、农安,27 日开始攻击德惠。因国民党军自长春

三路北援,迫近德惠,东北民主联军乃于3月1日停止攻击,撤回江北。

△　蒙藏委员会所属蒙藏学校是日断炊停课。学生及校方急电请政府按照其他蒙藏边疆学校办法与国立学校同等待遇。

2月22日　蒋介石批复经济监察团组织章程修正案,并指示经监团今后工作对象不仅限于金钞、粮食、纱布,凡违反经济紧急措施方案之经济活动,均须同样注意取缔。

△　中共中央军委副主席周恩来在延安接见合众社记者称:中共欢迎与解放区进行正当贸易之美商,并欢迎一切美国记者之光临。同时重申将坚持所提恢复和谈之两项先决条件。

△　解放区救济总会主席董必武致电华盛顿"联总"署长鲁克斯,抗议政府要求"联总"允其在公开市场上出卖谷物与棉花。

△　美国农业考察团一行九人,由东京抵沪,该考察团系中美农业技术合作团组成部分之一。

△　上海银楼业职业工会为政府颁布金饰处理办法,致制造金饰工人顿告失业事举行紧急会议,决议推派代表向总工会、市长、社会局、市党部直至行政院、财政部、社会部请愿,准予复业。银楼业暨其附属各业劳资代表同日下午在职员联谊会举行联席会议,决定组织联合请愿团晋京请愿。次日,南京、上海、扬州、镇江、无锡、苏州等地银楼业代表200余人在上海市商会举行大会,讨论成立银楼业图存委员会,向政府请愿。大会决议要求当局撤销限期登记、限期出售及限令兑换法币之规定;要求准许经营收兑、加工暨出售金饰业务;要求中央银行配售原金藉供民间要求。此后数日,江西、福建、武汉、重庆等各地银楼均开会决议派代表赴沪联合晋京请愿。

△　上海市总工会召开临时全体理监事会议,讨论政府冻结生活指数事,决议推派代表晋京向行政院、国防最高委员会、社会部、组织部、参政会等机关请愿,要求继续发表生活指数,工人工资仍依生活指数计发。

△　北京大学、清华大学朱自清、张奚若、许德珩等十教授就当局

以检查户口为名,出动 8000 余军警,午夜闯入民宅,滥捕市民达 2000 人以上事,发表宣言,表示抗议,要求释放被捕者,保障人权、安定人心。

△ 国民政府照会苏、美、英、法四国,声明:"此次莫斯科四外长会议之议程,应限于德、奥和约之起草,如有变更,应得中国之同意。"美、法已复文同意,英国亦口头同意。

2 月 23 日 被困于莱芜之李仙洲部在突围中被华东野战军于莱芜、吐丝口间设阵全歼,李仙洲被俘,第七十三军军长韩浚部 5000 余人在青石关亦被歼,韩被俘。自 20 日开始之莱芜战役结束,国民党军共被歼二个军七个师(旅)5.6 万余人。

△ 上海学生抗暴联合会千余人开展街头宣传、揭露国民党特务暴行,宣传爱用国货,听讲市民达数万人。

2 月 24 日 午后四时蒋介石乘专机飞抵济南,在王耀武司令部召集有关军事人员举行会议,研讨山东战局。次日午后返京。

△ 蒋介石手令在沪经济监察团,限月底前查明金潮案真相报核。

△ 全国邮务总工会发出紧急呼吁,指出政府颁布之经济紧急措施方案中硬性规定工人工资不得超过 1 月 1 日之生活指数,不合实际物价情形,影响工人生活至巨,要求解冻生活指数,仍按原有办法根据当地当月生活指数计算支给。

△ 迪化举行拥护中央政府之游行,要求取消三区特殊化,得到国民党当局支持,与前几日三区方面支持的反中央游行对抗。

△ 开鲁为西满民主联军攻克,李守信部参谋长以下 1100 余人被俘。

△ 远东委员会是日决定授权麦克阿瑟将已指定之日本工业设备,先行分配 30% 与中国及菲律宾,作为初步赔偿。所有拆卸、搬运费用,由日本负担。运输船只及其他费用,则由中、菲两国负担。

△ 香港法庭判处第一名日本战犯野间贤之助死刑。

2 月 25 日 蒋介石召集军事将领,检讨莱芜战役失败的原因。

△ 中、美、苏等国商讨日本赔偿问题。同日,联合国救济总署决

定对华救济工作将延至 9 月。

　　△　美国国务院发言人称:在未来之莫斯科外长会议中,并无讨论中国问题之具体计划,对中国问题之考虑,并未列入会议之议程。但又称:马歇尔或将在会议中讨论不少其他问题,包括中国问题。

　　△　王世杰发表谈话,称政府将严格履行中苏条约。

　　△　上海市小学教师联合进修会就政府对公私校教师配给实物不公事招待新闻界,指出:公私校教师所负教育国民责任相同,今政府实行配给制度竟有公私之分,实在不公。宣布:本会将与本市全体私立中学教职员及文化界人士联合争取,并愿与首都私校同人取得联系,共同要求行政院修改配给条例。

　　△　迪化再度发生游行,反对三区"特殊化"。游行者至省府请愿,与维吾尔族群众发生冲突,双方各有死伤。省当局宣布临时戒严。

　　△　美国农业部宣布,四月份内将以 9000 长吨小麦供给中国。

2 月 26 日　应驻日美军总部麦克阿瑟之邀请,中国赴日记者团乘机前往日本访问。团长为中央社总编辑陈博生,团员为上海《申报》总编辑陈训畬、《新闻报》社长程沧波、上海《大公报》总编辑王芸生等 10 人。旅程包括东京、横须贺、广岛、大阪等地,同时参观日本议会、盟国对日委员会及国际战犯法庭。期间受到日首相吉田茂宴请。3 月 14 日全团飞返上海。

　　△　中国解放区救济总会声明抗议国民党包办救济工作。

2 月 27 日　台湾省专卖局查缉员在台北延平北路查缉私烟,女贩林江迈逃避不及,遭查缉员殴打,当即昏倒在地。民众义愤,包围查缉员,查缉员又开枪打死市民陈文溪。群众涌向警察局和宪兵团,要求惩凶,交涉无结果,群情激昂,烧毁查缉车,包围警察局及宪兵团,直至天明,是为"缉私血案"。

　　△　青年党将参加立法院、监察院、参政会及宪政实施促进会四机构名单提交政府。

　　△　北大、清华学生罢课,抗议当局非法逮捕市民及学生。中午,

各大学代表在北大举行联合会议,提出释放被捕市民及保证以后不再发生类似事件等四项要求。

△ 财政部发出公告称:所有上海市业经核准复业之银行、钱庄及增设之分支、处迄至 2 月 16 日尚未开业者,其核准原案应即予以撤销,不得再行开业。

△ 全国银楼业联合请愿团暨银楼业附属各业联合请愿团代表 20 余人,由沪搭车抵京请愿,要求政府修改迫使银楼、金店破产的金饰处理办法。

2 月 28 日 台湾爆发"二二八事件"。因对当局处理昨日"缉私血案"方式不满,台北市民早起结队游行,并到市专卖局请愿。因无人接见,更引起民众不满。下午 1 时,民众齐至台湾省行政长官公署请愿,要求惩办凶手,撤销专卖局,遭军警开枪射击,数人死伤,激起民众怨恨。市内停工、停课,民众自发开会,并占领广播电台,向全省广播,呼吁全省民众支援台北民众反贪官污吏的斗争。请愿演变为起义。下午 3 时,陈仪宣布戒严,出动军警镇压。消息传出后,台湾全省各地均发生民众反抗,响应台北的行动。

△ 首都卫戍司令部、淞沪警备司令部、重庆警备司令部分别通知驻南京、上海、重庆三地中共人员,限于 3 月 5 日前撤返延安,并强令关闭重庆《新华日报》。

△ 中共中央军委副主席周恩来为国民党强令撤退在宁、沪、渝之中共代表及工作人员事致电蒋介石,要求以正式公函通知中共驻京代表董必武,并延长撤退期至 3 月底。

△ 国防最高委员会通过民社党、青年党参加立法院、监察院、宪政实施促进会、参政会等四机构名单,同时通过国民党与社会贤达名单。

△ 蒋介石飞抵西安,部署对延安的军事进攻。中共得到秘密情报,部署延安紧急疏散。

△ 华北绥靖会议在北平举行,李宗仁、白崇禧、谷正纲与华北国

民党高级官员研讨华北对共战略。

△　《合众社》华盛顿电：美国海军部长福莱斯特在华府的记者会上强调，美国不因已退出中国政局而减少驻西太平洋的海军。美国在青岛仍将驻泊舰队。

△　国民政府特任罗家伦为驻印度特命全权大使。吴泽湘为驻智利国特命全权大使。

△　国民政府完成接收西沙、中沙、南沙群岛任务。

是月　物价委员会统计，本年2月份生活指数（以民国二十六年上半年之物价为基数）：汉口、天津为1.3万余倍，上海、南京为1.2万余倍，广州为1.1万余倍，重庆为7600倍，平均指数为1.155万倍。

△　苏北盐阜区自去年7月开始土地改革工作至今已大部完成。淮安、盐城、阜宁、射阳等七县初步统计，已有110万无地少地农民分得土地200余万亩。

△　冀南全区已有四分之三县份完成土地改革，30余县中，450万农民参加翻身运动，250万农民加入农会、妇女会及民兵。

△　吉林解放区实行土地改革，60万农民平均每人得地五亩以上，28万人参加农会、妇女会、儿童团等群众团体，并成立了自卫武装。

3　月

3月1日　蒋介石在国民党中央训练团党政班留京同学联谊会上发表演说，声称："不出一年半载，'国家建设障碍'必可排除。"

△　国防最高委员会举行会议，蒋介石主持，决议：行政院长宋子文辞职照准。蒋介石兼行政院长，张群任行政院副院长。

△　国民政府免中央银行总裁贝祖贻本职。特任张嘉璈为中央银行总裁。

△　宋子文辞职后，在立法院报告财政金融措施。对于立委质询，答以自有新院长答复，言毕扬长而去。

△ 国民政府文官长吴鼎昌发表谈话："为切实推进宪政实施之准备工作起见，国民政府特增设员额，延致各党各派及社会贤达参加立法院、监察院及国民参政会工作，共策进行。至国民政府委员会及行政院之改组，当即赓续办理。"

△ 国民政府公布立法院、监察院、国民参政会新增委员名单，计：立法委员 50 名中，国民党 17 名，青年党 13 名，民社党 12 名，社会贤达八名；监察委员 25 名中，国民党九名，青年党六名，民社党七名，社会贤达三名；参政员 44 名中，国民党 11 名，青年党 11 名，民社党 11 名，社会贤达 11 名。

△ 国民政府公布修正《国民参政会组织条例》第三条条文及附表，规定国民参政会置参政员 362 名。由各省、市公私机关团体服务三年以上，著有信望之人员中，选 227 名；由曾在蒙古、西藏地方上公私或团体服务三年以上，或熟谙各该地上政治、社会情形，著有信望之人员中选八名；由曾在海外侨民居留地工作三年以上，熟谙侨民生活情形，信望久著之人员中 8 名；由曾在各重要文化团体、经济团体服务三年以上，或努力国事，信望久著之人员中，选 119 名。

△ 国民政府聘孙科为宪政实施促进委员会会长；曾琦、徐傅霖、莫德惠、张继为副会长；曹明焕等 125 人为常务委员。

△ 蒋介石召见胡宗南，研讨进攻延安计划。

△ 第二、第十一、第十二战区撤销，成立太原、保定、张垣绥靖公署，阎锡山、孙连仲、傅作义任主任。

△ 上海马思南路一〇七号中共办事处被淞沪警备司令部派人严密看管，解放区救济总会驻沪办事处主任伍云甫赴办事处时被拘留，《新华日报》上海办事处及群众出版社亦被监视。

△ 解放区救济总会致电华盛顿"联总"署长鲁克斯，抗议当局软禁董必武及伍云甫，要求立即恢复其行动自由，并保证所有解放区救济总会人员之安全。

△ 中共《新华日报》在重庆停刊。

△ 成都警备司令部通知成都《新华日报》办事处即日起结束一切业务，集中返延。川、康两省各县、市内中共人员亦被限于3月5日全部集中撤退。

△ 台北市参议会邀请国大代表、参政员、省市参议员组织"缉私血案调查委员会"，向陈仪提出五点要求：一、立即解除戒严令；二、被捕市民应即开释；三、下令不准军警开枪；四、官民共同组织"处理委员会"；五、请陈仪对民众广播。下午5时，陈仪向全台广播，宣布处理办法：一、惩凶；二、抚恤伤亡；三、今晚12时起解除戒严，禁止罢工、罢课、罢市、集会游行。陈广播后，又秘密召集手下集议对付办法，电请中央派兵到台并调台南凤山部队北上增援。

△ 台北民众与铁路警察冲突，巡逻车开枪射杀，死18人，伤40余人。

△ 基隆要塞司令部宣布戒严。全市交通断绝，停工、停市、停课。

△ 台中民众进攻警察局及仓库驻军，将其全部缴械。

△ 台中市、彰化市、台中县召开参议员联席会议，要求改组长官公署，民选省、市、县长。

△ 重庆市警备司令部派军警搜查陶行知创办的育才学校，行知小学也被迫停课。民盟机关报《民主报》因刊上述消息，被迫于3日停刊。前社会大学教员及小学教员多人被逮捕。

△ 监察院弹劾新疆省前任主席盛世才，以其假公营私，贪污违法，决移付惩戒。

△ 中央政治学校与中央干部学校合并改组为国立政治大学。蒋介石兼任校长。

△ 刘文辉召开西康行政检讨会议，讨论西康民变事件。会后派人到荥经、天全、芦山、保兴等县说服招抚。西康民变事件结束。

△ 中央监委王秉钧接任国民党河北省党部主任委员。

△ 美国驻华大使馆陆军副武官瑞克少校及柯林斯上尉在长春附近被东北民主联军俘虏。美驻华使馆次晨通知中共驻京人员转告延安

方面,要求立即释放。

△ 苏联驻汉口领事馆是日起暂行裁撤。

3 月 2 日 蒋介石电令驻京沪线的第二十一军全部开赴台湾"平乱",军部及直属营、连和第一四六师即日在吴淞上船直开基隆,第一四五师在连云港集结候轮开高雄,限 3 月 8 日前到达,该军到台后归陈仪指挥。

△ 中共中央负责人发表声明,指出蒋方强迫中共驻京、沪、渝代表撤退,表明蒋方决心最后破裂,关死一切谈判之门。

△ 中共南京办事处一部分工作人员 25 人,晨 9 时乘美军用专机一架,离宁飞返延安。

△ 中共上海办事处向淞沪警备司令部提出撤退人员名单,计马思南路一〇七号周恩来公馆 17 人,朱葆三路新华日报社 17 人,共 34 人。

△ 台北市"缉私血案"调查委员会与长官公署讨论解决方案,陈仪答应并广播四项解决办法:一、对参加者不追究;二、被捕人民免保领回;三、死伤者不分省籍,一律抚恤;四、"处理委员会"增加各界人民代表。

△ 台北市成立"处理委员会",并由处委会组织自卫队,负责巡逻及维持治安,局势有所缓和。

△ 国立台大、延平学院、法商学院、师范学院及各中等学校学生约数千名,于中山堂举行学生大会,决议组织学生队伍,协力维持治安,同时准备应付意外突变。

△ 台中市民众在台中戏院召开市民大会,推选谢雪红为大会主席。会后游行,包围警察局,解除警察武装。另一部分民众包围台中县县长刘存忠住宅,发生冲突。同日,各界人士集于市参议会,成立台中地区时局处理委员会,在谢雪红、杨克煌等领导下,组成青年武装队,控制了台中市及近郊各军政机关。

△ 新竹、嘉义、台南等地民众纷起行动,抢夺武器,攻打官署。

△　北大、清华、燕京、北平师范学院及中法大学五大学教授、讲师200余人发表宣言，响应北平十教授保障人权宣言。

3月3日　晨7时中共代表董必武自沪抵京，车抵下关。遭国民党特务囚禁一小时。董必武回中共办事处后，即往访张治中，询问政府有无致中共人员撤离京、沪、渝三地之正式公函，及政府是否表示决心用军事方式解决国共问题。继访张群，商谈有关渝、蓉两地中共人员撤退问题。

△　首都卫戍司令部函中共代表团，将留京人员速造册函送该部，以便于3月5日前护送离境。中共代表团函复称："美方协助之空运工具未能于贵部限定之期内充分拨用，须延至本月7日。"

△　解放区救济总会驻沪办事处主任伍云甫，被警探拘留于马思南路一〇七号50小时后，是晨获得自由，赴"行总"办公，与"行总"署长霍宝树商议中共救济人员留驻问题，未达成协议。6日午后，"解总"代表伍云甫访"联总"中国分署长艾格顿，商谈留驻人员问题。次日，又与霍宝树再度商议，仍未获协议。14日，艾格顿答称予以同情支持。但至17日，"解总"留驻人数问题仍未解决。蒋介石手令重申前令，只准留沪五人，天津二人，开封一人。"解总"未表同意。

△　民社党主席张君劢就中共人员撤退，与国民党政府全盘改组事，发表谈话称：中共不承认上年6月以后政府对外所缔任何协定，实为促成政府限令其留驻人员撤退之主要原因。

△　陆军总司令部移驻徐州，顾祝同统一指挥山东、河南战事，撤销徐州、郑州两个绥署，另设陆总郑州指挥所，范汉杰任司令。

△　台北市"二二八事件处理委员会"在中山堂召开首次会议，商定军队于下午6时撤回军营，由宪、警、学生联合组织治安服务队维持治安。"处委会"向陈仪提出要求：一、撤销贸易、专卖两局；二、解散警察大队；三、任本省人为秘书长；四、处长以上半数人由本省人任职；五、改正现行政策。长官公署彻夜开会，认为难于接受。

△　台湾旅沪同乡会上书蒋介石，要求彻查台湾"二二八"惨案真相。

△　驻华美军当局判处沈崇案件主犯皮尔逊徒刑 15 年,帮凶普利查德下士降为普通兵,处监禁劳役 10 个月,两犯均开除军籍。惟称此项判决,须俟华盛顿当局复准后始可成立。

3 月 4 日　中共中央军委副主席周恩来致电民盟主席张澜,委托民盟代为保管京、沪、渝三地中共遗留全部房屋财产。民盟总部向政府洽商并获得同意。民盟负责人谈称:接管后之中共财产,民盟仅负看管责任,不拟予以使用。

△　美国驻华大使司徒雷登设宴为中共联络处人员饯行。董必武、王炳南、梅益、章文晋应邀赴宴。次日,董必武、王炳南、章文晋等至美使馆向司徒雷登辞行。

△　北平警备司令部发言人称:军调部中共方面人员撤退后,理论上当无中共人员之存在,今后如有发现,当依法惩处。

△　行政院例会修改最高经济委员会组织条例,决定易名为全国经济委员会,蒋介石兼委员长,行政院副院长翁文灏兼副委员长。

△　监察院派往上海调查"金潮案"之监委何汉文等四人,发表调查报告书,指出宋子文、贝祖贻、中央银行业务局局长林凤苞、副局长杨安仁应对黄金政策之决定及业务之实施,负有重大责任,且与承办中央银行配售黄金之金号、银楼两业公会理事长詹莲生相互勾结图利,致造成金价波动,"演成今日经济危机,使投机者获利,而国家人民皆蒙其害"。

△　监察院电令闽台监察使杨亮功,即日前往台湾查办二二八事件有关问题。

△　台北"处理委员会"举行会议决定:通知 17 县、市参议会,紧急组织"处理委员会县市分会",并派代表参加全省处理委员会,目的为"要求政治改革"。政府代表宣布退出"处委会",各人民团体要求"处委会"扩大组织机构。会后,"处委会"代表市民向长官公署提出条件,要求惩办凶手,抚恤死者家属,释放被捕群众,不得追究当事人,取消专卖局、贸易局,各级官吏尽量任用本省人等。

　　△　台湾各地局势仍不稳定。台南、嘉义、高雄、屏东、台东等地仍有武装冲突发生。

　　△　南京下关三号码头江岸崩塌,死 11 人,伤 14 人,沉船 28 艘。

　　3 月 5 日　蒋介石约见民社党张君劢、徐傅霖及青年党左舜生、余家菊等人,谈改组政府问题。

　　△　晨 7 时,中共上海办事处及《新华日报》全体人员陈家康、潘梓年等 23 人,离沪赴京。陈家康发表临别谈话,希望早日实现和平民主统一,以后再回上海相见。至此,中共上海办事处人员全部撤离。

　　△　成都《新华日报》营业处职员九人,是晨由成都警备司令部派车送渝。

　　△　国民党中宣部长彭学沛在南京举行记者招待会,宣称:经济紧急措施系政府正式会议通过,国府主席暂兼行政院长,原因之一即为表示政府切实实施紧急措施之决心。

　　△　"联总"通过价值 500 万美元之棉花在中国公开市场出售方案。方案规定中国应在此批棉布中拨出 10％布匹及 5％棉花,直接分发穷苦人民,作为缝补冬衣之用。

　　△　高雄市成立"处理委员会"及"总指挥部",集合队伍攻击宪兵队、陆军医院及军械仓库,占领市内一切军政机关,并以 700 多人攻击高雄要塞,遭到要塞司令彭孟缉的武力镇压。

　　△　上海台湾同乡会、上海台湾同学会、台湾革新协会、台湾政治建设协会上海分会、闽台建设协会上海分会、台湾重建协会上海分会等六团体组织台湾"二二八"惨案后援会,提出五项要求:一、台湾即日实行自治,省、县、市长一律民选;二、废除特殊化之行政长官制度及其他一切特殊法令;三、撤换陈仪,严惩暴行凶手;四、取消台湾特有之专卖及省营贸易;五、抚恤伤亡,即日释放被捕民众,保证不再发生同样事件。

　　△　通辽为西满民主联军攻克。

　　3 月 6 日　滇省警备总司令部召集党、政、军有关机关首长开会,商讨中共人员撤退问题,决定在昆明之中共人员,限 15 日办竣登记手续;各县方面,限文到一周集中送昆明,再行护送出境。并决定如确系中共人员而不依限前往登记者,政府对其安全不负责任。

△　二二八事件处理委员会在台北正式成立,并发表告全国同胞书,称"目标在肃清贪官污吏,争取本省同胞参加这次改革本省政治的工作"。

△　台湾行政长官陈仪发表广播讲话,表示准备改革省、县行政机构,同时又秘密与部下策划援军到后之行动方案。

△　杜聿明飞抵德惠,指挥国民党军对撤回江北的东北民主联军实施反突击。是日,国民党军一部渡过松花江,遭到东北民主联军反击。

△　首都高等法院判处曾任汪伪司法行政部长、伪安徽省长、伪中央党部秘书长的罗君强无期徒刑。

△　黄河花园口堵口合龙工程开始。口门下游旧河床内加挖之三道引河,昨日全部竣工。

3 月 7 日　蒋介石接见外交部长王世杰,商谈收复旅顺、大连事宜。

△　原留京、沪中共人员董必武、王炳南、陈家康、梅益、潘梓年等 74 人,晨 8 时乘美军飞机四架飞抵延安。政府代表张治中、邵力子,民盟代表罗隆基、叶笃义,美方代表柯义上校及中外记者数十人前往机场送行。董必武离京时发表书面谈话,指出:"目前虽战祸蔓延,中共党员,仍将一本初衷,竭力为和平民主奋斗到底。"

△　中共中央军委副主席周恩来接见合众社记者,表示:中国问题应由中国人民自行加以解决,此次莫斯科外长会议当仍将遵行以前之原则,即维持和平、停止冲突、设立各党各派之联合政府,及不干涉中国内政等项,否则应加以反对。

△　日本赔偿物资约达 1000 万吨,中国可获得 30％。

△　国民党军发起对山东解放区的重点进攻。陆军总司令顾祝同

在徐州指挥,以汤恩伯第一兵团18万人为南线,王敬久第二兵团、欧震第三兵团20万人为西线,企图与华东野战军在鲁中山区决战,或压迫其北渡黄河。至4月中旬,国民党军在西线打通了津浦路兖州至济南段,在南线占领了鲁南山区,打通了临兖公路。两路齐向鲁中进攻。

　　△　胡宗南部第一军董钊与第二十九军刘戡部分别在宜川、洛川集中,准备进攻延安。

　　△　行政院通令全国各地行政机关,凡易遭人民反感之措施,如取缔摊贩、取缔人力车、拆除棚户等,应酌予减免。

　　△　国防最高委员会决定取消台湾行政长官公署,改组省政府。

　　△　台湾省党部主委李翼中到京,向蒋介石报告台变经过并请示善后办法。

　　△　奉派抵台处理二二八事件的闽台监察使杨亮功由基隆至台北途中遭民军袭击,伤随员、卫士各一人。

　　△　绥远省参议会首届一次大会开幕。参政员对粮政兵役大加抨击,并通过意见书,陈述当前役政强抓乱要,敲诈贿赂等现象。

　　△　上海各高等学校教授发表宣言,支援北平各大学教授抗议当局非法逮捕大批民众。

　　△　汪伪军政部长、伪河南省长鲍文樾被判处死刑。

　　△　"中亚轮"在九江下游失火,乘客百余人遇难。

　　△　上海圣约翰大学创办人、名誉校长卜舫济博士病逝。

3月8日　国民政府免去兼行政院绥靖区政务委员会主任委员宋子文职,特派蒋介石兼任行政院绥靖区政务委员会主任委员。

　　△　重庆中共代表吴玉章等50人离渝返延。

　　△　中共中央军委副主席周恩来在延安招待记者发表谈话,抨击美国对华政策,重申惟政府接受中共两项要求,始能和平。

　　△　中国民主同盟发表《为国共和谈正式破裂宣言》。对政府令京、渝、沪等地中共办事人员限期一律撤退,国共和谈从此正式破裂而深表痛心,宣言声述内战惨痛,希望政府能切实保障人权,对以善意调

解内战纠纷者,表示欢迎。

　　△　民社党北方代表梁秋水、胡海门电张君劢反对全面参加政府。

　　△　东北民主联军北满部队三下江南作战,北进之国民党军全线撤退。

　　△　台湾二二八事件处理委员会向陈仪提出改革台省政治的建议,包括省自治、县市长民选、改选县市参议会、实行统一累进税、废除杂税、撤销专卖局、贸易局等。

　　△　台湾全省除高雄、基隆、新竹外,大部县、市被民众控制,各级处理委员会实际行使行政管理职权,并成立治安自卫队。

　　△　国民党军第二十一军赴台,是日抵达,在基隆港登陆。

　　△　台北数千市民为 2 月 27 日夜被查缉员枪击身亡之市民陈文溪举行葬礼,参加者达数千人。

　　△　中美民航谈判结束,双方同意互派飞机往返连贯两国间之指定航线。

　　△　国民政府令免驻埃及国特命全权公使许念曾本职,任命何凤山为驻埃及国特命全权公使。

　　△　花园口口门合龙工程开始引河放水,缺口已缩小至 15 公尺,缺口上游水位被抬高约二公尺,进入新引河水流已达全河流量四分之一。

　　3 月 9 日　民主同盟主席张澜电各省地方当局,抗议当局迫害,要求实践保障各民主党派诺言,共同维护民主。

　　△　李济深发表对时局意见书,谴责蒋介石应对目前的国难直接负责,号召孙中山三民主义的真正拥护者起而求改革,并提出七点改革意见。

　　△　东北民主联军围攻靠山屯。10 日,国民党军第七十一军二个师分由德惠、农安来援。11 日,东北民主联军在德惠西围歼第七十一军第八十八师,杜聿明几被捉。12 日,第八十八师被全歼。16 日,东北民主联军撤回江北。

△ 青年党左舜生对记者称:青年党仍希望地方政府之改组能早日进行,并亟愿在党员较多之地方参加省、市、县各级政府。

△ 政府代表雷震、洪兰友到沪与民社党、青年党洽商政府改组事。

△ 台南召开市民大会,全体参议员、区里长、人民团体及学生代表等 4000 余人参加,依据陈仪之诺言,选举过渡时期的市长,并将选出的三人名单报省署,等待任命。

△ 奉监察院命抵台"视察"之闽台监察使杨亮功,上午接见记者发表谈话,希望迅速恢复秩序。

3 月 10 日 国防部审判战犯军事法庭判决侵华日军第六师团长谷寿夫死刑。判决书宣布:"查屠杀最惨厉之时期,厥为二十六年 12 月 12 日至同月 21 日,亦即谷寿夫部驻京之期间。计于中华门外花神庙、宝塔桥、石观音、下关草鞋峡等处,我被俘军民遭日军用机枪集体射杀及焚尸灭迹者,有单耀亭等 19 万余人。此外零星屠杀,其尸体经慈善机关收埋者 15 万余具。被害总数达 30 万人以上。"

△ 蒋介石在中枢扩大纪念周演讲,称:"务希台省同胞深明大义,严守纪律","自动取消非法组织,恢复地方秩序。"

△ 陈仪下令解散台湾二二八事件处理委员会。台湾警备司令部通告取消台湾所有"非法"团体,禁止集会游行,并限令民众上缴枪支。

△ 杨亮功致电于右任,报告抵台情形,称与陈仪商议,对事变"将采镇压与安抚兼施办法"。

△ 财政部公布民国二十五年统一公债乙种债票等八种公债还本,是日在上海中央信托局抽签,由各地中央、中国、交通、中国农民四银行与中央信托局给付。

△ 首都警察厅发出公告:"自本月 25 日起,举行国民身份证总检查。倘未持有身份证,或有证而无照者,均予以严厉之处分。"

△ 彭德怀到南泥湾、金盆湾、临真等地检查前线防务,并于第二天在茶坊召开营业员以上干部会议,研究阻击国民党军作战部署。

△　苏、美、英、法四国外长会议在莫斯科开幕。出席会议之四国外长为：苏外长莫洛托夫、美国务卿马歇尔、英外相贝文、法外长皮杜尔。苏外长提议由美、英、苏三国报告 1945 年 3 月 3 日外长会议时关于中国决议之实施情况，并反对马歇尔邀请中国代表参加之提议。

3 月 11 日　立法院长孙科接见合众社记者，反对苏外长莫洛托夫所提四强外长在莫斯科讨论中国问题，称此"乃干涉中国之内政"。

△　外交部长王世杰发表声明，反对莫斯科四国外长会议讨论中国问题。

△　美国务卿马歇尔发表声明，认为莫斯科外长会议在无中国出席的情况下讨论有关中国问题实属非当，表示愿意在会外交换关于执行《莫斯科声明》中任何条款之报告。因英、美、法三国反对，莫斯科四国外长会议决定只就中国局势作非正式意见交换。

△　全国经济委员会在行政院举行第一次会议，通过《评议工资实施办法》，并决定公用事业不准加价，收支赤字由政府补贴。

△　民社党中委蒋匀田是晨飞港，探询该党在港副主席伍宪子、常委李大明对参加政府决策机构的意见。

△　国民政府宣布派国防部长白崇禧前往台湾"宣慰"，并权宜处理各项事务。

△　国防部长白崇禧接见台湾旅沪六团体请愿代表杨肇嘉等，面告政府处理台变方针为：一、关于台人对政制改革之要求，将立即着手实施；二、关于经济之要求，政府拟即取消专卖制度；三、台省省内省外人一律平等；四、派兵赴台为国防上之需要，此次派兵决非为镇压人民。

△　台湾旅沪六团体代表杨肇嘉等五人飞台北，了解此次暴动真相，并"协助政府当局向人民解释政府政策"。

△　台湾民间报纸《人民导报》、《中华日报》、《大明报》、《重建日报》、《民报》及所有定期刊物，均先后被警备司令部封闭。罪名是"异党分子"操纵，"挑拨政府与民众间的感情"以及"深中日本毒化思想的遗毒"。各报刊负责人及总编辑全数被捕。全台仅保留《新生报》、《和平

日报》继续出刊。

△　花园口口口门合龙工程昼夜赶工,缺口已缩至八公尺。

△　晋冀鲁豫边区政府发表《告故道沿岸同胞书》,谴责政府违背信义放水归故的罪行,号召人民奋起抢险自救,武装自卫。

△　国民政府特派严庄为监察院江苏监察区监察使,高一涵为湖南、湖北监察区监察使,邓春膏为甘肃、宁夏、青海监察区监察使。

△　国民政府特任李迪俊为驻土耳其国特命全权大使,原任徐谟应免本职。

3月12日　西安绥署主任胡宗南到宜川、洛川召开军事会议,部署三路进攻延安。

△　国民党军再占通辽。

△　中国民主同盟发表对莫斯科会议的意见:第一、要一致遵守不干涉中国内政的约束,特别要纠正美国政府一年来违反这一约束的种种国际行为;第二、要尊重中国人民的利益和愿望……在包括全国真正的民主统一联合政府成立以前,任何国家都要停止一切财政的、经济的和军事的援助,以免扩大并延长中国的内战。

△　农工民主党发表对时局宣言,提出:一、反对内战,反对分裂;二、国共问题政治解决;三、保障人权;四、保障国权;五、废除经济统制政策;六、反对列强干涉中国内政。

△　昨日飞台北之旅沪台胞赴台慰问团陈碧笙等一行 10 人乘原机返京,并向国防部长白崇禧报告台北情形混乱,行动不自由,请中央速设法制止报复行为,以求台局之安定。

△　马寅初、沈体兰、孙起孟等组织上海教育界人权保障会,发表宣言,抗议国民党警宪之任意拘捕,要求释放被捕人民。

△　国民政府公布《户口普查法》,废止《户口普查条例》。次日又公布《内政部人口局组织条例》。

△　"联总"署长鲁克斯在记者招待会上声称,"联总"接获中国政府一项提议,要求将计划中尚未拨送中国之款项悉数购置棉花。

△ 黄道会会长、汉奸常玉清在上海监狱被执行枪决。

3 月 13 日 蒋介石召见中央银行总裁张嘉璈,商严惩涉嫌操纵黄金图利商人及中央银行人员。还商有关接收旅、大答复苏联照会事。

△ 国民党军对解放区的全面进攻,在损失 66 个旅、71 万人后,被迫停止,改为向陕北与山东的重点进攻,出动兵力为 34 个旅 25 万人。是日,胡宗南集中 15 个旅 14 万人,分为右集团董钊(整编第一军军长)、左集团刘戡(整编第二十九军军长)两部,同时自宜川、洛川一线向延安攻击,并出动飞机 45 架对延安进行轰炸。

△ 监察院以黄金案违法渎职为由,对中央银行原总裁贝祖贻正式提出弹劾。林凤苞、杨安仁、詹莲生三人,则于昨晚由上海警备司令部拘捕解送法院。

△ 四行联合总处副主席宋子文辞职,财政部长俞鸿钧继任。

△ 国民党中常会决议组织外交研究委员会,推定委员 23 人,计:王宠惠、孙科、邹鲁、邵力子、刘文岛、吴铁城、陈立夫、彭学沛、马超俊、陈诚、朱家骅、袁守谦、谷正纲、萧同兹、张道藩、刘蘅静、王世杰、甘乃光、王正廷、柳克述、赖琦、刘健群、蒋经国。该委员会旨在研究当前中国外交问题。

△ 青年党为苏外长莫洛托夫提议将中国问题列入四外长会议议程事发表声明称:吾人以一独立国家之资格,无受其拘束之义务。

△ 苏外长莫洛托夫致函美国务卿马歇尔及英外相贝文,同意在外长会议范围之外非正式商谈中国问题,并同意中国得派遣代表参加。

△ 国民政府公布修正《国立中央研究院组织法》。规定国立中央研究院直辖于国民政府,为中华民国学术研究最高机关,设数学、天文、物理、化学、地质、动物、植物、气象、哲学、教育学、中国文学、历史语言、法律、经济、社会、医学、药物学、体质人类学、工学、心理学、地理、考古学、民族等研究所。国立中央研究院设院长一人,院士若干人,第一次由国立中央研究院评议会选举 80 至 100 人,嗣后每年由院士选举,其名额至多 15 人。国外学术专家,于学术上有重大贡献,经院士 10 人以

上之提议,全体院士过半数之通过,得被选为名誉院士。中央研究院设评议会,由院士选举,经国民政府聘任之评议员 30 人至 50 人及当然评议员组织之。国立中央研究院院长、总干事及直辖各研究所所长为当然评议员,院长为评议会议长。

3 月 14 日　外交部再度声明,坚决反对莫斯科会议以任何方式讨论中国问题,并拒绝派代表参加。

△　民社党主席张君劢主张中国派代表参加莫斯科外长会议,谓四强已同意非正式讨论中国问题,"与其让人家讨论,不如我自身参加"。

△　解放区救济总会驻沪办事处发表声明,对外传"利用黄河工款搜购黄金"事,严词驳斥。

△　台湾行政长官公署秘书长葛敬恩乘专机飞南京,代表陈仪向蒋介石报告事变经过。葛谈话称,28 日暴动原因系日本统治时代遗留之鹰犬与近由海外遣回之台籍浪人受奸徒煽惑。

△　台北商店复业,学校陆续复课。闽台监察使杨亮功上午访问已复课的台湾大学。

△　《大公报》驻台湾办事处因 3 月 12 日刊社评《请爱护台湾这片干净土》一文,被台省警备司令部封闭。经交涉后,16 日启封。

3 月 15 日　国民党第六届中央执行委员会第三次全体会议在南京开幕。蒋介石主持,出席中委 146 人,候补中委 46 人,列席各地党部及三青团书记长 68 人。蒋介石致开幕词,推卸其撕毁停战协定和政协决议之责任,反诬"中共全面叛乱",声称"政府为捍卫国家统一,保障人民安全,当然不能坐视变乱而不加制止"。同时声称实行"民主","结束训政","改组政府"。

△　驻苏大使傅秉常向马歇尔、贝文送交外交部部长王世杰 13 日复文,并请转达莫洛托夫。表示中国政府不能参加四国外长会议,并要求"美、英、苏三外长停止涉及中国内政问题之任何讨论"。

△　台湾二二八惨案慰问团在上海举行记者招待会,李伟光、陈碧

笙等报告赴台慰问经过。会后发表旅沪台湾六团体二二八惨案联合后援会声明书,谓此次事变为"官逼民变",要求:一、立即撤废行政长官公署;二、为维护国家纲纪应对陈仪予以处分;三、对台变善后,须避免使用武力,停止恐怖行动,释放无辜被捕人民,保证对参加事变人民不再追究。

△ 黔省参议会通过议案,请政府停止黔省征实、征借,以纾民困。并建议中央迅速制颁实现民生主义有效办法,规定私有财产最高额,以免资本集中。

△ 黄河花园口堵口工程晨 3 时合龙,黄水全部复归故道。

△ 行政院公布《协助建设示范城市办法》,并暂定南昌、长沙二市为建设示范城市区域。

3 月 16 日 外交部长王世杰在三中全会作外交报告,阐明外交政策为:拥护及支持联合国机构,对美保持传统友谊,对苏严格实行中苏条约,对日本不采取报复,而求军事方面充分保证,不使其再事侵略。

△ 中共中央军事委员会决定所有陕甘宁解放区各野战部队及地方部队编成西北野战兵团,彭德怀任司令员兼政治委员。

△ 美国务卿马歇尔致函苏外长莫洛托夫,正式拒绝苏方关于由三国外长会商中国问题的建议,并提议在 4 月 1 日以前,美、英、苏三国彼此以书面交换关于中国之情报,并以副本送达中国。

△ 经济部成立中央标准局,原全国度量衡局撤销。

△ 北平国立研究所设原子学研究所,聘钱三强夫妇主持。

△ 台湾省行政长官公署发表公告,废止 2 月 15 日公布之限制进出口货物办法,惟对下列货品仍须公署核准,始可运输出口:一、粮食(包括杂粮);二、金属及其制品;三、木材;四、酒精、烧碱、漂粉、盐酸、硫酸;五、水泥;六、纸张、纸板、纸浆;七、肥料;八、煤及木炭;九、樟脑。

△ 菲律宾与国民政府签订华侨复员办法,限制极严。24 日,闽南华侨千余人到厦门申请复员出国,经菲领馆签证者仅 121 名。侨胞对菲方如此限制苛待华侨极表愤慨,致电请外交部严重抗议。

3月17日　参谋总长陈诚向三中全会报告军事,历述一年来建军、复员、整军工作之情形及对中共之军事情况,称:"剿匪绝对自信,绝对有把握","剿匪应以军事为中心。"

△　英外相贝文函复苏外长莫洛托夫,同意对履行1945年关于中国之莫斯科声明事交换情报,惟反对任何会议。

△　东京盟军统帅麦克阿瑟向东京记者团发表讲话,称据目前世界形势,开始商讨对日和约,业已成熟。提请英、美、苏、法、中等对日早订和约。

△　美国务院重申苏联应即将大连交还中国管理。

△　民主同盟举行记者招待会,发表书面谈话,表示民盟坚守在野的、和平的、公开的民主政团的立场,主张由美、英、苏三国共同调解中国内战,严重抗议政府在北平、青岛、上海大肆逮捕无辜人民。

△　国防部长白崇禧偕蒋经国专机抵台,"宣慰"台胞,处理台变善后。下午,白崇禧发表宣字第一号公告,宣布处理台变之基本原则:一、改台湾省行政长官公署为省政府,县、市长提前民选,并尽量选用本省人士。二、台湾警备总司令不由省主席兼任,省政府委员及各厅、处、局长,尽先选用本省人士,政府机关职员,凡同一职务官阶者,本、外省人员待遇一律平等;三、民生工业之公营范围尽量缩小,现行经济制度及政策分别修正或废止;四、各级二二八事件处理委员会及临时不合法组织自行宣告结束,参与事变有关人员,除共产党外,一律从宽免究。

△　行政院善后救济总署公布,本月上旬行总共开往冀、鲁中共区域货船五艘,载运物资计4584吨。次日,解放区救济总会发表声明,谓"行总"公布之开往中共区货船共五艘,实际其中二艘共2000吨物资运抵天津,即遭扣留,未能前运。现被扣留于天津之物资,已达3440吨。

△　三民主义青年团团部聘定第二届指导员吴稚晖、戴季陶等25人,评议员周鲠生等49人。

3月18日　蒋介石下令:"各师到达杨家畔以北之线,如时间许可,应即编成突击队直袭延安,突击成功部队赏洋一千万元。"

　　△　国民党三中全会举行第三次大会,开始质询外交报告。若干中执委抨击外长王世杰对苏外交政策屈膝无能。王世杰作答时表示准备在三中全会闭幕时辞职。前驻苏大使邵力子直言辩正:中国不应忘记过去革命成功,大部分由于苏联援助,如今不应采取对苏太不友好态度。

　　△　毛泽东、周恩来等率中共中央机关撤离延安。临行前,毛泽东接见参加保卫延安的解放军部分领导干部,指出:我军打仗,不在一城一地的得失,而在消灭敌人的有生力量。要告诉同志们:少则一年,多则二年,我们就要回来,我们要以一个延安换取全中国。

　　△　中共中央军委命令晋冀鲁豫野战军第四纵队和太岳军区部队向晋南禹门口和风陵渡方向进攻,打击进攻陕北的胡宗南部侧背,配合陕北解放军作战。晋冀鲁豫野战军决定集中第四纵队和太岳军区三个独立旅及第二、第三分区部队共五万余人,在 134 个民兵连和六万余参战群众支援下,以优势兵力,向晋南实施突然进攻。

　　△　午后 4 时,白崇禧在台北宾馆招待各界,称台省事件系受少数共产党分子及少数浪人之煽动,现大致安定,仅有少数青年现仍避居深山,盼望彼辈早日归来,各安生业,政府决不追究。

　　△　自 8 日国民党军抵台以来,对台胞进行血腥屠杀。据旅沪台湾七团体二二八惨案联合后援会印发《台湾大惨案报告书》统计,截至 18 日止,"高雄为最多约三千余人,基隆、台北次之各约二千余人,嘉义一千余人,淡水约一千人,新竹、桃园、台中、台南、苗栗等其他地多一二百人不等,总计在一万人以上,连重伤者计之,至少在三万以上"。

　　△　北平警察局为美兵枪杀小学生王凤喜事件发表声明。

　　△　上午 8 时,蒋经国抵基隆,由要塞司令史宏熹陪同视察,下午返台北。

　　△　张君劢致函蒋介石,提出:《和平建国纲领》,本为各党共同参加政府时代之决议,但"就年来之国内局势与主席最近之演说观之,已有出入","兹特列举各点为商讨之资(另纸列陈),此项《和平建国纲领》

依旧保存,此外加以补充。窃愿本此精神先行商讨,俾各党有一共守之信条"。

　　△　民社党召开临时中常会,通过《政治建议书》。建议以政治方式解决中共问题及保证人民各项自由,如此项建议能获得政府完全同意,则民社党即可参加政府。次日,蒋匀田携《建议书》晋京交雷震转蒋介石,受到蒋介石接见,蒋并表示建议诸事均可考虑。

　　△　首都高等法院判处汪伪宪兵司令陈皋无期徒刑。

　　△　花园口堵口后全部黄水涌入故道,河水暴涨不已,沿河濮县、范县、寿张等县辖境,自15日至18日四天内,河水普遍上涨20公寸。

3月19日　国民党三中全会举行第四次大会,开始军事报告质询,要求振奋士气,提高兵员待遇,加强兵役。

　　△　海军总司令部桂永清在青岛欢迎英国太平洋舰司令鲍毅德长访华。英所赠"伏波"炮舰不幸在澎湖近海被撞沉没。

　　△　是日、24日,陆军总司令顾祝同连续下达进攻山东解放区的作战命令,称:"国军决先扫荡黄河右岸亘津浦路沿线之共军,打通津浦路中段,遮断陈、刘之联络,诱致共军主力于当面而击破之","我军决于打通津浦路之同时,急袭费县梁邱城前泗水一带山地之共军而歼灭之,于3月底前打通临沂、费县、太平邑、卞桥、泗水、曲阜之公路,准备尔后之攻势。"

　　△　西北野战军放弃延安。

　　△　民盟14日开始举行中常会,是日闭幕,决议设立政治计划委员会,总会设上海,负责人黄炎培、沈钧儒、章伯钧、罗隆基;北平分会张东荪、潘光旦;南京分会何公敢、周新民、李相符;重庆分会邓初民、郭则沉、彭大魁;香港分会沈志远、李伯球、千家驹。

　　△　许德珩教授等对时局发表宣言:一、希望有效的调处办法,使真正民主早日实现。二、盟邦不能公正调处,即请不干涉他国内政,任何外军全请速撤。三、美、英、苏如有会议,不能损害中国主权及人民利益,尤不可有助内战行为。

△ 解放区救济总会驻"联总"代表为黄河归故问题发表声明,谴责"联总"和"行总"违反协定,在故道居民移居前,即允堵口放水,要求立即拨付筑堤工程费,及故道居民的迁移安置费用。

3 月 20 日 国民党三中全会举行第五次大会,秘书长吴铁城报告国民党党务概况,分析党务的缺点与成功,提出希望中共问题即刻解决,挽救经济危机,安定民生大业。

△ 参谋总长陈诚招待记者称:"如果真正作战只需三个月即可击破共军主力,但过去是因和谈关系,国军多是被动挨打。政府用兵之目的在于平定叛乱,非至共军全部解除武装不止。"

△ "联总"中国分署宣布逐渐结束直接参加中国善后救济事业之计划:"联总"之康健福利组将于 3 月底结束;遣送难民业务于 6 月底结束;"联总"之农业、工业复兴工作,及"联总"以专家借与"行总"及行政院各部之办法,于 9 月底结束;最后结束工作,由少数职员担任,至年底截止。

△ 民盟中常委、西北总支部主任委员杜斌丞以所谓"贩卖毒品"罪,在西安被陕西省戒严总司令部逮捕。杜在法庭上痛斥特务栽赃陷害。

△ 台湾警备总司令部将全省分为七个绥靖区,分区清查户口,办理连保。

3 月 21 日 蒋介石致电胡宗南,称:"延安如期收复,为党为国雪二十一年之耻辱,得以略慰矣,吾弟苦心努力,赤诚忠勇,天自有以报之也。时阅捷报,无任欣慰。"

△ 国民党三中全会举行第六次大会,检讨党务及经济。下午,举行第七次大会,蒋介石致词,对军事、政治、经济情形详细说明。大会通过第七次全国代表大会延期一年召开,中常会三分之一委员改选于次日大会中选举等两项议案。

△ 国民政府公布修正《货物税条例》第三、第四、第七、第十条,规定征收货物税之货物为卷烟、熏烟叶、洋酒、啤酒、火柴、糖类、棉纱、麦

粉、水泥、茶叶、皮毛、锡箔及迷信用纸、饮料品、化妆品等。税率从价征收 2.5％至 100％。由国外输入者,除缴纳关税外,仍应依照本条例征收货物税。

　　△　监察院加派何汉文赴台调查事变情形。

　　△　美国总统杜鲁门向参议院提出请求批准《中美友好通商航海条约》。

　　△　黄水已全部流入故道,深达二丈余。长垣、鄄城等地黄水已宽达三里,上涨至堤岸。鄄城县小屯、贺楼等河床居民,未及迁移,已被黄水冲淹。范县、濮县、寿张等县人民奋力抢修河堤。

　　3 月 22 日　国民党三中全会举行第八次大会,检讨经济、政治,并改选中央常务委员三分之一。会议通过将台湾行政长官陈仪撤职查办,及取消东北行辕下属之政治、经济两委员会两案。

　　△　国防部通令,禁止各地保安团队或驻军利用征召壮丁机会,强捕人民,变价卖与当地保甲顶替,及已接兵部队辗转敛财。

　　△　白崇禧在台中向全省广播称:"对于此次图谋叛乱的主犯,必须从严惩办";"现台湾警备总司令已决定分区绥靖,如共党暴徒仍执迷不悟,将劫夺警察枪枝及仓库武器弹药被服不予缴还,国军为绥靖地方,必须痛剿,彻底肃清。"

　　△　中国国际人权保障会开代表会,由理事章乃器、耿丽淑、刘王立明代表该会招待各界,呼吁制止秘密捕人,推派张君劢向政府进行交涉。

　　△　美军枪杀王凤喜案,中美联合发表公报,美方承认"防卫过当",愿赔偿惩戒以善其后。

　　△　西康贡噶呼图克图抵京,接受册封为辅教广觉禅师。

　　△　北平《民强报》因刊《国军入延,国无宁日矣》社评,被罚停刊三日。

　　△　首都高等法院判处汉奸、鸦片大王盛幼盦死刑。

　　3 月 23 日　国民党六届三中全会举行第九次大会,中央执行委员黄宇人等 100 人,提出临时动议,请惩治"金潮案"负责人宋子文、贝祖贿。大会讨论通过《惩治金潮案负责大员,并彻查官办商行帐目,没收贪官污吏财产案》。

△ 国民党六届三中全会通过《彻底改革党务案》,该案承认"演变至现阶段之本党,无论从党的本身或从党与政治及社会之关系上观察,皆已暴露其严重病态";"若不从速彻底改革,无待外力之压迫,亦必自趋崩溃"。为此,决议设立党务改造委员会,彻底改革本党,彻底实行党内民主,从基层以至中央各级党部立即废除指派圈定等落伍办法;重新确定团的地位,并澄清党团关系,指出"今日之党团关系,若即若离,含混不清,党团在表面上虽未严格分离,实际上早已自成体系,省级以下之党团摩擦日益显著,如不速谋澄清,长此以往,实为本党自杀政策"。全会还通过《宪政实施准备案》《工人运动实施纲要》《农民运动实施纲要》《对于外交报告决议案》《党团关系案》《对于党务报告决议案》等项决议案。

△ 国民党第六届中央监察委员会举行第三次全体会议。通过《各级监察委员会考核党员政治活动办法》,并改选常委,张继、吴敬恒、王宠惠、邵力子等 12 人当选。

△ 蒋介石主持召开紧急征实征借会议,江苏、浙江、广西、广东、湖南、湖北、江西等省主席及中央有关各部、会首长出席,研究加紧征收办法。

△ 蒋介石设宴招待青年、民社两党人士,就改组政府事交换意见。

△ 青年、民社两党领袖提出与国民党商定之参政《共同纲领》,交各自中央批准。《纲领》主张实行政治民主化,军队国家化;中共问题应以政治方式解决;行政院长由国府主席任命,但须经各党同意,实行责任内阁制;省级实行军民分治,省、市参议会与政府容纳党外人士;废止训政时期特殊法令与机关,保证人民自由等。

△ 内蒙古人民代表大会在乌兰浩特开幕。会议决定成立内蒙古人民自治政府,并选举乌兰夫为主席。大会于 5 月 5 日闭幕。

　　△　财政部公布《银楼业收兑及制造金饰管理办法》，废止前颁布之《银楼业及首饰店金饰处理办法》。新法规定银楼业制造金饰每件不得超过市秤二两，收兑价格不得超过中央银行挂牌价，不得收兑黄金条块，违反规定者，勒令停业并处以罚款。

　　△　泛亚洲会议在印度新德里开幕，除日本外，亚洲 32 个国家均有代表参加。印度国民大会党领袖、内阁副总理尼赫鲁致开幕辞。中国代表团团长为郑彦棻。会议讨论：一、民族自由独立运动；二、种族问题；三、移民问题；四、殖民经济转为国民经济；五、农业改进和工业发展；六、劳工问题和社会服务；七、文化问题；八、妇女地位与妇女运动。会议于 4 月 2 日闭幕。

　　△　皖东北灾情严重，安徽省政府在滁县设站，阻止灾民南下。

3 月 24 日　国民党三中全会举行第十次大会，通过提案三项：一、国民政府增加副主席一人；二、国府五院院长为当然中央常务委员，如已当选为中常委者，其缺额由选举常委之次多数递补；三、通过《经济改革方案》、《政治改革方案》、《刷新政治风气，限制公务员兼职案》。下午，通过宣言，并选举中常委，孙科、陈果夫、于右任、邹鲁、赖琏、李文范、张群、钱大钧、康泽、谷正纲、柳克述、李宗黄 12 人当选。

　　△　国民党六届三中全会闭幕，并发表宣言，宣称国民党之任务为：完成宪政准备，确立建国规模；消除统一障碍，巩固国家基础；实行民生主义，稳定经济秩序；维护国际正义，致力国际和平；充实教育内容，培养建国空气。

　　△　国民党三中全会纪念周与中枢纪念周合并举行，蒋介石在席上为前行政院长宋子文、外交部长王世杰及台湾行政长官陈仪辩护，称"批评应有所根据，不能捕风捉影。三中全会通过之决议案大部分属破坏性，党内派别纷争殊为扼腕"。要求大家精诚团结，渡过此严重关头。

　　△　蒋介石接见北平市长何思源，研商建设新北平市。

　　△　美国务院公布德黑兰、雅尔塔及波茨坦三项秘密协定全文。

　　△　解放区救济总会主任委员董必武发表声明，要求"联总"停运

一切救济物资给"行总",并撤回一切参加黄河工程的技术人员及器材,将救济中国尚未付出之 2.2 亿美金的救济物资直接送给解放区,救济黄河故道被难居民。

△ 东北民主联军南满部队在国民党军进攻部队后退时,出击南满各地,并于 20 日开始围攻通化。因国民党军援军赶到,是日停止围攻。第三次临江保卫战至此结束。

3 月 25 日 苏联答复美国照会,准备履行协定,将大连交还中国。

△ 西北野战军在青化砭伏击胡宗南部,歼其一个旅部及一个团近 3000 人。

△ 白崇禧在台北对记者称:"据各地所见,台湾之骚乱,大致平息",至逃匿深山僻壤之少数暴动分子及共产党徒,约 1000 人,"凡不明向政府悔过自新者,国军将追踪搜寻"。

△ 新疆省主席张治中发表告民众书,重申彻底实行和平条款和施政纲领,民族平等团结。同日省府通过《处理危害和平案件办法》,规定对聚众闹事、散布谣言、侵犯他人自由者处以刑罚。省府决定对"二二五案"死伤者发给抚恤,对案件进行调查。

△ 上海地方法院检查处就前美军驻台湾联络组军官艾文思及副官爱隆生串同侵占应由我国政府接收之敌军移交黄金 60 公斤一案,宣称:艾文思、爱隆生两人虽罪嫌重大,但均已离华赴美,且又属现役军人身份,全案仅能循外交途径,委托美国法院就地审理,依刑诉法第二百三十一条第七款管辖错误之理由,对上述两人予以不起诉处分。

3 月 26 日 国防最高委员会通过发行美金债券四亿美元案。

△ 全国粮政检讨会在南京召开,决定军粮供应政策:一、加紧催缴田赋征实;二、折价收买省、县两级应得之存粮;三、以上两项办法仍不敷军粮供量时,谋向外国购买食粮,以敷军需及公务员之用。

△ 民社、青年两党分别于 24 日、25 日举行中常会,决定接受《共同纲领》。是日,青年党通知政府,要求在行政院中占四部、会及国民党全部开放地方政权。民社党表示,必须与青年党同等待遇。次日,雷震

抵沪,敦促民社、青年两党提交国府委员名单。

　　△　福州学生举行万人示威游行,抗议军警无理殴打并逮捕学生,并到省府请愿,军警枪杀二人,致成惨案。

　　△　国防最高委员会决议:改汉口、沈阳、广州、西安四市为行政院直辖市。

　　△　美国务卿马歇尔在莫斯科会议提议由四强再加中国,邀请以前对德作战之全体盟国,在对德条约最后拟成之前,举行关于德国问题之和平大会。贝文及皮杜尔均支持中国为对德和约签字国之一,莫洛托夫表示同意考虑。

　　△　英国代表团拒绝参加三强交换中国问题情报,谓:英国并无代表驻在华北,故无情报可以交换。

　　△　苏外长莫洛托夫表示同意4月1日前交换关于中国问题之情报,放弃由三强非正式讨论中国问题之计划。

　　△　南京69家银楼全数开市。汉口、上海、北平各地银楼,亦先后复业,但成交极少。

　　△　汉奸周佛海由死刑被减为无期徒刑,理由是"在敌寇投降前后,能确保京、沪、杭一带秩序,使人民不致遭受涂炭"。

　　3月27日　国民党军集中10个师10万人第四次进攻南满临江地区。企图第一步占领辉南、金川、柳河、桓仁,第二步进攻临江。

　　△　中共中央机关报《解放日报》停刊。

　　△　华南头号日本侵华战犯、第二十三军司令官田中久一,在广州北郊被执行枪决。

　　△　上海警备司令宣铁吾通令各警察分局,今后若有市民无故失踪,各分局长应负全责。

　　△　中国国际人权保障会函张君劢,敦促其向上海市政当局交涉援救失踪人士。张君劢31日致函上海市市长吴国桢,呼吁保障人权,处非法行动者以重罪。

　　△　中央银行发行2000元、500元法币。

3 月 28 日　白崇禧召集台省警备总部参谋长柯远芬等举行会议，指示四点：一、现所拘捕关于二二八事件之人犯，应速依法审判；二、今后拘捕人犯，必须公开依照规定手续为之；三、除台省警备总部外，其他机关一律不得发令捕人；四、参加暴动之青年学生，准予复学，并准免缴特别保证书及照片，但须由其家长保证悔过自新，可予免究。

　　△　立法院通过《国民大会代表选举罢免法》及《总统选举罢免法》。

　　△　国民政府派金问泗为出席世界贸易及就业会议第二届准备会议首席代表，吴南如、张天泽、董季龄、马绍良、庄智焕、陈长蘅为代表。

　　△　联合国经济社会理事会决议成立亚洲与远东经济委员会，首次会议定在上海举行。

　　△　行总联总社会福利会议圆满闭幕，宋美龄特赴会致词。

3 月 29 日　是晚及次日，中共中央在陕北枣林子沟召开会议。决定：毛泽东、周恩来、任弼时率中共中央机关及解放军总部留陕北，继续中共中央的工作；刘少奇、朱德、董必武组成中央工作委员会，刘少奇任书记，前往适当地点，进行中央委托的工作。4 月 11 日，又决定中央及军委机关大部工作人员暂驻晋西北，同时组成叶剑英为书记的中央后方委员会，统筹后方工作。

　　△　宪政实施促进会举行成立后首次会议，出席会员 178 人。会议于 31 日通过提案，请政府迅予废止所有与宪法抵触之现行法规，切实保障人民权利，彻查人民无故失踪案件等。

　　△　国民政府特派洪兰友为宪政实施促进会秘书长。

　　△　国民政府公布《民国三十六年短期库券条例》及《民国三十六年美金公债条例》。短期库券发行价值三亿美元之法币，美金公债发行一亿美元。于 4 月 1 日及 10 月 1 日各发行半数。财政部长俞鸿钧为此发表谈话，特别强调债券信用，对以往政府若干失信于民之举，表示遗憾，谓今后当尽力树信。

　　△　经济学家马寅初就美金债券发表谈话，指出政府发行以美金为单位的债券无异自认为殖民地。

3月30日 蒋介石召见东北保安司令部参谋长赵家骧,指示接收旅、大事宜。

△ 立法院通过五院组织法等法律。

△ 蒋介石宴别即将离华的美国吉伦中将等人。

△ 中国泛亚洲会议女代表陈逸云在会上讲演,称:在中日战争中,中国妇女英勇负起责任。中国妇女运动贡献实属宏伟。

△ 中国侨胞商船九艘在印尼遭荷兰海军扣阻。

△ 中、英、法、比等18国19家报纸在纽约签字,采用30种文字联合出版《世界画刊》。

3月31日 国民政府公布行宪法规十种,《国民大会组织法》、《国民大会代表选举罢免法》、《总统副总统选举罢免法》、《立法院立法委员选举罢免法》、《监察院监察委员选举罢免法》、《行政院组织法》、《立法院组织法》、《司法院组织法》、《考试院组织法》、《监察院组织法》。

△ 外交部长王世杰接见苏联驻华大使,说明政府决定最近接收大连。

△ 美国务卿马歇尔致函苏外长莫洛托夫,叙述驻华美军数目及遣俘情形。

△ 青岛美兵发生刺杀车夫事件。

是月 南满民主联军以"北打南拉"方针先后攻克辉南、桓仁、汪清。国民党军第二师第五团被歼。

4 月

4月1日 军事参议院撤销,成立战略顾问委员会,何应钦任主任委员,龙云、于学忠、鹿钟麟、杨杰、陈济棠、陈绍宽、黄绍竑、刘峙、卫立煌、蒋鼎文等为委员。

△ 国民党军占领泰安,打通津浦路徐州至济南段,随即向鲁中山区推进。

△　中央银行开始办理发行美金库券、公债事宜。3 日,中央银行拟定经募本年度美金债券之银行 48 家、钱庄 27 家,在 23 座大中城市设募销委员会,并聘钱新之、杜月笙等 17 人为上海募销委员会委员。上海银、钱业公会决定认购短期库券美金 3000 万元,美金公债 1000 万元,占第一期发行总额的五分之一。据业内人士称,表面为认购,实与摊派无异。

△　国防部长白崇禧在台北举行记者招待会,就台湾今后局势宣布“善后措施”,谓必须以“杀一儆百之效”在台湾厉行统治。

△　台北地方法院检查处对前台湾省专卖局长任维钧被控接收物资舞弊案,认为证据不足,不予起诉。任于是日乘“中兴”轮离台赴沪。

△　外交部长王世杰与葡萄牙驻华公使樊西嘉在南京签订关于取消葡萄牙在华领事裁判权及处理其他事项之换文。

△　美国国务院发言人发表谈话称:国务院不欲对进出口银行行使压力,迫其以五亿美元贷与中国。美国政府对于贷款中国所抱态度,自杜鲁门总统于去年发表声明,谓此项贷款惟有至中国政府恢复国内秩序及政府扩大基础,改组完成之后,始能贷与中国政府,迄今未曾改变。

△　西太平洋美国海军司令柯克(海军)上将发表声明称:“撤退驻华美海军陆战队至关岛之工作已在进行中,目前撤退之人数已逾五千名。”并宣布,迄今除第一营之一部分外,天津已无美军,惟驻在北平之第五海军陆战队仍完全未动。现在中国的美国海军陆战队约计尚有 8000 至一万人。次日,柯克再度发表声明:美陆军与海军陆战队之撤退,系视美军运输船只之多寡而进行,故美海军陆战队撤退工作,何时完成,未能有确定日期。

△　泛亚洲会议通过中国代表团提案,成立亚洲关系协会。第二天会议圆满闭幕,决定下届大会将在中国举行。

△　门头沟煤矿公司产业公会会员代表郑庆禄、柳达刚等,具文呈请政府收回英人麦边股权。因麦边于民国三十一年与日本白马签订赠

与条约,实系丧失自身所有权。

　　△　《惩治盗匪条例》施行期自民国三十六年 4 月 8 日起再展限一年。

　　△　南京《大刚报》停刊半月后,经改组是日复刊,总经理毛健吾辞职,由张志智接办。

　　△　黄河故道济阳、利津间十处险工告急。民主政府工作人员率同沿河居民抢修,并以全部船只抢移灾胞。下午国民党空军美式飞机二架,袭击渤海黄河故道渡口,投弹扫射,死伤河工民伕数人,牲口 20 余头,炸毁民房三间。

　　4 月 2 日　国民党中常会开会通过三中全会各决议案,主要有:一、台湾行政长官陈仪撤职查办案,请政府立即执行。二、黄金潮案,请行政院、监察院迅予处理。

　　△　民社、青年两党参加政府委员名单经各该党中常会通过后,由蒋匀田、左舜生当晚携京,提交政府。民社党府委人选为伍宪子、徐傅霖、胡海门、戢翼翘四人。青年党府委人选为曾琦、余家菊、何鲁之、陈启天、常乃德五人。

　　△　国防部长白崇禧专机离台返南京。临行前指示台湾各军政机关,务必将这次"图谋叛乱之首要分子依法严惩"。

　　△　中宣部举行记者招待会,外交部参事张沅长代表该部发言人答记者称:"3 月 31 日王部长以声明书一件面交苏大使彼得罗夫,说明中国政府决定在最近将来接收大连及旅顺区之行政权,并告以一切步骤。中国严格遵守 1945 年中苏条约之规定,履行其一切义务,行使其一切权利。"

　　△　美国务卿马歇尔根据在莫斯科会议期间英、美、苏三国交换有关中国情报之协议,公布其致苏外长莫洛托夫之函件。函称:美国依据《波茨坦协定》及日本投降条件,将在华之 300 万日军遣送返国。至于在中国东北之日俘约 70 万人,苏方如何处置,余尚无情报可稽。美国终止与三人小组及军调部之关系,美军自中国裁撤完成时,估计当在本

年 6 月 1 日。其应国民政府之请而驻留中国之美陆海军人员,将为 6180 人。

　　△　晋冀鲁豫野战军对豫北反攻之第一阶段结束,先后收复原武、阳武、封丘、延津、濮阳五座县城及据点数十处,歼敌 5400 余人,解放黄河以北,平汉路以东,东西 200 余里,南北 140 余里地区。

　　△　中国解放区救济总会代表伍云甫致函"联总"中国分署署长艾格顿,谓解放区所收到之物资,迄 3 月底止,总数为 1.09435 万吨,仅及原协定 55%。

　　△　停泊在山东石臼所卸货的"行总""万善"轮,遭国民党空军飞机扫射,五人受伤,美籍船长重伤。该船随后驶往青岛,"联总"对解放区救济物资的运输工作被迫中断。"联总"于次日向政府提出抗议,"联总"中国分署长艾格顿且奉令向蒋介石提出抗议,要求担保以后不再发生类似事件。

　　△　在新加坡屠杀华侨要犯日军司令河村等处绞刑。

　　4 月 3 日　新一军军长孙立人因与杜聿明不和被解职。

　　△　东北民主联军打退国民党军第四次对临江的进攻。至此,东北民主联军经过三下江南、四保临江作战,粉碎国民党军在东北"南攻北守、先南后北"的战略计划。

　　△　中共领导下的关东公署成立,下辖大连市、旅顺市、大连县、金县。4 月 27 日,改名为旅大行政公署。

　　△　中国国际人权保障会举行理干事紧急会议,讨论营救失踪人员。出席者有章乃器、许广平、马叙伦、史良等 10 余人。会议通过《抗议当前全国各地人权被摧残宣言》,决议协助失踪者家属向法院申请提审失踪人员。

　　△　台北地方法院判决在 2 月 27 日开枪射杀台人的台省专卖局缉私人员傅学通死刑。

　　△　美国政府发言人宣称:美国政府已训令麦克阿瑟于短期内依照临时计划,提前将日本赔偿品的 30% 拨给中国、菲律宾、荷属东印

度、缅甸与马来联邦各国,中国可得 15%。

　　△　行政院公布《奖励民垦办法》,规定人民开垦荒地酌予免纳土地税二年至八年,从事垦荒之人民,得酌予减免其义务劳役。

　　4 月 4 日　上海地方法院正式审理黄金潮案中之中央银行业务局配售黄金“舞弊嫌疑”案,传讯中央银行业务局局长林凤苞、副局长杨安仁及金业公会理事长詹莲生三人。6 月 12 日宣判林凤苞无罪,处杨安仁有期徒刑七年,詹莲生有期徒刑四年。杨、詹二人表示不服,向上海高等法院申请复判,经高院合议庭评判仍维持原判。9 月 13 日高院复判书下达地院。

　　△　晋冀鲁豫野战军太岳部队发起晋南反攻,当即收复翼城县。

　　△　东北民主联军总司令令部发表公告称:3 月 1 日在长春附近被民主联军俘获的美国军官瑞克与柯林斯,虽确系向我军阵地作军事侦察,但本宽大精神决定遣送出境。15 日美驻华使馆发表布告,称该二名军官之行动完全为“独立性质”。24 日,该二名军官到达长春。25 日飞抵南京。

　　△　首届全国航空模型大赛在南京举行。

　　△　上海失踪者家属成立联合会,并发表呼吁宣言,要求政府当局迅速确实地处理有关事件。希望热心的社会人士继续给予支持,为人权而努力。

　　△　上海天花、流行性脑膜炎流行,本月至今已发现天花患者 81 人,流行性脑膜炎患者 19 人。

　　4 月 5 日　立法院院长孙科在三青团游园会中对记者称:“宪政政府必须由人民直接选举,此次各党派参加政府之人物,皆系由各党内产生,既未经民选程序,当然不能称其为宪政。且在本年 12 月 25 日宪法正式实施之前,训政时期约法仍属有效,盖国家决不能一时无法也。故今日之改组政府确为自一党训政改为多党训政,然后再达到民主宪政之阶段。”

　　△　民主社会党梁秋水、张东荪由北平函伍宪子、胡海门,质询参

加政府理由。

△ 台北市缩短戒严时间,改为自夜间 11 时半至次晨 5 时止。一度停顿之工矿生产事业逐渐复工。众多报纸仍未复刊。

△ 据《大公报》南京电:美国政府授权麦克阿瑟元帅以日本赔偿物资之 30% 提前分配,其中中国应得之 15%,将达 130 余万吨。驻日盟军总部已将 65 家机器厂及 12 家火力发电厂之名单公布,为先行拆迁之赔偿物资之一部分,供中、美、荷、菲之选择。中国之运输计划已拟就,第一批赔偿物资将分两次运回,所需费用将达 8000 余亿元。须俟远东赔偿委员会之通知到达,即可派员前往拆运。

△ 国民政府代表田炯锦在黄陵主持祭陵大典。

△ 台湾省行政长官陈仪向省民作告别广播,强调炎黄子孙应以中国人为荣。

△ 四川灌县都江堰举行放水大典。

4 月 6 日 国民党军继续向山东实施重点进攻。汤恩伯、王敬久、欧震三个兵团,共 13 个整编师、34 个旅约 25.5 万人,沿临沂至泰安线,向北并进,重心在鲁中的新泰、蒙阴地区,企图聚歼华东野战军于沂蒙山区。

△ 美国驻华海军陆战队司令部宣布,塘沽新河军火库于昨日被袭击,美军士兵亡五人,伤 16 人。冀东军区发言人声明:无论美军配合蒋军或单独向解放区进攻所造成的一切严重后果,概由美方负责。

△ 为接收旅顺、大连,中苏双方军事联络小组在普兰店举行会谈。中方代表为周璞上校等四人,苏方代表为加里斯基少将等七人。本日午后,双方代表作首次拜会,中方代表向苏方提出照会。

△ 国防最高委员会议决在行政院内设置新闻局。17 日、18 日,国防最高委员会、立法院分别通过《新闻局组织条例》。于 4 月 22 日公布。

4 月 7 日 国防最高委员会议决:各地军事委员会委员长行营改称国民政府主席行辕,其组织及职权依旧。

　　△　政府核准施行行政院所呈《国营生产事业配售民营办法》。中国纺织建设公司资产决定先行出售七成。中国水产公司、中华烟草公司、天津及东北造纸厂等全部售予民营。中国蚕丝公司、中国盐业公司先就股份五成发行股票，公开出售。

　　△　国防部长白崇禧在中枢纪念周报告台湾事变之起因，并提出善后措施：政治上将台湾行政长官公署改为省政府，并增加省府委员人数，于省府各厅、处、局增设副职，经济上将专卖局撤销，改为烟酒公卖局，贸易局改为供应物资机构等。

　　△　海军总部副参谋长高如峰谈称：关于日舰 64 艘平均分配中、美、英、苏四国一事，海军总部已接获通知，刻正遴选官佐士兵，候令赴日接收。

　　△　盟国官员对中央社记者称：战争结束时，日本在国外公司及私人资产总数约为 400 亿美元，其中 99% 分布于中国东北、朝鲜、中国台湾、库页岛、千岛列岛、中国内地及南洋各岛之中。日本官方对其 1939 年国外之政府资产发表估计数为：中国东北 80 亿，中国台湾 10 亿，朝鲜 60 亿，库页岛 10 亿，中国内地 11 亿美元。此外尚有其他资产，此项数字不包括日本私人之国外资产，而私人资产较政府资产尤巨。

　　△　苏联《真理报》发表苏外长莫洛托夫致美国务卿马歇尔关于交换中国问题情报复函。函称：苏联政府认为外国干涉中国之内政，尤其外国军队参加中国内战，仅能鼓动中国之内争，并为中国之统一增加各种困难。苏联政府认为惟有美、苏政府不忽视不干涉中国内政之协议，以及切实执行协议，则莫斯科会议对中国问题之协议，始可履行。复函指出苏军已于 1946 年 5 月 3 日全部自中国撤退，而未悉美军究于何时履行撤离中国之协定。马歇尔及莫洛托夫来往文件之副本，俱已分送英外相贝文及中国驻苏大使傅秉常。

　　△　国际妇女法学会中国分会在上海国际饭店举行成立大会。会长郑毓秀。大会通过分会章程，选出理、监事 11 人。

　　4 月 8 日　驻北平美军总部吉伦中将及最后一批官兵 369 人，晨 9

时离平赴塘沽,换乘"威格尔将军号"离华返美。驻北平美军总部宣告结束。

　△　陈延炯继张嘉璈接任长春铁路公司董事长。

4 月 9 日　粮食部以本年度军粮不敷分配,向四川省征借公粮 200 万担,补充军粮。翌日,川省参议会决议:请省府转呈中央,自三十六年度起,停止田赋征实、征借,以纾民困。

　△　外交部参事叶公超在中宣部记者招待会上称,中国赞成美国政府主张提前拆迁日本国内可充赔偿物资之一部分。此次中国所得日本之提前赔偿百分比,当然不得影响将来中国于总清算时提出之要求。

　△　中共晋察冀军区部队发动正太战役。至 5 月 4 日,国民党军被歼灭 3.5 万余人。中共的晋察冀和晋冀鲁豫两大区联成一片,石家庄的国民党军完全孤立。

4 月 10 日　一万元新钞自 8 日上市应用后,上海市场涨风弥漫。今日,米市求过于供,价格暴升,白粳高达 14.7 万元,油、麦、杂粮及其他纱布各物一致报涨,金、钞黑市死灰复燃。

　△　行政院全国经济委员会召开临时紧急会议,商订抑止京、沪地区物价上涨办法。翁文灏主席,俞鸿钧、王云五、张嘉璈、吴国桢等出席。决定采取在沪尽量抛售洋米,京、沪区工人平价配售食米,棉纱收购价格酌量提高,沪市用煤尽量设法供应等措施。

　△　财政部重行规定旅客出国携带国币限制办法,规定每旅客出国携带本国货币,除经本部核准颁有护照者外,不得超过 50 万元,其超过规定数额者,所有超过数额部分,一律予以没收。

　△　台湾旅沪六团体代表陈碧笙、庄希泉等招待新闻界,发表台湾事件之书面报告,提出五点主张:一、组织调查团、严惩失职官员;二、立即停止清乡,实现政府诺言;三、陈仪胁迫国大代表等 17 人通电挽留陈仪,绝非出自彼等本意;四、坚决反对美国报章主张将台湾交与联合国托管;五、台胞思想绝非受日寇奴化,人心向背,在于台省行政设施。

　　△　外交部长王世杰与苏联驻华大使彼得罗夫会谈接收旅顺、大连问题。

　　△　司徒雷登辞燕京大学校长职务。

　　4月上旬　阎锡山经营多年之西北实业公司,以7000亿元之代价,全部押给中国银行。该公司系阎锡山用以生产军火及垄断山西工业之总机关。拥有全国著名之太原兵工厂、炼钢厂、机械厂、铁道工厂、晋生纺织厂、西北洋灰厂、西北面粉公司、晋华卷烟公司、西北火柴厂等,近因经济破产,美货倾销,原料缺乏,成品滞销,公司赔累甚巨,遂有此举。

　　△　杭州丝织业因丝织品外销无望,成本飞涨,资方拟将工资减至四成,劳方要求六成,引起工潮,罢工工人已达6000余人。

　　4月11日　参政会驻会委员会举行会议,通过请政府向葡萄牙交涉收回澳门,以增进中葡邦交案。19日广州民众成立收回澳门运动促进会,电请政府积极向葡萄牙交涉,收回澳门,又电各省民众团体呼吁共同行动,同时派人与住澳侨团联络。澳门葡当局闻讯,立即禁止广州各报入口,并加强市内警戒。

　　△　美国国务院宣布:日本驱逐舰级军舰140艘,将立即平均分配与中、美、英、苏四国。是为根据1943年四国宣言,对239艘军舰之首次分配。

　　△　输入临时管理委员会公布"不需外汇准予输入"之外汇来源审核原则。上海各厂商纷纷在市上收集美钞,以备汇至国外,购置原料。美钞黑市复呈活跃,继续上涨,港币、黄金亦同。至13日,各银楼均已停止售出,仅限收进,物价亦因之刺激上涨。

　　△　法国银行团代表沙班与四川省建设厅长何北衡在京签订投资兴筑成渝铁路贷款合约。

　　△　西康民变领袖朱世飞等向政府投诚。

　　△　朝鲜独立运动领袖李承晚到南京。13日会见蒋介石。

　　4月12日　行政院公布施行未经配售实物之重要地点评议工资

实施办法,并指定为镇江、无锡、杭州、宁波、芜湖、安庆、广州、汕头、桂林、梧州、福州、厦门、南昌、九江、武汉、重庆、成都、康定、贵阳、昆明、长沙、西安、兰州、太原、开封、郑州、济南、青岛、天津、北平 30 个城市,分别设立工资评议会,参酌当时当地主要日用必需品(米、煤、油、盐、棉布、糖)物价,作增减工资之评议。

△ 参谋总长陈诚对记者称:接收旅、大之准备仍在布置中,如外交无问题,东北国军对击溃旅、大之共军有充分把握。

△ 联合国教育科学文化组织将在中国设立中国委员会,定 6 月在南京成立,是日教育部长朱家骅主持首次筹备会议。

4 月 13 日 蒋介石召集上海市长及地方人士,询问物价情形。

△ 联合国文教组织决议调查中国战争损失。

4 月 14 日 白崇禧签呈蒋介石,胪陈今后对台改进意见,其要旨为:甲、行政:"台湾行政长官公署,可即改组为省政府";"各县市长民选";各级公务人员,"施以短期训练"。乙、经济:"为复兴台湾之农工企业,于三年内,在经济上,中央似应扶助台湾,而不取给台湾",专卖制度,"可改为烟酒公卖局",贸易局改为物资供应机构;"调整台币与法币之比率";"按一比三十五逐步提高至一比五十之比";"极力减少公营企业之范围","奖励民营"。丙、教育:"积极推进'台胞祖国化'之教育";"普及国语运动"。丁、军队及宪警保安部队:"驻台国军,经常以一个整师为宜";台湾省成立保安团一至二团,各县市成立保安警察队,驻台宪兵保持一至两个团。戊、其他:奖励台民与其他各省人民通婚,以融合民族之大一统。16 日,蒋介石批示:"所拟皆可如拟"。

△ 国民党军整编第十五师第一三五旅 6000 余人在陕北瓦窑堡以南羊马河地区,被西北野战军包围后全歼,代旅长麦宗禹以下 4000 余人被俘。

△ 解放区救济总会代表伍云甫、林仲函"联总"中国分署署长艾格顿,对空军轰炸运往解放区救济物资事提出抗议,重申三项要求:"一、联总在华未完成计划部分之物资,应全部划归解放区人民。二、联

总直接在解放区工作。三、联总物资直接运往解放区。"

△　外交部长王世杰与丹麦驻华公使穆克对1946年5月20日在南京签订之中丹关于取消丹麦在华治外法权及处理有关问题条约之批准约本,举行换文仪式。

△　外交部长王世杰就对德和约问题发表声明,要求严格执行《波茨坦协定》,中国必须为对德和约召集国之一。

△　外交部长王世杰致函美国国务卿马歇尔,提出召集中、美、苏、英四国会议,"全面协商解决"朝鲜问题。美国赞成,苏联反对。

4月15日　行政院公布施行《国库拨款限制办法》,通令全国各级机关切实遵办。计四项:一、本年度各机关应严守预算,凡非国家大政之紧急措施合于紧急命令拨款办法者,不得于预算外请求紧急拨款。二、切实遵守军政机关公款存进办法。三、各机关应妥为分配本年预算,以免头重脚轻,要求追加。四、各机关不得借口急需,请求担保向国家银行透借,即或奉准,亦视同预发经费。

△　沪市米价猛腾,上白粳每石15.5万元。社会局抛售2000余包,涨风仍难遏止。16日,米市涨风益见汹涌,形成无货应市。17日,白粳涨达18万元,食油亦飞涨,行市混乱。

△　全国银行业同业公会联合会在南京举行成立大会。胡子昂代表同业向政府呼吁:一、金融政策不应偏重管制方面,而应领导资本入生产之途。二、希望能有一共同遵守而合理之银行法,以资准绳,但不可朝令夕改。会议通过章程及各项提案,并选出李铭等31人为理事,王延松等11人为监事。会议于18日下午闭幕。

△　晋冀鲁豫野战军太岳部队晋南反攻作战第一阶段结束。控制同蒲路200余里,切断运城、临汾间联系。

△　下午4时,越南法军用飞机在南圻永隆省泳滩市上空,对该市华侨第二集中区和谷栈轰炸,死侨胞三人,伤一人。翌晨9时,法机三架复飞临该区大施轰炸,华侨死百余人,重伤10余人,轻伤数十人。27日,外交部为此向法驻华使馆提出严重抗议,并电令驻法大使钱泰采取

同样步骤,要求法方切实承认责任,履行法国保护华侨之诺言,实行惩凶、赔偿。

4 月 16 日 国民党中常会举行例会通过《国民政府施政方针》(即《共同纲领》)。晚 9 时,蒋介石代表国民党与青年党、民社党及社会贤达代表在官邸签署《国民政府施政方针》。

△ 国民党中常会决定,各级政府、民意机关、人民团体及学校,均停止举行总理纪念周,俟国民政府改组后,另定纪念办法;政府机关、团体、学校仅悬国旗及国父遗像;政府机关、团体、学校开会时,不再诵读国父遗嘱;国歌在未颁订新国歌前照旧。

△ 是晚,晋察冀野战军切断正太线东段,攻占获鹿县。次日占井陉煤矿区。

△ 外交部通知苏联大使彼得罗夫,将派董彦平等赴旅顺、大连视察。

△ 杨亮功、何汉文向监察院提交二二八事件调查报告及善后办法建议案。报告认为事变原因是物价高涨与失业增加,政府统治政策失当,部分公务员贪污失职。建议撤销长官公署,改设省政府,选用省内人士任职;改组省、县、市参议会;实行二五减租,公地分配;撤销专卖、贸易局,辅助产业发展;进行赔偿、抚恤;鼓励台湾与内地文化教育交流。

4 月 17 日 《国民政府施政方针》公布。宣称:"改组后之国民政府,以和平建国纲领为施政之准绳","以政治民主化及军队国家化之原则,为各党派合作之基础";"中共问题仍以政治解决为基本方针";"试行行政院负责制",任用院长应先征求各党同意;各省行政应行军民分治原则,省、市参议会及地方政府应尽量使各党派及无党派人士参加;"彻底整顿税制及财政,简化稽征手续,减少赋税种类及附加税,以减轻人民负担";"严格保障人民身体自由、言论出版自由、集会结社自由,严禁非法之逮捕与干涉"。施政方针共 12 条。

△ 国民党中常会通过《国民政府组织法》,推选蒋介石为国民政府主席。

　　△　国民党中常会通过蒋介石提出的国府五院院长名单,孙科为国府副主席,张群、孙科、居正、于右任、戴传贤分别为行政、立法、司法、监察、考试五院院长;中央政治委员会委员:张人杰、李煜瀛、冯玉祥、阎锡山、柏文蔚、熊克武、孔祥熙、程潜、李宗仁、何应钦等,秘书长陈立夫。

　　△　国民政府任命白崇禧兼国防科学委员会主任委员,朱家骅兼副主任委员,任命翁文灏、陈诚、钱昌照、朱家骅、俞大维、王云五、秦德纯、顾祝同、桂永清、周至柔、黄镇球、钱昌祚兼委员。

　　△　国民党中常会决议撤销中央调查统计局。

　　△　外交部照会苏联大使要求接收旅顺、大连。

4月18日　国民政府明令改组。除五院院长为国府当然委员外,张继、邹鲁、宋子文、翁文灏、王宠惠、章嘉呼图克图、邵力子、王世杰、蒋梦麟、钮永建、吴忠信、陈布雷(以上为国民党)、曾琦、陈启天、余家菊、何鲁之(以上为青年党)、伍宪子、胡海门、戢翼翘(以上为民社党)、莫德惠、陈光甫、王云五、包尔汉(以上为社会贤达)为国民政府委员。

　　△　国民政府加聘宋庆龄、胡毅生、刘哲、魏怀、陈其采、许崇智、陈树人、陈策、张钫、尧乐博士、迪鲁瓦、萧萱、李根源为政府顾问。

　　△　国民政府公布修正后之《中华民国国民政府组织法》,共九章56条。规定:国民政府设行政、立法、司法、考试、监察五院。国民政府设主席一人,副主席一人,由中国国民党中央执行委员会选任之。国民政府设委员40人为限,由主席就国民党内外人士选任之。国民政府五院院长、副院长由国民政府主席选任之。国民政府主席对国民党中央执行委员会负责,五院院长对国民政府主席负责。

　　△　蒋介石在国府礼堂招待新闻界发表谈话称:国府委员会之改组乃我国自训政进入宪政之重要步骤。此次改组使各政党及社会贤达得以参加全国最高之决策机构。

　　△　国民政府举行奠都南京二十周年纪念。

　　△　民盟主席张澜致函民社党主席张君劢,郑重声明从未表示拟参加国内首次选举。

△　民社党中常委伍宪子、沙彦楷、汤住心、李大明、汪世铭、卢广声、孙宝刚发表声明,不承认张君劢提出之参加政府人员名单,声明称:张君劢提出国府委员名单一事,纯系不合法行为。张氏擅行提出名单,一意孤行,同仁等绝不承认。以倡导民主自命之人,而所作所为,全与民主精神相反,殊堪惋惜,除将依法予以制裁外,特此声明。

△　"中华革命同盟会"刘杨等人电蒋介石,对民社党、青年党参加政府猎取官位,极为不满。

△　《中菲友好条约》由中国驻菲公使陈质平、菲总统罗哈斯分别代表双方在马尼拉签字。次日分别在南京与马尼拉两地公布条约全文。

△　国民政府特派钱泰为中华民国出席国际邮政会议代表团团长。

△　国民政府派陶寅为中华民国出席贸易及就业会议第二届准备会议代表兼秘书长。

△　远东委员会决定:"日本应保留足以使其维持 1930 年至 1934 年间生活水准之工业动力。"

△　国民政府免去湘鄂区征粮督导团主任委员苗培成本职,派高一涵兼任。

4 月 19 日　《中国厄瓜多尔友好条约批准书》在厄京基多举行互换,同日宣布该约生效。

△　国民政府特派商震为盟国对日委员会中国代表兼中国驻日代表团团长。

△　浙、沪、闽、粤、台、鲁、辽、渝、京、苏、黔 11 省、市渔联会代表,分别向社会部、农林部、财政部、中国农民银行、合作事业管理局、中央党部请愿:一、催促修正渔会法,俾依法组成全国渔会。二、要求依照渔民人数选出国大代表与立委。三、扩大渔民贷款数额,并简化贷放手续。四、请中央向盟国要求以日本渔业设备赔偿我国渔民战时损失。五、取缔各种变相渔税。

　　△　广州民众成立收回澳门运动促进会,电请政府向葡萄牙交涉,收回澳门;又电各省民众团体呼吁共同行动,同时派人与住澳侨团联络。

　　△　菲律宾当局对华侨7600人仍拒绝重新入境。

　　4月20日　黄河花园口堵口工程闭气工作完成,泛区完全断流。

　　△　蒋介石接见民社党宣传部长徐傅霖。

　　4月21日　国民政府定于5月20日在南京召集国民参政会第四届第三次大会。

　　△　浙赣路金华、兰溪段通车。

　　△　韩国独立运动领袖李承晚自上海飞返汉城。

　　4月22日　蒋介石接见抵华访问的美国太平洋舰队司令邓斐尔上将。

　　△　国民政府公布修正《中华民国国民政府组织法》第一条及第十五条条文:第一条加"为由训政达到宪政之过渡时期"一句,第十五条删去"国民政府主席对国民党中央执行委员会负责"一节。

　　△　国民政府公布修正《行政院组织法》,规定行政院设内政、外交、国防、财政、经济、教育、交通、邮电、农林、社会、粮食、水利、司法行政、地政、卫生等部及资源、蒙藏、侨务等委员会,并另设新闻局。

　　△　国民政府公布《新闻局组织条例》,凡14条,规定:新闻局隶属于行政院,掌理宣达政令政绩,阐明国家政策,发布重要新闻等事务,分设三处一室。并规定置局长一人为特任,副局长二人为简任。

　　△　行政院会议议决:撤销台湾省行政长官公署,改为台湾省政府,任命魏道明为主席,各厅增设副厅长,由台湾本省人担任。

　　△　海军总司令部派马德建、姚玙赴日接收日本赔偿中国的军舰。

　　△　华东野战军向山东泰安国民党守军发起进攻,当夜,相继占据泰安四周据点,包围该城。25日黄昏发动总攻,26日上午,泰安大捷。歼灭国民党军整编第七十二师师部及新编第十三旅、第十四旅共二万余人,俘中将师长杨文泉,少将旅长杨本固、李则尧、少将副旅长宋竹

青、少将参谋长韩明、刘新甫等官兵 1.5 万余人。

　　△　《新华社》以《新筹安会》为题发表社论,评论政府改组实为继承袁世凯筹安会的一个新筹安会,名称虽然不同,但实质都是媚外、残民、打内战。

　　△　李济深、蔡廷锴、何香凝及其他民主人士发表宣言,指责新改组之政府仍为国民党之一党政府,其目的无非欲取得美国之借款,以继续内战。

　　△　上海《大公报》是日转载美、苏报纸对国民党改组政府之反应。《华盛顿星报》称:"详细检查新政府组织,我们会发现不但国民党继续独揽大权,而且国民党内部的控制权,仍旧操纵在那些反动分子手里。"《明尼阿波里斯论坛报》称:"国家政事仍在先前那些国民党领袖的掌握中。该党在国府委员会二十九席中占十七席,未有放弃控制迹象。"《纽约先驱论坛报》称:改组"将博得美国的赞许,而将发放由于南京政府的性质而暂时保留的对华援助"。苏联《真理报》载评论家马里宁一文称:"国民党政府正领导中国走向严重危机,其用意乃藉美国之援助,以压倒民主。""中美反动派采取一致阵线,决非偶然之事。此对于中国之独立、统一及政治民主化,足以构成严重之威胁。"

　　△　美国政府宣布:原允贷予中国的五亿美元撤销。

　　△　行政院公布修正《收复地区肃清烟毒办法》。

4 月 23 日　国防最高委员会最后一次会议,与国民党中常会联合举行,蒋介石主持,决定国民党参加行政院人选。

　　△　国防最高委员会宣布撤销。其职权根据国民党六届二中全会决议由改组成立之国民政府委员会接替。该会秘书厅发出公告,是日起停收文件,办理结束。

　　△　国民政府委员会晨 10 时在南京开会宣告成立。主席蒋介石及委员张群、孙科等 23 人举行第一次国务会议,决议通过行政院政务委员及各部、会首长人选。

　　△　国民政府特任王云五为行政院副院长。

　　△　国民政府准免内政部部长张厉生、外交部部长王世杰、国防部部长白崇禧、财政部部长俞鸿钧、经济部部长王云五、教育部部长朱家骅、交通部部长俞大维、农林部部长周诒春、社会部部长谷正纲、粮食部部长谷正伦、司法行政部部长谢冠生、水利委员会委员长薛笃弼、资源委员会委员长钱昌照、蒙藏委员会委员长罗良鉴、侨务委员会委员长陈树人、卫生署署长金宝善、地政署署长郑震宇本职。特任张厉生、王世杰、白崇禧、俞鸿钧、李璜、朱家骅、俞大维、左舜生、谷正纲、谷正伦、薛笃弼、谢冠生、李敬斋、周诒春、翁文灏、许世英、刘维炽、常乃德、李大明、蒋匀田、缪嘉铭、彭学沛、雷震为行政院政务委员，张厉生兼内政部部长，王世杰兼外交部部长，白崇禧兼国防部部长，俞鸿钧兼财政部部长，李璜兼经济部部长，朱家骅兼教育部部长，俞大维兼交通部部长，左舜生兼农林部部长，谷正纲兼社会部部长，谷正伦兼粮食部部长，薛笃弼兼水利部部长，谢冠生兼司法行政部部长，李敬斋兼地政部部长，周诒春兼卫生部部长，翁文灏兼资源委员会委员长，许世英兼蒙藏委员会委员长，刘维炽兼侨务委员会委员长。

　　△　国民政府准免行政院秘书长蒋梦麟本职，特任甘乃光为行政院秘书长。

　　△　国民政府特任董显光为新闻局局长。

　　△　青年党参加国府之委员曾琦、陈启天、余家菊、何鲁之发表参加政府声明。

　　△　民社党汪世铭、卢广声、孙宝刚发表声明，否认蒋匀田、李大明出任行政院政务委员。

　　△　行政院院长张群广播施政方针：追求和平，恢复统一，完成行宪准备，突破经济难关，改善人民生活，并与各友邦和平相处。

　　△　行政院公布修正《绥靖区土地处理办法》第七条条文：绥靖区内之农地，经非法分配者，一律由县政府依本办法征收之。29日，行政院又决定：“绥靖区内农地，经非法分配者，应由县府征收，其地价应依法估价，折合农产物，由中国农民银行发行土地债券，给予合法所有人，

分年偿付。该债券以农产物为本位,偿付期不得逾十五年。"。

△　内蒙古人民代表会议在乌兰浩特开幕。会议先后通过《内蒙古自治政府施政纲领》《暂行组织大纲》,决定撤销内蒙古自治运动联合会和兴安省政府,成立内蒙古自治政府,选举云泽(乌兰夫)为主席。5 月 1 日,内蒙古自治区人民政府宣告成立。6 日,会议闭幕。

△　宋美龄受聘为世界妇女公民协会名誉主席。

4 月 24 日　国民政府公布修正《国民政府委员会会议规程》,规定国民政府委员会会议称为国务会议。

△　国民政府通过《国民大会代表立法院立法委员选举总事务所组织条例》。

△　河北省政府主席孙连仲、空军副总司令王叔铭到石家庄视察。

△　晋察冀野战军攻占冀、晋两省咽喉娘子关。

△　苏、美、英、法四国外长莫斯科会议闭幕,此次会议经 45 天之激烈讨论,对德和约、对奥和约及四强防德公约等,均未获得协议。

△　山东大学全体教员举行会议,决议向行政院、教育部呼吁,请求与京、沪、平、津各大学教员同等待遇。

△　南京市各公私立高级中学应届毕业生组织南京市三十五年度高中毕业同学联谊会,招待记者,要求停止举行会考。并于次日分别呈文教育部及市教育局。

4 月 25 日　国民党中常会决议组织中央合作指导委员会,定陈立夫、谷正纲、赵仲容、王世颖、陈果夫等为该会当然委员,吴铁城、马超俊、蒋经国、萧铮、钱天鹤、楼桐荪、于树德、陈仲明为委员,即依组织规程组织成立,并推定陈立夫为主任委员,王世颖为总干事。

△　中国民主同盟在上海发表时局宣言称:目前政府改组,虽以政协决议为标榜,但其所采取的步骤与集合的成份,与政协决议根本不符。目前改组之政府,实与民主、和平、团结、统一的途径背道而驰。宣言严重抗议无端逮捕民盟领袖及盟员,要求蒋介石停止内战,与中共和平合作。

△　海军军官学校在青岛成立。该校系沪、渝海校及驻青之海训团合并组成,包括学生总队、接舰训练班及军官训练班。

4月26日　国民参政会驻会委员会举行会议,邀"行总"署长霍宝树报告一年来善后救济概况。报告称:截至今日,"联总"运抵中国物资逾180万吨,尚余七八十万吨将陆续运来。运华物资美国部分约在八九月间可全部运到,英国及澳洲二部分则尚须明年始可运齐。

△　中国农工民主党为政府改组事发表宣言,略称:改组不是依据政协决议原则和程序的,它只是训政的延长,而且是扩大国家分裂,延长残酷的内战。如否认这事实,必须首先自动停战,重新召开党派会议,照政协决议办事。

△　华东野战军攻克泰安,歼灭国民党军整编第七十二师主力2.4万余人。

△　蒋介石以泰安守军第七十二师失利,再电陆军总司令顾祝同,指示沂蒙地区作战要旨。

△　国际母亲大会在巴黎揭幕,宋美龄任荣誉主席。

△　美国总统杜鲁门命令海军部长福莱斯特:将美国海军剩余船只271艘及船只器材、浮动船坞等移交中国,并派遣海军军官100名、士兵200名予以协助。国民政府决将青岛作为美国第七舰队之海军基地,仅许美国船舰入口。

△　四联总处与农林部棉产改进处,洽定本年度全国美棉生产贷款1265亿元,并洽定各省分配额,均以生产之棉花作抵。

△　南京中央大学教授会召开全体大会,讨论增加教育经费,改善教员待遇办法,并决定联合全国专科以上学校,加速全国大学教授会联合会之组织,共同进行。

△　国民政府委员、国民党中央政治委员、中央执行委员柏文蔚在上海病故。

△　新一军军长孙立人改任东北保安副司令长官,潘裕昆继任军长。

△ 梁秋水、伍宪子先后自北平、香港到上海,调解民社党内争。

△ 南京大屠杀主犯谷寿夫在南京被执行枪决。

4 月 27 日 政府特派郭泰祺为中华民国出席联合国特别大会全权代表。

△ 刘少奇、朱德率领中共中央工委到达河北阜平。

△ 台湾旅沪六团体致电台省府主席魏道明,要求立即停止对台湾之"扫荡战",取消"戒严法",准许各报复刊、学校复课。

△ 永定河治本工程开始,全部预算近 3000 亿元。

△ 国际妇女法学会中国分会在上海成立。

△ 中国留美同学会监事会公推孙科、陈立夫为正、副理事长,宋美龄为名誉理事。

4 月 28 日 国民党中央政治委员会举行恢复后第一次会议。蒋介石主持,王世杰报告外交工作。

△ 国民党军占领蒙阴。5 月 1 日又占新泰。陆军总部判断华东野战军被迫后撤,5 月 10 日下令各部向鲁中山区进攻。

△ 行政院长张群主持全国经济委员会,商讨有关物价波动的对策。

△ 国民政府公布《黄金外币买卖处罚条例》,凡八条。规定:银行、钱庄未受政府允准买卖黄金外币者。处经理人五年以下徒刑,没收其黄金、外币,并撤销其营业执照。携带黄金、外币出国,每人以黄金关秤二两、美元 100 元或美、英钞等值之数为限,超过者没收其超过之数。

△ 浙省参议会电请中央自三十六年度起,田赋仍征法币,以苏民困。谓自施行征实以来,粮官舞弊自肥,民怨沸腾。

△ 上海市中学生组织响应南京同学请愿停止会考委员会,并发表宣言,反对教育部公布高中毕业生统须于本学期举行会考之办法,说明会考之弊,当局如欲提高学生程度,应从增加教育经费着手,而不应求之于会考制度。

△ 安徽合肥发生抢米风潮。翌日,宣城外运米车和船被抢光,30

日,芜湖又发生抢米风潮。

4月29日　行政院首次政务会议,通过台湾省政府各委员及各厅长人选,任命丘念台、严家淦、许恪士、杨家瑜、林献堂、朱佛定、杜聪明、马寿华、刘兼善、李翼中、南志信、游弥坚、朱文伯、陈启清为台湾省政务委员,以丘念台兼民政厅长、严家淦兼财政厅长、许恪士兼教育厅长、杨家瑜兼建设厅长、李翼中兼社会处长。任命徐道邻为台湾省政府秘书长。

△　外交部与内政部、海军总部会商确保南海岛屿对策。

△　国民政府公布热河省临时参议会议长、副议长及参议员、候补参议员名单。议长王致云,副议长胡之焕。

△　国民政府公布修正《宪政实施促进委员会组织规程》,凡16条。

△　国民政府任命黄如今为国立长春大学校长。

4月30日　全国物价会议昨今两日在南京举行会议,商讨平抑物价办法。张群主席,王云五、俞鸿钧、翁文灏、庞松舟、张嘉璈、吴国桢等均出席。讨论决议:一、粮食问题:5、6、7三个月粮食部应尽量在国内各地收购余粮,供应京、沪两地,必要时向国外购粮接济。二、纱布问题:依然限价,每件提高为460万元。棉花来源可向国外购置。三、公用事业继续贴补,其范围为京、沪两地公用事业、交通、煤斤三项,贴补数额照四月份增加10%。

△　国民党中常会通过中宣部改组办法、组织规程及党史史料陈列馆改为开国文献馆等案。中宣部改组办法为:中央党部仍设宣传部,并设置宣传设计委员会,以宣传部部长为主任委员。现中宣部之政令宣传、图书杂志登记审查、对报纸通讯社之指导联络、国际宣传等业务划归行政院新闻局。

△　新闻局举行首次记者招待会,局长董显光在回答记者时称:"冈村宁次系日军投降及遣送事宜之联络班班长,其工作尚未完毕;至于本身战罪部分,尚待将来决定。"

△　据新华社统计,国民党军在 4 月份被共军折损合 10 个半旅,夺占国民党军驻守的县城 48 座。

4 月下旬　各地物价继续飞涨。23 日,上海物价达到新高峰,一周中上涨 20％至 50％。上海黄金黑市 78 万元,美钞黑市 1.8 万元。24 日,上海黄金黑市涨达 110 万元,美钞黑市 2.2 万元,面粉上涨 50％。米市货样绝迹,场内一无成交,场外白粳已涨至近 20 万元。30 日上海米市喊价混乱,白粳创 21 万元。面粉、杂粮、油、糖亦升腾不止。

是月　因中、美、英、苏、法、荷、澳、加、印、新西兰对日要求赔款数目超过日本资产之总额,麦克阿瑟宣称,必须坚持二原则:一、允许日本留存维持最低国民生活水准之产业;二、水准以上之资产,由各国分配。此外,关于日本之可以流动资金,美国有优先获得权,以作:一、美军驻日占领经费;二、对日供给食粮之贷款;三、对日供给再生产原料之货款。

5 月

5 月 1 日　蒋介石接见行政院长张群、财政部长俞鸿钧与中央银行总裁张嘉璈等,听取财政应急措施。

△　行政院院长张群在立法院例会报告施政方针,主要内容为:一、多方努力迅速结束军事措施,早日实现用政治方式解决国内纠纷,恢复统一;二、当力求收支平衡,同时努力整理通货;三、遵守宪法精神,保障人民自由,严惩贪污;四、对外关系希望有一和平正义友善合作之世界,维持联合国宪章,保护国家主权及领土。并称"立法院与行政院系并立而非对立,希望立法院体谅事实困难,信赖行政院之经验及能力,两方面切实保持联系"。

△　由地政署、卫生署改称之地政部、卫生部以及新设之水利部分别举行成立典礼。

△　国民政府公布《国民大会代表选举罢免法施行条例》,凡七章 71 条。

△　田粮业务检讨会议在南京召开,22 省田粮处长出席。

△　山东国民党军整十一师及整六十五师进占新泰。

△　美大使司徒雷登在山东大学讲演,学生代表当面递抗议书,抗议美军强驻中国。

△　中国致公党第三次全国代表大会在香港开幕,先后通过宣言、告海外侨胞书、党章等文件,要求国共双方恢复去年 1 月 13 日位置,召开各党派政治协商会议,组成平等联合政府。

△　上海总工会在跑马厅举行"上海市劳工节庆祝大会"。社会部部长谷正纲,上海市市长吴国桢、警备司令宣铁吾等出席。国民党操纵会议进行反共宣传,但与会者要求实行民主,改善民生,并于会后举行要求解冻生活指数大游行。

△　国民政府决定将日本赔偿物资分上海、南京、塘沽、汉口、广州、青岛、广州湾、葫芦岛、马尾、厦门、营口、石灰窑、基隆、高雄 14 地起卸。赔偿物资包括工具机、造船器材、钢铁、化工原料、电力以及轻金属等。

△　国民政府派秦汾为赔偿委员会副主任委员。

△　美国太平洋舰队司令邓斐尔宣布美军将于 7 月 1 日以前全部退出中国。

△　美国驻华海军总司令柯克对记者称:美国海军在中国自香港至天津沿海一带,计有巡洋舰两三艘、驱逐舰 12 艘、其他军舰若干艘。

△　外交部就法国军用飞机 3 月 8 日、4 月 5 日两次轰炸我在越华侨集中处一事,向法国大使馆提出严重抗议。次日,外交部次长叶公超赴法国大使馆提出口头抗议。

△　暹罗入境移民法,自是日起生效,规定华侨每年入境限额为一万名。

△　中央纺织公司预备让渡民营,由潘序伦等组成估价委员会。

△　中央社社长萧同兹在庆祝该社成立二十三周年茶会上称:中央社将由国民党办而改为民营。

△　广东省江门市《复兴报》被粤省社会处以"为奸匪张目、影响观

听,淆乱人心"为词,勒令停刊,该报于本日宣告停刊。

5 月 2 日 国民政府公布《特种营业税法》,规定:特种营业税由中央统一征收,课税范围包括银行业、信托业、保险业、交易所及交易所发生之营利事业,进口商营利事业,国际性、省际性交通事业,其他有竞争性之国营事业及中央政府与人民合办之营利事业。

△ 陕北国民党军胡宗南部整编第一军、第二十九军九个半旅占领绥德。当晚,西北野战军攻击胡宗南部补给基地蟠龙镇。至 4 日,全歼守军 6752 人,俘少将旅长李昆岗、少将副旅长涂建、少将参谋长柳屈春、少将政治部主任陈献金,获取大量军用物资。

△ 驻守汤阴之国民党军暂编第三纵队孙殿英、王自全部万人被晋冀鲁豫野战军全歼。司令孙殿英及部下 7000 余人被俘。

△ 民盟上海支部召开第一次会议,决定今后以合法公开的团体身份,促进上海民主运动。

△ 杭州米店均以 28 万高价出售食米,激起公愤。中午,全市大小米店均被抢,警察出面干涉,部分警察局亦被捣毁。

△ 中国、英国、荷兰就中国商船被扣及贸易前途问题在新加坡举行会议。

△ 国民政府特派张彭春为中华民国签署国际难民机构章程全权代表。

5 月 3 日 蒋介石飞徐州、济南视察,与顾祝同、王耀武等研商作战部署,次日返南京。

△ 尼泊尔特使克利希娜率尼泊尔访华团抵南京,外交部长王世杰设晚宴款待尼特使。

△ 浙江永康及上海发生抢米风潮。

△ 上海市沪新、南洋模范、大同等 36 所中学派代表在交通大学召开座谈会,反对教育部恢复会考,成立"上海市三十五年度高中毕业同学反对会考联合会",并发表宣言,要求教育部立即宣布停止恢复会考及一切变相恢复会考的办法。

　　△　全国文艺协会在上海召开年会,邵力子任主席,通过设立文艺通信委员会、抗议骆宾基被非法逮捕、争取人身自由等决议。

　　△　国民政府特派吴南如为中华民国出席国际难民机构筹备委员会代表。

　　5月4日　在香港的民主人士李济深、何香凝、蔡廷锴等对政府改组发表联合声明,指出:"这样的改组,不能解决中国任何问题,只能助长内战,增加人民之痛苦……"表示对改组后的政府"不存在任何幻想,并愿与我爱国同胞共同反对之"。

　　△　苏联驻华人使彼得罗夫复外交部,重申拒绝中国派军接收旅顺、大连。

　　△　正太前线晋察冀野战军进占寿阳及阳泉矿区。

　　△　南京、上海、北平、天津等地学生团体和文化界纷纷集会,纪念五四运动二十八周年,一致呼吁"反对内战,要求和平"。

　　△　上海法学院学生为纪念"五四",上街张贴"反对内战"、"保障人权自由"、"打倒官僚资本"、"解冻生活指数"等标语,与军警冲突,多人受伤。

　　△　河南大学、山东大学教员全体罢教,要求改善待遇。

　　△　黄河花园口举行黄河堵口复堤合龙典礼。

　　5月5日　国民政府公布《国民大会代表立法院立法委员选举总事务所组织条例》。又令《国民大会代表选举总事务所组织条例》着即废止。

　　△　国民政府聘查笑山、郭昌鹏、郭子清等51人为宪政实施促进委员会研究委员会委员;聘杨慧存、孙岱亭、徐佩齐等49人为宪政实施促进委员会宣传委员会委员;聘张孔嘉、朱棠、李正韬等52人为宪政实施促进委员会考察委员会委员。

　　△　外交部长王世杰再接见苏联驻华大使,驳斥有关大连受军管等问题。

　　△　资源委员会组成的赔偿委员会由孙越崎、吴兆洪分任正、副主

任委员。

△ 驻日本代表团赔偿组长吴半农与其他七国赔偿代表赴日本南部视察日掠夺物品。

△ 上海法学院全体学生罢课,成立"五四事件抗议委员会"赴市府请愿。次日,该校"抗委会"联络交大、圣约翰、复旦、暨南、同济、中华工商、中国女中等 34 校代表成立"上海学生五四事件后援会"。

△ 美国驻军调部物资处理团结束业务,翌日该团人员离开北平,将价值 350 万美元之剩余物资转交政府方面。

△ 美国驻长春总领事署成立,首任总领事柯樾博,副总领事史彬士。

△ 暹罗大使塞古安拜见蒋介石,代表暹罗政府赠白米 500 吨。

△ 国民政府派刘锴为中华民国出席国际民用航空组织成立大会首席代表。

△ 成都发生抢米风潮,号称"吃大户"运动,警察开枪,打死二人,全市戒严。市参议会 10 日决议,电请中央停购、停运军粮,以维民食。

△ 无锡粮价暴涨,发生抢米风潮,波及全城米店,警察开枪,死二人伤二人。

5 月 6 日 蒋介石手令京、沪市政府,严予取缔囤积居奇扰乱粮价之奸商,并颁布四项调节粮食办法。

△ 蒋介石接见台湾省政府主席魏道明与秘书长徐道邻,指示施政方针。

△ 中央警官学校举行开学与毕业典礼,蒋介石主持并发表训词。

△ 参政员许德珩、周炳琳、钱端升致函参政会秘书长邵力子,建议派飞机前往延安,接中共参政员来京出席本届参政会。

△ 中央大学教授发表宣言,要求改善待遇。

△ 北京大学校长胡适电请教育部调查教授待遇。

△ 山东国民党军再占泰安。

△ 中共上海中央分局改为上海中央局,刘晓任书记,主管长江流

域、西南各省的中共地下工作。

　　△　国民政府派柯象寅为中华民国出席联合国粮食农业组织召开之食米研究组会议代表。

　　△　国际邮政会议在巴黎揭幕，中国派钱泰等代表出席。

　　△　国民政府派卢宋澄为中华民国出席国际无线电行政高周率广播会议总代表。

　　5月7日　张群在国务会议报告物价波动情形及调整公教人员待遇及生活指数解冻问题。

　　△　中央、中国、交通、中国农民四银行联合总处在行政院举行第三四三次理事会议，议决借款 1200 亿助江、浙蚕丝产销，另由农行贷款 1000 亿为黄泛区复兴。

　　△　国民政府公布《全国经济委员会组织条例》。

　　△　国民政府和苏联政府就中国军警能否随同接收人员进入旅、大一事进行谈判。

　　△　国民政府免去驻委内瑞拉国特命全权公使李迪俊兼职，任命梅景周兼中华民国驻委内瑞拉国特任全权公使。

　　△　外交部电令驻沪办事处，就美水兵饶德立克击毙人力车夫臧大咬子案，继续同美军事法庭进行交涉。

　　△　美国务卿马歇尔称中国政府改组已具备美国贷款条件。

　　△　上海米价飞涨，今日连续发生五起抢米及打米店事件。当局出动大批警察弹压。同日，浦口米价几点钟内涨约二倍，铁路、码头饥馑员工 2000 余人，捣毁镇内所有米店。军警、宪兵驰往开枪镇压，全镇宣布戒严。

　　△　浙江金华英士大学学生罢课，要求迁校京、沪，充实设备，另派校长及恢复医学院，并拟进京请愿。次日沪杭铁路奉令停运。

　　△　万隆华侨发起集资百万盾开发西沙群岛的计划。万隆市已有 5000 侨胞表示愿往西沙进行开发，现已募款一万盾。

　　5月8日　国民政府免去驻加拿大国特命全权大使刘师舜本职；

任命于望德为中华民国驻哥伦比亚国特命全权公使。

　　△　上海二万名丝织业工人,举行"经济紧急措施"实行以来的首次示威游行,要求立即无条件解冻生活指数及平抑物价。

　　△　上海米商因上海滑稽戏演员筱快乐(原名朱良)在电台播唱"米蛀虫",请愿并捣毁筱快乐住宅,打伤其妻女。

　　△　东北民主联军北满部队南渡松花江,向四平、长春间国民党军新一军和第七十一军接合部发起攻击。双方在长春、怀德、公主岭、伏龙泉、农安地区展开激战。

　　△　加拿大取消限制华人入境法案。

　　5 月 9 日　行政院举行检讨会,决定调整公教人员待遇,解冻生活指数。

　　△　张群出席参政会驻会委员会,报告物价问题。

　　△　驻美大使顾维钧电外交部长王世杰,报告向美务卿马歇尔提出请求美援中国 10 亿美元经过。

　　△　中英双方联合发表新闻,即将签订中英空中运输协定。

　　△　安庆民众袭击低购、强购军粮之县银行,警察开枪伤三人。

　　△　下午 3 时,参加"上海学生五四事件后援会"的 34 所大中学校代表 700 余人,聚集市府广场,向上海市市长吴国桢请愿示威,要求保障人权,严惩凶手。

　　△　上海市 50 余所中学应届高中毕业生 3000 余人,赴市教育局请愿,要求废止会考及联考制度,提高教员待遇,并举行反会考游行。

　　△　国府委员莫德惠赴台湾,以私人资格探视张学良。

　　△　行政院公布《灾赈查放办法》。

　　△　国民政府明令国葬国民政府故委员李烈钧。

　　5 月 10 日　国民政府特任薛岳为国民政府参军长,原委商震应免本职。特任何应钦为战略顾问委员会主任委员,龙云、于学忠、鹿钟麟、杨杰、陈济棠、陈绍宽、黄绍竑、刘峙、卫立煌、蒋鼎文、贺耀组为顾问委员会委员。

△　全国经济委员会会议决定:京沪区生活指数自5月份起解冻。

△　蒋介石与张群研讨经济、物价及加薪等问题。

△　南京发生抢米风潮,市政府宣布实行凭户配米,取消粮食议价,恢复自由买卖。

△　上海市卫生公务人员因物价狂涨,难维生计,全体呈请辞职。卫生局长劝勉慰留,表示将代向市长力争待遇。

△　行政院物价委员会调整上海市工资。

△　新任驻日代表团团长商震抵东京。

△　鲁南国民党军欧震兵团进占莱芜,鲁西国民党军进占东阿,陆军总司令顾祝同下令对华东野战军发起全线攻击。

△　教育部制定各省、市高中毕业生会考与大学入学考试联合举行之办法(即"联考办法")。各地高中毕业生及欲投考大学者闻讯无不反对。连日来,南京、上海、北平、长沙、青岛、福州、合肥等地学生纷纷至市府请愿,要求会考暂缓一年。

△　国民政府明令国葬国民政府故委员蔡元培、故陆军上将张自忠。

5月上旬　上海铁路、交通、无线电信、印刷业和杨树浦发电厂共数万余工人,相继实行怠工、罢工、请愿、游行,要求解冻生活指数,冻结物价,安定工人生活。

△　河南大学、山东大学、东北大学教授先后罢教,要求调整生活待遇。

5月11日　蒋介石接见外交部长王世杰,听取其对苏联交涉接收旅顺、大连问题。

△　因二二八事件被政府撤职之原台湾省行政长官公署长官陈仪返回南京,翌日,受到蒋介石召见并共进午餐。

△　山东国民党军南线汤恩伯部自蒙阴沿沂蒙公路北进,直指坦埠附近的华东野战军司令部。

△　民主党派代表黄炎培、沈钧儒、马叙伦等九人就时局发表谈

话,强调要求真正的民主与和平。

△ 粮食部通电各省,因粮价急涨,自本月起暂停收购军粮,以维持民食供应。

△ 美国驻华海军陆战队第五团撤离北平。

△ 菲律宾移民当局同意,凡系在菲出生之华侨,无论何时归国,均可以归侨资格返菲。

5 月 12 日 外交部部长王世杰向苏大使彼得罗夫提出接收旅、大备忘录。

△ 进攻沂蒙山区的汤恩伯部整七十四师占领黄鹿寨、佛山、三角山等要点。

△ 中央训练团将官班失业学员 500 余人因生活无着,到中山陵哭陵。

△ 负责处理日本赔偿事宜之中国赔偿及归还代表团组成,吴半农为团长。该团负责和盟军总部赔偿执行处及民间物资保管组联系,执行赔偿事宜。

△ 越南西贡及堤岸华侨为救济去年广东及福建之粮荒,购越米1500 吨起运回国。

5 月 13 日 蒋介石决定在山东发起全面攻势,令汤恩伯部占莒县、沂水、欧震部占南麻,王敬久部占淄川、博山,以达成包围歼灭淄博山地的中共部队为目的。

△ 参政会将电邀中共参政员来京赴会通知送交解总驻沪办事处中共代表伍云甫。伍氏复函邵力子,略称:自董必武先生等离京后,敝处与陕北已断通讯联络,故无法直接拍发,现经由烟台善后救济总署办事处转致,何时到达实难预料。

△ 东北民主联军在北满、南满、东满、西满、热河五条战线发起夏季攻势。17 日占怀德,18 日占长春机场及冀东昌黎、抚宁、迁安等地。

△ 行政院决议改组四川省政府,兼省主席张群辞职,以邓锡侯为主席。汉口、西安、广州、沈阳改为院辖市。

　　△　上海交通大学学生 2000 余人为反对停办轮机、航海两系罢课后,是日进京请愿,京沪车阻。次日,教育部长朱家骅到沪处理,表示接受学生各项要求。

　　△　上海闸北南星路贫民区发生大火。焚毁棚户 200 余间,千余贫民无家可归。

　　5 月 14 日　国民党中常会举行会议,以中央监察委员李济深擅自在香港发表谈话,猛烈抨击政府,违反党纪,决定送中央监察委员会议处。次日,李济深在港发表书面谈话,表示"被开除系意料之中",但由此亦证明"国民党反动独裁已至如何程度"。

　　△　新闻局局长董显光对记者称:民盟与反叛政府之中共有密切联系,政府对该盟之态度将视其政策及行动如何而定。16 日,民盟中央宣传委员会主任罗隆基发表谈话,反驳董之言论,称民盟是个独立自主的政团,对任何党派不能任意附和苟同。

　　△　民盟中央常委会会议,决定民盟参政员出席即将召开的参政会,发起和平运动。

　　△　西北野战兵团在真武洞召开庆祝三战三捷大会,周恩来在会上宣布,中共中央与毛泽东仍留陕北领导解放战争。

　　△　行政院会议决定,军公人员待遇自本月起增加 85%。

　　△　中央大学学生代表向教育部及行政院请愿,要求副食费每月每人 10 万元。上海医学院学生响应中央大学学生,开始罢课。

　　5 月 15 日　整编第七十四师被华东野战军包围在孟良崮一带。南京一面令其固守,一面调九个师增援,企图与华东野战军决战。

　　△　蒋介石手令海军总司令部拨军舰六艘,交由浙江省主席沈鸿烈绥靖浙江海面。

　　△　中、法、印、荷、美、英、缅甸及菲律宾八国在印度举行米粮会议,讨论如何增加米的产量及其他与米有关的经济问题。

　　△　南京中央大学及戏专、音专、东方语专等四校学生 3000 余人游行请愿,包围教育部及行政院,要求增加副食费,反对内战。

△　自政府禁止金、钞交易以来,游资大量涌入证券市场,股票波动日烈,天津市永明证券行以亏空三亿余元而告倒闭。

△　上海沪江大学及之江大学分校学生罢课,要求取消积点制。

5 月 16 日　国民党军各路援军均被阻于孟良崮附近。华东野战军发起对孟良崮的总攻,至下午 5 点,全歼整七十四师 3.3 万人,击毙师长张灵甫。

△　中共中央中原局改组成立,书记邓小平,第一、第二、第三副书记郑位三、李先念、李雪峰。

△　首任台湾省主席魏道明在台北宣誓就职,宣布解除戒严令,结束清乡工作,废除新闻、图书及邮电检查,撤销交通及通讯机构之军事管制,台币与法币之比率改为 1 比 44。

△　行政院临时会议通过将各大学公费生副食费依照公教人员待遇比例增至 4.8 万元,以后每三个月调整一次。

△　北平清华大学、北京大学学生响应南京中央大学学生,本日起罢课三天。

△　南京金陵大学学生响应中央大学学生,开始罢课。

△　上海大同大学学生罢课,要求改善待遇。

△　立法委员梅恕曾、孙九录、简贯三、崔心一等 63 人联名建议简化国家金融机构,将四行二局一库合并为中央银行及国家业务银行两机构。

△　教育部在全国一片反对会考的呼声中,决定会考暂缓一年。

△　菲律宾参议院通过《中菲友好条约》。

△　英国太平洋舰队总司令鲍毅德率官兵 130 余人访问福州。

5 月 17 日　参谋总长陈诚飞徐州指挥军事。

△　东北民主联军总部发布公报称:自 5 月 16 日晚至是日晚 10 时,在怀德战役中,歼国民党军第七十一军第九十一及第八十八两个师,新一军第三十师及第九十团、第十七团,共 1.7 万人。

△　上海暨南、复旦、同济大学,杭州浙江大学学生罢课,响应中央大学学生行动。

　　△　资源委员会决定在各大学设置奖学金,以奖励毕业前即实际参加国家重工业建设和管理之在校学生。

5月18日　蒋介石发表针对学潮的《告全国学生》谈话,要求整饬学风,维护法纪,必要时将采取断然处置。

　　△　国民政府委员会通过《维持社会秩序临时办法》,计分五条,主要内容为:一、团体请愿不得越级进行;二、团体请愿代表以十人为限;三、对学生罢课、游行应采取必要措施;四、对团体罢工、游行应采取必要措施;五、对不遵守以上各条者,各地政府可采取紧急处置。

　　△　清华、北大、北洋三校学生,分别组成"反内战反饥饿"宣传队赴市区讲演,呼吁停止内战,实现和平。队伍行至西单街头与军警冲突。学生重伤二人,轻伤六人,数十人被捕。华北平、津、唐地区11所院校学生当晚成立"华北学生反内战反饥饿联合会",决定一律罢课,抗议当局暴行。

　　△　国防部通令全国部队:如遇报章所载传闻失实,或言论记事有涉及军誉之处,可权衡轻重,报由主管机关请予更正,或诉诸法律听候裁决,如有捣毁及其他不法举动,定予严惩。

　　△　驻苏联大使傅秉常呈外交部,报告与苏联外交部次长玛利克商谈中国军警自由进入大连问题。

　　△　上海《中央日报》实行企业化,改为公司组织,是日开创立会,通过公司章程,选彭学沛为董事长,杜月笙、赵棣华等六人为常务董事,吴铁城、陈立夫、王世杰为监察人,吴铁城为常驻监察人,社长仍由冯有真担任。

5月19日　蒋介石飞徐州,与顾祝同研讨山东军事,决定各部暂驻原防,全面整训,改正战术,准备最后决战。

　　△　行政院政务会议通过追加各部、会经常费,调整国立专科以上学校教员学术研究补助费。

　　△　国民政府令:选任常乃德为国民政府委员,郑振文、陈启天为行政院政务委员,陈启天兼经济部部长。

△ 彭德怀发布西进陇东、歼灭马步芳部整编第八十二师命令,决定首先歼灭分散孤立之敌,然后攻占庆阳、西峰镇。

△ 上海国立专科学校以上学生 7000 余人,在北站欢送"沪杭区国立院校学生挽救教育危机晋京代表联合请愿团"后,举行反内战、反饥饿、反迫害大游行。

△ 东北民主联军攻占长春南之公主岭。

△ 南京大屠杀日本主犯之一田中军吉由日本押解到沪。

△ 中央航空公司中暹航空线正式开航。

5 月 20 日 国民参政会第四届第三次大会开幕。蒋介石到会致词,称和平统一能否实现,完全系于中共是否停止军事行动,恢复全国交通。主席张伯苓致词,希望和平早日实现。

△ 东北行辕主任熊式辉向蒋介石报告东北战局,请求从速增援。蒋令坚守长春、永吉、沈阳,以待增援。

△ 京、沪、苏、杭区学生 6000 余人,在南京举行"挽救教育危机联合大游行"。向行政院提出增加伙食费及教育经费等五项要求,并向国民参政会请愿。南京卫戍司令部出动大批军警,使用水龙、木棍、皮鞭等阻止学生行动,学生重伤 21 人,轻伤 97 人,被捕 20 余人。是为"五二〇"惨案。

△ 北平学生一万余人举行反饥饿、反内战游行。华北学生反饥饿反内战联合会议决 6 月 2 日为"反内战日",号召全国学生在同一日游行示威,并议决将北京大学广场命名为"民主广场"。

△ 天津学生举行反内战、反饥饿游行,遭到特务殴打,学生受伤 50 余人,被捕 20 余人。

△ 上海警备司令宣铁吾命令各警备部队及宪警稽查人员全力制止罢工、罢课、结队游行及其他"妨害秩序"之一切举动。

△ 外交部就 19 日法机两架,自越南侵入我广西边境龙津属水口关,低飞扫射,击毙渡夫三名,士兵一名事件,向法国大使馆提出严重抗议。

5 月 21 日　行政院院长张群向国民参政会报告政府工作。各参政员就国内和平问题及人民生活等问题提出口头及书面质询共百余件。

△　南京中央大学学生自治会组织"五二〇血案处理委员会",要求政府撤销《维持社会秩序临时办法》,严惩打人凶手,赔偿一切损失,保证人身安全。

△　上海国立大学学生联合会成立"上海学生抗议五二〇惨案后援会",决议发表告全国同学书,号召各校学生一致参加后援会,争取人权保障。

△　华北学生反饥饿反内战联合会抗议殴打学生,议决明日罢课一天,并向北平行辕请愿。

△　昆明各大学学生罢课。南昌学生与军警发生冲突。

△　行政院新闻局局长董显光对记者称,以后如再有游行请愿事发生,"仍依照现行法令处理"。

△　国民党加紧新闻统制。北平《国民新报》因报导学生消息,编辑部被 20 多名身份不明的暴徒捣毁,二人受伤。天津《大公报》因刊登该报记者的报道,未用中央社消息,被严重警告。北平、上海多名记者被捕。

△　国民政府令免驻丹麦国特命全权公使吴南如本职;免兼理新疆省政府主席张治中兼职;任命麦斯武德为新疆省政府委员兼主席;任命艾沙兼新疆省政府秘书长。

△　"永兴"、"中业"两军舰驶抵南沙群岛之太平岛,驻守南疆。

△　国际紧急粮食会议宣布:本年度中国所得配给食米 36.3964 万吨。

△　香港《华南报》讯:人民解放军总部发表战绩公报称,由去年 7 月蒋介石开始全国内战的月份,到今年 4 月十个月中,蒋正规军整营以上被歼灭的兵力,已达 79 个半旅,在今年 2、3、4 三个月中,蒋正规军整营以上被歼灭的,有 23 个半旅,其中包括 14 个整旅。

5 月 22 日　蒋介石电示东北行辕主任熊式辉保卫四平街战略。

△　外交部长王世杰向国民参政会报告外交情况,强调促进国际合作,谓为防止日本再起,盟国将订公约;对美加强友谊,对苏严守条约;接收旅、大仅军队问题尚未协议,对英港九问题可望合理解决。

△　国民政府特派蒋廷黻为中华民国出席联合国经济及社会理事会亚洲及远东经济委员会代表团首席代表。

△　民社党主席张君劢向参政会提出和平方案,建议邀请中共代表重开和谈。

△　上海"抗暴联合会"召集全市 102 所学校学生代表,决定成立"上海市学生联合会",并决议 23 日、24 日全市总罢课,抗议南京"五二〇"血案。同日,南京市学生联合会在中央大学举行慰问晚会,慰劳"五二〇"受伤被捕学生。

△　上海市长吴国桢公布四项紧急措施,决对煽动罢工罢课者,予以逮捕究办。

△　北京大学院系联合会发表《告全国同学书》,希望全国青年一致起来,共同参加全国性的反内战、反饥饿运动;要求政府放弃武力统一政策,恢复政协路线,成立民主联合政府。

△　北京大学教授发表宣言,吁请政府对学潮勿用高压抑制手段。

△　武昌学生及湖南大学学生举行反内战游行。

△　中共中央军委电示陈毅、粟裕、谭震林:"现在全国战场除山东外均已采取攻势","而山东方面的作战方法,是集中全部主力于济南、临沂、海州之线以北地区,准备用六七个月时间(5 月起),六七万人伤亡,各个歼灭该线之敌。该线击破之日,即是全局大胜之时,尔后一切作战均将较为顺利。"

△　东北民主联军收复通化。

△　司徒雷登在汉口对记者称"美国'无意干涉'中国内政,亦'不愿支持'中国内战延长"。

△　汉口市西府路晚起大火,焚毁房屋约 400 余户,灾民 1000 余人。

5月23日　财政部长俞鸿钧向国民参政会报告财政,谓去年预算赤字2.7万亿元,原因为军费及复员救济支出过分庞大。在答复参政员质询时,称中孚、扬子公司调查报告不能公布,黄金潮案尚在审理中。粮食部长谷正伦报告,谓管理粮食办法,为抛售粮食,抑平涨风,平价配售等。

△　中央银行总裁张嘉璈向联合国救济总署中国局驻沪代表争取经费,拨为上海市粮食配给之用。

△　民盟参政员张澜、黄炎培、梁漱溟、章伯钧、韩兆鹗五人,向国民参政会提出停止内战、恢复和平案,要求:一、依据政协路线,重开和平会议;二、恢复国共联系,商讨停战方案;三、政府停止征兵、征粮、征实;四、尊重人权,保障自由,释放政治犯,停止特务恐怖行为。

△　"京、沪、苏、杭18所专科以上学校学生挽救教育危机联合会"向政府及参政会请愿,提出六点要求:一、严惩首都代理卫戍司令及宪兵司令张铁、首都警察厅长韩之焕及东区警察局长陈善周;二、赔偿损失;三、取消《维持社会秩序临时紧急办法》;四、释放被捕同学;五、保证今后不再有类似事情发生;六、保证人民身体、集会、结社、游行、请愿等基本自由权利。

△　上海40所学校为抗议南京暴行一致罢课。次日,罢课学校扩大到70余校。

△　"联总"驻烟台工作人员史鲁域祺驾驶吉普车,碾死洋车夫杨禄奎。次日,烟台市人民政府及市总工会向驻烟"联总"代表李普尔提出严重抗议和五项要求。29日,李普尔发表郑重声明,向解放区人民公开道歉,保证以后不再发生同样事件。6月16日烟台市地方法院判处史鲁域祺有期徒刑二年。

△　台湾省政府决定撤销台省专卖局,改为"台省烟酒公卖局",火柴部分设股份有限公司,樟脑公司改归建设厅管理。

△　万宝山事件祸首郝永德,在长春病死狱中。

5月24日　蒋介石鉴于时局危急,决先安后方再图军事进展。并召西安绥靖公署主任胡宗南入京询问陕北战局。

　△　国民参政会继续举行会议,农林部长左舜生、国防部长白崇禧、交通部长俞大维分别报告农林、国防、交通情况,对军事报告质询,和战主张不一。

　△　广州中山大学开始罢课,持续三日。

　△　杭州学生 2000 余人游行,抗议"五二〇"南京事件。

　△　东北民主联军攻占农安并猛攻中长路要地四平街。

5 月 25 日　教育部长朱家骅在参政会报告教育工作,参政员严厉质询学潮。朱谓学潮系因共党分子在学校活动所致。

　△　中央大学教授会劝导学生复课。

　△　燕京大学教授联名发表宣言,要求停战,成立联合政府。

　△　上海各校学生宣传队在街头宣讲时,82 人被警察逮捕。

　△　淞沪警备司令部以"登载妨害军事之消息及意图颠覆政府破坏公共秩序之言论与新闻"为由,勒令上海《文汇报》、《联合晚报》、《新民晚报》自本日起停刊。中央宣传部电话训令南京各报馆,禁止对此三家报纸之停刊表示任何同情。上海《铁报》因透露蒋介石曾批准此事,被勒令停刊四天。

　△　美国驻华海军陆战队撤离秦皇岛。

5 月 26 日　国民参政会通过临时动议,要求大会讨论和平方案,并电邀中共参政员来京出席会议。

　△　水利部长薛笃弼、内政部长张厉生向参政会报告水利及内政。

　△　北京大学、清华大学、燕京大学及南开大学等校复课。

　△　第五绥靖区奉令与陆军总司令部郑州指挥所合并,孙震继范汉杰为郑州陆军指挥所主任。

　△　新任"联总"中国分署署长克利夫兰到部视事。前任"联总"分署署长艾格顿是日返美。

　△　美国决定解除对华军火出口禁令。

　△　台湾省今晨一小时内连续发生四次地震,震中在花莲港以东

63 公里的海底。

5 月 27 日　国民政府令免国民政府主席重庆行辕主任何应钦、兼代主任张群职；特派朱绍良为国民政府主席重庆行辕主任，萧毅肃为副主任。

△　参政会继续举行会议，经济部、资源委员会、善后救济总署分别报告工作，至此行政院所属各单位工作报告结束。晚，蒋介石宴请参政员，谓和平能否实现完全系于共产党之态度。

△　上海市参议会致电政府请与中共恢复和谈，致电毛泽东促莅京会商，并致电各法团呼吁和平。

△　京、沪、苏、浙、豫五区 19 所专科以上学校联合会向行政院投递备忘录，要求四点：一、即刻答复 5 月 20 日关于改革教育及 23 日关于"五二〇"血案善后要求共 11 点；二、立即启封《文汇报》、《新民晚报》、《联合晚报》；三、释放 5 月 22 日以后所捕全部同学；四、保证今后无类似事件发生。

△　北平行辕声明，对预备于 6 月 2 日举行的罢课游行，不能再事容忍。

△　海关总税务司发表本年第一季度进出口数字：进口货物总值为 7975.64231 亿元，出口货物总值为 2753.42915 亿元，共计入超 5222.21316 亿元。

5 月 28 日　国民参政会举行审查会，讨论和平问题。国民党方面参政员纷纷主张"政府戡乱"，"明令讨伐"。其他方面参政员许德珩、黄炎培、程希孟、王造时等 10 余人则请大会以人民为重，拟出和平方案，向政府及中共双方呼吁和平。参政员发言完毕后，主席团宣布有关和平提案，交特种审查委员会审查。

△　蒋介石对参政员发表谈话，谓政府之和平初衷绝未变更，并谓此次学生行动完全为共产党预定计划，政府不得已方有《维持社会秩序临时办法》之颁布。

△　全国经济委员会举行第一次会议，决定撤销输入管理委员会，

修正进出口管制办法,出口税视情况分别减免,进口税修定后原则如下:一、国内不能制造之工业机械减免;二、国内加工出口之工业成品所需输入原料或半成品酌予减免;三、国内供应不足之民生必需品征以较轻之进口税;四、进口物资与国内工业有竞争性者课以重税;五、奢侈品进口则寓禁于征,仍课以重税。

△　北方教授 580 余人联名发表和平宣言,认为学潮起于经济危机,而经济危机又为内战之恶果,主张立即停止内战,以诚意谈判,并实现和平,迅速依照政协路线,成立联合政府。

△　东北民主联军攻克梅河口,守军第六十军第一八四师被全歼。师长陈开文以下 6000 余人被俘。

△　国民政府公布《监察院监察委员选举罢免法施行条例》,凡28 条。

△　新任新疆省主席麦斯武德宣誓就职典礼与新疆省参议会成立典礼,在迪化合并举行。

△　外蒙借口新疆乌斯满部侵占边境,进攻新疆北塔山,与守军发生冲突。

5 月 29 日　北京大学、清华大学教授 102 人发表宣言,劝学生避免牺牲,不废学业,"盼政府深切有悟,只能善导而不应高压"。

△　西安西北大学学生罢课。

△　河南大学罢课与反罢课学生互殴,军警拘捕学生 48 人。

△　南京市一部分中学生在国民党操纵下,成立"爱国护学学生联合会",举行反罢课游行。

△　民社党组织委员会决定推徐傅霖代表该党出任国府委员,开除孙宝刚、卢广声、汪世铭等党籍。孙宝刚、汪世铭另行成立"革新委员会",并发表宣言及告民社党全国同仁书。

△　国民政府特任刘锴为中华民国驻加拿大特命全权大使。免去经济部常务次长潘序伦本职;任命张子柱为经济部政务次长;任命童季龄为经济部常务次长。

5 月 30 日　蒋介石飞临沈阳巡视,接见熊式辉,听取有关东北军事、政治、经济等情况的报告,并指示作战计划。

　　△　新华社发表毛泽东所写时评,高度评价国统区学生运动,认为是继解放军作战之外的第二条战线。

　　△　参政会分组审查工作报告及有关提案。

　　△　民盟领导人黄炎培会晤美大使司徒雷登,就时局问题交换意见。

　　△　华北学生联合会致书参政会,盼为和平努力。

　　△　上海复旦大学、上海医学院续有学生 10 余人被捕。并有军警分别搜查复旦及交通大学。

　　△　复旦大学、交通大学教授抗议搜查捕人,宣布罢教。

　　△　上海学生联合会成立。以交通大学、复旦大学、圣约翰大学、大同大学、暨南大学、同济大学、中华工商专科学校七校为主席团,并产生执行委员会。

　　△　南京《中央日报》改组为股份有限公司,陈立夫为董事长,陈布雷、彭学沛、王启江为常务董事,陈诚为常务监事,社长仍由马星野担任。决定除南京《中央日报》称为《中央日报》外,其他各地中央日报则均冠以当地地名。

　　△　美军阵亡将士纪念日。南京美军于清凉山外侨公墓举行纪念仪式。美大使司徒雷登、美军顾问团团长鲁克斯亲临主持。参谋总长陈诚、次长黄镇球、联勤总司令郭忏等参加。

　　△　台湾省政府决定撤销台省贸易局,改设物资调节委员会。

　　△　台湾省政府宣布台币与法币的比率提高为 1∶51。

5 月 31 日　参政会决议请政府商洽美国借款,尽力收回旅顺、大连,预防日本重建军备。

　　△　国民政府令免去东北行辕经济委员会主任委员张嘉璈本职;特派关吉玉暂代东北行辕经济委员会主任委员。派李平衡为出席第三十届国际劳工大会中华民国代表团政府第一代表,派安辅延为劳方代

表,庄智焕为资方代表。

  △ 行政院善后救济总署上海分署正式结束。遗留事务将由总署赈恤厅继续办理,救济部分移交社会救济会主持。

  △ 广州中山大学等校 2000 名学生举行反内战、反饥饿大游行,与便衣特务冲突,受伤及被捕 40 余人。

  △ 京沪苏杭学生联合会决议,6 月 2 日之罢课游行由各校自行决定。

  △ 上海交大被军警特务围攻,捕去学生多人。围攻解除后,学生和教授立即集体赴市政府请愿,途中又遭军警、特务的殴击。

  是月 "五二〇血案"发生后,反饥饿、反内战、反迫害的学生运动迅速发展到全国。上海、南京、北平、天津、杭州、苏州、南昌、武汉、广州、唐山、青岛、昆明、郑州、福州、厦门、西安、重庆、沈阳等地 60 余所大中学校相继罢课,示威游行。全国各地支援函电纷至南京,要求生存、要求和平、要求自由,抗议政府的暴行。

  △ 上海白粳米从月初每石 24 万元左右涨至下旬每石 46 万元。

6 月

  6 月 1 日 凌晨,军警包围武汉大学,逮捕教授五人,学生数十人,并在冲突中枪杀学生三人,重伤三人,轻伤 20 余人。是为"六一"惨案。上午,武汉大学召开师生大会,通过为无辜死难者伸冤、抗议当局暴行、要求保障师生安全、释放被捕师生,本案未得合理解决之前,无限期罢课、罢教等决议。午后,武汉各机关团体代表、各报记者到校实地勘查。

  △ 华北学生 2000 余人在沙滩北京大学操场举行"民主广场"命名典礼,同时,欢迎受伤同学返校。会上华北学生反饥联宣布:取消"六二"示威游行,改为总罢课一天,为死难于饥饿及内战的军民举行追悼会。

  △ 重庆军警逮捕学生、记者(其中八人为《大公报》记者)、市民

200余人,并宣布戒严,成都、开封、沈阳、天津、福州等地亦有逮捕事件发生。

△　天津各报自是日起复行新闻检查。10日,新闻检查停止。

△　东北行辕自是日起开始限制关内报纸、杂志运往东北,平、津各报均在榆关被扣。5日限令解除。

△　外交部宣布中国正式承认匈牙利政府。

6月2日　国民参政会讨论、审查并通过480件提案后,宣布闭幕。通过的主要提案有:《请政府速派大军分路应援,以挽危局案》、《建议政府迅以最大决心建树绥靖区地方武力以固国本案》、《请政府迅向美国切实磋商借款案》等。会议选出本届驻会委员31人。

△　武昌军警在珞珈路上严密设防。武大学生原定今日举行抬尸游行,在教授会劝阻下取消。午后,全校师生列队执绋,将死难者移至体育馆装殓。武汉各专科以上学校同学,不顾军警干涉,依然列队徒步到武汉大学,公祭殉难者。

△　教育部次长杭立武抵武汉大学调查。

△　北平、上海、天津、沈阳、青岛、杭州等地学生纷纷在校内举行"内战死亡军民追悼大会",哀悼为内战而牺牲之无辜军民。昆明36所大中学校学生二万人,桂林广西大学数千人分别举行反饥饿;反内战示威游行。

△　当局于1日、2日在上海、北平、南京、天津、广州、沈阳、重庆、成都、开封、贵阳、福州、青岛等地逮捕学生、教授、新闻记者、公务员达2000余人。

△　青岛、昆明、桂林学生举行反饥饿、反内战游行。

△　成都《华西晚报》报馆被特务捣毁,工作人员多人被捕,致该报自此停刊。

△　东北民主联军占领开原。

△　董彦平、张剑非率领之接收旅大视察团自沈阳赴大连进行调查。

△　台湾省府主席魏道明命令举行全省军事演习,并实行戒严。

△　上海各报在《日本野心未戢》的标题下刊载法国通讯社东京消息,日本希望获得"跟美国共同托管琉球群岛,在千岛群岛和库页岛外有捕鱼权及在台湾有特别移民权"等项权利。

6 月 3 日　苏联驻华大使彼得罗夫访外交部长王世杰,就在华白俄团体之反苏活动提出抗议。王世杰亦抗议苏联报纸及通讯社之反华言论。

6 月 4 日　行政院举行会议,议决:海南岛设立特别行政区,并设建省委员会,筹备建省之方案,其范围包括三部分:一、大陆部分,勾漏山脉以南 16 县;二、海南岛本岛 16 县;三、东、西、南与中央四群岛,共约 7.6 万余平方公里。省会设于海口。

△　接收旅大视察团乘"长治号"炮舰抵旅顺。

△　国民政府发表抗战损失统计,中国抗战直接损失达 310 亿美元。

6 月 5 日　国民政府明令公布 1945 年 9 月重新划定之东北新省区区划,共计有:辽宁省、安东省、辽北省、吉林省、松江省、合江省、黑龙江省、嫩江省、兴安省九省,下设 15 个市、159 个县、21 个旗及大连市、哈尔滨市、沈阳市三个行政院直辖市,此新省区划自 8 月 1 日起实行。

△　新华社发表题为《破车不能再开》的社论,评论刚刚闭幕的国民参政会。指出"这个参政会仅仅是个呼吁战争的机关;人们绝对不能也不应向它呼吁和平"。"这次参政会一切都是假的,只有借外债,打内战两件是真的"。

△　武汉警备司令部稽查处长胡孝扬等因 6 月 1 日武汉大学惨案,被撤职查办。

△　京、沪、平、津各大学纷纷致电武大,对"六一"惨案表示慰问。武汉各界连日有数千人前往武大吊唁慰问,并参观惨案遗迹。

△　上海地检处上午传前中央银行负责人贝祖贻、林凤苞、杨安仁、王松涛四人出庭,扩大金潮案之侦察。

　　△　中国与蒙古在中蒙边境新疆北塔山地区发生武装冲突。外交部于 11 日称"此事并非寻常边界冲突事件,我政府极为重视"。中央社电讯称苏联亦卷入其中。中方向苏、蒙两国提出抗议,苏、蒙两国声明否认中方指责。

6 月 6 日　蒋介石主持国务会议讨论参政会的和平方案,并谓:能否实现和平,全系中共态度。

　　△　国民政府任徐傅霖为国民政府委员;李文范为司法院副院长;黄绍竑为监察院副院长。

　　△　武汉大学学生召开全体大会,决议:一、派代表赴南京及上海向中央请愿;二、向各界报导惨案真相;三、在问题未完全解决前,死者暂不安葬。同日,蒋介石、张群、朱家骅、白崇禧、陈诚派员向武汉大学"六一"死难学生献花圈。

　　△　水利部召开全国水利会议,部长薛笃弼主持,到各省水利工作者 130 余人,分"水利行政"、"整理水道"、"勘测实验"、"江河修防"等组,审查提案。9 日闭幕,通过《五年水利建设计划纲要》。

　　△　无锡市之《锡报》、《人报》、《大锡报》、《江苏民报》、《导报》五报,因受物价上涨之影响,负债额已超过资产总值,工人、职员工薪无法发放,宣告停刊。经劳资双方调处,10 日起复刊。

6 月 7 日　国民政府以武汉警备司令彭善处理学潮无方,下令撤职查办,遗缺派阮齐代理。

　　△　台湾省议员、国大代表联席会议,电请蒋介石妥筹对策,坚决反对日、美共管琉球群岛及台湾特别移民权等无理要求。同日,台湾旅沪同乡会代表旅沪同胞发表通电,请政府采取有效措置,防止日本帝国主义之野心复活。

　　△　国民政府令:沈阳市、西安市、汉口市、广州市改为行政院直辖市,自 8 月 1 日正式实行。

　　△　国民政府调联合勤务总部总司令黄镇球为国防部参谋次长;原任参谋次长郭忏为联合勤务总部总司令。

6 月 8 日　进攻陕北的刘戡部先头部队当日进至离中共中央驻地王家湾仅一个山头之处,毛泽东等连夜转移,脱离险境。

△　东北民主联军攻击部队向四平开进集结。

△　东北民主联军冀热辽军区部队于叶柏寿北歼灭自赤峰弃城南逃之第九十三军暂二十二师一部,占领赤峰。

△　国防部致函佛教会称:届满 20 岁至 23 岁之适龄僧侣,仍须同普通男子一样照服兵役。

△　冯玉祥在美国发表声明,警告蒋介石政府官员应对国内逮捕、镇压学生的暴行负责。

6 月 9 日　全国经济委员会就国营事业出卖问题决定两项原则:一、能立即出卖者即行出卖。出卖时将资产分别为最小单位——出卖,俾稍有资产者均能有力购进;二、不能立即出售者,拟分以股票式出售。

△　国民政府公布《宪法说明书起草委员会组织规程》,凡七条。该会置委员 10 人,由国民政府主席遴选,委员为孙科、王宠惠、王世杰、张君劢、蒋匀田、陈启天、常乃德、王云五、雷震、浦薛凤。并指定孙科为召集人。

△　上海市民食调配委员会成立,实施计口授粮,以安定上海 400 万市民的粮食问题。

△　东北民主联军收复安东。

△　新加坡华侨新闻记者公会通过决议案,要求中国政府立即释放最近在学生运动中被捕之记者,撤销报纸停刊令及新闻检查制,并请中国驻新加坡领事馆转呈张群。

△　"达丰"轮在浏河附近沉没,淹死 30 余人。

6 月 10 日　蒋介石接见外交部长王世杰,听取苏联、外蒙军入侵新疆之北塔山事件经过,决意向苏、蒙提出抗议。11 日,驻苏大使傅秉常奉命向苏联政府就北塔山事件提出严重抗议。

△　外交部长王世杰与国防部长白崇禧向立法院报告外蒙军队入侵新疆事件。

△　北平行辕主任李宗仁令保障新闻自由，天津停止新闻检查。

△　上海 50 余所大中学校学生举行总罢课一天，抗议政府逮捕、屠杀学生之暴行，要求立即释放全部被捕学生，停止非法逮捕，保障学生安全。同日，天津、武汉等地学生亦举行罢课请愿运动。武汉大学学生代表抵南京进行请愿。

△　行政院公布《联合国各组织及人员在华应享受之特权及豁免办法》。

△　葡萄牙殖民部长杜亚德发表谈话，称将以武力保有澳门。

6 月上旬　晋察冀野战军再次成立，下辖三个纵队，杨得志任司令员。

6 月 11 日　国民政府公布《特种营业税法施行细则》，凡 27 条。

△　东北民主联军集中七个师攻击四平，另以 17 个师打援。14 日攻入铁西区。

6 月 12 日　中共晋察冀野战军发动清沧战役。至 15 日，歼灭国民党军 9500 余人。中共的冀中和山东渤海两大区连成一片。

△　武汉大学学生代表在南京举行记者招待会，报告"六一"惨案经过详情，要求政府：一、惩办凶手；二、保障人权；三、保障学校之安全及尊严；四、保障新闻自由。

△　驻华北之美海军陆战队 1500 人，于 12 日、16 日、19 日分别离津返美。

△　旅大视察团结束视察，离开旅顺回沈阳。

△　国民政府决定全国轮船客货运输自 6 月份开始加价。客运加价 90％，货运粮价加 60％，杂货加 70％，危险品加 90％。

6 月 13 日　国民政府特派张厉生、洪兰友、蒋匀田、刘东岩、金体乾为国民大会代表、立法院立法委员选举总事务所委员会委员，并指定张厉生为主席。

△　国民政府公布修正《工会法》，凡 13 章 63 条，内容有：劳资间之争议，非经过调解程序后，于会员大会以无记名投票经全体会员过半

数之同意,不得宣告罢工,其已交付仲裁或应付仲裁者,仍不得宣告罢工。工会于罢工时,不得妨害公共秩序之安宁及加危害于生命财产及身体自由。工会不得要求超过标准工资之加薪而宣告罢工。

6 月 14 日 国民政府公布《立法院立法委员选举罢免法施行条例》,凡七章 67 条。

△ 国民政府公布苏、浙、皖、赣、鄂、湘、川、冀、鲁、晋、豫、陕、甘、闽、粤、桂、滇、黔 18 省立法委员名额分配及选举区划分表,及蒙古、各民族在边疆地区与不分区之各省、市立法委员名额分配表。

△ 东北民主联军总攻四平,晚 21 时,第一纵突入四平,进行纵深战斗。

△ 蒋介石会见张君劢,交换对于时局之看法。

△ 晋察冀野战军占领沧州。

6 月 15 日 原任东北外交特派员蒋经国飞抵沈阳,当夜趋访东北行营主任熊式辉与东北保安司令杜聿明,长谈东北战况。

△ 全国学生联合会在上海秘密举行成立大会,出席大会的有:华北学联、京沪苏杭豫五区学生联合会和武汉学联。会后,昆明学联打电报表示完全拥护学联成立。19 日,教育部、社会部以其未事先登记,于"法"实有未合为名,下令取缔。

6 月 16 日 蒋介石接见东北保安副司令孙立人,听取对东北战况之报告。同日,蒋经国飞四平、公主岭等地视察。

△ 黄埔陆军军官学校举行二十三周年校庆,历届校友黄杰、桂永清及该校官员生等 2000 余人出席。蒋介石在庆典上发表《总理创办军官学校的意义》讲话。

△ 上海学生联合会与上海被捕学生家属共 23 人组成请愿团抵南京,向教育部请愿,要求立即释放被捕学生及停止捕人,保障人权。

△ 北大、清华罢课一天,追悼武汉大学死难同学。

△ 东北民主联军一度攻占本溪。

△ 联合国远东经济委员会第一次全体会议在上海开幕。到会的

有中、苏、美、英、法、印、澳、菲、暹、荷十国代表。蒋廷黻被推为主席。25 日会议闭幕。

6 月 17 日　驻美国大使顾维钧访美副国务卿克莱顿,商讨亚洲经济复兴问题。顾提议将"马歇尔经济援助欧洲计划"扩展至亚洲,并提出中国分享日本国内工业资产赔偿计划。

△　东北民主联军与四平街守军在城内进行激烈巷战。

△　行政院会议议决:婺源县划回安徽,光泽县划回福建。

6 月 18 日　国民党中政会讨论时局,各委员咸认为有作重大决策之必要,有主张国军全部撤出东北者,决议推孙科、陈立夫将讨论意见呈蒋介石核夺。外长王世杰在会上报告新疆事件处理经过,对外交涉情形,并谈战事。

△　新闻局长董显光就北塔山事件发表声明,驳斥外蒙古之声明,表示北塔山系中国领土。

△　美大使司徒雷登报告国务院,南京政府官员对中共威胁时存戒心,遍布失败情绪。自由与粮食为人民怨忿政府之重心。中共之成功,多由于国民党之无能与腐败。

△　新闻局局长董显光对记者称:国营事业决定出售转为民营的单位有:中国水产公司、中国烟草公司、中国蚕丝公司、中国纺织建设公司。

△　国民政府派汤吉禾代理国立英士大学校长。

△　中华全国体育协会派董守义参加在瑞典举行的国际奥林匹克委员会。

6 月 19 日　蒋介石接见美国大使司徒雷登,告以东北战局,并询问美国对华政策。司徒雷登表示将电政府请示。

△　伪浙江省长、铁道部长傅式说在沪被执行死刑。

△　国际第三十届劳工会议在日内瓦召开,中国派包华国代表出席。

6 月 20 日　蒋介石主持国务会议,报告军事情况,会议决议取消公用事业大部贴补等案。

　　△　国民政府任吴铁城为立法院副院长。

　　△　国民政府组织中央军事慰问团,分苏鲁皖、察绥冀晋、陕北、豫鄂、东北五个区团,今起分批由南京出发。

　　△　苏联塔斯社声明否认美国及中国通讯社所刊苏联指挥中共军队在满洲之攻势。

　　6 月中旬　越法战争以来,政局混乱,在越华侨生命财产均无保障,近纷纷向滇、桂两省边境避难,人数已达 4000 余人。滇省侨务、社会两处已派员前往救济。广东省政府主席罗卓英就越方限令华侨疏散,19 日电请行政院派舰保护撤退。

　　6 月 21 日　国民政府副主席孙科邀宴政府委员,交换时局意见。陈布雷、王宠惠、邵力子、陈立夫、张厉生、王世杰、吴鼎昌等出席。

　　△　财政部、经济部、外交部及中央信托局、资源委员会、侨务委员会等,共同组成赴日商务考察团,潘序伦任团长。

　　△　经济部在上海成立纺织事业调节委员会,邹秉文任主任委员,王启宇任副主任委员。该会之任务为:调节全国纺织品之供需,稳定物价,增加生产。

　　△　东北保安司令长官杜聿明从长春、沈阳地区急调 10 个师增援,以解四平之围,其中八个师自沈阳北上,二个师自长春南下。

　　△　苏联答复中国外交部抗议,否认苏联飞机参加北塔山战事。

　　6 月 22 日　孙科就接收旅大问题对《新民报》记者发表谈话称:中国之东北现已成为国际问题,苏联显然违反中苏友好条约。又称:中国若失东北,即对美国为威胁,美国应有所表示,美国反应冷淡,即等于放弃中国。孙氏末称:目前已经无和谈可言,政府必须打垮共产党,否则即是共产党推翻国民政府。

　　△　武汉大学举行追悼"六一惨案"殉难同学大会,中央及地方各界分送花圈、挽联,到中外来宾、校友及师生 2000 余人。

　　△　东北民主联军再度对四平进行猛攻,国民党军退守铁东。

6 月 23 日　国务会议决定铁路加价,订 7 月 1 日起实行,各路客货均照现价各加 200％,川滇、滇越增加 150％。

△　中美租借法案债务谈判在华盛顿举行。谈判内容为:租借债务之清理、战时三国间财政债务、未整理之战时剩余物资移交问题及其他战时财政帐目,债务总额计达 20 亿元。

△　国际铁路协会在瑞士吕森召开理事会,中国首席代表凌鸿勋当选大会副会长。

△　国民政府与法国政府就《中法临时民航协定》本月底期满,决议延长有效时期半年。

△　是日及 25 日,顾维钧在华盛顿先后会晤美助理国务卿索普和马歇尔,要求延长五亿美元贷款的拨款期,此外至少再提供二亿美元贷款。无果。

6 月 24 日　陈诚在宪政促进会报告军事形势。

△　孙科发表谈话,主张:中国应准备早日与日本议和,因为亚洲今日之最大危机,为共产党破坏经济复兴之企图,应使日本成为遏阻赤色极权扩张之缓冲区。

△　北上增援四平之国民党军占领昌图。

6 月 25 日　最高法院检察署发布《平字第一九〇六号训令》,"通缉"中共领导人毛泽东。29 日,陕北中共观察家发表声明指出:任何一个解放区政府和任何一个中国人有更大理由缉拿蒋介石并审判其罪行。

△　山东国民党军经过 40 余天的修整后,开始鲁中第三期会战计划。以九个师 25 个旅的兵力,由莱芜、新泰、蒙阴、青驼寺、葛沟、汤头一线,采取密集平推、稳扎稳打、步步为营的战法,再度向鲁中山区进攻。第一兵团司令范汉杰指挥四个师向南麻方向实施主要突击。

△　晋察冀野战军发动保北战役。至 7 月 6 日,国民党军被歼灭 8000 余人。

△　联合国善后救济总署驻华分署呼吁国共双方,在全部黄河河

床及河堤两岸五英里内,立即停止任何军事行动,使复堤工作依最高速度进行。

△　外交部根据旅大视察团报告发表声明,说明旅、大接收交涉经过及"种种障碍",宣布暂停开放大连港,并提请苏联政府遵守条约,中国政府派遣军警接收旅、大行政之权,既无条件限制,中国政府自得随时决定行使全权。同日,外交部向苏联政府提交照会一件。

△　国民政府特任温源宁为中华民国驻希腊特命全权大使;任命王友直为西安市市长;欧阳驹为广州市市长;金镇为沈阳市市长。

6 月 26 日　蒋介石发表广播讲话,纪念联合国宪章签字两周年。

△　国民政府令免兼驻委内瑞拉国特命全权公使梅景周兼职;任命于望德兼中华民国驻委内瑞拉特命全权公使。

△　国民政府公布《公务员退休法》;《捐资兴学褒奖条例》;《捐资兴办社会福利事业褒奖条例》;《捐资兴办卫生事业褒奖条例》。

△　林彪、罗荣桓根据敌情变化,改变坚决攻克四平之决心,决定以一部兵力佯攻四平,而以九个师迎击由沈阳北援的国民党军右路新六军。30 日,东北民主联军撤离四平。

6 月 27 日　美国政府以价值 65.6658 万美元之 1.3 万发子弹,售于国民党方面,并允许签发军用品出口证。30 日,中国共产党发言人宣布:中国人民不予承认此项血腥交易。

△　长春南下之国民党军第一军占领公主岭,沈阳北上之国民党军第六军、第五十三军占昌图北之泉头。

△　行政院善后救济总署拨五亿元赈济水灾款,汇粤分署,令该署立即发放全部存粮,救济灾民。

△　首批日舰抽签分配:中、美、英、苏各得八艘,下月将由日本分驶各国。

6 月 28 日　立法院例会通过立法委员职业代表由 56 名增至 84 名。

△　外交部长王世杰训令驻美大使顾维钧,要求美国对沈崇案件

凶犯皮尔逊返美后被撤销判决一事作出解释,并经美大使司徒雷登要求美国政府维持原判。同月,上海学联发表抗议书,要求维持原判。

△ 行政院核准由中国、交通两行在海外办理南洋侨胞复业贷款,总额为 5000 万美元。

△ 中央银行总裁张家璈派员赴港,与香港政府交涉协防走私、取缔金、钞黑市事宜。

△ 南京警察厅统计五月份南京市人口共 106 万人。

6 月 29 日 由彭学沛、贺耀组、汤恩伯三人负责筹备,中宣部"亚东问题研究会"及"改造出版社"合并组成之"亚东协会",在上海举行成立大会。该协会宗旨为:联络亚东各族感情,促进文化交流,并协助国际文教工作。贺耀组当选理事长,彭学沛等 31 人为理事,并聘请张群为名誉理事长,戴传贤等 39 人为名誉理事。

△ 中共中央军委指示华东野战军:"蒋军毫无出路,被迫采取胡宗南在陕北之战术,集中六个师于不及百里之正面向我前进。此种战术除避免被歼灭及骚扰居民外,毫无作用,而其缺点则是两翼及后路异常空虚,给我以放手歼击之机会。""敌正面既然绝对集中兵力,我军便不应继续采取集中兵力的方针,而应改取分路出击其远后方之方针。"

△ 菲律宾粤侨各团体联合会汇款 2000 万元,救济粤省遭受水灾难胞。

6 月 30 日 在刘伯承、邓小平率领下,晋冀鲁豫野战军主力第一、第二、第三、第六共四个纵队 12 万人,在鲁西南东阿至濮县横宽 300 里的地段上,强渡黄河,揭开了人民解放军战略反攻的序幕。

△ 国民党中常会及中央政治委员会举行联席会议,议决:一、加强"剿共"军事;二、撤销三青团,与国民党合并,以集中党团力量;三、依照宪法实施准备程序,办理选举。会议通过《关于中国共产党叛乱问题案》,称:中共"武装叛乱,割据地方,破坏统一和平,危害国家民族","亟应明令剿办,裁平内乱"。

△ 华东野战军决定分兵出击。叶飞、陶勇率第一、第四纵队出击

鲁南,为外线部队路南兵团;陈士榘、唐亮率第三、第八、第十纵队出击鲁西,为外线部队路北兵团;野司率四个纵队在正面待机。次日各部开始行动。

　　△　国民政府下令废止一、《战时地价申报条例》;二、《战时地籍整理条例》;三、《各省市地政施行程序大纲》。

　　△　联合国善后救济总署驻华分署署长克利夫来宣布:联总分署在华工作将提前至十月底结束。

　　△　国民政府特派刘锴为中华民国出席国际电信全权代表会议首席代表。

　　6 月下旬　四川省粮荒严重,各地不断发生抢米风潮。成都饥民成群,连日结队吃大户、抢米店。隆昌县饥民 1000 余人,26 日围攻县府,饥民五人被打死。

　　是月　内战爆发一年,国民党军损失正规军 97.5 个旅,78 万人;非正规军 34 万人;共 112 万人;占领解放区城市 335 座。人民解放军损失 35.8 万人,收复城市 288 座。

　　△　民社党党旗、党歌,经该党组织委员会通过决定:党旗为红、白、黑三色,中央缀有绿色"井"字,表示对中国历史上井田制之崇拜,党歌系张君劢所拟定。

　　△　粤省各地淫雨成灾,各江水位暴涨,东、北、西江水势最烈,无家可归之灾民近百万。

　　△　广西省洪水泛滥,报灾者已达 50 余县,南宁城亦水深数尺。

7　月

　　7 月 1 日　东北民主联军夏季攻势结束。攻势历时 50 天,歼灭国民党军 8.3 万人,攻占城镇 42 座,扩大解放区 16 万平方公里。国民党军被压缩在中长路、北宁路狭长地带的少数据点上,被迫由全面防御转入重点防御。

　　△　联合国善后救济总署中国分署宣布,已接获周恩来、董必武由烟台中共办事处转来的答复,同意讨论"联总"建议黄河沿岸五哩内的地带停火,以利在本月底大汛到来之前完成修堤工作的计划。国民政府日前已接受休战的建议,并派叶南参加讨论此计划。

　　△　东北民主联军攻克北票。冀东军区部队攻克北戴河车站。

　　△　国防部成立美方剩余物资接收委员会,主任委员由上海港口司令施北衡兼任,下设陆、海、空军及联勤四组。

　　△　广东与上海两地中国民主促进会宣布合并,总部仍设上海。宣言主张国家民主,全国和平,民族独立,社会进步。

　　△　民主建国会召开理监事联席会议,由章乃器等七人负责筹备海外分会。

　　△　美国教育家及担任中国语文、历史之大学教授23人联合致电美驻华大使司徒雷登,吁请大使"向中国当局请求立即释放被捕之中国教授、学生、记者,保障人权"。签名者有耶鲁大学教授加德纳、哈佛大学教授费正清、罗兰、威尔华纳等。

　　△　导淮委员会与扬子江水利委员会分别改组为淮河水利工程总局与长江水利工程总局。

　　7月2日　蒋介石召见中央银行总裁张嘉璈,研讨币制改革方案。

　　△　国民党军占领沂蒙山区华东野战军后方基地南麻。

　　△　重庆《商务日报》,因刊布粮价消息被勒令停刊一天。

　　7月3日　驻美大使顾维钧电外交部,已向美国务院提出贷款具体计划。

　　△　根据美、英、苏、中四国协议,解散日本海军所得的战舰92艘,四国平分,中国获23艘。是日,日本赔偿中国首批军舰八艘抵沪。

　　△　孙科与青年党、民社党领袖会谈国大代表、立法委员选举事。

　　△　立法院通过法案,决定将驻华美军享有的特权延长至美军完全撤出中国之日。

　　△　全国轮船业联合会在沪正式成立。杜月笙为理事长,杨管北、

李云良、卢作孚等九人为常务理事。

△ 上海民船业会员一万余人为提高待遇罢工。

△ 全国经济委员会决定收回台湾、东北和新疆的流通券,以确立法币的统一地位。同日,台币与法币汇率,自是日起改为 1∶65。

7 月 4 日 国民政府举行国务会议,通过蒋介石提出的《厉行全国总动员戡平共匪叛乱方案》。提案称"为拯救匪区人民,保障民族生存,巩固国家统一,厉行全国总动员,以戡平共匪叛乱,扫除民主障碍,如期实施宪政,贯彻和平建国方针案","中国共产党拥兵割据,扰害地方,武力叛国","必须全国军民集中意志,动员全国力量,一面加紧戡乱,一面积极建设。"张继认为该案"相当于讨伐令",孙科说,"目的在加强剿共之军事行动",陈立夫主张"应集中人力物力加强戡乱"。会后,各省、市参议会及国民党控制的组织,纷纷通电拥护"戡乱"令,并召开所谓戡乱救国大会。

△ 国民党军调集三个师一个旅,组成第二兵团,由王敬久指挥,自陇海路北援鲁西南,企图与原在该地的三个师一起,堵住被晋冀鲁豫野战军突破的缺口。

7 月 5 日 行政院长张群就"戡乱动员"对中央社记者发表谈话,称"以戡乱求统一,以苦干谋复兴"。

△ 西北野战军陕甘宁部队收复定池、安池、盐池。

7 月 6 日 美大使司徒雷登以国务卿马歇尔函转蒋介石,称对中国情形深为"关怀"与"忧虑",但中国问题之根本解决,在中国人自身,美国仅能在援助实际有效时,作一援助。司徒雷登并再劝蒋行彻底全面改革。

△ 张钲奉命任首都卫戍司令。

7 月 7 日 蒋介石为纪念"七七"抗战十周年,向全国发表广播讲话,声称实行"戡乱"总动员,既是为了"争取胜利",也是为了"求取国家改革与努力建设",一方面"集中力量,加强军事,戡平匪乱,实现统一",一方面"努力建设,增进生产","改革内政"。

△ 孙科在沪回答记者问时称:总动员令下达后,政党不能再言反

对内战,否则即为反对政府政策,必予以断然处置,此意诸君不妨转告民盟。

　　△　华东野战军外线部队路南兵团攻克鲁南费县县城。9 日又占枣庄、峄县等城,解放津浦路东纵横 300 里之广大地区。

　　△　张群主持行政院赈灾会议,决定采取切实有效之救济办法,救济各地灾民。本年度已拨赈款 252 亿元。

　　△　监察委员 10 余人以王世杰办理对苏外交软弱失职,对其提出弹劾。

　　△　全国航政会议在南京举行,会期四天。决议向日交涉船舶赔偿等案。

　　△　四川省政府、储运处、法院等合组清查团,清查官、商、民欠粮900 余万石。如拖延不缴,决从严惩办。

　　△　台省日产处理委员会在其总报告中,列载台湾"接收"敌产之总额为 156 亿元。

　　7 月 8 日　民盟主席张澜在沪发表书面谈话称:"不意在政协决议已告成立之后,始则一面和谈,一面战争,继则撤去和谈,由局部战而演成全面战,至今日而政府下总动员令矣。同人痛心之下,复有何言。""宪政之大本大原,不外乎保障人权,尊重舆论,此则同人于惨痛之余,仍愿竭诚献议者。……同人一日为中华民国之民,矢愿一日为民主和平统一而努力!"

　　△　晋冀鲁豫野战军经二日激战攻克郓城,歼灭国民党军整编第五十五师一万余人。10 日又克定陶,歼守军一个旅 4000 余人。

　　△　外交部就外蒙军队入侵新疆制造北塔山事件,致苏驻华使馆照会,提出抗议。同日,外交部电令驻苏大使傅秉常照会外蒙驻苏大使,要求外蒙军队迅速从中国境内撤退。

　　△　凌晨 2 时,重庆市民园路新建之康乐大剧院倾塌,死伤近百人,财产损失逾三亿元。

　　7 月 9 日　蒋介石出席三民主义青年团九周年团庆,并致训词,发表《对党团合并的指示》，称"统一党部与团部的机构，这是要使本党起死回生的一个重要措施"。团书记长陈诚书告全国青年实行总动员。

　　△　国民党中央常务委员会"为统一革命阵线，加强党国力量，齐一步骤，戡平匪乱"，通过党团合并案，"决定党与团统一组织"。通过李惟果升任宣传部长。

　　△　美国白宫宣布派魏德迈为特别代表赴中国，"对中国目前及未来的政治、经济、心理和军事情况作一估计"，以帮助美国政府"考虑对于复兴计划的援助"。

　　△　国民政府决定撤销政治协商会议名义及其秘书处组织。

　　△　国民政府任命徐会之为汉口市长。

　　△　行政院七人小组会决定加强征粮，办法一是扩大征实，二是对地方征借，三是对人民征购。

　　△　行政院新闻局长董显光在记者招待会上报告国营事业配售办法：一、中国纺织建设公司出售全部资产之七成；二、中华烟草公司全部出售；三、中国纺织机器制造公司原有官股四成，全部出售；四、中国蚕丝公司先就股份五成，发行股票，公开出售。

　　7 月 10 日　国民大会代表及立法委员选举总事务所决定，国民大会代表选举于 10 月 21 日至 23 日进行，立法委员选举于 12 月 21 日至 23 日进行。

　　△　参谋总长陈诚由南京飞抵北平，12 日上午出席北平行辕军事会议，讨论补给问题。日内转赴沈阳部署军事。15 日抵四平、长春视察。20 日飞返南京。

　　△　国民党军范汉杰部占领鲁中沂水、东里店。

　　△　教育部决定：公费改为奖学金。规定除师范、保育、青年军复员学生等公费外，其余均改为奖学金。各校新生中家境清贫、成绩优秀者，按全体新生的 20％发予奖学金，待遇暂同于公费。

　　△　汉口市政府勒令 11 家未经许可登记之报纸、杂志迅速停业。共计日报两家，晚报一家、周刊四家、半月刊一家、月刊三家。

△ 毛泽东在给林彪等的电报中总结一年战事,指出,除山东外,国民党军的战略进攻在一切区域均已停止,我军将逐步转入攻势。并说,第二年作战任务,山东、太行两区力求占领长江以北,西北方面力求占领甘、宁大部,北线力求占领中长、北宁、平承、平石、平绥、同蒲各路之大部及路上除平、津、沈以外各城,孤立平、津、沈,如能占领沈阳则更好。

△ 粤汉路八十五次列车,经过英德大桥时,因该桥前被水冲毁,修复不牢,致列车出轨,堕入河中,死伤近百人。

7月上旬 国民党军为配合《戡乱动员》令,决定编余军官除志愿退役者外,一律留用,由中训团分发各部。

△ 广东发生水灾,受灾县份67县,人数391万,死亡5614人。

△ 四川省政府公布,今年水灾遭灾79县,死亡7000多人,财产损失29万亿元。

7月11日 国民政府任命于望德兼中华民国驻厄瓜多尔国特命全权公使。

△ 塔斯社发表公报,声言苏联政府从未反对在旅顺、大连设立中国行政机构。

△ 川康绥署、四川省府电令各市、县,以各地粮荒严重,应速拨积谷出售。如有抢米阻运者,准由军警当场格毙。

△ 中国经济建设研究会在昆明正式成立。该会以研究中国各项经济建设问题为宗旨,总会暂设昆明,各大都市均将设立分会。

7月12日 外交部长王世杰发表声明,欢迎魏德迈来华,表示魏氏此行将"增进中美间之友感与合作"。

△ 江、浙、皖、赣、沪、宁四省二市商业联合会及粮食面粉商业同业会,为请求继续免征粮食营业税,派出代表10余人,在宁集会,向政府请愿。

7月13日 国民党军在鲁中停止进攻,调七个师回援鲁西,留四个师固守要点。

△ 郑洞国代理东北保安司令长官职务,原长官杜聿明 8 日因病离职。

△ 上海大同大学校方以少数学生假借学生自治会名义,干涉校政为由,勒令 80 余名学生自下学期始转学。该校附中亦有 31 人被勒令退学。

△ 广西灾情严重,行政院决定拨款 20 亿元赈济,并由四联总处贷款 50 亿元救灾。

△ 上海中国实业公司之"国星轮",是日晚在南京浦口码头撞沉,损失在百亿元以上。

7 月 14 日 新华社发表社论《总动员与总崩溃》,指出"七月四日蒋介石的《戡平共匪叛乱总动员令》","象征着蒋介石的统治将要总崩溃"。人民的方针就是坚决彻底干净全部消灭蒋介石军队,成立民主联合政府。

△ 武汉大学"六一"惨案殉难学生王志德、陈如丰之灵柩,由暂厝处移至张家山下葬。参加执绋之师生达 500 余人,校长周鲠生及王志德之母主祭。

△ 华东野战军外线部队路北兵团 8 日占泰安,10 日占平阳、肥城,是日占大汶口。

△ 上海市铅印、印刷业工会职工因劳资指数纠纷举行罢工。

△ 上海民船业会员罢工经社会局调解至资方将工资增至 150% 后开始复工。

△ 内政部人口局发表全国人口统计,全国人口共 4.61006285 亿人,内男子 2.41485555 亿人,妇女 2.1952073 亿人。人口最多的省份为四川,共 4710.772 万人。各大城市人口为:上海 315 万,天津 168 万,北平 160 万,广州 128 万,沈阳 118 万,南京 104 万,重庆 100 万。

7 月 15 日 蒋介石会见司徒雷登,表示欢迎魏德迈使华,承认人民对政府不满主要是因为经济原因。

△ 国民政府明令公布《国民大会代表名额分配表》。

△ 北京大学民主广场举行闻一多逝世一周年纪念会,校内外人士及外籍记者千余人参加。同日,昆明市各校学生及联大校友、青年万余人,在昆明师院公祭闻一多遇害一周年。

△ 驻美物资供应委员会与美国航务委员会在华盛顿签订《售购战时建造船舶合约》,美国将战时建造的船舶 159 艘售给中国。

7 月 16 日 美国总统杜鲁门特使魏德迈将军偕顾问五人启程来华。

△ 晋冀鲁豫野战军发起羊山集战役,开始围攻国民党军整编第六十六师。经反复攻击,25 日攻入村内。

△ 华东野战军外线部队路北兵团第三纵队攻济宁,因敌情不明,连攻三夜未果。第十纵队 15 日攻汶上亦不利。

△ 重庆发生抢米风潮,市民杨泉林以“抢劫食米”罪,被判处死刑。

△ 监察委员万灿、于树德、杜光埙、李世军、王冠吾等反对开放对日贸易并建议终止派遣商务代表团赴日。

△ 侨居东京、横滨之华侨,在东京成立战后第一个由第三国人士组成之永顺贸易公司,主要业务为国外贸易。

7 月 17 日 华东野战军内线部队四个纵队围攻南麻国民党军整编第十一师。因连日暴雨,加之守军顽抗,形成僵持状态。19 日国民党军四个旅开始增援,21 日突破阻援部队阵地。华东野战军于 21 日晚停止对南麻的攻击,撤出战斗。

△ 中共中央工委召开的全国土地会议在河北建屏县(今平山县)西柏坡村开幕,来自各解放区的代表 107 人出席会议,中共中央工委书记刘少奇主持会议。会议将讨论土地改革的有关路线、方针、政策问题。

△ 上海市铅印、印刷业工会职工经劳资评断会调解复工。

△ 日本赔偿舰只第二次抽签,中国共得八艘 8000 余吨。26 日自日本启碇,28 日到达上海。

7 月 18 日 国民政府举行国务会议,通过:一、《动员戡乱完成宪政实施纲要》,继续征借实物以充军粮。二、取消中共国大代表、国府委员保留名额,中共现任国民参政员予以除名。三、粮食部长谷正伦辞职照准,任命俞飞鹏为粮食部长。

△   国民政府任命唐纵为内政部警察总署署长。

7 月 19 日   蒋介石偕顾祝同飞开封视察军事,部署鲁西南战事,决定抽调六个半旅组成第四兵团,由王仲廉指挥,另从山东抽调四个师,分别增援鲁西南与津浦路中段。

△   国民政府颁布《动员戡乱完成宪政实施纲要》,提出"厉行全国总动员,以戡平共匪叛乱",凡"戡乱"所需之兵役、工役、军粮、物资、运输等,均应积极动员;凡规避及妨碍"戡乱"之言论行为,均应依法惩处。行政院并可随时发布必要之命令。

△   中共中央军委致电刘伯承、邓小平等,说:"为着协助陕甘宁击破胡宗南系统,同时协助刘、邓经略中原,决将陈、谢纵队使用方向改为渡河南进,首先攻占潼、洛、郑段,歼灭该区敌人,并调动胡军相机歼灭之。尔后向豫西、陕南、鄂北进击,创建鄂豫陕边区根据地,作为夺取大西北之一冀。"

△   为策应陈、谢集团南进,毛泽东决定:"胡拟 8 月由保安向靖边,我军 8 月打榆林方面之敌,吸引胡军增援,以利陈赓出潼、洛。"

△   北大校长胡适、南开校长张伯苓、清华校长梅贻琦及平、津学者、名流、专家 60 余人,发起组织"平津市民治促进会",是日在北平举行成立大会。该会章程中规定任务为:谋求全体市民之福利,促进城市经济、文化之发展。

△   国民政府派王懋功为江苏选所主委,沈鸿烈为浙江选所主委,王陵基为江西选所主委,李品仙为安徽选所主委,邓锡侯为四川选所主委,万耀煌为湖北选所主委,王东原为湖南选所主委,刘文辉为西康选所主委,刘建绪为福建选所主委,罗卓英为广东选所主委,黄旭初为广西选所主委,卢汉为云南选所主委,杨森为贵州选所主委,孙连仲为河北选所主委,王耀武为山东选所主委,刘茂恩为河南选所主委,阎锡山

为山西选所主委,祝绍周为陕西选所主委,郭寄峤为甘肃选所主委,马鸿逵为宁夏选所主委,马步芳为青海选所主委,董其武为绥远选所主委,麦斯武德为新疆选所主委,傅作义为察哈尔选所主委,刘多荃为热河选所主委,梁华盛为吉林选所主委,徐箴为辽宁选所主委,韩蛟杰为黑龙江选所主委,吴瀚涛为合江选所主委,关吉玉为松江选所主委,彭济群为嫩江选所主委,高惜冰为安东选所主委,吴焕章为兴安选所主委,刘瀚东为辽北选所主委,魏道明为台湾选所主委,沈怡为南京选所主委,吴国桢为上海选所主委,何思源为北平选所主委,杜建时为天津选所主委,欧阳驹为广州选所主委,张笃伦为重庆选所主委,徐会之为汉口选所主委,王友直为西安选所主委,金镇为沈阳选所主委。按:一、选所系选举事务所之简称;二、国民政府同时派定上述人员为国大代表,立法院立法委员。

△　国民政府特任俞飞鹏为行政院政务委员兼粮食部部长。

△　中央银行总裁张嘉璈会晤美驻华大使司徒雷登,拟派财经专家赴美商讨援华方案事。

7月20日　华东野战军外线部队路南兵团第一纵队14日攻滕县不克,第四纵队17日攻邹县未果,18日两部合攻滕县。因由鲁中回援之国民党军已近,是日部队撤出战斗,东返鲁中。因受暴雨及回援国民党军所阻,主力折而向西,31日到达兖州、济宁间,脱离险境。

△　蒋介石命令驻昌潍地区的整编第八师(原第八军):"应立即攻占临朐,向南麻进击,牵制共军之攻击。"

△　绥远乌盟西公旗女王奇俊峰及幼王奇法武,在公庙子被该旗保安团长郝游龙率部暗杀。21日凶讯传来,董其武主席极为震惊,已电令包头警备司令温永栋驰往调查。

7月中旬　晋冀鲁豫军区部队自月初起发动豫北攻势,收复县城九座。

△　豫皖苏军区部队本月共收复县城七座。

△　新疆托克逊、吐鲁番、鄯善相继发生袭击驻军的事件,国民党

军予以镇压,省政府与三区的关系因此而更形恶化。

△　福建省淫雨连绵,低洼县份泛滥成灾。福州、林森、龙岩、永定、上杭、武平、长汀、漳浦、连城、龙溪、顺昌、浦城、宁洋、明溪 14 县、市,灾情尤为严重,行政院拨款四亿元赈灾。

7 月 21 日　中共中央在陕北靖边县小河村召开扩大会议,毛泽东、周恩来、任弼时、彭德怀、贺龙等出席。会议讨论了人民解放军第二年作战的基本任务,部署各地区在战略进攻中的协同配合。决定主力出击外线,将战争引向国统区,在外线歼灭国民党军,为此,陈赓纵队不来陕北而渡黄河南进;西北部队北攻榆林,诱敌北上,配合中原作战。毛泽东首次提出,从 1946 年 7 月算起,用五年时间打倒蒋介石集团。

△　行政院会议通过经济改革方案。方案提出:一、金融改革,设立县银行,树立地方经济自治基础;二、增加生产,稳定物价;三、整理财政、稳定币值。同时应注意合理解决军、公、教人员待遇,国营、民营事业地位同等,发动扩大之经济建设运动。

△　国民政府特派郭泰祺为中国常驻联合国代表兼安全理事会代表。

7 月 22 日　美国特使魏德迈及其率领之考察团到达南京。魏氏在机场发表声明,表示将“根据客观彻底之考察而断定为真实之事实”来判断中国局势。

△　美国对外清算委员会中国及东亚办事处宣称:自 1946 年 8 月 30 日至 1947 年 5 月 30 日美国已供给中国之剩余物资共约 1.7 亿美元。

7 月 23 日　国民党中常会通过《党团统一组织原则》,决定,一、现任省、市、县支区分团部干事监察,一律改任为省、市、县党部执监委员;二、扩增后之省、市党部执行委员,由中央指定五至九人,组织党团统一委员会,负党团统一组织任务;三、省、市党部设主任委员一人,由中央指定之。常会决定设立中央党团统一组织委员会,由吴铁城、陈诚、陈立夫、刘健群召集。决定 9 月 9 日召开中央党团联席会议及六届四中全会,任命李俊龙、陶希圣为中宣部副部长。

　　△　魏德迈由司徒雷登大使陪同拜会蒋介石,告以此次来华,纯为了解国民政府与共军作战中失利的原因,准备先到各地广泛调查,然后再回京陈述意见。

　　△　中共中央军委电令刘伯承、邓小平、陈毅、粟裕等,要求刘邓大军休整 10 天,然后以半个月行程,直出大别山。

　　△　《中英航空协定》在南京签字。

　　△　国民政府任命喜饶嘉错、白云梯为蒙藏委员会副委员长。

　　7 月 24 日　国防部长白崇禧在私邸设晚宴招待魏德迈。饭后,双方对南京政府面临的军事形势做了长谈。白崇禧说,一年来的作战经过证明了蒋介石在军事上指挥无能,蒋介石以最高统帅指挥到军级甚至到师级部队,使各级指挥系统不能发挥其应有的效用。战局发展至此,应由蒋氏独负其责。白氏又说,去年夏初,国军以 5∶1 的优势超过共军,仅仅在一年中,战略的主动,便由政府方面转到共军手中,孰令为之?孰令致之?最高统帅当不能辞其责任。

　　△　外交部照会荷兰当局,要求保护印尼华侨安全。

　　△　华东野战军内线部队转移北上途中攻击临朐国民党军第八军。因遇暴雨,部队疲劳,攻击数次未果,而国民党军援军迫近。30 日晚,华东野战军内线部队撤出战斗,转移休整。南麻、临朐两役,华东野战军伤亡减员共 2.1 万余人,未达预期作战目的。

　　△　国民政府特派邓锡侯为国民政府主席重庆行辕副主任。

　　△　国民政府任命姚从吾为国立河南大学校长。

　　7 月 25 日　行政院通过《中央及地方权限划分案》及修正通过《调整各省军管区机构,改订军管区司令部组织条例案》。

　　△　中国民主社会党主席张君劢发表谈话,认为时局严重,政府应采取积极方针,扩大民主基础。

　　△　中国全国工业协会代表潘仰山、罗霞天、陶桂林等,前往行政院、经济部、社会部等机构,面陈请暂缓开放对日贸易等五项意见。

7 月 26 日　人民解放军总部发表爱国自卫战争第一年战绩总结公报,解放军共歼灭国民党正规军 78 万人、非正规军 34 万人;解放区原有面积 239 万平方公里,现有面积 220 万平方公里;原有人口 1.49 亿,现有人口 1.31 亿;原有城市 506 座,现有城市 423 座。

　　△　魏德迈自南京到上海。次日会见民社党张君劢、青年党李璜、金融界首脑陈光甫等。

　　△　监察委员刘士笃、杨宗境、蔡自声、王冠吾、刘延涛等人,向监察院提出建议,指出对日应有明确立场,反对提高日本工业水准,主张延缓开放对日贸易。

　　△　参政会驻会委员会通过参政员郑㧑一等提出的请政府在未签定对日和约前,暂缓开放对日贸易案,并请政府保留对日和会否决权。

　　△　外交部照会美国政府,主对日和会在上海举行。

　　△　为救援绥南伊盟受旱灾群众,绥远省府召开紧急会议,拨粮速行救济,并电请中央拨款急赈。

7 月 27 日　蒋介石接见美国记者,声称,国民政府将履行诺言,于本年底实施宪政,产生立宪政府。共匪叛乱不能妨碍我宪政实行。

　　△　蒋介石三次致电李弥,其中称:"据空军报称,第八师拟于本午放弃临朐,闻之不胜系念。我第九师、第六十四师今已由悦庄出发,明日可到达临朐夹击残匪。如我放弃临朐,则战略上将受重大影响,希饬固守。"

　　△　行政院召开全国粮政会议,各省主席、参议会议长、田粮处长等出席。蒋介石到会声称,现剿共时期,应足兵足食,军粮至为重要,希望大家努力,完成剿匪戡乱及实施宪政工作。

　　△　中共中央军委决定,以晋冀鲁豫野战军第四、第九纵队以及第三十八军和第八纵队一个旅,合组野战兵团,挺进豫西,并任命陈赓为兵团前委书记、谢富治为副书记。

　　△　上海大同附中、二院等 11 所中学遭受开除等处分之学生家长正式成立"上海市被不合理处分学生家长联谊会",就各校无故开除学生发表宣言并提出三项要求:一、立即收回一切无故开除、停学、勒令转

学及其他一切不合理处分;二、给予留级学生以补考机会;三、赔偿因不合理处分之一切名誉损失。

△ 太原《晋强日报》被驻太原空军捣毁,报社负责人、编辑、记者五人被打伤,财物等损失约近400万元。报业工会、记者公会及外勤记者联谊会三会定于28日下午7时召开联席会议,商讨声援等一切办法。

△ 上海市金都大戏院发生宪兵、警察冲突事件。警察七名死亡、六名受伤,市民三死二伤。国防部副部长秦德纯赴沪处理。

7月28日 晋冀鲁豫野战军27日对羊山集发起总攻,经二日激战,全歼国民党军第六十六师1.4万余人,俘师长宋瑞珂。至此,历时28天的鲁西南战役结束,晋冀鲁豫野战军以15个旅的兵力,歼灭国民党军九个半旅,5.6万人,为进军大别山打开通道。

△ 魏德迈自上海返抵南京。

△ 民主社会党在上海召开第一次全国代表大会。出席代表百余人。张君劢报告参政经过。

△ 吴蕴初以工商界代表立场,在全国经济委员会小组会上,提请政府暂缓开放对日贸易。同日,经济委员会综合小组决定:暂缓开放对日贸易。赴日私人商务代表团亦暂缓派遣。

△ 联合国善后救济总署宣布:自是日起,北纬34度以北地区,暂停华北国共区所有物资之运送,一切预定运往物资均由"联总"中国分署予以保管。

△ 联合国安理会讨论外蒙古入会问题,中国代表表示反对。

△ 交通大学校长吴保丰辞职后,是日成立整理委员会,教育部次长杭立武担任主任委员,决定限期一个月,将校务整理就绪。

7月29日 民主同盟领导人黄炎培、章伯钧、罗隆基、张东荪等,在美国大使馆与魏德迈会谈。民盟领导人表示,民盟主张和平民主统一,且是一贯的、独立的,国民党应对政协决议遭破坏负更大责任。魏德迈称美国对中国任何党派及个人均无特殊态度。魏德迈是日还会见了青年党曾琦及国府委员莫德惠等人。

△　蒋介石再次召见中央银行总裁张嘉璈,研究维持币信方案。

△　经行政院核定,成渝铁路主权收归国有,前投资之省股及中国建设银公司之商股应予退还。

7 月 30 日　国民政府就美驻华大使司徒雷登询问经济改革方案中外国资本一节提出书面答复,声明欢迎美商向国营及民营工业投资。美国公司及私人对于中国各种工业,除铁路、兵工厂及与国防有关之专营事业外均可投资。

△　国民政府任命阿不都克力木汗买合素木兼新疆省政府副主席。

△　中国出席联合国代表徐淑希声明北塔山属中国,外蒙入侵并非边界事件。

△　民社党副主席伍宪子因调解党内纠纷未果,声明不参加该党全国代表大会,其后又称将与该党革新派人士合作,与张君劢分庭抗礼。

△　粮食部长俞飞鹏在粮政会议上称:中国现已经由美国转请联合国粮食委员会拨付粮食 39 万吨,借以救济上海、南京、北平、天津、广州、厦门、青岛及福州等 17 城市。

△　上海《新民晚报》自 5 月 20 日被淞沪警备司令部勒令停刊后,是日正式复刊。

7 月 31 日　《国民政府公报》第 2892 号:将中共毛泽东、林祖涵、秦邦宪、陈绍禹、邓颖超、董必武、周恩来、吴玉章八人现任参政员除名。

△　中共中央军委决定,西北野战兵团改称西北野战军,彭德怀任司令员兼政委,张宗逊、赵寿山任副司令员,习仲勋任副政委,张文舟任参谋长,徐立清任政治部主任。晋绥军区划归陕甘宁晋绥联防军,仍由贺龙任司令员,习仲勋任政委。

△　美国驻华大使司徒雷登设午宴招待民盟负责人,交换对于和平问题的意见。

△　国民党中政会决议在原则上开放对日贸易。

△　全国粮政会议闭幕。决定三十六年度征借总额为 3500 万担，内四川最多，为 450 万担。通过《三十六年度田赋征实暨征借粮食实施办法》。

是月　四川省西、南部水灾严重，共殃及 33 县、市，受灾农田 65.6785 万亩，灾民 44.242 万人，中央允拨 10 亿元赈款。

8　月

8 月 1 日　国民政府举行国务会议，一、通过经济改革方案。二、决定原则开放对日贸易，主要原则有三：政府与经济界协商组织代表团，以私人团体名义赴日考察商务；对日进出口贸易以不妨碍国民经济为原则；中国对日本所需物资，优先在赔偿物资中取给。

△　魏德迈自南京抵北平。

△　北京大学正式接收北洋大学北平部。

8 月 2 日　蒋介石决定撤销东北保安司令长官部，并入东北行辕。是日接见陈诚，令其前往东北负责指挥军政。

△　魏德迈在北平会见北平行辕主任李宗仁、保定绥署主任孙连仲、北平市长何思源及北大校长胡适、清华校长梅贻琦等人。

△　海军代总司令桂永清在南京以《中国海军现状》为题，向全国广播演说：一、海军员额已扩充为 3.45 万人；二、海军舰队实力，现有海防第一、第二舰队，江防舰队与运输舰队共四个舰队，另有 10 个炮舰队；三、海军已于沪、青、左营及榆林港四处设置基地司令部，另设巡防处 11 处；四、海军现有沪、青、左营、榆林、马公、黄埔、大沽等海军造船所；五、现海军军官训练，集中于青岛海军军官学校，士兵训练集中于海军军士学校，造船、造械、造机、电工各项则集中于海军机械学校。

△　空军大队驾驶员王守本、看护兵葛发平在南京光华门外中河桥上乘凉时，被驾吉普车经过的美军伍长阿尔瑞与下士塞凡抛下护城

河,惨遭溺死。美军行凶后,狂笑不已,并从容驾车逸去。南京民众闻讯,愤怒不堪,而当局却表示"一切将循国际法解决,甚盼各方持以镇定"。

△ 国民政府特派蒋廷黻暂代常驻联合国代表兼安理会代表。

8 月 3 日 民主社会党第一次全国代表大会通过政纲,凡 45 条,要求保障人民自由,实行军民分治,地方自治,保护民族工业。

8 月 4 日 中共中央军委决定,华东野战军第一、三、四、八、十纵队组成西兵团,粟裕任司令员兼政委,执行外线作战任务。10 日又以华野第二、七、九、十三纵队组成东兵团,许世友任司令员,谭震林任政委,执行内线作战任务。

△ 苏联驻华大使馆代办费德林照会外交部,申辩未协助旅大视察团事,称查与事实不符。

△ 魏德迈抵天津。

△ 国民政府派孙立人代理陆军总司令兼任陆军总司令部陆军训练司令。

△ 民社党第一次全国代表大会闭幕。选出执委、监委若干人,主席张君劢。

8 月 5 日 蒋介石在兵役座谈会上作特别指示两点:一、地方政府职权必须提高,现在"戡乱"总动员时期,省主席及县长自须提高职权范围,庶可增加工作效率,在地方政府中提高县长职权,尤为切要。二、各省主席须具决心,振作精神,切勿用政治制度不良,而推诿责任。

△ 蒋介石致电东北行辕主任熊式辉,告以东北必须确保的理由。

△ 行政院通令简化政治机构,其办法为:一、中央机关各院、部、会、处、厅应竭力裁并,凡所司职责相同者,不准有两个以上同时设立;二、中央在各省、市、县应尽量少设直属机构,凡委托地方政府执行之事,应由地方政府代行;三、省、市、县各机关应尽力裁并,以能行使中央及地方政府之任务为限;四、事业机关虽其事业性质重要,但国库暂无力负担其事业者,应即撤销。

　　△　行政院决议：由经济部、财政部、外交部、交通部及资源委员会、全国经济委员会、中央信托局等单位各派一人联合组成对日贸易指导委员会。

　　△　魏德迈抵沈阳。

　　△　重庆《时事新报》，因发表指责渝某要人囤米储鸦片之文章，被行辕勒令停刊三日，8日始复刊。

　　8月6日　国民党中常会修正通过《各级党团统一组织实施办法》，主要内容为：团干事改任党执行委员，团监事改任党监察委员，党团经费合并办法先由省、市、县地方着手办理。批准中央监察委员会关于开除李济深党籍的决议。

　　△　蒋介石指示陆军总司令顾祝同，要求加紧陇海路防务部署。

　　△　西北野战军集中八个旅发起榆林战役，攻击晋、陕、绥边境要点榆林。

　　△　陈诚自南京抵沈阳。行前，蒋介石接见，指示东北党、政、军整理方针。

　　△　魏德迈到抚顺视察。

　　△　中国民主宪政党美国旧金山总部宣布：由于民社党内部之分裂，已不能使民宪党与之继续合并，该党决定完全与民主社会党脱离关系，仍然作为独立政党存在。

　　△　国民政府准免国立交通大学校长吴保丰职。

　　8月7日　国民党军八个师18个旅14万人由菏泽、嘉祥等地向晋冀鲁豫野战军合击。刘伯承、邓小平决定，提前结束休整，隐蔽突然南进，挺进大别山。是日，晋冀鲁豫野战军主力跳出合围圈，分西、中、东三路向大别山疾进；国民党判断为"北渡不成而南窜"，未进行重点堵击，而是调20个旅尾追，企图在黄泛区包围歼灭晋冀鲁豫野战军。

　　△　蒋介石飞抵延安策划增援榆林军事，拟定在榆林、米脂、葭县三角地带围歼西北野战军的方案。次日返宁。

　　△　驻美大使顾维钧与美助理国务卿亚莫尔会晤，顾表示中国同

意尽早召开对日和会,惟正式和会须在中国举行。

　△　魏德迈自沈阳抵青岛。

8 月 8 日　魏德迈自青岛经济南返回南京。

　△　上海巴川、正和两银行,因周转不灵,未能及时弥补,宣告倒闭。

8 月 9 日　西北野战军基本攻占榆林城外据点。

8 月 10 日　魏德迈向蒋介石递交详细提纲,列举国民党需要改革诸点:军事方面按才用人,建立良好的官兵关系,南京对前线作战少加干涉;清除贪污无能官员;约束特务活动;改变外贸设施。

　△　参谋总长陈诚在沈阳商定改组东北军政机构。

　△　蒋介石会见司徒雷登。司氏表示,现政府必须进行政治、军事改革,方可得到美国援助。蒋表示他将考虑司氏提议,并称将请求魏德迈任顾问。

　△　鞍山钢铁公司举行升火式,正式复工。公司经理邵逸周称,日产现为 300 吨。

8 月 11 日　陈毅、粟裕奉中共中央命令,率六纵及特种兵纵队进入鲁西南,与西兵团合为外线兵团作战,配合刘、邓部挺进中原。

　△　魏德迈抵台北。

　△　民宪党旧金山总部声明否认与民社党之革新派联合。

　△　去年 12 月在北平犯强奸罪之美兵皮尔逊,被美国海军部长福莱斯特以证据不足宣布原判无效并恢复职务。

　△　上海金都大戏院警宪冲突事件在押警宪开始受审。

　△　驻守南京之宪兵独立第三营抵沪,接防因金都大戏院警宪冲突事件而调往南京之宪兵第三团。

　△　印尼政府宣布:在印荷战争中被毁坏之一切外侨财产,印尼政府将予以赔偿。中国侨民所受之损失,印尼政府将遵照特别条例进行赔偿。

8 月 12 日　晋冀鲁豫野战军越过陇海路。14 日涉渡涡河,进入豫皖苏解放区。

△　西北野战军 10 日、12 日两次攻击榆林城未果。胡宗南调八个旅向绥德、葭县急进,第三十六师钟松部避开阻援部队,沿长城外沙漠迫近榆林。西北野战军是日撤围榆林。

△　苏北解放军攻克盐城。23 日,国民党军重占盐城。

△　新疆省政府副主席阿合买提江离开迪化回伊宁,随后三区方面人员陆续离开迪化,新疆省联合政府破裂。

△　美、英、中、苏四国第三次抽签分配日本残余军舰,每国各得八艘。27 日,分给中国的日舰驶抵青岛。此八舰仅有躯壳,除发动机及铁锚外,一无所有。

△　战时被日军载往新几内亚服劳役之中国战俘 481 人,于今晨自澳洲送抵香港。

△　中国、瑞典外交关系升格为大使级。

△　原驻上海之宪兵第三团第一、第二营亦全部离沪调京。

8 月 13 日　行政院长张群就外商投资工业问题发表声明称,外商可以直接投资之工业范围有:大型动力机、工具机、汽车、机车、飞机、大船制造业。除政府独营之兵工厂、铸币厂、主要铁路、大规模水力发电厂外,中国政府对于外商与中国人合资举办工业尤表欢迎。

△　对日贸易指导委员会在南京成立,首次会议决定进出口物品种类:一、出口品以猪鬃、桐油、生漆、麻、糖、蚕等为大宗;二、入口品以交通器材、人造肥料、化学原料、金属原料、木材及仪器为主。

△　国民政府派邹秉文为中国出席联合国粮食农业组织第三届年会代表;黄育贤为出席世界动力协会燃料经济会议首席代表;张鸿钧为出席国际儿童紧急救济基金会会议代表。

△　魏德迈自台湾抵上海。

8 月 14 日　蒋介石召见范汉杰,指示胶东作战部署。

△　蒋介石误判刘邓大军"以后路被我军截断,乃经由黄泛区,窜入大别山"。

△　中国出席联合国安全理事会代表蒋廷黻发表声明，赞同组织委员会视察荷印迫害华侨事。

△　援榆之国民党军整编第三十六师沿咸榆公路南下，董钊、刘戡率七个旅北上绥德，企图南北夹击西北野战军。

△　美国务院宣布美向苏联提出抗议，指责苏联一再延宕开放大连港口。

8 月 15 日　国民政府国务会议通过：一、《厉行节约消费办法纲要》；二、调整文武职人员待遇，文武待遇一致，追加武职官员 8 月至 12 月增支经费 2680 亿元；三、调整盐税；四、国府委员伍宪子、政务委员李大明因久未到任而免职（均为与张君劢分离之民社党员）。

△　蒋介石为党团统一组织发表《告党团同志书》，称党团组织合并统一，造成戡乱建国的动力，更是当前急切之图。

△　蒋介石接见美国驻华大使司徒雷登，商谈美国对华援助问题。

△　魏德迈自上海抵广州。

△　民主社会党革新派在上海召开全国代表大会，出席代表 68 人，由伍宪子、张东荪、梁秋水、万武、沙彦楷、孙宝刚、汪世铭、卢广声、唐才质九人充任主席团。伍宪子致词称：我们的主张是和平、民主、统一。

△　北京大学教授生活困难，90 余位教授，当面向教育部长朱家骅要求合理改善待遇。

△　国民政府与香港当局就贸易、侨汇、走私、金融等问题签订经济"合作"协定。

△　香港中国机械职工协会，下令所属职工即时罢工。参加罢工的有海军船坞、黄埔船坞、广九铁路、英段路局、青洲、士敏土厂、煤气局、自来水等厂之机工，约 7000 余人。

8 月 16 日　外交部致美国总统特使魏德迈备忘录，说明中国政府的措施与政策。

△　国民政府令免去首都卫戍司令汤恩伯本职，派张镇为首都卫戍司令。

△ 魏德迈自广州返抵南京。

8月17日 晋冀鲁豫野战军越过20公里宽的黄泛区,次日又渡过沙(颍)河。全军毁弃重武器,向汝河急进。国民党发现晋冀鲁豫野战军南进意图,急调整编第八十五师至汝河南岸布防,企图与追击部队前后夹击。

△ 财政部公布外汇管理及进出口贸易新办法(8月15日国务会议通过),官价(美金每元合法币1.2万元)仍旧,市价逐日挂牌;日用必需品均由市价结汇;对外贸易采输入许可制,设置输出入管理委员会及外汇平衡基金委员会。

△ 外汇平衡基金委员会正式成立,主任委员陈光甫,委员徐柏园、沈熙瑞。该会指定中国、交通、英商汇丰、美商花旗四银行为准予凭证按市价结汇结售外汇的银行。

△ 民主同盟南方总支部致函民盟中央,建议采取新的斗争策略,在争取公开合法地位的同时,建立地下工作与海外工作。

△ 武昌第一纱厂工人,要求增加工资,自今日起全体罢工。

8月18日 西北野战军撤围榆林后,主力集结于米脂沙家店地区。是日,在此包围由榆林南下孤军冒进的国民党军整编第三十六师,并发起攻击。至20日,全歼该师二个旅共6000余人,收复三座县城。西北野战军从此转入战略反攻。

△ 蒋介石飞抵青岛,向王耀武布置胶东作战计划。

△ 青年军第二〇五师一部5000人,自穗抵台,接受美军顾问团之训练。

△ 民社党革新派全国代表大会闭幕。大会决定沿用"中国民主社会党"名称,否认张君劢领导的民社党的一切行动。大会通过该党宣言,主张实现和平,保障人权,发展农工商业。大会选出伍宪子、张东荪、梁秋水、沙彦楷、李大明等为中央执监委员。21日执监委员联席会议,选出中常委15人。23日中常会选出伍宪子为主席,沙彦楷为副主席。

　　△　印尼最高国防委员会及印尼军总司令联合发表保障印尼领土内华侨生命财产之新法则,法则中规定:对被命令迁入"保护营"居住之华人须予释放,华人之安全须予以保证,任何人乘乱劫掠华人财产可予以枪决。

　　8 月 19 日　魏德迈见蒋介石,谈六小时,就政治、军事、党务等问题交换意见。

　　△　输出入管理委员会在中央银行成立。主任委员张嘉璈,副主任委员李铭、李干,委员:俞鸿钧、陈启天、翁文灏、缪嘉铭、徐柏园、沈熙瑞、徐寄顾。

　　△　行政院通过对日和约审议会编制。

　　8 月 20 日　蒋介石飞西安筹划军事。

　　△　国民党中常会通过中国国民党党员总动员"戡乱建国"方案,要求党员协助政府推行节约,推行宣传并确定党员工作原则。

　　△　行政院宣布,暂停开放大连,任何外轮驶往大连者,必须经中国政府同意,并不得从事中国沿海贸易。

　　△　东北保安司令长官部裁撤归并行辕事宜完成。行辕编制自21 日起开始办公。东北所有部队均由行辕直接统一指挥。

　　△　行政院新闻局长董显光宣布:两年来美援总数原定为 20 亿美元,实收 5.6139 亿余美元。

　　△　加拿大军事代表团自日本到南京。

　　△　东北行政委员会决定,将原牡丹江专区和合江省东安专区合并,成立牡丹江省,辖牡丹江、东安两市及 14 个县,张静之代理省主席。

　　8 月 21 日　国民党军占领益都、临淄、张店、周村,是日打通胶济路。

　　△　中共中央军委批准华东野战军东兵团领导人选,许世友任司令员,谭震林任政委。

　　8 月 22 日　陈赓、谢富治兵团八万余人在晋南、豫北交界处垣曲、济源间强渡黄河,进军豫西,配合中原作战。至 31 日,先后攻占豫西数座县城,吸引尾追中原野战军的国民党军一个师及三个旅回援,并迫使陕北胡宗南部主力南撤。

　　△　国民政府委员会与全体部长召开联席会议,魏德迈出席演讲,抨击国民党政治、军事腐败无能,称"中央政府不能以武力击败中国共产党,而只有立即改进政治及经济的状况,以争取人民群众衷心的、热烈至诚的拥护"。

　　△　前国民政府财政顾问杨格应中央银行邀请,由美抵沪,出任该行外汇平衡基金委员会顾问。

　　△　国民政府已核定全国选举经费为 600 亿元,以此补助全国各级选所。

　　△　印尼政府照会中国政府:对于中国侨民在印尼军政当局退出若干地区后所受之侵略及恐怖行动拒绝负责。照会要求中国政府派代表前往印尼护侨。

　　△　外交部令驻巴达维亚总领事蒋家栋调查印尼华侨受害情形。

　　8 月 23 日　晋冀鲁豫野战军总部到达汝河北岸。国民党军一个师前堵三个师后追,形势严重。刘伯承、邓小平亲临渡口指挥强渡。次日突破国民党军防线,25 日全部渡过汝河。

　　8 月 24 日　魏德迈离南京赴东京,临行在蒋介石官邸发表《中国复兴有待于富于感召力的领袖》的声明,称其来华所见是"麻木与怠惰"。"为了恢复及维持人民的信任,中央政府必须立即施行彻底的深远的政治和经济的改革"。"必须清除贪污无能的官吏,必须承认徒有军事力量不能消灭共产主义"。中国急需的"能振奋人心的领导","道德的精神的复兴"只能"来自中国内部"。

　　△　联合国善后救济总署驻华办事处处长克利夫兰一行 14 人抵北平视察。

　　△　中国民主同盟主席张澜就该盟本年来在陕、沈、蓉、榆等地被捕盟员,迄今尚未释放,而七月份又在桂林、南宁等地发生逮捕该盟盟员杨荣国、张毕来等 10 余人事件,特向行政院长张群提出书面抗议。

　　△　晋察冀野战军攻克正定。

△　财政部创设新税种,名为"行商一时所得税",首由获利较多、交易普遍之营业着手征收。

8 月 25 日　国民政府聘请孙科、居正、张继、胡适、程潜、卢汉、龙云、孔庚、傅作义、鹿钟麟、刘文辉、黄琪翔、邵力子、蒋介石、宋美龄、蒋经国、曾琦、于斌、王云五、陈启天、萧一山、高一涵、吴贻芳、李烛尘、胡子昂、吴蕴初、潘公展、傅斯年等 1733 人为宪政实施促进委员会委员。

△　蒋介石召见司徒雷登的私人顾问傅泾波,询问魏德迈发表声明,是不是美国真想逼他(蒋)下台。

△　行政院通令整饬县政,紧缩机构,充裕财源,减少县长兼职,慎选县役员吏。

△　上海复旦大学勒令 15 名学生退学。同日,暨南大学学生自治会负责人三名被开除,交通大学勒令 12 名同学退学。当晚交大学生自治会召开大会,决议发起签名保证运动,会后有 1000 余名学生签名,保证 12 名同学确非"不妥份子",并要求校整理委员会收回强迫 12 位同学退学命令,不得解聘教授。

△　上海复旦大学自洪深、马宗融等教授离校后,近又有顾仲彝、章靳以、方令孺、张肖松等教授辞职。

△　国民政府任命林庆年为侨务委员会副委员长。

8 月 26 日　孙科在广州发表谈话称:"内乱之责任应绝对由共党负之",解决共党问题可能途径有三:一、共党完全放弃军事行动之政策;二、共党完全控制中国;三、完全消灭共党。"魏使虽称武力将不能消灭共产主义","但中共行同盗匪,非裁平不可"。

△　民主同盟就魏德迈离华声明发表观感,认为魏氏批评诸现象之根源,实由一党专制 20 余年所致;魏氏不强调现时中国迫切需要之民主政治,以及保障和平统一之有效方法,实为舍本求末。魏氏不求建立巩固之和平基础,而劝中共自动片面放下武器,实非公允。

△　外交部照会美国务院,抗议北平东单强奸事件罪犯美兵皮尔逊被美国防部复判无罪并释放复职之措施,要求美国防部根据审判纪

录,重新予以审核,秉公处理。

　　△　出席联合国安理会代表蒋廷黻,对印尼虐待华侨事发表声明。

　　△　南京 15 家报纸工人因增加工资未获结果实行罢工。28 日经社会处调解复刊。

8 月 27 日　晋冀鲁豫野战军渡过淮河,进入大别山北麓商城、光山、息县、潢川地区。全程历时 22 天,行程千里。挺进大别山标志人民解放军全国性战略反攻的开始。

　　△　中共中央军委急电陈毅、粟裕,令即南渡黄河,统一指挥华东野战军外线部队,越过陇海路,向淮北前进,支援刘、邓部队。

　　△　陕北国民党军八个旅因西安空虚、潼关告急而被迫自绥德以北南撤。沿路遭西北野战军阻截、追击,至 9 月 20 日才到达延安地区。

　　△　外交部次长叶公超在记者招待会上发表谈话称:大连暂不开放,该港主权属于中国,任何国家依法不得单独使用之,外轮亦不能利用此港从事中国沿海贸易。

　　△　国民政府暨中央各机关在国府大礼堂举行仪式,纪念孔子诞辰,蒋介石亲临主持,到于右任、戴季陶、张群、吴鼎昌、曾琦、吴铁城、白崇禧、邵力子、张厉生、陈启天等 300 余人。

8 月 28 日　全国经济委员会决定征收"建国特捐"方案。课征对象为中国公民个人,征课之客体为:一、土地房屋;二、现存款、外汇、公债、股票;三、黄金外币;四、国人在外国之动产不动产;五、独资式合伙营业之财产净值;六、汽车轮船;七、机器货物等。起征点为 50 亿元,先于全国各大都市施行。

　　△　孙科在广州发表谈话,称日本对中国威胁已消失,代之而起者为苏联。

　　△　塔斯社声明苏联船只有进入大连港权利。

　　△　因"行总"东北分署署长刘广沛被东北九省主席、三特别市长联名控告贪污舞弊事,"行总"派分配厅厅长汪伏生赴沈,免去刘之职务。

△　联合国教科文组织中国委员会在南京举行成立大会。委员会比照联合国教科文组织设立自然科学、社会科学及人文科学、教育、大众传播、图书馆及博物馆、艺术与文学六个专门委员会，并选出执行委员胡适、朱家骅、吴贻芳、朱经农、梅贻琦、杭立武、竺可桢、张道藩、萨本栋、瞿菊农等 10 人。

8 月 29 日　蒋介石主持国务会议，王世杰外长报告外交，就魏德迈之离华声明作简要说明；蒋介石强调中国应自力更生，励精图治，自立自勉。

△　国民政府令免东北行辕主任熊式辉职；特派陈诚兼东北行辕主任。

8 月 30 日　中共中央通知，中央军委副主席兼总参谋长彭德怀任西北野战军司令员兼政委后，不能兼顾军委工作，现由周恩来代理军委总参谋长，叶剑英仍任副总参谋长。

△　国民党六届中常会第八十一次会议通过《中国国民党戡乱建国总动员方案》，要求"在剿匪第一之原则下"，"使用一切力量，支援前线，争取胜利，在此过程中，绝不容有任何之幻想"。

△　行政院决议，美金库券按指定银行挂牌市价照常出售。

△　台湾银行宣布自 9 月 1 日起台币对法币汇率奉令改为 1∶72。

△　中国、中央两航空公司决定自 9 月 1 日起客运一律加价 80％，货运加价 50％。

△　中国天文学会、中国气象学会、中华自然科学社、中国科学社、中国地理学会、中国动物学会、中国解剖学会七科学团体联合在中央研究院举行年会，会议讨论议决了统一"世界历"的问题，促请政府善用科学人才，切实保障科学工作者自由，并彻底改善其生活问题，发起组织全国科学团体联合会。

8 月 31 日　蒋介石与宋美龄自宁抵庐山牯岭。

△　国民政府派王世杰、顾维钧、蒋廷黻、刘锴、张彭春为出席联合国第二届大会代表。

　　△　陆军副总司令兼训练司令孙立人，自南京飞抵台北，筹划国民党新军训练事。

　　是月　民主同盟西南总支部筹备委员会在成都成立，潘大逵任主委，负责领导川、康、滇、黔四省民盟工作。

9　月

　　9月1日　蒋介石为组织中原防御，迅速结束山东战事，转兵他用，乃制定进攻胶东之"九月攻势"计划，由陆军副总司令范汉杰指挥第八、九、二十五、四十五、五十四、六十四等师，共20个旅，组成胶东兵团，在海空军配合下，企图首先攻取平度、莱阳，然后总攻烟台，以求将山东人民解放军压缩于胶东半岛的牛角尖内加以消灭。同时，另以一部南攻诸城，配合由临沂进攻日照之国民党军，侵占滨海解放区，牵制位于滨海之解放军部队。是日，范汉杰率领之胶东兵团集中第八、九、二十五、五十四共四个整编师，由胶济路东段昌邑、高密、胶县之线出动，开始进攻，第六十四、第四十五师尾随。

　　△　中共中央发出毛泽东起草的《解放战争第二年的战略方针》，指出人民解放军第二年作战的基本任务为：举行全国性的反攻，即以主力打到外线去，将战争引向国民党区域，在外线大量歼敌。同时以一部分部队继续在内线作战，收复失地。

　　△　中共华东局根据战场态势，拟定作战计划与部署：以许世友率第九、第十三纵队及胶东地方武装在胶东内地组织运动防御；由谭震林率第二、第七纵队和从鲁南返回之独立师、第十师，及地方武装集结在诸城地区作战，威胁进犯胶东的国民党军侧背。

　　△　中国政府照复美国政府，同意参加华盛顿中、美、英、苏四国会议，讨论韩国独立统一问题。

　　△　国民党军以八个旅组成第五兵团，由李铁军指挥；以四个半旅组成陕东兵团，由谢甫三指挥，企图东西夹击在豫西的陈赓兵团。

△　新任东北行辕主任陈诚自南京抵沈阳。9 月 5 日熊式辉离沈阳。

△　国民政府废止民国二十年 3 月 30 日公布之《银行法》和民国二十三年 7 月 4 日公布之《储蓄银行法》，同时公布新《银行法》。

△　青年党第十一届全国代表大会在上海丽都花园开幕。曾琦主持并致开幕词。在次日大会上，曾琦作政治报告，称"青年党力谋团结，与国民党政策固无二致。因而参加国大，参加政府"。

△　北京大学教授俞平伯、向达、孙楷第等 31 人，因生活困苦，致函该校校长胡适称："我们一个月的收入不能维持半个月的生活，谈不到子女的教育费，更谈不到即将到来的严冬，这是一种什么生活！"

△　上海各自来水公司自是日起水价一律上涨一倍。

9 月 2 日　陈诚正式就任东北行辕主任职，副主任郑洞国，参谋长董英斌。陈诚发表告东北军民书称：今后行辕首要任务在执行政府"剿匪"国策。

△　行政院长张群对美国记者谈魏德迈声明，谓有甚多事情为魏氏所不知。魏氏建议的改革办法正在实行。魏氏来华之结果，"将不致使中国政府之内政与外交政策有所变更"。

△　王世杰致电顾维钧，说蒋介石及政府其他负责人均对魏德迈讲话表示愤慨。指示顾停止催办已向进出口银行提出的各种项目。

△　陈赓、谢富治兵团第四纵、第三十八军和第二十二旅等主力沿陇海路西进，准备举行灵宝战役，留第九纵在洛阳东南地区阻国民党军第五兵团西援，一部向伏牛山麓展开建立根据地。

△　吴景超、刘大中等在《大公报》上撰文评论国务会议通过之经济改革方案，称"此方案对目前之经济危机，并无救治之能力；即作为长期计划而论，亦仅为胪列目标，并无具体内容，于工业化过程中各项问题之分析及策划，更属不得要领"。该文分析当前经济危机之起因是由于："一、军费支出之浩大；二、过去经济、财政金融政策之错误；三、行政机构及人事之劣败。"

△　南京美宪兵中和桥暴行案主犯被判无期徒刑。

△　燃料管理委员会调整各项配煤售价,比前增三倍左右。

△　国民政府免去蒋介石兼国立政治大学校长职,任命顾毓琇为国立政治大学校长。

△　行政院例会通过中暹航空协定案。

9月3日　行政院新闻局召开记者招待会,局长董显光称:今夏以来,水、旱、蝗、雹各种灾害遍及粤、桂、川、湘、闽、苏、皖、豫、冀、晋、甘、鄂、绥、台、辽15省,估计受灾耕地面积达数千万亩,灾民2000万人以上。

△　国民政府任命庞松舟为国民政府主计处主计官。

△　联合国教科文组织远东区基本教育研究会在南京召开,中国代表杭立武当选为主席。会议主题是关于推进基本教育。

9月4日　全国经济委员会例会通过《中国人民存放国外外汇资产申报登记条例草案》,规定凡在国外银行存有款项者,必须履行下列手续:一、以关于其外币资金数额之一切情报陈报政府。二、承认此等资金得由政府按外汇公开市价收买。凡不依条例规定申请登记其外汇资产或作虚伪之申报者,得处以五年以下之徒刑,并没收其外汇资产。

△　成都各报排字技工举行罢工,各报一致停刊。9日复刊。

9月5日　行政院公布《后方共产党处置办法》,凡12条。《办法》规定:"凡愿遵照本办法脱离共产党手续者,应自动觅具妥实保证,依限申请登记";"核准登记之人,得施以感训及劳役";"共产党员或为共产党工作人员,潜伏后方",不为登记之申请,"应由当地治安机关一律予以逮捕";"共产党在各地组织之机关团体,一律予以封闭"。

△　陈毅、粟裕及华东野战军司令部渡黄河后,进至郓城地区。

△　外交部驻沪办事处主任陈国廉称,苏联轮船"伊里奇号"由大连载运客货至沪,"未经特许擅入暂停开放之港口,并侵犯沿海贸易权",外交部向苏联大使馆提出抗议。

△　外交部长王世杰发表谈话,声明参加联合国第二届全体大会

之立场：一、对于修改宪章，准备充分尊重大会之多数意见；二、对日和约问题，不轻作放弃某些国家之合作而单独与日本媾和之拟议。

△　三青团中央干事会第二次全体会议暨中央干事、监事第二次联席会议，在南京中央团部大礼堂开幕，讨论党团合并问题。6 日，三青团二中全会第一次大会，接受党团统一决策。

△　青年党大会讨论开放地方政权问题。决定向国民党交涉，要求开放地方政权及民意机构，解除各地方党、政、军对青年党之压迫，如无圆满结果，则考虑退出政府。

△　行政院临时政务会议通过《节约监督委员会组织规程》及《厉行节约消费之各项办法》：一、营业性跳舞决定在 9 月底前一律禁绝，以后问题俟禁绝后再议。二、私人使用汽车限制办法。三、筵席消费节约实施办法。四、新闻纸、杂志及书籍用纸节约办法。五、厉行守时运动实施办法。六、厉行节约消费检察办法。

9 月 6 日　陈诚到东北后，实行"确保北宁，打通锦承，维护中长，保护海口"的新战略，企图争取局部主动。是日，集中四个师，分为左、中、右三路，自绥中、锦州向热河东部建昌方向扫荡。

△　王世杰离沪飞美，出席联合国第二届全体大会。

△　上海沪东区纺织业工人，因不满劳资评议委员会裁决的工资办法举行罢工。

△　行政院决定四川水灾救济办法，加拨赈款 20 亿元（连前拨共 30 亿元），发放农贷 100 亿元，酌减田赋。

9 月 7 日　冯玉祥在美国群众集会上发表演说，希望美国人民及政府帮助中国人民争取和平、民主与自由，而不可帮助国民党内战独裁。

△　国民党军第九师、第二十五师占胶东平度。13 日，第八师又占掖县。

9 月 8 日　蒋介石自牯岭返回南京。出席三青团中央干事会二届二次大会第四次会议，听取关于党团统一的意见。

　　△　晋冀鲁豫野战军挺进平原，国民党军紧急布置长江防务。海军代总司令桂永清是日飞赴九江，视察江防。海军自 13 日起封锁南京以上长江交通，并禁止南京江面及近郊居民在晚 9 时至晨 6 时间活动。芜湖、安庆、九江、武汉各城亦加紧防务部署。

　　△　青年党代表大会选出中央执行委员 99 人，中央检审委员 21 人。

　　△　《人民日报》报道，东北解放区一年来经过土改，已有 629 万农民分得 5003 万亩土地。农民生产积极性高涨，觉悟提高，一年来参战群众已达 39 万人。

　　9 月 9 日　国民党第六届中央执行委员会第四次全体会议及中央党团联席会议上午在南京开幕，到会者 580 余人。蒋介石在讲话中称："目前本党所遭之危机，至为重大，党内同志工作效率欠佳，有待改进。""本党最大之敌人为共产党，吾人不应过低估计共党之力量"，并谓："目前最迫切之工作，尤在肃清武装叛国之共匪，完成国家统一与召开国民大会，实行宪政。"关于党团统一的问题，蒋介石谓乃改进国民党本身之"唯一急务"。午后，举行第一次大会，吴铁城作党团统一组织的报告。张群继之作政治及外交报告，说明改组后之行政院乃"依国府委员之决策负执行之责"。陈述财政经济情形时称因"军事紧张，经济凋瘵，支出繁浩"，以致造成财政困难及收支不平衡。政府之对策"主要为整顿税收，其次便以发行公债弥补"。关于外交，张群强调："政府一面要尽力维持自身和各主要盟邦之友好关系，另方面要拥护联合国，来促进主要列强的合作。"最后白崇禧报告军事，着重说明目前战争以东北为主要战场。

　　△　华东野战军外线部队于郓城以南之沙土集，围攻国民党军整编第五十七师，全歼该师师部及其第六十旅、第一一七旅全部，生俘中将师长段霖茂、第一一七旅少将旅长罗觉元以下官兵 7000 余名，毙伤 2000 余名。

　　△　西北野战军转入反攻。6 日收复米脂县城，是日又收复葭县。

至此,西北野战军已收复陕北之靖边、吴旗、安定、安塞、志丹(保安)、吴堡、米脂、葭县、府谷、固临 10 座县城。

　　△　陈赓、谢富治兵团发起灵宝战役。10 日占卢氏,12 日占灵宝。

　　△　青年党第十一届全国代表大会闭幕,大会发表宣言,要求实施民主宪政,中央地方分治,军民分治,实行民营经济,改革币制,厘定税制。

　　△　冯玉祥在美国发起组织"华侨和平民主协会"。

　　△　上海舞厅业职工会在新仙林舞厅召开临时会员大会,到会会员代表舞业 2.7 万余人,并邀请本市有关机关代表及新闻记者参加,讨论禁舞后生计问题,决定成立"上海市舞厅业全体同人禁舞申援委员会",推派劳资代表 10 人晋京请愿。

　　△　上海沪东区天尊、恒丰、亚文等大小 200 余家纺织厂工人再度罢工。上海市社会局通令各纺织厂工人限 10 日起一律复工并函请警局派警驻守各厂。

　　△　外交部宣布:中国政府已正式同意与缅甸政府互换大使。

9 月 10 日　国民党党团联席会议在南京举行,蒋介石主持,讨论党团合并与加强"戡乱"问题。秘书长吴铁城报告党团合并办法,并谓:此次中常会提出之《党的新建设纲领草案》与三青团中央干事会所拟《党的改造纲领草案》并案讨论。在大会发言中邓文仪称:"剿匪宣传之努力不够,大家应到前方去。"农工部认为必须积极吸收农工分子入党,各路、厂、矿党部不公开办公,采取秘密活动。郑洞国提议吸收青年入党。杨虎、毛秉文提议:加强组织,完成"戡乱"建国。当晚,举行党团联席会议整理委员会第一次会议,整理关于《党的新建设纲领》之意见及其他提案。

　　△　盟军统帅麦克阿瑟宣布恢复中日商用电报。

　　△　贵阳《力报》被当局以"言论时为共党张目"为由查封。该报登载南京通讯《从京沪各报消息看最近战局情形》,中引有沪报所载刘伯承所部南下情形与分析,谓:人民解放军力量发展的原因之一是"土地

改革的结果,增加了共军的新血液"。

　　△　福州《中央日报》就党纪问题发表社论,感叹:"今日本党之大患,在于党的纪律过于松懈。""目前轰动社会之所谓'豪门资本',哪一个不是本党党员? 哪一个不是攀援本党'革命'壁垒而起家? '革命'党员从政,而结果又贪又污。"

　　9 月上旬　晋冀鲁豫野战军渡过黄河,越过陇海路,进军大别山后,蒋介石以 23 个旅跟过淮河尾追,并以第八绥靖区(合肥)夏威所指挥的第四十六师进到六安、霍山地区;第五十八师进到固始、商城;以郑州前线指挥所(信阳)张轸所指挥的第八十五师进到罗山、信阳地区,第十师、第四十师则往宣化店沿公路向黄安、麻城前进;以武汉行辕程潜所指挥的第六十五师,经平汉路进到黄安;以第五十二师、第五十六师在信阳以南平汉线和武汉外围,分散攻击解放区地方政权和后方机关。国防部长白崇禧则指挥其对大别山情况熟悉且战斗力强之桂系第七师、第四十八师沿新县、麻城公路向南寻找解放军主力作战。

　　9 月 11 日　国民党党团联席会议继续举行。上午,西北行辕主任张治中作新疆问题报告,组织部副部长谷正鼎作关于中共问题报告。下午,整理委员会提出《党的新建设纲领》及《党的改造纲领》两草案合并而成的《中国国民党改造纲领草案》,内分《党的当前组织纲领》及《党的当前政治纲领》两部分,提交会议讨论。

　　△　美国顾问团人员正式开始在国防部工作。

　　△　青年党召开中常会,选举曾琦为中央执行委员会主席,左舜生、李璜、陈启天、余家菊等 18 人为中央常委。

　　9 月 12 日　上午,国民党党团联席会议继续举行,修正通过《中国国民党改造纲领》及《中央党部团部统一组织办法》,并提交四中全会。

　　△　下午,国民党四中全会在国民大会堂举行第二次大会,讨论通过:一、《国民党改造纲领》;二、《中央党部团部统一组织办法》;三、明年 5 月 5 日召开第七次全国代表大会三案。《党团统一组织办法》规定:一、三民主义青年团本届中央干事和候补干事,一律为国民党本届中央

执行委员和候补中央执行委员；三民主义青年团中央监事和候补监事一律为国民党本届中央监察委员和候补中央监察委员。二、中央执行委员会常务委员名额扩增为 45 人至 55 人，中央监察委员会常务委员名额扩增为 15 人至 19 人，其人选由蒋介石提请全会决定之。三、中央执行委员会增设青年部。四、中央执行委员会设理论研究委员会，负责主义及政纲政策之理论研究责任。《当前组织纲领》规定，党员团员应一律重新登记。

△　8 日，行政院政务会议决议于行政院善后救济总署结束后，设立善后事业委员会。是日，国务会议通过《善后事业委员会组织条例》及《善后事业筹议保管委员会组织规程草案》，以继续办理"联总"及"行总"结束后之善后事业。

△　国民党军发表改善军纪吏治之建议书。建议书中谈到国民党军的腐败情形称："目前军纪不良之主要现象为：一、滥征给养、工料；二、强占强购；三、空额太多；四、战斗情绪低落；五、不能爱护人民，扶植地方武力；六、滥用军权，干涉行政。""军纪不良之主要原因为：一、士兵待遇不够；二、官兵生活悬殊；三、军粮不能按时运济，品质且多恶劣；四、服装鞋袜品质太坏，数量不够，且不能按时发给；五、办公费、副食费太少；六、训练工作废弛；七、赏罚不能严明；八、少数军人误解军事第一，不尊重系统；九、军民官兵间感情隔阂等。"关于吏治部分，则称："吏治不良之主要现象为：一、官吏贪污，由公私不分，假公济私，以致以私害公，不一而足；二、机关滥收滥支，伪造报销，营利分肥，空额补亏；三、事权不一，遇事互相推诿牵掣；四、法令繁杂，解释分歧，奸滑之吏，上下其手营私舞弊；五、一般公务员工作情绪低落，服务精神太差，致影响行政效率。吏治不良之主要原因为：一、公务待遇过于菲薄，不惟不能养家，甚至不能糊口；二、机关经费距离实际需要太远，预算等于具文，会计审计徒成形式；三、机关骈枝，人员冗滥，不能密切联系，竭诚合作，尤其中央直属机关太多，各行其是，无法统属；四、法令与事实脱节，前颁后颁，此一机关与彼一机关所订定者又不免矛盾出入，官吏奉行不力；

五、人事制度未能确立,公务员毫无保障;六、高级主管人员与低级职员生活悬殊,同一地区中央机关与地方机关,事业机关与行政机关,待遇亦失均衡;七、是非混淆,赏罚不能严明;八、中央过于集权,而事实上鞭长莫及;九、民意机关只能建议,政府敬而远之。……总之军纪吏治之败坏,多系由上而下,过去维持军纪与整顿吏治,虽有法令与主管机关,而力行实感不足,以致有明知而故纵情事。"

△　晋绥边区行政公署主任、晋绥军区副司令员续范亭在山西临县病逝。13 日,中共中央追认他为中国共产党正式党员。

△　民主建国会邀集上海工商界人士座谈对日贸易与对日和约问题。与会者主张中国不单独签订对日和约,开放对日贸易必须在对日和约订完之后。

9 月 13 日　国民党六届四中全会及中央党团联席会议闭幕,发表党团联合宣言,通过蒋介石提出之中央执行委员会及中央监察委员会常务委员人选名单。担任中央执行委员会常委者有:丁惟汾、居正、于右任、朱霁青、李文范、麦斯武德、邹鲁、马超俊、吴铁城、李宗黄、戴季陶、张群、张治中、陈布雷、宋庆龄、朱家骅、田崑山、白云梯、孙科、陈果夫、宋子文、白崇禧、钱大钧、潘公展、萧同兹、范予遂、梁寒操、陈诚、段锡朋、张道藩、张厉生、陈立夫、贺衷寒、谷正纲、王启江、赖琏、刘健群、萧铮、柳克述、邓文仪、康泽、吴忠信、何浩若、蒋经国、张其昀、袁守谦、黄少谷、何联奎、倪文亚、赵仲容、汤如炎、郑彦棻、李蒸、程思远、黄宇人 55 人。担任中央监察委员会常委者有:吴敬恒、张继、王宠惠、邵力子、刘文岛、姚大海、王秉钧、邵华、张知本、张默君、李永新、鲁荡平、朱经农、李曼瑰、白瑜、刘赞周、李世军、朱光潜、程天放 19 人。

△　蒋介石在国民党六届四中全会闭幕式上讲话,提出"目前具体要务如下:(一)澄清吏治,根绝贪污;(二)安定经济,建立经济基础;(三)建设收复区,解除人民痛苦;(四)召开国民大会,实行宪政"。

△　蒋介石在国民党六届四中全会上宣告:宋子文发起募集基金,救济为抗战、"剿匪"而殉难之党员家属。宋子文本人捐献在中国建设

银公司主要投资事业如淮南煤矿铁路公司、扬子电气公司、汉口电气公司中之全部股份。

△　国民党六届四中全会通过宣言,称:"颁布宪法,结束训政,更足以表示本党一贯努力,不断前进,以完成民主政治的决心与诚意。而戡乱与总动员,乃是为了维护国家领土与主权的统一和完整。"

△　全国土地会议在西柏坡结束。会议通过了《中国土地法大纲》,并决定结合土改进行整党。

△　民盟主席张澜致函行政院长张群,指出政府对于民盟若仍目为反动集团,一任各地特务之胡行,则所有实施宪政、保障民权之诺言,何能取信于人? 各地盟员被捕者,务祈速予分饬各地官吏一律释放,而重人权。

△　国民政府特派戴传贤为高等考试及格人员县长挑选委员会委员长。

△　行政院制定奖励密告贪污办法。

9 月 14 日　外交部公布 8 月 16 日交给魏德迈的《关于中国政府措施与政策之一般说明》,为国民党政策辩解。内称中国自抗战结束就面临诸多复杂问题,"中国政府本身在环境许可之限度内已曾尽其全力以求各种问题之解决"。今后解决办法为:一、"共产党武力必须使之消灭";二、"通货膨胀必须设法加以控制";三、"加紧经济复兴工作","改革地方政治"。

△　东北民主联军在梨树沟门围歼出击热东的国民党军暂编第五十师大部。16 日,又在杨家杖子围歼暂编第二十二师大部。

△　战略顾问委员会举行第一次会议,代主任龙云及委员于学忠、陈济棠、刘峙、贺耀组、何键、鹿钟麟等出席,通过会议规程、办事细则、工作概要等案,并对军事、政治问题提出意见,向国府建议。

△　湖北广济县发生械斗。14、18 两日,广济周姓居民,先后纠集魏、张三姓,与刘、宋两姓展开械斗,双方备有轻机枪及步枪等武器,战线蔓延 10 余里。双方死伤甚多,结果,刘、宋两姓败北,周姓复乘胜纵

火,将刘、宋两姓 10 余村庄付之一炬,计破产 1000 家,损失约百亿。据《申报》载:"肇事原因,传与去年竞选有关。"

9 月 15 日 北京大学学生自治会寄信给胡适,提出三项要求:一、积极向地方当局交涉,务使受难同学早日恢复自由回校。二、坚决制止恶势力进校,保障师长同学安全,维持学府尊严,维护北大自由、独立之光荣传统。三、与有关当局交涉,合理解决学生公费冻结及本学期入学同学公费问题。

△ 全国对外贸易会议在上海开幕。出席苏、浙、赣、湘等 23 省、市及南洋、墨西哥等地华侨代表、各工商团体代表共 36 个单位、167 人。

△ 长江各区内河轮船客货运价加价 18％至 85％。

△ 立法院批准中英民航协定及中意和平条约。

△ 苏北水灾严重。江苏省政府主席王懋功下午在南京招待记者称:"苏北被水灾区,较重者有灌云、东海、沭阳、邳县、萧县,较轻者有丰县、沛县、砀山、铜山、睢宁、宿迁、赣榆、徐州、连云等县市,被灾面积耕地三千万亩,灾情惨重者在二千五百万亩耕地以上,几达苏北全部耕地面积二分之一,灾民近九百万人,急需救治者约五百万人。"

△ 联合国教科文组织中国委员会在宁举行首次执行委员会议,推定朱家骅为主任委员,胡适、吴贻芳为副主任委员,并推定自然科学等六个专门委员会委员人选:一、自然科学为萨本栋、任鸿隽、梅贻琦、吴有训、竺可桢、茅以升、李书华、赵莲芳、金宝善;二、社会科学及人文科学为蒋梦麟、周鲠生、杭立武、陶孟和、楼桐荪;三、教育为程其保、陈鹤琴、常道直、朱经农、瞿菊农、程时燠、俞庆棠;四、大众传播为孙明经、陈礼江、黎锦熙、顾颉刚、顾一樵;五、图书馆及博物院李济之、袁同礼、蒋复璁、陈桢、凌纯声;六、艺术及文学为张道藩、吴伯超、陈之佛、余上沅、陈和铣。

9 月 16 日 蒋介石手令国民党全体将领,"共体时艰",完成"剿匪"之任务。

△ 孙科对美国合众社记者发表谈话称,中国俟获魏德迈报告书内容后,将研究其对美、俄立场。中国不能长久傍徨,需有更有效之政策。

△ 江苏省主席王懋功因刘邓大军进入皖境,急电各专员、县市长"严加防范",命令:一、各专员以"剿匪"为第一任务,县长应亲自"督剿",并须重视守土之责;二、江南各县速以地方武力及严密保甲组织,根绝"共匪扰乱";三、切实讲求各县区联防;四、统一编练民众自卫队,以县保安队为中心,肃清"散匪"等。

△ 上海大米、食油、棉纱、其他日用品、外国证券价格均高涨。大米剧涨至 60 万一石,生油涨至 116 万一桶,细纱 20 日冲出 2000 万。27 日,中国农民银行在无锡收购稻米,米市再涨,高达 67 万元。

△ 输出入管理委员会华南分会在广州成立。该会辖区为粤、桂、闽三省;并暂兼管理滇、黔业务,分别在梧州、厦门、汕头、湛江、海口五处设办事处。

△ 东北行辕政治、经济两委员会合并为政务委员会,陈诚兼主任委员,王树翰为副主任委员。

△ 行政院会议通过任命丁文渊为国立同济大学校长,程孝刚为国立交通大学校长。

△ 苏联轮船"伊里奇号"又到上海,被禁止进口。

△ 联合国大会在纽约开幕,中国首席代表王世杰用国语演讲,呼吁各国合作。

△ 东北行政委员会决定,黑嫩联合省重新划分为黑龙江省和嫩江省,范式人任黑龙江省政府主席,于毅夫任嫩江省政府主席。

9 月 17 日 陈赓、谢富治兵团占领陕县,逼近潼关。至此,国民党军陕东兵团一万余人被全歼。国民党军将第六十五师等部空运西安,集中 10 个半旅在西安、潼关间布防。

△ 九江近期自晚 9 时至翌晨 6 时实行戒严,并详查户口,拘捕男女 53 名。海军代总司令桂永清亲至九江小池口布置。九江、南京间江面由炮艇巡视,航运受阻。

△　外交次长叶公超答复记者,中国希望一切有关政府全体参加对日和会。

9 月 18 日　国民党党团统一组织后第一次中央常会通过《中央执行委员会组织大纲》、《青年部组织规程》及《理论研究委员会组织规程》,以陈雪屏为青年部长,梁寒操为理论研究会主任委员。

△　国民党军整第二十五师在第五十四师协同下,攻占胶东莱阳,第八、第九师进至招远以南地区。

△　汪伪军委会参谋本部部长、陆军部长叶蓬被执行枪决。

△　全国对外贸易会议闭幕。通过了 128 个提案和大会宣言,包括反对开放对日贸易、建议政府采行实物侨汇办法及明令取消外汇官价等要案。

△　河北省旅京同乡会、复员协进会暨该省国大代表联谊会下午在南京举行茶会,河北省参议会议长刘瑶章在会上报告冀省状况时称:"人民负担奇重,清苑一个四十余户的小村,不足两月,摊派约三千万元;涿县七个月摊派约三百亿。"

△　国民政府特任谢维麟为驻瑞典国特命全权大使。

9 月 19 日　魏德迈向杜鲁门总统提交长篇秘密报告。报告认为在国民党实行彻底的政治、经济改革以前,美援不能完成它的目的。国民党的军事地位已经恶化,军事形势有利于中共,而一个共产党统治的中国,对美国利益是有害的。报告建议美国应继续全面援助国民党政府,而国民党应做到:一、将请求美援一事通知联合国;二、请联合国促成东北停战,将东北置于五强监护下,或由联合国托管;三、健全财政,减少亏空;四、继续实行政治、军事改革;五、在指定部门接受美国顾问,协助中国运用美援。

△　行政院长张群飞沈阳视察。其后又到抚顺、鞍山、长春巡视。

△　王世杰对美国记者发表谈话称,对日和约应由远东委员会讨论,中国将与苏联一致拒绝召开对日和会,因为其中不包括四强之否决权。

　　△　国民党军整编第四十九师由锦州增援建昌,在杨家杖子地区被东北民主联军包围。经数日激战,至 23 日,该师一万余人被歼。至此,东北民主联军在辽西三战三捷,标志着大规模秋季攻势的开始。

　　△　行政院善后救济总署副署长李卓敏因贪污案被停职。

　　9 月 20 日　国民政府免去广东省政府委员兼主席罗卓英本兼各职,任命宋子文为广东省政府委员兼主席。

　　△　蒋介石飞西安,指示潼关方向暂取守势。

　　△　全国棉纺织工业同业公会第二届会员大会在上海开幕,苏、浙、皖、川、滇、冀、鲁、湘、鄂及东北各省代表 221 名参加。大会通过反对农民银行收购棉花、要求纱锭赔偿等案。22 日大会闭幕。

　　△　民盟中央复函南方总支部,对其 8 月 17 日建议作答,强调继续“争取和平合法公开之地位”。

　　△　扬子公司派员 10 余人,携款 500 亿,到云南向各地分期搜购美种烟叶,若干地区之青苗被购一空。

　　△　由苏皖各地涌来浦口之难民每日达千余人,多以乞讨为生。

　　9 月 21 日　国民党军整第十一师自商丘北进至土山集后,分两路北进曹县,第五师、第七十五师则自郓城、巨野南下,企图在曹县地区夹击华东野战军外线部队。华东野战军以三个纵队阻击与警戒,集中四个纵队攻击整十一师。战斗竟日,双方反复争夺。23 日,因国民党军三个师援军迫近,华东野战军撤出战斗。

　　△　广东省保安司令部琼崖“清剿”指挥所改组为琼崖“清剿”指挥部,由第九区专员蔡劲军兼任指挥官,王国治任副指挥官,张应安任参谋长。指挥部下成立三个自卫总队,21 个自卫大队,64 个自卫中队,255 个自卫小队,全岛点线碉堡除旧有者外,新筑者有 595 座。

　　9 月 22 日　宋美龄在国际妇女联谊会成立会上讲演时称,无论中国获得世界援助与否,都将奋斗到底。

　　△　西北行辕主任张治中在南京接见《中央日报》及美联社记者时称:新疆仍有叛乱与不安,其原因皆在以前中央代表未能公平处置,因

此中央必须给予新疆一剂切实的民主良药,俾各民族相信中央政府能与之合作,而非旨在统治。

9 月 23 日　参政会驻会委员会通过对日和约建议及积极改善公教人员待遇案。

△　美国前副国务卿威尔斯在《纽约先驱论坛报》专栏中撰文称:魏德迈使华为极大错误。"我国外交上有一日渐增长之趋势,认为美国有武力与金钱,其他民族之完整与复兴均唯美国是赖。故此辈民族决定其国内政策之权利,以及被视为平等主权国家之权利,均可置之不顾"。

△　上海电力公司职工 2000 余人因 20 日警察局逮捕上海电力工会第三分会干事张仲之及文化课负责人吴可文等六人,是日下午分批集中社会局请愿,坐守社会局广场八小时,要求释放被捕者。

9 月 24 日　国民党中常会通过:一、王启江、郑彦棻为中执会副秘书长;二、洪兰友为中政会副秘书长;三、郑通和、赵仲容为青年部副部长;四、倪文亚为理论研究委员会副主委;五、蒋经国、郑彦棻、谷正鼎、李惟果、袁守谦、胡轨为干部训练筹备委员会委员。

△　行政院公布《各县(市)民众自卫队组训规程》。依照该规程,各县、市组织"民众自卫队"。"民众自卫队"分两种:(甲)自卫队以不脱离生产为原则,无饷给;(乙)常备自卫队视实际需要编组之,有饷给。凡 18 至 45 岁之壮丁,除以兵役法应行免役、禁役、缓役者外,凡有两丁之户,出一丁,五丁之户出二丁,超过五丁之户,每满三丁出一丁,参加自卫队编组。县(市)长兼自卫总队长。

△　经外交部与美驻华大使馆代表商讨,美国对华救济物资协定草案达成初步协议。美拟以粮食、医药品及种子、肥料等物资援助国民党,价值为 3000 万美元。

△　南京中央大学学生约 1000 人签名反对教育部保送未经正式考试之学生入学。

9 月 25 日　行政院长张群在北平怀仁堂举行茶会,北平各大学校长及教授 200 余人参加。胡适申述北大教授 23 日会议意见,要求改善教职员待遇。张群表示政府外交力求自主,促进邦交;内政力求改进,发挥民权。

△　监察院及立法院分别讨论提高公务人员待遇办法。

△　全国度政会议在中央标准局举行,会议议决修正度量衡法规;颁布特种度量衡法规,扩充检定范围;拟订度计法草案;修正各种科学上应用之单位名称等案。会议于 30 日结束。

△　中国驻日代表团成立日本赔偿及归还物资接收委员会,负责赔偿与被掠的财产归还事宜。代表团的经济与科学组组长吴半农兼该委员会主委,王树华、李式琛、周茂柏、康崇孔为委员。

△　杭州第一纱厂职工 1500 名,为要求厂方公布底薪数目未果,举行罢工。次日,杭州土布染业工人 450 人也为要求增加工资举行罢工。

9 月 26 日　是晚至次晨,华东野战军司令员陈毅、副司令员粟裕率华东野战军外线兵团在砀山、商丘间越过陇海路进入豫皖苏地区。

△　国务会议通过国大代表选举展期一月,于 11 月 21 日至 23 日举行。

△　国民政府公布《动员时期军人及其家属优待条例》。

9 月 27 日　华东野战军外线兵团连克杞县、夏邑、睢县县城。28 日,克亳县城。29 日,又克通许。

△　经济部全国纺织工业生产会议在沪举行。金融、经济、工商界代表 180 余人出席。会议通过经济部提出之纺织工业建设计划:棉纺织工业,10 年内预备建立 800 万纱锭,连原有 400 万锭共计 1200 万锭;毛纺织工业,10 年内拟增加 30 万锭,连现有 10 万锭,共 40 万锭;麻纺织工业,10 年内拟建立 15 万锭;绢纺织工业,10 年内预备增 10 万锭。

△　上海法商电车公司全体职工 2700 余人一致罢工。次日,英商电车公司赫德路厂的司机、售票员等,亦于下午 6 时全体罢工。所有十六、十七、二十、二十四各路无轨电车及一、三、五各路有轨电车一齐停

驶。此次罢工坚持了七天半,使上海全市半数以上电汽车停驶。上海市社会局训令法商电车公司工会即日复工,否则由公司无条件开除。

　△　凌晨1时,福州、厦门及台湾省全境发生地震。

　9月28日　蒋介石会见司徒雷登,表示国民党的政策是明确的,表面的冲突不会影响中美长期友好关系,中国应在对日和约中得到保障和赔偿。

　△　张群回到南京,表示将尽力恢复东北,安定华北。

　9月29日　国民党中常会第八十五次会议,通过各省、市党部主任委员、副主任委员、书记长、副书记长及党团统一委员会委员全部人选,并通过统一党团监察组织案。据中央社电称:各地党团统一组织人选,曾经中央党团统一组织委员会讨论决定,原则上以省(市)党部原任之主任委员为主任委员,支团部干事长为副主任委员,省、市党部原任之书记长为书记长,支团部书记副之,并成立各省、市党团统一组织委员会,全部人选名单今日经中常会通过后,呈请总裁作最后决定。

　△　上海市长吴国桢招待记者,宣布压制罢工斗争的四项办法:一、煽动罢工者,按总动员令予以严惩;二、罢工期内工资不发;三、拦阻开车者,由警备司令部、警察局派员当场立予逮捕,以妨碍交通、危害公共安全论罪,并依军法严办;四、必要时饬令社会局将延不复工者作自动弃职论,而予无条件解雇,另招集失业工人递补。同日,警察局长俞叔平告记者称:警局已令各分局"如发现拦车者,立即予以逮捕法办,若彼等企图武力抗拒,当场格杀勿论"。

　△　地政部召开之全国地政检讨会议在上海举行。王云五、张厉生、萧铮及各省、市地政主管人员、专家、有关机关代表共百余人出席。会议讨论通过有关地籍管理、地权、地用及地价等提案。10月3日会议结束。

　△　外交部长王世杰由纽约抵华盛顿,与美代理国务卿罗凡特、商务部长哈里曼举行会谈。翌日,王世杰晤美国总统杜鲁门,讨论中国局势。

9 月 30 日　中国人民解放军总部发表 7、8、9 三个月战绩:共歼灭营以上国民党军七个师部,106 个团,又一个营,共消灭国民党军兵力 28.26 万余人,内正规军 21.14 万余名。解放与收复县城 129 座,国民党军占解放区县城 111 座。

△　东北民主联军七个纵队,以远距离奔袭方式,出击中长路长春至铁岭段。至 10 月 7 日,歼灭国民党军二万余人,彻底破坏了中长路。

△　国民党军占领烟台,胶东攻势达到顶点。

△　上海第三区百货业职工会理事长陈施君、书记姚达人、王守权、孙寿康、马家庆、糜步云、梁仁阶、丁盛雅、糜仁、周衡等被上海市警察局逮捕。上海市社会局是日深夜发出致第三区百货业职工会之"训令"称:"该工会负责人多名,与匪党勾结,频图扰乱,着即停止活动。"并指派该局专员方显民、龚祥生等为整理指导员和整理委员,前往整理接收。

△　内政部拟定设立国境警察办法,规定:国境警察为国家警察,由警察总署统筹办理,经费由国库开支,配备由中央供给。陆境国境警察局分设于通化、哈尔滨、海拉尔、居延、乌苏、疏勒、腾冲、蒙自、龙州,海境国境警察局分设于广州、福州、上海、天津。

△　天津查获大规模走私组织,主犯为前驻津美军需官上校纳拉姆,牵连其他海陆空军人员甚多。纳拉姆被控之罪名有三:一、利用美军交通工具飞机、舰船等,与津市中外籍人勾结,自美运入大批货物,包括汽车、化妆品、药品等,偷漏关税甚巨;二、利用美军交通工具,自津向国外输出大批货物,包括皮毛等;三、代人运美钞,不受外汇管制,从中取得佣金等。

△　中国工业管理协会在南京召开成立大会,选举翁文灏、吴兆洪、吴蕴初、荣尔仁、刘鸿生、王云五、甘乃光等为理、监事。

是月　晋冀鲁豫野战军完成大别山区的战略展开,先后解放城市 22 座,建立 17 个县政权。

△　海关总务司统计科统计,本月全国进口总值为 1.0766 万亿

元,出口总值为 2867 亿元,入超达 7899 亿元,创本年来入超最高纪录。

△ 据行政院新闻局统计,全国经核准登记或补行登记之报纸为 1284 家,通讯社 566 家,杂志 1448 家。

△ 上海卷烟业因美烟倾销,日陷绝境。现卷烟每箱成本须 500 万元,售价 400 万元,平均亏蚀率达 20%。许多工厂不能维持,纷纷倒闭。全市原有大小烟厂 73 家,现只有 32 家,每天能继续开工者不到五家,大部分烟厂每周只开工三四天。而英美烟草公司上海颐中烟厂业务却日益发达。

△ 广州物价高涨,贫苦市民生活日见困难,饥病倒毙者日增,9 月份路尸共 237 具,平均每日近八具。

10 月

10 月 1 日 国民党中央党部与三青团中央团部举行交接手续,正式合并。同时,国民党中央青年部宣布成立,部长陈雪屏,副部长郑通和。

△ 蒋介石辞去中央警官学校校长兼职,遗缺以该校教育长李士珍继任。

△ 行政院新闻局局长董显光招待记者发表谈话,指责中国民主同盟"为中共附庸"。

△ 东北民主联军秋季攻势全面展开。北线民主联军向中长线长(春)沈(阳)段大举进军,连续占领伊通、西丰、法库、梨树共四座县城及江密峰、八面城两重镇,以及叶赫车站、威远堡等重要据点多处。计歼国民党军 1.28 万余人。

△ 西北野战军发起延(川)清(涧)战役。次日解放陕西延长、延川两座县城。

△ 苏北解放军再次恢复盐城。

△ 国民政府本年度粮食调配预算编就,仍以长江流域各省为主

体。规定各省除就地配拨驻军食用外,调拨外运军粮总数计 996 万石。湖南居首位,计 218 万石,四川 190 万石,江西 160 万石,安徽 129 万石,浙江 123 万石,湖北 116 万石。此项数额来源为该年度征实三成及征借全部,再加中央收购省县级赋粮及洽定采购粮四者之和。

△　财政部发言人称国务会议决定汽油、柴油之进口税一律增收价格的 50%,原油暂免征进口税。

△　四联总处成立八周年,秘书长徐柏园举行茶会招待南京新闻界,报告该处核办投资贴放之方针。

△　上海市六家电力公司经呈请经济部核准自本月是日起调整电价。上海电力公司每度自 1130 元,调整为 2700 元;法商水电公司每度自 1132 元调整为 3340 元;闸北、华商、浦东三公司每度自 1255 元,调整为闸北 3370 元;华商及浦东 3360 元。

△　第四批分配赔偿与中国之日舰 10 艘抵青岛。4 日,在青岛三号码头,国民党海军第二基地司令董体曾代表接收。

△　盟国对日委员会主席、美国代表施巴德在东京举行之会议中报告日本工业生产情形时表示:"远东委员会所议决之日本战后经济,应保持其 1930 至 1934 年间之水准事,实规定过严,而不足供日本平时之需要。"次日,上海《大公报》短评指出:"美人若拿他们自己的经济水平来看日本,主张把日本的水准提到美国的一样的高,那是他们的天真;若是为了把日本做为一个战斗力量,而尽量提高日本经济水平,那居心是不可问的。"

△　香港总督葛量洪夫妇抵南京访问,4 日返港。

△　由宋庆龄主持之中国福利基金会在上海举行中秋游园会,筹募艺术界医药救济基金。到会者有郭沫若、茅盾、许广平、柳亚子等四五千人。游园会演出戏剧、舞蹈,并举行义卖。

△　中国社会学社第八届年会在南京中央大学开幕。宣读论文、举行讨论会、选举理监事后,次日下午闭幕。

10 月 2 日　蒋介石出席各省市国民党党团统一组织视察员谈话

会,向即将分赴各地视察党团统一组织工作的视察员谈注意事项。

△　陈诚向蒋介石报告,东北共军已发动攻势,请令北平行辕主任李宗仁督促第九十二军军长侯境如迅速率部出关,协击北宁铁路附近的中共军队。蒋即急电李转令预定出关各师限 3 日内开拔完毕。李复电称:"出关各师,已饬归陈兼主任指挥,刻大部被阻于榆关、前卫间,已再饬迅速前进。"

△　国防部长白崇禧飞赴徐州,布置防务。

△　民盟中央决定由黄炎培以个人名义发表谈话,对新闻局长董显光诋诬民盟事提出反驳,表示:民盟一切行动,只以民盟中央纲领所大书特书的民主、和平、统一为目标,反对分裂,反对战争,文件俱在,事实俱在。

△　陈粟大军自 9 月 26 日越陇海路,进入豫皖苏平原,七天内,在 600 里长宽正面前进 300 里,先后解放河南省的尉氏(1 日)、通许、杞县、睢县、夏邑、柘城、沈丘、鄢陵、扶沟(2 日),安徽省的太和、涡阳、蒙城(1 日)、亳县(2 日),共 13 座县城,及义门集、龙山集、睢溪口、界首集(1 日)、烈山煤矿等重要集镇数十处,并切断津浦、陇海铁路。

△　华东野战军东线兵团发起胶河战役,至 10 日战役结束,共歼灭国民党军 1.2 万人。山东战场转入反攻,标志着国民党军在全国进攻的最终停止。

△　国防部审判战犯军事法庭庭长石美瑜宣布,自 10 月 15 日起停止对日本战犯的检举,各地军事法庭在年底前办理结束。

△　联合国中国代表团正式提出草案,建议联合国大会对安理会五强限制使用否决权。

△　全国经济委员会通过《三十七年度中美农业合作计划方案》,允许美国资本与美国技术直接介入中国农业,以便于美国获得其工业所需要的中国羊毛、桐油、丝、茶等农产品。

△　广东省主席宋子文与美国煤油大王洛克菲勒第三次会谈"华南投资问题",及发展广东矿藏问题。

　　△　上海法商电车公司又有电车、公共汽车 20 辆停驶。工人并组织"罢工委员会",散发《告社会人士书》和《告会员书》。上海市长吴国桢与社会局长吴开先、公用局长赵曾珏、警察局长俞叔平等 20 余人开会决定限令全体工人一律 3 日复工。4 日开始,由社会局另雇工人并将调用一批汽车兵团驾驶兵,接开公共汽车。法商电车公司通告全体工人,限令"3 日复工,否则无条件解雇"。

　　△　中国工程师学会第十四届年会暨各专门工程学会联合年会在南京开幕。年会选举茅以升为本届会长,顾毓琇、萨福利为副会长,董事胡庶华、吴蕴初、支秉渊、顾毓瑔、侯德榜、谭伯羽、恽震、夏光、王星拱。会议于 5 日闭幕。

　　10 月 3 日　蒋介石主持作战会报,决定作战方略为:一、勿使"匪"南越长江;二、以消灭黄河以南股"匪"为主旨;三、对黄河以北与东北暂取守势。

　　△　东北民主联军北线部队,向中长路长春、铁岭间铁路线进击,连克公主岭、开原、昌图三城及大屯、范家屯、郭家店、双庙子等重要车站,仅余四平一座孤城。南线辽南部队连克海城、大石桥,直逼营口。辽西部队连克北宁线的白旗堡、绕阳河、高山子、白庙子、沙后所、前卫、中前所等重要据点,并破击巨流河车站。陈诚确保北宁路的企图已经失败。

　　△　晨,上海法商电车公司工人 96 名在重庆南路被警局逮捕。吴国桢再度到社会局与吴开先、俞叔平、赵曾珏、法电公司代表戈特龙举行紧急会议,决定:复工登记延期到 4 日下午 4 时截止。并通知警备部、警察局,再有拦车,格杀勿论。

　　△　上海中国国货公司职工为抗议逮捕职员陈施君等事,下午 4 时宣布停工,要求释放被捕工友。警察局派军警到场,逮捕六人。上海市社会局发令称,倘有不守本分、乘机捣乱者,立即无条件开除。

　　△　京沪、沪杭两路客货运价剧涨,客票一律照现行价目加 80%,行李包裹杂项运输等加 160%。

　　△　国营招商局及三北、民生各长江大轮船公司是日起票价一律

涨 45%。

　　△　中国农业协会第九届年会在南京金陵大学开幕。5 日闭幕。

　　10 月 4 日　蒋介石偕宋美龄及军务局长俞济时等由南京飞抵北平，召见李宗仁、孙连仲、傅作义等，并举行军事会议，以应付国民党军在东北及华北的危急局势。

　　△　中国民主同盟发言人罗隆基在京梅园新村接待记者，发表书面谈话。称，民盟自有其独立自主的政治目的，此即民主、和平、统一、团结，民盟亦有绝对独立自由的政策，反对战争，呼吁和平，与人民共同争取生存机会，此则虽有任何威胁与压迫，民盟决不改变此宗旨。

　　△　国防部在浙南、闽东地区设浙闽绥靖区。

　　10 月 5 日　监察院公布民国三十四年 8 月 19 日至三十六年 8 月底《外汇使用及各公司营业情形调查报告书》。其中指出，政府"原存黄金 600 万益斯（约合中国制 600 万两），美金九亿元，在日本投降后至去年 11 月间，大半消耗于非建设性物资之进口，且系由前行政院院长宋子文一人核准使用所浪费"。

　　△　上海法商电车公司工人复工。此次法电罢工损失约 50 亿元。被捕工人由工人福利会会同社会局、警察局审讯，凡有嫌疑工人，将送警备司令部惩办。

　　10 月 6 日　蒋介石在北平召见北方各重要将领：第六十二军长林伟俦、第十军军长袁朴、第九十二军军长郑挺峰，指示作战方略。

　　△　蒋介石接见傅作义，嘱其即日之赴沈阳，与东北行辕陈诚面商协助作战方略。

　　△　国民党军占领胶东威海卫。

　　△　国民政府特派陈诚兼国民政府主席东北行辕政务委员会主任委员，王树翰为副主任委员。

　　△　国民政府聘陈仪为国民政府顾问。

　　△　美国国会军事考查团一行六人由团长、美众院军事委员会主席柯尔率领，自汉城飞抵北平，其后又至青岛、南京、上海等地考察。

　　△　中国航空公司之中美航线通航。是日中国航空公司在上海龙华机场举行中美首次直接通航典礼。南京教区主教于斌随机赴美,以《益世报》记者身份前往各地作研究性旅行。随机赴美者还有上海《新闻报》总编辑赵敏恒、南京《中央日报》副总编辑陆铿、上海《大公报》副经理费彝民、上海《申报》总编辑陈训畬、上海《大陆报》编辑张国勋及天津《民国日报》发行人卜青茂等六人组成的记者团。

　　△　中国航空公司今起涨价,计客运加 25％,货运加 20％。

　　△　上海市社会局宣布:过去三个月内,上海市直接失业人数已由 15 万人增至 30 万人。大部分系机器、造船、公用事业、纺织、针织及缝纫诸工业中被解雇者。

　　10 月 7 日　蒋介石在北平检阅青年军并训话。同日,接见北平各界人士。

　　△　立法院例会,通过《改善公教人员生活案》,规定:一、公教人员最低生活之标准,应以战前所得之薪水 30 元为基础,照生活指数分区计算,其超出部分之薪给,在 300 元以下者,照生活指数十分之二支给;在 300 元以上者,照生活指数十分之一支给。此项办法于 9 月份起实行。现行之生活补助费即予取消。二、改善现行实物配购办法,防止舞弊。三、请政府供给公教人员宿舍。四、公教人员及直系亲属患病时免费就医,其子女在各级学校就学者免学费。五、各机关及国营事业人员待遇,应一律平等。

　　△　东北民主联军占领辽西彰武县城。

　　△　陕西全省戒严总司令部对民盟中央常委兼民盟西北总支部主任委员杜斌丞等 12 人加以"私蓄武力,贩卖烟毒,图谋不轨,并怂恿国军叛变"罪名,判处死刑,是日,杜等在西安遇害。

　　△　联合国救济总署署长鲁克斯抵沪,视察"联总"在中国的工作,并筹划"联总"与"行总"结束办法。

　　10 月 8 日　蒋介石由北平飞抵沈阳,召集军事会议,部署"沈阳外围决战"。指示陈诚巩固沈阳及其与关内的交通线,加强沈阳以北各据点的守备力量,并从华北抽调部队出关增援。

　　△　国民党中常会临时会议,修正通过《党团员重新登记确立党籍案》,规定:党团员无故不参加登记,或参加登记经中央最后决定认为不合格者,即丧失登记。有反党言论或行为者,跨党者,在党内造成或参加小组织,以破坏本党之统一者,有贪污行为者,参加总清查或总甄核未能合格者,均不得参与登记。

　　△　华东野战军陈毅、粟裕南下部队开始在徐(州)郑(州)间的800里平原上,向国民党军出击,至12日,先后占领临泉、沈丘、通许、尉氏、扶沟、新沟、新蔡、鄢陵、阜阳、灵璧、泗县11座县城及朱仙镇。

　　△　晋察冀野战军一部于平汉路平保段及平、津、保三角地区发动攻势,至22日,先后占领容城、雄县、霸县、新镇四城,及松林店、漕河、牛驼、柳泉等车站据点20余处。

10月9日　蒋介石自北平飞青岛转返南京。

　　△　宋庆龄发表"双十"通电,吁请美国人民"协助吾人实现孙中山先生之基本主义"。

　　△　国民政府在台湾设立的第一个金融机构中央信托局台湾分局成立。经理为周绍曾,副经理林楠。该分局办理信托、储蓄、购料、易货、保险、地产、仓储七项业务。

　　△　英国议会访华团亚蒙、艾穆里、麦克里维、罗伯兹、哈里逊、林赛一行六人由香港抵南京。英国议会访华团携英国首相艾德礼致行政院长张群函,函中表示希望议会访华团之行,能促进中英友好关系。12日议会访华团抵北平,在记者招待会上称,愿为增进中英关系上尽一份力,盼恢复中英贸易。

　　△　美国前驻苏、驻法大使蒲立特在美国《生活》杂志发表《向美国人民报告中国》一文称,如国民党政府垮台,苏联将控制整个亚洲,过不了一代人,美国的独立也将不保。建议美国在三年内拨款13.5亿元援助蒋介石政府,并主张杜鲁门总统应任麦克阿瑟为其私人代表,以大使身份,协助蒋介石筹拟阻止苏联征服中国之计划。文章影响很大。10

月间,众议院军事委员会的四名代表访华,致电杜鲁门,要求"刻不容缓地援助"蒋介石。

△　私立上海圣约翰大学经教育部核准立案,准设文、理、医、工四学院及二年制体育专修科。

10 月 10 日　蒋介石就"双十节"发表《告全国同胞书》,要求"民众与政府通力合作","完成戡乱建国的使命"。

△　中国人民解放军总司令朱德、副总司令彭德怀联名发表《中国人民解放军宣言》。宣言第一次提出"中国人民解放军"的全称,重申解放军作战的目的是"为了中国人民和中华民族的解放",第一次发出了"打倒蒋介石,解放全中国"的号召,并宣布了中国人民解放军也是中国共产党的八项基本政策:"(一)打倒蒋介石独裁政府,成立民主联合政府。(二)惩办内战罪犯,保障人民的言论、出版、集会、结社等自由。(三)肃清贪官污吏。(四)没收官僚资本。(五)发展民族工商业。(六)废除封建剥削制度,实行耕者有其田。(七)中国境内各民族一律平等。(八)废除蒋介石签订的一切卖国条约,与外国订立平等互惠通商友好条约。"同日,中国人民解放军总部重行颁布《中国人民解放军三大纪律八项注意》。

△　中国共产党中央委员会公布 1947 年 9 月 13 日全国土地会议上通过的《中国土地法大纲》。《大纲》规定:废除封建性及半封建性剥削的土地制度,实行耕者有其田的土地制度。乡村中一切地主土地及公地,连同其他一切土地,按乡村全部人口,不分男女老幼,统一平均分配。接收地主除土地外的财产及富农多余财产,分给农民及贫民。《中共中央关于公布中国土地法大纲的决议》提出:"希望各地民主政府、各地农民大会、农民代表会及其委员会,对于这个建议加以讨论及采纳,并订出适合于当地情况的具体办法,展开及贯彻全国土地改革运动,完成中国革命的基本任务。"

△　华东人民解放军收复牟平、栖霞两县城。

△　陈诚在沈阳国庆纪念会上谈东北战局时称:"东北局势危险期

已过,当前战争不仅斗力,还要斗智。""只要大家共同努力,我们只准共匪有第六次攻势,不容有第七次攻势。"

　　△　冯玉祥在纽约举行记者招待会,号召中国留美学生及中国人民,奋起为实现中国真正民主联合政府而斗争,并呼吁美国人民起来反对美政府贷款援蒋内战。冯在讲话中痛斥蒋介石为中国之希特勒。

　　△　中国技术协会第一届年会在交通大学举行,出席会员 500 余人。12 日下午闭幕。

　　△　国际检察团首席检察官美国代表季南对《日本时报》发表谈话,为国际东京军事战犯法庭对日本甲级战犯 23 人予以不起诉处分之举辩护。谓日本之实业家并无制造战争之罪行,"日本天皇及产业界、实业界人物,现已决定不受战犯之裁判"。因为"日本实业家与德国之实业家不同,在德国如希特勒骑在马上,产业界人物则牵马缰,但日本的银行家或工商业指导者之牵马缰系受枪杆所胁迫"。

　　10 月上旬　上海市长吴国桢举行经济检查会报会,决议通过四项办法:防止金、钞黑市;严办囤积棉纱;加配平民食米;禁止食油出口。

　　10 月 11 日　蒋介石在南京接见美国国会军事考察团。

　　△　美国国会军事考察团团长在南京发表谈话,宣布赞同蒲立特援华计划。

　　△　中央社是日电称:国民政府战时国外信用借款、战时财政协助借款、战后政府借款等三项,共计现欠外债达 7.34 余亿美元。

　　△　中共发言人就国民政府向加拿大贷款 6000 万美元一事发表谈话:"中国人民对于蒋介石政府在内战时期所借的一切外债,概不承认。"

　　△　西北野战军发起的延长、延川、清涧战役结束,共收复县城五座。是日,西北野战军攻占清涧,全歼国民党军整七十六师,俘师长廖昂。

　　△　晋察冀野战军发起徐水战役,吸引国民党军五个师增援,双方成胶着状态。

　　△　北平燕京大学学生 800 余人及清华大学学生 2400 余人为抗议国民党非法逮捕学生举行罢课。12 日,北京大学学生 5000 人亦为该校学生 10 余人遭非法逮捕举行罢课。

　　10 月 12 日　蒋介石犒赏河北保安团队全体官兵二亿元,以鼓励其"剿匪"有功。

　　△　西北野战军解放陕西绥德,14 日解放瓦窑堡,至此延安以东及以北解放区已全部收复。

　　△　中国共产党中原局发出"放手发动群众,创建大别山根据地"的指示,指示要求在全区普遍宣传《土地法大纲》,立即发动群众分浮财分田。并决定成立鄂豫和皖西两区党委和军区。

　　△　中共中央发言人就杜斌丞遇害向记者发表谈话指出:"屠杀只会使反蒋运动扩大,独裁者愈加疯狂好杀的时候,就是他愈加接近死亡的时候,中外历史已经千百次证实了这个真理。"

　　△　中国民主同盟主席张澜为杜斌丞被害发表书面抗议,谓此实违背政府历来公布保障人权之法令,且根本破坏国家的司法独立。

　　10 月 13 日　联合国救济总署署长鲁克斯抵南京,蒋介石接见并授予一等勋章。

　　△　柯尔率领之美国会军事考察团结束在华考察,自上海飞亚、欧、非继续进行考察。

　　△　国防部在台湾成立陆军训练司令部预备干部局,蒋经国主持其事,计划 10 年内训练 200 万军官。青年军第二〇五师师长刘树勋等是日招待记者称:第二〇五师在警卫台湾全省的同时,按陆军训练司令部指示开始新的训练。

　　△　中国文化界戡乱建国总动员会诬蔑民主同盟参加"叛乱",并提出"政府不宜再承认民盟为合法之政党,而应以乱党视之,明令解散"。

　　△　北京大学、清华大学组成人权保障委员会,抗议政府非法逮捕学生。两校及燕京大学、贝满女中等大、中学校学生 9000 余人先后罢课。

　　△　上海市长吴国桢招待记者,宣布平抑纱布价格四项办法:登记纱商存货;检查纱厂帐簿;拒绝检查则予以拘留;奖励告密。

　　△　上海邮政管理局发表通告宣布邮资加价,普通国际邮资增加400％,国际航空邮资除重量单位由五公分改为 10 公分外,增加 200％。

　　10 月 14 日　行政院政务会议通过调整公教人员待遇过渡办法。薪金增加 125％,自 10 月份起实行。

　　△　行政院政务会议通过《无许可证自备外汇到埠及起运货物处理办法》。规定凡自备外汇未经许可之已存放上海海关仓库中之价值4000 万美元之货物及 8 月 16 日前由国外起运在途之货物,均由政府收购而不付现款,以中央银行发行之特种外币存单付给货款,在三年中分六期付齐。收购后按市价由政府出售。并规定进口商若不愿遵照此办法办理,只能将货物退回出口港口,而不得运往其他如香港、越南等地。以后凡无许可证之进口货品以走私论一律没收。

　　△　"解总"驻沪办事处代理处长林仲发表谈话及致"联总"署长鲁克斯与"联总"中国分署署长克利夫兰的函件,指出:自七月以来,"联总"之政策在国民党《总动员令》下完全屈服,放弃了作为一个中立的国际救济机关的地位,违反了不歧视的公平分配救济物资政策。林仲严斥"联总"署长鲁克斯在处理对华救济事务中所表现的无理袒护蒋介石的态度,这正是"联总"不能实行其政策之主要原因。

　　△　以霍尔为首的英国众议院贸易代表团由英飞抵上海,与国民政府会商英国对华贸易问题,并在南京与交通部长俞大维商谈发展中英民航事业问题。

　　△　外交部次长叶公超约见印度驻华大使梅农,面交《中印通商友好条约》中方条约草案,其中第二十九至三十一条系有关西藏事务。叶指出:1908 年《中英续订印藏通商章程》将于 1948 年 4 月 20 日届期,中国愿与印度讨论修改问题。

　　△　上海棉纱市场因经济警察监视及银根抽紧等原因,价格急剧回降。

10 月 15 日　山东解放军攻占诸城。

△　刘伯承、邓小平所部攻占湖北礼山县城和宣化店。

△　进出口商业同业公会秘书长张耀章,对《无许可证自备外汇到埠及起运货物处理办法》发表评论认为:此乃政府得利、进口商受苦之举,实在太不公允。

△　国民政府派谢家声为中华民国出席联合国粮食农业组织理事会会议代表,陈之迈为副代表。

△　世界女青年会代表大会在杭州开会,美、英、法、德、捷克、印度、印尼、朝鲜及中国等 25 个国家代表参加。宋庆龄、宋美龄出席开幕式。17 日闭幕。选出美国代表包恩慈为会长。

△　中央研究院第二届第四次评议会开幕,评议长朱家骅主持。会议经各评议员讨论决定第一届院士候选人,计人文、生物、数理三组共 150 人,俟四个月后再开评议会正式选举,最后当选之院士定为 80 至 100 人。10 月 17 日闭幕。

△　民社党发言人徐傅林向记者发表谈话,声明"若民社党不能获得国大代表 400 名,立法委员 100 名额,该党将保持在野党地位,放弃本年普选"。

10 月 16 日　蒋介石巡视青岛。19 日主持军事检讨会议,研讨部队部署问题。

△　国民党军第三军军长罗历戎率该军主力 1.7 万人离石家庄北上保定,企图在保北徐水地区夹击晋察冀野战军。18 日罗军到达定县。晋察冀野战军改变部署,调集主力自保北南下围歼罗军。

△　新疆省政府副主席阿合买提江、副厅长赖希木江复函张治中,提出四项要求作为谈判先决条件:一、撤换现任省主席麦斯武德;二、释放被捕所谓暴动分子;三、禁止政治关系捕人;四、彻底执行和平条款与施政纲领。

△　上海市警察局派经济警察会同纺调会抽查各大纱厂并监视各交易市场。各市一致下跌。特粳 75 万元,次日再下降至 73 万元。12

磅龙头细布 81.5 元,次日又跌为 77 万元。纱市 42 支兰凤降为 3200 万元。

△ 淞沪警备司令部拟就《平抑物价紧急办法》,是日下午派专员送南京蒋介石核阅。警备部发言人称:紧急措施是一种很严厉的非常处置。

△ 全国商业同业公会联合会在南京开幕,到各地代表 29 单位 83 人。通过宣言、章程,并选举理、监事。19 日闭幕。

△ 《国际关税与贸易一般协定》在日内瓦成立。美国国务院在公布这一协定的分析报告中称:中国政府已答应对美国 110 项物品减免进口关税,其中包括普通消费品、烟草、干果、军用物资飞机及棉花、无线电、汽车、食粮、燃料、曳引机等,或维持现行税率 15% 不得再行加增,或按现行税率再减低 16.7%。美国则答应对中国军用原料如钨矿等物品的某些关税"让步"。

△ 魏德迈致函美联合援华会妇女部副部长柯立治夫人,主张援助中国,但援助必须在美国监督下进行。

10 月 17 日 国民政府国务会议发表《中美换文声明》,称:"现在驻扎中国领土之美国武装部队,系由中国政府之同意而驻扎。"

△ 国务会议通过调整文武职人员待遇案,并决定自本月起实行。

△ 东北民主联军攻克阜新、九台。

△ 进出口商业同业会秘书长张耀章等代表 16 业公会至中央银行约见张嘉璈,对自备外汇善后处置细则提出物为原主承售等要求。

△ 国民政府与台湾省主席魏道明商定,拨给台湾省法币 5500 亿元。第一次 2000 亿以台糖 5000 吨作价,余 3500 亿以樟脑 90 万磅、凤梨 10 万箱、茶叶 30 万磅、糖 2500 吨四种物资作价偿还。另外拨给美金 950 万购化肥 9.5 万吨,内 80% 购自美国,余购自智利等处。

△ 中国民主同盟英国伦敦支部举行临时代表大会,宣布该支部正式成立。

10 月 18 日 张群在参政会报告内外情势:外交不偏不倚,对日和约须保持否决权,东北局势已经转稳;对于平定物价将有具体对策。

　　△　上海市警察局长俞叔平接见记者谈进京任务及受蒋介石召见情形称:蒋介石特别面嘱要尽量加强经济警察工作,并允派拨装甲车40辆给警局,以加强镇压。

　　△　国民政府向加拿大政府商购剩余"蚊式"飞机 150 架谈判完成。

　　△　滇南民变武装遍布个(旧)碧(色寨)石(屏)铁路附近的石屏、元江、龙武、新平等县广大地区。是日,云南警备总司令何绍周、副司令马锃等专车赴开远,召开各部队及专员县长会议,以谋应付。

　　△　教育部学术审议委员会上午举行常务会议,朱家骅主持,杭立武、陈立夫、胡适、茅以升、郭连峰等委员出席。会议通过张约翰等六篇硕士学位候选人论文;核定袁翰青等 30 人合于专科以上学校教授资格,张光炎等 23 人合于副教授资格,张志岳等 33 人合于讲师资格,胡佩英等 131 人合于助教资格。

　　10 月 19 日　外交部长王世杰在纽约发表声明,主张朝鲜应获独立;朝鲜撤兵日期及条件由联合国大会与莫斯科协定签字国协商决定。

　　△　中华儿童教育社第十二届年会在南京励志社举行,由马客谈主席。

　　10 月 20 日　晋察冀野战军在清风店地区围攻第三军。战至 22日,全歼第三军 1.7 万人,俘军长罗历戎、副军长杨光钰及第七师师长李用章等人。

　　△　外交部长王世杰离美取道日本回国。23 日在东京会晤麦克阿瑟。

　　△　国民政府特派竺可桢为本年高等考试初试典试委员长,狄膺、闻亦肖、刘师舜等 29 人为典试委员。

　　△　据海关税务署统计,自今年 1 月截止到是日,全国各海关缉私1.7886 万件,总值 1450 余亿元,其中以粤海关走私案件最多,江海关价值最巨,占总值 33％强。

　△　天津轮船业公会作出紧急决定,指出美议会访华团团长亚蒙所谈开放内河航运完全漠视我国主权,航业界应严正表示,纠正其错误观念。23 日,中国轮机师总会亦发表声明,申述维护航权之决心。

　△　美国务院声明:魏德迈对中国与朝鲜之报告暂不发表。

10 月中旬　上海市物价继续上涨,米、食油、肉、煤、棉布等生活必需品平均涨幅在 30％以上,美钞黑市价格 13 日高达 9.1 万元左右,黄金市价每两高达 350 万元。据上海经济观察家统计,米价以 1936 年为基础,现已增高八万倍,棉纺织品则增高 10 万倍。

10 月 21 日　民社党就国民大会代表名额问题与国民党达成协议。

　△　"联总"署长鲁克斯举行记者招待会,宣布"联总"已和国民政府就"联总"中国善后救济工作结束后的种种问题达成协议。

　△　西北野战军攻占宜川县城。董钊率国民党军来援,24 日复占宜川。

　△　行政院第二十六次会议,免去茅以升国立北洋大学校长职,改任刘仙洲为国立北洋大学校长;免去臧启芳国立东北大学校长职,改任刘树勋为国立东北大学校长;任李士珍为中央警官学校校长。

　△　上海市公用事业涨价已经行政院全国经济委员会核定。电费、电话费、煤气费自 10 月 1 日抄表日起计算追收,其余电车、公共汽车等均自今日起涨价。

　△　输出入管理委员会是日开始接受自备外汇到埠物资商人之申请登记。

10 月 22 日　蒋介石自青岛赴上海,召见上海市长吴国桢、国民党上海市党部主任委员方治、淞沪警备司令宣铁吾、上海市警察局长俞叔平,详细询问上海物价波动情形,指示无论如何,必须彻底平抑物价。上海市政府随后举行经济会报,研究蒋介石指示并商讨具体办法。蒋介石当日返南京。

　△　国民政府资源委员会指示职员工作方向 12 条,主要为:对东

北热河及陇海路以北区域,采取"维持生产",对中部、南部以及西南等区今后须"加强经营";对台湾则须"发展进步","努力经营"。

　　△　"联总"、"行总"及国民政府社会部在上海"行总"办公厅举行会议,商谈"行总"结束后所遗赈济业务及剩余物资之接管问题,签订《处理剩余救济物资协定》,规定"行总"结束后,剩余救济物资交社会部分配。

　　△　"联总"署长鲁克斯返美。"联总"中国分署署长克利夫兰偕同返美。

　　△　刘邓大军占领九江、汉口间之武穴、黄梅、广济一带,是日起,由上海上驶之大小轮船均停九江,九江江面已戒严。长江中下游一带航运宣告中断。

　　△　福建省政府通令各县修筑碉堡,以配合民众自卫力量,限年底完成。福建省各县、市民众自卫队,已组成 41 个总队,476 个大队,5212 中队,员丁共 64.9 万人,长短枪 2.1 万支。

　　△　河北高等法院宣判日本女间谍川岛芳子(金壁辉)死刑。

　　△　东北民主联军攻占锦承线上之朝阳。

　　△　全国经济委员会例会通过经济部提出之《棉纱凭证联合配销办法》。

　　△　纱布市场价格回升。42 支兰凤为 3180 万元,25 日涨至 3350 万元。12 磅龙头细布为 83.7 万元,24 日涨至 89.8 万元。

　　10 月 24 日　张群到台北参加台湾光复二周年纪念会,并视察台省行政及工矿交通事业。下午发表谈话称:政府重视台湾经济建设,台币制度目前不会改变。

　　△　孙科、吴铁城、陈立夫邀民社党、青年党举行小组会,讨论跨党分子参加竞选国大代表之处置办法。民社、青年两党均表示:如证件属实,确为跨党者,两党愿将原提人选退出,另提他人。

　　△　国务会议通过修正之《出版法》,该法凡六章 43 条,其要点为:一、禁登载事项:(1)意图颠覆政府及危害中华民国者;(2)妨害邦交者;

（3）意图损害公共利益及破坏社会秩序者；（4）妨害本国及友邦元首名誉者；（5）妨害善良风俗者；（6）妨害他人名誉及信用者；（7）对正在诉讼中之事件加以批评者。二、战时或遇有变乱及其他特殊必要时，得依中央政府命令之所定，禁止或限制出版品关于政治、军事、外交或地方治安事件之纪事。三、外人必须遵守本出版法一切法律发行出版品。四、国外发行出版品凡有违反此规定者，内政部得禁止进口。

△　美国众议院外交委员会委员周以德抵北平访问。

△　山东解放军收复著名矿区枣庄。

△　教育部核准第二届自费留学生出国名单，计美国 918 人，法国 53 人，英国 25 人，瑞士 36 人，加拿大九人，荷兰一人，比利时四人，澳大利亚二人，瑞典一人，墨西哥一人，共 1050 人。

10 月 25 日　国民政府全国选举总事务所宣布：选举如期举行。国大代表选举正式投票日期为 11 月 21 日至 23 日三天，当选人名单于 12 月 2 日公布。

△　国民党中常会暨中央选举指导委员会上午举行联合会议，通过国大代表候选人审查小组名单：第一组苏、浙、闽、台、皖、京、沪，共 30 人。召集人为朱家骅、陈立夫；第二组豫、鄂、湘、赣、汉，共 22 人，召集人为居正、李敬斋；第三组粤、桂、川、康、滇、黔、渝、穗，共 34 人，召集人为孙科、白崇禧；第四组晋、冀、鲁、察、热、绥、平、津、青岛，共 18 人，召集人为张厉生；第五组陕、甘、宁、新、青、西安、蒙、藏、回教生活习惯不同之民族，共 27 人，召集人为于右任；第六组东北九省三市共 11 人，召集人为朱霁青；第七组职业团体、妇女团体，共 30 人，召集人为谷正纲。

△　浙江大学学生自治会主席、农艺系四年级学生于子三及郦伯瑾、陈建新、黄世民四人被杭州市警察逮捕。

△　北京大学研究生会致函校长胡适，表示自是日起全体罢课三天支持教授罢教行动。

△　台湾全省休假一天庆祝光复两周年。上午九时在台北中山堂

举行台湾光复节纪念大会,行政院长张群发表演说。下午 2 时,全市举行化装大游行。

　　△　台湾省参议员建议行政院长张群向日本追偿日人过去所欠台湾的国债款台币 11 亿元及股票 120 亿元;要求日本赔偿硫酸铔厂一所。

　　△　琉球革命同志会请行政院长张群索回琉球。

　　△　河北、北平、天津 21 个民众团体在北平国际联欢社招待记者,反对行政院将门头沟煤矿发还麦边与周奉璋。指出麦、周二人出让矿权与日本人及与日人合作之事实,并将麦、周与日人白鸟来往函件多种,于会中交记者传观。

　　10 月 26 日　蒋介石指示行政院与内政部,要求加紧民众"戡乱"动员工作。

　　△　西北野战军发起第二次榆林战役,集中六个旅攻榆林。至 31 日,攻占飞机场等外围据点。

　　△　王世杰在东京发表谈话称,对日和约中国将坚持保留四强否决权,中日未来关系,须视日本黩武主义是否扫除而定。

　　△　晋察冀边区行政委员会明令公布接受《中国土地法大纲》为边区土地法,并立即实施。

　　△　华东野战军一部攻占陈留县城。

　　△　断绝三日之汉、浔水上交通,是日恢复客货轮航行。海军代总司令桂永清乘"永绥"舰赴武穴江面巡视防务,并亲自指挥"护航"。是日,海军开始"护航",但一律暂停夜航。29 日,桂永清再度赴武穴、圻春江面一带,视察江防。30 日下午返九江后对记者称:武穴至浠水江面防务巩固,可保无虞。

　　△　中央合作金库第一届库务会议在南京召开,到总库及分支库代表 100 余人。定 11 月 1 日闭幕,并以 11 月 1 日为该库成立纪念日。

　　△　全国学术团体联合会第五届年会在南京文化会堂开幕。到中国教育学会、中华职业教育社、中国儿童福利协会、中华图书馆协会等

17 个团体。年会讨论主题为"民主与教育"。

△ 国际学联理事会通过决议,强烈抗议国民党血腥镇压中国学生运动,要求立即释放一切被捕学生和教授,停止法西斯恐怖。理事会并开除由国民党控制的"中国大学生联合总会"的团体会员籍。

10 月 27 日 蒋介石由南京飞往牯岭召开军事会议,讨论华中战局,并对长江防务作出部署。

△ 内政部宣布民主同盟"勾结共匪参加叛乱",应视为"非法团体","今后各地治安机关对于该盟及其份子一切活动,自应依据《妨害国家总动员惩罚暂行条例》及《后方共产党处置办法》严加取缔"。

△ 民盟在沪负责人张澜、黄炎培、史良、章伯钧等会商民盟被宣布为"非法"后之办法,决定民盟不得已时可停止活动,并派黄炎培、叶笃义赴南京交涉。

△ 中共中央发出指示,要求揭露美、蒋政治阴谋,强调:"我们必须彻底宣传新民主主义的思想和政纲,反对一切不彻底的资产阶级妥协思想或改良主义政纲。"

△ 刘邓大军攻占长江北岸重镇团风、武穴后,政府方面急调整编四十师及整编第五十二师第八十二旅由黄冈、浠水向广济急进,人民解放军于广济以西高山铺地区预设伏击阵地,国民党军陷入重围。今晨9 时,解放军全线发起总攻,国民党军向西南突围,经八小时激烈战斗,全歼整四十师师部、第一〇六旅、第三十九旅之第一一五团及整五十二师之第八十二旅全部等,共 1.26 万余人,其中生俘 9562 人。

△ 国民政府免去宋子文国民政府委员职,任丁惟汾、黄绍竑、颜惠庆为国民政府委员。

△ 国民政府免去黄绍竑监察院副院长职,任刘哲为监察院副院长。

△ 行政院修正公布《后方共产党处置办法》。

△ 国民代表大会代表联谊会在南京社会服务社招待记者,发表给蒋介石之快邮代电,670 余人联名签署,要求召开国民大会临时会议

并延期选举。

　　△　北京大学学生自治会为支持教授罢教行动,组成争温饱委员会,致书北大师长,表示在共同道路上全力争取生存。

　　△　昆明市学联发动全市性冬季助学运动,许多学校临时停课,学生们卖报、洗衣、义卖、劝募以助学。云南当局拘捕赞成助学运动的政府公务员李仁荪夫妇及新民书店经理王平,封闭新民、华侨、金马等书店,并具文给云南大学要求在昆明市学联及云大自治会工作的学生于月底前到云南警备司令部"自首"。

　　△　《中华民国与美利坚合众国关于美利坚合众国救济援助中国人民之协定》在南京签订并生效,规定美以粮食、医药、燃料等 2700 万美元的物资援助国民政府。12 月 19 日追加 1800 万美元。

　　△　外交部公布中缅两国正式互换大使。迈因为缅甸首任驻华大使,涂允檀为中华民国首任驻缅大使。次年 1 月 21 日,涂由上海启程赴任。3 月 3 日,向缅甸总统呈递国书。

　　△　冀、平、津 29 个团体致函敌产处理局并分呈行政院、监察院,请收回将门头沟煤矿发还麦边、周泰璋之成命。

　　10 月 28 日　昨日返京的外交部长王世杰到牯岭向蒋介石报告赴美经过。

　　△　张群自台湾返南京。

　　△　黄炎培晤张群,谈商民盟事。张群表示向各方接洽后再谈。

　　△　重庆行辕发言人宣称,民盟已被宣布为非法团体,本行辕辖区内的所有民盟分子及民盟有关组织,限于 11 月底前办理脱离手续,逾期不予保护,并将依法制裁。

　　△　民主同盟中央常务委员罗隆基南京住宅被搜查。

　　△　中国民主同盟南方总支部为南京政府非法宣布民盟为非法团体,发表声明:民盟是一个坚持民主和平的公开合法政治团体,言论行动,世所共见。按任何国家,除法西斯独裁者外,无不容许有和平的反对党派的存在。我们今后当为本盟一贯的主张与目标,继续奋斗,再接

再厉,为中国和平民主之实现而努力。

　　△　行政院政务会议通过《动员戡乱期间劳资纠纷处理办法》。

　　△　行政院第二十七次会议,任马师儒为国立西北大学校长。

　　10月29日　刘邓大军自8月29日进入大别山,两个月来,共歼国民党军3.3112万名,其中生俘2.1552万名。先后攻克广济、浠水等县城23座及武穴、宋埠等重要据点百余处,建立了独山、商城、礼山等33个县政府及军区、行署等各级军政机构,解放了人口500余万之豫东南、鄂东、皖西广大地区,完成了战略展开任务。

　　△　国民党中宣部副部长陶希圣发表谈话,谓民主同盟是"国家之叛徒",并希"治安机关不任其逃出国境"。

　　△　张君劢、李璜致书张群,盼对民主同盟适可而止,不必株连。

　　△　国民政府粮食部制定公布《田赋征实暨征借粮食考成办法》。规定各县(市)经征官于截限以前,照该县(市)应征、应借数收足八成五以上者嘉奖,九成以上者记功一次,九成五以上者记大功一次,照额全数征齐者记大功二次,并给予特奖;征收不足八成五者申诚,不足八成者记过一次,不足七成五者记大过一次,不足七成者记大过二次,不足六成者免职。《办法》同时规定各省级经征官于截限以前,照该省应征数应借数收足八成以上者嘉奖,八成五以上者记功一次,九成以上者记大功一次;九成五以上者记大功二次,照额全数征齐者给特别优奖。征收不足八成者申诚,不足七成五者记大过一次,不足六成五者记大过二次,不足六成者免职。

　　△　前被捕之浙江大学学生自治会主席于子三于晚6时20分被国民党特务用利器杀死于浙江省保安司令部。浙大校长竺可桢闻讯后即往趋视,见于生倒卧床上,咽喉有创口。保安司令部负责人称:"于子三畏罪以玻璃片割喉自杀身死。"陈建新、黄世民、郦伯瑾三生是晚移送杭州高等法院。

　　△　美众议员周以德抵南京。声称美将迅速援华。

　　△　国民政府特任驻秘鲁大使保君建兼中华民国驻玻利维亚国特

命全权大使。

10 月 30 日　民盟负责人黄炎培与罗隆基拟定会见张群时的方案,或由政府下令解散民盟,或由民盟中央总辞职,解散民盟总部,各地盟员停止活动。

△　上海市警察局卢家湾分局、黄浦分局,下午 4 时分别派员接收中共请民盟代管之思南路 107 号(新号 73 号)及朱葆三路 25 号新华日报社旧址房屋。

△　浙江大学学生因于子三案举行罢课并示威游行,号召杭州及各地学生举行总罢课,共同声讨政府屠杀青年罪行,并要求公开审讯另三名被捕同学。浙江省保安司令部宣布杭州戒严。

△　立法院举行常会,讨论通过两提案:刘舆训等人所提《请政府通知各政党,将现任立委除自愿放弃竞选者外,一律由各政党提名支持为立委候选人案》,谭惕吾所提《请规定女立委候选人遴选标准,送请主持选举之最高决定机关采纳施行案》。

△　国民政府举行海军修造会议,详细研究新海军之建设技术问题。国防部长白崇禧出席,11 月 6 日会议闭幕。

△　全国经济委员会例会通过煤价提高 40%。

△　经济部处理日本赔偿物资委员会在南京成立,主任委员童季龄,副主任委员顾葆常,委员吴承洛等 16 人。

△　张治中在台湾新竹会见被拘的张学良。

△　美众议员周以德晤张群、王世杰。

10 月 31 日　中国人民解放军公布 10 月份战绩:共歼灭营以上国民党军三个师部、69 个团,又三个营,另起义一团余。共消灭国民党军兵力 17 万人,其中俘 10 万人,俘国民党军将级军官 21 名、县长 11 名,毙将级军官四名。收复县城 106 座,国民党军占 74 座,得失相抵,人民解放军得 32 座。至此,解放战争第二年头四个月(7、8、9、10 月)内,解放军共歼国民党军 45 万人,解放县城 235 座,国民党军占县城 185 座,得失相抵,人民解放军得 50 座。

△ 黄炎培会晤张群,张表示,政府对民盟不再下解散令,民盟自行结束。

△ 国务会议否决国大代表联谊会书面请求召开临时国大之建议。

△ 参谋总长陈诚在沈阳召集保定绥署主任孙连仲,与东北将领郑洞国、董彦平、廖耀湘、周福成等举行军事会议。

△ 国民政府公布《善后事业委员会组织条例》。规定该会业务以涉及二个部、会以上或非一个部、会所能单独执行而需集中办理者为限,其业务范围为:一、黄泛区复兴;二、渔业机轮;三、机耕及农具制造;四、乡村工作示范;五、其他未完成之善后事业,经行政院核定交办者。

△ 国民政府准免国立东北大学校长臧启芳本职。

△ 行政院临时会通过公布《出版法修正草案》全文,并送立法院。

△ 四川省政府通令各县、市加强地方武力,编组乡镇警察队。本月已编乡镇警察队 4600 余队,大巴山已建碉堡 1400 余座。

是月 陕北各界举行杜斌丞追悼会,毛泽东题"为人民而死,虽死犹生"。在杜武丞生前,毛泽东曾誉杜为"彻底的民主主义者",周恩来称杜是"革命的教育家"。

△ 晋冀鲁豫解放区自反攻以来,收复永年、博爱等 18 座县城,歼国民党军 3.5 万人,形成巩固的战略优势。解放区仅陇海路以北内线地区即有县城 125 座,人口 3000 万。

△ 晋冀鲁豫军区自本年 6 月至今,五个月中共释放国民党军军官 3992 名,其中包括第一一九旅少将旅长刘广信等将级军官五名。并发给足够路费,有病者派给牲口或担架。另有国民党军军官 1118 名则因其自愿要求,被批准参加人民解放军。

△ 国防部在上海专设监狱,集中监禁战犯,监狱长为邹任之少将。是月开始,各地已判处徒刑之战犯将集中在此执行。

11 月

11 月 1 日 黄炎培会晤张群,商定由黄致函张再由张答复方式宣告民盟解散。黄要求文件中必须公告盟员免除向政府登记手续。3日,张群约见黄炎培,表示取消换函方式,改由民盟自行发出解散启事。

△ 陈赓、谢富治兵团在河南发起伏牛山东麓战役,26 日结束。歼灭国民党军 1.2 万人,经此役豫鄂陕解放区扩展到南临汉水、北至陇海路、西越丹江、东至平汉路的广大地区。

△ 国民政府公布《动员时期军人及其家属优待条例》,定自是日起施行。同时废止现行之《优待出征抗敌军人家属条例》。

△ 行政院公布《动员戡乱期间劳资纠纷处理办法》,废止《复员期间劳资纠纷评断办法》。

△ 行政院废止本年 4 月 11 日公布之《兵役奖征规则》。

△ 广东、福建省保安司令部分别通令各县、市,是日起实施"冬防"。南昌、苏州市亦开始冬防,并实行宵禁。

△ 输出入管理委员会第六次委员会议拟订通过之《无许可证自备外汇到埠货品处理办法施行细则》,即日施行。货款仍定三年发还,但存单可以转让。

△ 国民政府出席联合国大会之代表对合众社记者称:一俟对日和约批准,即应允许日本加入联合国。中国虽与日作战长逾十载,然对日本并无永久憎恶之意。日本于履行其战败国所负全部义务后,即必须应允其立足于国际社会。

△ 中华民国法学会第四届年会在上海律师公会举行,推选居正、谢冠生、章士钊、邵力子共 82 人为理、监事。大会闭幕后,举行第一届理、监事会,推选居正、邵力子等 14 人为常务理、监事,并决定下届年会在北平举行。

△ 吴贻芳、程修龄等发起成立中华全国大学妇女会,下午开成立

大会,到会员百余人,晚 7 时结束。

11 月 2 日 西北野战军二次攻击榆林城未果,改用坑道作业。9 日爆破,但因协调不好,攻城失败。

△ 冀热辽军区部队在义县以西九台关门附近歼灭企图驰援朝阳之国民党军第九十二军第二十一师,俘该师师长郭惠苍。

△ 英议会访华团在南京国际联欢社招待中外记者,团长亚蒙勋爵就所作外轮航行中国内河之提议作出解释。亚蒙宣称:"余所建议者,仅为汉口及南京等港口应重新开放,一如同样情况下,广州、厦门、汕头、上海及天津之对外远洋巨轮之开放者然。"

△ 昆明各校停课,全市大、中学生三万余人在云南大学操场集合,分队向全市宣传演讲、演街头剧、义卖、募捐,展开助学运动。

△ 上海三轮车工人为反对车租涨价,一度罢工。上海市警察局嵩山、邑庙、卢家湾分局开出警备车,驱散三轮车工人,并拘捕 66 人。

△ 中华全国体育协进会在南京召开第一次全体理监事会议,讨论修正通过出席第十四届世界奥林匹克运动会人选及足球、篮球、田径、游泳遴选训练办法,并决定中国参加奥林匹克委员会代表为孔祥熙、王正廷、董守义三人,总领队为王正廷,总干事董守义。

11 月 3 日 蒋介石召见白崇禧,指示在九江成立国防部九江指挥所,负责"进剿"大别山区,并决定自津浦线及胶东调五个师至大别山附近,以形成合围之势。

△ 陆军副总司令兼陆军训练司令孙立人,偕美军顾问团团员七人飞台,筹划训练新军。

△ 华东野战军山东部队攻占胶东之招远县城。8 日收复平度县城。21 日收复胶县县城。27 日攻克高密县城。

△ 加拿大政府支援国民党军之 2500 吨机枪子弹及大批军火,是日于加拿大东岸之蒙特利尔移交中国。加拿大海员工人联合会、青年工人联合会等团体在蒙特利尔举行群众大会,一致反对加政府以军火援助中国内战。

△　东北统一接收委员会负责人是日谈接收东北敌产情况:自上年 9 月 1 日起至今年 8 月底止,共接收 4962 单位,估计约值流通券(下同)1181 亿元,其中工厂约值 868 亿元,房地产约值 231 亿元,码头仓库约值 1436 万元,物资约值 14 亿元,其他约值 68 亿元。

△　中国驻日代表团是日对记者称:盟军总部已正式照会日本政府,限其于今年底将战前之中国永利化学公司硝酸厂偿还中国,该工厂全部共值 50 万美元。

△　全国轮船联合会对英议会访华团团长亚蒙所主张开放长江京、汉两埠之内河航行权,再次发表书面谈话表示坚决反对。谈话指出:开放长江京、汉两埠之内河航行权,必使中国出现一线曙光之幼稚航业永无出头之日。

11 月 4 日　蒋介石电东北行辕主任陈诚,令抽调暂三军一部入关内增防。

△　美国务院宣布,根据中美两国签订之"联总"结束后对中国 3000 万美元之救济协运,美将采办小麦五万吨,食米 7.3 万吨(价值 2700 万美元),于月底起运抵沪。

△　黄炎培、罗隆基、叶笃义将民盟解散启事交给张群。张群随后通知黄等,表示认可启事稿。当日下午,黄、罗、叶三人离开南京去上海。

△　日本归还中国之轮船——"和顺"轮晨抵沪,日战犯、原日本"出云号"旗舰舰长、海军中将原田清一等四人,亦被押解抵沪,同时载来战前被日人劫走之历朝古书 800 多册。

△　国民政府制定公布《交通部第二交通警察总局组织条例》。

△　教育部发表民国三十五年全国各省、市设公私立中学之统计数字,共恢复及新设公私立中学 1430 所。

11 月 5 日　新闻局长董显光为民盟宣告解散事发表谈话称:"因民主同盟种种不法行动,使政府不能再视该盟为合法团体,然政府之政策不拟拘捕该盟盟员,亦不强迫彼等必须赴治安机关登记。倘民盟不再有违法行动,仍可受法律之完全保障。中央政府即将通令各地遵照办理。"

△　民主同盟负责人张澜、黄炎培、罗隆基、沈钧儒、章伯钧、史良、叶笃义等在上海举行中央扩大会议,黄炎培报告与国民党交谈经过,议决民盟自即日起解散,各地盟员即日起一律停止政治活动。沈钧儒、史良等对此有不同意见,但因形势所迫,解散决定最后被通过。

△　新华社发表时评《蒋介石解散民盟》,指出:民主同盟只是一个赤手空拳的组织,他们连一支手枪也没有,并且不打算有。他们的凭借就是言论、出版,而这样的武器也早已被蒋介石没收了。这就使在蒋介石统治下进行任何和平运动、合法运动、改良运动的最后幻想归于幻灭。时评指出:蒋介石解散民盟和在各大城市中大施迫害民主分子,其实际意义只是暴露和加重南京统治的异常急迫的危机,而决不能丝毫减轻这个危机。时评又指出:任何对美国侵略者及蒋介石统治集团或其中某些派别的幻想,都是无益于自己和人民的,应当消除这种幻想,而坚决地站到真正的人民民主革命方面来,中间道路是没有的。

△　东北民主联军秋季攻势结束。共历时 50 天,歼灭国民党军七万人,扩大解放区 3.8 万平方公里,收复城市 17 座。国民党军在东北被迫收缩到 34 座城市及附近地区。

△　晋察冀野战军集中三个纵队及六个独立旅攻击石家庄,9 日占领外市沟各点。

△　冯玉祥在美国《民族周刊》上发表题为《我为什么与蒋介石决裂》的谈话。

△　全国司法行政检讨会议开幕。出席会议者 100 余人,司法行政部长谢冠生主持。

△　美议员周以德离华返美。

△　美国西太平洋舰队司令、海军上将柯克率一舰队抵台湾。

△　全国渔业公司联合办事处及上海市渔轮业同业公会招待记者,坚决反对"行总"渔业物资管理处假救济之名经营渔业,在沪倾销全部鱼

货,致使鱼价惨跌,民营公司无法生存。要求把"行总"的渔业物资分配给民营公司,真正达到救济目的。渔业界并电呈行政院长张群、农业部长左舜生,要求迅速令饬渔管处停止捕鱼,以维护民营渔业的生存。

△ 教育部重申前令,严禁战时敌伪所编中小学各科课本,学校需采用经教育部审核合格之教科书。

11 月 6 日 中国民主同盟主席张澜发表公告,说明民盟已被政府宣布为非法团体,经与政府洽谈后,决定即日起停止活动,总部同人总辞职,总部即日解散。同日张澜又发表声明,表示个人对国家之和平、民主、统一、团结之信念及为此而努力之决心,绝不变更。

△ 青、民两党对国民党方面交出的两党候选人名单都表示不满。张君劢致信吴铁城、陈立夫说,"兹经本党中常会议决认为,台端所提名单中,于本党前提之重要人员,漏列甚多,倘照此公布,将令全党哗然,有碍于目前合作之局,断难同意"。左舜生、余家菊、刘东岩致信陈立夫、吴铁城、张厉生说,"本党对先生等未经采纳本党所请增改之意见,而公布之名单,势必难以承认也"。两党都又另提了名单。

△ 全国经济委员会下午举行例会,通过《让售国营事业办法》,采用发行股票方式,由银行组成银团经募。同时,通过电、自来水、煤气、电话、电车、小火车、公共汽车、轮渡八种公用事业价格计算公式,规定以燃料生活指数及外汇价格为标准,明年 1 月 1 日起,作公用事业价格自动调整计算之用,地方政府及主管机关亦以此公式作为审核价格之标准。

△ 北平各大、中学校学生总罢课一天,并在校内"局部绝食",抗议浙大学生自治会主席于子三在狱中惨遭杀害,及国民党在各地逮捕屠杀学生的暴行。各校学生在市内向公众为于子三募捐,并在各处广贴标语。

△ 昆明 30 余所大中学校学生罢课,抗议国民党当局以限期登记共产党分子为借口非法捕人。

△ 在蒋介石电令下,宁夏马鸿逵派出援军三万余人,绥远傅作义

派出援军 6000 余人,分由三边、包头出发,增援榆林。

△ 美国儿童急救基金会决定将价值美金 350 万元之救济物资分配中国,作为儿童救济之用。

△ 英国议会访华团离开广州回国。

△ 联合国教科文组织在墨西哥城举行第二届全体大会。次日,推选墨西哥教育部长费达尔为主席,通过奥地利、匈牙利、意大利及瑞士四国入会,全体会员增至 38 国。中国政府代表杭立武为该组织行政及对外关系委员会主席。19 日,陈源再度当选为执行委员会委员。

11 月 7 日 北平各校联合举行于子三烈士追悼会,警察捕去学生六名。

△ 昆明二万余学生整队示威游行并赴云南省府请愿,包围省府主席卢汉住宅,要求立即释放被捕学生。

△ 清华、北大教授 163 名联合发表宣言,支持学生立场,吁请政府尊重宪法权利。燕大外籍教授亦在燕大师生联合宣言上签名。

△ "行总"是日公布"联总"与"行总"的合同,决定将渔业管理处保管的"联总"机动渔轮及各种辅助渔船,大约半数卖给民营渔业公司,保留十分之一的渔轮,作为渔业研究机关或训练机关使用,其余部分供设立公营或公私合营渔业机构。

△ 东北缺煤,锦州、锦西两发电厂因存煤用尽,是日起停工。

△ 教育部发表民国三十六年度第一学期国立中等学校校数:一、国立中学七所,师范三所,职业学校 14 所。二、国立边疆中学四所,边疆师范 12 所,边疆职业学校八所。三、国立华侨中学二所,华侨师范二所。四、国立专科以上学校附设中学 18 所,师范一所,职业学校 13 所。

△ 上海市政会议讨论通过分期禁舞实施办法,决定明年 4 月至 9 月底分期抽签禁绝。

11 月 8 日 蒋介石约见五院院长及有关部、会负责人,商国民大会代表选举事。决定选举照常进行。

△ 中国民主同盟华南支部在香港《自由中国文摘》发表声明宣

称:今后仍本为和平民主而奋斗之素志继续努力,绝不因独裁政府之非法压迫而停止其活动。

△　中国代表顾维钧在联大政治小组委员会会议上投票反对蒙古人民共和国入会。

△　周以德会见美国务院远东司司长巴特沃斯,说"没有美国的援助,中国的内战不能结束,共产主义不能被遏制;而美国的援助必须是全面的,包括道义、军火的援助以及大规模训练军队"。

△　苏联代表在伦敦四国外长代表会议发言,反对邀请中国参加起草对德和约。

11 月 9 日　陈毅、粟裕部向陇海路徐州、兰封段发动破击战,至 18 日结束。控制了 500 里铁路线。同时在徐州、固镇间破坏津浦路 30 余里,摧毁铁桥 10 余座,歼灭国民党军第二十四师大部及江苏省保安第一团和砀山、虞城、单县保安团、宪兵队全部。解放砀山、虞城、夏邑、民权、萧县、巨野、嘉祥、沛县、鱼台等九座县城及 17 处车站和据点多处。

△　旅美中国和平民主联盟在纽约成立,冯玉祥被推为主席。大会宣言反对美国援蒋。

△　浙大学生自治会决定继续罢课,为于子三治丧,酝酿游行呼吁人权。浙江省主席沈鸿烈致电教育部长朱家骅。说劝令学生复课,"能否生效,实无把握"。

△　上海 22 家舞艺传习所开会,决定推代表就政府停闭舞校事向市府、参议会、社会局、警察局等机关请愿。

11 月 10 日　蒋介石召见国防部长白崇禧,令其赴九江设国防部长指挥所,指挥中原大军,策应南京安全。

△　选举事务所公布国民党、民社党、青年党之国大代表候选人名单。国民党为 1758 人,青年党为 288 人。民社党为争得其所提 260 名候选人,致费周折,15 日再公布时仍只 238 人。

△　晋察冀野战军对石家庄发起总攻,至 11 日突入市区,进行巷战。

　　△　美国务卿马歇尔向两院外交委员会声明:"美国与其他世界列强承认国民政府为中国唯一之合法政府",并宣告美国政府"应对中国政府及其人民以相当经济援助与协力"。

　　△　外交部发表声明:坚持必须参预关于对德和会一切程序问题之决定,任何决议如无中国政府之同意,不得视为有效。

　　△　《美国在华教育基金协定》在南京签订。

　　11 月 11 日　京、沪、杭学生为抗议于子三事件相继罢课。南京金陵大学、中央大学、金陵女大、上海交大、圣约翰大学、复旦大学、同济大学、浙江大学等纷纷罢课,并召开追悼大会,发表《告同学书》、《告同胞书》,节食捐款,慰问浙大同学。

　　△　美国务卿马歇尔在参议院外交委员会上,建议美国议会自明年 4 月起拨款三亿美元援助中国,其办法为每月付 2000 万元,共付 15 个月。并称:中国之通货膨胀已临"非常之程度",中国之财政已因军事预算而渐成空竭。

　　△　行政院会议通过设立行政院处理美国救济物资委员会及其组织规程,以配合中美救济协定之执行,并推定缪云台为主任委员,派顾毓琇为委员兼主任秘书联络专员。

　　△　全国司法行政检讨会闭幕。共议决提案 580 余件,并通过宣言。

　　△　行政院免去松江省府委员兼主席关吉玉本职,以原省府委员洪钫暂代主席职。

　　△　行政院公布《执行没收汉奸财产联系办法》。

　　△　由全国工业协会第一次全国代表大会提议,行政院批准,是日为第一届工业节。上海市工业界在各报出版特刊,并于上午 10 时,在上海新新第一楼举行庆祝大会。

　　11 月 12 日　苏、皖、豫、赣、湘、鄂六省绥靖会议在南京举行,各省主席王懋功、李品仙、刘茂恩、王陵基、王东原、万耀煌出席,讨论建立地方武力、加强各省联系及厉行政治战斗体制等问题。

△　晋察冀野战军解放拥有近 30 万人口之工业城市石家庄,全歼国民党军 2.4 万人,俘守军师长刘英等,开人民解放军夺取大城市之先例。

△　台湾民主自治同盟在香港正式成立。发表《台盟对当前的政治纲领》、《台盟章程》及《对时局的口号》,提出台盟以团结本省人民、争取台湾自治、响应全国人民建立民主联合政府之斗争为宗旨。

△　行政院发出《奖励密告提示要点》,希借此达到"肃清贪污、整饬吏治"。

△　上海青年会为配合国大进行宣传,主办"中国青少年民主实验共和国"团体,模仿民主议会组织,设中央及地方各级机构,并举行国会议员选举。参加此团体活动者为 12 至 18 岁之青少年 913 人,是日下午举行"共和国"成立大会。

△　美国国务卿马歇尔对记者发表谈话,称希望国民政府扩大政治基础,更近民主,美国始能有所作为。

△　中央银行通知各指定银行:进口远期付外汇停止结售,出口远期结汇仍维原状。

△　上海市商会举办之商品陈列所在上海开幕。主席徐寄顾致开幕词称:陈列所诞生于民国十年,距今已有 27 年。"八一三"抗战后停办。此次陈列,参加厂商 450 家,陈列商品一万多种,大小橱窗 376 架。

11 月 13 日　上海市社会局局长吴开先自京回沪,接见记者称:蒋介石面嘱今后必须加强物价管制,对工人活动须特别谨慎。

△　驻美大使顾维钧访马歇尔,为美援作紧急呼吁。他称:"中国局势实为战后世界全局之一部分,以汉鼎为喻,美、欧、亚为三足,欧、亚均弱;三足中如缺其一,此鼎即不能站立。"

△　国民政府免驻联合国代表兼安全理事会代表郭泰祺本兼各职,特派蒋廷黻为中华民国驻联合国代表兼安全理事会代表。

△　北平公共汽车公司员工因待遇菲薄罢工,全市五条线 60 余辆汽车仅开出一辆。

11月14日 蒋介石主持召开国务会议,听取国防部长白崇禧的军事报告,内政部长张厉生关于国民大会选举准备工作的报告。蒋在会上说:"国军现在战略,在华北、东北仅图控制北宁、平绥两铁路线,将集中兵力消灭华中共匪。"并称:"今冬消灭刘伯承部。"

△ 美大使司徒雷登会晤蒋介石,表示美援尚待时日。

△ 国民政府副主席孙科向联合社记者宣称,美国务卿马歇尔建议以三亿美元助华,无异沧海一粟。

△ 美国西太平洋舰队司令柯克偕随员尼斯少将等八人应宋子文邀请赴广州。

△ 青年党发出"合作竞选"通电,表示与国民党"共策竞选互助",以求国民党对其进一步的支持。

△ 厦门大学学生罢课,抗议于子三被害事件,并发表宣言。

11月15日 立法院例会修改各省、市、县参议会法规,决定用"遴选方式遴选各党人士共同参加"各省、市、县参议会,以使民社党、青年党参加地方政权。

△ 宋子文继张发奎任国民政府主席广州行辕主任,黄镇球任副主任。张发奎改任战略顾问委员会委员。

△ 北平行辕照准原驻津第六十二军军长兼警备司令林伟俦呈辞兼职,改由保定绥署副主任马法五兼任天津警备司令。

△ 美国驻华军事顾问团公共关系局答合众社记者称:美国军事顾问团将负责接管步兵师团训练中心,训练中心原隶属于中国陆军总部,业已设于台湾,由孙立人负责。

△ 天津市开始冬防,宵禁提前于晚10时半至翌晨6时,军警加强戒备,驻军数量亦增加。

△ 立法院批准《中荷航空协定》。

△ 中央银行规定《公费留学生结汇手续》。

△ 国民政府任命陆志鸿为国立台湾大学校长。

△ 中央研究院发表公告称,经本院第二届评议会第四次大会依

法选定第一次院士候选人,数理组江泽涵、华罗庚、熊庆来、吴有训、周培源、李四光、竺可桢、茅以升等 49 人,生物组王家楫、贝时璋、童第周、林可胜等 46 人,人文组吴敬恒、冯友兰、胡适、郭沫若、梁思成、王世杰、马寅初等 55 人。

　　△　上海市场上半月物价继续上涨。米价 4 日特粳重叩 70 万元大关,上白粳 68 万元。5 日、10 日,上市警局派出大批经济警察四出侦查,监视交易,本市又因各路客货到埠,价格止涨转跌。锡粳 5 日 66 万元。13 日又挫落为 64 万元。布市因汉、渝客帮及同业竞购,直线飞升。12 磅龙头细布 7 日午收 93.5 万元,晚收 97.5 万,8 日升至 99 万。13 日又猛升至 104.5 万元。14 日飞升至 110 万,15 日稍挫,跌至 106 万。纱市亦疾速飞扬,42 支兰凤 7 日叩 3500 万关,8 日,升至 3650 万,13 日,升已 3820 万,14 日,更飞升至 4150 万,且转至场外极秘密之交易,15 日跌至 3950 万。

11 月 16 日　西北野战军 15 日在元大滩地区击退马鸿逵援军,但马军改道继续援榆。西北野战军决定撤围榆林。

　　△　台湾省东北部宜兰及罗东区洪水成灾,农田被淹 9000 余町(合百余万市亩),受灾人民约 3.2 万,损失总计达台币 20 亿元。

11 月 17 日　蒋介石接受法国政府所赠最高军事勋章。

　　△　张群致书美国国务卿马歇尔,谓军事、经济情势愈加严重,请求紧急救济与长期援助。

　　△　国民政府照会美、英、苏三国,建议召开对日和约预备会议,但须保持中、美、英、苏之否决权。

　　△　中国出席联合国大会代表张彭春驳斥苏联代表指责中国侵略蒙古之说。

　　△　有关当局不顾平、津各界的反对,决定将门头沟煤矿发还原主,并发表谈话称:"河北省门头沟煤矿公司原系国人周奉璋与英人维廉·麦边合伙组成。太平洋战争发生,该矿即为日军部接办。胜利后,由河北平津区敌伪产业处理局接管接收。因周奉璋等不服处分,向行

8456   中华民国史   大事记

政院提起诉愿,后决定撤销原处分,将矿产全部发还。”

△ 行政院因铀、钍矿产走私出口影响国防工业,拟定禁止开采、绝对禁止出口、收购及通知海关严密查禁等五项办法。

△ 教育部发表抗战中全国各级学校所蒙受之财产损失数。据各省、市呈报统计:自七七事变至 1945 年 9 月止,除东北各省教职员私人损失及珍奇、古物、文献之损失不计外,依照战前美金一元合国币 3.93 元之价格折合美金计算,总数已为 9.66023 亿美元。

△ 基督教卫理公会上午在福州天安堂举行来华传教百周年纪念大会,到中外人士 1500 余人。

11 月 18 日 行政院会议通过“剿匪”方案。要点:一、加强军法职权;二、加强中央与地方之组织;三、各地组织动员“戡乱”运动委员会;四、充实地方团队自卫武力。

△ 行政院会议通过苏、皖、豫、赣、湘、鄂六省联防方案。

△ 行政院会议通过各省、市新闻处设置原则六项;另决定任命粤省府主席宋子文兼该省军管区司令。

△ 国民政府主席北平行辕主任李宗仁召集傅作义、孙连仲及行辕高级人员举行军事会议,以加强河北军事部署。

△ “联总”中央委员会决定将原定接济中共区域之物资五万吨,改在国民政府辖区分配。同日,“联总”宣布成立一托事会,并规定一切善后计划受托事会监督。

△ 资源委员会决以台湾为经济建设主要基地。

△ 上海前公共租界、法租界官有资产及官有义务债务清理委员会开第九次会议。上海市长吴国桢主席,英、法、美驻沪代表出席,英汇丰银行派代表参加。中方赵曾钰报告称:目前所知债务有两件:一为中方向英汇丰银行的借款,总数共 51 万余英镑;一为中方向港政府的借款,总数是 200 多万港币。吴国桢认为此项债款应由行政院偿还。外国代表表示希望中国政府以英镑和港币尽快偿还。

△ 交通部核准调整航空客货运费增加 25％。

△ 航业界钟山道等人向记者发表谈话,说明航业界坚决反对开放内河航权的态度。对《大陆报》5 日发表短评《长江航运》主张开放长江航运,极为不满。

△ 中国地质学会第二十三届年会在台湾大学开幕。

11 月 19 日 中国向美、英、苏三国建议,对日和约预备会应由远东委员会全体会员组成。

△ 国民政府令,《特种刑事案件诉讼条例》施行期自民国三十六年 11 月 20 日起延长一年。

△ 国民政府令,《复员后办理民事诉讼补充条例》施行期自民国三十六年 12 月 18 日起延长一年。

△ 输管会规定关于无证到埠生产器材证明确系自用、不在收购之列之处理办法。

△ 行政院对日赔偿委员会商船小组为商讨限制日本船舶吨位及要求赔偿船只事,在沪召集航业界各团体负责人举行会议。会议决定:一、日本商船总吨位不得超过 100 万吨;二、每艘商船不得超过 3000 吨;三、船只航行速率及造船能力务加限制;四、如总吨位已超过 100 万吨,超出的商船一律赔给我国。鉴于此四点决定与美国主张日本船舶不得超过 150 万吨至 200 万吨,每只商船不得超过 5000 吨有相当差别,商船小组决定呈请政府据理力争。

△ 国民政府代表陈源在联合国教科文组织第二届全体大会上再度当选为执行委员会委员。

△ 中美进行棉贷谈判。

11 月 20 日 与于子三同时被捕之浙江大学学生陈建新、黄世民、郦伯瑾三人被浙江高等法院判处有期徒刑三年。浙大学生表示抗议,22 日再度举行罢课。

△ 外交部照会苏联,重申中国对旅顺、大连立场。

△ 中央、中山、浙江、武汉、复旦五大学研究生同学会为增加待遇,到教育部请愿。

△　宁夏、绥远两路国民党军援军会师榆林。23 日,宁马主力西撤。

△　内政部人口局宣布全国人口为 4.61 亿。

△　中国地质学会第二十三届年会闭幕。俞建章当选为学会理事长。李四光、尹赞勋被推定出席明年 8 月 29 日在伦敦举行之国际地质学会。

11 月 21 日　国民大会代表选举今日投票,政府称选民为 2.5 亿人。

△　外交部致美国驻华大使馆备忘录一份,请求美国作临时紧急援助,自明年一月起,每月贷款 2500 万美元。

△　山东解放军收复胶县。至此,胶济路西起潍县以东之坊子,东迄胶县以东、沽河东岸 200 余里,除高密一座孤城外,全部为解放军控制。

△　孔祥熙在美国奥柏林大学发表演说称:国民政府需要"数倍"于美国拟议中之 3 亿元贷款,以恢复法币之信用。

△　国民政府特派张彭春为中国签署修正《禁止贩卖妇孺及成年妇女公约议定书》暨修正《禁止淫刊公约议定书》特命全权代表。

△　联合国贸易暨就业大会在古巴首都哈瓦那举行,金问泗为中国首席代表出席大会。

△　国民政府大选开始之日,法币再度猛烈贬值,沪市美钞每元开盘为法币 11.9 万元,收盘时暴涨至 14 万元左右。各种股票均猛跌,证券交易所宣布暂时停止买卖。

11 月 22 日　国民政府制定公布《国民大会筹备委员会组织规程》。

△　国民政府特派孙科、张继、曾琦、徐傅霖、莫德惠、吴铁城、吴鼎昌、甘乃光、邵力子、陈立夫、余井塘、张厉生、洪兰友为国民大会筹备委员会委员,并指定孙科为主任委员,张继、曾琦、徐傅霖、莫德惠为副主任委员,洪兰友兼筹备委员会秘书长。

△　国民政府公布《中意为解决由战争所引起之损害赔偿问题及关于处理在华意国若干官产及意侨产业换文》。按:该换文于本年 7 月

30 日在意首都罗马分别签换。

△ 日本战犯"花花太岁"芝原平三郎被国防部审判战犯军事法庭判处死刑,是日在上海监狱广场被执行枪决。

△ 全国经济委员会核准,上海自来水、煤气、电力、电话改订新价。

△ 行政院制定公布《粮食流通管理办法》。

△ 芜湖商民因不堪苛捐杂税之重重勒索,群起反抗,爆发罢市风潮。上月 21 日,该地有四家商店因无法应付苛捐,被捕去四名店员。是日,当局又查封裕成布庄及公茂商号,税吏与店员发生冲突。税警当场逮捕裕成布庄店员吴俊华,引起群众公愤,大街上立时一呼百应,蜂拥而上,将吴抢回,全城商号一致罢市抗议。

11 月 23 日 国民大会代表选举今日结束。

△ 财政部称:国民政府所欠外债,"除战前部分因需清理尚未恢复偿付外",战后部分各项外债,至本年 6 月底,已偿付本息共折合美金达 6.513 亿万余元(包括已偿付之战前债务部分在内)。关于内债部分,至本年 10 月底,已偿付本息共计法币 41.9180 余亿元,关金 3230 余万元,美金 7340 余万元,英金 600.9 万余镑。

11 月 24 日 山东野战军攻克高密县城。

△ 民社党、青年党立法委员名额分配决定各为 75 名。

△ 武汉再度宣布戒严,规定每晚 11 时至翌晨 6 时为戒严时间。由警备司令阮齐兼戒严司令。

△ 美国驻华大使司徒雷登报告国务院,中共人员有狂热之信仰,政府人员则颓丧悲观、自私自利。美援之根本目的在协助政府区域人民获得自由与经济福利,产生新的希望,抵制共产主义。

△ 美国共和党提名的总统候选人、纽约州州长杜威在纽约哥伦比亚大学法学院校友会上演说,强调援蒋之重要。

△ 联合国亚洲及远东区经济委员会第二届会议在菲律宾碧瑶召开。蒋廷黻为中国出席代表,李干为副代表。12 月 8 日会议闭幕。

△ 资源委员会所属之华北钢铁公司正式成立。

11月25日 国民党中常会决定,将党团员重新登记限期由11月底延至12月底。

△ 周恩来代表中共中央致电各中央局及野战军,决定取消东北民主联军称号,改称东北人民解放军。

△ 广州行辕主任宋子文主持召开粤桂绥靖会议,行辕副主任黄镇球、邓龙光、缪培南,桂省府主席黄旭初,及高级将领参加会议,研讨加强两省保境实力与两省边境联防"剿匪"及与地方团队配合协同"剿匪"等。

11月26日 蒋介石飞北平,熊式辉、俞济时、李惟果、郑彦棻、蒋经国随行。

△ 陈赓、谢富治兵团自本月1日开始对伏牛山东麓发动攻势。月初连克临汝、郏县、登封、宝丰、鲁山、南召、方城等城。西线沿伏牛山和秦岭脊峰南下,横渡丹江,解放山阳、镇安;东线越过洛河、白河、唐河到达桐柏山麓,攻克泌阳、桐柏两城。是役至本日止,歼国民党军1.2万余人。至此,豫陕鄂解放区已扩展到南临汉水、北至陇海,西越丹江、东达平汉广大地区。自9月至11月,三个月来,陈谢兵团共解放了豫西和豫陕边36座县城,建立了40多个县政权,完全孤立了豫西重镇洛阳,并直接威胁潼关。

△ "联总"中国分署署长克利夫兰在沪宣布,自7月28日起被冻结之7.8万吨物资开始解冻,重新分配于中国非战争区域。上海、天津冻结物资中原拟定运往共区之五万吨物资现正式宣布完全分配给中国中部及南部。

△ 国民政府特派王云五兼善后事业委员会主任委员。

△ 行政院新闻局长董显光表示全国灾民过4000余万,政府已拨千亿以上救济,尚待各方襄助。

△ 中国共产党内蒙古工作委员会为加强内蒙人民自卫军各部队之统一指挥与政治工作,是日决定成立内蒙古人民自卫军司令部及政

治部。由内蒙古自治政府主席云泽(乌兰夫)任司令兼政治委员,阿思根、王再天任副司令员,方知达任政治部主任。前兴安军区及自治政府之军事部已决定取消,其一切业务与工作,均并入内蒙古人民自卫军司令部及政治部。

11 月 27 日　蒋介石在北平接见北方高级将领李宗仁、孙连仲、傅作义等,并招待各大学校长胡适、梅贻琦等。

△　国防部九江指挥部成立,辖区为苏、豫、鄂、湘、皖、赣六省,作战地域为津浦路以西、平汉路以东、淮河以南、长江以北。白崇禧指挥 33 个旅展开对大别山区的围攻,采取军事围攻、分区清剿与政治组训相结合的总力战方针,分进合击,分区清剿。

△　中央银行监事会决议,50 元、100 元面额的法币,因"用途已少",分别焚销。10 万元大钞将于下月发行。

△　内政部训令部直属机关,抄发《划定绥靖区县(市)标准》。

△　中华农学会及 18 个农业团体联合年会上午 9 时在南京励志社开幕。12 月 1 日结束。

11 月 28 日　蒋介石在北平怀仁堂主持召开军事会议,北平行辕及张家口、保定两绥靖公署主要官员及各野战指挥官到会。会议决定成立华北"剿匪"总部。会后,蒋留李宗仁、傅作义、孙连仲密商"剿共"事宜。

△　国务会议决定,将监委选期延至明年 1 月 10 日为止,立委选举则延至明年 1 月下旬为止。

△　国民政府为紧缩通货,遏阻物价涨风,决定自是日起,国家行、局及省、市银行均暂停放款,并限制汇款,上海中央银行每周调拨汇款不得超过 500 亿元。

△　上海市长吴国桢、淞沪警备司令宣铁吾、中央银行总裁张嘉璈按蒋介石训令拟定之《经济戡乱紧急措施》自是日起实施。措施内容主要有:一、抽紧银根。国家银行及各行庄均停止放款、不准透支。法币之流动性尽量使之萎缩,外埠对沪汇款将予以拒收。二、物资管制。所

有民生必需之各项物资，大部分由政府掌握。

　　△　苏联答复中国政府提出召开对日和约预备会议之建议，并通知美、英政府，建议明年 1 月在华举行四国外长特别会议，讨论对日和约筹备事项。

　　△　美国国务卿马歇尔训令美国驻华军事顾问团团长巴大维向蒋介石建议改组陆军勤务机构。

　　11 月 29 日　蒋介石自北平飞返南京。

　　△　北平行辕公布蒋介石对收复区人民实行的八条措施：收复区的农地要"归还原业主所有"，佃农对地主交租以正产物的三分之一；农民必须参加当地保甲、参加自卫队、帮助检举共产党干部及其积极分子，对"执迷不悟"之共产党人要逮捕处置等等。

　　△　吴国桢、张嘉璈、宣铁吾连日筹商经济对策，确立抑平物价原则，首先彻查金、钞黑市，并决定两项办法：一、四联总处紧缩贷款；二、由警备部、市府、央行三方会同彻查行庄票据，追究非法往来，本日起实行。

　　△　立法院经济、立法、法制三委员会重行审查通过并公布《黄金外币买卖处罚条例》。

　　△　美前驻外大使 12 人致电美参议院外交委员会、众议院外交委员会及国务卿马歇尔，呼吁对中国予以军事装备及经济财政援助。

　　11 月 30 日　毛泽东致电斯大林，谓中国革命取得胜利后，按照苏联和南斯拉夫的经验，除中国共产党外，所有政党都应该退出政治舞台了，这样将会加速中国革命的势力。

　　△　中国人民解放军总部公布 11 月份战绩：共歼营以上国民党军一个师部 36 个团又一个营，共消灭国民党军 12.54 万人，其中生俘 7.6 万余名，毙伤 4.89 万余名。

　　△　苏中军区部队发起李堡、栟茶战役，至 12 月 10 日结束，攻克国民党军据点 73 处，解放土地 5000 余平方里，人口 60 余万。

　　11 月下旬　北平市场物价狂涨，旬日间粮食涨一倍有余，布匹平均涨三分之一以上,且无停止征象。

　　△　下半月物价继续飞涨。上海 20 日上白粳 72 万元,特粳 76.5 万元。27 日,白粳高至 76 万元,特粳涨达 81 万元。29 日,更狂涨为上白粳 80 万,特粳 84 万。纱市 18 日 42 支兰凤 4260 万元。20 日,大批经济警察到场监视,场内不敢活动,场外喊 4650 万。27 日,更昂达 5380 万元。12 磅龙头细布 18 日 117 万,19 日即狂涨至 130 万,26 日又锐挺至 137 万,27 日高达 140 万。国家行、局紧缩放款及限制汇款发表后,重要物价回低,29 日回泻至上白粳 77 万,特粳 81 万。42 支兰凤跌至 5050 万,12 磅龙头细布跌至 128 万元。

　　是月　华北工业中心天津全市大小工厂 5000 余家,经常保持全部开工的仅 1%,局部经常开工的占 4%,40% 的工厂已陷入停工状态,其余 55% 的工厂则均处于半停工状态。全市工业全部产销数,最多等于开工时产销量的 10%。国统区惟一制碱厂——塘沽永利化学厂,日产仅八九十吨,不足战前三分之一。

　　△　四川省第一条准轨铁路綦江至猫儿沱铁路本月通车,全长 67 公里。

12 　月

　　12 月 1 日　外交部发言人就中缅划界问题发表声明,谓:北纬 25 度 35 分之北一段边界,即由腾冲之尖高山起以北一段,几经中英交涉未果,今缅甸将告独立,愿双方循正当之外交途径,求得合理合法与满意之解决。任何片面之言论或行动,自不能强使对方认为有效。缅甸外交部发言人则宣称,缅甸将不顾中国对其北部一部分领土之主张,而于来年 1 月 4 日接管卡伦尼邦。

　　△　内政部核定公布南海各岛名称。这些岛礁是中国的固有领土。自经国防部会同各有关机关接收后,整顿竣事,由内政部命名。一、东沙群岛,包括东沙岛等三岛;二、西沙群岛、包括:(甲)永乐群岛,

其内有甘泉岛、道乾群岛等九处;(乙)宣德群岛,其内有西沙洲、赵述岛等 21 处;三、中沙群岛,包括西门暗沙等 29 处;四、南沙群岛,包括:(甲)危险地带以西各岛礁,其内有双子礁等 27 处;(乙)危险地带以东各岛礁,其内有海马滩等四处;(丙)危险地带以南各岛礁,其内有保卫暗沙等 16 处;(丁)危险地带以内各岛礁,其内有曾母暗沙等 40 处。

△ 国防部为处理军人妨害水陆空交通运输、走私经商及一切违纪案件,于上海、沈阳、徐州、广州、天津五区先行设置军法执行部。各执行部主任分别为周伟龙、冯庸、陶柳、鲁宋敬、邹容勋。

△ 上海各金融及商品市场对《经济戡乱紧急措施》有所反应。棉纱价格下跌 15%;粮食、原料、日用品等价格均有下降。

△ 交通部邮政总局公告:国际邮资照现行资例增三分之一,尾数不满千元者,进为千元,包裹暂按现行资例加五倍,尾数亦进为千元。

△ 为纪念"一二一"学生运动两周年,昆明三万多大中学生举行总罢课并抗议政府逮捕学生暴行。

△ 山西大学教授因太原物价登全国最高峰、无法维生而集体请愿,并电行政院长张群,吁请与京、沪、平、津各大学平等待遇,并于翌日下午招待记者,发表宣言。

△ 前伪冀东自治政府主席殷汝耕是日上午在北平监狱刑场被枪决。

△ 长沙《大公报》、《新潮报》因纸价狂涨无法支撑而停刊。

△ 汉口《中国》、《建国》、《新闻》三晚报因纸张不足,是日起合出四开一张合版。

△ 国民政府修正公布《筵席及娱乐税法》。

△ 国民政府制定公布《房屋租赁条例》。

△ 中国铁路工会全国联合会在南京下关工人福利社举行成立大会,会期三天。重要议案有三类;一、员工福利;二、路政建设;三、时局主张。

12 月 2 日 接蒋介石手令,国民政府设置华北"剿匪"总司令部,保定、张垣两绥靖公署即行撤销。调孙连仲、傅作义兼北平行辕副主任,特任傅作义为华北"剿匪"总司令,指挥晋、冀、察、热、绥五省军队。

△ 行政院政务会议决议在上海、天津、汉口、广州分设金融管理局,直属财政部管辖。

△ 行政院政务会议决定花纱布管制方针:一、政府为要控制棉纱,全部代纺;二、政府为要掌握足够原料,除"行总"外国棉花外,并输出棉纱换取棉花;三、立即实行代织。

△ 外交部驻香港特派员郭德华与香港总督会谈,重申中国管治九龙旧城主权。

△ 黄维出任新制军官学校校长。

△ 湖北省政府主席万耀煌因与省参议会冲突而请辞。

△ 民盟上海市地下支部成立,彭文应任主任委员,有成员 500 余人。

△ 联合国劝募救济儿童基金委员会远东区劝募代表柯柏慈在京招待记者,称希望中国能踊跃参加此项劝募运动,并将在沪设立联合国劝募救济儿童基金委员会远东区总办事处,代表总处与中国、暹罗、印度、巴基斯坦、澳大利亚、新西兰等联络。

12 月 3 日 国民政府制定公布《各省市县参议会或临时参议会参议员遴选补充规程》。并依据该规程第三条之规定,公布用遴选方式选定之各省、市参议员名单共 451 人。

△ 中国青年党京、沪、穗、筑、南昌等地党部举行建党二十四周年庆祝。

△ 新闻局长董显光答记者称:截至三十六年 6 月止,过去两年内,法院审理贪污案件共 1.6794 万起,涉案之公务员 1.7454 万人。

△ 中华学艺社在沪举行京沪杭区战后首届年会及三十周年纪念。总干事李毓因作报告。

12 月 4 日 白崇禧自九江抵汉口,指挥大别山区战事。

△ "解总"代表林仲在上海新亚酒楼举行离别鸡尾酒会,"行总"

署长霍宝树、"联总"中国分署署长克利夫兰等参加。

　　△　沈阳连日大雪,物价飞涨。玉米面流通券1000元一斤,高粱米1300元,块煤200元一斤,窝头200元一个,煤油600元一斤。东北大学学生每晚8时即就寝。

　　△　广学会在沪新天安堂举行六十周年纪念会。

　　12月5日　行政院政务会议通过三十七年度(1948)上半年国家预算,预算仍以"戡乱"军费占第一位,总数10万亿元,为总额50％以上。

　　△　国民政府送出关于对日和约预备会议对苏联政府11月27日照会之复文,称对日和会组织及表决程序,应照远东委员会成例。

　　△　白崇禧自汉口到信阳布置军事。

　　△　国民政府修正公布《国葬法》、《公葬条例》,废止《国葬墓园条例》。

　　△　外交部重申未放弃九龙立场。

　　△　河北省政府委员会全体请辞。

　　12月6日　傅作义在张家口就任华北"剿匪"总司令职。他以平、津、保三城为犄角防守阵势,组成津浦、平汉、平绥兵团,实行以主力对主力的机动防御,同时以地方武装固守据点。

　　△　教育部修正公布《学生自治会规则》,限制学生自治会活动。

　　△　中荷空运协定在南京签字。外交部长王世杰、荷兰驻华大使艾森分别代表两国政府签字。

　　12月7日　白崇禧在汉口部署"清剿"计划,主张加强地方自卫武力,军事与政治、经济密切配合。

　　12月8日　《中美有关转让海军船舰及装备之协定》在南京签字。王世杰和司徒雷登分别代表中、美两国政府在协定上签字。协定规定美国将向中国转让船舰共约140艘,并帮助建立海军机构,培训海军人员。

　　△　英国驻华大使施谛文访外交部长王世杰,商讨中港关税条约与九龙城问题。

　　△　中国恢复九龙沿岸之沙鱼涌关卡,检查进出大鹏湾区一切货物。

　　△　北平物价随金钞暗市一致猛升,小袋粉门市价由 52 万升至 56 万。大米一斤由 8500 元升至 9800 元。天津物价亦疯涨。兵船粉涨至 43.5 万元,元阳光布每匹 131 万元。

　　△　稳定两周之穗市金融市场复告汹涌涨价。港币一日间上升 30%,突破 2.7 万元关。上米涨达 100 万元 100 市斤。

　　△　清华大学全体教授及助教为校方不予配给救济物资及争取合理待遇,是日起罢教。

　　12 月 9 日　蒋介石手令四联总处:全部贷款暂停贷放;各处汇往上海之汇款应严格限制并检查其确实之户名与款项来源;各国家行、局不得以收益关系擅自开放。

　　△　行政院制定公布《动员戡乱完成宪政国防军事实施办法》。

　　△　行政院会议修正通过《省县自治通则》。

　　△　国民政府任命沈士华为中华民国驻奥地利国特命全权公使。

　　△　行政院会议派李立侠为上海金融管理局局长,施奎龄为天津金融管理局局长,林崇庸为汉口金融管理局局长,高方为广州金融管理局局长。

　　△　全国邮务总工会第五届全国代表大会在沪开幕,出席各邮区代表 172 人。17 日闭幕,改会名为中华民国邮务工会全国联合会。

　　△　沈阳工务局长李荣伦因贪污被枪决。

　　12 月 10 日　中央银行发行二万、四万、十万元大钞三种。财政部发言人为此发表谈话指出,有借此抬高物价扰乱金融情事将依法严办。

　　△　行政院令上海市政府成立经济会报机构,由市政府约集警备部、金融管理局、花纱布管理委员会、燃管会、社会局、警察局等机关负责,由市长吴国桢主持。

　　△　傅作义自张家口到北平。华北"剿匪"总部即将自张家口移至丰台。

　　△　美驻华大使司徒雷登代表美总统杜鲁门举行茶会,将丰功勋章授予孙立人。

　　△　日本战犯、前日本上海宪兵队本部外情班准尉情报员浅野隆俊,是日中午于上海监狱刑场被枪决。

　　12 月 11 日　国民党中央监察委员会举行常委会,依据统一党团监察组织案规定,指定党团统一后各省、市党部监察委员会常委名单。

　　△　美国众议院表决通过对中、法、意、奥四国 5.9 亿元紧急援外法案,包括援华 6000 万元在内。

　　△　山东野战军收复海阳县城。

　　△　交通部邮政总局通告国内邮资加价三倍,明信片普通 1000 元、航空 2000 元;平信普通 2000 元、航空 3000 元;平快普通 4000 元、航空 5000 元;挂号普通 5000 元,航空 6000 元;双挂号普通 8000 元、航空 9000 元;快汇普通 7000 元,航空 8000 元;快递普通一万元、航空 1.1 万元。

　　△　交通部电信总局通告:电报、电话价均涨两倍,电报每字 3000 元。因加价未经立法程序,立法院大哗,王云五 14 日到立法院解释,立法院决议请停止加价,重新审查。

　　△　国民政府全国经济委员会秘书长楼桐荪在南京对合众社记者谈话中承认,通货膨胀已迅速地接近按钞票付成本都抵不上的时候。他说,就是发行一万元的国币也已经很不合算了,因每发行一张万元钞,就得花费 7000 元的成本。

　　△　据四川军管区报告,四川本年征兵额 5.9 万名,已征 4.7434 万名,另以青年从军方式,提征下年兵额二万名。

　　△　行政院制定公布《民营事业价购日本赔偿物资缴款办法》、《民营事业价购日本赔偿物资契约》、《配售民营事业日本赔偿物资评价办法》、《配售民营事业日本赔偿物资评价委员会组织规程》、《民营事业申请价配日本赔偿物资申请表》、《民营事业申请价配日本赔偿物资建厂计划书格式》。

△　上海米市场上午 10 时因经济警察在场逮捕米商 18 人,一度停市。至 10 时半恢复交易。

△　是日为香港政府强迫九龙城居民迁移之最后期限,九龙城全体居民高悬国旗,停止工作,准备应付非常状态。

△　津浦路浦济段抗战胜利以来首次恢复通车。

12 月 12 日　国务会议通过《训政结束程序法》,并决定第四届国民参政员任期延至国民大会开会之日为止。

△　国民政府公布中美救济协定。

△　"解总"留沪人员纪绛、成润、郭端正、袁光华、张兰菊等五人由沪飞津,撤返解放区。"解总"代表林仲则已先行离沪往香港。

△　全国经济委员会在京召开全国造纸工业增产会议,次日结束。出席资委会、经济部及各区纸厂代表、专家数十人。决定发展造纸工业治本治标办法。

△　安庆商人为抗议当局无限度增加营业税举行罢市。

△　陕西省洛惠渠竣工,是日在大荔举行放水典礼。

12 月 13 日　美参众两院联席会议决议将中国列为美国对外紧急援助法案中四受助国之一,并规定授权拨款数目为原定之 5.97 亿美元。

△　国防部九江指挥部迁至汉口办公。

△　山东野战军攻占胶东中心县城莱阳。

△　陈、粟部队在平汉路郑州至许昌段和陇海路郑州至商丘段,陈、谢部队在平汉路许昌至确山段展开破击战,策应刘、邓部队在大别山的反"清剿"作战。

△　英国政府分别照会中、苏两国,拒绝苏联所提中、美、英、苏四国外长来年一月在中国举行会议,草拟对日和约之建议,以及中、苏两国所提四国在对日和会中保留否决权之要求。

△　中华教育文化基金董事会第二十届年会,在南京中央研究院举行。选举蒋梦麟为董事长,翁文灏、司徒雷登为副董事长,胡适为名

誉秘书,并确定下年度补助机关有国立北平图书馆、中国营造学社、中国科学社、文华图书馆及及专科学校等。

12月14日 连日米市波动剧烈,是日,上海米价再晋高峰,锡粳89万元,靖江籼86万元。16日,锡粳升达94万元,籼米亦高至90.5万元。18日常锡特粳升至104万元,靖江籼95万元。同日,纱市亦昂腾,42支兰凤达5050万元高价。布市飞升,12磅龙头细布135万元。

12月15日 东北民主联军以九个纵队兵力发起冬季攻势,出击沈阳外围地区。半月歼灭国民党军2.3万人,攻克城市七座。

△ 美国魏德迈将军致函蒋介石,告以巴大维将出任驻华军事顾问团团长。

△ 民社、青年两党徐傅霖、蒋匀田、杨浚明、王世宪、余家菊、郑振文、林可玑、刘东岩等开会商讨监察委员候选人名额分配,取得协议如下:全国27省10市,两党各占12省五市,每一单位提一候选人。另山西、新疆、青海三省未定。

△ 国民政府制定公布《中英文教基金董事会组织规程》,凡八条。

△ 国民政府委员、国民党中央监察委员会常务委员、国民党中央党史史料编纂委员会主任委员、国史馆馆长张继病逝于南京。

12月16日 美国战时资产管理局宣布售予中国150架寇蒂斯C—46型运输机已谈判竣事,由每架30万美元改为每架5000美元,外加装修费4000美元。定于明年1月1日左右交货。

△ 上海市长吴国桢在市府举行记者招待会,宣布实行第二次配米,范围扩大至30个区,以抑平米价。

△ "行总"、"联总"、社会部代表签定《移交救济粮食协定》。行总将一万吨救济粮食移交社会部办理,以结束"行总"二年来经办之救济工作。

△ 中共西北中央局决定将陕甘宁边区银行与晋绥农民银行合并成立西北农民银行,并确定以西北农民银行发行农币作为西北解放区之本位币。

△ 国民政府决定在老河口设豫鄂川陕边区"剿匪"司令部,任康泽为司令。

△ 国营招商局举行成立七十五周年纪念大会。交通部长俞大维、航政司司长李景潞、上海市长吴国桢、全国轮联会理事长杜月笙等参加。总经理徐学禹作报告。

△ 香港政府再令九龙城居民迁出。外交部特派员郭德华为此发表声明,称将尽力满意解决九龙城问题。

12 月 17 日 晋冀鲁豫野战军第三次攻打运城。至 23 日扫清外围。

△ 国民政府免去首都卫戍司令张镇兼职。张镇专任宪兵司令;准免河北省政府委员兼主席孙连仲本兼各职。特派孙连仲为首都卫戍总司令;任命楚溪春为河北省政府委员兼主席。

△ "行总"宣布"行总"两年来经办之救济工作完全结束,留下必须办理之工作分别移交给行政院善后事业委员会、中外人士合组保管委员会、善后物资供应总库。

△ 上海金融管理局停闭钱兑业。

△ 美参议院拨款委员会开会,蒲立特应邀出席,主张确切援华。国务院发言人重申援华保证,并说长期具体计划业已拟就,但拒绝公布方案内容。

12 月 18 日 蒋介石电令傅作义抽调一个军增援东北,在华北暂取攻势防御。傅复电称:"已奉陈诚总长电,着由热河方面进击,明(19)日职赴承德部署,此一行动,可能东北、河北兼顾,并可完全主动。"

△ 蒋介石以四联总处理事会主席身份召集中央、中国、交通、农民四银行联合总处理事会全体理事会议,说明"戡乱"之政策,经济重于军事,决定继续停止国家行、局之贷款。会议通过《加强金融业务管制办法》修正案。

△ 最高法院检察署发表"通缉令","通缉"贺龙。

△ 行政院制定公布《陕西省陕北行署组织规程》。

△　上海同济大学学生成立劝募寒衣委员会,出动劝募小队募集寒衣,以救济处于饥寒交迫中之贫民。

△　加拿大政府在温哥华港口继续装运步枪子弹1500多万发和空军地面装备数百吨,送给国民党。该港加拿大总工会所属海员及汽锅工人拒绝装运军火,并组成纠察队巡逻海面,禁止军火上船。加拿大劳工阶级及若干大学、宗教团体皆抗议装运军火。

△　以杀人比赛闻名之日本战犯向井敏明、野田毅及南京攻城时屠杀我同胞几百人之日本战犯田中军吉在南京受审,被判处死刑。

△　沈阳陷于孤立,市内除军事机关外,用电全停,全市一片漆黑,5时后街头即断行人。物价逼人,以法币计算,大米每斤法币3.5万元,高粱每斤二万元,煤油每斤8000元,面粉每袋140万元。

12月19日　陈、谢兵团自13日起,配合陈、粟大军,对平汉路许昌至信阳段展开大规模破击战,昨日攻占驻马店,是日又攻克漯河两大军事重镇,并接连解放确山、西平(19日)、遂平(20日)、临颍(19日)、桐柏(15日)、泌阳、舞阳、叶县、襄城(12日)九座县城。控制许昌到信阳间铁路390里。

△　白崇禧自汉口到长沙视察。

△　楚溪春到沈阳协助防务,东北行辕副主任郑洞国到南京。

△　参政会请政府坚持保留对日和会之否决权。

△　美国会通过对中、法、意、奥四国5.4亿美元紧急援助法案,内对中国之援助1800万美元。

△　上海米市回落。常锡特粳98万,靖江籼91万元。纱布市场亦降,42支兰凤4700万元,12磅龙头细布127.5万元,收市135.5万元。

△　国民政府制定公布《利率管理条例》;修正公布《黄金外币买卖处罚条例》;废止《银行存放款利率管理条例》。

△　天津港口封冻,航运停顿,轮船多艘为冰所困。

12月20日　国民政府以冯玉祥在美作反政府言论与行动,撤销冯玉祥赴美考察水利专使名义,令其回国。按:11月5日美国《民族周刊》刊载冯文《我为什么和蒋介石决裂》。

△ 张群对美记者谈话,称中国外交独立自主政策及对日和约所持政策迄今并无更改。

△ 教育部发表公报,阻止国内学生团体参加世界学联活动。

△ 国民政府任命林一民为国立中正大学校长。

△ 北京大学教职员电行政院长张群,要求按生活指数调整待遇。

12 月 21 日 蒋介石在上海发表耶稣圣诞节广播,谓:"当我想到今年耶稣圣诞节的时候,我就想念到我们中国在这个令节的一天,就要开始实行民主新宪法了。"并谓新宪法的实施,"对我们三千年来专制政体和封建社会是一个划时代的进步。我愿我们全国同胞,凭着信仰和虔诚,共同一致努力前进,我相信一定很快的能够完成我们所预定的路程,就是建立我们三民主义新中国的完成"。

△ 东北行辕副主任郑洞国飞抵南京,谒蒋介石报告东北军事,请示机宜。24 日飞返沈阳。

△ 武汉宣布解严。鄂中、鄂北各线公路停驶。汉宜路已中断三日。

12 月 22 日 外交部向美国大使司徒雷登提交节略,提出以四年为期之 15 亿美元援华计划,并聘用美人协助执行。

△ 楚溪春到张垣会晤傅作义,当日又返沈阳。

△ 立法院例会,通过《商业会计法》、《大学法》、《专科学校法》、《国民政府政务官惩戒委员会组织条例》、《省银行条例》等要案。

△ 国民政府准免外交部驻东北特派员蒋经国本职。

12 月 23 日 蒋介石召见西北军政长官张治中、西安绥署主任胡宗南、宁夏省主席马鸿逵,商讨西北军事。

△ 华北"剿总"司令部宣布,陈继承、上官云相、宋肯堂、刘多荃、邓宝珊为华北"剿总"司令部副总司令(1948 年 1 月 6 日,行政院政务会议决定任命);北平行辕副主任孙连仲辞职照准,由冯钦哉继任;并自本月 25 日起,将北平行辕军事指挥权移归"剿匪"总司令部行使。

△ 行政院制定公布《加强金融业务管制办法》。

△ 国防部长白崇禧电令豫、鄂、皖、湘、赣五省对共区实施经济封锁。

△ 东北粮价猛涨,高粱米每斤 3800 元。

△ 上海米价涨风又趋炽烈。常锡特粳高迫 110 万元,靖江籼创百万元高价。

△ 中国、中央航空公司呈准交通部,是日起,国内各线票价照原价增加 20％;货运普通货物每超出一公斤,照客票价 1％收费;贵重物品照客票价 2.5％收费。

12 月 24 日 蒋介石召见马鸿逵夫妇暨胡宗南,宣布调整西北军事防务,决设立宁夏兵团指挥部,马鸿逵任指挥官,该部另行成立四个团,其防务扩大可能至延安区。

△ 国民政府特派叶公超为中华民国庆贺缅甸独立特使,叶公超一行 30 日飞缅甸。

△ 南京中央大学学生罢课,抗议学校当局干涉压迫学生自治会选举。

12 月 25 日 《中华民国宪法》今日开始施行。国民政府宣布,明年 3 月 29 日召开国民大会。

△ 中共中央在陕北米脂县杨家沟召开扩大会议。毛泽东向会议提交《目前形势和我们的任务》的书面报告。报告指出:"中国人民的革命战争已经达到了一个转折点,这是蒋介石二十年反革命统治和一百多年帝国主义在中国的统治由发展到消灭的转折点。"报告总结了解放军的作战经验,提出十大军事原则;总结了土改经验,阐明了土改方针。报告提出中共的政治纲领是:联合工、农、兵、学、商各被压迫阶级、各人民团体、各民主党派、各少数民族、各地华侨和其他爱国分子,组成民族统一防线,打倒蒋介石独裁政府,成立民主联合政府;经济纲领是:没收封建阶级的土地归农民所有,没收蒋介石、宋子文、孔祥熙、陈立夫为首的垄断资本归新民主主义的国家所有,保护民族工商业。会议认为,这

个报告是在打倒蒋介石、建立新中国时期内,中共在政治、军事、经济各方面带纲领性的文件。28 日会议闭幕。

△ 美海军陆战队伍长波拉德率士兵五名,在山东省即墨县王麟陶附近人民解放军阵地,与解放军发生冲突,全部被俘。

△ 国民政府明令延长国民参政会第四届参政员任期至 1948 年3 月 28 日为止。

△ 国民政府修正公布《行政院组织法》、《立法院组织法》、《司法院组织法》、《考试院组织法》、《监察院组织法》。

△ 国民政府修正公布《立法院各委员会组织法》。

△ 国民政府制定公布《戡乱时期危害国家紧急治罪条例》。

△ 国民政府制定公布《中央银行管理外汇条例》。

△ 行政院制定公布《政府机关接收运用敌产业处理办法》。

△ 国民政府主席东北行辕新闻处召集各报记者宣布,行辕奉最高当局令,明日起恢复新闻检查,并以《戒严法》12 条为约束,通令各记者遵守。

△ 中国五权宪法学会在南京召开成立大会。大会通过宣言,选举张知本、夏勤、楼桐荪、谢瀛洲等 33 人为理、监事,推聘蒋介石为名誉会长,吴稚晖、孙科、戴传贤、居正、于右任为名誉理事长,朱家骅等为名誉理事。

△ 上海纱市价格再昂,42 支兰凤 4950 万元,米市亦重起涨风,常锡特粳 109 万元,30 日为 112 万元。

12 月 26 日 各省、市参议会开始选举"行宪"后第一届监察院监察委员。

△ 莱阳战役结束,山东兵团歼灭国民党军 1.7 万人,收复胶东大部分失地。

△ "行总"署长霍宝树在上海记者招待会上报告"行总"两年来之工作,公布两年来"联总"运华物资共计 225 万吨,合 6.6 亿美元,受惠人民 7600 余万。

△ 在国内民主舆论指责以及运输工人罢工压力下,加拿大政府下令停止以机关枪子弹 650 吨、飞机照明弹 35 吨运华援助国民党。

△ 国民政府制定公布《银行业战前存款放款清偿条例》及附表。

△ 行政院公布《全国花纱布管理办法》。

△ 国民政府准免驻巴西国特命全权大使程天固本职,特任郭泰祺为中华民国驻巴西国持命全权大使。

△ 北平使馆界官有资产与官有义务及债务清理委员会自去年 7 月成立以来,工作大致已告一段落,定本月底宣告结束,未完成事务移交市府办理。今天下午 3 时该会何思源等委员代表中方与英、美、法、比、荷五外籍顾问签订协议书,使馆界正式移交中国。

△ 北平整日大雪,粮价大涨,统粉跃过 90 万元一袋,玉米面、小米面每斤均达七八千元。

12 月 27 日 晋冀鲁豫野战军对运城发起总攻,突破城垣,次日全歼守军,占领运城。

△ 中共中央电告华东局:你俘获的美军,正好为美军参加中国内战作证。被俘人员暂勿释放,必须由青岛美军司令部公开作出书面表示,方能考虑释放问题。

12 月 28 日 蒋介石自南京飞汉口,召集程潜、白崇禧等将领举行军事会议,研讨大别山战局。决定划分若干绥靖区,分区"清剿"。次日蒋回宁。

△ 蒋介石电令四川省政府,要求成立追粮委员会,追收欠粮,以应急需。四川省府前已通令各县、市,本年征实限年底集中上缴,准备调运。

△ 东北民主联军是日经五小时激战攻克沈阳西北战略要地彰武县城,歼国民党军第四十九军第七十九师共一万余人。自 15 日民主联军发动冬季攻势以来,两周中连克昌图、开原、北镇、玉田、海城、辽中、彰武七座县城,歼灭国民党军 2.3 万余名。

△ 冯玉祥在美发表《美国应立刻停止援蒋》的讲话。

△ 清华、北京、燕京、中法、北平师院、南开、北洋、河北工学院八所大学学生自治会发表联合声明,反对教育部剥夺学生自治权利的《修正中等以上学校学生自治会规则》,要求立即将其取消,并呼吁大学生共同起来争自治权利,粉碎一切奴化青年的意图,为保卫学府、保卫人权而斗争。

△ 金陵大学学生为抗议学校当局阻止成立学生自治会而罢课。

△ 中华全国铁路协会在平举行年会,改选理、监事。张嘉璈等当选理事,茅以升等当选监事。

12 月 29 日 国民党中常会例会通过《国民大会代表选举国民党党员让与友党实施办法》,规定国民党党员当选为代表时,得与民社党、青年党当选之候补人互换。同日,国大代表提名当选人联谊会代表 51 人不满"竞让"办法,向中常会请愿。

△ 行政院善后事业委员会保管委员会召开首次委员会,决定明年 1 月初在原上海"行总"驻地开始办公。

△ 内政部滇缅边界测勘队由方域司司长傅角今率领,一行 12 人由渝抵昆。

12 月 30 日 刘伯承率晋冀鲁豫野战军一纵与陈粟、陈谢部队在河南确山会师。

△ 成都市参议员官篯予因支持学运言论遭逮捕。成都各校学生示威抗议,并向省府请愿,迫使当局稍后释放了官篯予。

△ 南京中央大学学生 3000 余人游行示威,抗议剥夺学生自治权利及非法开除学生并要求训导长辞职。

△ 行政院会议决议,派徐永昌为陆军大学校长。

△ 热河省惟一新闻报《长城日报》因经费困难宣告停刊。至此,热河已无报纸。

△ 苏联照会中国,申明其由中、苏、英、美四国外长会议准备对日和约之主张,并表示远东委员会其他会员国可参加各委员会及小组委员会之工作。

12月31日　中国人民解放军1947年下半年共歼国民党军营以上兵力共一个兵团司令部、20个师部、32个整旅、七个旅部、112个整团、192个整营,75.892万人(其中正规军占48.349万人),内生俘45.948万名,起义1.702万人,毙、俘国民党军将级军官76名、专员一名、县长27名。缴获炮3266门。解放与收复县城95座。国民党军占解放区县城29座。现解放区共有县城488座。半年内新解放区面积约19万余平方公里,连原有解放区面积共239万余平方公里。新解放人口3700余万,连原有解放区人口,共有人口1.68余亿。

　　△　新华社发表东北民主联军总部通告,经中共中央批准,东北民主联军自1948年1月起改称东北人民解放军。

　　△　联合国善后救济总署中国分署及行政院善后救济总署结束。"行总"结束后,其未了任务,转属善后事业委员会保管委员会办理;"联总"未了任务亦归保管委员会办理。

　　是月　中国民主促进会领导人马叙伦、王绍鏊等在中共上海地下组织的安排下,先后秘密离开上海到达香港。

　　是年　国民政府教育部统计:本年出国留学生共1293人。计公费生130人,自费生1163人。所赴国别计:英国64人,美国1050人,法国81人,瑞士51人,瑞典11人,丹麦六人,荷兰七人,加拿大12人,意大利三人,比利时四人,澳洲二人,墨西哥一人。所学科目计:工科376人,数理155人,法律、政治134人,经济129人,文史111人,农科109人,医科102人,商科95人,教育56人,音乐美术18人,图书博物馆六人。4月至12月应聘应约出国讲学及研究之人员计382人:美国311人,英国39人,加拿大15人,法国10人,意大利四人,丹麦二人,印度一人。

1948 年(民国三十七年)

1 月

1 月 1 日　蒋介石发表题为《继续八年抗战精神,肃清匪患安定民生》的元旦广播词,声称将在"一年内消灭共军主力",全国各地的"散匪"也可望能在一二年内"肃清"。

△　财政部发布 1947 年全国税收消息:货物税 37275.7925569 亿元,直接税 14296.27756405 亿元,盐税 14112.23522904 亿元。

△　水利部决定六项中心工作:一、汉江治本准备工作;二、永定河官厅水库工程;三、黄河修防工程;四、淮河灌溉航运修防工程;五、黄泛区整理工程;六、农田水利工程。

△　社会部订立本年救济计划,决定各项赈灾物资款项统筹运用,救济全国难民。

△　中国国民党中央党史陈列馆改称开国文献馆。

△　外交部次长、中国庆贺缅甸独立特使叶公超抵达仰光。

△　参谋总长兼国民政府主席东北行辕主任陈诚在沈阳发表元旦《告东北军民书》,宣布危机已过,战备完成,即将由铁岭、沈阳、新民三路(以新六军、新三军为右路,新七十一军、新一军为中路,新五军为左路)出兵,向沈阳西北作扇形推进,与东北人民解放军决战。

△　国民党中央秘书长吴铁城发表《我们齐向民主迈进》之讲话。

△　范汉杰被免除第一兵团司令官兼职，由山东调往南京，专任陆军副总司令。

△　孙连仲被任命为首都卫戍总司令。

△　国民政府主席重庆行辕主任朱绍良发表题为《行宪与戡乱》之广播讲话称，戡乱是行宪的手段，行宪是戡乱的目的。

△　湖北国民党军罗卓英部攻占潜江。

△　河南国民党军攻占许昌。

△　东北民主联军改称东北人民解放军，原联军总部机关改为东北军区兼东北野战军领导机关，林彪任军区、野战军司令员兼政治委员，吕正操、周保中、萧劲光任副司令员，罗荣桓、高岗、陈云、李富春任副政治委员，谭政任政治部主任，刘亚楼任参谋长。军区下辖辽东军区、冀察热辽军区、内蒙军区及吉林、松江、合江、牡丹江、龙江、辽吉、嫩江等军区。野战军下辖第一、二、三、四、六、七、八、九、十共九个纵队另10个独立师，计42万余人。

△　内蒙古人民自卫军改称内蒙古人民解放军，并成立内蒙古军区，乌兰夫任司令员兼政治委员。

△　河北人民解放军聂荣臻部开始进攻保定。

△　中共松江省委作出《关于加强财经工作的决定》，指出：为节省开支支援前线，后方机关应厉行节约，开展整编，党、政、军均应按正规编制设机构、配人员。同时决定成立省委财经委员会，并要求各级党委加强对财经工作的领导。

△　中国国民党革命委员会在香港召开成立大会，参加大会的有三民主义同志联合会、中国国民党民主促进会、民主革命同盟及其他国民党爱国民主人士。大会通过了《中国国民党革命委员会组织总章》、《中国国民党革命委员会成立宣言》和《中国国民党革命委员会行动纲领》，推选宋庆龄为名誉主席，李济深为主席，何香凝、冯玉祥、谭平山、

蔡廷锴为中央常务委员。《成立宣言》宣布,中国国民党革命委员会"脱离蒋介石劫持下的反动中央,集中党内忠于总理、忠于革命之同志,为实现革命的三民主义而奋斗"。它的《行动纲领》规定,为推翻蒋介石独裁政权,实现中国的独立、民主与和平,坚持同中国共产党合作,赞同成立联合政府的主张,同意新民主主义纲领等基本原则。

　　△　沈阳市物价大涨,到 2 日,大米每斤由法币六万元涨到九万元,高粱米由每斤 3.8 万元涨到 4.5 万多元。

　　1 月 2 日　外交部接到苏联上年 12 月 30 日照复,申明苏联主张由苏、中、美、英四国准备对日和约。按:此照会乃是答复外交部上年 12 月 5 日之照会,在该照会中,国民政府主张应由远东委员会担任对日和约之主要工作。

　　△　自豫西渡河北上的国民党军进占晋南运城。

　　△　鄂中国民党军进占沔阳。

　　△　豫南国民党军攻占确山。

　　△　资源委员会副委员长孙越崎东北视察完毕,返回南京。

　　△　国民政府全国花纱布管理委员会正式成立。

　　△　东北人民解放军以第二、三、六、七纵队在辽西公主屯对左路之新五军展开围攻,激战至 7 日,全歼新五军军部及其第四十三、第一九五师共二万余人,生俘其中将军长陈林达。

　　△　东北人民解放军第十纵队将右路之新三军、新六军阻击于公主屯以东,第一纵队将敌中路之新一军、新七十一军阻击于辽河东岸。经过激战,共歼国民党军 4000 余人。

　　△　东北人民解放军第一、第八纵队攻克新立屯,第九纵队进占沟帮子,追击国民党军第六十军第一八四师一部,并占领盘山。

　　△　中原野战区司令员刘伯承、政治委员邓小平向晋冀鲁豫野战军及第二、三、六纵队及地方武装发出指示:应用主动分遣攻敌弱点、敌向内我向外、敌向外我亦向外、以小牵大、以大击小、打小的歼灭战、钻空子深入发动群众的斗争方针,粉碎敌人对大别山的重兵"围剿"。

1月3日　国民政府向美国购买 C—46 型运输机 150 架。据美国战时资产管理局有关人士称,南京政府当时只付代价 75 万美元,这批飞机的修理和交货费用将超过买价,每架需三万至八万美元,全部合计当在 450 万至 1200 万美元之间。

△　财政部部长俞鸿钧在国民参政会驻委例会上报告财政设施情况,1947 年度国家总预算,全部支出总数为原预算额 9.3 万余亿元的四倍半,收入总数约为 13 万亿元。强调当前财政困难,必须严格管制物价,增辟财源,使增加国库收入。

△　中国教育学年会在金陵大学举行。

△　加拿大"阿加诺甘号"轮载价值 120 万美元的军火,启运来华,接济国民党军。

1月4日　蒋介石在戡乱建国干部培训班开学典礼上讲演,要求学员"重新振作民国十三年北伐和二十六年抗战的精神,同心一德,共同奋斗,来完成我们剿匪救民的任务"。

△　国民政府决定派交通部长俞大维及前中央银行总裁贝祖贻赴美国商讨援华事。

△　保定国民党军进占漕河车站,国共两军在易县、满城附近展开激战。

△　美国军事顾问团团长鲁克斯由南京返国。

△　缅甸正式独立。外交部次长叶公超作为特使出席了缅甸独立典礼并递交国书。行政院长张群和外交部长王世杰在国际联欢社发表讲话,庆贺缅甸独立。

△　中国教育学第九届年会闭幕,大会建议政府切实增加教育经费,提高小教待遇,矫正学风。

△　苏联照会中、美、英三国,建议于本月召开四国外长特别会议,起草对日和约。

△　华北"剿匪"总部设于北平新市区,定于次日开始办公。

△　东北人民解放军第八、九、一纵队及热河独立师近日连克黑

山、大虎山、台安和北票等城镇。

△ 浙江大学学生自治会殡葬于子三,遭到浙江省当局和特务组织的阻挠,20 多名学生被殴成重伤。

1 月 5 日 国民党中央常务委员会核准中央党史史料编纂委员会副主任委员徐忍茹代行主任委员职权。

△ 上海市戡乱救国运动委员会成立。

△ 外交部发言人表示:中国坚持召开 11 国会议作为起草对日和约之初步程序,并由四强保留有否决权合理的运用。

△ 英国外交部发言人表示:英国政府拒绝接受苏联提出的由苏、中、英、美四国准备对日和约的建议,反对四国保有否决权,坚持由远东委员会各国起草对日和约。

△ "海康号"轮自上海启航,前往日本载运赔偿物资。

△ 去年 8 月 15 日之《中港金融协定》,是日开始部分实施。

△ 《管理中英庚子款董事会章程》废止。

△ 港英当局派大批军警武装进入九龙城,强拆民房 70 余间,并拘捕当地居民代表二人。

△ 陕甘宁边区政府正式成立,杨秀峰任政府主席,张友渔任副主席。

△ 中共冀热辽分局发出《关于执行中国土地法大纲的指示》。

△ 东北人民解放军开始进攻新民。

△ 中国民主同盟在香港召开第一届中央委员会第三次全体会议,出席会议的有沈钧儒、章伯钧、柳亚子、邓初民、周新民等 28 人,另有 12 人列席。会议通过了《三中全会紧急声明》、《三中全会政治报告》、《三中全会宣言》和《今后的组织工作计划草案》等重要文件和决议案,会议为民盟确定了新的政治路线和工作方针:推翻南京国民党政府,建立民主联合政府;赞成土地改革和没收官僚资本;反对美帝国主义对中国的侵略;放弃中间立场,支持武装斗争,与中共实行密切的合作。会议还决定恢复民盟组织和领导机构,暂由沈钧儒、章伯钧以中央

常务委员会的名义主持工作。会议至 19 日结束。

　　△　近日,天津、上海等地粮价猛涨。从 2 日起,天津粮价成倍暴涨,大米每斤由法币 8100 元涨到 1.95 万元;小米每斤由 5600 元涨到 1.2 万元。是日,上海米每担涨至 150 万元,为抗战前的 15 万倍。美钞黑市汇价涨到 16.5 万元,较官定市价 8.9 万元几乎高出一倍。

　　△　商务印书馆台湾分馆开业。

　　1 月 6 日　行政院政务会议决定任命霍宝树为输出管理委员会主任;任命陈继承、宋肯堂、上官云相、邓宝珊、刘多荃为"华北剿匪总司令部"副总司令;任命张含英为天津北洋大学校长。

　　△　外交部就昨日九龙城中国居民 2000 余人遭香港军警驱逐事向英国驻华大使施谛文提出抗议。外交部发言人表示:中国政府已经要求英大使电话香港政府,停止现正采用之强暴举动。

　　△　国民政府决定邀请新疆省副主席阿合买提江来南京商谈解决新疆问题,如果阿氏不能来南京,即由政府派员飞往迪化商谈;另一方面,则进行新疆省主席民选。同日,国民政府主席西北行辕主任张治中亦在兰州就如何解决新疆问题发表谈话。

　　△　驻美大使顾维钧与美助理国务卿索尔甫谈中国经济问题。

　　△　宋美龄任联合国儿童教育救济劝募运动中国委员会主席。

　　△　冀东国民党军进占玉田。

　　△　中国出版协会在上海新生活俱乐部成立。

　　△　华北工商界吁请国民政府恢复国家银行贷款及押汇。

　　△　晋冀鲁豫边区政府公布施行《中国土地法大纲补充办法》。

　　△　鄂豫皖解放军再克河南许昌县城。

　　△　湖北解放军攻占黄梅。

　　△　成都米荒严重,饥民集体抢米。

　　△　暹罗移民局通告,本年允准进入暹境的华侨限额仍是一万人。

　　1 月 7 日　国民党中央常务委员会决议通过《海外各级党团统一组织实施办法》。

△ 国民党中常会以冯玉祥"在美发表谬论,诋毁政府,并组织旅美中国和平民主联盟"为由,决议开除其国民党党籍。

△ 国民政府派于望德为庆贺委内瑞拉新总统就职典礼大使衔专使。

△ 国民政府公布《商业会计法》,凡 57 条;《荣誉军人受田条例》,凡 24 条;《加强金融业务管理办法》,凡 16 条。

△ 苏联驻华大使馆武官罗申奉命回国,特向西北行辕主任张治中辞行,并会谈中国局势。罗申说:"我认为中国内部首先要自己想办法,停止战争,这战争即使再打十年、十五年,也不会有结果的。"他表示,苏联政府希望结束目前的中国内战,并在蒋介石的领导下恢复和平,蒋介石是"能够实现这一目标的唯一领袖"。

△ 国民政府与美国政府签订合同,规定将美军在马里亚纳群岛的"剩余"弹药,以原价之 1‰售给中国。

△ 社会部部长谷正纲主持召开该部审议委员会第一次会议,通过《运用接收救济物资配合原有救济款物实施救济工作计划纲要》。

△ 美国总统杜鲁门致国会咨文,保证不久将援助中国,并将提出有关中国的特别计划。

△ 外交部次长、贺缅甸独立特使叶公超本日在仰光发表谈话称:中国将坚持在远东和会中保持否决权,但仅为其本身的利益之合法保障而已。

△ 冀鲁豫地方人民武装收复山东东平县城,歼山东保安第三旅旅部及该旅第十七团大部,俘其旅长张岭秀。

△ 人民解放军晋察冀野战部队阻击南下增援保定的暂编第三、十六、三十五、九十四等四个军,至 8 日止,歼敌 4000 多人。

△ 江汉军区解放军部队解放湖北随县县城,全歼保安第四总队,生俘 1400 余人。

△ 东北人民解放军解放辽阳。

△ 河北解放军向北平西南之门头沟及保定西北近郊进攻。

△　苏北解放军进击与南京隔江相对的六合。

△　山东解放军猛攻东平。

△　广州学生准备举行示威游行,抗议香港政府强拆九龙房屋,致使 2000 余居民无家可归。

1 月 8 日　行政院长张群主持召开全国经济委员会第二十九次会议,通过《经济改革方案实行办法》中有关金融和农业部分内容。

△　国民政府主席北平行辕主任李宗仁宣布参加"行宪国民大会"副总统竞选。

△　华北"剿匪"总司令傅作义发表谈话称,对剿除"共匪"有绝对信心,并认为"在理论上共产主义不能对抗三民主义"。

△　外交部次长叶公超由缅甸返国抵昆明。

△　外交部为九龙事件向英国驻华大使施谛文提出严重抗议,强调指出中国政府对九龙城拥有管辖权,对港英当局的违约行为予以谴责。

△　监察院监察委员开谈话会,认为香港政府强驱九龙城中国居民有违国际公法,决定致函外交部敦促立即查明真相,切实与港英当局交涉。

△　广东参议会举行驻委例会,就九龙城事件决定四项办法:一、吁请政府向香港政府严重交涉;二、采取善后办法,组织慰问调查团,10 日赴九龙城慰问受难同胞,并实地考察;三、请两广外交特派员到会报告交涉结果;四、发动广东各界一致声援。

△　美国海军少将泰伯启程来华,将在美海军顾问团中担任要职。

△　加拿大政府援助国民政府之重 2500 吨价值 120 万美元的军火及战具(其中包括四架"蚊式"轰炸机)由"崖边号"启运来华,15 日抵上海虹口码头。

△　东北行政委员会发给黑龙江省农业贷款九亿元。

△　华北解放军向天津进攻,占领小站,国共两军在塘沽附近发生激战,海河停航。

1 月 9 日　蒋介石主持召开国务会议,通过四项议案:一、定北平为陪都,1 月 14 日明令公布;二、公教人员待遇办法;三、建国特捐改为经济特捐;四、1948 年上半年总预算,收入总额定为 58 万亿元,支出总额定为 56 万亿元。

　　△　美国国务卿马歇尔宣称:他本人拟与即将赴美的中国代表俞大维和贝祖贻亲自会谈美国援华事宜。

　　△　菲律宾政府决定任命谢伯襄为首任驻华大使,并征得中国政府同意。

　　△　晋南国民党军攻占赵城。

　　△　中共中央军委致电刘伯承、邓小平、粟裕、陈士榘、唐亮、陈赓、谢富治、彭德怀、张宗逊等,指示中国人民解放军南线部队之作战分作三个阶段,以达到在两三个月内歼敌 10 个旅左右的目的,并协助刘、邓建立大别山根据地,陈、谢建立豫鄂西及陕南根据地,彭、张建立渭北根据地的目的。

　　△　自是日起,豫南桐柏军区解放军陈赓部发动豫西邓县战役,向国民党驻守邓县地区的地方武装共 11 个保安团发起围攻。

1 月 10 日　蒋介石率国防部次长刘斐、陆军副总司令范汉杰、总统府军务局长俞济时等由南京经北平飞抵沈阳,在沈阳励志社召集军事会议,追查新五军失败的责任,对东北全局战事进行新的部署,并研讨成立"东北剿匪总司令部"事宜。

　　△　经济部长陈启天对记者表示:经济部已拟定《非常时期取缔日用重要物品囤积居奇办法施行办法草案》。

　　△　美国国务卿马歇尔在华盛顿举行记者招待会称:关于援华问题,细则尚在拟定中,数额何时解决,尚未可知。

　　△　香港政府就九龙事件发表声明称:九龙城之整个拆迁问题,完全为有关殖民部内部行政情事。

　　△　外交部次长叶公超经香港到广州处理九龙事件。

　　△　四川省政府为稳定粮价,通令各县、市,切实实行粮价管制。

　△　晋南国民党军进占解县等地；北路进占霍县、赵城、洪洞。

　△　北平参议会致电蒋介石，建议国民政府建都北平。

　△　晋察冀边区政府公布《惩治贪污条例》。

　△　中共牡丹江省委发出《关于保护城市工商业问题的通知》，要求有关部门工作注意纠正"左"的错误倾向。

1月11日　蒋介石偕刘斐、范汉杰、俞济时等人由沈阳同机飞返南京；傅作义飞返北平。

　△　司法院举行司法节扩大纪念仪式，院长居正发表讲话称：修明法治之首要条件在于普及法律知识。

　△　陆军副总司令兼陆军训练司令、原新一军军长孙立人，奉蒋介石之召由台湾飞抵南京。

　△　广东省参议会组织之九龙城同胞慰问团一行八人，携慰问物品由广州出发前往九龙。

　△　海军陆战队在塘沽登陆，国民党军再次进占小站、葛沽、咸水沽。

　△　保定国民党军进占满城。

　△　连日来，热河国民党军与东北人民解放军在沈阳展开激战，沈阳西北 35 公里的兴隆店战况尤为激烈。是日，国民党军攻占兴隆。

　△　周恩来在西北高干扩大会议上作《关于全国战争形势》的报告。报告分析了南京国民党当局"分区防御"的计划和人民解放军进入解放战争第二年来的形势的发展，指出：目前人民解放军在全国各个战场都无一例外地进入了反攻阶段，掌握了战争的主动权。因此他强调："我们中央已经决定一直打下去，不要再走弯路，一直走到胜利。"要求西北解放军要坚决地打到外线去，"不但发展大西北，还要向西南发展"。

　△　为配合东北野战军的战略进攻，晋察冀解放军进击河北涞水，发起了庄疃战役。

　△　湖北解放军由钟祥北之老河口渡过襄河。

　△　晋南人民解放军撤出运城、解县两县城。

△ 中共松江省政府发布《一九四八年度经济建设计划(草案)》,计划农业上增加产粮达 111 万吨,工业上要发展城市贫民纺织,大力发展手工业,发展公营工厂,特别是铁矿厂和各种油的生产;创立玻璃和造纸工业;大力发展民用工商业;发展合作事业、交通运输业等,修复公路应以军需和经济上需要为重点;扩大汽车公司,组织运输,支援战争。

1 月 12 日 国民政府公布《大学法》,凡 33 条;《专科学校法》,凡 24 条,同时明令废止《大学校组织法》和《专科学校组织法》。

△ 香港军警再度进入九龙城,开枪击伤中国居民六人。

△ 外交部长王世杰为港英军警强制拆迁九龙、发生枪击中国居民事件邀英国驻华大使施谛文到部,要求英国政府训令香港总督停止暴力行为,接受国民政府 1 月 8 日所提之要求。英大使允立即电达本国政府。

△ 外交部长王世杰与英国大使施谛文以《中国与香港间之关务协定》业已成立,是日在南京正式换文。

△ 胡宗南部整一师整七十八旅进占运城。

△ 中共中央军委致电徐向前、滕代远、薄一波,指示:打阎锡山部的作战既已停止,对由灵宝北渡的胡宗南部,应让其留在晋南三角地区,这样有利于下一步西北我军进行的战役。

△ 中共中央书记处书记任弼时在西北野战军前委扩大会议上发表《土地改革中的几个问题》讲话,分析了土地改革中发生"左"倾错误的原因,提出纠正的原则和方法,并全面阐述了巩固地团结中农的问题和划分阶级的标准,以作为《中国土地法大纲》的补充。他指出,对知识分子即脑力劳动者要采取团结教育的政策,充分发挥他们的知识和技能;对工商业者不要采取冒险政策,就是地主、富农经营的工商业,也不应当没收;对开明绅士也要采取保护政策。他宣布:共产党坚决反对乱打乱杀与对犯罪者采取肉刑。

△ 中共黑龙江省委发出《关于动员新兵补充兵力的通知》,后来,全东北其他各省委也发出类似的通知,使新兵源源不断地补入军队,保

证了前方作战的需要。

△ 晋察冀野战军在平汉线北段涞水以东地区与前来图解涞水之围的傅作义部第三十五军激战。截止翌日,歼灭第三十五军之新三十二师官兵共 2000 余人,击毙第三十二师师长李铭鼎,第三十五军军长鲁英麟在高碑店自杀;同日,又在定兴西北及松林店两地歼灭前来增援的国民党军第一〇一师、暂编第十七师各一部近千人。

△ 天津近郊之解放军撤退,海河航运恢复。

1 月 13 日 蒋介石在南京主持召开陆军训练会议,决定在北平、沈阳、汉口、重庆、西安设立五个新兵训练中心,由汤恩伯负责,计划训练后备军 10 个师;并决定在南京、徐州、郑州、汉口、西安、沈阳、台湾等地设立八个轮训前线部队机构和一个军官学校,这些训练机构皆由美国人直接控制。会议于 15 日结束。

△ 国民政府明令定北平为陪都。

△ 行政院开政务会议,通过文武职人员待遇调整实施办法,规定文武职人员一律以薪俸 30 元为基数,照生活费指数计算,超过 30 元之数一律以十分之一照指数支付。

△ 河北、天津、北平参议会代表致电南京,敦促国民政府就九龙城事件向港英当局提出强硬交涉,以制止港英政府现行措施,释放被扣之两名中国同胞,并责其赔偿因此事件所造成的全部损失。

△ 济南总工会就九龙事件,电请国民政府向港英当局提出严重交涉,以期维护国家领土和主权的完整。

△ 广东外交特派员郭德华与香港总督会晤,就九龙事件向其提出严重抗议,驻英大使郑天锡也就此事向英国外交部提出抗议。

△ 国民参政会驻会委员召开临时会议,审查《三十七年度国家总预算草案》。

△ 苏北国民党军进占大中集等地。

△ 豫北国民党军地方武装进占滑县及道口。

△ 晋南国民党军进占安邑虞乡。

△　东北人民解放军攻克北镇、歼灭国民党军第九十三军一个团及第六十军第一八四师一部共 1440 人。

△　晋察冀野战军在河北永宁城东之大石岭一带全歼傅作义部暂编第三军暂十一师 1800 余人。

△　皖北解放军占领灵璧县城。

1 月 14 日　行宪国民大会筹备委员会在孙科公馆举行第二次会议,开始拟制选举总统之程序草案。

△　外交部部长王世杰就九龙区居民代表两人被香港政府判处劳役事,电令中国驻英大使郑天锡向英政府表示,要求英政府赶快命令香港当局将两人立刻释放。

△　贝祖贻率中国技术代表团由上海启程赴美访问,俞大维因故未能成行。

△　冯玉祥在纽约发表公开谈话,宣布抗拒国民党当局的命令,表示要"效忠于一切推翻蒋介石的势力"。

△　北平、河北参议会议长及部分工商界代表刘瑶章、时子周、李烛尘、姬奠川等飞赴上海,当夜转乘火车至南京,向国民政府请求放宽输入限额,解除南粮北运之限制,以华北外汇之一部换取外国麦面,以煤易粮,美国救济物资中之粮食全部运交华北,恢复生产贷款,开放申汇等。

△　"冀热辽边区剿匪指挥部"成立,范汉杰为司令官。

△　晋南国民党军攻占平陆,陕南国民党军攻占山阳。

△　伪新民会会长张燕卿被判处徒刑 10 年。

△　英国驻东南亚特派员基勒恩到南京会晤外交部长王世杰。

△　中共中央在《关于对中间派和中产阶级右翼分子政策的指示》中指出,对一切可以争取的中间派,不管他们言论行动中包含多少动摇性及错误成分,我们都应该采取争取与合作的态度,对他们的错误缺点,采取口头的善意的批评态度。对某些中产阶级右翼分子的公开的严重的反动倾向,要加以公开的批评与揭露。

△ 《哈尔滨日报》报道,一年多来,哈市参军 9318 人,捐款 30 亿元支援前线。

1 月 15 日 外交部长王世杰会晤英国驻华大使施谛文,商谈解决九龙城事件。国民政府监察院建议收回香港、九龙。19 日,双方再就九龙城事件晤谈。

△ 蒋介石电告傅作义:决在东北行辕之下,设立东北"剿匪"总司令,内定以卫立煌任斯职。

△ 国民政府主席西北行辕主任张治中在南京向中央社记者发表去年 9 月 1 日、10 月 16 日及 12 月 12 日致新疆伊宁方面阿合买提江、赖希木江之三函内容:澄清形势,敦促新疆伊宁地方特殊化措施,停止备战行为,恢复交通常态,提议伊宁方面省委即返迪化或来南京,对和平条款之实践作彻底之检讨,同时商谈进行省长民选的办法。

△ 中国派驻联合国军事参谋代表何应钦发表讲话,呼吁东方、西方国家从速解决政争,达成国际合作。

△ 全国交通安全促进会在南京成立。

△ 新华社报道:豫陕鄂新解放区民主政府废除苛捐杂税,物价普遍下降。南召、南阳地区解放前麦子每斗法币 21 万元,现每斗只合法币八万元;泌阳、舞阳地区棉花由法币 3.8 万元降到合法币 2.8 万元;其他物品的价格也分别下降了 20%至 30%。

△ 晋冀鲁豫边区政府公布《晋冀鲁豫边区破坏土地改革治罪暂行条例》。

△ 下午 2 时,南京国立政治大学、建国法商学院、国立边疆学校等 15 单位代表 40 多人,到外交部请愿,抗议英国在九龙城对中国居民的暴行。全国各地学生接着响应。

1 月 16 日 国防部长白崇禧在九江召集湘、鄂、赣、皖、豫五省主席举行绥靖(联防)会议,决定加强民众组训,加强对长江南岸的防卫和民船的管制。同时还通过了加征自卫特捐案,规定食盐每担征收 10 万元,其他粮、棉、烟、酒及各省矿产依相当比例征收税捐。会议于 18 日结束。

△ 中国技术代表团抵达美国华盛顿。

△ 美军海军少将萨克奉命在南京建立美海军顾问团总部,作为国民党海军最高监督机构。

△ 第一批 2600 吨日本赔偿物质(453 箱机器),由中国"海康号"轮装载自日本横须贺港启运来华。第二艘开往日本之"海浙号"轮亦于是日由虬江码头启锭,前往日本仙台港装运赔偿物质 3000 吨。中国首批私人贸易代表四人,亦搭是船赴日。

△ 港英警察向九龙城中国居民提出警告:如在一周之内不自动迁出"肇事区",即行驱逐出境。

△ 广州群众四万人举行游行示威,抗议港英当局制造的九龙事件,焚毁英国驻广州领事馆及太古、渣甸、渣打三洋行,遭到国民党当局的镇压,100 余人被捕。

△ 各地学生为抗议九龙城事件,纷纷请愿罢课。行政院电令各省、市"严惩违法暴行,保护英人生命财产"。

△ 上海开始执行禁舞,全市舞厅一律封闭。

△ 湖北国民党军进占礼山。

△ 陕南国民党军攻占山阳县。

△ 中共中央发出《关于边区政权机关性质给邯郸局的指示》,强调指出,边区政权机关不应只是代表农民的,它应是代表包括工人、农民、独立商业者、自由职业者和知识分子在内的一切劳动群众及中产阶级,而以工人劳动群众为主体。

△ 桐柏军区解放军陈赓部解放豫西邓县,前后共歼国民党军6000 多人。

1 月 17 日 国民政府特派卫立煌为东北行辕副主任兼东北"剿匪"总司令。按:东北"剿总"下辖总兵力 14 个军 49 个师,加上保安队共 60 万人。

△ 东北行辕主任陈诚对记者发表谈话,称东北新军事机构的设置,其意义在于"显示中央对剿匪的决心",并称卫立煌"与本人为患难

生死之交,今后东北军政更可配合",扬言"戡定匪乱亦仅时间问题"。

△　国民政府特派沈士远为三十七年第二次司法人员考试高等考试司法官考试再试典试委员长。

△　上海学生为抗议九龙城事件罢课,举行示威游行,包围英国驻上海领事馆。

△　陆军副总司令兼陆军训练司令孙立人离开南京返回台湾。

1 月 18 日　蒋介石主持召开海军会议,研究部署沿江防务问题。

△　第一批美国救济小麦 9300 吨、面粉 8482 吨运抵上海。市长吴国桢表示"极感感谢,而且要好好的去利用,来挽救危机"。

△　中共中央发出《关于目前党的政策中的几个重要问题》的决定,对土地改革和群众运动中出现的"左"的错误倾向,提出了必须注意的几个具体政策。主要有:必须避免对中农、中小工商业者以及学生、教授、科学工作者、艺术工作者和一般的知识分子采取任何冒险的政策;对于开明绅士,在不妨碍土改的条件下,应分别情况,予以照顾;必须将新、旧富农加以区别,对新富农应按富裕中农对待,对大、中、小地主,对地主中、富农中的恶霸和非恶霸也应有所区别。

△　晋察冀人民解放军第三次收复河北雄县城。

1 月 19 日　蒋介石以旧历年关防务重要,电催孙连仲速赴南京就任首都卫戍总司令职。

△　行政院颁令各部、会自 2 月至 6 月止,每月减员 5%。

△　外交部长王世杰再次就解决九龙城事件问题与英国驻华大使施谛文晤谈。

△　以贝祖贻为团长的赴美技术代表团五人在华盛顿与美国务院官员及经济专家会晤。

△　前美军驻华军事顾问团团长鲁克斯少将在南京宣称:不论南京政府改革与否,美国政府均给予支持;美军事顾问团应扩大权限,于实际作战策略下,训练中国士兵。

△　河南解放军攻占禹县。

1 月 20 日   行政院颁布《戡乱时期危害国家紧急治罪条例》,规定:犯刑法第一百条第一项、第二百零一条第一项之罪者处死刑或无期徒刑;通谋外国或其派遣之人而犯前项之罪者处死刑,预备或阴谋犯前项之罪者处十年以上有期徒刑;以文字、图画或演说为"匪徒"宣传者,处三年以上、七年以下有期徒刑。

△   资源委员会主任翁文灏到广州与宋子文商谈广东工业建设事宜。

△   粮食部长俞飞鹏答应北方请愿代表按月供给平、津米面。

△   陕南国民党军进占漫川关。同日,晋南国民党军进占猗氏、蒲县。

△   松江省政府为发展农业生产发放贷款 7.5 亿元。

△   国际友人、著名医生、哈尔滨红十字半月协会副董事长特罗瓦博士在哈市逝世。

△   自沈阳飞往北平之中航机"四十一号"失事,死伤 32 人。

1 月 21 日   内政部公布 1947 年人口统计,三十六年度下半年全国人口总数计 4.62798093 亿人。该局发言人称,现全国计有 47 省市与西藏地方,共有 4.9812 万乡镇,62.383 万保,共 8663.7312 万户。旅外侨民人口数 870.0804 万并未列入。

△   卫立煌由南京飞往北平,与北平行辕主任李宗仁、华北"剿匪"总司令傅作义会谈。次日飞往沈阳就任。

△   国民党军范汉杰部由山东开抵秦皇岛。

△   英国驻华大使施谛文为 16 日广州市民焚毁英领事馆事向外交部提出抗议;外交部亦照会英国驻华大使,要求英国政府赔偿九龙城居民的损失。

△   从是日起至 23 日,开始投票选举行宪第一届立法委员。

△   上海同济大学为学生自治会问题发生风潮,校方先后开除学生 11 人。

△   畏罪潜逃之前农民银行总经理、邮政储金汇业局局长徐继庄在香港被捕。

1月22日　国民政府主席武汉行辕主任程潜宣布参加竞选第一届行宪国民大会副总统。

△　装载日本赔偿物资之"海康号"轮抵上海张华浜码头。

△　新华社报道:驻印度尼西亚荷兰殖民军残杀无辜华侨900多人,拘捕数千人。

1月23日　行政院长张群为稳定当前财政金融,特拟定财政经济改革十项计划:一、节约一切开支;二、改善关税及地方税以富国库;三、增进公务及军队官兵之工作效率;四、加强对日用品供给之控制;五、努力建立一种使币制趋于稳定之基础;六、改善银行与信用制度;七、鼓励货物进口,排除出口之障碍;八、改善进口货之管制;九、发展农业生产并实施土地改革;十、恢复交通及重要工矿。

△　行政院长张群召集此前至南京的河北、北平、天津工商界请愿代表谈话。

△　国务会议通过《救国赈灾特别捐献办法》,中央公教人员每月配米由原来的八斗改为三斗。

△　武汉大学学生罢课,要求全部公费待遇,至28日复课。

△　由美国远东民主政策委员会发起的美国对华及远东政策全国会议在纽约召开,至25日,会议决议号召以行动抵制美国政府对南京国民政府的军事援助。中国民主同盟特致电贺:"特代表中国爱好民主和平的人民,向为中国、远东民主努力著有成绩之贵会致谢并申贺意。"美国码头工人及仓库工人工会,也决定实行援外作战物资禁运工作。这一行动致使美国政府决定支援东北国民党军10个整师的武器装备未能及时运到。

△　美国人雷诺及波士顿博物馆馆长华士本在南京宣布探测积石山计划。

△　英国工党议员斐尔农促请政府支持中共。

△　华东地方人民武装攻克江苏如皋县城,歼灭国民党军1300多人。

1 月 24 日 行政院长张群对路透社记者发表谈话,声称中国实行币制改革的时机尚未成熟,政府的外汇管制政策不会变更,现行的措施已能控制黑市活动,并预料美国可望给中国以财政援助。

△ 行政院公布施行《民营事业申请政府保证向国外借款审核办法》,凡九条。

△ 英国外交部照会中国驻英国大使郑天锡,声称港英当局对九龙城的措置是合理的,至于该城的管辖权问题,则应另行商谈。

△ 辽北国民党军进占东丰、西丰。

1 月 25 日 南京政府宣布,本年度征粮预算总额为 9000 万市担。

△ 国民党军整编第五十四师一部由山东青岛运抵葫芦岛,增援东北。

△ 资源委员会决定集中力量,发展南方工矿业。

△ 中共中央工委在关于对地主经营工商业的政策给邓子恢的指示中指出,中国共产党保护一切于国民经济有益的私有工商业,对于地主、富农工商业一般应给予保护,而不应是一般没收,并且要鼓励他们经营工商业。

△ 中国嫩江省委发出《关于平分土地运动中保护工商业的通知》,中共合江省委亦于次日发出《关于保护城市工商业的通知》,对保护工商业问题作了具体的规定,旨在纠正在土地改革运动中出现的"左"的做法。

△ 曾任驻日代表团团长的朱世明向《新民报》记者称:对日和会目前在程序上有若干争执确已形成和会僵局,但远东各国对和会的主张,其原则距离并不太远,如和会一旦召开,和约可望早日完成。

1 月 26 日 国民党中常会以党员登记尚未办理完毕,且因 3 月 29 日将举行国民大会,时间仓促,决定中国国民党第七次全国代表大会延期举行。

△ 蒋介石接见在南京的北平、天津、河北工商界请愿代表,表示将尽可能地安定北方,扶植北方。次日,该请愿团北返。

　△　缅甸首任驻华大使宇敏登抵南京。

　△　国民政府主席东北行辕副主任郑洞国抵长春。

　△　上海海关职工 2000 人罢工,要求提高薪津。

　△　东北人民解放军第一、第八纵队攻克辽西铁路交点新立屯,歼国民党军第四十九军第二十六师共 9000 余人。

　△　中共中央军委致电刘伯承、邓小平等,就中原三支大军三个月的作战方针问题发出指示:"你们在三个月内,以分遣坚持,多休息打小仗,待三万新兵到手充实部队后,再打中等规模之仗为有利。三个月后南北配合行动,可能进入打大歼灭战之阶段。""三个月内,陈粟、陈谢两军作战原则是调动敌人打中等规模之歼灭战,其机动范围是郑、洛、潼方向,南阳、襄樊方向,信阳、广水方向,淮阳、开封方向,总以能歼灭较多敌人,首先配合你们,其次配合彭、张及徐、滕、薄,又其次配合苏中、苏北为原则。"

1 月 27 日　陆军总司令顾祝同在徐州主持召开苏、鲁、皖、豫四省绥靖会议,决定加强民众组训,充实地方武力。会议于 30 日结束。

　△　新任首都卫戍司令孙连仲由北平抵南京。

　△　国民政府决定恢复各省保安司令部,保安司令由各省主席兼任,行政院为此制订《组织规程》。

　△　国务会议讨论通过设立东北运输总局,期统一调度东北九省及热河省区内交通运输业务,并得在东北省区内设立铁路管理局及水道、公路运输机构。

　△　外交部就九龙城事件再向英驻华使馆交涉。

　△　广东省主席宋子文与资源委员会主任翁文灏发表共同声明,吁请各方合作,为广东省工矿业建设树立基础。

　△　新任美军驻华顾问团团长巴大维抵南京。

　△　晋北国民党军进占浑源。

　△　豫东国民党军第三次进占太康。

　△　湖南大庸发生械斗,新任县长黄颖川被杀。

△ 本月下旬,中共中央军委决定将华东野战军第一、四、六纵队调回黄河以北之濮阳地区休整,编成一个兵团,由华北野战区副司令员粟裕指挥,准备挺进江南,开辟东南战场,继续发展战略进攻,以吸引国民党军队回防江南,从而达到减轻中原战场压力、分散敌人兵力、各个击破的目的。是日,中央军委致电粟裕指示渡江后的方略:"你率三个纵队渡江以后,势将迫使敌人改变部署,有可能吸引敌二十至三十个旅回防江南。你们先在湖南、江西两省周旋半年至一年之久,然后以跃进的方式分几个阶段达到闽、浙、赣,使敌人完全处于被动应付地位。"

△ 东北行政委员会批准实施由哈尔滨市政府发布的《战时工商保护和管理暂行条例》,以保证有计划地发展战时经济,支援前线,安定民生,保护工商业者的财权及其合法经营不受侵犯。《条例》还规定,对于有贡献的工商业者,政府给予资助。

1 月 28 日 行政院长张群发表声明,公布由其所拟的《财政经济改革十项计划》,称已获得美国政府同意,将于美国国会本届会议中提出对华切实援助办法。

△ 美国国务卿马歇尔接见中国驻美大使顾维钧、中国访美技术代表团团长贝祖贻,会见表明华盛顿对援华事宜仍持拖延态度。

△ 下午,新任驻华美军顾问团团长巴大维在美国驻华大使司徒雷登的陪同下会见蒋介石。

△ 经济部发布接收处理敌伪工、矿、电、商事业及去年煤产概况。

△ 晋南国民党军进占襄陵。

△ 缅甸驻华大使宇敏登会见外交部长王世杰。

△ 全国防痨协会在上海成立。

1 月 29 日 蒋介石在南京主持召开军事会报会,国防部代部长秦德纯,次长郑介民,代参谋总长林蔚,次长刘斐、方天、桂永清,南京卫戍司令孙连仲等 10 余人与会,听取华中、苏北及沿江防务问题。

△ 蒋介石电令陈诚:锦州城防工事及机场工事应派专人负责督构,限半个月,最迟一个月内完成。

　　△　东北人民解放军第九纵队攻占沟帮子,歼灭国民党军第一八四师一部,切断了北宁路沈锦线。

　　△　下午3时,全国经济委员会例会,陈立夫主持,通过办理国际合作贸易实施办法等议案。

　　△　上海同济大学学生决定全体赴南京举行反压迫请愿,全市27所大学的学生5000余人前往欢送和声援。国民党当局出动装甲车数十辆,上海市长吴国桢指挥军警3000多人前往镇压,捕去学生200多人,殴伤69人,其中重伤四人,失踪多人,是为上海"同济血案"。教育部次长杭立武声称要解散同济大学,蒋介石亦在南京亲下手令,声称要消灭各大专院校参加反压迫运动的势力。

　　△　上海申新纱厂第九厂工人6000余人为抗议厂方停发配给物品,开始罢工。

　　1月30日　国民政府颁令将《惩治贪污条例》施行期间,由1月1日起延长一年。

　　△　国民党中常会召开第一九三次会议,商讨国大代表选举及退让事。中常会与选举指导委员会经过多次争执后决定:原定青年党、民社党之名额为无党派人士占去者为有效;为国民党籍人士占去者,"本党一律递让";国民党代表名额落选者,自行退让,否则以党纪处分。

　　△　行政院美国救济物资处理委员会决议,南京市自3月1日起,每人每月配给食米一斗,价格较市价为低,每月调整一次。

　　△　蒋介石电令陈诚固守锦州。

　　△　蒋介石召见桂永清,策划长江防务。

　　△　第五绥靖区司令部在汉口成立,康泽任司令官,郭勋祺任副司令官。

　　△　南京政府与美国政府签订合同,美国将国内战时所有"剩余物资"出售给中国。

　　△　中共中央军委发出《军队内部的民主运动》的指示,指出:"部队内部政治工作方针,是放手发动士兵群众、指挥员和一切工作人员,

通过集中领导下的民主运动,达到政治上高度团结、生活上获得改善、军事上提高技术和战术的三大目的。目前在我军部队中热烈进行的三查、三整,就是用政治民主、经济民主的方法,达到前两项目的。"

△　中共中央军委致电华东局并告粟裕、陈士榘、刘伯承和邓小平等,决定:一、韦国清率二纵于 2 月下旬赴苏北与十一纵、十二纵会合,成立苏北兵团,以韦国清为苏北兵团司令员,陈丕显为政委,受陈毅、粟裕指挥;二、许世友、谭震林率七纵、九纵、十三纵为山东兵团,担负山东战场作战任务,受华东局节制。

△　东北野战军九纵第二十五师收复盘山。

△　上海各银行库局开始执行《上海国家行局代政府收购成品临时办法》,接受厂商申请,办理收购业务。

△　港英政府公布《银行条例》,规定凡经营银行业务的注册有限公司,须经财政司登记,申请执照。

1 月 31 日　国防部长白崇禧发表广播演说称:"我们必须以剿匪军事为第一,动员一切人力、财力、物力,实施战时体制,发挥总动员的力量来剿除匪患。"

△　陈诚派东北行辕副主任罗卓英飞往北平,与李宗仁、傅作义、范汉杰等会商华北与东北的协防问题。

△　魏德迈向南京政府献策开发华南。

△　江海关舞弊案宣判,帮办尹兰荪等三人被判处死刑。

△　西藏商务代表团到达南京。

△　上海 29 家舞厅资方、职工、舞女、从业员等共三四千人在新仙召开大会,反对当局强迫抽签停业,要求政府收回成命,遭到上海警备司令部镇压,797 名请愿群众遭到逮捕。

△　中国人民解放军东北野战军总部决定以主力转向敌人防御薄弱的辽南地区作战,以第四、第六纵队及辽南独立师和炮兵主力攻取辽阳,并以第一、二、七纵队进至沈阳以南待机。是日,第四、第六纵队包围辽阳。

是月　面对人民解放军的战略进攻,国民党军被迫采取"分区防御"的方针,强化南线 20 个绥靖区。在绥靖区内,加强对民众的组训,扩大地方武装,纠集一切人力、物力,进行"总体战"。在兵力部署上,也加强了对战略要点和交通线的防守,企图继续坚守华北、东北,集中力量加强中原防御,在中原战场上集中了三个整编军、34 个整编师、79 个旅共 54.6 万人,以胡琏、邱清泉、张轸三个兵团执行监视人民解放军和机动救援任务。并企图摧毁大别山革命根据地,以确保南京、武汉安全,防止人民解放军南渡长江、西出汉水。

　△　中旬,中共中央军委决定从山东抽调华东野战军第二纵队进入华中,会同第十一、第十二纵队,组成苏北兵团,开展华中战局,为渡江南进创造条件。第二纵队即由胶东南下。

　△　周恩来在为中共中央起草的《关于当前民主党派工作的意见》中指出,自民盟在蒋管区被迫并由一部分领导人接受国民党的命令自行宣布解散后,全国性的第三大党运动已经失败,第三条道路的想法也已经破产。党的统战工作尤其应当记住争取多数、反对少数、利用矛盾、各个击破的统战方针,在发展进步、争取中间、孤立右翼的统战政策上,在鼓吹好的、批评错的、揭露坏的宣传工作上,都应坚持马克思主义的认识方法和分析方法。

　△　察东、平北解放军在平郊四海县包围前来扫荡的国民党军第三军第十一师,毙伤 1500 余人,俘 300 多人。

　△　中共中央东北局正式作出《关于知识分子的决定》,全面阐述了中国共产党的知识分子政策。

　△　中共中央致电在巴黎参加世界工联大会的中国解放区职工联合总会筹备会主任刘宁一,请其转告中国劳动协会理事长朱学范,欢迎他到解放区。朱学范在从伦敦前往解放区时,向世界各国工人发表对时局的声明,表示接受中国共产党的政治主张,拥护民主革命运动,拥护实行土地改革,拥护一切为民主而奋斗的政治力量,造成人民民主统一战线,反对美国政府对中国内政的干涉。

2　月

2 月 1 日　东北"剿匪"总司令部成立,卫立煌为总司令,郑洞国、范汉杰为副总司令。同时就"行辕"与"剿总"的职权范围进行了划分:"剿总"专司军事,是一执行机关;"行辕"着重政治,为一监督机关。国民党军政人士称,如此明确地划分职权,将有助于当前东北局势的解决,同时还表示对未来抱有"严肃而乐观之信念"。

△　国民政府特派罗家伦为中华民国庆贺锡兰独立特使。

△　罗卓英、范汉杰及国民政府主席北平行辕副主任吴奇伟自北平飞抵沈阳。

△　"粤赣湘边剿匪总指挥部"成立,叶肇任指挥官。

△　运载第二批日本赔偿物资的"海浙号"轮抵上海张华浜码头。

△　新任首都卫戍总司令孙连仲宣布就职。在就职仪式上,孙氏略称:首都卫戍工作极为重要,希望与诸位同仁勉力同心,达成任务;关于人事方面,则不拟轻易变更,国家事,国人办,不可划分界限,请各界多加协助。

△　河南国民党军与解放军中原部队刘伯承部在正阳、新蔡发生战斗。

△　中共中央军委就粟裕部渡江问题致电粟裕、刘伯承、邓小平等:"渡江路线,争取走湖口、当涂之间,或南京、江阴之间。渡江方法采取正面分路或分梯队偷渡,望加紧布置水上及两岸工作。"

△　东北野战军第四、第六纵队扫清辽阳外围国民党军据点。

△　中共晋冀鲁豫中央局发出《关于土地改革整党与民主运动的指示》。

2 月 2 日　蒋介石主持召开军事会报会,副参谋总长林蔚、联勤总司令郭忏、国防部次长秦德纯等 10 多人出席。

△　范汉杰自沈阳飞返北平。

△　军警 3500 多人镇压上海申新纱厂第九厂罢工工人,打死女工

三名,打伤43名,逮捕190多人。另有400多名工人被开除。

　　△　上海市社会局强令全市各舞厅停止营业。

　　△　上海连续发生市民骚动事件后,市长吴国桢、警备司令宣铁吾联合宣布处理群众激烈行动紧急措施:今后再发生暴动事件,将格杀勿论,必要时将宣布戒严,望市民不要为"阴谋分子"利用。

　　△　上海被捕之26名同济学生,转送警备司令部交由军法处审讯。

　　△　英国驻华大使馆参赞雷博济到外交部就上月九龙城事件进行商谈。外交部发言人表示:现在中英双方正在就此继续磋商,惟九龙城管辖权一点,尚未获得协议,致使问题解决之细则无从进行讨论,至希英方本着友好精神让步,裨助于该事件的早日解决。

　　△　于二战期间停止之由美国寄往中国的挂号包裹邮寄,是日正式恢复,并规定包裹最大不得超过50磅,每磅寄费美元二角二分。

　　2月3日　毛泽东致刘少奇《在不同地区实施土地法的不同策略》电,就土地法的实施问题,指出在老解放区(日本投降以前的解放区)、半解放区(日本投降至战略进攻前解放的地区)和新解放区(战略进攻后开辟的地区)应采取不同的策略,以保证《土地法》的贯彻落实。

　　△　卫生部透露,全国现流行黑热病区共有18省九市,患者约在200万人左右。

　　△　西北各省旅南京人士主办的中国边疆文化学社等四个文化团体,开会决定由全体会社员共2800多人签名促请于右任参加本届行宪国大副总统选举,并设置了竞选办事处。

　　△　中国农工民主党、中国民主促进会、三民主义同志联合会、致公党等七个民主党派联合发表声明,反对美国政府援华法案。声明指出:"目前南京独裁政府违法摧残民主政党,逮捕学生,执行内战政策,早已不能代表民意,已为全中国人民所反对之政府,美国政府如再继续积极援助南京政府,实具有助长中国内战、干涉中国内政之意味。我们坚决反对此种加深中国人民痛苦之对华借款,同时绝不承认南京独裁

政府所签订之任何损害中国主权之卖国条约。"

△ 燕京大学学生成立"穷人过年运动委员会",发动校内募捐,调查了解当地贫民生活情况,开展帮助穷人过年运动。清华大学学生也参加了这项活动。至 5 日将募得的面粉 50 多袋、现钞四万余元、衣服 400 余套、赤豆 20 余麻包、布 10 余匹分发给贫苦市民。

△ 北京大学、清华大学、燕京大学等五校学生组成"华北学生争取民主反迫害声援同济血案后援会",呼吁全国学生"共同起来争取自治的权利"。截至 7 日,有六名学生遭到逮捕。

△ 全国难民约达 4800 万。

2 月 4 日 国民党中常会通过《中国国民党党员当选国大代表或立法委员自愿退让与友党奖励办法》,规定退让者将受到蒋介石或国民党中央党部的书面奖励,同时还规定可以给予退让者一些"经济上的奖励"。另外,本次会议还通过了《各级党部本年度经费预算补充办法》等案。

△ 蒋介石召见联勤总司令郭忏,询问有关徐州四省绥靖会议之情况及后方工作状况。

△ 《中央日报》报道:中国银行将在日本之东京设立分行,财政部业已核准,并经中国政府与驻日盟军总部商洽获得同意。该分行的任务是:一、办理中国驻日官员之款项收付事宜;二、办理驻日侨民及核准在日成立之私人商号款项保管事宜;三、按照盟军总部规定,办理关于进出口贸易事宜。

△ 海关总税务司丁贵堂飞抵香港,即转赴澳门视察当地走私情形。

△ 国防部新闻局发表自元月 29 日至是日之《一周来全盘战局》,虚称:"这一星期以来,各战场的国军,均随战况而活跃起来。"

△ 外交部情报司司长时昭瀛在行政院新闻局记者招待会上回答记者时称:中国政府已训令驻英国大使郑天锡,就上周英国政府为九龙城事件致中国外交部之照会内容提出答复,以表示中方希望英政府认

识此问题急需从早合理解决。

△ 外交部特派员昆明公署就去年 12 月 27 日驻越南法国武装侵入中国滇边江城县事,向驻滇法领事提出严重抗议。

△ 社会部制订《人民团体派员出国申请办法》,从即日公布施行。

△ 社会部福利救济事业审议委员会召开第二次常务委员会会议,审议通过《美国救济经费使用原则》、《申请分配美国援华经费之处理程序》等案。

△ 范汉杰自北平赴滦东,视察北宁线情势。

△ 豫北国民党军攻占浚县。

△ 苏联新筑五条通往东北、外蒙边境铁路。

△ 浙赣铁路杭州、南昌间通车。

△ 刘伯承、邓小平致电中共中央军委,建议组织两个有力支队,继粟裕后南下牵制国民党军一部分兵力。

2 月 5 日 行政院长张群向立法院报告,三十七年度国家总支出为 96.2766 万亿元,总收入为 58.3408 万亿元,赤字达 30 余万亿元。

△ 立法院通过两项议案:一、公务员待遇指数每月调整一次;二、同意邮电加价案。

△ 新任河北省政府主席楚溪春自沈阳抵达北平就职,其原任之沈阳区防卫司令官一职由原副司令官王铁汉继任。

△ 行政院救济特别捐献督导委员会成立,王云五任主任委员,下设秘书处及总务、调查、稽核三组和设计委员会。在成立大会上还通过了《救济特捐推行纲领》和《工作进度日程》。

△ 南京政府明令定北平为陪都后,是日决定拨款修缮保护文物。

△ 经济改革方案之水利部分实施办法是日通过。

△ 驻英国大使郑天锡就九龙城事件照会英国外相贝文,外交部亦以同样内容照会英国驻华大使施谛文,表示中国政府愿以合理方式,使问题早日得到解决,深信英国政府也有同样需要。同时重申九龙城之管辖权属于中国,九龙城事件之责任应由港英当局承担。

△　市上米价每担涨至 166 万元,次日又涨至 180 万元。电灯、自来水、电话和煤气等费亦均上涨 20％至 30％。

△　参谋总长兼东北行辕主任陈诚离开沈阳飞抵南京,当晚谒见蒋介石汇报东北的情况。

△　美驻华大使司徒雷登在就近日上海市连续发生三次市民骚动事件给国务卿马歇尔的报告中说:"这种趋势本质上是表示政府由于行政的失当,已失去人民的拥护,这种行政上的失当现在已发展到危及政府稳定的时候。"

△　豫南国民党军进占邓县。

△　美国大学生 150 余人在哥伦比亚大学阻止中国驻美大使顾维钧在该校礼堂发表演说,要求美国政府立即停止对南京政府的援助。

△　上海市与国民大会选举有关人士潘公展、方治、徐寄顾等在新生活俱乐部举行联谊会,决定致电国民党中常会、选总所,请早日公布国大代表名单,"以昭大信"。

2 月 6 日　国务会议通过决议,决定本年度 2、3 两月减发各机关生活补助费 10％,法官、教员等不在此限。

△　财政部拟就《三十七年度地方财政紧急措施草案》,呈行政院核示。该案主要内容为:一、中央绝不补贴各省、市三十七年度公教人员之生活补助费;二、县级原有营业税,全部划归省级,县级所受之损失,以土酒、土烟税分成补足;省级辖市营业税收,由省、市各得一半;三、院辖市营业税、土地税,全部划归院辖市,各地应以三十六年中央核定员额为准,普减三成。

△　国防部长白崇禧由汉口抵南京。当晚蒋介石召见白氏听取了有关华中军事发展的情况。

△　外交部发表驻英国大使郑天锡在本月 5 日答复英国外相贝文的照会,称:九龙城管辖权属于中国,拆屋责任在香港政府。复文内容在本日下午由中国大使馆及南京外交部同时发表。

△　新任美军驻华海军顾问团团长塞柏尔少将,乘舰抵达青岛。

△　比利时政府对南京政府的第二批援助军火 60 吨启运来华。

△　中共中央军委复电刘伯承、邓小平,同意他们于 4 日所提之建议,决定组织两支部队,一支出川、湘、鄂,一支出湘、鄂、赣,2、3 两月作充分准备,3 月底或 4 月初行动,并以陈再道率两个旅加强江汉军区,包括经营鄂西及汉水中游在内。

△　毛泽东和周恩来就陕甘宁晋绥联防军的名称问题给贺龙、习仲勋等人复示:"联防军的全名应该是中国人民解放军陕甘宁晋绥联防军区,简称'联防军区',下辖晋绥军区及陕甘宁各直辖军(分)区。"联防军司令为贺龙,政治委员为习仲勋,副司令员王维舟,参谋长张经武。

△　东北人民解放军四纵、六纵向辽阳守军发起总攻,经过八个小时的激烈战斗,攻克辽阳,歼灭国民党军新五军暂五十四师、新五军和第五十二军留守部队共 1.07 万余人,生俘暂五十四师副师长曹济民、参谋长杨福涛。

2 月 7 日　立法院法制、财政、经济、外交、军事五个委员会举行联席会议,重新审查《三十七年上半年度总预算案》。

△　蒋介石宴请政府各院、部长官,声称本年之军事、政治均将比去年有所起色。

△　中国及中央两航空公司各线票价上涨 30％至 40％。

△　清华大学、北京大学、北平师范学院、燕京大学、朝阳学院、华北文法学院、天津南开大学、北洋大学学生 6000 多人在北京大学民主广场举行反迫害争民主大会,大会致函上海同济大学校长丁文渊,抗议镇压同济同学的行为,与会学生作联防宣誓,一致要求当局释放被捕的同济、北平学生,并对教育部所制订的《学生自治会章程》提出抗议。会后,学生们在校内举行了示威游行。

△　中央研究院总干事萨本栋与美国人雷诺、波士顿科学博物院中国探测团华士本在南京签订《中美积石山探测合约》。

△　驻菲律宾大使陈实平就菲律宾当局取缔华侨摊贩事向菲政府外交部提出抗议。

　　△　西班牙政府下令：撤销对中国、暹罗等 26 个国家之人民在西班牙资产的冻结。该项命令称：目前由于政局之发展，足以保证此等国家人民之基本权利可受其本国政府之尊重，故此等人民可以自由处理其在西班牙之财产。

　　△　首任缅甸驻华大使宇敏登向国民政府主席蒋介石递交国书。

　　△　蒋介石召见西藏商务代表团。

　　△　中共中央军委致电刘伯承、邓小平，指示将中原野战军指挥所从大别山移至淮河、陇海、沙河、伏牛山之间，指挥刘、邓三个纵队，陈士榘、唐亮四个纵队，陈赓、谢富治一个半纵队，共八个半纵队兵力，在淮河、汉水、陇海、津浦之间集中，"机动打中等的及大的歼灭战"。并期将国民党军主力吸引至淮河、汉水以北，利于粟裕部机动，利于大别山、江汉等地的放手发展。

　　△　毛泽东致电东北野战军总部，就东北野战军作战部署作出指示："你们现在打辽（阳）、鞍（山）、本（溪）、营（口）地区之敌很有必要。这个战役完成后，你们就可解放辽南，两个纵队增至主攻方面去。下一次作战有两个方向：一是打抚顺、铁岭、法库之敌，一是打阜新、义县、锦西、兴城、绥中、山海关、昌黎、滦州等地之敌。究竟打何地之敌为好依情况决定。但你们应准备对付敌军由东北向华北撤退之形势……对我军战略利益来说是以封闭蒋军在东北加以各个歼灭为有利。"

　　△　人民解放军再克晋南运城、解县县城。

　　△　中共哈尔滨市委作出《关于在城市消灭封建势力的决定》，指出对城市资本主义工商业要加以保护，地主兼工商业者，其土地分配给农民，工商业不动。

　　2 月 8 日　蒋介石自南京飞往庐山牯岭。临行前，国防部长白崇禧前往晋见，请示"全盘剿匪"机宜。

　　△　英国驻华大使馆发言人对记者称，英国首相之私人代表将于下周来华访问。

　　△　冯玉祥在《纽约下午报》上发表致蒋介石的公开信，抨击蒋介

石独裁腐败,镇压人民,撕毁政协决议,依靠美援大打内战的罪恶。他在信中说:"现在我已感到支持你的罪过,要向人民负起责任,协助他们把你赶走。"并告以自己已被选举为中国国民党革命委员会中央委员,"誓矢奋斗,以推翻你的反动政权,务求在中国建立真正民主和平"。

△ 国民政府委员包尔汉编成《维汉俄词典》。

△ 东北野战军攻占沈阳南之苏家屯。

△ 人民解放军豫东部队陈毅部攻占兰封。

2月9日 国民政府特派傅作义为国民政府主席北平行辕副主任。

△ 国民政府特派顾维钧为中华民国出席国际小麦会议特别会议之全权首席代表。

△ 国民党中常会开会,表示对东北局势关切,并决定加强东北党务工作,以求配合政治、军事方面之"建设性设施"。

△ 首都卫戍总司令孙连仲举行记者招待会,称南京防卫周密,治安无虞,并谓今后要加强民众组训,发展生产。

△ 监察院长于右任对记者称:"关于是否将竞选行宪后副总统问题,正在考虑中,两周内即可完全决定。"

△ 东北野战军攻占沈阳南之森林子、莫子山,国民党军第四十九军第七十九师师长文礼不战而退。

△ 人民解放军陈毅部攻占考城。

△ 豫西解放军陈赓部渡过黄河返回晋南。

2月10日 国民政府令:行宪国民大会代表定于3月18日开始报到。

△ 地政部制订《改善土地利用办法》,期图发展农业生产。

△ 远东国际军事法庭审判东条英机及其他重大战犯之检查工作是日结束。

△ 解放军陈毅部经河南民权县返至鲁西,攻占曹县。

2月11日 国民党中央政治会议例会决定,总统、副总统候选人之确定办法将由国大代表100人以上连署提名推荐。

　　△　行政院长张群发表谈话称,政府正与美国政府商洽改革币制事宜,并否认中美之间有合作开发台湾的谈判。

　　△　美国国务卿马歇尔宣布:国务院已正式建议以 5.7 亿美元援助南京政府。

　　△　国民政府主席西北行辕主任张治中自南京飞往徐州,晤见陆军总司令顾祝同。13 日,张治中飞抵兰州。

　　△　上海申新纱厂 7000 工人静坐罢工,要求借支工资。

　　△　攻占苏家屯之解放军部队南进,国民党军进占沙河堡。

　　△　南京各大学学生发动助学运动。

　　△　中共中央发出《纠正土地改革宣传中"左"倾错误》的党内指示。

　　2 月 12 日　国民政府任命东北"剿匪"总司令卫立煌兼代国民政府主席东北行辕政务委员会主任。

　　△　全国经济委员会通过第五、第六两季输入物资限额为每季 3736 万美元。

　　△　中央社公布本年度国统区所得税起征额及税率:公司营利所得税,以每年所得额满资本额 10％者起征;合伙、独资及其他组织营利事业,以每年所得额满 5000 万元者起征;业务或技术报酬所得税,以每年所得额满 2400 万元者起征,税率 3％;定额薪资所得税,以每月所得额超过 200 万元者起征,税率 1％。此外还有他项税征。

　　△　行政院颁布实施平价米配发办法:自 2 月份起,各地公教人员,一律平价配给中等米三市斗。

　　△　美军事顾问团团长巴大维前往台湾考察,14 日返南京。

　　△　解放军陈毅部由曹县撤退,鲁西国民党军重占该县城。

　　△　东北野战军由法库南进,进抵沈阳以北。

　　△　东北野战军第四、第六两纵队包围鞍山。

　　2 月 13 日　行政院长张群对东北旅南京人士表示:"中央对于东北情形,不仅极为重视,且极有信心。"

　　△　莫德惠向蒋介石建议,起用东北宿将,组织扩大地方武装

力量。

　　△　美国政府宣布去年 12 月 23 日国会通过之 1830 万美元对华救济款之使用办法。

　　△　沈阳国民党军越过辽河,防御南下之解放军东北野战部队。

　　△　中央银行总裁张嘉璈与资源委员会主任秘书吴兆洪在台湾召集国营及省营事业负责人会议,听取报告,以图解决台湾经济问题。

　　△　远东国际军事法庭宣读关于日本侵略中国方面之总公诉书,确认日本之战争罪责。

　　△　新华社报道:晋察冀边区政府为帮助农民发展生产,决定发放九万大担粮食、500 亿元边币(每元合法币八元左右)的农贷。

　　2 月 14 日　行政院开会讨论加强地方武力事。

　　△　美国宣布对华 1800 万美元之拨款,并称该款将大部用于米麦。

　　△　国民政府副主席孙科前往台湾。

　　△　对日贸易指导委员会通过《三十七年度对日贸易输出入计划表》。

　　△　上海《大公报》报道,美国垄断商雷诺金属公司投资台湾铅业之合办草约在南京签订。

　　2 月 15 日　李宗仁邀请万福麟、马占山、王树常等人商谈东北目前局势。

　　△　豫东国民党军进占考县。

　　△　中华全国戏剧电影协会在南京成立,张道藩、梅兰芳、洪深、田汉等 31 人为理事。

　　△　中共中央发出《新解放区土地改革要点》的党内指示,指出:"新区土地改革要分为两个阶段。第一阶段,打击地主,中立富农,又要分几个步骤:首先打击大地主,然后打击其他地主。对于恶霸和非恶霸,对于大、中、小地主在待遇上要有区别。第二阶段,平分土地,包括富农出租和多余的土地在内。但在待遇上,对待富农应同对待地主有

所区别。"同时要求各地严格注意保护工商业,严禁乱杀,"杀人愈少愈好"。

△ 东北野战军部队逼近新民。

△ 湖北解放军张健部进占应山。

△ 中共合江省委发出《关于妇女工作的指示》,要求各地注意发挥妇女的作用,领导她们参加民主运动和走上农业生产战线。

2 月 16 日 北平行营主任李宗仁、参谋总长陈诚分邀张作相等,交换关于东北问题的意见。

△ 外交部宣布:中国与澳大利亚政府,业经同意将双方之外交使节,由公使馆升格为大使馆。18 日,澳大利亚首任驻华公使史丹佛抵南京。

△ 英国驻华公使施谛文就九龙城事件交涉问题访外交部长王世杰。18 日,双方就该事件再次商谈。

△ 国民政府以海南铁苗 8000 吨运往日本。

△ 河北"戡乱"建国动员委员会成立。

△ 西北"剿匪"总司令部在兰州成立。

△ 鲁西国民党军进占定陶。

△ 上海市物价飞涨,大米每担涨至 210 万元,一日内上涨 15%;美元黑市每元兑法币 21.5 万元,一日涨幅达 20%;其他日用物品也均上涨 15% 至 40%。

2 月 17 日 国民政府在南京召开北平、天津、广州、上海、南京五市市长粮食配售会议,通过《五市配售粮食计划纲要》,拟定五市粮食配售通则。规定市民凭证每月购粮限额一斗,每月配售一次,暂定四个月,自 3 月或 4 月实行。

△ 华北"剿匪"总司令傅作义发表谈话称,军事必须配合政治推进,并以土地政策对抗中共之分田政策。

△ 国民政府派农林部次长谢澄平为出席热带及亚洲营养问题专家会议及联合国粮农组织东南亚区域办事处筹备会代表团团长,农林

部渔业司司长刘发煊等为专门委员。

　　△　行政院第四十三次会议决议,特派谢维麟为出席第十七次国际红十字会政府代表,胡兰生为副代表。并通过任命徐梁、董彦平、王铁汉、范汉杰为辽北、安东、辽宁、热河等省主席,董文琦与曾恕怀为沈阳与昆明市长。

　　△　莫德惠等东北名流向蒋介石提出紧急呼吁,吁请国民政府解救东北局势。张作相亦拟到南京请愿。

　　△　加拿大驻华大使戴维斯访广东省政府主席宋子文,协商开发华南事。

　　△　国民党军进占大别山区之经扶县。

　　△　《人民日报》报道,晋冀鲁豫边区政府决定本年度发放救济粮1000万斤小米,救济春荒,支持春耕。并决定先将边区预算救济粮730万斤,分配给太行区300万斤,冀南区200万斤,冀鲁豫160万斤,太岳区70万斤。

　　△　湖北解放军张健部进占安陆。

　　2月18日　国民政府令:命范汉杰代刘多荃任热河省政府主席,王铁汉代徐箴任辽宁省政府主席,徐梁代刘翰东任辽北省政府主席,董彦平代高惜冰任安东省政府主席,董文琦代金镇任沈阳市市长。

　　△　蒋介石发表《告同胞书》,纪念新生活运动十四周年,声称要戡定"内乱",完成行宪进程、克复经济危机。

　　△　外交部情报司司长时昭瀛答复记者有关云南边境、沙面、九龙等事件的外交问题的询问。其中说,去年12月27日法国武装军队一部侵越云南边界,袭击我江成县治下的中国居民,中国政府于今年2月4日已向法国政府提出抗议。

　　△　美国总统杜鲁门向国会提请批准国务院建议的援华议案之特别咨文,提出拨款5.7亿美元的经济援蒋方案。

　　△　美国航务委员会批准售给南京政府舰只12艘,价为994.8876万元。

△　华北"剿匪"总司令傅作义部骑兵第四师、第九十三军第四十三师、第十六军第二十二师一部共约七个团的兵力,沿永定河对大兴、涿良宛解放区进行"清剿"。

△　美国驻华大使司徒雷登发表《告中国人民书》,声称希望中国"爱好自由的爱国人士""一切急公好义的公民",与政府"共同努力",克服中国今天面临的"隐忧"。

△　河北高等法院检查处,提出对伪满洲国皇帝溥仪起诉书称:"被告原系逊清皇帝,九一八事变后,与敌人勾结,出关组织伪满政府,自任执政,旋即成立满洲国,充任皇帝,继续到七七事变以后迄敌人投降。应予检举。"

△　河南国民党军进占漯河。

△　滇黔桂边区联防指挥部在广西百色成立。

△　台湾大学教授、国文系主任许寿裳在台北被暗杀。

2 月 19 日　国民政府救济特捐督委会举行会议,通过救济特捐、捐募对象及捐额标准案。另外还通过了救济特捐各区捐额分配、捐募程序及各区捐募组织等案。规定资产逾 50 亿者捐五分之一。

△　邓小平、李达致电中共中央军委,建议在大别山的四个纵队转移至淮河以北,集结补充,形成一个作战单位,以便于中原野战军三大部分时分时集,每个部分都能独立歼敌。该建议获得了中共中央军委的同意。

△　粟裕率华东野战军机关及西线兵团之第一、第四、第六等纵队,经中共中央军委批准,由鲁西南北渡黄河,并于 3 月 16 日全部到达濮阳地区进行休整。

△　东北人民解放军第四、第六两纵队向鞍山发动总攻,经过 17 个小时的激战,解放鞍山,歼灭国民党军第五十二军第二十五师等 1.31 万余人,俘师长胡晋生。

△　华东野战军再克兰封,歼灭国民党军整编第六十八师第一一九旅旅部和第三五六团全部。

2月20日　蒋介石派国防部第三厅厅长罗泽闿、副厅长李树正携新方案飞沈阳,与东北"剿匪"总司令卫立煌商谈"将沈阳主力撤至锦州"事,决定仅留第五十三军及第二〇七师驻守沈阳,其余主力尽快从沈阳撤至锦州。卫立煌主张全力固守沈阳,当晚,卫召请东北"剿匪"副总司令郑洞国协商。他认为:"现在放弃沈阳去打通锦州,途中要通过几道河流,加上共军设有几道坚固的阻击阵地,依我军目前的士气,很可能会全军覆没。""我们最好能说服委员长,是有希望扭转战局的。况且沈阳有兵工厂,抚顺有汽油,本溪有煤,粮食也可以想办法,完全能够坚持下去。"

△　苏联政府宣布《中苏互不侵犯条约》第三次延长两年。

△　美国国务卿马歇尔在参议院外交委员会有关援华计划的听证会上称,战后援助南京政府数额为 14.09 亿美元。他认为:"只能提供使中国获得喘息的机会和减缓局势恶化的经济援助,而任何长期援助都是不可能的。"在是日下午参众两院外交委员会的联席会议上,他又详细地阐述了自己的观点,认为:"无论如何,中国政府已注定不是一个有力的盟友了,即使共产党掌权,也同样会受到中国固有弱点的拖累,在人们对国民党的巨大的不满中,那一点点共产空谈也将无济于事。"

△　中国驻日代表团宪兵队 40 人乘"海康号"轮启航赴日。

△　河南国民党军进占许昌。

△　东北人民解放军攻克法库,歼灭新六军暂编第六十二师等部。

2月21日　美国合众社报道,美国驻华大使司徒雷登发表谈话,主张国共重开和谈,解决中国问题。

△　海军部队进驻营口。

△　美国二艘巡洋舰、一艘航空母舰、12 艘驱逐舰在中国东海海面举行大规模实战演习。美国常驻青岛之西太平洋舰队及原驻珍珠港之第三十八机动部队均参加了这次演习。

△　美国国务院一份备忘录称:美国之军事援助已启运来华,接济南京政府之反共军队。合同数额已被批准,美国境内之"剩余"战具将

会以最低价售于中国政府,其中包括飞机及其他军火。

△ 《中央日报》是日载发《美援华建议案》全文,该案又称《一九四八年度援华法案》。

△ 中共中央发言人就美国总统杜鲁门 18 日在国会所提出的援华方案一事发表谈话,指出:"美国帝国主义的阴谋就是为了延长中国的内战,是美国帝国主义奴役东方人民、奴役世界人民,破坏世界和平的冒险的侵略计划的一部分。"并指出:"反动派的金钱和枪炮,并不是什么真正的优势,人心讨厌反动派,不赞成反动派,人们团结起来反对反动派并和反动派作斗争。这个力量才是真正的优势。"

△ 河南解放军再占禹县。

2 月 22 日 行政院新闻局和外交部否认蒋介石同意与中共重开和谈。

△ 美国驻华大使司徒雷登对美国驻南京记者谈话,否认自己曾作过主张国共重开和谈的表示,日前美国报纸有关报道,纯属误解。他并说明自己对中国问题之意见,完全如前日发表之《致中国人民书》,其主旨是在希望中国无组织、无党派人士增加对政府之关心,多协助国家为人民谋福利。

△ 应国民政府之邀,原东北军将领张作相、马占山由北平前往上海,当晚进抵南京谒见蒋介石,协商东北问题。

△ 中共中央发布《关于在老区、半老区进行土地改革工作与整党工作的指示》,对在老区、半老区如何进行土改和整党作了部署。

△ 东北野战军开始进攻本溪。

2 月 23 日 罗泽闿、李树正飞返南京,卫立煌派东北"剿匪"副总司令郑洞国同往,亲向蒋介石陈述固守沈阳的意见。

△ 海军代总司令桂永清对合众社记者发表谈话称:"我国一日不能保卫海防,则美国海军有一日驻留的必要。美国对于维护中国海岸线北段的安全,贡献极多。"他还称,目下中国海军仅有五艘驱逐舰,各式小舰艇也不足 300 艘。

　　△　美驻华大使司徒雷登发表谈话,称爱国分子应具有积极精神,以建设性的态度协助政府,解决中国局势。

　　△　苏联驻华大使馆否认有意调停中国内战事。

　　△　豫东国民党军进占柘城。

　　△　遵照中共中央军委关于向南进攻转入外线作战的指示,西北野战区是日发起宜川战役,首先以一部兵力围攻宜川,诱使洛川、宜君国民党军来援;并将主力集结于宜川以西地区,准备围歼援敌。

　　△　东北野战军进攻新民。

　　△　华东野战军苏北部队攻占宝应氾水镇。

　　2月24日　行政院通过南京、上海、北平、天津、广州五市粮食配售通则与计划纲要。

　　△　蒋介石在庐山牯岭召见郑洞国、罗泽闿、李树正。蒋介石认为:固守沈阳,"大兵团靠空运维持补给,是自取灭亡,只有赶快打出来才是上策,况且锦州方面又可以策应你们",不同意卫立煌的意见,令他立即由北宁路打通沈锦线,将主力撤至锦州,"否则,以后会后悔不及的"。

　　△　蒋介石手书致北平李宗仁、傅作义,告以决定撤退东北主力部队,并促其抽调有力部队出关接应。

　　△　东北耆宿张作相、万福麟、马占山与白崇禧、陈诚、张群等人商谈东北局势问题。

　　△　美国海关总税务司核准将小型货轮12艘售予中国,定于3月移交。

　　△　清华大学、北平师院、北京大学、燕京大学等六所大学学生自治会发表《告社会人士书》,抗议南京政府今年教育经费仅占其总预算的0.3%。

　　△　教育部告戒全国学生要尊重法纪,恪守校规。

　　△　根据中共中央军委2月7日电示,邓小平率中原野战军前方指挥所从大别山区之新县北上,与刘伯承率领的后方指挥所在皖西北

临泉县会合。

△　华东野战军一部攻占氾水、泾河、黄浦、王营、望直港等六处重要据点。

2 月 25 日　东北"剿匪"副总司令兼东北行辕副主任郑洞国由庐山飞返沈阳,向卫立煌报告晤见蒋介石之情况。卫氏立即召集将领开会,研讨蒋介石的指示和方案,皆觉此时在沈阳的军队没有把握打通锦州,况且也不能丢下在长春、永吉、四平街等地的十几万军队不管,因此,一致主张固守沈阳,不同意实行蒋介石的方案。卫立煌决定再派东北"剿总"参谋长赵家骧、第六军军长罗又伦飞南京面蒋陈述理由。

△　广东省政府主席宋子文为向蒋介石汇报工作,是日由上海抵南京。

△　苏联驻华使馆武官罗申升任苏联驻华大使,与美使司徒雷登商谈调整停中国内战事,并频与南京政府要员接触。

△　上海物价继续暴涨,米价每担涨至 300 万元;美元黑市兑率达 1 比 31 万;黄金每两 2000 万元;中外股票从 21 日起每日上涨 15% 至 20%。

△　驻美大使顾维钧设午宴招待美国奥尔曼法官、前军需官皮尔尼上校和中国访美技术代表团团长贝祖贻,"讨论了促使国会加速通过援华计划的最佳途径",皮尔尼则称"国务院的援华计划根本没有通过的希望",因为马歇尔"真正感兴趣的是欧洲复兴计划"。顾维钧则就席间提出四项要求:"商品信贷、用于初步稳定货币计划的白银贷款、复兴计划和军事援助。"

△　国民党军豫东部队和地方团队进占尉氏、鄢陵。

△　上海 1000 余名小学教员举行反饥饿示威游行,要求增加工资,改善生活待遇。

△　中共中央发出《关于注意总结城市工作经验》的指示,要求全党切实注意做好城市工作。

△　中共合江省委、合江省政府、合江军区联合发出《关于清理集

中各县市财产的命令》，要求对一切能动财产都要进行清理，以便集中财力、物力支援前线。

　　△　东北人民解放军第四纵和南满独一师包围营口，国民党军第五十二军暂编第五十八师在师长王家善的率领下投诚起义，并逮捕第五十二军副军长郑明新等，进而协助人民解放军歼灭城防司令部及交警总队共 3000 余人。

　　2 月 26 日　蒋介石自庐山牯岭返回南京。

　　△　行政院副院长王云五主持全国经济委员会，决定桐油、生丝、茶叶及羊毛等产品增产数字。

　　△　美国国务卿马歇尔宣称中国已向美国要求改革币制之贷款。

　　△　美国太平洋舰队司令盖谟赛及新任西太平洋舰队司令白吉尔至南京。

　　△　美国参议院外交委员会举行秘密会议，国务卿马歇尔到会对 5.7 亿美元援华计划进行说明。

　　△　国民党中央党部秘书长吴铁城、行政院新闻局长董显光等发表谈话，诬称中国民主同盟为"中共外围"，"受中共津贴"。

　　△　重庆二万余名群众捣毁海棠溪"警犬训练所"，并放火焚毁洋楼五座。

　　△　智利新任驻华大使白朗柯抵南京。

　　△　东北人民解放军四纵及南满独一师攻占营口。

　　△　华东人民解放军攻占皖北亳县。

　　△　哈尔滨广播电台与佳木斯广播电台合并，改称东北新华广播电台，作为东北广播系统的中心，向东北各地区广播。

　　2 月 27 日　蒋介石主持召开国务会议，通过一系列重要议案：一、筹措扩编地方自卫武力经费办法，规定地方新增自卫武力经费由中央政府全额拨发，不须地方筹措；二、提高国产烟酒类税率，作为统筹补助各省自卫武力经费之用。规定：烟叶征收 60％，烟丝征收 42％，并望在五个月内通过这两项税征增加税收 4000 亿左右，另增盐、鱼等业税收

5000 亿元。

△　新任热河省主席范汉杰至南京谒见蒋介石。

△　张作相、马占山等晤见美使司徒雷登,称东北人民心理倾向中央。

△　美国空军部长苏雅特·薛明顿向国会提交一份函件称:按照1946 年 7 月美国政府与南京政府秘密订立之"八又三分之一队空军"计划,美国以 1071 架飞机,廉价售给南京政府,为国民党空军编制一个重轰炸机大队、一个中型轰炸机大队、四个单行引擎战斗机大队、二个运输机大队、一个摄影侦察机中队,并供给大量空军设备训练 5137 名包括飞行员、轰炸手、领航技师之空军人员。截至目前,已有 936 架飞机交付南京政府。

△　蒋介石命令卫立煌将在本月 9 日于沈阳南之森林子、莫子山战斗中不战而退的第四十九军第七十九师师长文礼处以死刑。

△　中共中央发出《关于工商业政策》的党内指示,要求各地迅速纠正违反中共中央工商业政策的错误现象,预防将农村中斗争地主富农、消灭封建势力的办法错误地运用于城市,对城市中地主、富农经营的工商业应当保护,坚决执行"发展生产、繁荣经济、公私兼顾、劳资两利"的经济工作方针。

△　陕甘宁边区政府委员与边区参议员常驻委员在绥德召开扩大联席会议,总结边区一年来自卫战争成绩,并作了恢复边区建设,迎接解放大西北的规划。

△　东北人民解放军三纵、十纵攻克开原,歼灭国民党军暂编第三十师一个团及第六十二师一部共 3400 余人。

△　东北人民解放军司令员林彪、政治委员罗荣桓下达夺取四平之作战命令,决定以一纵、三纵、七纵独立二师等 10 个师攻城,二纵、六纵、八纵、十纵等四个纵队及独四、独五师、李虹光支队向沈阳打援。次日,各部队开始行动。

△　东北解放区与苏联在哈尔滨签订第二次《对苏贸易合同》,规

定东北向苏联出口粮食 72 万吨,豆油 5000 吨,原煤 30 万吨;从苏联进口棉布 2000 万米,棉纱 2000 吨,载重汽车 3000 辆,摩托车 150 辆。

2 月 28 日　立法院通过三十七年度上半年度之总预算。

△　参政会呈请政府加强东北保卫战。

△　蒋介石在南京主持召开军事会报会议,白崇禧、秦德纯、范汉杰、汤恩伯、林蔚、刘斐、方天、郭忏、桂永清、周至柔、郑介民等出席,着重讨论以海、陆、空、联勤全面支持东北之问题。

△　外交部在致国民参政会驻会委员会之书面报告中,称中英关于九龙城事件之解决,双方正在磋商之中。

△　国民党军刘戡部之整编第二十九军到达宜川西南瓦子街地区,被西北野战部队王震部包围,两军展开激战。

△　河北国民党军进占永清。

△　甘肃发生严重灾荒,灾民达 100 余万。

△　自安海开往厦门之"中兴"轮在金门县小登乡附近沉没,船上乘客 100 多人遇难。

△　北平、天津国立之 13 所院校教职员联名致函行政院长张群和教育部长朱家骅,请求每月配给麦面粉两袋。

△　汉奸周佛海在南京监狱病死。

△　中共中央军委任命赵寿山为中国人民解放军西北野战军第二副司令员。

△　中国劳工协会理事长朱学范、中国解放区职工联合总会筹备会主任刘宁一参加世界工联大会后,自巴黎抵哈尔滨。

2 月 29 日　蒋介石向张作相、马占山、万福麟等人宣称,中央对东北有决心有办法,即将派大军出关,恢复交通。

△　东北旅京同乡会发表宣言,提出八项紧急呼吁,要求政府抽调大军确保东北现存据点、打通重要交通线、接济东北军民粮饷、改革东北币制、组织地方武装力量。

△　国民党军范汉杰部进占辽西大虎山。

　△　美国驻华大使馆武官苏尔由南京到沈阳拜访东北"剿匪"总司令卫立煌。

　△　陈诚请求辞去东北行辕主任等职,并往上海住进医院。

　△　联合国劝募儿童救济金中国委员会在南京举行成立大会,宋美龄到会致词并被推为委员长,谷正纲为副委员长,通过《中国委员会组织大纲》,并规定劝募数额为 1000 亿元,自 3 月 15 日开始至 4 月 15 日结束。

　△　探测积石山之美方人员启程来华。

　△　朱学范在哈尔滨致电毛泽东、周恩来,表示自己"完全同意并竭诚拥护"中共"彻底粉碎蒋政权,驱逐美帝国主义,实行土地改革,组织真正的人民民主的联合政府,完成独立、民主、和平的革命事业的英明主张"。

　△　中国民主同盟总部发言人在香港就 26 日吴铁城等人的诬蔑发表宣言,予以驳斥。

　△　中共辽北省政府由白城子迁往郑家屯。

　是月　上旬,粟裕率华东野战军机关及一纵、四纵、六纵,由漯河出发,进入鲁西南休整并进行渡江准备工作。

　△　下旬,为加强与巩固新解放区工作,辽南行署发布民字第八十一号命令,决定以新解放之营口、辽中、台安、盘山、牛庄、王县建立新的第五专区,原第五专区领导的庄河、新金、万福、盖平、复县由行署直接领导。鞍山市、辽阳市由第一专署领导。

3　月

　3 月 1 日　蒋介石在南京主持召开中央训练团党政班留京同学春季联谊会并发表讲话称:为解决目下危局,政府各级官员及本党全体同志,要肃清官僚政客作风,打破自私自利心理,发挥组织力量,奋起努力,完成"戡乱建国"任务。

　　△　国防部长白崇禧在中央纪念周上发表题为《最近剿匪军事》之报告称,当局十分重视"剿匪"军事,正在图谋全力确保东北,并强调实行"经济剿共"。

　　△　国民政府副主席孙科在台湾对记者发表谈话称:台湾是中国的领土,不容外国袭扰。对于美国一些记者歪曲事实的言论,他要求中国新闻界要予以驳斥。在谈及中苏邦交问题时,孙氏称:中苏关系如果不能正常发展,其责任不在中国。

　　△　东北行辕副主任罗卓英至北平,称沈阳防务绝无问题,增援之国民党军已在秦皇岛登陆。

　　△　赵家骧、罗又伦由南京飞返沈阳,向东北"剿总"司令卫立煌汇报此行的情况,称蒋介石允准在东北维持现状。

　　△　四川省国民大会代表共40余人拥戴蒋介石竞选总统,并通电全国一致主张。

　　△　河北省政府主席楚溪春举行就职宣誓仪式,称以政治协助军事,只许前进不许后退。

　　△　联合国粮食及农业组织食米会议开幕,中国代表谢澄平当选为副主席。

　　△　美国众议院外交委员会电邀麦克阿瑟和陈纳德对美国政府之援华法案提供意见。

　　△　湘鄂赣边区"剿匪"总指挥部成立。

　　△　陆军装甲兵司令部正式成立,由徐庭瑶任司令。

　　△　上海市开始实施粮食配售制,每斗粮价24万元。

　　△　中国民主同盟总部机关报《光明报》在香港复刊。

　　△　中国社会经济研究会在北平成立。

　　△　中共中央军委致电中原、华东、西北各军区及集团军,对中原、山东野战军的作战计划作出指示:中原野战军刘伯承、邓小平部应即将第一、二、十、十一四个纵队组成一个集团军,于3、4两月在津浦和平汉两线之间、淮河以北黄河以南地区机动作战,并于5、6两月或仍在上

述地区配合粟裕部队机动,或向平汉线以西机动;由陈士榘、唐亮指挥陈、谢集团军主力,于 3、4 两月发动陇海、郑潼线作战,日内开始第一阶段打郑洛段,相机攻取洛阳;第二阶段打洛潼段,争取歼灭裴昌会兵团大部、孙元良兵团一部,配合彭、张渭北作战;许世友、谭震林部除留十三纵队于胶东外,主力七、九两纵配合渤海地方兵团,3 月上旬开始向胶济线西段作战,由韦国清率二纵由诸城南下,与苏北华东野战军十一纵、十二纵组合苏北兵团,加强苏北作战。

△ 西北野战军在瓦子沟全歼国民党军增援宜川之整编第二十九军,击毙第三十七集团总司令兼第二十九军军长刘戡和师长严明。

△ 中共中央发出《关于民族资产阶级和开明绅士问题》的党内指示,对中国革命的动力和性质问题进行了说明,指出中国革命的主要力量是占全国人口 90% 的一切从事体力劳动和脑力劳动的人民,而那些依附于劳动人民反对反动派的资产阶级左翼分子和从封建阶级阵营中分裂出来的开明绅士,也是统一战线中的分子,虽不是决定革命性质的力量,但对他们应当采取团结的方针,而不应当采取"左"倾关门主义的态度。

△ 陕甘宁边区政府委员与边区参议员常驻委员扩大联席会议结束,推举杨明轩为边区政府副主席。

3 月 2 日 国民大会代表当选名单由选举总事务所逞送国民政府。

△ 行政院第四十五次会议通过成立处理日本赔偿物资委员会。同时还通过财政部拟具之《发行逆产钻宝义卖券办法,以为救济之用》一案,行政院长张群主张将义卖所得款项,提拨 1000 亿元作为救济中等以下学生之用,亦获通过。

△ 华北"剿匪"总司令傅作义与东北行辕副主任罗卓英在北平商谈救援东北问题。

△ 东北区监察使谷凤翔在吉林对省政府职员和路工队演讲,力辟"放弃东北之谣言",强调中央视东北为政略之重要部分,军事上之胜

利"确有把握","吉、长今日之困厄,最近可望改观"。

　　△　东北民众请愿团到南京,希望政府实行坚守东北之政策。

　　△　广东省政府主席宋子文由南京返抵广州。

　　△　美国前驻俄大使蒲立德在众议院外交委员会发表演说,要求美国政府拨 10 亿美元作为对南京国民政府的军事援助,并建议派遣"能够找到的最优秀人才"配给中国的反共战争。

　　△　美国政府决定放弃其搬运日本赔偿物资计划,并致力促请远东委员会其他十个委员国接受这一立场,中国、菲律宾等国表示坚决反对。

　　△　国民党军攻占沟帮子巨流河。

　　3 月 3 日　国民党中常会开会商讨东北问题,东北民众请愿团代表王化一、李仲华、张宝慈等列席会议。王化一陈述了东北当前局势,向当局提出五项要求:一、派大军增援东北;二、接济军需民食;三、改善币制;四、救济难民;五、放宽各级公务人员学历审查及铨叙尺度。中常会和行政院原则上表示全部接受。

　　△　国防部发言人对记者称:北宁路即可全部打通,增援国民党军已纷纷出关,且已趋过锦州,向沈阳进发。

　　△　国防部政工局(由前新闻局和民事局合并而成)局长邓文仪发表一周战况称:战局重点在东北三省,大别山区战场已成残局。

　　△　《中央日报》报道:"今年全国各地地方保安团之武力,均将增加三分之一。"

　　△　行政院新闻局局长董显光对记者称,国民大会筹备工作大部分完成。

　　△　豫东国民党军攻占杞县、永城。

　　△　美国国务卿马歇尔向众议院外交委员会称:美国政府与中国政府商讨以欧洲复兴计划作为援华计划之蓝本问题,"吾人已与中国外长王世杰、中国驻美大使顾维钧及刻在美国之中国技术代表团,就上述问题作商讨"。

　　△　麦克阿瑟电复美国众议院外交委员会主席伊登称："一自由、独立、和平而友善之中国,对世界和平乃极为重要者,目前中国一切问题之根本,厥为军事问题,其在内部复原可望获得进展以前,此问题必予以解决。"此为麦氏统帅盟军总部以来有关中国问题之第一次声明。

　　△　英国政府决定将 14 艘舰艇赠与国民政府,并代为中国训练海军 1000 人。

　　△　西北野战军解放宜川,并歼敌一个旅。宜川战役取得胜利,该战役共歼敌一个军部、二个师部、五个旅共三万多人。

　　3 月 4 日　立法院财政委员会举行币制改革特种审查会,审查张肇元所拟之改铸银币案。结果以"改革币制尚非其时,而改铸银币,困难尤多",决议请张氏另拟改革币制原则,送请政府参考。

　　△　蒋介石在军官训练团上就宜川之战发表谈话称："这次陕西宜川,又遭一次大的挫败,五师三旅,全被共匪消灭,这完全是由于指挥官没有依照我的话去做;否则决不至于失败,就是失败,也决不会如此惨重。"

　　△　经济部拟定《让售国营事业发行股票由银团经募办法》。

　　△　教育部发言人就私立学校立案程序发表谈话称:希望各私立学校依法立案,如未经核准而私自开办招生,皆在取缔之列。

　　△　美国国务院宣布,美国曾于去年 10 月间将停泊于苏必克湾之登陆艇 50 艘以 140 万美元的价格售于南京政府。

　　△　京沪、沪杭、津浦、平津四路客票增价一倍,货运费增价 120%。

　　△　中、英两国间无线电话正式开通。

　　△　中、葡两国在澳门签订《金融协定》。

　　△　积石山探测中国方面人员在中央研究院召开座谈会,拟定中国方面之计划。

　　△　远东国际军事法庭日本战犯之辩护律师宣称："九一八事变及中国事变均非不宣而战之侵略战争",故日本不负有被诉之战争罪。

△　美国军令处长魏德迈向众议院外交委员会陈述意见,主张对南京政府提供军事援助。

△　中共中央就对待外侨事致电各中央局、前委:对于在解放区犯罪的外侨,要敢于依法检查、拘捕、审讯和判决,以"使帝国主义反动分子对我有所戒惧",但要正确掌握政策,"凡有关外交行动和外交政策的决定,必须报告中央并得中央批准后,方可实行。一切违反中央外交政策及处理外侨方针的行动必须禁止"。

△　毛泽东、周恩来致电朱学范:"接二十九日电示,欣悉先生到哈尔滨,并决心与中国共产党合作,为中国人民民主革命的伟大的共同事业而奋斗,极为佩慰。我们对于先生的这一行动,以及其他真正孙中山信徒的同样的行动,表示热烈的欢迎。"

△　辽南战役结束后,东北人民解放军即集中兵力包围四平,由一纵、三纵、七纵和炮兵全部担任攻击任务,二纵、六纵、八纵、十纵及独立师,在四平阻击由沈阳和长春增援的国民党军。是日,东北野战军开始向四平进攻,占领飞机场。

3月5日　经济部拟定《三十七年度进出口贸易计划原则》。

△　蒋介石主持由南京各文教团体发起之甘地先生公祭大会,中外各界人士千余人参加。

△　应国民政府之请赴南京的东北耆宿张作相、万福麟、马占山离开南京,经上海返东北。临行前,三人发表书面谈话称:"即今日政治、军事形势,虽较严重,但以现有之广大人力、财力与物力,如能妥善组织运用,在主席之英明领导下,必能取得戡乱建国之最后胜利。"

△　国民大会筹备委员会秘书长洪兰友对记者称:国大筹备工作,积极进行,大致业已完成,19日起各报到处可开始工作,各代表招待所亦可及时布置妥当。

△　东北民众请愿团与上海市参政会分别致电美国总统杜鲁门,促请美国政府早日实现对华军事援助。

△　美国前驻华大使馆参事罗伯森在众议院外交委员会上发表意

见,主张军事援华。

△ 新任奥地利驻华公使施德复向国民政府主席蒋介石呈递国书。

△ 中国英语教学研究会在南京成立。

△ 中华全国总工会筹备委员会在南京成立。

△ 国民党军派援东北之一部由葫芦岛登陆。

△ 四川省各地米价飞涨,成都双市石价达 310 万元,重庆每市石逼近 200 万元。

△ 西北野战军发动黄龙山麓战役,至 10 日,连克陕西黄陵、宜君、白水县城,包围洛川,进逼蒲城,迫使胡宗南从豫西调五个师组成第五兵团,增防西安,往援洛川。

△ 华东野战军第三、第八纵队及晋冀鲁豫野战军第四、第九纵队由襄城、禹县地区向洛阳进逼。

△ 中共嫩江省委作出《再建兵团的决定》,决定将县大队和区中队集中,成立五个独立团,作为人民解放军的第二线主力。

3 月 6 日 东北行辕副主任罗卓英由北平飞返沈阳。

△ 蒋介石手令财政部拟具汇兑存款必须用真实姓名之办法。

△ 立法院财政、经济委员会举行联席会议,审查通过经财政部拟定修正之《货物税条例》和《国产烟酒类税条例》。

△ 外交部发言人称:中国政府决定自 6 日起,承认暹罗新政府,恢复两国之间正常外交关系。

△ 陈纳德偕其妻陈香梅,应美国众议院外交委员会之电邀返国,提供对华援助之意见。

△ 国民政府副主席孙科离开台湾飞抵上海。

△ 《中国与澳门缉私协定》签订。

△ 北平市民食调配委员会与美国救济物资配售委员会成立。

△ 豫南国民党军攻占新蔡,豫北国民党军攻占博爱。

△ 中共中央致电中央工委会,决定以中工委为中心合并晋察冀、

晋冀鲁豫两个中央局,成立北方局,由刘少奇兼任北方局第一书记,薄一波任第二书记,聂荣臻任第三书记。两区的军政两项机构暂不合并。

　　△　华东野战军和晋冀鲁豫野战军陈(士榘)唐(亮)、陈(赓)谢(富治)部队向中共中央军委报告进攻洛阳之部署:拟于7日晚以八纵抢占黑石关、偃师,突破铁道,切断洛郑线之交通;以九纵袭占新安,切断洛陕联系,9日由第三、四、九纵直袭洛阳。

　　△　进攻洛阳之华东野战军、晋冀鲁豫野战军部队进抵登丰、临汝、宜阳地区。

　　△　人民解放军苏北兵团进攻东台。

　　3月7日　中航中缅航班正式恢复。

　　△　陆军总司令顾祝同发现解放军有进攻洛阳之征候,乃令整编第四十七、第四十八军统归陆军总司令部郑州指挥部主任孙震指挥,集结待命增援洛阳。

　　△　豫中国民党军攻占禹县。

　　△　国共两军在香河激战。

　　△　中国人民解放军东北野战军一纵、三纵等部队在四平外围与国民党军展开激战。

　　△　中共中央军委就发动对洛阳及洛郑线进攻致电陈士榘、唐亮、陈赓、谢富治、刘伯承、邓小平,指示华东、晋冀鲁豫野战军三、四、八纵队"应以夺取洛阳并准备歼灭孙元良援兵之目的,迅速对洛阳及洛郑线发起攻击,希望能于两周内完成此项任务"。

　　△　中国人民解放军华东野战军第三、第八纵队、晋冀鲁豫野战军第四、第九纵队共28团兵力,发动洛阳战役。

　　△　人民解放军苏北兵团攻占沭阳。

　　△　豫西人民解放军自登封攻克偃师,进迫洛阳。

　　△　晋冀鲁豫军区的两个纵队及吕梁、太岳军区部队各一部共五万多人,开始向国民党军在解放区内的设防据点临汾城发起进攻。

　　3月8日　蒋介石在南京召开紧急军事会议,讨论东北战局,白崇禧、秦德纯、林蔚、刘斐、方天、桂永清、周至柔、郭忏、汤恩伯等出席,决定打通沈阳锦州线交通。美国驻华军事顾问团团长巴大维向蒋介石建议,将东北国民党军主动撤退至关内。

△ 国民政府明令聘请张作相、万福麟为国民政府顾问。

△ 立法院财政、经济两委员会联席会议审查通过《中港经济协定》。

△ 蒋介石在会见东北民众请愿团代表王化一、张宝慈、李仲华、田雨时等人时称:确保东北,为国本所系,政府具有最大之决心,业已增调部队,加强军事力量,局势必将逐渐好转,希望东北军民同心努力,以期早日完成"戡乱任务"。

△ 国民党中央组织部部长陈立夫在宴请中华民国盐业工会联合会代表时演说称:"中国过去最重局面均能安全度过,今日国家情势,虽极困难,若吾人组织有方,奋力对抗,终可克服一切障碍,完成革命使命。"

△ 东北"剿匪"总司令卫立煌派郑洞国、赵家骧飞往永吉(今吉林),下达第六十军向长春撤退和炸毁小丰满电站的命令,并布置撤退事宜。临行前,郑洞国向卫立煌建议,在放弃永吉的同时,也主动放弃长春:"我认为长春距离主力太远,被解放军吃掉的可能性很大,与其将来坐待被歼灭,不如主动提早放弃,将东北的国民党军队主力集中于沈阳、锦州之间,这样尚能战、能守、能退,还可以保存一部分有生力量。"

△ 驻守永吉之第六十军军部根据郑洞国的指示,制订撤退长春的计划:一、即于 3 月 9 日晨,趁解放军之不备,以秘密迅速之行动,撤出永吉,退往长春;二、各部队和机关必须把可能撤退的人员物资一律撤走,但不能撤走居民,同时也须对居民保守秘密;三、由于吉长公路已被解放军破坏,汽车不能通行,所有物资尽可能用马车或人力运输,对不能运走的重要物资,皆以秘密方式藏匿或投入松花江中;四、撤退序列分为两个纵队,左队为第六十军,沿吉长公路前进,右队为吉林省保安旅、地方机关和警察部队,在吉长铁路与公路之间行进。

　△　美驻华大使馆向本国国务院报告称,中国政府眼下于各个方面显露出解体征象,建议如果局势继续恶化,则将使馆撤退至广州。

　△　北京大学、清华大学、燕京大学三校女同学会在北京大学召开"三八"妇女节纪念会,举办展览,宣传劳动妇女的解放。

　△　中央银行、中国银行、交通银行、农民银行、中央信托局、邮政储金汇业局等六个金融机构的全体工人静坐罢工,要求增加工资。

　△　上海新闻记者、工商、医业等公会、复旦大学、中国公学、上海大学等22个团体发表宣言,拥护监察院长于右任竞选副总统。

　△　前美国驻华大使高思等在众议院外交委员会上陈述意见,主张对中国提供军事援助和经济援助。

　△　由沈阳飞往青岛的民航运输机,中途被印有"红星标志"的"俄机"攻击。

　△　沈阳、长春城内国民党军之补给全靠飞机运输。中航公司是日决定每天只派出四架飞机运输救济物资。

　△　晋察冀边区《人民日报》上发表中共中央发言人对1月民盟宣言和民革宣言及行动纲领的谈话稿,表示愿意在新民主主义事业中,同一切反帝反封建的民主团体一道前进;同时指出"第三条道路"在中国与世界一样都是不可能的。

　△　进攻四平之东北野战军攻击部队扫清外围:一纵攻占海丰屯、新立屯;三纵攻占红嘴子、东门外高地,兵临四平城下。

　△　进攻洛阳的晋冀鲁豫野战军第九纵队、太岳军区第五军分区地方武装攻占渑池、宜阳等县,华东野战军第八纵队第二十三师攻占偃师,控制了洛阳市东、西两面有利地区。

　△　刘伯承、邓小平向中共中央军委报告称,拟以华东野战军之十纵、中原野战军之十一纵于本月底攻占皖北之阜阳。按此部署,十纵于中旬由太和渡过沙河,进至阜阳地区,十一纵于28日由临泉地区开至阜阳。

　△　河北人民解放军猛攻保定。

△　华东野战军十纵攻占太和。

△　华东野战军苏北兵团进迫淮阴。

△　西北野战军彭德怀部猛攻洛川。

3 月 9 日　蒋介石飞抵徐州,召集陆军总司令顾祝同等人,听取江苏、山东、河南、湖北、安徽五省"绥靖"工作汇报。

△　行政院召开第四十六次会议,由行政院副院长王云五主持,审议通过:一、鼓励人民兴建房屋实施方案及奖助民营住宅建筑条例;二、法官转任条例;三、清理各省田赋办法;四、禁烟委员会第五、六、七条修正案;五、第一次全国户口普查计划。

△　交通部长俞大维、经济部长俞鸿钧、资源委员会主任翁文灏致电访美技术代表团团长贝祖贻,要求增加美国援华计划中工业和商业项目的分配额。驻美大使顾维钧对此表示:"在援华计划中各部需要多少,政府可以在南京通过各部间协议解决,驻华盛顿的中国大使馆很难决定如何满足各部的愿望。"顾氏还称:"现阶段应致力于援助的总额,而不应化整为零使问题复杂化。"

△　新任美军驻西太平洋舰队司令白吉尔中将正式到南京访问。

△　美国援华委员会主席麦克纳至南京。

△　北京大学组织争取公费联合会,向当局提出:一、全面公费;二、取消三分之一课程不及格者取消公费的规定;三、复学学生得全免费。

△　上海米价每担涨至 420 万元,较 1 月份上涨了一倍半。

△　国民党军青岛军火库发生爆炸,原拟由此增援东北的军队受到影响。

△　第六十军开始向长春撤退,第六十军军长曾泽生并未执行炸毁小丰满水电站的命令,使这座当时中国最大的水电站得以保存下来。当天,东北野战军解放永吉和小丰满水电站。

△　是日晚,进攻洛阳的解放军部队袭占洛阳四关,基本肃清外围国民党军。

3月10日 蒋介石于徐州在顾祝同、汤恩伯、徐庭瑶、蒋经国、俞济时等陪同下检阅特种兵团并视察装甲兵学校,分别授予特种兵团团旗和装甲兵学校校旗。在授旗礼中,蒋介石声称:"现值共匪发动全面叛乱,企图出卖国家民族之时,吾革命军人,应本过去传统精神,戡平匪乱。"

△ 国民政府特派张彭春为中华民国出席联合国新闻自由会议首席代表。代表一行是由上海启程前往瑞士日内瓦。

△ 国民政府决定在全国主要城市成立特种刑事法庭。

△ 外交部就前日民航运输机被攻击事件向苏联驻华大使馆提出抗议。

△ 美国总统杜鲁门就美国对华政策发表谈话,公开声明在中国政府中不愿有共产党人参加,希望中国的自由主义者参加政府。

△ 美国国务卿马歇尔发表声明称:"估计约值五亿美元、现在太平洋诸岛上的剩余物资,已根据'就地运取'的原则售与中国政府,由中国政府接收。"

△ 陈纳德在美国众议院外交委员会上就政府之对华5.7亿美元之援华计划发表意见称:"如不立即予中国以军事及经济两方面的援助,则必将引起另一次世界大战。如不供给军事援助,则共党将控制整个亚洲,这将成为美国历史中在外交政策方面之最大失败。"

△ 攻占东台之人民解放军苏北部队撤退,国民党军进占该地。

△ 向长春撤退之第六十军行至太平岭附近,遭东北解放军一个旅兵力的阻击,吉林保安旅首先被击溃,第六十军运送团团长潘尧被解放军生俘。此役,解放军歼灭该军共3000多人。

△ 中共中央军委副主席周恩来在陕北米脂县杨家沟向中直机关干部、战士作形势发展和中央机关转移的动员报告。指出,一年来,敌我力量对比已经起了根本变化,中央坚持在陕北的任务已经胜利完成。为了准备迎接即将到来的全国范围的胜利,党中央决定东渡黄河,转移到华北。

△　毛泽东致电刘少奇,决定于 3 月 20 日动身东移。

3 月 11 日　中国国民党中央临时常会讨论总统、副总统选举提名问题,出现主张自由竞选和政党提名两种不同的意见。

△　第一届国民大会筹备委员会于南京成立。

△　国民党中常会议决组织"戡乱建国动员委员会"。

△　蒋介石由徐州返回南京。

△　立法院法制委员会召集初步审查会,审查《总统府组织法案》。

△　监察院全体监察委员举行座谈会,一致决议以全体监委名义,促请院长于右任速即主动宣告参加副总统之竞选。

△　李宗仁对记者谈参加竞选副总统之动机时称:此举"系基于提倡民主作风与对国家之责任观念"。并称如果当选副总统,"当本三十年来从事军政经验与心得,辅佐元首处理国事,实行国父遗教,并以确定民生主义之经济政策,安定民生,复兴国家"。

△　四联总处召开理事会,决定恢复放贷,并通过三十七年度生产事业贷款方针及《三十七年度农业及土地金融贷款计划》,农业贷款原则上以 15 亿元为限。

△　驻美国大使顾维钧呼吁美国政府速以军事、经济援华,声称远东和中国是美国的"后天井",其重要性不亚于欧洲,"中国国民政府军队反共之成功,不仅与中国利害攸关,即对美国亦利害殊切"。

△　美国总统杜鲁门在华盛顿记者招待会上宣称,美国希望中国政府扩大基础,此系指容纳自由主义派人士,而反对容纳共产党,因为共产党信仰专制政体。

△　上海市特别刑事法庭正式办公。

△　第六十军及吉林保安旅涉过饮马河,与新三十八师师长史说所率之接应部队会合,当天中午开进长春。蒋介石对第六十军的这次撤退称赞道:"吉林撤退是最成功的一次战略撤退。"中外一切右翼报纸和通讯社也把它誉为"东方敦克尔克最成功的撤退"。

△　沈阳物价暴涨,高粱米每斤法币五万元,大米每斤 6.5 万元,

鸡蛋每个三万元。

△　豫西国民党军攻占登丰。

△　周恩来致电李克农即转潘汉年等,指出卫立煌对任东北"剿总"总司令表示"无信心","卫有可能争取"。同时还交待了争取卫立煌的工作原则。

△　华东野战军发动胶济线春季攻势,周(村)张(店)战役开始。是日,胶济路西段之张店市解放,人民解放军全歼整编第三十二师第一四一旅等部。

△　进攻洛阳城的解放军部队由东、南、西三门相继攻入城内,与国民党军进入激烈巷战,青年军第二〇六师等部退至城西北角核心阵地死守待援。

△　人民解放军豫东部队攻占永城。

3月12日　蒋介石主持召开第二十三次国务会议,决议通过多项议案,其中要案有:一、《核定本届国民大会名称案》,规定本次国民大会定名为"第一届国民大会第一次会议";二、《省县自治通则立法原则草案》;三、《黑龙江省等八省市成立临时参议会及监委产生办法案》;四、《设置戡乱建国动员委员会案》。

△　国民大会筹备委员会拟定《第一届国民大会日程草案》,提请大会主席团讨论。是日《中央日报》刊发了该《日程草案》。

△　立法院举行例会,财政、经济、外交、交通、资源、善后事业诸部、会负责人均列席,报告战后美援及敌伪物资利用情况。

△　行政院处理美国救济物资委员会与美国政府中华救济团举行联席会议,商讨处理美国救济物资事宜。

△　国民政府国务会议决议拨价值四亿美元以上的资产,交中央银行作为法币准备金,以稳定币值。该四亿余美元之资产来源于:一、中纺公司资产一部分,价值二亿美元;二、招商局资产一部分,价值一亿美元;三、资源委员会资产一部分,价值5000万美元;四、日本赔偿物资一部分,价值8000多万美元。

△　国民政府副主席孙科发表谈话，认为以谈判求取和平已不可能，主张美国派遣军事顾问团来华指导国民党军与共军作战。

△　美国众议院外交委员会决定将援外法案分为经济援外部分和军事援外部分，以期加速该援外法案在国会通过。在此两部分中，中国都是受援国。

△　北平市 20 多家报馆约 800 多名工人总罢工，要求改善生活待遇，致使报纸暂时停刊。

△　广东省政府主席宋子文至桂林，与广西当局商讨粤桂"联防剿匪"事宜。

△　中葡两国在澳门签订《关务协定》。

△　中共中央军委致电陈士榘、唐亮、陈赓、谢富治，要求严令各部队攻入城市后，"遵守城市纪律，坚守城市政策，不得丝毫违犯"。

△　解放区救济总会主席董必武向中外人士痛斥国民党军队对陕甘宁边区的蹂躏，呼吁救济 150 万难民。

△　华东野战军攻克周村，歼灭国民党军整编第三十师等部共 1.5 万多人。

△　人民解放军苏北兵团攻占阜宁。

△　担任攻击任务的东北野战军一纵、三纵、七纵和炮兵部队在二纵、八纵、十纵及独立师的配合下，开始向四平发起总攻。入夜，占领四平东市区。

△　1941 年汪精卫访日时赠送日本皇室的一对屏风、三只玉瓶，及日本从中国掠去的一批古物归还中国。

3 月 13 日　蒋介石在军官训练团第七期毕业典礼及聚餐会上对宜川之战进行检讨时说："最近陕西宜川之役，第二十九军刘军长戡、严师长明、王师长英俊，同时殉职，这是我们革命军高级将领革命精神的表现，值得大家效法，但亦非常可惜，我们必须由他们的壮烈牺牲，求得教训，作为前车之鉴，然后他们的牺牲才有价值。"

△　蒋介石函示卫立煌，将主力提前西进，集结于锦州附近。

△ 行政院长张群发表演说称,"戡乱建国"的重点应放在长江流域,欢迎外商来华投资工业,所得利润之适当部分可以自由结算。

△ 财政部部长俞鸿钧等在立法院例会上报告美援物资分配及使用情况。

△ 财政部修订《东北流通券行使及兑换办法》,凡六条,即日施行。

△ 重要出口物资收购审价委员会成立。

△ 国民参政会驻会委员会召开会议,要求政府当局敦促苏联交还旅、大,并称必要时须向联合国提出申诉。

△ 苏联照复中国政府,对前日外交部就截机事件所提之抗议予以拒绝。

△ 湖北国民党军进占随县。

△ 经过 23 个小时的激战,东北人民解放军收复四平,歼灭国民党军第七十一军第八十八师两个团、三个保安团、新一军、第七十军留守部队共 1.93 万多人,从而切断了沈阳和长春之间国民党军的联系。此役史称"第三次四平街会战"。

△ 华东野战军山东兵团及军区部队解放博山市、莱芜、章丘三城。

△ 豫陕鄂解放区颁布工商业政策 12 项,规定废除一切苛捐杂税,实行内地自由贸易,奖励土货,抵制美货,坚决保护民族工商业。

△ 冀鲁豫地方人民武装攻占山东东阿县城。次日收复平阴县城。

3 月 14 日 国民政府副主席孙科发表谈话,称美国援助中国,应军事、经济并重;苏联企图赤化世界,因此中国政府幻想亲俄已不可能。关于国民大会,他对记者称:"行宪第一届国大之唯一任务,实为选举总统与副总统。"

△ 联合国中国同志会召开本年度会员大会,外交部长王世杰、教育部长朱家骅到会致词称:希望"全国人民为世界和平及国际合作而努力"。

△ 沈阳市清查户口,全市人口计 139.008 万人。

△ 中共中央军委致杨得志、罗瑞卿、杨成武、中央工委、晋绥分局等电指示:"你们的机动范围是,第一是整个平绥线包括绥远全省在内,第二是北宁线,第三是平承线,第四是平保线。目前所采出平绥线的方针,应当执行到敌人已经大量集中该线,我军已无好仗可打之时为止。下一步主力的行动,可以出平保线打一二仗,调回敌人主力,然后再出平绥线。"

△ 人民解放军华东军区之苏北、苏中军区合并为苏北军区,管文蔚任司令员,陈丕显任政治委员。同日,华东野战军二纵与十一纵、十二纵在苏北阜宁地区会师,正式组成苏北兵团,韦国清任司令员,陈丕显任政治委员。

△ 人民解放军向洛阳守军发起最后攻击,全歼敌青年军第二〇六师五个团、中央炮兵第八、十、十五团各一部及部分后勤、地方部队共约二万人,并活捉青年军第二〇六师师长邱行湘。

△ 西北野战军彭德怀部猛攻陕西蒲城。

△ 华东野战军山东兵团猛攻龙山车站。

3 月 15 日　国民党中常会开会讨论国民党籍国民大会代表当选人退让于青年党、民主党和社会贤达等事,已当选之代表先后有 427 人被强令退出国大代表资格。

△ 北平行辕主任李宗仁偕吴奇伟飞往承德视察热河军政情形,并参加新任热河省政府主席范汉杰及各府委厅长之就职典礼。

△ 交通部与陈纳德空运队签订合同,规定该队"纯系民航空运组织",飞机数目照旧,航线固定,有效期为一年。

△ 王铁汉辞去沈阳区防守司令职,由东北"剿总"副总司令梁华盛兼任。

△ 日本战犯久保江保治、野间贞二在上海被处决。

△ 新疆全省警备总司令宋希濂飞抵南京。

△ 国际儿童紧急救济基金会拨款 150 万美元,作为救济中国贫

苦儿童之用。

　　△　北平各大中学学生成立北平市抢救教育危机联合会,上海3000多学生举行反迫害大示威。

　　△　上海申新纱厂第二厂2000多工人罢工,抗议厂方解雇工人,要求职业保证。

　　△　国民党军攻占辽中。

　　△　东北野战军发动的东北冬季攻势全部结束,共歼灭国民党军八个整编师约15.6万多人,使东北解放区面积扩大10.9万多平方公里,收复城市18座,解放东北人民610多万。国民政府在东北地区的统治区缩小到沈阳、长春、锦州等几个孤立的据点,面积仅占东北总面积的3%。

　　△　豫陕鄂人民解放军攻占河南襄城。

　　3月16日　国民大会筹备委员会拟定代表报到程序。

　　△　东北"剿总"司令卫立煌飞抵长春,视察军政情形。卫立煌对记者发表谈话称:"不听谣言,不受迷惑,为今日吾人所应持之正确态度。"对于今后之军事进展除表示有绝对信心外,拒绝发表任何谈话。当日下午,卫氏飞返沈阳。

　　△　《中央日报》报道:"迄15日止,刻由各该区选所奉令发给当选证书之代表,共计1337人。"是日之《中央日报》刊发当选国民大会代表名单。

　　△　新疆全省警备总司令宋希濂对记者称:伊宁问题并未进入严重阶段,当前重要问题在于"全盘剿匪"。

　　△　国民政府将600多件文物由上海运往台湾。

　　△　国民党军胡琏兵团整编第十一师,协同第一二五旅进抵偃师地区,与孙元良兵团会合,向洛阳攻击前进。

　　△　豫西国民党军攻占观音堂。

　　△　人民解放军苏北兵团二纵在益林对国民党军发起攻击,至19日,全歼国民党军整编第五十一师第一一三旅及来援之第七十二师等

部共 7000 多人，生俘第一一三旅旅长王匡。解放军部队伤亡 2800
余人。

　　△　部分国民大会代表发表启事，否认"非法退让"。

　　△　行政院开会讨论调整公教人员待遇事。

　　△　教育部发表三十六年度第一学期全国中等学校学生统计结
果：完全中学 1654 所，学生 31.7835 万人；初中 2612 所，学生
117.8021 万人；师范 902 所，学生 24.5609 万人；职业学校 724 所，学
生 13.7040 万人。总计学校 5892 所，共 4.3183 万班，学生 187.8523
万人，其中男生 149.9436 万人，女生 37.8087 万人，教员计 18.3501
万人。

　　3 月 17 日　国民党中常会决定于本月 28 日召开国民党第六届中
央执行委员会临时全体会议，推选本届国大总统、副总统之候选人。

　　△　蒋介石主持召开华中地区绥靖会议，讨论"华中军事、政治、经
济三位一体总体战方略"，决定"华中总体战"之军事、政治、经济三大原
则：一、军事上撤销武汉行辕，改设华中绥靖公署；二、政治上组训地方
团队，建立地方武装，从保甲入手，强化地方行政组织；三、经济上对解
放区实行封锁。会议还决定推行"自清、自剿、自卫、自富"的"四自原
则"。

　　△　蒋介石召见熊式辉，就东北军事失败原因进行检讨。

　　△　傅作义主持召开华北"剿总"与河北省军政工作检讨会议，北
平行辕主任李宗仁致词称，要以知己知彼、百战不殆精神检讨军事，并
称："今日政府戡乱已非狭义的敉平匪患，实具有更广泛之重要意义"，
"亦即用三民主义扑灭共产主义。"傅作义讲话则强调动员人民，训练干
部，变"防匪"为"打匪"，则局面必可扭转。

　　△　国民政府副主席孙科表示将参加副总统竞选。

　　△　美国驻华大使司徒雷登向本国国务院报告称：南京政府"政治
与军事的崩溃现正在迅速地接近期待已久的高潮"，"在一向最忠于蒋
委员长的那些人中，已有了不满他的政策的明确征象，在他本身方面也

看不出有进行必需的根本改革的任何意图。所有集团在失望之中,便斥责美国主张组织上的变更或改革,但是美国仍然迟迟不予美国许诺已久的、而为民主制度存在所赖的援助"。

△　由郑州、许昌开援洛阳之整编第十八军、整编第四十师迫近洛阳。占领该城的人民解放军主动撤出,阻援部队亦退出战斗,洛阳战役结束。

△　鲁中人民解放军部队攻占桓台。

3月18日　外交部就前苏联飞机截击民航运输机事再次向苏联提出抗议。

△　监察院举行全体委员座谈会,对目前军事、经济及教育现状进行检讨,认为行政机关多数行政措施"均需及时改正"。

△　王云五主持全国经济委员会第三十七次会议,讨论平抑物价问题。议决以招商局、中纺公司等国有资产拨交中央银行作为法币基金,以稳定币值,平抑物价。

△　《中央日报》报道:第一届国民大会法定代表总人数为3045人。

△　国民大会代表开始报到,是日报到共17人。

△　蒋介石会见山东请愿团代表。

△　智利驻华大使白郎柯向国民政府主席蒋介石递交国书。

△　上海英商电车公司职工300余人罢工。

△　国民党军孙元良兵团整编第三十八师、整编第四十一师第一二四旅重占洛阳。

△　东北人民解放军发表接管城市的训令,保护工商、文教、慈善事业。

△　人民解放军苏北部队进袭南通、海门。

△　东北野战军第五、七、八、九、十等五个独立师开进长春近郊,对长春形成了初步的包围。

3月19日　历届国民参政会参政员30多人举行联谊会,本届参政会主席莫德惠致词称:"国民参政会于本月 28 日宣告任务终了,但责任仍至为艰巨",希望各参政员在当选国大代表或其他职务后,仍同心致力于国家建设与安定。

△　被迫退让的国民党籍国民大会代表向内政部索要当选证书,并与国民党组织部长陈立夫谈判。

△　联合国劝募儿童救济金中国委员会会长宋美龄、副会长谷正纲致函国民大会筹备委员会秘书长洪兰友,请发动国大代表"一日运动",节用一日,以所得救济全世界三亿儿童。

△　联合国安全理事会召开会议讨论印度与巴基斯坦之克什米尔纠纷,中国代表蒋廷黻提出一折中方案:一、巴基斯坦停止援助当地土人反叛印度政府;二、印度军队由该地区撤退,仅留少数足以保护该地区治安之军队;三、组织一特别机构,负责由当地人投票公决所属问题。

△　美国众议院外交委员会通过 62.05 亿美元的援外法案,其中以 5.7 亿美元作为对中国的经济援助和军事援助。

△　河北军政检讨会决定"发展中层、保护自耕农"的土地政策。

△　豫北国民党军攻占淇县。

△　华东野战区苏北兵团解放益林,全歼国民党军整编第五十一师第一一三旅。

△　人民解放军热河部队由阜新撤退。

△　行政院核定施行《全国各地标准时间推行办法》。《办法》划分全国时间为五个标准区域,即:长白区、中原区、陇蜀区、新藏区、昆仑区;全国各地标准时刻以中央广播电台所播之时刻为准。

△　东北新华广播电台试验播音。

3 月 20 日　华中区绥靖会议结束,蒋介石致词称:《华中总体战方案》系经会议慎密研究通过,希望到会人员确守岗位,遵照方案规定,切实执行,密切合作,"俾使剿匪戡乱之使命以迅速完成"。

△　中国土地改革协会发表土地改革方案,主张实行"耕者有其田"。

△　上海粮价猛涨，大米每石达 440 万元。

△　北京大学等七所学校学生联合致函蒋介石及教育部长朱家骅，要求各大学实施全面公费制，把教育经费提高到总预算的 35%。

△　毛泽东在为中共中央起草的通报中指出："我们的方针是稳扎稳打，不求速效，只求平均每个月消灭国民党正规军八个旅左右，每年消灭敌军约一百个旅左右。""五年左右（1946 年 7 月算起）消灭国民党全军的可能性是存在的。"

△　华东野战军山东兵团第七纵队攻克鲁中淄川，歼灭国民党军 1.2 万多人。

△　晋察冀人民解放军以一部兵力与地方人民武装，在北平、天津、保定之间积极机动，掩护主力部队向察南挺进，发动了察南绥东战役。

△　人民解放军苏北部队偷渡江阴，受国民党军阻击，未果。

△　晋绥人民解放军攻占山西怀仁县城。

3 月 21 日　据国民大会筹备委员会秘书处公告，至本日各地依法选举出之国民大会代表已达 2832 人。

△　国民政府宣布南京地区安全紧急措施，规定戒严一切渡口，严厉检查一切过往民船和乘客。

△　国民政府最高军事统帅部每天以 100 架次以上的飞机从四川、徐州空运部队到陕西，连续四天。

△　美国国务院派员来华，调查湘、粤、赣经济。

△　中国技术协会在南京成立。

△　皖北国民党军攻占亳县。

△　湖南省辛亥首义同志会在长沙成立。

△　毛泽东电告彭德怀中央机关东移事。并指示："陕甘全局，除陈、谢一个旅在陕南外，由你们独立担任。"

△　毛泽东、周恩来、任弼时率中央机关从陕北米脂县杨家沟出发，前往晋绥区。当日到达绥德县吉镇。

　△　中共中央致电刘宁一指出:反对马歇尔计划及美帝援蒋罪行,应成为你出席世界工联执委会的主要提案。反美援蒋宣传重点应该是:揭露美帝以金钱和军火物资助蒋屠杀中国人民,揭露美军及其派出的顾问团直接参与屠杀中国人民,揭露美帝扶持日本侵略反动势力复活,并运输日本军人来华助蒋内战。

　△　周(村)张(店)战役结束,山东解放军歼灭国民党军 3.8 万多人,山东国民党军退守济南、青岛等少数据点。

　△　晋察冀野战军在平绥路大同至天镇段发起攻势作战,解放阳高、广灵两县城。

　△　人民解放军察南部队猛攻蔚县。

　△　晋绥人民解放军进占山西左云县城。

　△　苏皖第九分区部队攻占著名渔港吕四镇。

3 月 22 日　美国参议院外交委员会通过以 4.63 亿美元援助国民政府,其中 3.63 亿美元为"经济援助",一亿美元由国民政府购买军火。

　△　北平行辕主任李宗仁由北平飞抵上海,在接受记者采访时称:我完全同意麦克阿瑟的意见,即在实施其他改革以前,军事解决最重要,我当选副总统之后,定可协助未来之国家元首戡平"匪乱"。

　△　海军代总司令桂永清在"兴安号"军舰上招待记者称,美国所赠舰艇年内接收完毕。

　△　美国开始实施其赞助华南复兴计划。该计划为重修河堤 22 处,由出售救济米而得的基金拨款。

　△　上海市参议会人权保障委员会成立。

　△　广州开始发放粮食计口配售证。

　△　洛阳国民党军进攻龙门,遭中原野战军第九纵队阻击,被歼 700 余人。

　△　毛泽东与中共中央机关一行到达陕北葭县刘家坪。

　△　西北野战军晋绥部队解放绥东丰镇县城。

　△　人民解放军晋北部队攻占阳高永嘉堡。

3月23日 国防部长白崇禧由南京飞往汉口,指挥华中地区军事。

△ 北平行辕主任李宗仁对记者发表谈话称:东北之局势,"国军之力量,仍足以确保目前之据点";华北方面,"国军之力量远优于共匪",华北局势很乐观。

△ 华北"剿匪"总司令傅作义至张家口,视察军政情形。

△ 行政院政务会议讨论决定,从4月起,按月调整公务员待遇。

△ 国民政府任命郑洞国兼任代吉林省政府主席。

△ 台湾教育参观团15人在台湾省教育厅长许格士率领下至南京。

△ 联合国新闻自由会议在日内瓦召开,中国政府反对外蒙古参加。

△ 上海泰利铁厂工人800多人举行罢工,抗议厂方无理解雇工人。

△ 加拿大援助南京政府之军火经港运沪。

△ 据有关方面透露,日本东京政治研究所之东亚研究所,存有劫自中国的书籍共计1.547万册,其中古籍5931册,《万有文库》2293册,《四书集成》1990册,杂志5256册。业经我驻日代表团向盟总交涉,全部退还,将于近期内运返国内。

△ 毛泽东一行由陕北吴堡县川口东渡黄河,进入山西临县。

△ 东北行政委员会发出《关于成立高等法院并健全司法机关的指示》。

△ 晋察冀野战军解放天镇县城。

△ 平西线解放军部队进攻密云。

3月24日 蒋介石与美国军事顾问团团长巴大维商谈军火问题。

△ 国防部政工局长邓文仪对记者称:"总统府成立后,现设各地之行辕均可能改组为绥靖公署。"

△ 国民政府主席武汉行辕主任程潜发表谈话表示要加强"政治剿匪"。

　　△　驻美大使顾维钧访谒美国国务卿马歇尔,与谈对华军事援助问题。顾氏向马氏提出 1.5 亿美元的军事物资的信贷请求,并称:该项信贷的提出,"是由于若干原因而需要增加的。第一,最近两个月战争扩大了,因此中国军队的需要量大大增加。第二,美国国外地区的剩余战争物资定价颇低,而国内地区同类物资的定价则高得多。而且运往中国的包装费、保险费和运费往往高达价格的 15% 至 17.5%"。

　　△　中国驻联合国军事参谋委员会首席代表何应钦自美抵达英国,访问英国外相贝文。

　　△　中共中央在致中央工委及陈毅等人电中指出,我们反对美帝的中心政策是:反对美帝将中国殖民地化,推翻美帝在中国的侵略统治;正确的策略应该是:从总体上认识美帝援蒋内战甚至直接出兵,也不能挽救蒋介石覆灭的命运,但绝不可轻视美帝对蒋介石的每一援助,要动员国内外人民起来反对,来阻碍并减少之,还要利用美帝内部及美蒋之间的每一矛盾,来加以动摇和推迟。

　　△　毛泽东与中共中央机关到达中共中央后委驻地临县三交镇双塔村,与杨尚昆等后委留守人员见面。当晚,中央机关研究今后行动路线问题,决定分为两路:毛泽东、周恩来、任弼时等先在此逗留,然后乘车经晋绥军区前往晋察冀;中央机关和后委机关留守人员由杨尚昆率领直接前往西柏坡。

　　△　晋察冀野战军攻克察南蔚城县。同日,解放阳原县城。

　　△　人民解放军攻占绥远。

3 月 25 日　国民政府任命卫立煌兼任东北行辕政务委员会主任委员,高惜冰为副主任委员,任命东北"剿匪"副总司令郑洞国在长春兼任第一兵团司令官和吉林省政府主席。同日,郑洞国在长春励志社礼堂宣誓就职,郑氏在就职仪式上向各文武官员称:蒋介石为其规定"固守待援,相机出击"的战略任务,要求大家精诚团结,共守长春,只待蒋委员长指挥大军出关增援,我们即转入战略反攻。

　　△　立法院开会审查通过《中华民国总统府组织法》。

△　国民政府公布《特种刑事法庭组织条例》,决定于 4 月 21 日起实行。国民政府副主席孙科在立法院宣称:"特种刑事法庭之成立即在制裁共军,今日吾人已不允许对共军再有同情心理,凡同情共军者请退出去。"

△　立法院通过《戡乱时期危害国家治罪条例》。

△　蒋介石致电希腊国王保罗一世,祝贺希腊独立。

△　蒋介石召见国民党籍国民大会代表 60 多人,劝慰要"体认革命环境,互谅互让,牺牲小我,顾全大局"。

△　国民政府副主席孙科发表谈话称:此次国民大会选举,只有蒋介石一人有资格当选大总统。

△　蒋介石召见李宗仁、程潜、邓锡侯、宋希濂等人,听取各人辖下军政事务之汇报。

△　长春第一兵团正式编成,该兵团辖有新七军(新三十八师、暂五十六师、暂六十一师)、滇六十军(第一八二师、暂二十一师、暂五十二师)、吉林省保安司令部、骑兵第一、第二旅、吉林师管区、长春警备司令部、联勤兵站支部等地方部队,总兵力达 10.7 万人。根据司令官郑洞国的部署,长春守军大体上以纵贯市区南北的中正街为界,由新七军防守西半部,第六十军防守东半部。

△　国民政府副主席孙科、监察院长于右任、北平行辕主任李宗仁、武汉行辕主任程潜先后正式宣布参加行宪国大副总统之竞选。

△　在日本侵华期间充当国际间谍并任伪安国军司令的金壁辉(川岛芳子)以汉奸罪在北平第一监狱被枪决。

△　河南地方团队攻占淅川荆紫关。

△　上海市军警当局大搜捕,数十名工人被捕。

△　晋察冀野战军之攻势作战,迄于本日共歼灭国民党军 1.5 万多人。

3 月 26 日　国民政府国务会议通过《出售国营事业充实发行准备办法》,该《办法》规定的出售范围是:一、招商局股票 50%;二、中纺公司之官股 70%；三、资源委员会所属价值 5000 万美元之事业；四、接收敌伪物资资产剩余部分；五、日本赔偿物资之 25%。同时规定以股票的形式出售，以美元计值。

△　行政院长张群举行茶话会，招待国民参政会全体驻会委员会委员，并发表演说称：政府无论在任何困难的情形下，均曾努力于民主、政治之推进与谋整个国家建设事业之发展。莫德惠致词称：参政会同人，十年来与政府共甘苦、历艰辛，其意见盖在鞭策政府体认时局以觅得其应循之途径，故本会同志均能爱护国家，维护主权，以期国家之前途在富强康乐中迈进。

△　国民大会筹备委员会秘书长洪兰友在记者会报告该会筹备经过。

△　中国驻印度大使罗家伦返回南京述职并参加国民大会。

△　中央研究院召开评议会，选举出第一届院士 81 人。

△　南京政治大学教授刁作谦等 100 人发表时局宣言，提出挽救危局之主张。

△　攻占蔚县之解放军部队撤退，国民党军进占。

△　毛泽东、周恩来、任弼时等由双塔村乘车出发，经白文、康宁到达晋绥边区领导机关驻地兴县蔡家崖，同贺龙、李井泉等会面，并在这里停留了八天。

3 月 27 日　蒋介石发表《为解决国民大会代表选举纠纷的声明》，称自己作为国民政府主席，"在民选政府尚未成立以前，对国家负有责任"，而作为国民党总裁，"对中国国民党及国民革命完成宪政之目标，亦负有责任"。关于国民大会代表资格问题，他在声明中说："兹当国民大会开会之前夕，若干代表当选资格，因政治与法律观点之不同而尚未解决者，余乃负责予以全部解决。余以为本党同志相互的问题，应依一般选举之通例，使得票比较多者当选。至本党同志与友党候选人之间的问题，则应以政治方法为之解决。本党同志应本于尊重政党协议与政党提名之精神，放弃其当选资格，俾友党候补人赝选。惟有如此，始能符合召开国民大会之宗旨。"

　　△　李宗仁、程潜发表竞选演说。李氏声称:"余认为,吾人如欲使整个国家迈上三民主义之民生主义政治途径,必须发扬民权主义,同时实行有计划的民生主义,则乱源定可消灭。"程氏亦在相同场合,发表其在政治、经济、外交方面之主张。

　　△　监察院长于右任在参加陕西旅南京同乡会欢送第五十二军军长刘玉章赴东北之集会上称,其本人是出自乡村,无时或忘中国广大农民以至边胞之痛苦与希望,故此次参加副总统之竞选定能获得最有力之支持,取得胜利。

　　△　南京3000多饥民上街抢食,蚌埠难民也上街抢夺食物。

　　△　晋冀鲁豫军区部队和太岳、吕梁军区部队各一部,为突破临汾城国民党军的防守,在城墙下秘密掘成两条各长110米左右的破城坑道,分别填入黑色炸药6000多公斤和黄色炸药3500公斤,将城墙炸开两个各50多米长的缺口,保证了突破的成功。

　　△　人民解放军察南部队进攻怀来。

　　△　上海市当局大肆搜捕共产党员。

　　△　华东野战军第十三纵、新十一师及渤海纵队攻占潍县。

　　△　中原野战军一纵由临泉开抵阜阳地区。

　　△　中原野战军六纵于是日转出大别山区,北渡淮河,经临泉转师西向。

　　3月28日　国民大会代表是日报到661人。截止是日,共有1694名国大代表报到。

　　△　国民参政会举行茶话惜别会,正式宣布结束。蒋介石、莫德惠、张伯苓分别致词。同时成立历届参政员联谊会并选举产生理事、监事。该会先后共召开四届十三次会议。

　　△　中国青年党发言人发表声明称:"本党为协助行宪,实现民主完成建国大业,参加国大。"

　　△　在南京之23个青年文化团体成立"于右任先生竞选副总统助选团"。李宗仁、孙科、程潜之助选团也先后成立。

　△　被迫"退让"之国民大会代表 10 人到大会堂绝食抗议,另有一些人闹事、哭陵、包围国民党中央党部,甚至抬着棺材拟拼一死。

　△　北京大学、清华大学、中法大学、朝阳学院、北平师范学院、燕京大学、河北大学、北洋大学和南开大学九校学生在北京大学民主广场成立华北院校自治会保卫自治权利联合会(简称华北学联),一万多名学生发出联防誓言:"同甘苦,共生存,一校有事,各校支援! 一人被捕,全体入牢!"

　△　北平当局下令查禁华北学联。

　△　陕北国民党军攻占澄城。

　△　中原野战军十一纵及豫皖苏独立旅包围阜阳。一纵攻击东关,十一纵攻击北关。

3 月 29 日　行宪国民大会在南京召开。法定代表总额应是 3045 人,现已产生 2908 人,至昨日报到达 1694 人,出席会议的代表共 1679 人,已足法定人数。政府各部、会首长应邀出席,各国驻华外交使节应邀观礼。国民政府主席蒋介石致开会词称:这次大会是中国有史以来"划时代的一件大事",国家的整个责任已由国民政府交还国民大会代表。并指出这次大会的使命,"只是行使选举权,以完成中华民国政府之组织"。他还说:"我认为今天国家和人民,戡乱与行宪应该同等重视。我们不能因戡乱而延缓宪政的实施,反之,我们正因为要保障宪政的成功,不能不悉力戡乱,以铲除这个建国的障碍与民主的敌人。""今天的戡乱,乃是民主宪政对暴民专政的战争,也就是救国对卖国,救民对害民的战争。"

　△　蒋介石在第五届青年节上发表《告全国青年书》称:"现在我们的国家和国民,又面临着一个大考验的时代……凡是青年们信仰一致、行动一致、意志集中、力量集中的时候,就是我们国家战胜艰难、开辟光明的时候,只要我们能继承革命先烈为国献身的精神,体会青年节伟大的意义,正视现实,负荷艰巨,忍劳耐苦,积极奋斗,那我们就不仅能保持先烈们艰难缔造的光荣史绩,更必能消除匪患,芟夷障碍,建造一个

三民主义富强康乐的新中国。"

　　△　国民政府委员莫德惠对《中央日报》记者表示自己决定参加副总统之竞选。

　　△　孙科发表纪念黄花岗之役广播讲话,主张实现三民主义,号召国人"善尽责任"。

　　△　北平、天津、唐山等地学生在北京大学民主广场举行黄花岗七十二烈士纪念大会,同时抗议北平当局查禁华北学联的命令。九三学社许德珩、袁翰青、樊弘三教授到会演讲,抨击国民党的腐败统治。

　　△　上海贫寒学生与挽救教育危机联合会、小学教师联合进修会、中等教育联合会等团体发出呼吁,要求按生活指数调整教师待遇。北平、天津、南京、唐山等市的教师、学生也都先后罢课、罢教,与政府当局开展反饥饿反迫害斗争。

　　△　美国远东民主政策委员会发表声明,抗议杜鲁门提出之 5.7 亿美元援华法案,决定于 4 月 4 日至 11 日举行"中国周",抗议美国政府支持蒋介石在中国打内战的政策,同时号召码头工人与海员抵制运输货物来华援蒋。

　　△　华北"剿匪"总司令傅作义视察大同、归绥。

　　△　国民党军攻占平绥线天镇、阳高。

　　△　空军轰炸齐齐哈尔等地。

　　△　国民参政会参政员、上海法学院院长褚辅成在上海逝世。

　　△　进攻阜阳之中原野战军扫清外围,十一纵猛攻北关。

　　△　人民解放军山东部队攻占新泰。

　　3 月 30 日　国民大会召开第一次行宪预备会议,是日共有 104 人报到。胡适主持讨论大会主席团问题,根据《国民大会组织法》第五条之规定,大会主席团应由出席国大之代表 25 人组成。但此次预备会不得结果。

　　△　立法院院长孙科宣布:国民政府第四届立法院至迟将于 4 月底结束。

△　立法院通过《行宪后立法院组织法》及《监察院组织法》。

△　东北"剿匪"总司令卫立煌奉召飞往南京。中午过北平时,卫氏与华北"剿匪"总司令傅作义在机场长谈。旋续飞南京,当晚谒见蒋介石汇报东北情况。蒋介石以长春、沈阳交通断绝,单凭空运无力维持补给为由,一再要求卫立煌将沈阳主力撤到锦州,只留少数部队防守沈阳和长春。卫立煌则主张部队残破未加整训,不可能打到锦州,反而有被消灭的危险,反对蒋介石的方案。卫氏最后向蒋介石表示,只要蒋同意不将主力撤出沈阳,东北部队的全部补给由他本人设法请美军顾问团帮助运输。

△　李宗仁对记者发表谈话称:三民主义可击败共产主义。如果全国才智之士均能团结一致,努力推行民生主义,实行耕者有其田、节制资本之主张,同时全力以求民权主义之发扬,"则共产主义当可不攻自灭"。他还表示:"在主观上,本人相信余竞选副总统为最有希望。"

△　北方 29 省市救建协会暨北方建设研究会全体理监事举行联席会议,主张副总统应由北方文人中选举产生。

△　美国参议院正式通过一年内对国民政府之 4.63 亿美元之援助法案。

△　华北学联发表声明,驳斥国民党当局对学生运动的诬蔑,号召华北学生"要提高警惕,加紧团结,英勇起来击退反动的逆流,保卫自己"。

△　陕北国民党军攻占甘泉。

△　华东野战军山东兵团解放威海卫、龙口、蓬莱。

3 月 31 日　国民大会第二次预备会议,讨论大会主席团选举办法,并决定增加主席团名额。

△　司法院长居正宣布参加大总统竞选,同时还表示希望于右任能当选副总统。

△　驻联合国军事参谋团首席代表何应钦由美国飞抵上海,次日至南京。

△　国防部政工局长邓文仪发表《对于国军今后战略行动之声明》称:"国军证诸东北永吉撤退之成功,使兵力集中,能争取主动起见,对无军事战略之价值之次要据点,今后于必要时仍将予以放弃。"

△　武汉行辕主任程潜发表谈话,称此次参加副总统之竞选的动机,实于 26 年前即产生。他还说:"依照宪法,副总统系备而不用,故在大总统在位时,副总统并无任何军事或政治职权,其地位实与美、法副总统似。"

△　美国驻华大使司徒雷登向其本国国务院报告称:"现在正在开会中的国民大会的发展,对未来的发展应有裨益。副总统的选择将为一指标。中国又再度处于十字路口上","或者是那些心灵脆弱的人占优势,而我们将看到一个由苏联主持的联合政府,或者是那些意志坚强的人们团结在蒋委员长的周围,重新鼓舞起来恢复专制仁政,以再度吸引人民的拥戴,以克服共产主义的威胁。我们企望后者而惧怕前者。"

△　行政院新闻局发布全国儿童福利机构数额 187 所,容纳人数约 2.5 万人。

△　用于中美积石山探测之飞机遭到损坏,探测计划不能按时进行。

△　中共中央就英国政府愿与解放区建立通商关系事致中央工委转香港分局电:望通知刘宁一,原则上可非正式表示欢迎,对通商的具体事宜可继续进行试探。另电中央工委并转东北局,指出:解放区与英国"建立通商关系,对双方都有利,在地区上,最好对英国开放山东、苏北口岸,而暂保留东北"。

△　陕甘宁边区政府颁发保护工商之布告,以图恢复和发展收复区之经济。

△　东北野战军进攻长春飞机场。

△　中原野战军陈赓部第四、第九纵队攻克豫西重镇陕州。

是月　上旬,中共东北局在哈尔滨召开省委书记联席会议,总结检查了各地土地改革的工作,并指出 1948 年的任务是解放全东北,支援全国的解放战争。

△　下旬,国民党军事指挥当局发现解放军进入阜阳地区,急调大别山区之张轸率整编第五十八师之四个团,整编第十师之三个团,整编第二十师之四个团共 11 个团的兵力,向临泉、阜阳地区进击,因受到中原野战军之十纵的阻击,乃于 26 日向南退缩。

△　香港《大公报》复刊,负责人费彝民。

△　中共东北局明确提出党在东北的工作重心要逐步由乡村移到城市,加强城市党的工作。

△　美国政府向盟总颁布劫物归还临时指令,盟总即令日本政府将劫掠物资集中于若干大城市及港口,由盟国代表前往参观认领。至1949 年 9 月止,日本归还中国的掠夺物资总价值约在 1800 余万美元,仅为日军侵华劫掠物资极小部分。

4　月

4 月 1 日　国民大会举行第三次预备会议。国大代表报到已达2110 人,是日出席会议 1687 人。会议抽定各单位代表席次,工会居第一。

△　立法院通过决议,将国民大会主席团名额由原来的 25 人增加至 85 人。

△　蒋介石召见东北"剿匪"总司令卫立煌,商谈东北军事问题,并最终同意卫氏之意见,暂不把沈阳主力撤至锦州。

△　行政院批准经济部所拟具之《抚助出口事业办法》,该办法主要内容有:一、对于重要外销物品,设法协助增进产量,改进质量;二、鼓励国货外销;三、适当解决各出口行业之间之实际困难。

△　毛泽东在晋绥干部会议上发表讲话,重申中国共产党在当前历史阶段的总路线是"无产阶级领导的,人民大众的,反对帝国主义、封建主义和官僚资本主义的革命",中国共产党在土地改革工作的总路线

是"依靠贫农、团结中农,有步骤地、有分别地消灭剥削封建制度,发展农业生产"。

　　△　监察院长于右任在国民大会之北方代表联席会议上发表谈话称:欲救中国,须先救北方。

　　△　行政院救济特捐督导委员会召开第九次会议,议决:国营与党营事业,一律免缴救济特捐。

　　△　香港、澳门之间无线电话正式通话。

　　△　国民政府公布修正之新所得税法。

　　△　中美积石山探测协定终止。

　　△　华北钢铁公司北平石景山大铁炉出铁。

　　△　关于外间传闻北京大学已全部实行公费事,北大校长胡适发表声明予以否认称:"北大学生公费,由公费审查委员会负责办理,向依教部规定,并无例外。"

　　△　保卫华北学联座谈会在北京大学四院召开,大部分同学签名赞成罢课。

　　△　进攻阜阳之中原野战军一纵第二十旅攻占南关,伤亡1100多人。

　　4月2日　国民大会召开第四次预会议,通过《第一届国民大会第一次会议主席团选举办法》,规定主席团候选人之产生办法、主席团之由无记名投票选举产生办法等。

　　△　何应钦出席国民党中政会,报告中国驻联合国安全理事会军事参谋团一年来在美国之工作情形。

　　△　国民党中政会决定委任王陵基为四川省政府主席,杨森为重庆市长,谷正伦为贵州省政府主席,张笃伦为湖北省政府主席,胡家凤为江西省政府主席。

　　△　东北"剿匪"总司令卫立煌偕联勤第六补给区司令刘耀汉拜会美国军事顾问团团长巴大维,商谈有关东北国民党军部队装备补给和增加空运力量的问题,巴大维表示将给予全力支持。

△　宁夏省政府主席马鸿逵对记者谈宁夏之防务称：宁夏之正规军近 30 万，需要较好之美式装备，方足以确保西北。同时强调美国应对华采取积极的军事援助。

△　国际戏剧学会中国分会在南京成立。

△　美国参众两院通过以 60.98 亿美元之《全盘援外法案》，其中《一九四八年援华法案》规定：该年度以不超过 3.38 亿美元为对华经济援助，以不超过 1.25 亿美元以赠与方式作为军事援助。

△　河南地方团队攻占登丰、洧川、鄢陵。

△　冯玉祥以国民党革命委员会代表资格向美国登记。

△　北京大学、清华大学、北平师范学院、中法大学、燕京大学、天津南开大学、北洋大学七校学生代表为反对当局查禁华北学联及逮捕学生事，到北平行辕请愿，要求当局收回查禁学联之成命。

△　由于国民党军之增援部队从四面围扰逼近，围攻阜阳之中原野战军部队撤围转移。一纵向西北转至太和地区，并将该地区之国民党军引至黄泛区，于中旬转移至太康地区；十一纵向北转进，将国民党军邱清泉整五军引向陇海路北，至中旬，共急行 1200 里，将邱部引至陇海路砀山地区，然后转至鲁西南。

4 月 3 日　国民大会召开第五次预备会议，出席代表 2254 人，推定大会主席团候选人 142 人名单，但选举主席团未果。

△　蒋介石召见李宗仁，对李称："总统、副总统候选人，均由中央提名。副总统候选人，已内定由孙哲生（孙科）出任，希望你顾全大局，退出竞选。"李宗仁向蒋表示："半年以前，我已经向总裁请示，如果你不赞成，我当然是唯命是从；不料你一直没有什么表示，所以我就积极准备一切。事到如今，我已经欲罢不能了。"

△　李宗仁就当选后如何解决东北问题、边疆民族问题、华侨问题、妇女问题、外交问题等方面发表谈话。在谈到东北问题时，李氏称："东北从国防上说，为华北之屏障，无东北即无华北，无华北则长江流域亦难自保"，主张"欲挽救中国之危机，必须先挽救东北，中国人必须与

东北共存亡"。他还表示:"余将来如能获选副总统,必以全力促中枢重视东北。"为了共同反对副总统候选人由党内提名的决定,他还通过黄绍竑与于右任、程潜达成协议。

△ 澳大利亚当局责令在境之中国侨胞 300 人即日离境。

△ 苏联照复国民政府,不同意中国政府在东北各地享有自由行动主权。

△ 民社党主席张君劢自美国返抵上海。

△ 驻守洛阳之国民党军整四十一师第一二四旅旅部率第三七〇团残部开抵偃师,洛阳守军仅剩第一二四旅第三七一团共 2900 多人、宜阳县保安团冯克功部 500 多人。

△ 北京大学、燕京大学、清华大学、中法大学、北平师范学院五校学生自治会代表举行联席会议,决定自即日起实行总罢课三天。当天下午,北大等学校的学生在北京大学民主广场召开反迫害、保卫学联大会。

△ 平津区铁路局北平电务段交换所分段全体话务员举行罢工,使铁路通讯中断一天多时间。

△ 中原野战军陈唐兵团向刘伯承、邓小平及中共中央军委报告第二次进攻洛阳的计划:"我为对刘邓有力配合,并歼击薄弱之敌,决以由陈赓指挥四、九纵本日起攻歼洛阳守敌,得手后除以九纵一部控制洛阳开展工作外,主力继续沿着陇海路向东扩张及掩护河北后方交通,四纵即经登丰、禹县向东行动,靠近三、八纵,攻歼许昌、新郑之敌","我们率三、八纵于 7 日进至禹(县)襄(城)线,视机攻歼许昌、新郑之敌。另以四纵二十二旅留郾城西北、西南地区,监视十一师行动,配合我攻歼许昌及刘邓行动。"

△ 晋察冀野战军、西北野战军晋绥部队各一部攻克凉城。

△ 国共两军在长春外围展开激战。

4 月 4 日 国民大会代表是日报到 54 人。国民大会休会。

△ 国民党第六届中央委员会召开临时全体会议,讨论总统、副总统选举提名问题。蒋介石在会上表示将不参加总统竞选,"总统一职,

最好由本党提出一党外人士为总统候选人",他同时强调这个候选人须具有富有民主精神、对中国之历史文化有深切之了解、对宪法能全力拥护、对国际问题及国际大势有深切之了解与研究、忠于国家五项条件。副总统原则上决定自由竞选。

△　东北"剿匪"总司令卫立煌由南京飞返沈阳,开始着手整训部队,并准备坚守沈阳、长春、锦州三大据点。

△　外交部长王世杰就美国援华法案发表声明:"美援华案业由美国国会通过,并经美国总统签署,中国政府与人民闻之欣感。此为美国对华友谊之又一表现,并且是美国对中国严重局势之一种认识。此案多项条款尚待两国政府以合作精神付诸实施。本人此时所欲郑重申述者,为此案之通过,可能给予中国人民以重大的精神鼓励,此案的影响非单就款额之数字所能估计。但中国政府接受此案,其心情十分沉重。因为此案之成功或失败,吾人势将负最后之责任。中国今日实面临多种困难。当此共党公然作乱,通货恶性膨胀之际,其他国家如遭遇相似情形,或将采取别种政治途径,但吾人则决心于此时推行民主宪政。此项政治计划与夫张院长所曾宣布的十项经济自助方案,中国政府将必以极大之决心与毅力使之实现,盖此为达到中国统一及建设之道路,亦即保全整个远东和平与安全之途径。只要吾人循此目标迈进,吾人的努力决不是孤单的,此为余所深信不疑者也。"

△　国防部长白崇禧在接见国民大会河南籍代表时称:"豫省形势重要,中枢向极重视。郑、汴两地为中原重镇,不论局势如何变动,当局绝不肯放弃。"

△　洪兰友等在南京组织成立中国民众法律教育社。

△　华北"剿匪"总司令傅作义飞机在集宁失事,傅氏当场被震昏,寻脱险。

△　中美积石山探测美国方面队长雷诺自行离开上海,抵达日本东京。

△　清华大学、燕京大学学生联合举行保卫华北学联营火大会,会

上教员联合会、职员工会、工警联合会等决定于 6 日起联合罢教、罢工三天。

　　△　毛泽东一行到达岢岚县城。同日晚,毛泽东致电彭德怀:"西北战场重要性已增长,战争规模已扩大,400 万人支援这战争已感吃力,民负应减轻不应加重。"

　　△　中共合江省政府颁布《奖励技术发明暂行办法》。

　　4 月 5 日　国民大会举行第六次预备会议,选举产生于右任、谷正纲等 85 人为国民大会主席团成员。是日国大代表报到 98 人,截至是日,共有 2743 名代表报到。

　　△　国民大会主席团举行第一次会议,核准施行《国民大会旁听办法》。

　　△　国民党中央常会商讨总统候选人问题,行政院长张群称:"并不是总裁不愿意当总统,而是依据宪法规定,总统是一个虚位元首,所以他不愿意处于有职无权的地位。如果常会能想出一个补救办法,规定在特定期间,赋予总统以紧急处置的权力,他还是要当总统的。"结果中常会派人向蒋介石征求意见,获得同意。中常会遂于下午通过张群所提之"赋予总统以紧急处理权"的建议,同时决定仍推选蒋介石为总统候选人。

　　△　蒋介石主持召开军事会报会,商讨西北军事问题。国防部副部长郑介民、副参谋总长林蔚、陆军副总司令汤恩伯、联勤总司令郭忏及马鸿逵、邓宝珊、马步芳等人出席。会议决定下令抽集 20 个旅的兵力合围中原野战军集合地带临泉、沈丘地区。具体部署是:以驻守信阳的张轸兵团第十一、二十、五十八整编师及第十八、五十二旅,向临泉、沈丘、新蔡攻击;以整编第四十八师第一三八旅出三河尖,整编第七十四师第一二一旅、新编第二十五旅向太和,整编第五师三个旅向肥水、太和,整编第五十一师两个旅向周口(今商水)、淮阳、鄢陵、扶沟前进,商丘地区吴化文部整编第八十四师与驻罗山之整编第二十八师在纵深策应。

△　司法院长居正发表竞选总统谈话,提出三点主张:一、改革地方政治;二、挽救农村危机;三、养成守法精神。

△　瑞典驻华大使汉麦斯特伦抵上海。

△　苏联大使馆将关于 3 月 8 日苏联飞机截击中国运输机事之复照送达中国外交部,内称中国外部前日所提之抗议,"并无根据",予以拒绝。同时重申:中国 C—46 型飞机,曾于 3 月 8 日晨侵入旅顺苏联军事区,苏联飞机因根据国际惯例,仅向其开枪作为警告信号,但未击中。

△　国内邮资调整:平信每封 5000 元,寻常商电每字一万元,其他各类邮件资费亦均作调整。

△　绥远国民党军攻占丰镇。

△　北京大学、清华大学、北平研究院等七个单位的教职员、工警联合会联合发表《为争取合理待遇告社会人士书》,痛陈生活之疾苦,宣布自 6 日起罢教、罢职、罢研、罢诊、罢工三天。清华大学系科代表大会决议响应教职工的号召,罢课三天,同时还成立了"反饥饿、反迫害行动委员会"。

△　中共中央致电中央工委并转香港分局电:可与美国官方人员中反对援蒋的一派作普通来往,向他们强调援蒋必遭到失败,排共的运动必然无成。

△　为打破国民党军的合围,中原野战军前委刘伯承、邓小平决定:陈赓部应即向黑石关及其以东扩张,陈赓兵团于 7 日夜围攻许昌、新郑;二纵、十纵 6 日夜围攻驻马店;三纵、六纵 8 日夜围攻上蔡,9 日围攻西平、遂平;十一纵引邱清泉军向东北;一纵在国民党军第十一师部援许昌、新郑时,尾追侧击之,配合陈唐兵团行动,或适时与三纵、六纵、二纵合歼向平汉线抵进之张轸部。

△　毛泽东一行到达神池县城。

△　人民解放军九纵、四纵再度攻克洛阳,全歼驻守洛阳之国民党军整第四十一师第一二三旅第三七一团及部分地方保安团共 2400 多人。

4月6日 国民党六届中央执行委员会召开临时全体会议,行政院长张群代表中常会作关于本届总统候选人提名问题的研究报告,建议以蒋介石为总统候选人。临全会通过决议:本届总统候选人,仍拥护蒋介石,但党不提名,由国民党籍之国大代表"依法联署提名"。张群并在临全会上说明:根据这一决议,蒋介石和居正都可以依法联署竞选总统;李宗仁、孙科、程潜、于右任四位国民党人都可以联署竞选副总统。

△ 国民大会召开第一次正式会议,出席代表 2268 人,讨论《议事规则》。

△ 空军总司令部发布公告,公布抗日战争期间阵亡或因公殉职而尚未领到恤金者 2415 人名单,"请各遗族即依照所刊表式详细填明各呈由住在地之地方政府,转送南京空军总司令部,以凭给恤"。

△ 金陵大学一部教授赞同蒋介石不参加总统竞选。

△ 北京大学、清华大学、北平师范学院等校师生员工和北平研究院的职员举行罢教、罢课、罢研、罢职斗争。

△ 东南名刹镇江金山寺发生第七次火灾,大火持续半天一夜。

△ 毛泽东一行到达代县。

△ 人民解放军九纵再次收复河南偃师。

△ 西满省及齐齐哈尔市党、政、军、民各界代表,在西满革命烈士陵园举行烈士追悼大会,与会者共三万多人,中共中央军委主席毛泽东、中国人民解放军总司令朱德、东北局、东北军区政治部等,都献了挽联。

△ 华东野战军十纵再占汝南,歼灭地方武装 300 多人。

△ 晋察冀解放军攻占和林。

△ 人民解放军西北野战军司令员命令以主力部队向国民党军兵力空虚之西府挺进,相机夺取宝鸡,发起西府陇东战役。

4月7日 国民大会下午举行第二次大会,代表共到 2551 人,通过《国大代表资格审查委员会组织法》、《国大纪律委员会组织规程草案》。同时通过对蒋介石之致敬电、慰劳"戡乱"将士电、慰问各绥靖区同胞书和慰问海外侨胞书。

△ 蒋介石宴请国民党中央执行委员及一部分监察委员共 200 多人，并发表谈话称：国民大会此次在南京召开，实为一极好良机，使地方情形能转达中央，以备政府采纳。

△ 立法院财政委员会举行审查会，通过《中华民国卅七年短期国库券条例修正草案》，规定，短期国库券分一个月期、二个月期、三个月期三种，面额有 1000 万元、5000 万元、一亿元、五亿元、10 亿元、50 亿元六种，均为不计名，月息五分。

△ 司法院长居正发表竞选总统演说。

△ 北平市长何思源、北平警备司令陈继承，强令北京大学校方于次日 12 时前将柯在铄等 12 名学生自治会理事、人权保障委员会负责人等，交到北平警备司令部，否则将进校搜捕。校学生自治会闻讯后，立即召开全校学生大会，发动群众进行保护。

△ 中共中央主席毛泽东一行到达繁峙县伯强村。

△ 中原野战军第四纵队之一部攻占河南巩县。

△ 华东野战军八纵收复河南许昌城。

△ 华东野战军十纵攻占驻马店。陈赓部攻占禹县。

4 月 8 日 国民大会举行第三次大会，修改通过《议事规则》第一章第一条至第六章第卅七条。大部分代表强烈要求"将地方情形反映于大会，反映于中央政府，对于当前时局及政府施政方针，应有广泛之检讨"，同时提出修改宪法的建议。是日，国民大会代表报到 46 人。

△ 司法院长居正发表声明，决定放弃参加总统竞选。

△ 蒋介石召见国民大会河南籍代表，询问当地政情，表示："国军绝不放弃开封、郑州，目前汴、郑一带军事部署已告完成，许昌、洛阳、漯河短期内可以收复。"同时还称，拟在三个月内，将长江、黄河中间地区之"共匪"肃清。

△ 第一届国民大会代表联谊会在南京成立。

△ 民社党主席张君劢由上海至南京。

　　△　驻巴西大使郭泰祺向巴西总统递交国书。

　　△　北平行辕主任李宗仁、监察院长于右任、武汉行辕主任程潜分别招待国大代表,发表竞选副总统之演说。

　　△　美国驻华大使司徒雷登与美国军事顾问团团长巴大维等由南京前往广州。

　　△　北京大学学生在民主广场开会决议:与12位同学永远在一起,北京大学的教授们也纷纷表示要与学生们一起去坐牢。学生们把12名同学围坐在中心,以保卫他们的安全。北平当局不得已把逮捕人数由12名减到六名,同学们仍不同意。斗争一直坚持到下午。

　　△　山东国民党军攻占平阴。

　　△　李富春、王首道等80余人发起成立东北自然科学研究会筹委会。该会的宗旨在于施展科学才能,建设新东北、新中国。其任务是组织科学讲演会、搜集各种图书、杂志、报章等,并出版各种科学刊物,使有志于自然科学的人密切联系,共同研究。

　　△　毛泽东在为中共中央起草致洛阳前线指挥部的电报中,要求注意城市政策,指示:“极谨慎地清理国民党统治机构,只逮捕其中主要反动分子,不要牵连太广。”“对于官僚资本要有明确界限,不要将国民党人经营的工商业都叫作官僚资本而加以没收。”“禁止农民团体进城捉拿和斗争地主。”“不要轻易提出增加工资减少工时的口号。”“严禁破坏任何公私生产资料和浪费生活资料,禁止大吃大喝,注意节约。”

　　△　晋察冀野战军攻占怀安县城。

　　△　中原野战军三、六纵攻占上蔡、西平、遂平,四纵之一部攻战汜水、虎牢关。

　　4月9日　蒋介石在第一届行宪国民大会上作《施政报告》称,“截止上月底为止,我们法币发行总额不到70万亿元”,“自从剿匪战争展开以来,国军确实损失了17个师……约为总数10%,而这几个月来已完成了八成的补充”。同时还称“我必定在三个月到六月以内,肃清在黄河以南集结的匪部”。

△　国民大会召开第四次会议,通过《第一届国民大会议事规则》,凡 13 章 66 条;《提案审查委员会组织规章》,凡八条。大会接受大部分代表的意见,决定扩大提案的审查范围,对军政大事进行检讨。

△　民社党主席张君劢与青年党主席曾琦举行晤谈,决定支持蒋介石为首届国民政府总统。

△　清晨,北平当局派出军警 80 多人袭击北平师范学院,捣毁该校自治会筹备办公室,抢劫财物,毒打学生,有八名学生被逮捕,数十人受伤,是为"四九血案"。晨 8 时,北平师院学生五六百人前往北平行辕请愿,北平各校闻讯也各整队往援,到下午 5 时,会场聚集北京大学、燕京大学、清华大学、中法大学、北平师范学院学生六七千人,许多大学教授、讲师、助教也都到会,痛斥当局的非法行径。由华北学联常委会和各校代表组成的主席团,向北平当局提出释放被捕学生、停止传讯北大12 名同学、严惩凶手、保障员工生活等六项请愿条件,同时派出代表进入行辕进行谈判。结果迫使北平行辕在当晚 9 时答应将八名被捕的学生释放,同时不再传讯北京大学的 12 名同学。

△　成都各大学学生 1000 多人举行反内战、反饥饿、反军粮之请愿游行,要求发给平价米。当局出动大批军警进行弹压,130 多人被捕。

△　南京 11 家印刷厂工人举行罢工,要求增加工资。

△　绥远国民党军攻占和林。

△　河南国民党军攻占淮阳。

△　河北省地方团队攻占青县。

△　中美积石山探测团正式宣告结束。

△　华东野战军十纵攻占确山。

△　人民解放军陈赓部九纵攻占荥阳,四纵占漯河。至此人民解放军部队已控制陇海线郑州至渑池 400 公里路段。

△　华东野战军三纵第九师收复新郑,逼进郑州。解放军控制平汉线郑州至许昌间路段。

△ 《新洛日报》在洛阳创刊。同日,新华社洛阳支社成立。

4 月 10 日 国民大会举行第五次大会,出席代表共到 2660 人,通过《第一届国民大会第一次大会日程表》。

△ 天津南昌路中央戏院屋顶塌落,在场观众八人死亡,70 多人受伤。

△ 国际邮电费调价:信函三万元;明信片单二万元,双四万元;挂号费加 4.5 万元,快递加 6.5 万元,国际航空费每 10 公分八万元,国际航空邮简每枚 5.5 万元,回执每件 3.5 万元。

△ 成都市各大院校学生罢课。

△ 鲁南国民党军攻占新泰。

△ 河南国民党军再占确山。

△ 中共中央致华东局转许世友、谭震林等并告各中央局、分局、前委电,指出:"革命形势要求我党缩小(不是废除)各地方各兵团的自治权,将全国一切可能和必须统一的权力统一于中央,而在各地区和各部分则统一于受中央委托的领导机关。"

△ 新华社报道:南京政府内政部下令查禁上海之《世界知识》、《国讯》及《时与文》三杂志,并禁止《国讯》香港版向大陆发行。

4 月 11 日 蒋介石在中央训练团视察官训练班第三期等五班学员毕业典礼上训词称:"戡乱必定,建国必成。"并称此"必定"、"必成"之基础有四:一、要恢复民族的正气与革命精神,不要违反天理与人心;二、革命精神要在生活行动中表现出来,至少要做到与士卒共甘苦;三、要自动地负责任,自己所订的计划,要自动地去完成;四、处理每一件事情,必须做到事要躬亲,而且要能做到用科学的方法去研究、去实行。

△ 蒋介石在官邸召见国大代表中之大学校长胡适(北京大学)、张伯苓(南开大学)、姚从吾(河南大学)、王星拱(中山大学)、顾毓琇(政治大学)、朱经农(光华大学)等 20 多人,告以"教育经费,当谋增加,以符合宪法之规定"。

△ 国防部长白崇禧在国防部大礼堂举行茶话会,招待边疆各省

之国大代表,致词称:"我们在民主主义的旗帜下,应团结国内各民族,以求三民主义民族主义的实现","以平等原则来求加强各民族之团结。"同时还声称,戡乱与行宪必须并重,只有"剿灭共匪,始能保障宪法之顺利实施"。

△ 国民政府副主席孙科招待国民大会妇女代表及中央妇运委员会全体成员,到会者共 200 多人,孙氏席间就妇女问题发表演说,以竞选副总统。

△ 美国驻华大使司徒雷登和驻华军事顾问团团长巴大维与广东省政府主席宋子文至海南岛进行视察。

△ 国民党军张轸兵团攻占驻马店及唐河,胡琏部进抵西平。

△ 陕北国民党军攻占宜君。

△ 民社党决定拥护蒋介石竞选国大总统,同时推举徐傅霖竞选副总统。

△ 北平当局在天安门主持召开"北平市学生民众清共大会",北平国民党党、政、军首领出席讲话。会后举行"示威游行",打伤过路的六名北京大学的学生,随即冲入北京大学教授宿舍,并将传达室和吴恩裕等四位教授的住宅抢掠破坏。下午,又包围北平师范学院,打碎临街玻璃,张贴反共标语,制造了"四一一"事件。事件发生后,各校师生相继成立人权保障委员会等联防组织。

△ 南京中央大学生 100 多人为反饥饿开展绝食斗争。

△ 毛泽东一行从伯强出发,到达杨林街,夜宿台怀镇塔院寺。

△ 人民解放军刘伯承部、陈赓部、陈毅部分路进逼郑州。

4 月 12 日 国民大会举行第六次大会,国防部长白崇禧报告军事,提出加强国防建设之三点目标:一、建设现代化国军,健全对突破性攻击之防卫设施;二、普遍实施军训,完成全民战争之准备,"现代国防既为科学的技术的,同时更为普遍性的全体性的";三、建设独立性的国防科学与国防工业。他强调:地方武力之建设,已成为今日"戡乱"军事之重要课题。关于大别山区之军事,白氏称:此项战争为"政治、军事、经济三位一体,以对付共军求食、求兵、求战三求政策之战争",他希望来自各省的代表回乡后,从速协助地方,以"拼命保命,破产保产"之精神,完成地方团队之组织,以"根绝赤祸"。会上,华北、东北各省代表强烈要求当局采取有效措施,挽救军事危机。

△ 国民党中央党部举行总理纪念周,蒋介石致词要求国民党人要"发扬党德,遵守党纪,拥护党的政策,服从党的决定;尤其处理一切问题,必须一本简单迅速之原则,方能争取时间,挽救国家。"

△ 国民政府明令增加盐税税率,规定普通食盐每担 35 万元,土膏盐每担 30 万元,渔业、农业用盐每担 15 万元,工业用盐免税。同日,又明令公布《关税临时附加税征收条例》,规定关税临时附加税按照关税税率之 45% 征收。

△ 行政院核准通过将教授研究补助费增加一倍,自 3 月份起发给,教授由原来之 50 万元增至 100 万元,副教授增至 80 万元,讲师增至 60 万元,助教增至 40 万元。

△ 民社党主席张君劢在记者招待会上称,不相信共产分田办法能解决中国土地问题,惟"戡乱"工作之完成,政治之改良为当前要务,耕者有其田政策应切实推行。

△ 国民政府副主席孙科招待北方九省国民大会代表,就东北问题发表演说称:希望代表"对东北不要过分悲观,不要灰心,不要消极。我们现在还有力量,并且还有几个据点可以收回东北,现在所要努力的,就是要检讨自己的缺点"。他还承认:"两年以来,东北造成这种局面,有些是无可奈何的","在动乱不安定的形势下,行宪是有名无实的。"

△ 美国驻华大使司徒雷登、美军驻华军事顾问团团长巴大维在广东省政府主席宋子文的陪同下视察海口。

△ 北京大学教授为抗议北平当局制造的"四一一"事件,宣布罢教一周。全校师生为声援教授,一致罢教、罢课、罢研。清华大学也宣布罢教、罢课一天,以支持北京大学师生。

△　毛泽东一行到达河北阜平县西下关村。晚间开会议定,待到达阜平晋察冀军区驻地城南庄后,周恩来、任弼时、陆定一及中央机关去西柏坡与中央工委会合,毛泽东因准备去苏联,暂留城南庄。

△　中原野战军十一纵与国民党军邱清泉整五师在兰村、民权间接仗,十一纵占内黄车站。

△　中共中央东北局发出《关于处理外国教会的临时办法的决定》,集中阐明中共对宗教教士的态度和政策。指出:外国教士如遵守解放区政府之政策法令,不搞间谍非法破坏活动,则允其信教和传教自由,不加排斥。但人民也有不信教和破除迷信的自由。外国教职人员如有非法破坏或从事间谍活动者,必须有充分的证据材料,报东北局审查批准后,方得依法惩处。凡未被斗争查封的教堂、教产、教士及其附属的医院、学校、育婴堂等,应加以保护,不准再动;凡已经查封的,除土地外,应分别发还。外国教职人员生活无着落者,当地政府应给予照顾,维持其生活。

4 月 13 日　国民大会举行第七次大会。财政部长俞鸿钧作财政金融之施政报告,称:现阶段财政金融之中心政策为以下几点:一、举凡财政金融之一切措施,务求与动员戡乱军事需要密切配合,集中人力、物力、财力,早日肃清"共匪";二、财政金融政策须与经济政策配合,在调整税制时,"应设法力求国民负担之公平及财富分配之改善";三、戡乱军事支出,不可避免,"但求支出合理敷实",设法使国军收支,接近平衡;使货币价值相当稳定,以奠定将来改革币制之基础;四、关于税务原则,"与其举办新税,不如整理旧税;与其提高税率,不如清除积弊;与其增加人员,不如增加经费"。

△　经济部长陈启天在国民大会第七次大会上报告经济部施政简况,报告内容分四个部分:甲、经济部之职掌及政策重点;乙、当前工商业现况;丙、重要物资生产及供应情形;丁、战后物价变动情形。

△　交通部长俞大维在国民大会第七次大会上作交通部施政报告,内容分铁路、公路、水运、空运、电信、邮政六个方面。

　　△　粮食部长俞飞鹏在国民大会第七次大会作粮政报告,分为军粮之筹措、公粮民粮之配售、各地民食之调剂、今后之目标与措施四部分内容。

　　△　国民大会代表继续检讨军事,东北地区代表纷纷指责陈诚之过失,甚至有人提出"杀陈诚以谢国人",会场秩序极乱。

　　△　北平行辕主任李宗仁招待国民大会代表,致词称:本人此次竞选副总统,即希望协助元首,推动革新运动,今后勿论当选与否,当本一贯精神,勇往迈进,以期不负亲朋国人之期望。

　　△　武汉行辕主任程潜发表谈话称:本人深信"共匪"不足忧,可忧者在吾人能否痛下决心,作一彻底和平的大改革。

　　△　新任湖北省政府主席张笃伦抵省,发表谈话表示要:一、发挥总体战力量,加强戡建工作;二、预防水患,疏导江河;三、普及教育,辅导失学青年。

　　△　美国总统杜鲁门在写给国会的报告中称:截至本年 12 月 31 日,美国对中国提供救援物资将有五万长吨之小麦、4.3 万长吨之白米,另拨 500 万美元在暹罗等地采购援华白米等。

　　△　北平民食调配委员会在中山公园召开民食调配讲习会,各配售店经理参加会议,商讨压缩北平市民的粮食供应。

　　△　国民党军调整军事部署:仍以十几个旅在大别山区分区清剿;以孙元良部整四十七军、胡琏整十八军及整九师分别于郑州、漯河、南阳地区,监视中原野战军行动,并钳制攻击中原野战军主力部队;以张轸兵团之整十、整五十八和整八十五师等驻守驻马店、确山,向西行动,扫荡桐柏、江汉地区;以整五十六师守备襄阳、樊城地区;以邱清泉兵团在鲁西南监视粟裕兵团。

　　△　毛泽东由聂荣臻陪同,到达晋察冀军区驻地阜平县城南庄。

　　△　中原解放军十一纵攻占民权县城。

　　△　中原野战军指挥部进入豫西叶县郭店镇,六纵亦于本日到达叶县休整。中原野战军主力部队全部由大别山区转出,二、三、六、十一

纵和华东野战军十纵均进入平汉路西豫、陕、鄂地区。

△ 东北军区在哈尔滨召开炮兵干部会议,总结炮兵作战经验,以加强炮兵建设。

4 月 14 日 国民大会召开第八次大会,出席代表 2717 人。外交部长王世杰作外交报告。报告分五部分内容:一、世界和平和我们的主张;二、中美关系;三、中苏关系及其他;四、日本问题;五、华侨的保护问题。王世杰在报告中称:目前世界局势至为严重,而根本危机在于不愿战争甚至害怕战争的国家,也并不都在为和平而工作,中国对世界和平之期望,寄托于联合国,并将竟尽一切力量,促成联合国之计划得以实现。谈到中美关系,王氏称:两国悠久而坚强之友谊,绝不致为任何批评或宣传所能动摇;中苏关系之不能改进,其原因不在于条约本身,而在条约之违反者;对日本,中国政府的态度,一贯政策是不主张报复,但也不容姑息。

△ 内政部长张厉生在国民大会第八次大会上作内政报告,内容分:一、地方自治工作;二、办理各项选举;三、保障人民基本权利;四、结论。

△ 教育部长朱家骅在国民大会第八次大会上作教育报告,内容分学校数量的增加、基本教育的重视、边疆教育的重视、教育经费的筹措等几个方面。朱家骅在报告中称:至 1947 年下半年,全国专科以上学校共 207 所,学生 14.8 万多人;中等学校至去年上学期共达 5892 所,学生 187 万多人;国统区小学校共 29 万所,学生 2180 万多人。

△ 社会部长谷正纲在国民大会第八次大会上作社会部工作报告,主要有加强难民救济、推进劳工行政、辅导职业团体等内容。

△ 河北国民党军攻占河间。

4 月 15 日 国民大会举行第九次大会,审读国大代表有关修改宪法等六项提案,并继续检讨政治。

△ 行政院第五十一次会议通过《绥靖区绥靖临时费筹集办法》、文武职员 4 月份调整待遇分级标准。

△ 立法院召开第四届第三五二次会议,通过《主计处组织法草案》、《修正行政院组织法草案》、《中华民国卅七年短期国库券条例》等,并对《提审法》、《戒严法》分别予以修正。

△ 李宗仁致电北平党政负责人,指示对学潮"处理办法,仍宜本过去一贯方针,以疏导说服为主"。

△ 北平警备总司令陈继承、市长何思源向北平师范学院道歉:"查本月9日贵院所发生不幸事件,以事出意外,未能及时防护,至为歉疚。今后自当尽力防止,不再发生类似事件。"同时答应赔偿损失。

△ 中英两国政府会同勘定沙角界址,重新竖立在日军占领期间被移动的界石。17日,勘定工作结束,双方签署《重竖沙角中英界石备忘录》。

△ 国民政府副主席孙科在招待民社、青年两党之国大代表时称:必须三党继续合作,始能"戡平内乱",以进行艰巨之建设工作,而三党合作之基础,即在于党与党之间互谅与互助。

△ 第一届国大女代表联谊会在南京成立,通过联谊会组织简章。

△ 河北国民党军攻占任丘。

△ 湖北国民党军攻占均县。

△ 全国学联发表宣言,重申学生争取公费,教师改善待遇的要求。

△ 北京大学学生自治会向校方递交反迫害请愿书,提出惩凶、赔偿损失、保障安全等项要求。

△ 晋冀鲁豫边区政府与晋察冀边区行政委员会联合颁发布告,规定自是日起冀南银行发行之冀钞与晋察冀边区银行发行之边钞,在晋冀鲁豫边区和晋察冀边区全境互相流通,同时规定冀钞与边钞之比价固定为1:10。

△ 东北行政委员会、东北军区政治部联合发布《东北解放区荣军复员条例》。

△ 东北文物保管会黑龙江省分会成立,负责领导全省文物保管事宜。

△　东北解放区吉林大学正式复校开学。

4 月 16 日　国民大会主席团发布《国民大会公告》：总统候选人名单：蒋中正、居正。

△　国民大会提案审查委员会分七组举行审查会，审查修改宪法、国防、外交、国民经济、社会安全、教育文化、边疆七方面之提案。

△　莫德惠在中国社会建设协会新闻记者招待会上表示：参加副总统之竞选，系本人多年来对民主之信条，及对当前政治之责任感。

△　监察院长于右任在中央广播电台发表题为《我的竞选动机与方法》的竞选演说，称"我竞选副总统是为着辅助总统，求一部宪法完整的实现，以建立民治、民有、民享的新中国"，并说："穷就是我竞选的本钱。"

△　国民政府副主席孙科招待国民大会全体回教代表，就边疆与少数民族问题发表讲话称：建设中国，最重要就是要实现三民主义，至少要使各民族在法律上一律平等，保护各民族尤其是边疆少数民族在政治上、经济上、文化上与内地享有平等发展的权利，而平等机会与权利的获得，则必须采用保护边疆政策，多予边胞以各种有利之机会。

△　武汉行辕主任程潜宴请山西、内蒙古等省国大代表并发表谈话称：全体国大代表应同心合力，协助政府，共谋有效措施，挽救北方危局。

△　豫西国民党军攻占巩县、汜水、荥阳。

△　青年部长陈雪屏由南京前往北平，慰问教育界人士。

△　中原解放区江汉军区部队在湖北京山东北之三阳店、宋河地区歼灭国民党军整编第十七旅。

△　晋察冀野战军进攻应县。

4 月 17 日　蒋介石作为浙江省奉化县代表至国民大会报到处报到，所领报到证为 2765 号。是日为国大代表报到之第 20 日，续有 16 人报到。至此，共已有 2748 人报到。

△　国民大会秘书处报告：国民大会代表共提出有关政治、经济、

军事、教育、外交等方面之提案 853 件。

△ 国民大会举行第十一次大会。大会秘书长洪兰友在会上宣布：国大代表连署提名蒋介石为总统候选人者共 2489 人,提名居正者共 109 人。代表继续审查修改宪法案,讨论修宪问题,因各派意见不同,发生争执,会场秩序大乱。

△ 蒋介石在国防部大礼堂召集国民党籍国民大会代表谈话,称：各党员应尊重本党传统精神,珍惜本党 50 年奋斗之历史,明了国家当前之需要。关于修宪问题,仍宜依照本党既定之方针,除对于戡乱有关者可予以补充临时性条款外,均以不修改为宜。

△ 被迫取消国民大会代表之资格的签署国大代表刘运筹、黄淑芬等 20 多人,集体赴国大会堂,企图冲进会场出席大会,受到宪兵的阻止。大会主席临时推派于斌、王云五、张希文等与签署代表会商,至午 2 时,签署国大代表始渐离去。

△ 国民政府副主席、副总统候选人之一孙科招待四川籍国大代表并发表竞选演说称：“在今日戡乱期间,四川亦不失为西南戡乱大本营,至盼川籍人士,努力建设,并充实自卫实力,以捍卫乡土,戡平匪乱。”

△ 国民政府主席武汉行辕主任程潜招待东北各省之国大代表并发表谈话称：“今日东北情势,虽极严重,然极有好转之希望,深信地方武力如能迅速组织,配合国军作战,则收复全东北,并非难事。”

△ 监察院长于右任发表题为《我愿与前方将士为民主中国而努力》的广播讲话,称：“只要我们国民人人都有戡乱剿匪的决心,都把戡乱剿匪当作自己的任务,都能一心一意拥护神圣宪法。宪法实施,则国家生存,人民生活得到保障,叛乱的土匪集团,必然走向崩溃的命运。”

△ 副总统候选人之一莫德惠招待陕西、甘肃、河南、安徽等省国大代表,发表演说,竞选副总统。

△ 河北国民党军再占易县。

△ 察哈尔国民党军攻占龙关。

△　苏北国民党军攻占益林。

△　中央航空公司之飞机飞往积石山进行探测。

△　西北野战军发起陇东战役。

△　西北野战军攻占枸邑。

4 月 18 日　国民大会举行第十二次大会,通过修改宪法案,增加《动员戡乱时期临时条款》,规定:"总统在戡乱时期,为避免国家和人民遭遇紧急危难,或应付财政经济上重大变故,得经行政院会议之议决,为紧急处分,不受宪法第三十九条或第四十三条所规定之限制。"

△　国民大会主席团提出《国民大会总统副总统选举投票及开票办法》,向第十二次大会报告。

△　东北各省国大代表谒见蒋介石,陈述关于东北之军事、政治、经济、教育之意见。

△　全国总工会在南京召开成立大会,国民政府副主席孙科、社会部长谷正纲、农工部长马超俊、组织部长陈立夫、海军代总司令桂永清及英、美等国大使馆之劳工参赞等莅会观礼。谷正纲在成立大会上宣读了蒋介石的训词,对该会提出四点"期望":一、珍视过去革命历史,认识国家民族危机,领导全国劳工同胞,为动员戡乱而奋斗;二、认识劳工组织为拥护民主宪政之基础,亦为保障劳工群众本身利益之共同需要,切实健全各级工会组织,并发挥民主领导精神;三、改进技术,努力生产,发挥高度之服务精神;四、团结国际劳工组织,消灭战争危机,尊重世界和平之基础。并称:"在政府动员戡乱与国大会召集的期间,全国总工会的成立,实负有领导全国劳工同胞促进戡乱行宪的时代使命。"

△　青年党发表声明,表示支持蒋介石出任国民政府总统。

△　中国民主同盟发言人发表谈话,声援北平、天津、上海、杭州、成都及其他各地学生的反饥饿、反迫害斗争。

△　河南国民党军攻占南召。

△　南京金陵大学及厦门大学学生罢课,要求公费,并声援北京大学学生的罢课运动。

　　△　中共东北局和东北军区主要负责人林彪、罗荣桓、高岗、陈云、李富春、刘亚楼、谭政等，就攻打长春问题进行讨论，并致电中共中央军委，提出计划，建议：东北野战军部队在经过军事、政治整训后，用九个纵队攻打长春，其中七个纵队担任攻城任务，两个纵队在四平以南打援。新成立之三个纵队和独立师，则在锦州、沈阳之间和沈阳、四平之间牵制国民党军。准备时间拟用 10 天至半个月，再用 10 天到半个月时间即可以解决战斗。

　　△　西北野战军在常宁歼灭国民党军青年第二〇三师。同日，解放永寿县城。

　　△　哈尔滨市召开民主青年联盟盟员第三次代表大会，决定在民青的基础上建立毛泽东青年团。

　　△　西北野战军南渡泾河，向关中地区发展。

　　4 月 19 日　蒋介石当选为中华民国总统。国民大会召开第十三次大会，投票选举总统，出席代表 2734 人，蒋介石以 2430 票当选中华民国行宪总统。居正得 269 票。

　　△　立法院长孙科致函中国国民党中央党部，声明放弃行宪立法委员之当选资格。按：孙科之反对派攻击孙氏欲获副总统及立法院长双重身份和职位，孙氏声明即针对此种攻击而发。

　　△　副总统候选人之连署提名完成，各候选之提名国代名单送至国民大会秘书处。

　　△　副总统候选人孙科、李宗仁、莫德惠等分别招待各单位之国大代表，发表演说，竞选副总统。

　　△　华北"剿匪"总司令傅作义、河北省政府主席楚溪春飞抵山西太原，晤见阎锡山，会商华北军事。

　　△　由《大学周报》举办并由南京之四大学校长具名邀请之大学校长座谈会在金陵大学举行，北京大学校长胡适、武汉大学校长周鲠生、北平师院院长袁敦礼、同济大学校长丁文渊、上海法学院院长朱国杰、金陵大学校长陈裕光、金陵女大校长吴贻芳、中山大学代校长戚寿南、

政法大学校长顾毓琇等 10 多人参加,就中国当前之教育问题进行座谈。

△　广西大学教授以生活无法维持,宣布自 20 日起开始罢教。

△　国民党北平市党部主任吴铸人以北京各大院校教授支持学生运动发表谈话称:许德珩、袁翰青、樊弘三位教授上月 29 日在北平、天津等地学生举行的黄花岗七十二烈士纪念大会上发表演说,抨击国民党腐败统治,是"凭一时的快意,作刺激学生的言论……其结果是演出一幕害己、害人、害国家的惨剧"。

△　新任瑞典驻华大使阿马斯顿、希腊驻华大使艾寄乐、印度驻华大使潘尼迦、菲律宾公使谢伯襄先后向国民政府主席蒋介石呈递国书。

△　由济南东进之国民党军攻占明水、章丘。

△　新任东北行辕副主任万福麟至沈阳。

△　西北野战军解放邠县县城。

△　东北行政委员会批准黑龙江省成立高等法院,于天放任院长。

4 月 20 日　国民大会秘书处公布副总统候选人签署代表人数:孙科 540 票,于右任 512 票,李宗仁 479 票,程潜 338 票,莫德惠 211 票,徐傅霖 132 票。

△　国民大会主席团发布《国民大会公告(会字第二号)》,公布副总统候选人名单,计有孙科、于右任、李宗仁、程潜、莫德惠、徐傅霖六人。

△　于右任发表题为《中国的命运决定世界的前途》的谈话,对于国际外交问题发表看法。

△　副总统候选人孙科、程潜等分别招待国民大会代表,发表演说,竞选副总统。

△　蒋介石宴请东北、陕西、热河各省国民大会代表,致词谓:政府对于东北同胞最感困难之粮食问题,必负责迅速解决。对于全盘"剿匪"之军事,则表示乐观。他还希望各代表加强对国家民族的信心,协助政府共同完成"戡乱建国"的工作。

　　△　斯大林复毛泽东 1947 年 11 月 30 日电,称:中国各在野政党,代表着中国居民中的中间阶层,并且反对国民党集团,所以应该长期存在,中国共产党将不得不同他们合作,反对中国的反动派和帝国主义列强,同时保持自己的领导权,即保证自己的领导地位。可能还需要这些政党的某些代表参加中国人民民主政府,而政府本身也要宣布为联合政府,从而扩大在居民中的基础,孤立帝国主义及其国民党代理人。应当考虑到,中国人民解放军胜利后的中国政府,就其政策而言,还是民族革命的,即民主政府,而不是共产主义政府,目前还难以预料这将持续多长时间,至少在胜利前是会这样。

　　△　中国驻远东国际军事法庭首席检察官向哲濬对法庭表示:中国政府要求对凡在对华战争中发生重要作用之日本战犯,予以"严厉与公正"之处罚,这种处罚并非意在报复,而实在为杜防日本侵略之重演。向氏还在接见中央社记者时称:就在狱关押之日本 25 名头号战犯中,中国坚持要求庭方严厉处罚土肥原贤二、板垣征四郎。

　　△　抗战期间曾在中国华南地区残酷杀害我非武装同胞之日本战犯小西新三郎、田岛信雄、海芥悟三人,在上海提篮桥监狱被枪决。

　　△　美国太平洋舰队司令白吉尔、美国远东舰队司令葛里芬至南京访问。白吉尔由美国驻华军事顾问团海军顾问组长塞柏尔陪同谒见蒋介石。

　　△　南京中央大学学生罢课三天,声援北平、天津、上海、成都等地学生。

　　△　由青岛西进增援潍县的国民党军攻占胶县。

　　△　河南国民党军再度攻占偃师、漯河。

　　△　天津粮价暴涨,高粱米每斤价达 2.75 万元,大米每斤达 4.5 万元,面粉每袋 245 万元。

　　△　沪宁铁路 3000 多工人卧轨罢工,抗议交通部取消铁路工人 30% 的生活补助及一切补贴。

　　△　中国国民党革命委员会主席李济深在《华商报》上发表《否认

伪选及伪国大的声明》,称这次国大之"丑恶程度,较之袁世凯的筹安会和曹锟的贿选,殆有过之而无不及",独裁者及其御用下的民族败类,是人民的公敌,正是自掘坟墓。

　　△　西北野战军攻占长武,向南进逼武功。

　　4 月 21 日　是日国大代表报到 22 人,连前共 2804 人。国民大会举行第十四次大会,通过《请即宣布废除中苏航空条约案》、《请政府切实举办救济事业案》等一系列议案,要求当局加强职权,统一指挥,敦促苏联彻底履行中苏友好条约,归还东北物资机器,收复琉球、旅顺、大连、香港、九龙、澳门,确定对日和约原则等。

　　△　蒋介石召见杜月笙、钱新之,询问上海治安、经济情形。

　　△　武汉行辕主任程潜招待民社党国大代表,发表竞选谈话称:中央与地方、三党之间必须精诚团结,完成"戡乱"之目的。副总统之另一候选人徐傅霖亦在招待会上表示:在必要时,将对程潜作"最大支持"。

　　△　国民政府副主席孙科正式宣称:"余本人已决辞去已当选之立法委员一职,以是,行宪立法院院长之竞选,余决不参加。"他还对记者称:"许多人反宣传,说我要拿副总统及立法院长两个职位,我为了表明心迹,才作如此决定。"

　　△　监察院长于右任向国民大会之妇女代表发表题为《怎样解决中国妇女问题》的谈话,提出解决妇女之职业、教育、经济问题之主张,并得出结论称:行宪后的中国妇女,一定要求要政治、经济、教育、社会上一切与男子全面平等。

　　△　联合国劝募儿童救济金中国委员会与联合国之协议书由宋美龄签字。

　　△　驻联合国代表兼驻联合国安全理事会代表蒋廷黻,代表中国政府在《关税贸易协定》之《暂行实施议定书》上签字。

　　△　北平、天津、唐山地区 11 所院校学生为抗议当局制造的"四九血案",宣布总罢课一天。

　　△　西藏于是日晚 8 时 32 分发生地震,波及面积约广 4500 平方哩。

　　△　　西北野战军收复被胡宗南部侵占一年零三个月又三天的延安。

　　△　　西北野战军解放陕西长武城和永乐镇。

　　4月22日　　自是日起,孙科、李宗仁、于右任等副总统候选人之"助选团"、"竞选委员会"等机构连续在《中央日报》上发布启事,"敬请"国大代表对各自拥护之候选人投票支持。

　　△　　国民大会举行第十五次大会,讨论通过各种议案533件。同时代表们还讨论了闭会后设立机构案,未获结果,会场秩序极乱。

　　△　　蒋介石主持国民政府委员会召开国务会议第三次临时会议,讨论通过:一、《第一届国民大会代表选举补充办法》,决定:"由国务会议就职业团体原有国大代表名额增加300名";二、《第一届立法委员选举补充办法》,决定:"在职业团体立法委员名额中增加150名";三、《戡乱建国动员委员会组织规程》。

　　△　　国民政府副主席孙科发表《我为什么竞选副总统》讲话;莫德惠亦发表题为《信心就是力量》的副总统竞选广播讲话。与此同时,李宗仁、程潜、于右任等分别招待国民大会代表,发表演说,竞选副总统。

　　△　　由济南东进增援潍县的国民党军攻占邹平。

　　△　　西藏是日凌晨零点39分再次发生地震,波及面积约达4250平方哩。

　　△　　西北野战军攻克陕西麟游、扶风和甘肃灵台三镇。

　　△　　国共两军在晋北应县激战。

　　4月23日　　国民大会投票选举副总统。李宗仁得754票,孙科得559票,程潜得522票,于右任得493票,莫德惠得218票,徐傅霖得214票。由于无人得票超过代表总额半数,依据选举法的规定,定于次日将前三名之李宗仁、孙科、程潜三人作为第二轮候选人,再次进行投票选举。

　　△　　立法院长孙科主持召开立法院第四届第九次临时会议,讨论昨日国务会议通过之第一届国民大会代表、立法委员《选举补充办法》,

出席者均认为用立法程序解决政治问题,有背法治精神,"困难殊多",且极有可能引致更多的纠纷。

△　陆军训练总司令、原新一军军长孙立人至南京,并出席国民大会参加副总统选举。

△　新任之东北行辕副主任万福麟在沈阳就职。

△　南京交通服务社在《新民报》上刊布启事,对参加副总统竞选之李宗仁大加诋毁,称李氏"加官"后将继之以"逼宫"。

△　龚德柏所办之《救国日报》上刊载《孙科和他的"小妾"蓝妮的故事》,支持孙科竞选副总统之广东省籍国民大会代表十分恼火,在薛岳的率领下,前往捣毁了该家报馆。

△　由济南东进之国民党军攻占周村。

△　河南国民党军攻占临颍、博爱。

△　武汉大学学生罢课,声援平、津等地学生的斗争。

△　北京大学、清华大学、燕京大学、北平师范学院等校教授共 90 多人向北平市国民党党部主任吴铸人提出质询,抗议当局迫害学生。

△　周恩来、任弼时等前往河北省建屏县西柏坡,同刘少奇、朱德、董必武等会合。

△　人民解放军收复察哈尔省南部之重镇多伦。

△　华东野战军山东兵团攻占田马。

4 月 24 日　国民大会举行第二次副总统选举大会,结果李宗仁得 1163 票、孙科得 945 票、程潜得 616 票,均未获得半数通过。

△　国民政府令:一、兼国民政府主席东北行辕政务委员会主任委员陈诚免去兼职;卫立煌着无庸代国民政府主席东北政务委员会主任委员;特派张作相为国民政府主席东北行辕政务委员会主任委员;二、任命周福成为松江省政府主席。

△　行宪立法院立法委员是日开始报到。

△　美国总统杜鲁门、国务卿马歇尔致电蒋介石,祝贺其当选中华民国第一任行宪大总统。

　　△　蒋介石示意程潜,令其放弃竞选并劝其支持者将票投向孙科,遭到程潜的拒绝。当晚,程潜发表声明放弃竞选,与之有"攻守同盟"协定的李宗仁随即亦决定放弃竞选。

　　△　甘肃国民党军开向长武、邠县,增援洛川,由延安败退之陕北胡宗南部与洛川国民党军会合。

　　△　河北南部国民党军攻占东明。

　　△　为庆祝西北野战军收复延安,中共中央致电西北人民解放军全体同志,希望全体军民"继续努力,为消灭全部匪军,解放整个西北而奋斗"。

　　△　晋察冀野战军热河部队进逼承德。

　　△　进攻潍县之华东野战军山东兵团突入城内,国民党军退守东城。

　　△　陈赓为发动宛西战役下令:以中原第二纵队、华野第十纵队共四个旅及桐柏军区主力为南路,围歼邓县之敌,以四纵及第三十八军第十七师为北路军,围歼镇平、内乡、西峡口之敌。

4月25日　李宗仁、程潜在南京各报上发表放弃竞选的声明,声称这次国民大会在选举副总统时,存在着某种压力,使各代表不能本其自由意志投票。李宗仁还称:最近有人制造谣言,谓本人此次竞选,志在"逼宫",为肃清谣言,消除误会,不得不放弃竞选,以免影响大会的进行。支持程、李二人的国民代表也纷纷罢选。孙科亦致函国民大会主席团,"郑重声明放弃副总统候选人资格"。国民大会休会。

　　△　蒋介石主持召开国民党中常会临时会议讨论副总统选举问题,称决不参加意见。同时推举白崇禧、王宠惠、张群等向李宗仁、孙科、程潜三人解释误会,劝服他们停止互相攻击之宣传。

　　△　国民大会主席团派胡适、于斌、曾宝荪等分别谒访李宗仁、孙科、程潜,敦劝他们继续参加副总统之竞选。

　　△　拥护李宗仁竞选副总统之国大代表,组织成立"民主宪政运动委员会"。

　　△　程潜发表书面谈话,否认自己系"受命"放弃副总统候选人资格。

　　△　驻香港各民主党派暨无党派人士郭沫若、沈钧儒、马叙伦等致电慰问北平许德珩等三位教授,侯外庐发表文章《谁敢制造第二次闻一多事件》。

　　△　陕西胡宗南部攻占永寿,陇东国民党军马步芳部攻占长武。

　　△　由济南东进增援潍县之国民党军攻占长山、张店。

4 月 26 日　国民政府颁令公布《戡乱建国动员委员会组织规程》、《提审法》。

　　△　由于副总统候选人放弃竞选,国民大会继续休会。

　　△　民社党与青年党发表联合声明,称选举必须严格遵守自由原则。

　　△　放弃副总统候选人资格之李宗仁、孙科、程潜分别发表谈话。李宗仁称"放弃竞选系个人权利,而是否接受余之放弃则系大会之权利";孙科表示"唯大会决定是从";程潜则表示:对于副总统竞选事,已决定接受大会之解决办法,在不影响党的团结、不增加行宪困难、有利于诸选举人之谅解的大前提下,"个人不再坚持己见"。

　　△　国民党军攻占邠县、扶风。

　　△　河南省政府主席刘恩茂报告称,自去年 10 月至今年 3 月,该省殉职及被俘之专员四人,县长 27 人。

　　△　西北野战军攻占凤翔。

　　△　人民解放军皖北部队进袭津浦路南段之明光和全椒两县。

　　△　西北人民解放军攻占胡宗南部深远后方基地陕西宝鸡,歼灭国民党军整编第七十六师 2.15 万多人,俘其师长徐保。28 日又主动撤出,向陇东转移。

　　△　中共中央在《关于应吸收技术人员参加企业管理委员会给东北局的指示》中指出:在任何企业中,必须重视有知识、有经验的工程师、技师及职员,必要时,不惜付出高薪,即使是国民党人,只要可能也要利用。

4 月 27 日　国民政府令派刘克俊为全国经济委员会专门委员。

△　李宗仁、孙科、程潜等决定继续参加副总统竞选。

△　台湾省政府主席魏道明飞抵南京。

△　教育部消息:本年上半年度国立各大学、研究所经费共 47 亿元,行政院决定对此项经费予以追加一倍,教部将以下列标准分配:一、文、法、教育及数学、农业等研究所之经费每所 1500 万元;二、心理、地理及教育等研究所各 2000 万元;三、其余理、工、农、医等研究所每所 3000 万元。

△　由东京盟军最高统帅部民事组组长诺斯少将暨美国政府官员 10 余人组成之经济代表团抵南京,将分访中国外交、经济等部门,就有关中日贸易问题进行商谈。29 日,该代表团离开南京至上海。

△　毛泽东致函晋察冀中央局工作部长刘仁,请他邀请北平之著名民主人士张东荪、符定一、许德珩、吴晗等人来解放区参加各民主党派、各人民团体的代表会议,讨论召开人民代表大会成立民主联合政府和关于加强各民主党派、各人民团体的合作及纲领政策问题。会议名称拟定为"政治协商会议",开会地点在哈尔滨,时间在今年秋季。会议的议决必须参加会议的每一单位自愿同意,不得强制。

△　华东野战军山东兵团攻克潍县,歼灭国民党军整编第四十五师 2.5 万多人,生俘国民党军整编第九十六军军长兼第四十五师师长陈金城。

4 月 28 日　国民大会第三次投票选举副总统,李宗仁得 1156 票,孙科得 1040 票,程潜得 515 票,依旧无人超过半数获得通过。

△　李宗仁发表竞选演说,主张政治革新。

△　驻远东国际军事法庭首席检察官向哲濬回抵南京述职。

△　参加日内瓦国际新闻自由大会之中国代表张彭春飞返上海。

△　陕西胡宗南部进占宝鸡、凤翔、虢镇。

△　中国新社会革命党在南京宣告成立。

△　中原野战军与华中野战军一部猛攻邓县、镇平、淅川、内乡等地。与地方团队展开激战。

△　国民党军三个军联合顺义县保安队等数万人,向顺义县东部的解放区进攻。

△　中共中央东北局在向中共中央及中央工委发出的关于东北职工运动情况的报告中,提出实现八小时工作制,同时对工资标准作了原则规定。

△　《东北日报》报道:两年来,哈尔滨市有 2.1 万多青壮年参军,8000 多民工上前线助战;全市工商业有 2.2 万多户,合作社遍及各区,市场繁荣;小学校 168 所,学生共五万多人;各级司法工作机关亦相继建立。

△　山东潍县自卫总队两个大队、13 个中队共 1500 多人在副总队长范起爽之率领下,在昌乐于家庄向人民解放军投诚。

4 月 29 日　李宗仁当选为中华民国副总统。国民大会举行第四次副总统选举大会,李宗仁以 1438 票击败孙科之 1295 票当选第一届副总统。对于此番副总统的竞选结果,蒋介石大为不满。白崇禧事后也曾发表评论说:"当时竞选党内副总统提名者,有孙科、于右任、程潜、李宗仁诸人,孙科为国父哲子,深获党国及广东之支持;于右任为党国元老,为西北人士所支持;程潜时任武汉行营主任,为两湖所支持,因此中央难于取舍,争执结果,遂决定不提名而改为自由竞选。中央虽予于右任、程潜、李宗仁等以竞选机会,但认为在党团支持下,孙科定可当选。不料天下事意外者多,结果却是李宗仁登上副总统的宝座。惟李虽告胜利,非但于党国不利,于其个人亦无好处,而于其有关系者或支持者,更系一大损失,此为始料所不及者。"

△　新当选副总统之李宗仁发表书面谈话称:"本人膺选后,自当本平昔一贯主张,辅佐元首,革新庶政,完成戡乱建国之使命。"

△　美国驻华大使司徒雷登在给国务卿马歇尔的报告中,认为李宗仁当选副总统,"对于公开决意支持孙科的蒋介石是一严重的挫折",也是"国民党内反对分子对以 CC 派和黄埔派为中心的政党机器的独裁进行挑战的胜利"。

△　赴美之中国技术代表团团长贝祖贻由美国返回上海。

△　广西法政学院教授、立法委员廖竞存在美国访谒驻美大使顾维钧称,他要代表中国人民的立场访问美国总统杜鲁门并向杜氏强烈要求把中国内战问题提交联合国安理会解决,同时他向顾氏声称,只要中国内部的战事还在继续,美国对中国的一切的援助都应停止。

△　陕西国民党军攻占泖阳。

△　华东野战军山东兵团攻占安丘城。

△　热河解放军部队攻占平泉西七沟、凤凰岭等地。

4 月 30 日　国民大会第十六次会次通过《全国总动员戡乱案》,内称:"为早日肃清逆匪,救国救民,政府固应充实前方,加紧进剿,我海内外同胞,尤当淬励振奋,共济时艰,宏军民合作之精神,以动员戡乱为第一,愿我海内外同胞念国家缔造之艰,人民痛苦之甚,群策群力,一致动员,扫除民主障碍,建立永久之邦基。"

△　国民大会召开第十六次大会,议定设置宪政督导委员会。

△　孙科发起组织成立"建国协会",孙氏任会长。

△　驻美大使顾维钧与美国国务卿马歇尔分别代表两国政府在华盛顿互换《美国援华草约》,规定,中美在双边援助协定谈判期间,美国对华援助的扩大,除某些例外,要按 1947 年 10 月 27 日联合国善后救济总署结束后协议的规定办理。

△　美国务院向其国会报告称:美国已将其出售协定中所包括价值五亿美元可移动物资中之价值 3.6 亿美元之剩余物资供给中国。

△　中华民国卅七年度短期国库券开始在上海发售。

△　陕西国民党军攻占麟游。

△　毛泽东在城南庄主持召开中共中央书记处扩大会议,刘少奇、朱德、任弼时、周恩来、陈毅、粟裕、薄一波等前往参加,是为"城南庄会议"。会议在研究如何发展战略进攻问题时,采纳了粟裕等的建议,作出了暂不渡江南进,而先集中兵力在中原黄淮地区打大仗,尽可能多地把国民党军主力消灭在长江以北的决策。会议还作出在已经连成一片

的华北、中原解放区建立并加强统一的中央局、政府和军区及其他夺取全国胜利的战略部署。

△　中共中央颁布庆祝"五一"国际劳动节口号 23 条，号召"全国劳动人民团结起来，联合全国知识分子、自由资产阶级、各民主党派、社会贤达和其他爱国分子，巩固与扩大反对帝国主义、反对封建主义、反对官僚资本主义的统一战线，为打倒蒋介石建立新中国而共同奋斗"。号召"各民主党派、各人民团体、各社会贤达迅速召开政治协商会议，讨论并实现召集人民代表大会，成立民主联合政府"。同时提出"打到南京去，活捉蒋介石"的口号。

是月　中旬，为解决军粮问题，东北"剿匪"副总司令郑洞国命令在长春市内进行一次户口清查和余粮登记，结果表明，按当时市内的居住人口和存粮数，存粮只能维持到 7 月底。郑洞国一面屡屡致电卫立煌请求加紧空运补给，一面部署在市内和四郊搜购粮食。

△　教育部根据美国人史利夫所拟之《中国社会教育计划》，并参照本部实情，拟具《普及失学民众补习教育计划》，决定先自 12 至 18 岁之失学青年实施，由大都市逐步推展到乡村，估计共需经费 1681.5504 亿元。同时该部拟定预算中地方基本教育补助费共为 8000 亿元。

△　内政部本月公布全国行政区域如下：首都南京市，陪都为重庆与北平。全国共 35 个省、1 个地方、12 个直辖市，210 个行政督察区，2023 个县，55 个省辖市，35 个设治局，21 个旗。江苏省，省会镇江县，9 行政督察区，61 县，2 市，1 设治局；浙江省，省会杭州市，6 行政督察区，77 县，1 市；安徽省，省会合肥县，10 行政督察区，63 县，1 市；江西省，省会南昌市，9 行政督察区，81 县，1 市；湖北省，省会武昌市，8 行政督察区，70 县，1 市；湖南省，省会长沙市，10 行政督察区，77 县，2 市；四川省，省会成都市，16 行政督察区，139 县，2 市，1 管理司，2 设治局；西康省，省会康定县，2 行政督察区，48 县，4 设治局；福建省，省会福州市，7 行政督察区，8 直属省管县，67 县，2 市；台湾省，省会台北市，不设行政督察区，8 县，9 市；广东省，省会驻广州市，9 行政督察区，100 县，2

市；广西省，省会桂林市，9行政督察区，99县，1市；云南省，省会昆明
市，13行政督察区，13直属省管县，112县，1市，16设治局；贵州省，省
会贵阳市，6行政督察区，78县，1市，1设治局；河北省，省会清苑县，15
行政督察区，132县，2市，2设治局；山东省，省会济南市，16行政督察
区，108县，3市；河南省，省会开封县，12行政督察区，111县；山西省，
省会太原市，14行政督察区，105县，1市；陕西省，省会驻西安市，11行
政督察区，5直属省管县，92县，1设治局；甘肃省，省会兰州市，9行政
督察区，69县，1市，2设治局；青海省，省会西宁市，1行政督察区，1设
治局直属省管，19县，1市，1设治局；辽南省，省会沈阳市，不设行政督
察区，22县，4市；安东省，省会通化市，不设行政督察区，18县，2市；辽
北省，省会辽源县，不设行政督察区，18县，1市，6旗；吉林省，省会吉
林市，不设行政督察区，18县，2市，1旗；松江省，省会牡丹江市，不设
行政督察区，15县，2市；合江省，省会佳木斯市，不设行政督察区，17
县，1市；黑龙江省，省会安化市，不设行政督察区，25县，1市，1旗；嫩
江省，省会齐齐哈尔市，不设行政督察区，18县，1市，2旗；兴安省，省
会海拉尔市，不设行政督察区，7县，1市，11旗；热河省，省会承德县，
不设行政督察区，20县；察哈尔省，省会张垣市，4行政督察区，19县，1
市；绥远省，省会归绥市，4行政督察区，20县，3市；宁夏省，省会银川
市，不设行政督察区，13县，1市；新疆省，省会迪化市，10行政督察区，
77县，1市，4设治局；西藏地方。行政院12直辖市为：南京市、上海
市、北平市、天津市、青岛市、重庆市、大连市、哈尔滨市、沈阳市、西安
市、汉口市、广州市。另外，英租借九龙租借地；英据香港，葡萄牙据
澳门。

　　△　港九进步工人组织成立港九工会联合会。

　　△　中共中央决定任命黄克诚为冀察热辽分局书记兼冀察热辽军
区政委及东北野战军第二兵团政委。同日，东北军区任命程世才为安
东军区司令员。

5　月

5 月 1 日　第一届行宪国民大会在南京闭幕。蒋介石在闭幕式上致词称,"自今以后,中央政府是依宪法产生的政府","今后政府一切措施,必须遵守宪法,以发挥宪法中所赋予其治权之能力",表示要为中华民国创造"光明之前途",同时他又承认"戡乱建国是最艰难的时期";于右任致闭幕词。

△　国民政府颁令:民国三十六年 3 月 31 日公布之《行政院组织法》,定自三十七年依宪法任命行政院长之日起施行;民国三十六年 12 月 25 日公布之《立法院各委员会组织法》,定自三十七年 5 月 8 日起施行;民国三十六年 3 月 31 日公布之《司法院组织法》,定自三十七年依宪法任命司法院长之日起施行;民国三十六年 3 月 31 日公布之《考试院组织法》,定自三十七年依宪法任命考试院长之日起施行;民国三十六年 3 月 31 日公布之《监察院组织法》,定自三十七年依宪法产生之首届监察院召集之日起施行。

△　国民政府公布施行经立法院院会于 3 月 25 日修正通过的《中华民国总统府组织法》,凡 29 条。

△　贝祖贻偕中央银行总裁张嘉璈由上海抵南京,谒见蒋介石,报告中国技术代表团赴美访问经过。

△　程潜组织成立宪政协会并发表宣言,提出"全面改革、和平革命"的口号,并就"当前国是"提出八项主张:一、拥护"戡乱建国之国策";二、起用贤能;三、改善前线士兵生活,组织地方武装;四、实行财政、人事、制度之大改革;五、取缔豪门资本垄断;六、充分体现国内各民族之和平团结;七、保障公教人员生活待遇;八、拥护国际和平。4 日,该会推选程潜为理事长。

△　立法院召开最后一次会议即第四届第三五三次会议,否决 4 月 22 日国务会议通过之第一届国民大会代表及立法委员选举补充办

法,反对增加名额以解决代表资格之纠纷事件。并决定将主计处改为主计部,隶属于行政院。

　　△　毛泽东写信给中国国民党革命委员会主席李济深、中国民主同盟中央常委沈钧儒称:"在目前形势下,召集人民代表大会,成立民主联合政府,加强各民主党派、各人民团体的相互合作,并拟订民主联合政府的施政纲领,业已成必要,时机亦已成熟。"

　　△　华东野战军山东兵团收复山东昌乐。

　　△　哈尔滨市召开第二届职工代表大会,与会代表共 390 人。大会围绕"发展生产,繁荣经济"问题进行了讨论,并通过了《劳动法草案》,确定了今后五大任务:发展生产,支援战争;拥护政府,参加政权;加强教育,提高觉悟;兴办福利,保障生活;扩大队伍,巩固组织。大会于 13 日闭幕。

　　5 月 2 日　内政部开始公布当选立法委员名单。

　　△　陆军副总司令汤恩伯视察北平、天津两地驻军,并就华北军事问题与华北"剿匪"总司令傅作义进行商谈。

　　△　中国驻暹罗大使谢保樵离南京赴任。

　　△　南京卫戍总司令孙连仲就南京之大学生罢课事发表谈话,"希望学生勿为共匪所惑,倘执迷不悟,决执法以绳"。

　　△　中国回教协会全国会员代表大会在南京召开,理事长白崇禧致开幕词。

　　△　中原野战军发动宛西战役,以二纵、四纵、华东野战军十纵、桐柏军区主力部队为主作战集团,是日起向邓县、镇平、内乡、淅川四县进攻。

　　5 月 3 日　蒋介石在南京对国民党籍国大代表作题为《国民大会后本党同志应有之努力》的谈话,称中央与地方同志之间关系,"中央对地方关于党务政治一切的要求,未能充分认识,对于地方同志的心理,未能充分明了",并承认国民党人"对革命的信心呈现动摇,对戡乱建国的前途,缺乏信心,尤其来自匪区邻近的各位同志,焦急忧虑,情绪失常,在会场中充满了互相责难、互相怨怼空气",号召国民党员要切实"自信、自强、自反"。

△ 国民政府令:任命张含英为国立北洋大学校长。

△ 美国政府与南京政府公布 4 月 30 日换文及中国驻美国大使顾维钧致美国国务卿马歇尔照会,内容有:"(一)确定中国政府须遵守 1948 年援华法案第四〇二节所载的目的及政策;(二)规定在援华法案第四〇四节(甲)款所批准的对华援助应照 1947 年 10 月 27 日所订立的有关美国对外救济方案的协定暂行办理,但如双方同意可酌予更改;(三)关于为了与中国经济合作而建立的特别代表团双方达成谅解,中国政府保证对于实行援华法案的美国政府代表予以最充分的合作。"

△ 国民党中常会举行临时会议,讨论关于立法委员选举问题,并推选孙科、陈立夫为立法院正、副院长候选人。

△ 吴铁城、陈立夫分访民社党、青年党负责人徐傅霖、曾琦,就立法委员名额之争执问题进行商谈。

△ 美国前驻苏联大使蒲立德自美抵上海。

△ 中国国民党革命委员会中央在《华商报》上发表《中国国民党革命委员会否认伪选的声明》,称国民大会授予总统以"戡乱"特权,不过是以此来"满足独裁者'帝制自为'的大欲",是为了使反动政权及内战合法化。声明民革对"凡伪国民大会所作的决议及由其产生之政府所签订的对外条约,对内一切立法及行动措施,一概不予承认"。号召"全党同志全国人民再接再厉为铲除人民公敌结束卖国独裁政权而奋斗到底"。

△ 中国民主同盟发表《关于否认伪国大伪宪法伪总统的紧急声明》,指出:"南京独裁政府,经过这次民选的粉饰,民主伪装,将更盗用民主、民意的名义,来肆行其法西斯独裁的暴政,并骗取美帝的种种援助,以延长中国内战的战祸。"

△ 中国致公党发表《反对南京伪选声明》称:"本党对美蒋勾结,迭次揭发,对民主政治,坚持不懈,故对南京卖国独裁政府强奸民意的

行为,如所谓伪国大选举正副总统,及其他决议案,一概反对。"

△ 豫东地方团队攻占鹿邑。

△ 陕西国民党军攻占洵阳。

△ 察南国民党军攻占阳原。

△ 国共两军在平泉附近展开激战。

△ 中原野战军豫西部队攻占陕州。

5月4日 国民政府特派吴铁城为行宪第一届立法院集会筹备处主任,同时派定"行宪第一届立法院集会筹备处筹备委员会"。

△ 行政院举行政务会议,通过设立美援运用委员会案及政务委员会总辞职案。

△ 上海150多所大中学校1.5万多名学生在交通大学举行纪念"五四"营火晚会,会上成立"上海市学生反对美国扶植日本、挽救民族危机联合会",一些教授、社会名流、工商业者也参加了该团体。在上海的各民主党派成员,联络各界人士,纷纷发表宣言,谴责美国驻华大使司徒雷登,抗议美国政府扶植日本复活侵略势力和活动。

△ 北京大学教职员工在北大民主广场举行"五四"纪念大会,高喊"教授、职员、工友、学生是一家"的口号,并举办"五四史料展"。

△ 南京政治大学一部分教授组织成立"中国民主自由社会主义学会"。

△ 上海市大米每担价涨至450万元。

△ 中国农工民主党在香港发表声明,表示对"伪行宪国民大会"所选举之"窃国卖国残害人民尤甚于袁世凯、曹锟之总统,尤为深恶痛绝,反对到底"。

△ 中原野战军河南部队攻占镇平、内乡、郾城、漯河。

△ 中共中央"五一"国际劳动节口号发出后,立即得到全国各民主党派、各人民团体、海外华侨团体、无党派民主人士的热烈响应。是日,新加坡10万华侨中120个华侨团体举行会议,原南洋华侨总会主席陈嘉庚致电中共中央主席毛泽东,表示拥护迅速召开政协会议,讨论

并实现召集人民代表大会、成立民主联合政府的政治主张。

△ 豫陕鄂解放区军政大学正式开学,陈赓任校长。

△ 新华社报道:陕甘宁边区政府发放无息农贷边币 38 亿元,其中延属分区 13 亿元,内三亿元指定用于延安及延属各新收复区。

△ 哈尔滨市"毛泽东青年团"正式成立。

5 月 5 日 国民政府主席西北行辕主任张治中在兰州上书蒋介石称,目前大局已经达到最严重的阶段,必须彻底检讨,设法补救。外交方面,"现在政府所执行的对美外交,完全表现一面倒之倾向,结果必至愈陷愈深,不能自拔"。主张"我国对美、苏平时采取美苏并重,战时采取善意中立之态度,有百利而无一害"。对于中共,"决非专恃军事力量所能消灭,现在我党党政及军事方面所表现力量,皆属不够之至,坐是一着之错,全局皆输"。

△ 国民党中央党部秘书长吴铁城就立法委员分歧问题发表谈话,希望民社党、青年党能与国民党合作,"牺牲小我,完成大我"。但两党发言人均坚决表示,两党如果不能获得三党事先协定之立法委员名额,则绝不出席。

△ 第七届全国运动会在上海开幕,蒋介石致开幕词。

△ 驻华美军顾部团团长巴大维会晤蒋介石,商讨东北军事问题。

△ 美国经济援外总署任命前旧金山市市长兼轮船公司总裁莱普汉为该署驻中国代表团团长。

△ 海军部宣布:英国 5000 吨巡洋舰"震旦号"及驱逐舰"孟狄浦号",将于 5 月 19 日在朴茨茅斯港移交中国海军,中国之接受舰员现正在英国受训。"震旦号"由中国接收后将更名为"重庆号"。

△ 被迫退让国民大会代表资格之马文章等组织成立中国民主协会。

△ 来华访问之美国前驻苏联大使蒲立德至南京,蒋介石主持召开接待会。

△ 在香港的中国各民主党派与民主人士李济深、何香凝(中国国

民党革命委员会)、沈钧儒、章伯钧(民盟)、马叙伦、王绍鏊(中国民主促进会)、陈其尤(致公党)、彭泽民(中国农工民主党)、李章达(中国人民救国会)、蔡廷锴(中国国民党民主促进会)、谭平山(三民主义同志联合会)、郭沫若(无党派)等致电毛泽东,赞成中共"五一"口号,主张迅速召开新政协,讨论并实现召集人民代表大会,成立民主联合政府。同时,他们还发出通电,号召国内各界及海外同胞"共同策进,完成大业"。

　　△　南京4000多名三轮车工人举行总罢工,抗议资方将租金从每日15万元抬高至25万元并将押金增至400万元的措施。

　　△　驻青岛美军行凶枪杀中国工人,致三死一伤。

　　△　中共中央军委致电刘伯承、邓小平并转华东局,指出:将战争引向长江以南,牵制国民党军力以歼灭江、淮、河、汉地区的国民党军,是"正确的坚定不移的方针。惟目前渡江尚有困难。目前粟裕兵团(一、四、六纵)的任务,尚不是立即渡江,而是开辟渡江的道路,即在少则四个月多则八个月内,该兵团加上其他三个纵队在汴徐线南北地区,以歼灭五军等部五六个至十一二个正规旅为目标,完成准备渡江之任务。在此期间,由该兵团派出十个营,附以地方干部,陆续先遣渡江,分布广大地区,发展游击战争"。为协同作战,电报还要求粟裕兵团"约于本月底渡河作战。陈唐所率三、八两纵应回至豫皖苏区,调换一纵西去,以便该兵团有一、三、四、六、八及十一等六个纵队集结打大仗";"许谭兵团应向津浦线行动,相机歼灭并钳制十二师、七十五师、八十四师、七十三师等部"。

　　△　人民解放军东北野战军总指挥部林彪等致电中共中央军委,报告所提之攻打长春三个方案:一、正式进攻长春;二、少数兵力围攻长春,主力到北宁和热河冀东作战;三、对长春以二至四个月较长时间的围困,然后打援,最后攻城。并认为"目前以采取第三方案为好"。

　　△　人民解放军山西部队猛攻临汾、应县城。

　　5月6日　截至是日,立法委员报到共227人。

　　△　全国经济委员会举行例会,决议暂准银币流通。

△　上海市每担米价突破 500 万元大关。

△　山东国民党军复占淄川。

△　中原野战军河南部队攻占淅川。

5 月 7 日　截至是日,首届立法院报到立法委员共 370 人,"较立法院组织法所定法定集会人数之 155 人业已超过"。

△　蒋介石再令东北"剿匪"总司令卫立煌打通沈锦线,将主力撤退往锦州。卫立煌再派第九兵团司令官廖耀湘和参谋长赵家骧、第六军军长罗又伦飞赴南京,面见蒋介石,陈述利害,请示机宜。

△　驻苏联大使傅秉常就苏军 3 月间进入中国唐努乌梁海事向苏联政府提出抗议。

△　蒲立德分访财政部长俞鸿钧及新当选之副总统李宗仁,就中国当前的财政金融问题进行商谈。

△　陈纳德在上海招待中外记者,就自己前此赴美出席众议院有关援华法案作证事宜发表谈话:美国国会中人士大部分代表主张对中国予以更大援助,唯目前尚无任何迹象足以证明此次援华能于短期内实现。

△　中国航空公司之"空中霸王 XT103 号"飞机首次试航日本。11 日,该机由日本羽田机场飞返上海。中日首次试航成功。

△　中央信托局之在美国所设第一家保险分处正式成立,地址位于华尔街。

△　801 名留日华侨乘"开阳丸号"轮离开日本九州西岸,返回台湾及大陆。

△　台湾民主自治同盟发表《告台湾同胞书》称:中共中央发表"五一"口号,"正切合全国人民目前的要求,也正切合台湾全体人民的愿望"。号召台湾全体人民"配合全国人民的革命斗争,广泛地展开反对美帝国主义,反对封建主义,反对官僚资本主义,反对台湾分离运动的各种斗争,准备参加政协会议、人民代表会议和民主联合政府"。

△　香港工商界人士发表宣言,指责美国政府扶植日本。

△　中共中央军委致电东北野战军总指挥部林彪、罗荣桓、刘亚楼,同意他们前日致中央军委电中所提攻打长春之第三方案,同时指示:"在攻长春的三个月至四个月时间内,你们必须同时完成下一步在承德、张家口、大同区域作战或在冀东、锦州区域作战所需的粮食、弹药、被服、新兵等项补给的道路运输准备工作。"

△　中国人民解放军总部公布3月份战绩:歼灭国民党军共16万多人,克复城市57座。

5月8日　国民政府令免除东北行辕政务委员会常务委员高惜冰、王家桢等本职;特派王家桢、冯庸、王铁汉、范汉杰、郑洞国、赵家骧等为国民政府主席东北行辕政务委员会委员。

△　国民政府文官处发出外邮代电,称:"中华民国总统蒋、副总统李,定于三十七年5月20日在首都举行就任典礼。"

△　国防部长白崇禧在南京中央训练团主持召开绥靖区政务会议,各绥靖区行政长官公署秘书长等出席,主要讨论绥靖区之政治、经济、地方武力之组训与土地问题等。会期从8日至10日。

△　陈立夫就首届立法院之工作对记者称:此次集会,除同意行政院长人选外,将对现行法规中与宪法精神有违者以订正,另对据宪法规定所需制订之法规进行制订。

△　行宪后第一届立法院在南京举行开幕礼,就院长人选问题进行讨论。由于立法委员名额问题没有解决,民社党和青年党委员均未出席。为打破僵局,国民党推定张群、王世杰、吴铁城、陈布雷、陈立夫、张厉生、雷震七人与两党商洽。

△　蒋介石在黄埔路官邸召见国民党的中常委兼立法委员陈立夫、张道藩、谷正鼎、吴铁城等10多人举行午餐会,就行政院院长和立法院院长人选问题征询意见。蒋介石提名张群为行政院长候选人、孙科为立法院院长候选人,获得通过,但提名陈立夫为立法院副院长时遭到反对。会上,蒋介石还强调在立法院选举正、副院长和对新任行政院长行使同意权时,都应受党的约束。

△ 在香港的中国国民党革命委员会、中国民主同盟、中国国民党民主促进会、三民主义同志联合会、中国人民救国会、中国农工民主党、中国致公党、中国民主促进会的负责人和无党派人士,以《目前新形势与新政协》为题,就中共中央之"五一"口号,是日起连续召开座谈会。

△ 上海市米价每担涨至 580 万元。

△ 华东野战军山东兵团胶济线春季攻势结束,解放军共歼灭国民党军 8.5 万多人,攻占潍县、昌乐等 17 座城市,国民党军在津浦路以东的山东地区只据有青岛、烟台、临沂等少数几个据点。

5 月 9 日 国民政府公布《动员戡乱时期临时条款》,规定:"总统在动员戡乱时期,为避免国家和人民遭遇紧急危难或应付财政经济上重大变故,得经行政院会议之决议,为紧急处分,不受宪法第三十九条或第四十三条所规定程序之限制",授予总统以"紧急处分"权。

△ 蒋介石任命洪兰友为"戡乱建国"委员会秘书长。

△ 由济南东进增援潍县之国民党军败退至周村以西。

△ 河南国民党军复攻占许昌、密县城。

△ 中共中央决定将晋察冀和晋冀鲁豫中央局合并成立华北中央局,由刘少奇兼任第一书记,薄一波为第二书记,聂荣臻为第三书记,同时建立华北军区,由聂荣臻兼任军区司令员,薄一波兼任政委;决定加强中原局,任邓小平为第一书记,陈毅为第二书记,邓子恢为第三书记;建立中原军区,晋冀鲁豫军区南下部队刘邓野战军、陈谢野战军正式改番号为"中原野战军",刘伯承任中原军区及中原野战军司令员,邓小平任政治委员,陈毅兼任军区第一副司令员,李先念为第二副司令员。中原军区下辖鄂豫、皖西、豫皖苏、豫西、桐柏、江汉、陕南等七个军区,中原野战军下辖第一、二、三、四、六、九、十一纵队及第三十八军。

5 月 10 日 第一届立法院召开预备会议,截至本日,立法委员报到人数共计 480 人。

△ 廖耀湘等由南京飞返沈阳,向卫立煌汇报称蒋介石同意沈阳方面行动可稍微推迟一个时候。

　　△　英国太平洋舰队司令包毅德中将乘"伦敦号"舰由香港抵南京,作为期五天之访问。

　　△　中法两国在南京进行换文,补充前此成立之《中法关于中越间航空线临时协议》,规定双方政府指定之空运组织,均得经营昆明至河内间之商业航运。

　　△　美国总统杜鲁门咨文国会,要求拨款 4.63 亿美元,以实践援华法案。在该咨文中,杜氏首次将经济援华计划分作两部分:一、2.78 亿美元用作支助维持中国民生经济所必须之输入品;二、6000 万美元用以从事中国不受战事影响地方之农村复兴及建筑计划。

　　△　晋察冀解放军于正太路以北寿阳、盂县间,歼灭阎锡山部第三十四军暂编第四十九师师部及两团之一部,俘其中将副军长张翼,解放寿阳县。

　　△　中原野战军攻占邓县。

　　△　东北行政委员会成立东北科学院,是日起在哈尔滨、吉林、齐齐哈尔、四平等地开始招考。该院设有农林、理工、医学、教育等系及自然科学研究所。

　　5 月 11 日　蒋介石召见湖南省国民大会代表赵恒惕等 11 人,询问湘省情形。赵氏等人向蒋介石提出配发枪弹、增加农工贷款、提前修复湘黔铁路、赶修各边区公路、拨发救济经费、修理洞庭湖、开发南岳、发还田赋附加,以配合中央"戡乱建国"等要求和建议。

　　△　立法院召开第二次预备会议,讨论拟订院长、副院长互选办法,并推定委员拟订议事规则草案。至本日,立法委员报到共 516 人。

　　△　行政院通过姓名使用条例。

　　△　远东国际军事法庭中国代表梅汝璈由东京飞抵上海。

　　△　关中绥靖区司令部成立,由第一军军长董钊担任司令,即日开始在咸阳办公。

　　△　美国驻华军事顾问团团长巴大维及译员一行共九人由南京飞抵沈阳,会见卫立煌,并视察沈阳、抚顺等地国民党军队。

△　民社党、青年党对立法委员名额问题不作让步,青年党立法委员候选人发表声明,指责国民党背弃协商、立法委员由党部少数人决定之做法。

△　上海市米价每担涨至 600 万元,较年初涨达八倍。

△　豫西地方团队攻占陕州。

△　陕西国民党军攻占枸邑。

△　中共中央军委决定,由杨得志、罗瑞卿率三、四两纵及二纵一个旅共七个旅于 14 日或 15 日出发,17 日或 18 日过平绥线,以歼击国民党第十三军为目标,向密云、古北口之线及承德方向进击。

△　中共中央军委致电刘伯承、邓小平:"请即令陈、唐率三、八两纵迅速东进,直达汴徐线附近,接受粟裕指挥,协力歼击五军。"

△　中原野战军攻占遂平及临颍。

5 月 12 日　蒋介石在官邸接见英国太平洋舰队司令包毅德夫妇及英国驻华大使施谛文。

△　西北行辕主任张治中就新疆问题答记者问时称:伊宁方面坚持片面要求,张本人已复函表示要求伊方履行此前所提出之解决新疆问题的五项办法,同时,张氏还表示,"吾人对新疆问题,坚持和平统一、民主团结既定政策,实为解决问题之唯一可循之大道,绝对不容更变。至于省主席问题,待举行省长民选时,即可诉诸全省人民之公意,伊方殊无于此时要求调换主席之理"。

△　外交部将总统、副总统于 20 日就职消息分电各友邦。

△　宪政督导委员会审查委员在国民大会会堂开会,通过:一、宪政督导委员会组织规程案;二、推定代表 25 人于次日前往国民政府文官处,商洽成立宪政督导委员会之准备事项。

△　前任瑞士驻中国公使陶伦德调任该国驻英国公使后,该国驻中国公使由叶萧继任。

△　为时一个月的人民解放军西府、陇东战役结束,歼灭国民党军共 2.1 万余人。

　△　晋察冀野战军杨得志、罗瑞卿野战兵团及冀察热辽部队发起冀察热辽战役。

　△　察哈尔南部国民党军再度攻占蔚县。

　△　陕西国民党军攻占澄县。

　△　湖北国民党军攻占枣阳。

　△　河南国民党军攻占禹县。

5月13日　国民政府颁令公布修正《行政院组织法》第三、五、十五条条文,决定行政院设内政、外交、国防、财政、教育、司法行政、农林、水利、工商、交通、社会、地政、卫生、粮食等部和资源、蒙疆、侨务三委员会及主计部,另设新闻局和会计室。

　△　行宪首届立法院召开会议,讨论《立法院互选院长、副院长办法草案》及《立法院立法委员互选院长、副院长投票及开票办法草案》,规定院长、副院长之选举,采取自由竞选方式,全体立法委员均为当然之候选人,不用任何方式提名,以得过半数票者当选。

　△　前美国驻苏联大使蒲立德在陆军训练司令孙立人的陪同下飞至台湾。

　△　行政院长张群召集财政负责人俞鸿钧、贝祖贻、徐柏春等人开会,商讨美援物资使用分配办法。

　△　远东国际军事法庭中国代表梅汝璈在南京向外交、司法等有关方面报告东京远东国际军事法庭之审判近况,称:"十一国法官正在草拟判决,开脱战犯谣传全属无稽。"

　△　美军顾问团团长巴大维一行由沈阳飞返南京。临行前,巴大维向卫立煌答应,美国向东北国民党军提供19个师的装备,以更换东北国民党军的一切旧式武器。

　△　南京政府免除陈诚参谋总长兼东北行辕主任的职务。任命顾祝同为参谋总长,任命余汉谋为陆军总司令。

　△　日侨400多人离开台湾回国。

　△　中原野战军攻占西平及荥阳。

5 月 14 日　国民政府公布修正之《所得税法》第一○一条条文。

△　蒋介石晚间召见张群、王世杰、陈布雷、雷震、吴铁城、陈立夫、张厉生，希望他们设法早日解决有关民社党、青年党之立委争执问题。会后，雷震夜赴上海，与民、青两党在沪负责人交换意见。

△　《中央日报》报道：本年度中央拨给各省、市基本教育经费共计为 8000 亿元，教育部奉命商定标准并制出分配表，已获行政院核准，并予公布。

△　国民大会代表选举事务所补发 100 多人代表当选证书。

△　苏北国民党军张雪中部攻占阜宁。

△　国共两军在承德、平泉间激战。

△　朱德代表中共中央、中央军委向在濮阳休整的东北野战军第一兵团干部作《目前形势和军队建设问题》的报告。

△　中原野战军部队第四次攻占许昌。

△　中原野战军攻占漯河及郾城。

5 月 15 日　国民政府特派刘哲为行宪第一届监察院集会筹备委员会主任委员。

△　立法院召开第四次预备会议，讨论通过了院长、副院长互选办法。

△　立法院黄宇人、王启江、程思远等一部分委员发表意见书，主张推选傅斯年出任副院长，反对陈立夫。

△　行政院公布施行《行政院美援运用委员会组织规程》，凡 17 条。

△　英国太平洋舰队司令包毅德乘"伦敦号"舰，偕"敏捷号"离开南京，访问上海。

△　美国国务院将其拟定之建议中国政府应采取之八项特别经济办法交中国驻美国大使馆，该八项办法包括政府收入与开支、内政与军政、重要商品的分配、银行与贷款、农业的改进、对外贸易及其统制、鼓励私人企业等方面内容。

△　河南国民党军攻占镇平、唐河。

　　△　中原野战军配合地方人民武装解放登封县城。

　　△　中国社会经济研究会出版《新路周刊》,发表《中国社会经济研究会的初步主张》一文,提出该会在政治、经济、外交以及社会其他方面共 32 条政纲,欲图在中国共产党与国民党之间"另组一新党","寻求一条新路",以求得中国问题的解决。

　　△　国际民主妇女联合会在罗马举行第五次执委会,会议通过决议,向中国解放区妇女致敬,并推举中国解放区妇女联合会筹备委员会主任蔡畅为国际妇联副主席。19 日会议结束。

　　△　中原野战军皖北部队攻占泗县。

　　△　西北野战军在郿县集结。

　　5 月 16 日　行宪首届监察院集会筹备委员会召开第一次会议,推定李崇实为筹委会秘书长,并决定制定集会临时费概算送国府核定。

　　△　各地公祭张自忠将军阵亡八周年。

　　△　江西省民政厅长刘时范在记者招待会上称:现全赣男女人口共 1250.0995 万人,又全省现有年满 12 岁之男女人口共 934.0679 万人。

　　△　陈立夫招待立法委员,发表演说,竞选副院长。

　　△　在上海召开的第七届全国运动会闭幕。

　　△　暹罗华侨促进祖国和平民主联合会发表通电,响应中共中央"五一"口号。

　　△　中共中央军委电示刘伯承、邓小平,说胡宗南部仍在向北压迫,企图干扰西北野战军休整,因此陈赓应以有力一部攻占卢氏、商南,向雒西、商县行动,调动胡部分兵南移。

　　△　华东人民解放军司令部公布胶济中段战果:共歼灭国民党军 4.5 万人。

　　△　中原野战军攻占湖北光化。

　　5 月 17 日　立法院开会投票选举正、副院长,孙科以 558 票当选院长,陈立夫以 343 票当选副院长。截至是日,立法委员共 637 人报到。

△ 新任立法院院长孙科在接见《中央日报》记者时称,今后将恪守宪法,与全体立法委员共图宪政大业之推进。副院长陈立夫亦对记者发表谈话称:团结才能革新,他表示今后之行动,仍当听命于国家之使命与需要。

△ 晋冀鲁豫野战军第一兵团一部,配合晋绥及太岳军区部队解放临汾城,全歼国民党军第三十师第三十旅、第二十七旅炮兵营、阎锡山部第六十六师及晋南地方武装、晋南师营区司令部以及四个专员公署、14个县政府等共 2.5 万多人,俘阎锡山部第六集团军中将副总司令兼晋南地方武装总指挥及临汾最高指挥梁培璜。至此,晋南全部解放。

△ 中原解放军在豫西南镇平、淅川、邓县地区歼灭国民党军 2.1万人,宛西战役结束。

△ 由日本回到南京向司法部及外交部报告 25 名日本甲级战罪嫌疑犯被审讯情形之远东国际军事法庭中国检察官向哲濬本日飞返东京。

△ 驻美大使顾维钧与美国经济合作署署长霍夫曼就美国援华问题进行会谈。

△ 驻暹罗新任大使谢保樵离开香港前往曼谷就任。

△ 华北"剿匪"总司令傅作义飞往承德视察。

△ 河南国民党军攻占方城。

△ 上海同济大学自费生 150 人因要求公费迄无结果,是日 9 时起开始绝食抗议。

△ 华北解放区召开工商会议,320 名代表出席。会议讨论了工商业政策中的公营和私营工商业的关系、劳资关系、工商业负担、工商业行政工作及纠正土改中侵害工商业的偏向等问题。会议至 6 月 27日结束。

△ 中原野战军解放密县。

5 月 18 日 行政院第五十六次会议通过 5 月份文武职人员生活补助费分配支给标准,同时还通过张继、陈其美、郝梦龄、柏文蔚、覃振、李家钰等六人之国葬案,呈送国府核定。

△　行政院举行最后一次政务会议,决定由行政院长张群领衔向国民政府提出行政院总辞职书。张群同时还表示,自己无意担任行宪后之行政院长一职。

△　蒋介石召见何应钦,就行宪后新行政院之有关问题进行商谈。

△　行宪后第一届立法院召开第一次会议,出席之立法委员共385人,由新院长孙科主持,讨论立法院议事规则草案。

△　外交部公布:中国政府特派甘乃光为中国驻澳大利亚首任大使。

△　蒲立德在孙立人陪同下由台湾返至南京。

△　中国驻联合国代表建议联合国召集各主要鸦片生产国和消费国家,举行会议制定一项"货物协定",限制鸦片生产。

△　蒋介石在南京召见东北"剿匪"副总司令兼沈阳防守司令官梁华盛。

△　国民党军攻占河南新野。

△　马来西亚槟榔屿71个华侨社团召开会议否认蒋介石当选总统,并致电中共中央主席毛泽东、中国人民解放军总司令朱德,表示慰问,誓作后盾。

△　国民党空军飞机轰炸城南庄晋察冀军区大院,击中毛泽东的住房。晚,毛泽东转移至离城南庄20多里的花山村。

△　中共东北军区任命潘朔瑞为嫩江军区副司令员、韩梅村为冀察热辽军区独立第六师师长、马逸飞为吉林军区独立第六师副师长、魏瑛为辽吉军区第五分区副司令员、王家善为辽东军区独立第五师师长。

△　人民解放军攻击平绥路之南口,兵锋所及,迄于北平近郊之清河。

△　中原野战军攻占湖北之老河口。

5月19日　国民政府委员会举行最后一次国务会议,蒋介石主持并致词称:"现国民政府行将结束,然国家多难,时局艰危,仍望各位同仁发扬已往合作之精神,努力奋斗,克服目前的困难,完成戡乱建国的使命。"

△ 南京政府颁布《戒严法》,凡 13 条。

△ 新任中华民国副总统之李宗仁发表演说,宣布辞去国民政府主席北平行辕政务委员会主任职,并称"希望全国上下今后在蒋主席的领导下,努力削平内乱"。

△ 国民政府撤销各地行辕。东北行辕之职权与业务归并东北"剿匪"总司令部;北平行辕之职权与业务归并华北"剿匪"总司令部;武汉、西北、重庆、广州各行辕,均改为绥靖公署。

△ 新任国防部参谋总长顾祝同正式就职视事。

△ 《中央日报》报道:国际粮食紧急委员会本年允中国获得食米 44 万吨,中国已获得数额中之 16 万吨,余 28 万吨将在美国援华计划下输华。

△ 上海市"民众自卫总队妇女组训座谈会"决定在该市 13 个行政区每区编组一中队,对 18 至 45 岁之间的妇女进行组训,第一批将先对知识妇女进行组训。

△ 古巴驻中国代办玛格丽特·奎塔娜博士抵南京就任,她是各国驻华使节中第一位女外交官。

△ 陈纳德否认在中国参加反共战争,称自己从无此项意向,也从未主张美国军队积极参加中国的战事。

△ 英国政府正式交付中国政府巡洋舰二艘。

△ 国民党军榆林前线第二十二军军长左协中、参谋长张之英率部起义。

△ 中原野战军解放荆紫关及商南县城。

△ 冀热辽军区独立第七师攻占延庆县城,歼灭国民党军 1883 人,俘 1473 人,伤 176 人。解放军牺牲 55 人,受伤 221 人。

△ 美国政府公布"特莱伯计划",旨在通过减少日本战争赔款,达到扶植日本财阀复活日本军国主义之目的。这一计划激起了中国社会

各阶层的愤怒。

　　△　皖北之国民党军攻占泗县。

　　△　中原野战军部队逼近湖北沙市、江陵。

　　△　晋冀热辽解放军部队攻占滦平。

　　5月20日　蒋介石、李宗仁在南京分别就任中华民国总统、副总统,国民政府结束,中华民国政府正式成立。蒋介石并发表就职演说,表示"进一步整理军事,加强军事,在短期内戡平叛乱"。政府长官、立法委员、在京国大代表及各国使节共3000余人出席就职典礼。

　　△　行政院公布实行《中华民国境内外人出入居留规则》。

　　△　总统府第五局公报室发行第一号《总统府公报》,以之继替前国民政府发行之《国民政府公报》。

　　△　立法院通过《议事规则》,同意权问题折衷解决。

　　△　由山东抽调的国民党军第九军黄淑部在葫芦岛登陆,归范汉杰指挥。

　　△　国民党军冀热辽边区司令部由秦皇岛移驻锦州。

　　△　南京、上海各大学学生举行"五二〇"周年纪念会,并发动抗议美国扶植日本运动。

　　△　苏北国民党军攻占沭阳。

　　△　晋冀鲁豫解放区与晋察冀解放区正式合并成立华北解放区。中共晋察冀中央局与晋冀鲁豫中央局合并成立中国共产党华北中央局;晋察冀人民解放军与晋冀鲁豫人民解放军合并成立中国人民解放军华北军区,两解放区之解放军各为华北军区之一个野战兵团;两边区政府合并成立华北区联合行政委员会。

　　△　中共嫩江省委发出各级党、政、军统一编制的指示,要求实行统一编制,以便集中人力、物力发展生产,支援解放战争。

　　△　中原野战军豫西部队攻占卢氏。

　　5月21日　蒋介石、李宗仁上午10时在南京举行谒中山陵礼,另有文武官员200余人参加典礼。

　　△　蒋介石召集国民党籍全体立法委员举行谈话会,提名张群为行政院院长,要求立法院行使同意权时一致同意。立法委员投票结果,何应钦得票最多。张群辞行政院院长提名,离开南京。

　　△　蒋介石在黄埔路官邸召见参谋总长顾祝同,就当前军事问题进行商谈。

　　△　蒋介石颁令以吴鼎昌为总统府秘书长,薛岳为总统府参军长,二人已遵令先行到府办公。

　　△　新任陆军总司令余汉谋由其前任顾祝同陪同到部视事。

　　△　暹罗政府正式宣布任命陈拱巴侯爵为新任驻华大使。

　　△　中央银行总裁张嘉璈辞职,俞鸿钧被任命为中央银行总裁。

　　△　湖北国民党军再占老河口。

　　△　中共中央军委副主席周恩来在中直机关工作人员会议上讲话称:要把战争进行到底,打出去,取得新民主主义革命的完全胜利。

　　△　中共中央军委致电粟裕、陈毅,指示津浦线中段作战之部署:刘伯承、邓小平所部钳制国民党第十八军使不能东援;许世友、谭震林部主力立即出动夺取泰安及其南北地区,以钳制胶南及济南徐州线上国民党军不能西援,由粟裕全权指挥一、三、四、六、八、十一纵全力歼灭国民党之第五军。

　　5 月 22 日　美国驻华大使司徒雷登向蒋介石面交中国内部改革问题备忘录。

　　△　苏联新任驻中国大使罗申抵达南京。

　　△　东北"剿匪"总司令卫立煌乘飞机至锦州及辽西一带视察并督导该地区战事。

　　△　上海学生反对美国扶植日本挽救民族危机联合会发起 10 万人签名运动,北平、武汉、成都、昆明等地学生积极响应,举行万人以上的大示威。

　　△　南京大学、金陵大学学生宣布罢课三天,抗议国民党当局逮捕学生。

△ 察哈尔南部国民党军攻占延庆。

△ 湖北、河南之间国民党军攻占内乡、光化。

△ 中共中央军委致电刘伯承、邓小平并转陈毅、粟裕电:"夏季作战的重心是各方协助粟兵团歼灭五军,只要五军被歼灭,便取得了集中最大力量歼灭十八军的条件,只要该两军被歼灭,中原战局即可顺利发展。望本此方针,部署一切。"

5 月 23 日 何应钦发表谈话,谢绝行政院长提名,同时向蒋介石面辞,获得允准。

△ 驻丹麦公使李骏昨日突发脑溢血,是日病逝任内。

△ 民主建国会在上海秘密召开常务理监事会,一致通过响应中共中央"五一"口号,并指定在香港的章乃器、孙起孟与中共驻港负责人和各民主党派负责人取得联系。

△ 河南国民党军攻占许昌、尉氏。

△ 鲁西国民党军攻占平阴、东阿。解放军南渡黄河。

△ 绥远国民党军增援山西北部之应县。

△ 美国驻华大使司徒雷登偕驻华美军军事顾问团团长巴大维到台湾视察。

△ 威海卫连续发生两次强烈地震,30 多人受伤。

5 月 24 日 蒋介石以总统名义,提出"统(一)字第一号"咨文,送达立法院,提名前资源委员会主任翁文灏任行政院长,获立法院通过。

△ 晚,蒋介石召见翁文灏,指示行政院组成人选之原则。

△ 苏联新任驻华大使罗申会见外交部长王世杰。

△ 长春守军郑洞国部为保持外围防地并确保飞机场,以新七军两个师出长春以西小合隆和大房身飞机场活动,遭到东北野战军一纵、六纵的攻击。至次日晨,该军暂五十六师两个团、第六十一师及保安旅各一部共 6000 多人遭到解放军部队的歼灭,余部退回长春,解放军部队占领长春西郊之大房身飞机场。通过这次战斗,东北野战军总指挥部认识到原来对长春守军之战斗力下降情况估计过高,长春并不能通

过一阵猛攻可下,乃决定改强攻为围困。

　△　国防部兵工署署长杨继曾率中国军事代表团一行六人抵美国,目的"在于解决获得并使用 1.2 亿美元的军事援助手续问题"。

　△　河南地方团队进占禹县、襄县、郏县、宝丰。

　△　华北人民解放军之一部解放晋北之应县城。

5 月 25 日　新任行政院长翁文灏发表施政演说称:"目前一方面实行宪政,同时动员戡乱,必须以公正积极之精神,认真进行各项改革之工作……尤当注意民生之改进,运用美援,作适当之配合,以减轻经济之危机,人民之疾苦。"同时他还表示要努力增加生产,挽救目前国内危局。

　△　驻美大使顾维钧设宴招待赴美访问之中国军事代表团。

　△　四川理塘发生七级强烈地震。

　△　河南国民党军攻占鄢陵、漯河。

　△　晋察冀野战兵团及冀察热辽部队解放隆化县城。

　△　为策应粟裕兵团渡江南进,中原野战军分东、西两兵团,分别由陈锡联和陈赓指挥,在南阳东部发起宛东战役。

5 月 26 日　中华民国总统蒋介石特派张肇元为立法院秘书长。

　△　蒋介石令:"依宪法产生之第一届监察院监察委员,定于民国三十七年 6 月 5 日在首都集会。"

　△　蒋介石明令公布施行《主计部组织法》及《宪政督导委员会组织规程》,前者凡 25 条,后者凡八条。

　△　新任行政院长翁文灏于宅中召集王世杰、张厉生等 10 余人,听取他们对组阁之意见。下午,翁又面见蒋介石进行汇报。

　△　美国驻华大使司徒雷登向本国国务院报告称,中国现政府无力阻止共产主义,且蒋介石仍将继续其个人统治,不愿作根本之政治、经济改革,故亦不能希望他能号召民众,恢复军队之作战意志。

　△　司徒雷登与巴大维在台湾屏东参观新军训练。

　△　河南地方团队进占舞阳。

△ 陕西国民党军进占郃阳、澄县。

5月27日 行政院长翁文灏飞至上海,专程访晤何应钦和吴国桢等人,听取对组阁的意见,并与民社、青年两党负责人进行接洽。晚,翁文灏又赴顾孟馀宅,请其出任行政院副院长。

△ 蒋介石公布施行《预算法》,凡64条;《决算法》,凡29条;修正《会计法》部分条文。

△ 毛泽东离开花山村,乘车到达西柏坡,与朱德、刘少奇、周恩来、任弼时会合。

△ 苏北国民党军进占盐城、阜宁。

△ 中原野战军、华东野战军各一部发动宛东战役。

△ 进攻临汾城的晋冀鲁豫军区、太岳军区、吕梁军区的解放军部队攻克城垣,全歼国民党军2.5万多人,晋南全境解放。

△ 中原野战军再占河南驻马店、确山。

5月28日 行宪后第一届监察院集会开始报到,是日监委共报到42人。

△ 行政院院长翁文灏自上海返回南京,面见蒋介石报告其组阁进展情况。

△ 雷震至上海,与民社党、青年党负责人士,继续就两党立法委员名额问题及参加新内阁事宜进行商量。

△ 苏联驻华大使馆发言人否认苏联将出面调处中国问题。

△ 河南国民党军再占荥阳、淮阳、太康。

△ 台北市火车失事,乘客100多人死伤。

△ 晋察冀野战兵团及冀察热辽部队解放丰宁县城。

△ 东北新华广播电台正式播音,每日三次分别用汉语和英语向国内外广播。

5月29日 翁文灏偕新任行政院秘书长李惟果至行政院办理交接手续。

△ 行政院公布施行《财政部金融管理局组织规程》,凡15条。

△ 中国青年党向翁文灏表示仍参加行政院,但民社党予以拒绝。

△ 北京大学学生自治会向北平当局要求撤销特别刑事法庭。

△ 河南国民党军进占柘城。

△ 陕西国民党军进占龙驹寨。

△ 晋察冀野战兵团及冀察热辽部队解放滦平县城。

△ 中原野战军和华东野战军各一部在南阳东之白河、唐河中间地区向国民党军张轸兵团发动攻势。

△ 中共中央军委决定以华东野战军许世友、谭震林部于四五月间逐一攻克津浦线上之国民党军据点泰安、泗水、大汶口、曲阜、邹县、滕县、临城、韩庄七点,然后相机攻占汶上、济宁、兖州之一点。

△ 杨得志、罗瑞卿等致电中共中央军委,报告所拟之冀热察战役之两个方案:一、集中兵力进攻承德;二、出冀东对平谷、平津、津榆线进行广泛攻击。

△ 中共淮南、淮北两军区合并成立江淮区党委与江淮军区,陈庆先任司令员,曹荻秋任书记兼政委。江淮区辖运河以西、陇海路以南、长江以北地区,总面积共九万多平方公里,人口 300 多万,建有 20 多个县政权。至 1949 年 6 月撤销,成立皖北军区、区党委。

△ 华东野战军山东兵团及军区部队在津浦线徐州至胶南段发起兖州战役。

△ 晋冀热辽解放军猛攻承德。

5 月 30 日 中央银行宣布外汇采取结汇证明书制度。

△ 华北北平、天津、唐山等地 12 所大专院校及沈阳中正大学来平学生共 3000 多人,在北京大学民主广场举行“五卅”纪念大会,会上成立“华北学生反对美国扶植日本,挽救民族危机联合会”,发表致美国国务院及美国驻华大使司徒雷登的抗议电,并致电美国人民,通电全国各界一致行动。会后举行游行示威。

△ 中共中央军委电复杨得志、罗瑞卿:“我们觉得攻承德如无把握,似以出冀东较为适宜。”

△　中共中央电示陈士榘、唐亮,即依刘、邓令坚决阻截国民党第十八军,"不使南下增援张轸"。

△　华东野战军许世友、谭震林部收复新泰、泰安及大汶口等地。

5 月 31 日　中共中央军委电示林彪、罗荣桓、刘亚楼并告东北局,"为准备东北主力出至锦、榆、津、平线及平、张、绥、包线作战,你们必须精心筹划由东北运输粮食至该两线之各项技术问题"。

△　北平中法大学学生为抗议当局逮捕本校一名学生罢课一天。次日,北平八所学校学生为营救中法大学被捕同学,向北平当局请愿。

△　上海市各大学校长和教授致电美国总统及国务卿,抗议美国政府之扶植日本的政策和计划。

△　热河省国民党军再占滦平。

△　华东野战军解放肥城、泰安,切断国民党军兖州与济南之间的联系。

△　山东西部黄河北岸之解放军部队南渡黄河。

△　解放军攻占萧县,进抵距徐州以西 20 里之天河寨,津浦路宿县至固镇路段被解放军切断。

△　上海《申报》载美国驻上海总领事葛宝德在四五月间的三次讲话,指责中国人民反对美国扶植日本的行动,说:"不幸,中国的学生却被另一暴戾政治宣传歪曲宣传之诱惑,而在参加反美运动。"

是月　蒋介石组织成立总统府,设秘书长、副秘书长各一人,参军长一人,资政若干;总统府下设六个局,并有机要、侍卫、统计三个室,警卫、军乐两队,文武官员加上工勤人员约有 1500 多人。

△　国民党 CC 系立法委员在蒋介石的支持下组织成立"革新俱乐部"、政学系立法委员在吴铁城支持下组织成立"民主自由社"、三青团的立法委员和朱家骅系的王启江组织成立"新政俱乐部",立法院内国民党籍的立委们由此分为三大组合。

△　根据中共中央指示,北平地下党先后动员安排吴晗、马彦祥、焦菊隐等知识分子前往解放区泊镇。

△ 中共合江省委书记兼合江军区政委张闻天调东北局工作,张启龙继任合江省委书记。

6 月

6 月 1 日 蒋介石特任顾孟馀为行政院副院长,张厉生为内政部长,王世杰为外交部长,何应钦为国防部长,朱家骅为教育部长,王云五为行政院政务委员兼财政部长,左舜生为行政院政务委员兼农林部长,陈启天为行政院政务委员兼工商部长,俞大维为行政院政务委员兼交通部长,谷正纲为行政院政务委员兼社会部长,薛笃弼为行政院政务委员兼水利部长,谢冠生为司法行政部长,李敬斋为地政部长,周贻春为卫生部长,关吉玉为粮食部长,孙越崎为资源委员会委员长,许世英为蒙藏委员会委员长,刘维炽为侨务委员会委员长,徐堪为主计部主计长。特任李惟果为行政院秘书长,梁颖文为副秘书长。

△ 蒋介石令范汉杰集中力量经营锦州,并加紧准备攻打沈锦线。

△ 蒋介石特任白崇禧为战略顾问委员会主任委员,并兼任华中"剿匪"总司令。

△ 行政院召开首次政务会议,院长翁文灏在会上说明施政方针。

△ 立法院第六次会议决定增设美援特种委员会。立委李云良临时提出紧急动议,"请政府迅速采取紧急措施,防止一切助长日本军事及经济力量之行动,并警觉美国特莱伯计划可能造成之严重危机"。并付讨论。

△ 原国民政府主席重庆行辕奉命改组为重庆绥靖公署,仍由朱绍良任主任。

△ 青年党发表声明称,该党是否参加行政院须视立法委员问题是否得到解决而后定,同时表示不承认所发表之行政院青年党政务委员及部长名单。

△ 新任苏联驻华大使罗申向蒋介石呈递国书。

△　华东野战军山东兵团猛攻大汶口。

△　东北行政委员会为保证土地改革后农民对土地的所有权,特颁布命令,发放土地执照,宣布土地所有权任何人不得侵犯。

6月2日　由翁文灏为首的中华民国政府第一届"行宪内阁"正式宣告组成。

△　行政院新闻局长董显光发表谈话称,政府将有币制改革之计划。

△　国民党中常会决议准中央政治会议秘书长陈立夫辞职,由陈布雷暂代。

△　国民党中常会决议:四川省党部主任委员黄季陆辞职,以曾扩情继任。

△　北平、天津、唐山七所院校联合致电蒋介石、翁文灏、朱家骅,要求改善学校的教务条件和师生的待遇。

△　北京大学学生组织纪念"六二"反内战日,正午鸣钟一分钟,向在内战中死难的同胞及在反内战中被国民党当局杀害的同学致哀。

△　华北野战军发动冀东攻势。

△　皖北解放军进占泗县。

△　国共两军在南阳白河以东激战。

△　黑龙江省第一届职工代表大会开幕,大会决定成立省职工总会,并选出出席全国及东北解放区工人代表大会的代表。大会提出今后工人运动的方针是发展生产,开展劳模立功运动。

6月3日　美国众议院拨款委员会如数核准其政府所提 4.63 亿美元的援华计划。

△　上海各大学学生三万多人在交通大学举行抗议美国扶植日本威胁中国的示威大会。

△　长春大学代理校长兼教务长张德馨由长春出走抵达哈尔滨,受到东北行政委员会和哈尔滨文化界的热烈欢迎。

△　华东野战军攻占大汶口及界河。

　△　中原野战军收复郾城,次日再克漯河。

　△　中原野战军和华东野战军各一部在宛东战役中共歼灭张轸兵团 1.1 万多人,其中生俘 5300 多人。

　△　中共中央军委致电韦国清、陈丕显、姬鹏飞、粟裕等人,指示:目前苏北兵团应以华中当前的敌情为依据,采取临时分散作战的方针,避开敌人的主力追剿,配合地方武装,疲惫敌人,"取得各个歼灭敌人的胜利"。

6 月 4 日　美国驻华大使司徒雷登发表书面声明,对中国学生反美扶日的爱国运动进行干涉和威胁,声称:"此举对中美间的传统睦谊实有严重的损害,倘仍继续进行,可能致不幸之结果。"

　△　日本渔船侵入我领海被扣留,搜出大批测量仪器。

　△　中国民主促进会、中国国民党革命委员会及各民主党派领导人联名发表反对美国扶植日本之宣言。

　△　在香港的各民主党派及无党派民主人士柳亚子、沈雁冰、章乃器、胡愈之、朱蕴山等 125 人发表联合声明,响应中共中央"五一"口号。

　△　中共中央就东北党、政、军机构的设置及分工问题致电东北局、热河分局并各个中央局、各前委:一、同意在东北局常委领导下,设立党、政、军三种分工组织,即东北局办公厅、政府党委会、军委会分会;二、东北局以林彪、罗荣桓、高岗、陈云、李富春、洛甫、林枫为常委,林彪为书记,罗、高、陈为副书记,高兼秘书长;军委分会以林彪为主席,罗为副主席;三、林枫、张学思、高崇民仍为东北政委会正、副主席;政委会下设财经委员会,以陈云为主任,李富春为副主任,陈兼任政府党委会书记;四、热河分局以黄克诚为书记。

　△　湖北人民解放军收复鄂北随县县城。

　△　华东人民解放军收复沭阳县城。6 日,又占阜宁县城。

6 月 5 日　外交部长王世杰发表声明称,日本工业水准以 1945 年7 月 26 日《波茨坦宣言》为原则,对于防止日本军国主义之复兴必须有确定保障,同时他还表示深信中美两国均无纵容日本重整军备之意。

△ 美国驻中国大使司徒雷登会见中华民国总统蒋介石。

△ 国民党中常会开会决议立法委员仍以得票多者当选。

△ 中华民国政府监察院成立,蒋介石出席开幕礼并致词称:"凡宪法赋予贵院之职,自必依法遵行,使之完全行使","而奠定国家长治久安之基础。"于右任任监察院长,刘哲为副院长。

△ 蒋介石任命戴季陶为国史馆馆长。

△ 行政院公布施行《行政院议事规则》,凡 17 条。

△ 北京大学校长胡适发表谈话,对司徒雷登之书面声明表示赞同。

△ 上海学生为反对美国扶植日本,拯救民族危机,举行示威游行。当局出动军警、青年军、警备车等到各大学阻拦镇压,并将学生队伍冲散。在这次示威游行中,仅上海美专就有两名学生被特务打成重伤,30 多人受轻伤,50 多人被捕。

△ 上海市政府以"为匪张目,扰乱政府金融政策,煽动学潮、工潮"为词,查封《时代日报》。

△ 空军对鲁西及河南南阳附近之人民解放军大举轰炸。

△ 国民党军邱清泉部整五军抵山东曹县、单县一带,整七十五师进定陶。

△ 侨务委员会开会商讨暹罗当局封闭华侨学校事件。

6 月 6 日 北平、天津、唐山 11 所院校学生自治会联合发表抗议司徒雷登的声明,指出:我们坚决反对美国扶植日本,"中国人民和中国学生不是任何恐吓和暴力所能吓倒的"。

△ 在香港的各民主党派负责人及无党派民主人士李济深、何香凝、沈钧儒、章伯钧、马叙伦、王绍鏊、陈其尤、彭泽民、蔡廷锴、谭平山、郭沫若等人在《华商报》上联合发表《反对美帝扶日宣言》,斥责美国正在"全力支持反动势力,以华制华",表示"愿与全国同胞再接再厉,以自卫答复侵略"。

△ 上海学生被当局镇压的消息传到北平后,北平学生开始罢课。

△ 豫南国民党军再占驻马店。

6 月 7 日   美国经济援华代团团长莱普汉抵达上海。

△ 华东野战军苏中地区部队发动海（安）泰（县）攻势，至次日，解放姜堰等多处重镇。

△ 东北行政委员会发布通令，撤销辽东办事处，辽宁、安东及辽南三个省、区改由东北行政委员会直接领导。

△ 中国人民解放军陕南军区成立，刘金轩任司令员，汪锋任政治委员。该军区隶属于中原军区领导。

6 月 8 日   孙科主持立法院开会讨论征收临时财产税问题，工商业界立法委员多表示反对。

△ 北平各大学共 400 多名教授、讲师联名致函美国驻华大使司徒雷登，严正驳斥他 4 日所发表的书面声明。

△ 华北学生反美扶日联合会，为反对美国扶植日本并抗议司徒雷登之声明，号召各院校学生自即日起罢课两天，并组织学生进行示威游行，遭到北平当局军警的拦截和枪击，五名学生头部被击伤。下午，游行队伍共 5000 多人回到北大民主广场，召开了华北学生反对美国扶植日本挽救民族危机大会，并通过进一步开展反美扶日运动等五项决议。

△ 中国人民解放军总部发表 4 月份战绩：歼灭国民党军 10 万多人。

6 月 9 日   北大、清华、燕京、南开、中法、北洋、朝阳、河北工学院等校学生在北平举行大规模的反美扶日示威游行。当学生行至东华门时，突遭预伏的军警袭击，重伤三人，轻伤 10 多人。

△ 教育部长朱家骅对学生反对美国扶植日本运动发表谈话，强调对日本不采取报复主义。

△ 蒋介石委派刘峙为徐州"剿匪"总司令。

△ 国民党华北政务委员会在北平中南海居仁堂开始办公。

6 月 10 日   上海各界人士包达三、张朱绍文、胡厥文、陈叔通、郑振铎等 14 人联名发表声明，抗议美国驻华大使司徒雷登 4 日发表的对华书面声明。

　　△　《江淮日报》创刊,新华社江淮分社及所属淮南路东、淮南、前线等三个支社亦开始发稿。

　　△　华东野战军许世友、谭震林部第七纵队攻占曲阜,歼灭国民党军一万余人。入城前,解放军颁布了保护文物古迹之守则。

　　6 月 11 日　中央大学、金陵大学学生自治联合会发表声明,驳斥美国驻华大使司徒雷登 4 日发表的声明。同日,广州中山大学等 2800多名学生发表联合声明,反对美国扶植日本危害中国的政策。

　　△　下午 3 时,上海市各有关机关在市府举行临时经济会议,决定实行粮食等四项管制,以免物资囤积居奇。

　　△　行政院长翁文灏在立法院报告新内阁施政方针时提出:军事上,最大的目标是加强各战区的实力,培植民众自己的力量;在行政方面做到真正的廉洁和有效的政治;关于财政来源方面,则强调有钱出钱,加强税收,并改革币制。立法委员对其报告感到不满,希望立即拿出具体方针。

　　△　白崇禧向蒋介石力辞华中"剿匪"总司令职。

　　△　美国国务院在向国会参议院拨款委员会提出的一份备忘录中说:在现在的领导人管理下,中国的情况是没有希望的,而且也不是援助可以挽救的,援助期满之日,中国的情况还会和现在同样糟糕,经济援助充其量只不过是白白浪费,而军事援助,则有可能有损美国的声誉,比不援助还要坏,因为它有可能使美国卷入一场同苏联的冲突。

　　△　华北野战军第一兵团、晋中平原地方人民武装、陕甘宁晋绥联防军区五个旅共六万余人兵力,发起晋中战役。是日,解放军部队先以地方武装之一部围攻孝义以东之高阳镇,阎锡山调其闪击兵团共 13 个兵团的主力由介休、平遥等地西援。

　　△　中原野战军进占河南新郑。同日攻克山东鱼台县城。

　　6 月 12 日　立法院继续就新一届行政院施政方针质询行政院长翁文灏。

　　△　　北平各大学教授、讲师、助教费孝通、袁翰青、吴之椿、许德珩、吴晗等共 437 人联合发表《为反对美国扶日致司徒雷登书》，列数美国扶日之五大事实，严厉谴责美国干涉中国内政，使中国内战扩大，人民生灵涂炭。并正告美国政府，"中国人民之力量，足以击溃任何外来之干涉与压迫"。美国若不改变其扶日政策和违反波茨坦协议的行为，则"必须准备承受行动之结果"。

　　△　　下午 5 时，上海市市长吴国桢招待记者，发表谈话称：已电请行政院粮食部尽速从江西等产区运粮 30 万担来沪。

　　△　　驻美大使顾维钧接到报告说，"因为马歇尔和他的国务院的代表们不同意"，美国对华 1.25 亿美元的军事援助拨款"可能有危险"，顾氏急忙与美国国会拨款委员会主席布里奇斯参议员交涉。布氏在谈到昨日国务院的备忘录时说，美国国务院认为："中国军队的士气非常低落，以致美国政府对它供应的武器和弹药，只是一条间接供给中国共产党的途径。"

　　6 月 13 日　燕京大学学生共 230 多人拒绝领取美国提供的营养补助，以抗议美国政府的扶日政策。

　　△　　华北野战军冀东部队在北宁路唐山至滦县段北侧发动攻势，攻克丰润，歼灭国民党军两个多保安团共约 1.24 万余人。

　　△　　华东野战军山东兵团进攻济南附近之龙山。

　　6 月 14 日　美国驻华大使司徒雷登向其本国国务院报告称，蒋介石对其已允之由何应钦、巴大维共同指挥作战之建议已食言，仍由其本人经由无能之参谋总长亲自指挥。

　　△　　美国国会参议院拨款委员会决定恢复原定之援华款额。

　　△　　中国民主同盟发表《响应中共五一号召致全国各民主党派、各人民团体、各报馆暨全国同胞书》，呼吁"共同为结束独裁统治，实现人民的民主新中国而奋斗"。

　　△　　粮食部长关吉玉由南京赴沪，与吴国桢商谈稳定粮价对策。下午 5 时多，关在市府举行记者会，分发书面谈话，称："所有米粮，政府

已准备充足。"但物价继续猛涨,米每担突破 1000 万元。本日宁波发生抢米风潮。

6 月 15 日　行政院长翁文灏继续就行政院的施政方针答复立法院的质询。

△　白崇禧表示不再辞却华中"剿匪"总司令职。

△　立法院副院长陈立夫抵达美国华盛顿访问,"考察美国民主体制的实施情况"。

△　中国致公党发表关于新政治协商会议的意义与任务的文告。

△　重庆市物价狂涨,黑市黄金每两突破 9000 万元。

△　冀东国民党军进占蓟县。

△　豫西国民党军进占卢氏。

△　《晋察冀日报》与晋冀鲁豫解放区的《人民日报》合并为《人民日报》,在石家庄创刊,两个解放区的新华社,合并成立华北区新华社。

△　华东野战军攻占邹县。

△　华北野战军冀东部队攻占唐山城北之任各庄及滦县城北之鸡坨。

△　东北军区在吉林召开野战军师级以上干部会议,最后决定:军事上在加强攻城部队和打援部队训练的同时,紧缩包围,控制要点,封锁市内机场,打击出城骚扰、抢粮及企图突围之敌;政治上利用国民党守军内部矛盾与恐慌的心理,全面展开政治攻势,做好瓦解敌军工作;经济上主要封锁长春守军空投和防止粮草入城。另外还成立生产救济委员会,有计划地供应群众粮食,改变过去不让群众出城的办法。会议还决定由第一兵团司令萧劲光、政委萧华指挥新成立的第十二纵队和六个独立旅担任围困任务。这次会议决定,把攻打长春改变为"久困长围"的战略。

6 月 16 日　国民党中常会推派王宠惠、张伯苓分别担任司法院和考试院院长。

△　行政院通过 6 月份文武职人员待遇标准。

△　监察院因目前物价飞涨,向行政院提出纠正案。

△　行政院第三次会议通过特派邓锡侯兼任川陕甘边区绥靖公署主任。

△　四川重庆发生抢米风潮,参加抢米的饥民达 5000 多人,从晚 6 时至次晨 2 时历时八个半小时之久,抢米店 70 多家,抢米 7000 多石。

△　北平印刷工人为要求加薪,一致举行总罢工。

△　中国农工民主党在香港发表对时局宣言,指出:"目前的任务,在于巩固和扩大统一战线,加速最后胜利的到来。"

△　冀东国民党军攻占玉田。

△　粟裕、张震是日午时报告中共中央军委并告刘伯承、邓小平、陈毅、邓子恢、华东局:为迫敌分散,求得在运动中歼敌一路,乃以陈士榘、唐亮率第三、第八纵队于本晚完成对开封包围,并攻占之。

△　平汉线胡琏兵团进至上蔡城,急行北援开封。受到中原野战军第一、第三纵队和华东野战军第十纵队阻击。

△　中原野战军刘伯承、陈毅部攻占陈留。

6 月 17 日　青年党主席曾琦发表谈话,说明该党退出行政院之原委称:立委名额三党早有协定,嗣经国民党和青年党一再协商,由 80 名减为 41 名,迄尚无实现之期,并提案联署之 30 名亦不可得。以具有 25 年历史之政党,如何能以寥寥数人出席会议,行政院自不便参加,更谈不上考试院、司法院等问题。

△　冀东国民党军重占丰润。

△　昆明各校学生共三万多人举行反美扶日示威游行。

△　中共中央军委致电粟裕、张震,同意他们关于进攻开封的部署。同日,还致电许世友、谭震林并粟裕、张震,华东局,中原局,要求山东解放军部队攻击兖州,"调动八十三师、二十五师来援,减轻敌对粟、张方面之压力"。

△　华东野战军为在中原战场上大量歼灭国民党军有生力量,配

合中原野战军进一步开展中原战局,决定于本月中旬起华东野战军七个纵队及中原野战军二个纵队,发起豫东战役。是日,解放军陈唐兵团第三、第八两个纵队开始进攻开封。

　　△　中共中央发出《中央关于各解放区应公开响应蒋管区学生反美反蒋运动的指示》,要求解放区大城市中的工人、学生、市民召开会议,发表宣言、决议等,支持蒋管区学生的爱国运动。

6月18日　立法院开会讨论平抑物价问题。

　　△　北平市各大学教授吴晗、朱自清等 100 多人发表宣言,抗议美国政府扶植日本,并拒绝领取美援面粉。

　　△　孙元良兵团以整第四十一师第一二四旅由郑州向东进援开封,进抵中牟。解放军第九纵队借机迫近郑州。

　　△　山东国民党军进占章丘。

　　△　陕北国民党军攻占白水。

　　△　热河国民党军攻占丰宁。

　　△　中原野战军和华东野战军之两个纵队攻入开封城关。

　　△　华北军区第一兵团主力向同蒲路介休、平遥段出击。

6月19日　财政部宣布:所遗中央信托局局长一职,由中央银行总裁俞鸿钧兼任。

　　△　美国国会参众两院联合委员会决定援华数额为四亿美元。

　　△　中共中央军委电示韦国清、吉洛并告粟裕、张震,华东局:“根据中央军委指示精神,苏北兵团趁国民党军第八十三师、第七十二师外调之机,向陇海路东段发动攻势,歼敌万人。”

　　△　中共中央电示粟裕等:从今日起,广播电台将播送对开封的国民党官兵及市民的广播,你们可收录后印成传单,用炮打入城内。

　　△　为解开封之围,邱清泉兵团进至兰封以南地区,遭到解放军一纵、六纵在内黄、民权一线阻击,至 23 日,该兵团只前进 10 多公里。

　　△　人民解放军攻入开封城内,城内国民党军困守省政府及龙亭。徐州“剿匪”总司令刘峙亲自飞抵开封上空视察,空军对开封城内进行

猛烈轰炸。

　　△　东北野战军冀东部队攻克北平、承德间之铁路重镇石匣镇,歼灭守护部队及保安部队共 1825 人。

　　6 月 20 日　中共中央军委副主席周恩来,就攻占开封后的几个政策问题致电粟裕和陈士榘,指示:一、对罪大恶极的特务头子自应逮捕;二、对国民党官方银行的存款,除留极小部分作为职员薪金外,其余应全部提用;三、开封是河南文化中心,希望对该地知识分子尽量招收,对河南大学、各中小学、图书馆、博物馆应加意保护。

　　△　北京大学学生自治会发表宣言,号召响应燕京大学同学拒绝美援运动。燕京大学全体学生、北京大学 750 余名学生、清华大学 100 多名学生声明拒绝领取美援平价面粉,以抗议美国对日本的扶植。

　　△　海军代总司令桂永清至葫芦岛。

　　△　驻美大使顾维钧得到报告说,美国国会削减了所有已经核准的对外援助的数额,"结果是按众院的提议中国可以得到总额四亿美元,但期限为 12 个月而不是 15 个月。总额中的 1.25 亿美元的军援数额保持不动,而削减的完全是经济援助计划中的数额"。

　　△　暹罗警察当局于日前开始搜索华人秘密会社,截至是日,已逮捕华侨 60 多人。

　　△　华东野战军苏北兵团及军区部队开始向东海、灌云、沭阳地区展开扫荡战。

　　△　中原野战军收复上蔡县城。

　　△　鲁西国民党军进占曹县。

　　△　空军开至郑州增援河南作战。

　　△　国共两军在开封城内展开激烈巷战。

　　△　郑州孙元良兵团复以整四十五师第一二二旅及整四十七师第一二五旅等部共七个团兵力,向东开进,图援开封,受解放军之九纵阻击,滞于中牟地区。

　　△　华东野战军山东兵团包围兖州。

6 月 21 日　蒋介石飞往郑州,并往开封上空视察。

　△　行政院政务会议决定:任命刘瑶章代何思源为北平市市长,程潜代王东原为湖南省政府主席,陈仪代沈鸿烈为浙江省政府主席,孙渡为热河省政府主席。

　△　因顾孟馀不就行政院副院长职,蒋介石特任张厉生充任该职;任彭昭贤继任内政部部长。

　△　美国军事顾问团团长巴大维至昆明视察。

　△　海军代总司令桂永清至营口视察海军。

　△　华北野战军第十八兵团及军区部队在晋中平遥、介休间全歼阎锡山军第七十二师。至 24 日,共歼灭国民党军一万余人。

　△　华东野战军苏北兵团向陇海路东段发动攻势,歼灭国民党军近万人。

6 月 22 日　蒋介石飞抵西安,同胡宗南研讨陕西局势,指示军事改进要点。

　△　立法院通过决议,决定接受美国援助。

　△　上海光华大学和大夏大学两校学生要求将该两校改为国立。

　△　中国人民解放军攻克河南省省会开封,从 17 日至是日共歼灭国民党军整编第六十六师 3.9 万多人,击毙中将师长李仲辛。蒋介石急调鲁西南黄百韬之整编第五兵团、新组成之区寿年第七兵团和平汉线南段邱清泉之整编第十八兵团三个兵团进行反扑,并出动大量飞机对市区进行轰炸,市民死伤数万人。

6 月 23 日　黎照寰继程孝刚任交通大学校长;张云继王星拱任中山大学校长。

　△　中国学术工作者协会总会与分会留港理事郭沫若、马叙伦、沈志远、翦伯赞、邓初民、千家驹、曾昭伦等 19 人,发表反对蒋介石独裁卖国、拥护中共中央"五一"口号的声明。

　△　安徽合肥连日发生抢米风潮。

　△　豫东国民党军进占民权县城。

　△　济南国民党军进占万德。

　△　人民解放军冀东部队向昌黎、滦县间之北宁路发起进攻,攻占安山、留守营。

6 月 24 日　立法院开会检讨中原战局,新任国防部长何应钦出席报告。

　△　监察院对国民党中常会推派之由王宠惠任司法院长、张伯苓任考试院长表示赞同。

　△　北平警察局长汤永咸与市参议会发生争执,汤氏及警员辞职。

　△　国民党军增援部队进占中牟、兰封,进逼开封。

　△　粟裕、陈士榘、张震致电中共中央军委,建议 26 日撤出开封,如敌重占开封,兵力必将分散,则拟以五个纵队进至睢县、杞县、太康之间与民权地区,待机歼灭进入杞县之敌。

　△　华北野战军第一兵团主力在平遥、祁县之间歼灭阎锡山军第四十师、第七十二师残部及地方"民卫军"一部。

6 月 25 日　蒋介石在西安召开军事会议,参谋总长顾祝同、西北行辕主任张治中、副主任马步芳、马鸿宾至西安出席。

　△　新任华中"剿匪"总司令白崇禧自南京抵汉口。

　△　国防部长何应钦在立法院秘密会议上报告军事称:"吾人必须坚定信心,同时接纳一切善言,方能提前消灭共匪。"

　△　立法院决定组织"戡乱"将士慰问团。

　△　上海物价连续猛涨,黄金每两价达二亿元。上海市长吴国桢在市参议会提出抑平物价办法:清查仓库,严防囤积,禁止非本业贸易。

　△　中国国民党革命委员会发表声明,认为中共中央发表之"五一"口号,是"为消灭卖国独裁的反动统治和建立民主幸福的新中国所应遵循的途径",呼吁在国民党独裁政权控制下的各军事单位、地方政府、各界团体人士响应中共的这一号召,站到民主革命阵营方面来。

　△　北平、天津、唐山三市 12 所院校学生自治会联合发表宣言,反对国民党政府出卖中国内河航运权给美国,对外交部长王世杰所谓的

"开放内河航运权不妨碍中国主权"的谬论予以严正驳斥,坚决表示,为了反对开放内河航运权,为了保护民族工商业,为了挽救民族危机,维护主权的完整,决心促进各阶层的团结,排除万难,不避艰险,共同保卫中华民族的独立。

　　△　无锡饥民五六百人在城外四郊米店抢米 5000 余石。

　　△　中共中央军委电复粟裕、陈士榘等,同意撤出开封待机歼敌的部署。

　　△　粟裕、陈士榘、张震向中共中央军委报告称,拟待邱清泉兵团入开封后,以第三、第八纵队分割邱清泉、区寿年兵团之联系,以主力发起睢杞战役,歼灭区寿年兵团于杞县以南。中共中央军委复电同意。

　　△　华北野战军出击北宁路,连克石门、安山、封台等国民党军据点 30 多处,歼灭交警第五、第八总队等部共 6800 多人。从 6 月 2 日至是日,华北野战军在冀东攻势中,连续袭取丰润、平古、昌黎等地,歼灭国民党军第六十二师、第一五一师、第一五七师各一部及地方保安第二十七、第三十七团全部。

　　△　自是日起,东北野战军正式加紧了对长春的围困工作。

　　6 月 26 日　监察院以物价狂涨,催请行政院答复本月 16 日提出之纠正案。

　　△　中国政府批准《国际小麦协定》,规定五年内中国总进口量为 1360.8 万吨。

　　△　新任副总统李宗仁由南京回到北平。

　　△　上海市长吴国桢宣布平抑物价四项办法:一、日用必需品的同业公会,在三天之内报告交易情形;二、报告仓库存储物资情形;三、对票据交易所,查清有利用款项囤积者办,挪用公款者办;四、将上海已存有的 15 万包棉纱,马上配给各厂。

　　△　江苏无锡、镇江饥民抢米。

　　△　华中"剿匪"总司令白崇禧由汉口至豫南前线视察。

　　△　冀东国民党军进占石门。

　　△　国民党军第二十五师两个团调至滕县，第八十三师亦由民权车运滕县，准备进援兖州，以解许世友、谭震林之山东兵团对兖州的包围。

　　△　中共中央军委致电中原局指示：为便于了解和决定各重大问题，中原局以刘伯承、邓小平、陈毅、邓子恢、张际春、李雪峰为常委。邓子恢任中原军区第一副政委，张际春任第二副政委。中原军区分作两个兵团，李先念为第四兵团司令员兼政委，陈赓为第三兵团司令员，谢富治为政委。同意成立中原解放区行政委员会。

　　△　中共中央致电西北局，西北局以贺龙、林伯渠、习仲勋、马明方、王维舟、贾拓夫、马文瑞、李井泉为常委，并以习仲勋为书记，马明方为副书记。

　　△　中国人民解放军总部公布 5 月份战绩：歼灭国民党军 13.7 万人。

　　△　攻占开封之人民解放军两个纵队主动撤离，国民党军邱清泉兵团整五军进占该城。

　　△　晋察冀边区参议会议长成仿吾、晋冀鲁豫边区参议会议长薄一波联名召集的联席会议在石家庄开会，通过了召开华北人民临时代表大会，讨论产生统一的华北民主联合政府等问题的决议。

　　6 月 27 日　国民党军邱清泉兵团第五军进占杞县。区寿年第七兵团第七十五师沈澄年部进至睢县。中原野战军和华东野战军部队在开封东南地区以一部兵力予以阻击，发起睢杞战役。

　　△　南京禁售银币。

　　△　华北解放区工商业会议闭幕，中共华北中央局第二书记薄一波作总结发言。

　　△　中共中央军委致电许世友、谭震林，要求山东兵团暂时"仍应吸引二十五师、八十三师援兖，该两师不到兖州附近不要解围，以利粟、陈、张行动"。

　　6 月 28 日　蒋介石自西安经郑州飞返南京。

　　△　行政院长翁文灏致函监察院，说明稳定物价之措施。

　　△　北平市九所院校河南籍学生抗议政府派飞机轰炸开封城。北

平各大学教授徐炳昶等 100 多人发表宣言,呼吁停止破坏文化机关及滥炸城市。

　　△　白崇禧在汉口就任华中"剿匪"总司令职并发表演说称:"今日匪祸猖獗,必须举国上下痛下决心,以剿匪军事为第一,始克有济。"

　　△　山东大学学生罢课三天,抗议美国扶植日本。

　　△　上海市工商界代表反对政府征收临时财产税。

　　△　上海军警长官警告投机商人,称必要时将采取直接行动。

　　△　上海拖船及驳船水手 1.2 万多人为要求增加工资举行罢工。次日,上海码头工也举行声援罢工。资方被迫答应工人提出的要求。7 月 2 日,工人复工。

　　△　冀东国民党军进占昌黎。

　　△　陕西国民党军进占商南。

　　△　太原绥靖公署副主任兼山西保安副司令及野战军总司令赵承绶率两个军及一个总队之兵力由太原南援,企图在祁县以南地区与华北野战军第一兵团主力决战,但被解放军部队迅速插入其侧背之榆次、太谷间广大地区,切断了后路。赵承绶被迫向北突围。

　　△　自苏北经徐州北上增援兖州的国民党军整编第二十五师进抵滕县以北。山东兵团即撤围兖州准备打援。因睢杞战场紧急,国民党军整编第二十五师转而南下增援睢、杞。7 月 1 日,山东兵团再度包围兖州。

　　△　中原野战军围困国民党军区寿年之第七兵团沈澄年部于河南睢县、杞县之榆厢铺桃大岗。同时歼灭由津浦路中段来援之黄百韬兵团之一部。由平汉线北援的邱清泉部,被中原野战军主力部队阻击于上蔡以北地区。

　　6 月 29 日　监察院、立法院召开联席会议,检讨当前物价。

　　△　东北"剿匪"总司令卫立煌至铁岭视察,当日返回沈阳。

　　△　武汉绥靖公署改为长沙绥靖公署,由程潜任主任;国防部九江指挥部改为华中"剿匪"总司令部;陆军总司令徐州司令部改为徐州"剿匪"司令部,由刘峙任司令,孙震为副司令。

△　北平师范学院学生 2000 多人,拟赴南京请愿,要求恢复大学名称。出发时受到北平当局军警拦击,11 名学生受伤。

△　美国国务院照会中国驻美国大使馆称,军事援助之 1.25 亿美元即可提取。

6 月 30 日　蒋介石正式任命前台湾行政长官陈仪出任浙江省政府主席。

△　蒋介石接见翁文灏、王云五,讨论改革币制及平定物价的根本办法。

△　邱清泉部第五军自豫东杞县进援在睢县被中原野战军围困之区寿年、沈澄年部,国共两军展开激战。

△　北京大学、清华大学等七校学生自治会就昨日北平师范学院请愿学生被军警击伤事发表联合声明,抗议北平当局对学生的迫害。

△　美国驻华大使司徒雷登向其本国政府报告称:"如果没有持续不懈的美国指点,军事情形不可能改善,这比任何时候都更明显了。然而日益高涨的反美情绪提醒我们,假如不顾其他因素给予支援,其结果只能使局势更加恶化。"

△　为保障粟裕、陈士榘、张震所部之睢杞作战,中原野战军于是日起至 7 月 1 日在西平以西阻击国民党军吴绍周兵团,并予之以重大杀伤,迫使邱清泉整编第十八兵团向吴绍周兵团靠拢。

是月　东北野战军合围长春。长春市粮价飞涨,高粱米价每斤竟高达三亿元。

△　为抗议美国政府的扶日政策和其驻华大使司徒雷登 4 日的声明,声援上海、北平学生的民主爱国运动,青岛、福建、成都、重庆、武汉、长沙、广州、昆明等各大城市的学生纷纷进行罢课和游行;上海文艺界人士巴金、周建人、姚雪垠、叶圣陶等 13 人联名发表《正告美国大使》,表示:"美国扶日政策不变,则中国人民反扶日运动不停";中国文化工商界人士 390 人联名发表声明指出,中国人民决不终止其"反对美国扶植日本帝国主义复兴"的运动。同时,上海杂志界、上海妇女界、航业

界、中国留日学生同学会、香港九龙各华侨团体也纷纷发表声明、抗议或宣言，强烈谴责美国政府扶植日本军国主义的复活。

△　留香港妇女界人士何香凝、刘王立明、于立群、沈粹缜等 232 人联名发表响应中共"五一"口号的宣言。

△　东北行政委员会任命刘澜波为安东省政府主席。

△　驻守长春之滇军第六十军暂编第二十一师师长陇耀收到潘朔端所致劝其弃暗投明之信函。陇耀表示要走潘朔端的路，并相机进行曾泽生、卢浚泉的工作。

△　海南岛琼崖纵队解放白山、保亭、乐东等县城，初步巩固了五指山根据地。

△　各地物价狂涨。8 日，上海大米每担价格涨至 800 万元，为年初之八倍。9 日，黑市美金每元涨至 160 万元，黄金每两涨达 8000 万元。14 日，上海黑市美元涨至 190 万元，15 日又涨至 210 万元，黄金每两涨达 1.01 亿元，半个月内法币贬值 100％。15 日，大米批发价为每担 1100 万元，16 日，肥皂、香烟等均在一天之内上涨 40％。同时，电气、自来水、电力、电话等公用事业也开始涨价，涨幅达 27％至 35％。15 日，电车、汽车、轮渡等交通事业也开始涨价；20 日，北平兵船粉每袋价格涨至 820 万元，小站稻每斤为 26 万元，玉米面每斤为 12 万元；26 日，天津兵船粉每袋 1600 万元，大米每斤 36 万元，小米每斤 25 万元，玉米面每斤 17 万元。

△　自 1947 年 7 月 1 日至本月底，在人民解放战争的第二年度内，中国人民解放军共歼灭国民党军正规军 94 个旅（内 50 个整旅），加以非正规军共达 152 万多人，收复与解放土地面积共 15.5 万平方公里，收复与解放城市共 164 座，解放人口 3700 万。解放区面积恢复至 235.5 万平方公里，占全国总面积的 24.5％；解放区人口增至 1.68 亿，占当时全国人口（4.75 亿）的 35.3％；解放区城市增至 586 座，占全国城市总数（2009 座）的 29％。国民党军队总数减至 365 万，人民解放军总数增至 280 万。

7　月

7月1日　行政院"美援运用委员会"在南京成立,该委员会驻上海办事处同时成立,沈熙瑞任秘书长。当晚,委员严家淦由沪至南京,报告美国史蒂尔曼调查团赴粤、湘、鄂、台各省考察经过。是日,美国经济援华团团长莱普汉亦由沪赴宁。

△　为统一华中"剿共"军事,国防部将九江指挥部及武汉行辕编并,成立华中"剿匪"总部于汉口,由白崇禧出任总司令,夏威、张轸、徐祖诒任副总司令,下辖第六(商丘)、第五(信阳)、第八(蚌埠)、第十三(南阳)、第十六(咸宁)等绥靖区,以及鄂西绥署(旋扩编为鄂西绥靖司令部)。并将所辖机动部队先后编成第三、第十二、第十四兵团。

△　蒋介石特派外交部长王世杰为议订中美关于美国援华双边协定全权代表。

△　司法院长王宠惠、北平市长刘瑶章正式就职。

△　为解救区寿年兵团,豫东邱清泉兵团全力东援,占领陈留、杞县后,继续向聂庄、桃林岗、李岗等地猛攻,遭到华东野战军第三、四、十纵队顽强阻击,双方展开激战。

△　黄百韬兵团(下辖整编第二十五师、第三快速纵队和交警第二总队)从商丘增援在杞、睢地区被围的国民党军,先头部队抵达帝丘店地区。

△　华东野战军粟裕兵团继续向杞县、睢县间国民党军区寿年兵团发动猛烈进攻,在陈小楼地区歼灭新二十一旅。

△　中原野战军为配合华东野战军作战,在平汉线西平地区阻击由南阳北援的国民党军吴绍周兵团。

△　华东野战军第七纵队和鲁中军区部队再度包围山东兖州,守军第十绥靖区指挥之整编第十二师所属部队及保安团,共10个团2.5万余人陷入包围。

　　△　解放军冀中军区部队再克天津附近之胜芳镇。

　　△　华北野战军徐向前部破击山西榆次、太谷段铁路,并向太谷发起攻击。

　　△　皖北人民解放军攻占蒙城。

　　△　昆明学生数队在街头宣传演说,反对美国扶日,被军警包围,捕去 20 余人,昆明宣布临时戒严。

　　△　美国军事代表团团长巴大维宣布,美国军事顾问团一小组,于是日在保灵上校率领下赴广州,开始整编与训练三个中国师的咨询工作。

　　△　美国送给中国政府之扫雷舰四艘,由菲律宾开抵高雄。

　　7 月 2 日　蒋介石飞徐州指示作战机宜,布置豫东黄泛区军事计划。美军事顾问团团长巴大维亦飞往视察。

　　△　蒋介石令派张鸿钧为中华民国出席国际儿童紧急救济基金会会议代表。

　　△　立法院举行会议,讨论下半年总预算和物价上涨情形及其对策,行政院长翁文灏到会报告,谓政府平抑物价有具体办法,对稳定物价甚表乐观。

　　△　监察院第十六次会议通过议案,决咨请总统召集有关院长会商解决该院所提出的法律案问题案。

　　△　翁文灏函促青年党籍农林部长左舜生、工商部长陈启天就职。

　　△　社会部长谷正纲自南京飞抵开封,办理因空军狂轰滥炸所造成开封市民伤亡损失之赈济与宣慰工作。4 日,转赴郑州,出席各界救济会议并听取关于河南现状之报告。6 日,离郑返宁。

　　△　淞沪警备司令宣铁吾、上海市长吴国桢召开会议,决定采取以下稳定物价之措施:一、建议南京,除中央银行外,禁止其他商业银行办理申汇;二、规定旅客来沪携带现钞,不得超过二亿,超过之款,强制存入中央银行;三、实行粮食全面配给;四、取缔证券黑市交易,密查投机操纵分子,予以严惩。

△ 陆军副总司令汤恩伯调任衢州绥靖公署主任。

△ 中原野战军发起老（河口）襄（樊）战役。是日,第六纵队自新野地区进抵老河口,国民党军于当日下午向谷城撤退。

△ 华东野战军攻占杞县龙王店,歼灭整编第七十五师,第七兵团司令区寿年、整编第七十五师师长沈澄年被俘。

△ 黄百韬兵团继续向解放军马口、楚寨、柴寨等阵地进攻。

△ 济南国民党军整编第八十四师、第二师由吴文化指挥,开始南下增援兖州。

△ 阎锡山派第三十三军增援太谷。

△ 津浦路之浦口、浦镇两地铁路工人 5000 人,为要求增加工资及补发所欠津贴,举行两天罢工和怠工,迫使当局签字接受。

7 月 3 日 外交部长王世杰与美国大使司徒雷登签订《中美关于经济援助之协定》。《协定》规定:美国援华四亿美元,其中经济援助 2.75 亿美元,特种赠予 1.25 亿美元;美国对于民国政府的财政经济有最高监督权和决定权,在中国执行监督的美国人员均享有"治外法权"待遇;美国可以在中国取得它所需要的任何战略物资;民国政府承允改善对外商务关系,接待美国代表团并协助其执行任务;一切执行细节须中美双方代表协议,美方保留随时停止援助之权。

△ 吴铁城、陈布雷发表书面谈话,切望民、青两党参加行政院,谓"三党在抗战制宪时期,精诚团结,具有悠长之历史,今日更为吾人贯彻初旨,为国效命之时"。

△ 蒋经国抵沪,访晤淞沪警备司令宣铁吾,传达蒋介石关于稳定上海物价之指示。

△ 太谷阎锡山军在赵承绶指挥下沿铁路北向发动猛攻,与华北野战军徐向前部展开激战。

△ 山东国民党军进占肥城。

△ 中原野战军第十一纵队和华东野战军第一、四、六纵队各一部完成对黄百韬兵团的包围,激战竟日,攻占田花园、何庄、柴寨、李辛庄

等地,将该兵团压缩于帝丘店地区及其周围十余村庄,使之未能与相距不足五公里的整七十二师会合。

△ 华东野战军苏北兵团发起涟水、众兴战役。是日,第十一纵队开始围攻涟水。

△ 中原野战军第六纵队进抵鄂北谷城,国民党守军第一六三旅弃谷城南逃,被陕南军区第十二旅截歼其一个团又一个营。

△ 山东兖州围城之解放军攻占新乔、赵家村、豆腐店等外围阵地。

△ 中共中央发出《争取和改造知识分子及新区学校教育的指示》。指出:争取和改造知识分子是党的重大任务,应大规模地举办抗大式的训练班,逐批对知识青年施以短期的政治教育。对原有的学校,要维持其存在并加以改良,防止知识分子被国民党争取过去。

△ 新华社报道,长春、沈阳、北平、天津、青岛、南京、汉口、西安、兰州、成都、重庆、昆明等大中城市的工业资本和社会游资大量南移香港、广州及上海,仅北平一地,6月份第二周涌入上海的游资每日即达一万亿元,4月16、17两日逃往广州的游资即达五六千亿元。

△ 上海米价涨至每担 2600 万元,较上月上涨 200 万元,为抗战前的 260 万倍。

7月4日 行政院长翁文灏谒见蒋介石,报告有关管制物价等各项重要问题。

△ 立法委员 200 余人组织"革新俱乐部"。该组织发言人称,俱乐部之宗旨,乃在联络感情,交换意见,团结进步分子,共同促进政治之革新及民主宪政之实现。

△ 青年党举行中常会,会后由王师曾发表声明,称该党决议继续参加立法、行政两院。6日,左舜生、陈启天分别就任农林和工商部长。

△ 外交次长叶公超发表谈话,希望早日达成对日和约。

△ 至是日晨,华东野战军在豫东全歼榆厢铺等地整七十五师残部。

△ 察南国民党军再占延庆。

　　△　冀东国民党军进占遵化。

　　7 月 5 日　白崇禧在汉口市党部扩大纪念周上作报告,阐述总体战之意义,谓:"总体战必须军事、政治、经济、社会各方面紧密配合","惟有实现三民主义之民生主义,彻底改革土地制度,使'耕者有其田',土地有合理的分配,同时实施'将士授田'办法,而后始能掌握全体民众,'剿匪'才有光明前途。"

　　△　傅作义在河北省参议会讲演,称要贯彻总动员,爱民保政,实施精神动员,造成军政民整体作风。

　　△　新疆访问团暨西藏班禅堪布会议代表团谒见蒋介石。

　　△　流亡北平的东北大、中学生数千名举行游行,在东交民巷市参议会议长许惠东住宅前集会,抗议北平市参议会通过"征招全部东北(流亡)学生当兵"的议案。警察局长白世雄指挥军警开枪镇压,伤学生 100 余人,死 18 人,逮捕 37 人,造成"七五"惨案。

　　△　华北及东北 18 所大学的河南同学会在北平举行"哀悼开封 10 万冤魂控诉大会",到会教授、学生及平、津、唐 13 校学生自治会代表,一致谴责国民党飞机轰炸开封、屠杀人民的罪行。

　　△　华东野战军为加强进攻力量,调第八纵队参战,对豫东黄百韬兵团发起总攻。战至次日,攻克王老集、孙庄等地,歼敌三个团;因黄兵团及时收缩,据帝丘店地区顽抗,未能将其分割围歼。

　　△　中原野战军攻占鄂北谷城,并围攻樊城。

　　△　中国人民解放军总部发表 6 月份战绩:共歼国民党军 15 万人,解放县城 22 座。

　　△　豫南国民党军胡琏、吴绍周兵团全力北进,进占周家口、商水。

　　△　由津浦路南下之山东国民党军进占泰安县城。

　　△　四川省拟定实行保甲组训方案,规定每甲出三个壮丁,全川 59 万余甲可组训民兵 170 余万。

　　△　南京市私立小学教师代表向参议会请愿,要求保障职业和维持生活。

△　中山大学校长王星拱、安徽大学校长陶因被免职。

△　中央大学教授、文学家乔曾劬(大壮)在苏州投河自杀。

7月6日　傅作义为北平惨案发表声明,称对东北流亡学生生活寄以同情,希望事态勿再扩大,防止暴乱行动。

△　为制止囤积居奇,以稳定米价,上海当局出动数千人检查全市各粮食仓库,发现未呈报物资即予没收。

△　立法院副院长陈立夫抵加拿大渥太华,拜会总督亚历山大,并称"吾人在抗战多年后,犹致力反共,全系因笃信孙中山先生遗教使然"。次日,陈氏离加赴纽约。

△　华东野战军粟裕兵团在豫东主动撤出战斗,分别向睢县、杞县以南及鲁西南转移。睢杞战役共歼灭国民党军一个兵团部、整七十五师及新二十一旅,共约12个团,毙、伤、俘敌共四万余人,解放军伤亡2.1万余人。至此,豫东战役结束。

△　中原解放军袭占南漳县城并包围襄阳。是夜,开始攻击城外制高点虎头山、铁帽山等地。

△　华东野战军十一纵攻克涟水,将守军整四十四师第一六二旅大部歼灭;部分逃跑敌军,为第十二纵队在野外歼灭。

△　华北野战军击退太谷阎军进攻,歼敌千余。

△　昆明各界人士及耆绅秦光玉等180余人,上书卢汉及何绍周,请求释放因举行反美扶日运动而被捕的学生。8日,昆明各大、中学教职员171人向社会人士呼吁,请求军警当局停止逮捕、殴打学生及包围学校行为。

△　美驻华大使司徒雷登向美国务卿报告,说在过去的一个月里,南京政府的威信和权力"低落到前所未有的程度",鉴于蒋介石不能以其权力改善时局,"地方军政长官被迫考虑区域谅解或组织区域政治结合以应付南京政府失败或权力崩溃的局面"。"现在尚不能预计什么事件会使总统与任何可能的区域领袖间发生分裂"。

△　东北各大、中学校组织抗议"七五"血案联合会,北平八院校成

立"七五"惨案后援会,并通电世界学联及全国学联抗议法西斯屠杀学生暴行。

7 月 7 日　民国政府定是日为陆军节,国防部长何应钦对全体官兵致词,勉励发扬八年抗战的光荣历史,"保证建国必成"。

△　行政院举行第六次会议,拟订调剂民食办法,决定疏导粮源,平抑粮价,以免青黄不接期间发生粮食恐慌。

△　国共两军在豫东黄泛区 200 华里地域内大会战,战况空前激烈,持续九昼夜。迄本日晨,刻告结束,国民党军称大捷。

△　晋中前线徐向前部将阎军赵承绶集团(第三十三军、第三十四军)包围于大常镇地区。第八纵队攻克祁县城,全歼第十九军暂编第三十七师大部及保警队全部;吕梁军区部队解放交城县城。

△　北大、清华、燕大等八院校学生代表向李宗仁请愿,提出包括追究"七五"惨案制造者责任和妥善处理死伤学生后事在内的五项要求。

△　中国民主同盟为纪念"七七"十一周年发表对时局宣言,号召:"用更强大的爱国运动,更普遍的反法西斯独裁的民主运动,来纪念今年的'七七'吧!"

△　中国人民救国会发表宣言,响应中共"五一"口号,表示:"本会愿本素志,追随全国民主党派、人民团体之后,为展开新政协运动和反美扶日运动而加倍努力。"

△　上海公用局 200 多员工向社会局请愿,反对无理解雇。次日,又赴市政府请愿,公共汽车停驶,全市交通处于半瘫痪状态。

7 月 8 日　蒋介石任命董钊为陕西省政府主席,原任省政府委员兼主席祝绍周免去本兼各职。

△　内政部勒令《新民报》南京版"永久停刊"。该部发言人称:"该报屡次刊登为匪宣传文字,散布谣言,煽惑人心,近更变本加厉,谎报事实,污蔑国军,妨害戡乱军事"云云。

△　华东野战军山东兵团发起兖州战役。是日开始攻城作业,以第七纵队肃清西关,第十三纵队进攻南关。

△ 山东国民党军进占平阴。

7月9日 国民党中常会决定由谷正鼎代理中央组织部长,黄少谷代理宣传部长。

△ 北平学生万余人为"七五"事件向副总统李宗仁请愿,要求惩治凶手及赔偿损失等,最后在北大民主广场举行"七五"血案追悼控诉大会。

△ 李宗仁对外国记者称:目前华北局势与三个月前大致相同,对救济特捐不无影响。政府已决定追加各区捐额:上海区已追加三万亿,连前配额共 8.5 万亿;汉口区追加 1500 亿,连前配额共 3500 亿。

△ 上海当局为稳定物价,制订《仓库检查实施办法》。淞沪警备司令宣铁吾召集会议,检讨上海平抑物价工作,并宣布已列出上海奸商名单,将呈南京核示。

△ 西藏商务代表团赴华盛顿。

△ 中原解放军攻克樊城,并攻占襄阳城外真武山、铁帽山等阵地。康泽急令樊城国民党军退守襄阳。

△ 华东解放军完成对众兴(今泗阳)的包围,并发起攻击,扫荡该城外围据点和地堡。

△ 晋中前线解放军攻克清源县城。

△ 粤南人民武装攻入广州湾湛江市。

△ 交通部令各铁路客、货运费即日起同时涨价,计客运涨 90%,货运涨 150%。

7月10日 蒋介石宴请先后就职的五院院长孙科、翁文灏、于右任、王宠惠、张伯苓等。

△ 蒋介石命令杜聿明率部进截陈毅部归路,"予以一网打尽"。

△ 华中"剿总"司令白崇禧由汉口飞蚌埠,主持第八绥靖区绥靖会议。

△ 国民党军整编第三十二师师长周庆祥以作战不力(奉命率部救援潍县,贻误战机),被扣押至南京枪决。

△ 上海物价又起波动,突破过去数日之暂时平稳局面,米市市场交易趋于停顿,大米价格涨至每石 2700 万元左右。

△ 上海《世界知识》、《观察》等 16 家周刊决定停刊半月,以抗议航邮加价。

△ 中原解放军集中攻击襄阳,占领东关护城堤,作为攻城出发阵地。

△ 晋中前线徐向前部在榆次、太谷间完成对阎军赵承绶部的包围,开始对大常镇发起总攻击,是日解放徐沟县城。

△ 北平至山海关铁路修复通车。

△ 美国经济合作总署署长霍夫曼宣称:迄今援华数额共 2788 万美元,其中 214 万元购买小麦和麦粉,1162 万元购买食米,1300 万元购买棉花,其余 112 万元为航运费用。

7 月上旬 蒋介石在南京召开军事会议,为挽救"战局危机",进行全面部署。会议决定实行重点防御的战略方针,并准备撤退东北,确保华中,以便收缩战线,集中兵力,依托战略要点的坚固阵地实行坚守防御,同时组织强大兵团进行机动作战,企图转攻为守,扭转败局。并决定裁并绥靖区,减少机关,扩大机动兵团,在大后方加强二线兵团的编组训练。为了集中兵力确保华中,破坏人民解放军的秋季攻势,决定保持三角(即徐州、汉口、西安)、四边(即陇海路、兖州以南之津浦路、郑州以南之平汉路、宝鸡至成都公路)、十三点(即开封、郑州、济南、商丘、南阳、襄樊、确山、信阳、汉中、安康、钟祥、宜昌、合肥),东西呼应,阻止人民解放军南下。

7 月 11 日 "戡乱建国动员委员会"在南京成立,举行第一次会议,孙科任主席。蒋介石致电该委员会称:"军事通行,仍有待于政治之相互为用。为特延揽全国英彦,组建戡乱建国动员委员会。集中意志,合理进行。"孙科向记者透露,外间人士对该委员会印象甚坏,"认为是政治性安插人事的机构,安插那些落选的立委监委"。还说:"戡委"现在数目为 990 余人,将来还要加聘到三四千人。

△　国防部次长郑介民与驻印度武官杜武由沪到北平,与傅作义商讨华北局势及军事部署。

△　北大、清华、燕京、师院等校教授404人联合宣言,抗议"七五"事件,要求追究责任,安葬死者,医疗伤者,释放被捕学生,从速救济东北流亡学生。

△　华东野战军苏北兵团于是日13时发起总攻,至17时攻克众兴(泗阳),歼灭国民党军3000人。随即沿徐(州)宿(迁)公路向宿迁进击。

△　晋中前线解放军攻克平遥县城。

△　济南国民党军南下增援兖州,进展缓慢,是日方抵泰安。

△　豫东国民党军进占考城。

△　香港教育文化界59人联名发表宣言,抗议暹罗政府于5月5日发布禁止华侨学校命令,以及近来封闭华侨学校与逮捕华人之残暴行为。

7月12日　蒋介石特任田炯锦为考选部长,沈鸿烈为铨叙部长,谢瀛洲为最高法院院长。

△　上海市政府邀请市各有关机关代表、商业公会代表,举行检查仓库检讨会议,修正实施要点并分区调查,举办贫民配米。市长吴国桢主持会议,出席者40多单位、50多人。上海《大公报》并报吴氏昨曾电请行政院彻查无锡屯粮和仓库。

△　北平军警对北大、清华及燕京大学加紧监视和控制,清华及燕京各有一名学生失踪,清华助教夏翔被殴伤。

△　沈阳学生为抗议"七五"事件举行大游行。

△　包围兖州的华东野战军发起总攻,突破兖州瓮门一线城防,先头部队登城突入城内,展开激烈巷战,歼敌大部。

△　晋中前线徐向前部第八、第十三纵队在榆次西南大常、南庄歼灭阎军第三十四军军部、第七十三师、暂编第四十四师全部及暂编第十总队大部共6000余人。

△ 苏北国民党军孙良诚部放弃宿迁,向睢宁逃窜。

△ 济南国民党军进占大汶口及定陶。

△ 河南国民党军队进占镇平。

△ 立法院通过邮资加价案,规定邮资一律增加两倍以上,平信由 5000 元增为 1.5 万元。

△ 台湾省参议会通过实施地方自治,速行省、市长民选,切实保障人权与言论自由等提案。

△ 台湾民主自治同盟总部在香港正式成立,负责人为谢雪红(女)、杨克煌、苏新等。

△ 美国经济合作总署经济顾问派克一行赴华北、东北视察,并与傅作义商讨华北经济建设问题。

△ 司徒雷登向美国务卿报告,说目前街谈巷议的是普遍怀疑南京政府的继续存在,蒋介石"作为一个政治因素,其重要性正日益缩小,这已是确凿不移的估计了"。并提出,"我们可以劝告蒋委员长退休,让位给李宗仁或者国民党内的其他较有前途的政治领袖"。

△ 加拿大贸易部长贺威对记者称:加拿大政府同意以小型武器和军火输往中国,俾以"阻止共军"。

△ 美国派特别探测队赴新疆探铀。

7 月 13 日 民国政府立法院三读通过《监察法》。

△ 教育部首席参事刘英士抵昆明,与云南当局商讨解决昆明学潮问题。

△ 民社党发表声明,说明该党立法委员出席立法院之原因和经过,并称将以少数党和在野党之地位,对国民党"尽其在会议中协助与监督之责"。

△ 中原野战军攻占襄阳西关铁佛寺和同济医院。

△ 华东野战军攻克山东兖州。战至下午 4 时,守军残部分路突围,为解放军全歼。兖州战役胜利结束,是役共歼国民党军 3.7 万余人,俘整编第十二军军长霍守义、副军长熊仁荣等,第十绥靖区司令李

玉堂化装逃跑。

　　△　济南南下国民党军援军得知兖州失守，立即北返，在汶河以南受到华东野战军的堵截。

　　△　晋中前线解放军攻克太谷县城。

　　△　广东人民武装袭击九龙附近。

　　7月14日　监察院同意蒋介石提出之大法官江庸、燕树棠、黄右昌、郗朝俊、张式彝、李伯申、胡伯岳、洪文澜、张于浔、林彬、刘克儁、沈家彝12人，史尚宽等五人未获同意。

　　△　太原绥靖公署副主任杨爱源抵南京谒见蒋介石，商讨有关接济太原之军事、粮食与补给问题，旋即返回太原。

　　△　傅作义飞抵太原晤阎锡山，即返北平。

　　△　国防部长何应钦代表民国政府对美海军顾问团及美驻华海军武官颁发勋章。

　　△　行政院会议通过议案，决定将财政部之货物税署及直接税署合并为国税署，原货物税署署长姜书阁充任该署署长。

　　△　华东野战军苏北兵团沿宿（迁）睢（宁）公路追击国民党军孙良诚部，于是日包围睢宁，并开始攻城。

　　△　晋中前线吕梁军区部队与第八纵队一部在太原、交城之间，歼灭阎军第四十三军军部、第七十师等部共8000余人，先后解放介休、孝义、汾阳、文水等县城。

　　△　中共中央军委发出《关于解放战争第三年的军事计划的指示》，预言解放战争大约经过五年左右的时间，便可根本取得全国胜利。指出要遵循和实现毛泽东"把战争引向国民党统治区使战争负担主要取之于敌"的战略方针。基于上述意图，规定解放战争第三年的作战计划是：南线以中原战场为中心，中原、华野共歼敌30个旅，使敌人逐渐失去在中原战场上的机动。华东战场，山东兵团攻占济南，并南下机动，连同苏北兵团可歼敌20个旅。西北战场，每月歼敌一个整旅。北线东北野战军和华北第二、三兵团攻占除平、津、沈以

外的各大据点,华北第一兵团配合晋绥部队攻占太原,然后明春第一兵团南下,晋绥部队调至山西战场归建。北线我军一年内可歼敌 50 个旅上下,使敌人将不能挽救其颓势,而我军则可开辟第四年南进发展的宽广道路,打通东北与华北,并发展西北、中原,并打开建立全国性的联合政府的局面。

△　内政部人口局公布全国保甲户口数字。全国计有 4.8165 万个乡镇,5.9480 万个保,630.214 万个甲,8728.3513 万户,人口总数为 4.63493418 亿人。

7 月 15 日　蒋介石电各省、市政府主席、市长,勉励加强"剿匪戡乱"工作,趁此豫东胜利之机,加倍振奋,力求政治上之有效改进,扫除积习,脚踏实地,以赴事功。

△　监察院同意蒋介石提出之考试院考试委员陈逸松等 10 人;江庸、燕树棠等 12 人任大法官。

△　前行政院长张群夫妇由宁抵沪,旋赴昆明。18 日,抵昆明,对外宣称此行乃应云南省主席卢汉邀请,将在滇逗留 10 天。

△　东北国民党军第五十二军刘玉章部进占辽阳。

△　昆明当局派出大批宪警强行进占云南大学、南菁中学,当场逮捕学生 300 余人,死伤 100 余人,造成昆明大血案。

△　陈立夫与顾维钧同访美国国务卿马歇尔,讨论执行 1.6 亿美元军事援华之计划。

△　中原解放军对襄阳发起总攻,桐柏第三军分区部队佯攻南门,陕南军区第十二旅和桐柏军区第二十八旅从东北、东南两角攻城,中野六纵进攻西门。

△　华东野战军山东兵团在汶河以南地区阻截国民党军整八十四师和整二师,歼敌 7580 余人。至此,历时 45 天的津浦路中段战役结束,共歼敌 6.3 万余人,攻占兖州、泰安等城镇 12 座,控制了徐州、济南间铁路线 700 余里,完全孤立了济南。

△　华东野战军苏北兵团主动撤出战斗,向宿迁以南地区转移。

涟水、众兴战役结束,共歼国民党军 5000 余人,攻克涟水、众兴、宿迁等城。

△ 为减轻冀东负担,配合东北作战,华北野战军杨成武部在冀中地区发起保北战役。是日第二纵队攻击涞水城,全歼国民党军新二军暂三十一师所属一个营。第七纵队与冀中军区部队攻克新城,歼守军 200 余人。

7 月 16 日 孙科主持立法院会议,否决保障人权案。

△ 中原野战军攻克襄阳,全歼守军,第十五绥靖区司令康泽被俘。至此,老襄战役结束,共歼灭国民党军 2.1 万人,解放襄阳、樊城、老河口等七座城镇。

△ 晋中前线徐向前部在榆次西南小常镇,全歼阎军第七集团军总司令部、第三十三军军部、第七十一师及暂编第四十六师共三万余人,第七集团军司令赵承绶被俘。

△ 山东人民解放军再克泰安。

7 月 17 日 蒋介石公布《中华民国政府与美利坚合众政府间关于经济援助之协定》及换文。

△ 蒋介石公布《监察法》,凡六章 30 条。

△ 首批国民党军援军空运抵达太原。

△ 华北野战军第六纵队攻克冀中定兴,歼灭国民党军暂第三十一师师部及二个营,师长陈治平被俘。

△ 晋中解放军逼近太原郊区,攻克呜李车站,切断榆并段铁路,并包围榆次、晋源(即太原县城)。

△ 山西介休"民卫军"副司令郭竞武率部千余人起义,参加解放军。

△ 暹罗政府经联合国照会并与中国政府驻暹罗大使数度商谈后,已准华侨学校立案,获准立案学校已达 419 所。

7 月 18 日 中央银行总裁俞鸿钧宣布,自即日起增加发行关金券一万、2.5 万、五万及 25 万元等四种新的大面额钞票(每元合法币四元），物价猛涨。

　　△　部分国大代表在南京对记者发表声明，援引宪法，要求与立委、监委同等待遇。

　　△　沈阳各界"七五"血案慰问团抵北平。

　　△　冀东人民解放军向天津西北地区发起攻势，是日由遵化出发奔袭香河。

　　△　徐向前部收复晋中榆次，国民党军弃城北逃。

　　△　华北野战军七纵攻克冀中高碑店，歼守护第八团大部；又攻克固城，全歼守军暂三十一师一个营。

　　△　中原解放军部队在河南南召县西南地区截击国民党军暂编第九师第七十六旅一部，歼敌 2100 余人。

　　△　河南国民党军进占漯河、郾城。

7 月 19 日　国民党中央社报道，盟军东京总部已批准中国银行、中国航空公司、招商局、中央社等在日本营业。

　　△　华北野战军杨成武部攻克冀中北河、大沟，并在长沟附近阻击由北平南下增援保北之国民党军，双方激战竟日。第二纵队攻克徐水，全歼暂三十一师第三团。

　　△　山西解放军徐向前部进占晋源，国民党军弃城逃跑被歼。

　　△　苏北国民党军进占泗阳。

　　△　陕西国民党军进占栒邑。

　　△　中共中央致电聂荣臻、薄一波、徐向前等，庆贺晋中战役的胜利，指出："现在我军已临太原城下，最后结束阎锡山反动统治的时机业已到来。"

7 月 20 日　蒋介石电召东北"剿总"司令卫立煌到南京，决定将冀热辽边区司令部改为东北"剿总"锦州指挥所，仍由东北"剿总"副司令范汉杰兼指挥所主任。

　　△　立法院特别委员会讨论物价问题，认为物价狂涨原因，是因人民对法币失去信仰，必须改革币制。

△　长沙绥署主任兼湖南省主席程潜乘军舰抵达武汉,24 日抵长沙就任。

△　国民党山西省党部决定成立参战委员会,动员全体党工干部参加太原保卫战。

△　由北平南下之国民党军进至冀中高碑店。同时,保北地区阴雨连绵,河水暴涨,军事行动遂告停止,保北战役结束。是役歼灭国民党军一万余人,解放军伤亡 4100 余人。

△　中原野战军部队向津浦路徐(州)宿(县)段发起破击战,连克李庄、曹村、夹沟等车站,并控制宿县至符离集南 50 公里路段。

△　冀东解放军攻克香河,全歼守敌保安团千余人。

△　解放军徐向前部收复晋中忻县,国民党军弃城南窜。

7 月 21 日　立法院决议撤销全国经济委员会及其附属机构,退还《戡乱建国委员会预算案》,不予审议。

△　民国政府战略顾问委员会委员熊式辉自南京到北平,晤李宗仁、傅作义。

△　东北"剿总"司令卫立煌由南京飞返沈阳。

△　中央大学校长吴有训辞职,蒋介石任命周鸿经接任;并任命龚学遂为青岛市市长,赵惜梦为大连市市长。

△　在解放军的强大压力下,晋中国民党军纷纷弃城逃跑。解放军在忻南小豆罗地区截击逃敌,全歼国民党军第四十三军暂编第三十九师。晋中战役历时 36 天,至此结束。歼灭国民党军正规军 7.467 万余人,非正规军三万人,解放军伤亡 1.7 万余人;解放了灵石、太谷、汾阳等 14 座县城,太原已成为孤城。

△　新华社揭露蒋介石准备在各个前线施放毒气的计划,并痛斥自 1948 年 2 月以来,国民党军在沈阳附近、苏北益林、临汾、兖州、襄阳等战斗中施放毒气的罪行。

△　中共重庆市委委员、工人运动委员会书记许建业在重庆大坪被当局杀害。

7 月 22 日　蒋介石偕陆军大学校长徐永昌、考试院副院长贾景德、参谋次长刘斐、军务局局长俞济时飞往太原,与阎锡山密谈,并召见太原防守司令兼第十兵团司令王靖国、太原绥靖公署副主任兼第十五兵团司令孙楚及各军、师、旅、团、营长,继又召见各级党政官员,要其与军方精诚合作,坚定信心,达成消灭"共匪"之使命。

　△　华中"剿总"司令白崇禧由武汉飞赴豫南前线视察,指示"剿共"作战机宜。

　△　立法院同意林云陔为审计长。

　△　国防部新闻局长邓文仪在记者招待会上称康泽在襄阳战役中"殉难"。

　△　鲁西国民党军进占巨野。

　△　津东解放军奔袭武清,再克三河,歼敌 2000 余人。

7 月 23 日　立法院通过民国三十七年度下半年中央政府总预算案,收入、支出为 3236215 亿余元,8 月 13 日正式公布。

　△　国民大会代表 300 余人愤立法院退还《戡乱建国委员会委员待遇案》,召开"留京代表大会",定明年元旦召集国民大会,修改宪法,并宣布立委违宪事实。

　△　西北行辕主任张治中在对甘肃省参议会致词中,强调土地改革为当前要务。

　△　蒋介石电令傅作义,指示由大同空运一师增援太原;又电令王叔铭,令集中 B—24 轰炸机,连日轰炸太原附近汾河以西地区。

　△　平、津间恢复通车。

　△　沈阳民众"七五"血案后援会决定 8 月 1 日举行罢市、罢工、罢教、罢课、罢公,以示抗议。

　△　台湾省地方自治协会成立,省政府主席魏道明出席成立大会。

　△　中共中央军委发出关于组织西进兵团开赴绥远作战的指示,命令杨成武部立即组织西进兵团(共三个纵队七个旅),由杨成武任兵团司令兼政治委员,担负向绥远作战之任务。

△　长江大水,安庆沿江地区被淹。

7月24日　立法院第一届会期结束,此届会期内之重大决议案为通过翁文灏任行政院长及其施政方案,并通过本年下半年度总预算案和特别预算案。第二届会期预定于9月上旬开始。

△　行政院核定美国在华的经济合作组织正式中文名称为"美国经济合作总署中国分署"。

△　行政院公布《侨资及国人在外资金投资国内生产事业申请输入办法》。

△　行政院长翁文灏在南京发表广播讲话,宣称:"训政时代正式结束。"在实行宪政之初,政府"必须把全国的力量集合起来,以担负我们戡乱建国的神圣任务",并谓"政府决定实施粮食征实征借办法"。

△　李宗仁对所谓"和谈"进行辟谣,谓:"任何人相信和谣都是无道理的,现在并无和共产党谈判的基础。"

△　加拿大合作联盟反对美以军火援助蒋介石政府。

7月25日　蒋介石举行茶会招待国民党籍立法及监察委员,谓"三个月来经济、军事根本上无变化。物价虽然上涨,而法币基金并未减少。军队偶有挫失,而新生力量正在长成。其所以形成人心不安,社会动荡如今日者,乃因若干人不明真象,受共匪宣传之影响,致失去信心之故"。

△　被国民党中央剔除的立法委员签署候选人冉仲虎、郭湘、罗承烈等在成都成立"被非法剔除立委签署候选人护宪会",并发表宣言,谓彼等之目的"在根本否认违法选出之立法委员,并主张严惩办理选举违法之人员,争民权,护宪法,以湔涤民主宪政史上空前之污点"。

△　河北国民党军进占固城。

△　香港权威经济杂志《远东经济评论》称:香港已成为内地游资充斥之地,据估计,香港华人存款之总额约为15亿港币,合美金3.5亿元。

7月26日　白崇禧奉蒋介石电召,自汉口到南京,向蒋报告华中局势。

△　蒋介石偕宋美龄离南京,抵杭州转赴莫干山避暑。

△　阎锡山电山西旅京同乡会,称"决与太原共存亡"。

△　美经济合作总署中国分署署长莱普汉在天津向记者发表谈话,谓美援未忽视华北。

△　中共华北联合行政委员会主任董必武发出紧急呼吁,要求各方抢救黄河险段。

△　原晋冀鲁豫解放区北方大学与原晋察冀解放区华北联合大学合并,成立华北大学,由吴玉章任校长,范文澜、成仿吾任副校长。8 月 24 日,在石家庄正式举行成立典礼。

7 月 27 日　蒋介石在莫干山接见陈仪、汤恩伯。

△　张群在昆明发表讲话,称近来和平谣传甚盛,甚至谓张曾在北平晤周恩来,均属谣言,并称"和谈绝不可能"。

△　中央银行在东北发行东北流通券 200 万、500 万两种大钞。

△　沈阳铁路工人 1.4 万人为改善生活待遇而举行罢工,铁路当局被迫"允予较好的生活条件"。

△　航业界对民国政府特许美国船只运货到长江宁、汉两地,表示反对;上海航业界为防止日本船只驶入长江,决定采取制止办法。

△　中共中央发出《击破敌人假和平运动的阴谋》的指示,指出在美帝国主义策动和鼓励下的假和平运动"表面上牺牲蒋介石,宣布停火议和,实际上是为整个国民党反动统治取得喘息时间,以便休整兵力,卷土重来,消灭人民力量"。

7 月 28 日　行政院长翁文灏发表告全国国民书,题为《明辨是非,共赴国难》,谓"政府为巩固国本及保护人民计,迫不得已,决定实行戡乱"。又称中共是共产国际的支部,"中共的每一行动,每一宣传,无不以共产国际的意见为依归","确为危国害民的根源"。

△　淞沪警备司令宣铁吾应蒋介石电召赴莫干山。

△　吴铁城、洪兰友假华侨招待所招待南京国大代表,勉劝代表勿作过分之争执,并劝勿签署发动召开临时国民大会;最后允无兼职之国

大代表,尽量聘入"戡建委员会"。

　　△　民国政府国大与立法院之争仍在继续。立法院借用的国大会堂,于是日起被国大代表封闭,门上贴有"国民大会封"的字条。

　　△　"七五"惨案死难学生家属向法院控告北平警备司令陈继承、警察局长白世维、议长许惠东等。

　　△　苏北国民党军进占丰易。

　　△　鲁南地方人民武装收复枣庄。

　　△　英国政府送给中国政府的军舰"重庆号"和"灵甫号"由新加坡开抵香港。

7月29日　翁文灏、王世杰、王云五、俞鸿钧等赴莫干山,与蒋介石商经济财政问题。

　　△　监察院会议,决定派员调查"七五"事件真相。同日,行政院长翁文灏电北平市长刘瑶章,指示处理"七五"事件善后办法:一、教育部迅即成立临时大学及中学,使东北大、中学生得以就学;并设立补习班,使私立大、中学生均有食宿之所及读书之地;二、由政府抚恤"七五"事件受伤者,并妥善安葬死者;三、组织"七五"事件调查委员会,调查肇事真相,俾得依法处理。行政院并派国防部次长秦德纯赴平调查"七五"事件。

　　△　鲁西国民党军进驻鱼台、金乡两县城。

7月30日　蒋介石自莫干山到上海。蒋在莫干山曾召见翁文灏、王世杰、徐柏园、严家淦等,对下半年度预算、美援运用以及财政收支实况,询问甚详,对如何增加收入,以平衡预算和管制物价,有所指示。赴沪途中,蒋视察杭州笕桥空军军官学校并发表讲话,称"空军是军事成败利钝最后决定的因素"。

　　△　蒋介石为"延揽人才,襄赞国政",聘定吴敬恒、张静江、李石曾、孔祥熙、许崇智、章嘉活佛、吴忠信、张君劢、徐傅霖、曾琦、李璜、莫德惠12人为总统府资政,邵力子、李文范、茅祖权、俞飞鹏、张作相、万福麟、王树翰、邓家彦、蒋梦麟、陈布雷、张难先、余家菊、何鲁之、戢翼

翘、胡海门、包尔汉、张钫、罗桑坚赞、陈树人等为国策顾问委员会委员。

△　华北"剿总"司令傅作义到保定视察驻军和防务。

△　东北"剿总"副总司令范汉杰依照蒋介石和卫立煌的指令,将锦州、山海关驻军编成四个军,除原来的第九十三军、第五十四军(补充为三个师)外,另增新编第五军、新编第八军两个军,以加强防御。

△　美国大使司徒雷登报告国务院,谓:"除非确确实实进行充分的剧烈改革,以赢得人民的信任和尊敬,我们所给予的任何数量的军事咨询和物资,都不能造成中国的团结与和平。"

△　新华社发表题为《中国人民解放战争两周年的总结和第三年的任务》的社论,指出人民解放军在过去的一年中,"消灭敌人兵力共达152 万余人,其中俘虏95.3 万人,毙伤54 万人,争取起义2.8 万人;解放土地15.5 万平方公里,人口3700 万"。

△　中共中央军委致电东北军区,指示:先攻取锦州、唐山,全部或大部歼灭范汉杰集团,然后再移师承德、张家口,攻打傅作义集团。

7 月 31 日　蒋介石自上海返抵南京。离沪前召集中央银行总裁俞鸿钧、上海市长吴国桢、参议会议长潘公展、淞沪警备司令宣铁吾等谈话,对稳定上海的经济情况有所指示。

△　陕西国民党军第五兵团司令官裴昌会指挥整编第三十六、第三十八、第一、第十七师,共四个师10 个旅7.8 万余人,由澄县、合阳之线向黄龙山南麓之解放军进攻,企图进占石堡和韩城。

△　山西国民党军进驻榆次、晋源。

△　浙赣铁路在宜春接轨,全线恢复通车。

△　北平市市长刘瑶章向冀北电力公司、石景山钢铁厂、华北水泥公司等13 家企业征收"城防捐"4000 亿元,厂家被迫以钢筋、水泥、煤炭等实物代缴。

△　冯玉祥偕夫人李德全、子女及秘书赖亚力一行八人,乘苏联轮船"胜利号"离美返国,准备参加新政治协商会议。启程前,发表《告别留美同胞书》及《告别美国人士书》,指出:"蒋氏独裁政权已日趋危殆,

摇摇欲坠。""人民的胜利就在不远的将来。"并希望美国人民尽一切努力来变更美国政府的援蒋政策。

　　△　中共中原局及中原军区在河南宝丰举行团以上干部整党整军会议。陈毅传达中央 12 月会议精神,邓子恢作中原新区政策和财经工作报告,刘伯承作整军动员报告。

　　△　中国人民解放军西北野战军组成第七、第八纵队,司令员为彭绍辉、姚喆。

　　△　豫苏皖地方人民武装收复皖北重镇阜阳城。

　　7月下旬　中国人民解放军华东军区之鲁中、鲁南军区及滨海、泰西军分区合并为鲁中南军区,司令员傅秋涛,政委康生。

　　是月　国统区湖南、湖北、四川、江西、安徽、福建等省发生严重水灾。各省先后电请民国政府豁免征实,呼吁救灾。

　　△　太原绥署制定战时纪律六条:"一、通匪者处死;二、抗命或擅离职守者处死;三、造谣惑众者处死;四、倡议降敌者处死;五、意图降敌或逃脱者处死;六、本纪律凡文武官佐士兵工役及其他享公费给予之一切人员均适用。"

　　△　中共中央决定在华北创办高级党校,仍沿用延安马列学院的名称,刘少奇兼任院长。11 月 8 日在河北平山县李家沟开学。

　　△　中共东北财政经济委员会成立,陈云兼主任,李富春、张闻天为副主任。

8　月

　　8月1日　徐州"剿总"司令刘峙、副司令杜聿明抵达南京,出席重要军事会议。刘、杜在宁晋见国防部长何应钦、参谋总长顾祝同,并访晤华中"剿总"司令白崇禧。

　　△　湖北师范学院学生为反对该院院长王治孚假公济私,贪污中饱,举行抗议活动,教育部特电命令将该院解散,并严惩为首学生。

△ 中共中央主席毛泽东复电在香港各民主党派及无党派人士李济深、郭沫若等，提出："现在革命形势日益开展，一切民主力量亟宜加强团结，共同奋斗，以期早日消灭中国反动势力，制止美帝国主义的侵略，建立独立、自由、富强和统一的中华人民共和国。为此目的，实有召集各民主党派、各人民团体及无党派民主人士的代表们共同协商的必要。"并就召集新政协会议的时机、地点、何人召集、参加会议者的范围以及会议应讨论的问题等项，征求意见。

△ 中共中央致电上海局和香港局，对倒蒋活动应取的策略作如下指示：对美国准备以李宗仁、何应钦等取代蒋介石、以便取得喘息时间的和平阴谋应当予以揭穿；"但对反动统治内部的分裂与倒蒋运动则应当利用，以促成他们间的更大分裂"。

△ 中国第六次全国劳动大会在哈尔滨开幕，决定恢复中华全国总工会，并选出陈云、朱学范、刘宁一、李立三、李颉伯等 53 人为中华全国总工会正式执委，22 日大会闭幕。

8 月 2 日 蒋介石公布实施《海关进口税则》。

△ 监察院派监委谷凤翔、胡文灏，赴北平调查"七五"事件经过。临行前，蒋介石接见谷、胡二人，对北平情况有所询问。次日，谷、胡抵平。

△ 行政院拟订全面经济改革方案，在稳定物价方案中决先从整顿金融机构入手，令全国商业行庄重行登记和合并，使 6000 家银行钱庄减为 2000 家。

△ 傅作义检阅平津铁路沿线部队。

△ 国防部审判战犯军事法庭，对前日军驻华司令冈村宁次以战犯起诉。

△ 周恩来致电钱之光，要他即以解放区救济总署特派员名义前往香港，会同方方、章汉夫、潘汉年、连贯、夏衍等，从事接送在港的民主人士进入解放区参加筹备新政协的工作。

8 月 3 日 蒋介石在南京国防部召集军事检讨会议，参加者 80 余人,由何应钦主持。会议检讨了两年来在作战方针、作战指挥、编制装备、新兵补充、后勤供应、士气、情报等方面存在的问题,并作出如下军事决策:"东北力求稳定,华北力求巩固,西北阻匪扩张,华东、华中则加强进剿,一面阻匪南进,一面攻打匪之主力。"蒋介石在讲话中提出要"明耻教战、切实负责、保持信心、改正错误,以完成戡乱大业"。又称:"我个人蒙受如此的奇耻大辱,我仍然要百折不回继续奋斗,毫不灰心,毫不气馁,我不忍放弃这剿匪责任。"并称:这次军事检讨会议确定的方针,是今后"剿匪成功之关键",要求各地将领"于两星期内执行"。8月6日会议结束。

　　△　行政院会议通过委任程潜为长沙绥靖公署主任,宋子文为广州绥靖公署主任,朱绍良为重庆绥靖公署主任,潘文华为华中"剿总"副总司令,汤恩伯为衢州绥靖公署主任,马占山、罗卓英、万福麟、郑洞国为东北"剿总"副司令,吴奇伟、冯钦哉为华北"剿总"副司令,孙立人为陆军副总司令。

　　△　国民党留京中央委员及立、监委497人举行党务座谈会,由吴铁城主持,检讨国民党过去党务之得失,商议今后党务改革问题。4日会议结束,发表宣言,主张竖立党的新作风。

　　△　冀东国民党军进占丰润。

　　△　鄂中国民党军进占安陆。

　　△　豫北大水灾,灾民达六万余人。

8月4日　东北"剿总"司令卫立煌在南京军事检讨会议上,对东北战局发表四点意见:一、判断东北解放军将于10月发动攻势,重点在锦州;二、不放弃打通沈锦线计划,但不轻举妄动,须应付解放军的10月攻势;三、维持沈阳至10月底,以观时局进展;四、尽量以长春牵制解放军兵力。会议根据上述意见,对东北部队作了新的部署。

　　△　冀东国民党军进占卢龙、迁安。

　　△　鄂北国民党军进占南漳。

　　△　陕南国民党军进占河南荆紫关。

△　郑州国民党军进占新郑。

△　上海金融管理局长李立侠免职,由林崇墉继任。

8 月 5 日　民国政府与美国政府关于设立"中国农村复兴联合委员会"的《中美双边协定》在南京签字。该委员会由美国总统委派的毕范宇、穆懿尔和民国政府委派的蒋梦麟、晏阳初、沈宗翰五人组成。《协定》规定该会有权拟定和督察实行各项农业计划。还规定在该会的美国委员及美国职员,须"视为美国驻中国大使馆之一部分",享有治外法权、免税法等特权。

△　浙江省府主席陈仪对记者发表谈话称:浙省历年田赋征不起的主要原因是大户不纳粮。又称:蒋总统在莫干山时曾面谕,大户不但新赋要先缴,旧赋亦须押追,必要时可以没收大户财富。

△　东北、华北学生"七五"抗联会代表八人,向国防部次长秦德纯请愿,提出八项解决条件,要求释放"七五"事件以后被捕学生,改善受伤同学待遇和治疗。

△　交通部命令,全国各航运一律加价 120％,空运加价 34％。

△　湖北国民党军进占襄阳。

△　东北解放军以七个炮兵团编成炮兵纵队,苏进为司令员,邱创成为政治委员。

8 月 6 日　广东省主席宋子文抵沪,与上海金融界及侨务委员会委员长刘维炽等多人商谈经济改革方案。

△　鄂北国民党军进驻樊城。

△　国民党军裴昌会兵团进占陕西韩城。

8 月 7 日　国防部发表《半年来战局总检讨》称:过去国民党军与共军的比例为 3：1,现为 2：1;半年来,国民党军收复重要城镇 65 处,放弃 89 处。

△　宋子文抵南京与蒋介石、翁文灏商讨经济改革方案。

△　中央银行副总裁刘攻芸因上海物价上涨,特召集金管局长林崇墉及有关单位负责人进行紧急会议,决定即日起,紧缩放款及汇款业

务,大量抛售物资,以平抑物价。

△　天津国民党军进驻胜芳镇。

△　郑州国民党军进占广武。

△　湖北解放军攻占远安,威胁宜昌。

△　华北野战军第十四纵队和冀鲁豫军区部队解放封丘县城。

△　华北临时人民代表大会在石家庄开幕,出席代表 541 人,历时 13 天。大会于 18 日选举董必武、聂荣臻、薄一波等 27 人为华北人民政府委员。19 日会议闭幕。

8 月 8 日　翁文灏、宋子文、张群会商经济改革问题。

△　美国参议员勃里奇发表声明称:杜鲁门总统已授权军事负责人,按照 1.25 亿美元军援计划,即以武器拨交南京政府,使可抵抗中共。

△　国民党军空运抵济南增援。

△　郑州国民党军进占荥阳。

△　西北野战军集中五个纵队 11 个旅的兵力,在陕西中部发起澄(城)部(阳)战役。是日,在冯原镇地区包围并进攻国民党军整编第三十六师,激战至次日,该师大部被歼,少将副师长朱侠被击毙,参谋长张先觉等被俘。

△　汉口景明大楼发生美国空军人员借举行舞会之机集体强奸中国妇女 40 余人的暴行,事后民国政府禁止报刊登载此消息,并竭力为美国军人掩饰和辩护。

△　上海大雷雨,走电失火,死 57 人。

8 月 9 日　蒋介石主持国民党中政会临时会议,强调实施总体战,以继续进行反共内战。下午,蒋介石偕宋美龄飞赴庐山牯岭避暑。

△　美国经济合作总署中国分署署长莱普汉在沪发表谈话称:如果中国改革加速进行,美国人民将乐于多给援助。并谓华北、东北情势不如所传之严重,美援绝不忽视北方。

△　陈立夫出席在瑞士柯城举行的欧洲道德重整会议,并在大会

发表讲话称："世界现正面重大之危机,恶思想正图谋控制每一国家。中国历年来迄与威胁破坏我国家文化之力量相搏斗。"

　△　冀东国民党军进占遵化。同日,郑州国民党军进占汜水。

　△　解放军攻克湖北当阳。

8 月 10 日　蒋介石电邀副总统李宗仁自北平往庐山会商。

　△　美国驻华大使司徒雷登向国务院报告,认为现在"普遍地都在批评蒋委员长领导的无能,却普遍地没有人能提出任何人来代替他的地位。他是使这个巍然大国结合的人"。报告建议继续给予现政府援助,如有可能并予以增加。

　△　东北、华北学生组织南下请愿团,为"七五"事件向南京政府提出八项要求。15 日,请愿团被迫离开南京北返。

　△　河南、山东籍学生 1000 多人包围南京教育部,要求增加救济费并立即分发各大学。

　△　西北解放军击溃国民党军整编第三十六师,收复陕西韩城、澄城、郃阳,国民党军南逃。

　△　解放军攻占皖北颍上,次日主动撤出。

8 月 11 日　行政院正式任命蒋梦麟、晏阳初、沈宗翰为中国农村复兴联合委员会委员。

　△　海军代总司令桂永清赴沪视察海军。

　△　行政院会议通过浙江省增设四明县。

　△　豫南国民党军进占淅川。同日,鲁西国民党军进占鱼台。

　△　暹罗政府逮捕华侨商人 100 余名。

8 月 12 日　蒋介石颁布民国三十七年度下半年中央政府总预算施行条例。

　△　蒋介石特派西北行辕主任张治中为西北军政长官,冯治安、刘汝明、杜聿明为徐州"剿总"副总司令。

　△　国民党中常会通过《监察党营事业办法》。

　△　美国务卿马歇尔给驻华大使馆政策指示:"美国政府无意再担

任中国的调解人。"次日再指示:"美国政府显然必须保持有最大限度的行动自由。"

△　外交部长王世杰发表声明,临时承认韩国政府,并派刘驭万为驻韩国大使衔外交代表。

△　湖北国民党军进驻当阳。同日,河南国民党军进驻巩县、新郑。

△　西北野战军在陕西韩城地区继续追击,击溃国民党军骑兵第二旅和第一六五团。

△　清华大学中文系主任、著名文学家朱自清教授在北平病逝。

8月13日　美国驻华大使司徒雷登偕美西太平洋舰队司令白吉尔,赴庐山与蒋介石秘密商谈。

△　留南京之国民大会代表再度商开国民大会临时会议,并痛诋立法院。

△　美援运用委员会与美国经济合作总署中国分署举行联席会议,讨论美援物资棉、粮、油料之运用问题。次日,莱普汉、俞鸿钧在上海召集各小组会议,商讨美援运用问题。

△　各地物价连日猛涨,黄金每两超出六亿元,银圆每元近800万元。

△　陕西国民党军在大浴河以南转入防御,西北野战军停止追击,澄合战役结束。是役歼灭国民党军近万人,收复县城三座,解放军伤亡2300人。

△　豫东解放军攻占野鸡岗,截断甫经接轨之陇海铁路。

△　上海文化界为纪念"八一三"事件十一周年,特发表宣言,要求日本赔偿中国的战争损失。

8月14日　蒋介石在庐山与司徒雷登、白吉尔长谈。谓:"今日中国地位之重要,不啻欧洲之全洲……乃美国只知全力援欧,而于中国之艰难困乏,则视若无睹……彼不知共匪之所以反蒋者,即所以反美也,更不知余之百折不回、誓死奋斗者,不惟护卫我民族与亚洲,抑亦所以护卫美国与欧洲,此为马歇尔氏所不察,得不为敌人所快乎?"

△　是日为空军节,蒋介石拨款 1500 亿犒赏全体空军,并授勋空军司令周至柔、副司令王叔铭。

△　英国所赠之"重庆号"巡洋舰及"灵甫号"驱逐舰开抵南京下关江面。

△　苏北国民党军再占泗阳。

△　华东野战军公布徐(州)济(南)段夏季攻势战果,歼蒋军六万多人,解放县城 12 座。

△　中共中央军委批准东北野战军和东北军区领导机关正式分开,林彪任东北军区司令员兼政治委员、东北野战军司令员,罗荣桓任东北军区第一副政治委员、东北野战军政治委员,谭政任东北军区政治部主任、东北野战军政治部主任,刘亚楼任东北军区参谋长、东北野战军参谋长。中共中央东北局代书记高岗兼任东北军区第一副司令员。

△　中共中央发出《关于严格执行报告制度的指示》,要求一切兵团及军区的负责同志"严格执行及时的和完备的报告制度,将这件事作为一种绝对不允许违反的指令"。

8 月 15 日　立法院院长孙科、总统府战略顾问龙云、立法院秘书长张肇元等自南京到庐山。

△　冀、平、津成立美援合理运用促进委员会。

△　国民党军后续援军空运抵太原。

△　湖北国民党军进驻远安及潜江。同日,郑州国民党军进占长葛。

△　中国人民解放军晋中军区与行政公署正式成立。罗贵波任军区司令员,牛荫冠任行署主任。

△　中国人民解放军华北军区将太岳军区部队编为第十五纵队,刘忠为司令员,袁子钦为政治委员。

△　上海物价继续上涨五成;汉口黄金涨至每两五亿元,大米超过

7000万元。据主计局向行政院报告,宁、沪8月上旬生活指数为325万倍。

8月16日　吴铁城、张嘉璈、郑介民到庐山谒见蒋介石;宋子文自庐山回广州。

△　傅作义在北平召开华北五省两市军政工作会议,参加者为冀、热、察、绥四省军政要员百余人,主要讨论"剿匪戡乱如何变被动为主动"和"政治军事密切配合"等问题,22日会议结束。

△　驻苏北丰县之国民党军整编第八十三师特务营营长黄幼衡、副营长王子云率领全营官兵起义。

△　华北野战军一部自河北渡河集中鲁西,进趋菏泽、曹县。

△　川、滇、康三省成立三省兴业公司,内设瓷器、造纸、铁矿、炼铜及电力等厂。

△　教育部次长杭立武到汉口,处理湖北师范学院及流亡学生问题。

8月17日　行政院发布《后方戡乱应注意事项》,宣布"对于匪徒鼓动罢工、及其他足以妨害生产之行为",以及"各校学生意图妨害戡乱,而罢课游行、聚众请愿"者,都应"捕送特种刑事法庭依法处理"。并自19日起陆续在报纸上公布有关学生名单,限令其自名单公布次日到特种刑事法庭投案。同时进行大规模搜捕,至8月底,仅北平一地即逮捕学生322名。

△　驻美大使顾维钧晤访美国国务卿马歇尔,催促美国加速接济军需物资。同日,美国务院发表报告称:1948年4月至7月,中国获得美国物资价值690万美元以上,包括弹药、炮弹、铁筒弹、火药线导火管、地雷及手榴弹等。

△　副总统李宗仁偕夫人自北平抵南京,发表谈话称:北方大局相当安定;报纸上关于国共和谈之消息纯属谣言,无聊至极。

△　行政院令各地治安机关依据刑事法令,发动"特种刑事检举",彻底肃清"匪谍"。

　　△　民国政府发表《共匪青运组织及其国际背景》一文,谓青运工作"系由共匪中央青年部直接规划领导,而以伪民盟总部青年工作委员会为其外围领导中心。其核心组织为民主青年联盟。该联盟系共产赤色青年组织世界民主青年联盟构成单位之一"。

　　△　国防部次长秦德纯自北平返回南京,报告"七五"事件真相。据秦氏事后对记者称:报告只列举客观的事实,而不下主观判断。凡有两种相反意见而无法证明的,均将两种意见并列。至于究竟是谁先开枪的责任问题,尚未调查清楚,现正由留在北平的两位监委继续调查中。

　　△　美驻华大使司徒雷登及美西太平洋舰队司令白吉尔离庐山回南京。

　　△　暹罗政府滥捕华侨,南京政府外交部提出强烈抗议。

　　8 月 18 日　蒋介石及孙科自庐山返回南京。

　　△　民国政府特种刑事法庭票传南京、北平等地所谓"匪谍"学生数百名(南京 147 人,北平 250 余人)。

　　△　美国经济合作总署中国分署署长莱普汉与史蒂尔曼同抵南京,与翁文灏交换关于工业建设及设备、器材补充计划之意见。

　　△　天津《大公报》报道,上海物价狂涨,上周批发物价总指数已达 700 万倍,比前周又上升二成半以上。分类指数中,食物类 522 万倍,纺织品 740 万倍,金属类 1075 万倍,建材 719 万倍,化学品 932 万倍,燃料 810 万倍,杂类 659 万倍。

　　8 月 19 日　蒋介石明令颁布《财政经济紧急处分令》,同时公布《金圆券发行办法》、《人民所有金银外币处理办法》、《中华民国人民存放国外外汇资产登记管理办法》、《整理财政及加强管制经济办法》。宣布实行币制改革,发行金圆券,代替原来流通的法币及东北流通券;规定以金圆券一元合法币 300 万元、合东北流通券 30 万元的比价进行兑换;金圆券发行总额,以 20 亿元为限。同时实行限价政策,规定各地物价冻结在 1948 年 8 月 19 日水准上,不得再行抬高,违者严惩。限期收兑民间黄金、白银、银币、外币,禁止任何人持有;限期登记管理民间存放在国外的外汇资产。

　　△　行政院通令各地物价改算金圆券以 8 月 19 日当地物价为标准。财政部亦通令全国银行、钱庄实行金融冻结,停业二天(20 日、21 日)。

　　△　翁文灏电邀上海金融、工商界之宋汉章、钱新之、席德懋、赵华、程远帆、陈光甫、李馥荪、徐寄顾、王晓籁、杜月笙、秦润卿、戴铭礼、徐国懋、李道南、徐文迟、王伯天、骆美中、董希锦、傅沐波、宋子良、俞佐庭、骆清华、王志莘、方光、黄金畴等,及俞鸿钧、潘公展、方希孔、吴开先、蒋经国、林崇墉等赴宁开会,商讨实施政府制定的财政经济紧急措施。

　　△　蒋介石任命关麟徵为陆军副总司令。

　　△　华北野战军第十四纵队解放原武、阳武县城。

8 月 20 日　蒋介石、翁文灏分别邀集京、沪民意机关及工商、金融界人士举行座谈会,说明当局改革币制之决心,盼各界拥护政府决策。

　　△　行政院长翁文灏发表讲话,说明财政经济紧急措施意义,谓"此次所定改革币制,平衡收支及管制经济各项办法,其唯一目的为安定社会经济,保障大多数人民之利益"。

　　△　为切实执行财政经济紧急处分命令,行政院特设置经济管制委员会,并在上海、天津、广州三地设立经济管制督导员。

　　△　金圆券发行准备监理会成立,公布委员名单:李傥(财政部)、庞松舟(主计部)、蔡屏藩(审计部)、刘攻芸(中央银行)、徐寄顾(商会)、王晓籁(商会)、李铭(银行工会)、秦润卿(钱业公会)、徐士浩(会计师公会)。23 日正式举行成立大会。

　　△　内政部长彭昭贤就改革币制向新闻界发表谈话谓:今后不会再有黑市,各报以后不准再登载黑市物价。

　　△　东北"剿总"副总司令范汉杰由南京飞返锦州。

　　△　天津、成都特种刑事法庭传讯"共产党学生"。

△ 旅法华侨参战华工总会、旅法华侨和平促进会、巴黎中国学生会、中国留法艺术学会等六个团体组成支援国内学运联合会,投函上海《观察》杂志,抗议政府镇压学生的暴行,并表示将"在国外发起募捐运动以为国内学运之支持"。

△ 中国人民解放军中原军区人民军政大学成立,刘伯承任校长兼政委。

△ 美驻华大使司徒雷登向国务院报告称:"巴大维将军曾就当前军事指挥上出现的问题,向蒋委员长提出了意见,即要蒋氏不要亲自指挥军队,而由巴大维将军协助国防部长指挥作战,但蒋氏完全置之不理。巴大维将军目前遭到的困难,完全是因为中国统帅不采纳他的建议所致。"

8 月中旬 中国人民解放军华北军区将原第二兵团之第二、第六两个纵队,以及第一纵队组成华北军区第三兵团,杨成武任司令员,李井泉任政治委员。

8 月 21 日 蒋介石电各省、市政府,晓示民国政府改革币制、稳定经济之决心,命各地切实执行。

△ 蒋介石特派俞鸿钧、张厉生、宋子文分别为上海、天津、广州地区经济管制督导员,蒋经国、王抚洲、霍宝树等分别协助督导。

△ 行政院长翁文灏下令所有物价和工资冻结在 8 月 19 日水准,不许自行抬价。

△ 前行政院长张群为策划建立"中日韩三角反共同盟"赴日本进行活动。

△ 陕西国民党军进占商南及白河。

△ 豫东国民党军进占陈留。

△ 解放军进攻陕西澄城。

△ 解放军攻克豫西卢氏。

△ 北大、师院两校教授 21 人联名发表声明,抗议政府任意拘捕学生。

8 月 22 日　蒋介石发表谈话,谓严厉执行财政经济改革,清除各大学潜伏"匪谍",决不姑息。复谓"戡乱乃抗战之延长,本质上为民族战争"。

△　翁文灏再电各省、市政府,严申物价以本月 19 日为准。

△　张群在东京会晤美国占领军总司令麦克阿瑟。

△　金圆券发行准备监理委员会在中央银行成立,并举行首次会议。

△　北大校长胡适发出布告,要求被法庭发出传票的学生,自动到特种刑事法庭报到。

△　华北"剿总"军政会议闭幕,傅作义致词,谓大会对各种问题均经详细讨论,获得结论,今后须使提案变为行动。

△　是日至 9 月 17 日,国民党军飞机连续轰炸石家庄,炸死炸伤市民 160 余人。

△　中共中央发出《蒋管区斗争要有清醒头脑和灵活策略》的指示,指出党在国民党区域的工作"不要犯冒险主义的错误","在城市方面,应坚决实行疏散隐蔽、积蓄力量、以待时机的方针",以免"将城市中多年积聚的革命领导力量在解放军尚未迫进、敌人尚未最后崩溃之前过早地损失掉"。

8 月 23 日　金圆券正式开始发行,以金圆券一元兑换法币 300 万元,兑换东北流通券 30 万元,兑换台币 1835 元;外汇牌价为金圆券四元换美金一元;0.75 元换港币一元。各地市场大体平静。

△　行政院长翁文灏在国民党中央党部纪念周声称:"当前最须切实进行的是两件事:一是禁遏奸匪的破坏与侵扰,以保障社会的秩序。二是停止通货膨胀与市场的波动,以达到经济的稳定。"并称在发行金圆券中要"收兑中国领土以内所有的黄金、白银及外国货币"。

△　国防部审判战犯军事法庭开始公审冈村宁次,冈村宁次承认曾奉命抗拒向新四军投降。

△　上海区经济管制督导员俞鸿钧、协助督导蒋经国正式办公。

△ 朱德在人民解放军总部作战局汇报会上指出:"中原战场是决战的战场。""在这 10 个月(指 1948 年 9 月至 1949 年 6 月)中,军事上,我们希望能解决傅作义,拔掉济南、太原诸点",目前中原决战的时机还未到,"所以目前还只是同他们在中原进行一些机动作战"。最后指出:"我们的胜利,在今天来说,是更有把握了。"

8 月 24 日 民国政府限令各业恢复 8 月 19 日价格。为防止物价波动,各地加强管制,南京、苏州等地逮捕抬价商人。

△ 蒋经国命上海调查机关负责人员检举主要投机商人。

△ 新闻局长董显光发表谈话,否认政府曾向国际复兴银行请求贷款六亿美元的消息。

△ 宋美龄在庐山发表谈话,呼吁国民拥护政府财经新措施,并称将继续努力动员妇女。

8 月 25 日 蒋介石任命夏威为安徽省政府委员兼主席,原任省政府委员兼主席李品仙准免本兼各职;任命张轸为河南省政府委员兼主席,原任省府委员兼主席刘茂恩准免本兼各职。

△ 蒋介石特任桂永清为海军总司令,原任陈诚准免本职。

△ 上海市政府发布批发商品指数,承认 8 月 16 日至 21 日,物价平均上涨 15%。

△ 张群在商震官邸会晤日本首相芦田,会谈两个半小时。次日,又会晤日本政界要人。

△ 国民党军进占豫西卢氏及豫东周家口。

△ 蒋经国在上海召开会议,商讨油、面、棉纱定价问题。

8 月 26 日 民国政府公布整理财政补充办法,规定变更稽征方式,改订税率,海关进口税加征"戡乱"时期附加税 40%,食盐税每担征金圆券八元,营利事业所得税半年征一次。

△ 行政院经济管制委员会举行首次会议,决定限制利息(存放利率将减低),取缔囤积居奇,处罚违反限价,禁止食油出口。

△ 监察院发表调查"七五"事件报告,谷凤翔、胡文灏并对案件关

系人北平警备总司令陈继承、青年军第二〇八师搜索营营长赵昌言以及北平警察局副局长白世维提出纠举。

△ 上海区经济管制协助督导蒋经国召集上海军警及金融机关负责人会议,决定统一全市检查机构,由蒋经国统一指挥、统一执行;对违反财经紧急措施者,将予以严厉惩处。

8月27日 行政院经济管制委员会为加强经济管制,特设置上海区物资调节委员会、检查委员会和物价审议委员会。

△ 蒋经国出席戡乱建国大队记者招待会,表示决心采取一切必要手段,以实施经济管制。

△ 张群在东京接见日本文化界人士,就中日情势交换意见。

△ 南京中央社记者就报载中、日、韩三国防共同盟一事,询问有关人士,南京政府方面回答称:此项毫无根据之报道,不值一驳。

△ 上海特种刑事法庭会同警察局到各大学拘捕所谓有"奸匪嫌疑"的学生,交大、复旦、大夏、同济、光华、暨南等校共拘捕61名学生。

△ 孔子诞辰纪念日,即"教师节",各机关放假,并举行祭祀。北平各界在国子监祭孔,北大学生举行尊师晚会。

△ 国防部驻沈阳绥靖总队突击队官兵96人,在上校参谋权国英(朝鲜族)率领下起义,突破封锁到达解放区,起义官兵中有87人为朝鲜族。

8月28日 蒋介石接见交通银行董事长钱新之,了解币制改革后上海金融情况,并听取意见。

△ 行政院长翁文灏召集京、沪两地商业银行负责人举行谈话会,讨论经济管制实施情况。

△ 上海全面展开"经济检查",出动大批军警检查全市各码头、车站及交通要道,禁止货物私自出口。另有18家银行仓库被检查,查封大批棉纱、棉布。

△ 冀东国民党军进占乐亭。

△ 拟赴解放区之中央大学学生朱成学、华彬清、李飞三人被南京

特种刑事法庭分别判处六年、五年徒刑。

△　中共中央致电粟裕,指出济南战役"关系甚大",要求华东野战军以一部分兵力围攻济南,同时集中最大兵力准备打援。

8 月 29 日　上海区经济管制协助督导员蒋经国召集警察局长俞叔平、海关税务司张勇年、金管局长林崇墉等开会,商讨加强经检工作。同日,上海区经济管制督导员办公处通令暂时禁止食油出口,并限制纱布南运。

△　豫东国民党军进占商水。

△　南京各院校教授代表 20 余人集会抗议南京政府新订的公教人员待遇标准,决定于 31 日下午举行记者招待会,并将分别向行政院、立法院、教育部、财政部等方面请愿。

△　豫西解放军再占陕州。

△　陕南解放军攻克商南县城。

△　中国人民解放军总部公布 7 月份战绩:歼、俘蒋军逾 20 万,解放城市 28 座。

△　中国民主同盟总部发言人就南京政府实行所谓"币制改革"紧急命令事,发表谈话称:此举"实无异对全国老百姓之最残暴的掠夺"。"我们深信这一举措不仅丝毫不能有补于其没落的命运,而且势必相反的更将加速其整个的崩溃"。

8 月 30 日　蒋经国出席上海商会召开的各同业公会理事长会议,听取对管制和限价的意见,并答应对各种困难,当尽量设法解决。

△　天津区经济管制督导员张厉生在天津正式办公。

△　皖北国民党军进驻涡阳。

8 月 31 日　张群在东京再晤麦克阿瑟,会谈历两小时。

△　中国国民党革命委员会政治委员会主席冯玉祥乘苏联"胜利号"轮船由美国回国,途经黑海,因轮船起火遇难。

△　华北"剿总"司令傅作义致电蒋介石,对北平"七五"事件自请处分。

△　湖北国民党军进占随县。

△　豫西国民党军再占陕州。

△　南京各国立院校教授代表举行联席会议,并在中大校友会举行记者招待会,提出改善公教人员待遇意见,希望舆论支持。

9　月

9月1日　蒋介石拟发起所谓勤俭建国运动,特令国民党中宣部长黄少谷起草《勤俭建国运动办法》。

△　蒋介石特派王世杰为出席联合国第三次大会首席代表,蒋廷黻、彭学沛、钱泰、张彭春为代表。

△　行政院经济管制委员会举行第二次会议,通过《行庄增资办法草案》。并决定:1. 凡以金圆券兑入的外币及黄金,应予补充金圆券准备金,俾现金准超过40%;2. 凡以金圆券兑入之银元白银,应予补充铸造银辅币。

△　蒋介石任命陆军训练司令孙立人为陆军副总司令并兼原职。

△　江苏省政府改组,丁治磐接替王懋功任省主席,顾希平任民政厅长,奚炎任财政厅长,洪钧培任教育厅长,钱振荣为建设厅长,秘书长徐道邻。

△　监察院分别成立各区监委行署。是日,两湖区、苏浙区、豫鲁区、陕区、冀察热区、闽台区监委行署,分别在武汉、上海、青岛、西安、北平、福州成立。

△　胡适在北平记者公会讲演,要求记者服膺“勤谨和缓”,不要动火气,动感情,不要受政治党派的影响。

△　南京特别刑庭传讯中央大学学生范乃伦,天津特别刑庭审讯进步学生陈景胡、谢纪恩。

△　立法委员刘不同为政府拘捕学生事致函行政院长翁文灏,称:“旬日以来,各校莫不杯弓蛇影,人心惶恐,窃以为青年学生以言论行动

过问国家政事,乃其国民天职"。政府"加以拘捕,施以拷掠","实为中华民族前途危"。

　　△　张群至日本关西之大阪、神户、奈良、京都活动,与日本商业巨头会谈。

　　△　美国经济合作总署宣布:补拨 99 万美元援助南京政府。同日,美援运用委员会联络委员严家淦在上海记者招待会上宣布:开滦煤矿公司、扬子江电力公司、资源委员会所属冀北电力公司及台湾糖业公司为首批美援拨款对象。拨款总额为 440 万美元,其中开滦、台糖各得 100 万美元,扬子、冀北各得 120 万美元。

　　△　豫中国民党军进占洧川。

　　△　上海市新闻记者公会举行第三届会员大会,决议电请立法院废除出版法。

　　9 月 2 日　外交部宣布 1939 年《中苏航空协定》将于明年 9 月期满,到期中方无意续约。

　　△　泄露改革币制消息、并在上海抛售纱厂股票乘机牟利的财政部秘书陶启明被捕。此案涉及该部秘书主任徐百齐,徐氏亦于 5 日被捕。

　　△　外交部亚西司司长卜道明途经莫斯科赴巴黎参加联合国大会。

　　△　国营招商局筹备改组为公司,交通部特派刘鸿生、徐学禹担任正、副筹备主任,发行股票,定 10 月 1 日正式成立公司。

　　△　美国加紧扶植日本,以使日本成为"远东防线之堡垒"和"亚洲之工厂",是日,美国占领军总司令麦克阿瑟指令将总数 136 万吨的 915 艘商船交还日本民营。

　　△　北朝鲜最高人民会议在平壤召开,正式通过宪法,选举金日成为朝鲜民主主义人民共和国内阁首相。

　　9 月 3 日　民国政府在南京灵谷寺召开抗日战争胜利三周年纪念会,并祭祀阵亡将士,国防部长何应钦出席会议并发表演说,勉励全国官兵。

　　△　申新纱厂总经理荣鸿元因私套港汇,证券经纪人杜维屏(杜月笙之第二子)因币制改革前夕抛售永安纱股,被上海经济管制协助督导蒋经国扣押审查。

　　△　广东广九铁路第七次特快列车翻车,死伤旅客 100 余人。出轨原因系道钉被人拔去,接轨夹板松离所致。

　　△　新华社奉命声明,揭露美蒋制造和谈谣言。指出:"当蒋介石匪帮的军事失败愈益明显,特别是在开封、豫东作战中遭受惨败以后,某些帝国主义分子对蒋介石匪帮的作战能力表示愈益丧失信心,企图利用李宗仁、何应钦、宋子文等反动军阀政客","以和平的假面具欺骗中国人民,代替蒋介石继续反对中国人民革命力量"。

　　△　华北解放区召开全区财政会议,历时 10 天,讨论了华北财务行政方针,制定新的农业税则、工商业税、烟酒等税收法令和会计规程、粮库制度及战勤问题等 10 余种税则和制度。

　　9 月 4 日　行政院政务会议通过《外币债券处理办法》、《整理外币公债发行原则》,决定发行新债券以代换旧有债券,总额为 5.23 亿元。

　　△　蒋介石特派宋希濂为华中"剿总"副总司令,杜聿明为徐州"剿总"前进指挥所主任。

　　△　行政院通过《商营银行调整资本办法》。

　　△　上海林王公司经理王春哲因"意图妨害戡乱,扰乱金融",被特种刑事法庭判处死刑。

　　9 月 5 日　上海市长吴国桢因不满蒋经国之措施,赴南京辞职,为蒋介石所挽留。

　　△　西北军政长官张治中自兰州赴河西视察。

　　△　淞沪警备司令部第六稽查大队队长戚再玉因在经济管制期间利用职权勒索财物、包庇并协助重要经济犯逃跑,在上海被处决。

　　△　皖北国民党军再占泗县。

　　△　华北野战军第三兵团与北岳军区五个团从易县、涞源地区出

发向绥远进军。

9 月 6 日 蒋介石在国民党中央党部纪念周上报告改革币制、管制经济经过,称政府所拥有之金银外汇已达 1.6 亿美元,发行金圆券的准备更为充实;并要求全体党员"咬紧牙关,勒紧裤带",以完成"戡乱建国"的使命。同日,蒋介石在南京发表谈话,要求各商业银行所有外汇,限本月 8 日以前自动存入中央银行。

△ 立法院副院长陈立夫自美返国。

△ 南京各国立专科以上学校教授会代表,为请求调整全国公教人员待遇及教授学术补助费,连日分别赴行政院、立法院、监察院、教育部、财政部等机关,递交书面意见。

△ 改革币制、发行金圆券以来,成都市"物价波动不已,粮荒日趋严重,市场情形混乱,人民怨声载道,舆论一致抨击"。

△ 上海证券交易所经纪人杜维屏等,以违反"交易所法"等罪名,被提起公诉。

△ 为策应绥远作战,华北野战军第二兵团和冀察热辽军区部队发起平北攻势,向平承铁路及密云、怀柔等地出击。是日,包围三河之敌。

△ 皖北国民党军进占亳县。

△ 滇西干崖土司刀京版成立"独立设计委员会",决定组织傣族同盟,拟与缅甸都土司联络,成立南诏合众国,实行"独立"。

9 月 7 日 立法院第二次会议开幕,会议由孙科主持,否决修改组织法等案。

△ 蒋经国到南京向蒋介石报告上海经济管制情况,随即返沪。

△ 蒋介石派中央银行总裁、财政部次长徐柏园赴沪,督促商业银行限期交出全部外汇资金。

△ 青年军第二○二师第二旅奉命扩编为第二○九师,该旅旅长方懋楷调升第二○九师师长。

△ 苏北国民党军进占宿迁。

　　△　豫西国民党军进占陕州。

　　△　中共中央就辽沈战役作战方针致电林彪、罗荣桓,要求东北野战军确立打"前所未有的大歼灭战的决心",并指出:"你们现在就应该准备使用主力于该(北宁)线,而置长春、沈阳两敌于不顾,并准备在打锦州时歼灭可能由长、沈援锦之敌。"

　　△　冯玉祥遗体在莫斯科举行火葬。毛泽东、朱德致电李济深并转中国国民党革命委员会,吊唁冯玉祥罹难。同日,周恩来、董必武、邓颖超致电李德全,表示吊唁。

　　9月8日　蒋介石明令公布制定修正《国定纪念日日期表》:"一月一日中华民国开国纪念日";"十月十日国庆日";"十一月十二日国父诞辰";"八月二十七日孔子诞辰";"九月三日抗战胜利纪念";"三月二十九日革命先烈纪念"。

　　△　张群在东京第三次会晤麦克阿瑟;同日,会见日本警察负责人斋藤等。

　　△　上海各商业银行迫于蒋经国之压力,将外汇3000万美元移存中央银行。

　　△　行政院会议决定设置节约指导委员会,社会部长谷正纲任主任委员,彭昭贤、陈启天、李惟果、雷震、秦德纯、郑彦棻、李俊龙、唐纵为委员。

　　△　中共中央在河北平山县西柏坡村召开政治局会议。会议提出今后的战略方针是打倒国民党,战略任务是军队向前进,生产长一寸,加强纪律性,由游击战争过渡到正规战争,建设人民解放军500万人,每年平均歼敌正规军100个旅,在大约五年左右的时间(从1946年7月算起)里,从根本上推翻国民党的反动统治,建立无产阶级领导的以工农联盟为基础的人民民主专政。13日会议结束。

　　△　华北野战军第三兵团攻克三河,全歼守军保安第三十团1300余人;并出击平古路通州至怀柔地区。

　　△　华北人民解放军公布解放战争第二年战绩:歼、俘蒋军28万

人，解放城市 31 座。

　　△　苏州人力车夫为反对资方将车租增加一倍，一致举行罢工。

　　9 月 9 日　蒋介石召见翁文灏、王云五、徐柏园、俞鸿钧等，询问上海商业行庄缴存外汇资产情况。

　　△　行政院长翁文灏于下午假国防部礼堂举行茶会，招待全体立法委员和监察委员 500 余人，报告财政经济措施，说明此次总统运用临时条款颁布紧急令之苦衷与决心，及四项办法的要旨。

　　△　宪政督导会在南京成立，莫德惠任会长，左舜生、徐傅霖、方觉慧、洪兰友任副会长。蒋介石出席开幕式并致词，呼吁会员"匡助政府戡乱"，并"研讨行宪得失"。

　　△　国防部长何应钦为纪念中国战区日军无条件投降，向全国发表广播演说。

　　△　华中"剿总"司令白崇禧自南京返汉口。

　　△　《中央日报》就蒋经国在上海"打老虎"一事发表社论，称经济管制"成败的关键就在上海"，并谓"上海区督导员蒋经国氏的铁腕，足以贯彻政府的决心"。

　　△　西安特别刑庭传讯西北大学学生 10 名，西北农学院 15 名，西北工学院 19 名。同日，南京特别刑庭再度传讯中央大学学生廖作润等七人。

　　△　北平研究院在怀仁堂举行成立十九周年纪念会暨第二次学术会议，由院长李石曾主持，专题讨论《中华民族接受外来文化问题》。

　　△　豫西国民党军进占卢氏。

　　△　华北解放军收复徐水县城和固城镇。

　　△　律师公会全国联合会在南京举行成立大会。

　　△　由航业界 27 个团体组成的中国海事建设协会，在上海举行成立大会。

　　△　港督葛量洪偕夫人由港抵沪访问，商讨有关中港走私及币制改革问题。

9月10日　立法院举行秘密会议,行政院长翁文灏出席报告财政经济紧急处分令实施情形。

　△　自币制改革以来,台北物价波动不定,香烟、布匹、什货、小菜、肉类波动更大,香烟上涨一至二倍以上。

　△　张群在东京第四次会晤麦克阿瑟。

　△　华北大汉奸、北平伪中华民国临时政府议政委员会常委王揖唐在北平伏法。

　△　日本战犯影佐祯昭病死,未及来华受审伏诛。

9月11日　中共中央军委就济南战役部署问题,致电华东野战军山东兵团司令许世友,指出:此次作战目的,主要是夺取济南,但在兵力部署上,则应以多数兵力打援,而以部分兵力攻济,并准备对付最困难的情况。

　△　民国政府主计部长徐戡到重庆,视察财政经济情形。

　△　工商部成立物价研究委员会,次长张子柱兼主任委员。

　△　张群在日本发表声明,强调下列三点:及早缔结对日和约;日本复兴必须有助邻国;日本成为和平而民主的国家。

　△　苏北国民党军进占沭阳。

　△　察北解放军攻占沽源东北之平定堡。

9月12日　辽沈战役开始。为了攻克锦州,封闭敌军南逃之路,为全歼东北国民党军创造条件,东北野战军发起北宁线作战,以第三、四、七、八、九、十一共六个纵队及炮兵纵队主力攻歼义县至昌黎一线之敌,然后相机夺取锦州、锦西、山海关;另以第一、二、五、六、十共五个纵队,位于沈阳西北新民地区及长春、沈阳间开原地区,阻止沈阳敌军向锦州或长春增援,并随时准备参加攻锦作战和歼击长春逃敌。是日,东北野战军在滦县至山海关、山海关至兴城、锦州至义县、锦州北郊四个地区,展开大规模进攻。

　△　蒋经国在上海青年军联谊大会上发表讲话,谓"新经济方案是社会性革命的开始","日后无论任何人有官商勾结行为,国家法律绝不

容情而定予严厉制裁"。并表示"决与上海五百万市民共同向恶势力斗争到底"。

△　韩国特使赵炳玉代表韩总统李承晚访问中国,是日抵南京,拜访外长王世杰,并由王世杰陪同谒见蒋介石。同日,赵炳玉在南京对记者称:"最终目的是建立不受共产独裁威胁的一个统一的韩国,希望中国继续帮助韩国。"并要求南京政府"不要承认代表金九的韩国驻华代表团"。

△　冯玉祥夫人李德全复电毛泽东等中共领导人,称"正准备回至中国解放区,并继续为新民主主义奋斗"。

△　上海国立各专科以上学校教授于光远、李健吾、吴耀中、孙家寿、刘大杰等 188 人,致电教育部要求重新调整待遇,并增加学术研究补助费。

9 月 13 日　立法院举行秘密院会,质询财经紧急措施执行情况。财政部长王云五称下半年政府财政预算和收支可以相抵;行政院长翁文灏表示欢迎公开检举重大经济案件。

△　前行政院长张群结束访日,离东京返抵上海。

△　东北野战军第十一纵队攻克北宁路上安山、石门、团山和后封台。

9 月 14 日　傅作义急调第十六军、暂编第三军、第三十五军和新编骑兵第四师,分别从密云、昌平、延庆等地向解放军反攻,是日进占永宁和大小水峪,进攻三河,激战五昼夜,未能推进。

△　锦西国民党第五十四军向兴城增援,遭解放军阻截,在兴城北发生激烈战斗。

△　东北野战军第十一纵队攻克昌黎;第四纵队包围兴城、绥中,锦州、唐山陆路交通被切断。

△　津浦铁路宿县、固镇间之桥梁被解放军炸毁。

△　自政府发布《后方戡乱应注意事项》以来,南京、北平、天津等地大肆逮捕进步学生,各地监狱人满为患。

9 月 15 日　蒋介石发起勤俭建国运动,晚间,向全国广播该运动纲要,提出 10 项公约,提倡勤劳,厉行节约,号召全国国民参加。

△ 蒋介石偕国防部长何应钦在南京雨花台检阅伞兵部队。

△ 蒋介石任命李良荣为福建省政府委员兼主席,原任委员兼主席刘建绪准免本兼各职。同日派何浩若为行政院敌伪产业处理委员会主任委员。

△ 张群自上海抵南京,谒见蒋介石。

△ 王耀武到南京面见蒋介石陈请增援,说:"如济南被围攻,陈毅部的主力极可能布置于兖州、济宁及其以北的地区,阻我援军北上。又加我军士气不振,增援部队力量太小了,很难完成任务。"同日,蒋介石命令第三厅"下令空运七十四师去济南"。

△ 蒋介石委派马鸿逵、马步芳、郭寄峤、马鸿宾、陶峙岳为西北军政副长官。

△ 中央特种刑事法庭在南京成立,张文瑞、左兴中等 10 人担任审判官,唐诗繁等二人担任检察官,郑荣本担任主任书记官。

△ 衢州绥靖主任汤恩伯在杭州招待省参议员,扬言可在三个月内剿灭皖南中共游击队。

△ 立法院通过海南岛建省议案。

△ 锦西国民党军再次增援兴城,受到解放军顽强阻击,被击退。

△ 行政院任陈可忠为广东中山大学校长。

△ 上海物价大波动,经济管制督导员办公处决定《申请出境办法》暂缓实施。

△ 川西连续四昼夜大雨,造成重大水灾,成都市内部分地区积水深达三四尺,市内难民云集,状至悲惨。

9 月 16 日 华东野战军发起济南战役,许世友指挥山东兵团六个半纵队,附地方武装约 14 万人,组成攻城部队。攻城部队分为东、西两个集团,由东、西两面向济南实施钳形攻势。东集团以第九、第十三纵队及渤海纵队共 24 个团组成(内第十三纵队为总预备队),从东面攻击城垣;西集团由第三、第十纵队和鲁中南纵队共 19 个团组成,由西攻击商埠。另以八个半纵队约 18 万人组成打援部队,由华野司令部直接指挥,分别阻击徐州、河南和安徽的援军。是日,山东兵团各部开始向济南外围攻击前进。

△ 教育部于江南各地设立临时联合中学,收容河南、山东流亡学生。

9 月 17 日 白崇禧在汉口举行记者招待会,报告华中战场近况外,并谓其对政府负有责任,绝对对事不对人,凡违背清剿政策和命令的,就是反对国策。凡玩忽命令不能称职的,负责人一定要依法查办,民众绝对无罪。希望舆论界主持正义,发扬正气,不要替这些不顾大局的特殊阶级粉饰太平。

△ 中国政府出席联合国大会首席代表、外交部长王世杰离南京赴巴黎。

△ 蒋经国在上海召开经济检讨汇报会,决定为防止金银外币私逃,将加强各出入口之检查工作。

△ 监察院发表财政部主任秘书徐百齐、秘书陶启明等泄露重要机密、非法投机牟利案调查报告(在币制改革前夕抛出纱股 3000 万股,获利五亿元),并纠举财政部长王云五用人不当之咎。

△ 驻华美国军事顾问团改组,成立美国驻华联合军事顾问团,其中包括陆军、空军、海军及混合部队四个顾问组,分别由巴大维少将、汤麦斯准将、奥尔特海军少将及达莱上校担任各组主任,并由巴大维担任顾问团团长。联合军事顾问团将于 11 月 1 日正式开始工作。

△ 为救援济南,蒋介石命令徐州"剿总"副总司令杜聿明率第二兵团和第十三兵团(李弥部)由鲁西南北援;令黄百韬第七兵团向徐州集结,准备沿津浦路向北攻击。

△ 解放军济南攻城部队西集团陆续攻占匡李庄、杜家庙、琵琶山、崮山等地,逼近机场、腊山、党家庄;两广纵队攻克长清。东集团九纵攻克城东屏茂岭山、砚池山等坚固阵地,歼灭国民党军整三师一部;渤海纵队攻占韩仓,围攻王舍人庄。

　　△　第二绥靖区司令、山东省主席王耀武急调总预备队第十九旅及第五十七旅东援,以整七十三师第十五旅及空运刚到的整七十四师一部向解放军实施反击。

　　△　浙江大学学生吴大信被浙江特种刑事法庭以"匪谍"罪判处徒刑 15 年。山东大学学生王济民等 15 人被青岛特刑法庭拘押。

　　△　美国经济合作总署中国分署署长莱普汉夫妇偕该署新任副署长葛里芬夫妇及秘书等五人,自沪经港抵穗。

　　9 月 18 日　暹罗新任驻华大使罗亚皮班向蒋介石递交国书。

　　△　济南攻守战激烈,解放军击退守军反击,西集团攻占古城、玉皇山,歼敌整八十四师一部,并以炮火控制济南机场。

　　△　徐州守军整编第七十四师空运济南,因受解放军炮火威胁,仅运不足一个团即被迫停止。

　　△　东北野战军击退滦县国民党军第六十二军向昌黎的进攻,并包围义县。

　　△　中共中央为欢迎香港民主人士到东北解放区致电东北局,指示由高岗、张闻天、林枫代表东北局,在哈尔滨与高崇民、张学思、朱学范等商谈关于召开新政协会议的问题。

　　9 月 19 日　国民党军整编第九十六军军长兼第八十四师师长吴化文率部两万余人在济南郊区起义。25 日,吴化文率部发表起义通电,表示要"在人民解放军的统一号令下,为坚决驱逐美国帝国主义的侵略势力,为彻底打倒国民党反动统治,完全解放中国人民而奋斗"。

　　△　为加强经济管制,北平当局在平施行经济检查。平津区经济管制督导员张厉生表示决心打老虎,虽权贵豪门亦不姑息。

　　△　浙赣铁路樟树西岸至株洲段正式通车。

　　9 月 20 日　蒋介石特任刘茂恩为战略顾问委员会委员。

　　△　傅作义在北平发表《告华北同胞书》,宣传所谓"清匪除奸"运动,谓"在戡乱建国工作中,还应打败第二线匪党一切潜伏分子"。呼吁"立即在乡村彻底清匪,在城市彻底除奸"。

△　剩余物资清查团在上海成立,国防部次长郑介民兼任团长。

△　财政部决心整顿盐政,盐务总局局长缪秋杰因违法渎职而被停职,由财政部常委次长李傥暂时代理。

△　陕西国民党军进占商南。

△　华东野战军利用吴化文起义有利时机,进占济南商埠以西地区。王耀武被迫收缩阵地,除留一个营守千佛山,以一个团守马鞍山外,其余部队全部撤进城内和商埠。解放军西集团第三、十、十三纵队及鲁中南纵队同时猛攻商埠。

△　国民党军山东保安第八旅第二十三团第一营官兵 530 余人,在齐河城南之北店子起义,参加解放军。

△　毛泽东拟定邀请从香港、上海和长江以南前往解放区商讨召开新政协的各民主党派及无党派人士的 77 人名单。中共中央致电香港分局并钱之光和上海局刘晓、刘长胜等,征询对 77 人名单意见,指示:各方人士须于今冬明春全部进入解放区"方为合适"。"北来人士,拟先集中哈尔滨招待商谈;华北人士如直进解放区,则集中华北。视战事发展,明春或来华北,或即在哈市召开新政协"。

△　中共中央发出《关于建立党委制》的决定。指出:"党委制是保证集体领导,防止个人包办的党的重要制度"。今后党、政、军的各级党委都必须建立健全党委会议制度,一切重大问题均须由党委讨论决定。

9 月 21 日　立法院讨论土地改革,决议交下次院会继续讨论。

△　联合国第三届大会在巴黎开幕。会议期间,王世杰向马歇尔建议,以麦克阿瑟将军任美国驻华军事顾问团长,未获肯定答复。

△　苏北国民党军进驻涟水。

△　济南攻城部队调整部署,以十、十三纵从西向东进攻,九纵、渤海纵队从东向西进攻,三纵和鲁中南纵队为预备队。是日,十纵攻入济南永固门,并楔入商埠东郊,切断守军退路。

△　东北人民解放军司令部、政治部组成前线指挥所,由林彪、罗荣桓率领,乘火车从双城出发,南下赴辽沈前线。

9月22日 蒋介石在南京官邸接见山东旅京人士丁惟汾、秦德纯等,表示决心保卫济南。

△ 国防部长何应钦偕美国军事顾问团团长巴大维到青岛,视察山东军事形势。

△ 财政部长王云五赴美出席华盛顿国际货币基金会与国际复兴建设银行理事会第三届年会,临行前蒋介石曾召见王氏,对此行任务有所指示。

△ 蒋经国会见上海米业、工业和金融界人士,商讨解决上海经济困难之办法。

△ 北平五所大学学生自治会发表联合宣言,要求撤销针对广大爱国学生的特种刑事法庭制度。

△ 华东野战军对济南发起总攻,至是日中午,将商埠之敌肃清,歼敌两万余人。攻城部队不顾伤亡、疲劳,连续进攻,当晚突破济南城防外线,与守军展开激烈巷战。

△ 香港西环永安仓库发生大火灾,死伤180多人。

9月23日 解放军济南攻城部队全歼国民党军整九十六军整二师第二一三旅及保安第六旅,攻占外城,迫近内城。下午,东、西两集团猛攻内城,战况异常激烈。

△ 因济南战局恶化,徐州"剿总"司令刘峙飞济南上空视察。

△ 锦州第九十三军第二十二师北援义县,进至七里河附近,遭解放军阻击,被消灭一部,其余退回葛文碑、薛家屯一带防守。

△ 空军第四大队第二十三分队上尉分队长杨培光起义,由北平驾P—51战斗机飞抵吉林四平。

△ 中央研究院举行二十周年纪念及第一次院士会会议,院长朱家骅主持,蒋介石出席开幕式并致词,谓要提倡学术合作并提高学术水准。会议选出苏步青、吴有训、陈省身、李书华、竺可桢、茅以升、汤用彤、冯友兰、梁思成、胡适、陈垣、周鲠生、钱端升、翁文灏、庄长恭、王崇惠、王世杰等32人为该院第三届评议员。

△　上海经济管制督导专员办公处限令全市厂商五日内登记存货。

△　上海特种刑事法庭继续拘捕学生,至 22 日止,共拘捕学生 86 人。

△　上海《时与文》周刊因批评国民党之政策,被内政部加以"永久停刊"处分。

△　中国民主同盟发言人发表谈话,称南京政府的所谓币制改革,是"对人民实行空前大掠夺的狂妄举动",号召工商界以罢业、罢市等方式进行抵制。

9 月 24 日　济南解放。战至是日黄昏,华东野战军全歼济南守军,马鞍山、千佛山守军残部亦相继于 25 日、26 日放下武器投降。是役共歼国民党军 10.429 万人(内起义两万人),山东省政府主席、第二绥靖区司令王耀武、副司令牟中珩以下高级将领 23 人被俘(王化装潜逃,于 28 日在寿光县境内被俘获),解放军伤亡 2.654 万人;同时攻克长清、齐河、历城三县城。至此,济南战役结束。

△　蒋介石电召东北"剿总"司令卫立煌到南京,命令卫组织西进兵团,由沈阳驰援锦州;卫则主张应由关内出兵解锦州之围后,沈阳主力方可西进;蒋允由关内增兵三个军,由锦西东进,并以海空军增援之,惟沈阳主力必须立即西进。卫决定空运第四十九军到锦州增援。

△　蒋经国召集上海工商界人士谈话,商讨不少工厂因限价而缺乏原料,导致减工等问题,各代表希望政府早日实行日用必需品配给,以安定工人生活。

△　上海《大公报》发表评论称:自币制改革以来,"广州、成都、重庆的物价波动最剧",并且出现了三个新问题,即"(一)游资压迫物价;(二)全国压迫上海;(三)生产事业转见停滞"。

△　张治中举行记者招待会,报告巡视河西观感,谓山丹牧场如以科学方法开发,堪称世界大牧场;金塔县鸳鸯池为河西最大水利工程;河西除玉门油矿外,酒泉、永登等地亦有大量油田。

　　△　锦州外围激战,北二郎洞、旧飞机场、薛家屯、葛文碑等地均受到解放军攻击。东北野战军第四纵队歼灭兴城东北地区守敌第五十四军一个团,切断锦州、锦西、兴城间的联系;第九纵队切入锦州以北,攻克达子营、五姓屯、白老虎屯。

　　△　为配合辽沈战役、牵制傅作义集团不使援助东北,华北野战军第三兵团发起绥察战役,分兵五路向绥东进攻。是日,攻占隆盛庄和丰镇县城。傅作义自北平急飞绥远进行部署。

　　△　华北野战军第二兵团继续在平北发动攻势,并以一部转战平承路,破坏密云、怀柔段铁路。

　　△　华东野战军副司令员粟裕致电中共中央军委和华东局、中原局,建议"立即进行淮海战役"。次日,中共中央军委批准华东野战军进行淮海战役的建议。

　　9 月 25 日　东北野战军第九纵队攻占葛文碑、薛家屯两据点,歼敌 5000 余人,占领锦州东北和北部的外围阵地,并封锁了锦州机场,完全切断了锦州至义县的交通。

　　△　在绥东战场,华北野战军第二纵队进占凉城,守军弃城而逃;第六纵队攻占绥南清水河城、和林格尔城。

　　△　鲁西国民党军复占曹县、鱼台。

　　△　冀东国民党军复占昌黎。

　　△　上海当局命令各厂商进行物资总登记,以加强经济管制。

　　△　中国人民解放军济南特别市军事管制委员会正式成立,谭震林为主任。

　　9 月 26 日　卫立煌自南京返沈阳,奉命西援锦州,参谋总长顾祝同同行,监督西援执行情况,顾、卫飞经锦州上空时,电告范汉杰:立即实施空运第四十九军援锦计划。

　　△　空军运输机 50 架,由沈阳向锦州空运第四十九军,至 28 日仅运到第九十七师(欠一个团),解放军以炮火控制机场,当即击毁飞机五架,至 29 日空运被迫停止。

△ 华北野战军第一、第八纵队攻克绥远集宁,全歼守军保安一团,俘 2000 余人。

△ 联合国教科文组织中国委员会举行第二届大会。

△ 华莱士对美国外交政策提出 10 项建议,包括尽速缔结对德、日和约,停止援助蒋介石政权等。

△ 东北人民解放军总部就先打山海关或先打锦州问题电中央军委请示。次日,毛泽东复电:如不能同时打两处,则应先集中兵力打锦州。

△ 中共中央致电各中央局、中央分局及各前委,通知决定将中央城市工作部改名为中央统一战线工作部,其任务是管理国民党统治区的工作、国内少数民族工作、政权统战工作、华侨工作及东方兄弟党的联络工作。

△ 华北人民政府正式成立。董必武任主席,薄一波任第一副主席。

△ 青海省发生特大水灾,骤雨倾盆,山洪频发,甘青、青新等公路大多被冲毁,损失惨重。

9 月 27 日 东北野战军第四、第七纵队攻占高桥、塔山,歼国民党军暂六十二师和第五十四军第一九八师各一部,截断锦西第五十四军与锦州的联系。至此,解放军已完成对锦州的包围,北宁路山海关以东至义县间,除锦州、锦西两孤立据点外,都为解放军所控制。

△ 是日起,华北野战军第二兵团为配合绥远作战,全力在平绥路北平至张家口段、平古路南段展开破击,以吸引傅作义部东返。

△ 国民党军山东保安司令部中将副司令聂松溪,向济南解放军自行投案。

△ 国民党军暂编第二十三师第四十六旅旅长乜庭宾在江苏靖江县城率一个连起义。

△ 日本政府外务省报告流落东北日军近况,称在东北中共军中之原日军官兵总数约六万人。

9 月 28 日　卫立煌、廖耀湘再晤顾祝同,廖等提出"进军营口,再折向锦州解围"的方案,为顾所拒绝,坚持必须先向新民集中,不容再贻误战机。卫、廖请顾返京向蒋陈述东北将领意见,同时表示准备向新民集结部队。

△　绥远华野第三兵团和晋绥军区部队经四天作战,解放绥远东部和南部广大地区,歼敌 5600 余人,控制平绥铁路 200 余公里,形成合围归绥之势。

△　傅作义调第三十五军、暂四军及其他部队共两个军 10 个师六万余人增援绥远。是日,其先头部队进至集宁东北马连滩、台基庙、玫瑰营地区。

△　热河解放军攻克绥中,歼锦州指挥所直属暂六十二师第二团。

△　冀热察解放军攻克宣化东之赵川堡,歼新编第二军暂三十一师五个营,俘 1200 余人。

△　张群广播赴日观感,谓日本军国主义已无复活可能,唯思想尚待革命;日本经济复兴关键系于中国,我应主动领导亚洲世纪。

△　财政部长王云五偕驻美大使顾维钧在华盛顿与美副国务卿罗凡特会谈,并告以中国币制改革及其实施情形。

△　行政院召开谈话会,商谈调整物价问题,上海经济管制协助督导蒋经国等参加。

△　北平市政府民政局长马汉三等因贪污案,在南京被枪决。

△　中国政府与埃及政府决定彼此将驻对方公使馆升格为大使馆。

9 月 29 日　蒋介石与美军事顾问团团长巴大维会商。据巴大维向美国务院报告,谓"蒋委员长对济南之战的结局深表失望,并说,该城失陷实出意料之外",蒋并称"过去不惜任何牺牲以坚守强固据点或主要城市的老战略,必须改变"。

△　蒋介石令派李品仙为华中"剿总"副总司令;派孙震为华中"剿总"副总司令兼川鄂边区绥靖主任;派李默庵为长沙绥靖公署副主任兼

第十七绥靖区司令；派张雪中为衢州绥靖公署副主任；派周嵒为第一绥靖区司令；派高桂滋为西安绥靖公署副主任；派谢辅之为第十九绥靖区司令。

△ 因东北、山东战场军事形势日趋严重，立法院开会质询当前军事问题。

△ 顾祝同飞返南京向蒋介石汇报辽沈作战情况。

△ 财政部长王云五与美国财政部长史奈德会谈，讨论中国财政情况。

△ 中共中央军委电示林彪、罗荣桓、刘亚楼，东北野战军应把作战重心放在攻占义县、锦州、锦西三点之敌上，力求在援敌迫近之前迅速攻克锦州，"这是你们整个战局的关键"。

△ 卫立煌派东北"剿总"副司令陈铁、副参谋长彭杰如去葫芦岛筹组指挥所。

△ 锦州守军以第八十八师、第一八四师、暂编第十八师各一部，向锦州北达子营、冒儿山、二郎洞等阵地进攻，企图夺回锦北已失阵地，均被解放军击退。

△ 鲁西国民党军进占城武。

△ 华北野战军第三纵队集结怀来以西，将新保安至康庄段铁路破坏。

△ 东北野战军第四纵队经 20 小时激战，攻克兴城，全歼守军第五十四军直属团 4000 余人。

△ 中共济南特别市政府成立，郭子化任市长；同时成立警备司令部，袁仲贤任司令员，刘顺元任政治委员。

△ 民主党派负责人沈钧儒、章伯钧、蔡廷锴、谭平山一行四人抵达哈尔滨，参加新政协筹备工作。

△ 上海当局宣布禁止日用品出口。

△ 民社党革新派主席伍宪子辞职，并宣布脱离民社党。

△ 台风袭击海南岛，100 多艘船只沉没。

9月30日　蒋介石由南京飞抵北平巡视,陆军大学校长徐永昌、空军总司令周至柔、海军总司令桂永清、联勤总司令郭忏、总统府参军罗泽闿、青年部长陈雪屏以及俞济时等随行。

　　△　中央银行宣布:收兑黄金、外币展期至10月底,银币展期至11月底。

　　△　国民党中执会通过《党营事业方针》案,并决定湖南省主席程潜、陕西省主席董钊分别兼任湘、陕两省党部主任委员。

　　△　流亡南京之河南学生全部遣送完毕,分别由新设立之联合中学收容。

　　△　华北国民党军第三十五军进占绥远集宁,解放军主动撤离。

　　△　上海电力公司工人、上海电力工会常务理事、共产党员王孝和被国民党当局杀害。

　　△　新华社发表社论《庆祝济南解放的伟大胜利》,指出:"济南这个敌人在山东最强大据点的攻克,使华东人民解放军获得了比以往任何时候更大的自由。"现在"任何一个国民党城市都无法抵御人民解放军的攻击了"。

是月　中共中央政治局会议通过《中共中央关于召开党的各级代表大会和代表会议的决议》,以扩大和建立党内正常的民主生活。

　　△　中国国民党革命委员会在香港发表《告国民党将士书》,号召国民党将士脱离蒋介石政府,到革命委员会来,和人民解放军并肩作战。

　　△　人民解放军琼崖纵队解放儋县、昌江、陵水、万宁、乐宁、定安等地,歼灭国民党军4900多人。

10　月

10月1日　蒋介石在北平召集华北"剿总"高级将领20余人发表讲话,对"剿总"成立一年来之成绩与进步表示满意与欣慰,并希望各将领"严守纪律,服从命令,继续努力,俾完成剿匪任务"。同日,蒋介石召开军事会议,研究援锦方案,决定从华北抽调第六十二军、独立第九十五师、第九十二军第二十一师及山东烟台第三十九军两个师,海运葫芦岛,会同锦西第五十四军及暂六十二师,共 11 个师,组成东进兵团,由第十七兵团司令官侯镜如指挥,从锦西北上,增援锦州。

　　△　朱德在人民解放军总部作战局战况汇报会上提出:"今年的任务是消灭敌人一百个旅,三年内要把解放军发展到五百万人。今年是决定胜负的一年。"

　　△　范汉杰调整锦州守军部署,以暂第四十八师守备机场,四个半师防守城区,第一八四师为预备队;炮兵第十三团及各军、师炮兵,实行统一指挥。此时锦州已被解放军四面包围,外围制高点失守,飞机场已处于解放军的炮火控制下。

　　△　东北人民解放军总部向所属各兵团、纵队、独立师以及各军区,发出关于夺取锦州,全歼东北国民党军的战斗动员令。

　　△　东北野战军第二、第三及炮兵纵队攻克辽西义县,全歼守城之国民党第九十三军暂二十师及一个骑兵支队,共一万余人,俘师长王世高。解放军炮兵纵队司令员朱瑞在战斗中牺牲。

　　△　绥东傅作义部继续西进,暂第四军进至玫瑰营、台基庙,与第三十五军会合,新骑第四师亦进抵兴和、高庙地区。

　　△　上海发生"扬子公司案"。该公司经理孔令侃(孔祥熙之子)囤积大批汽车、钢铁、棉纱,蒋经国迫于舆论之压力而将其拘留。是日,宋美龄乘"美龄号"专机自南京飞赴上海亲自为之调解。

　　△　上海区经济管制协助督导蒋经国致函上海参加经管人员,要求他们不参加应酬,不进娱乐场所,贡献所有力量,以报效国家和人民。

　　△　上海等处发生抢购风潮,当局决定下月开始配给日用必需品。

　　△　总统府国事顾问黄复生在重庆病逝。

　　△　解放军冀鲁豫军区部队解放菏泽县城。

　　△　毛泽东复电陈嘉庚,对新加坡侨团大会等支持中共 5 月 1 日

对时局主张，表示"无任感佩"；并征求对召集新政治协商会议的各项具体意见。

10月2日　蒋介石飞抵沈阳，周至柔、郭忏等同行。蒋在沈阳对当地党、政、军负责人讲话，要其"同心同德，配合军事，完成戡乱大业"。并要求其将领"要有杀身成仁精神，努力剿匪"。当日下午，在东北"剿总"召开军事会议，决定将沈阳主力第九兵团等部组成西进兵团，由廖耀湘指挥，从新民地区南下，与由葫芦岛北上的东进兵团相配合，东西对进，援助锦州，夹击东北解放军主力。

△　蒋介石派钱其琛为中华民国出席国际高周率广播会议总代表，钱凤章为代表。

△　范汉杰致电蒋介石，主张坚守锦州以吸引解放军主力，另从沈阳和关内抽调兵力，与解放军在锦州地区决战。

△　民国政府为增加财政收入，宣布烟酒增税，烟酒店停业2日。此举导致物价上涨，表明限价政策已开始破产。

△　蒋介石颁布命令规定每年10月24日"联合国日"为国定纪念日。

△　绥远国民党军进驻和林、凉城。

△　东北人民解放军前线指挥所到达彰武，获悉国民党军将由葫芦岛登陆增援锦州，林彪"攻击锦州之决心一度发生动摇"，致电中央军委，提议放弃北宁路作战，回师攻打长春。

△　华北野战军调整作战部署，第三兵团主力由绥远昼夜兼程向东急进，转至天成、丰镇、卓资山地区，寻机攻歼西进之国民党军增援部队。

△　华北野战军第三纵队于平北贾家湾围歼国民党军暂第三十一师两个团1800余人。解放军冀察热军区部队收复崇礼、尚义二县城，歼敌800余人。

△　南京三轮车夫、黄包车夫一万人举行总罢工，反对限价。

10月3日　蒋介石在沈阳同卫立煌、廖耀湘、周福成等继续开会，决定将沈阳地区部队改组为守备兵团和攻击兵团,周福成负责守备兵团,留守沈阳;廖耀湘率攻击兵团驰援锦州。是日下午,蒋介石由沈阳飞北平,顾祝同回南京。

△ 勤俭建国力行运动会在南京成立,公举蒋介石为指导长,选出蒋经国等 39 人为临时干事会干事。国民党中央党部秘书长吴铁城发表广播讲话,号召勤俭建国。

△ 毛泽东复电林彪:"你们应利用长春之敌尚未出动,沈阳之敌不敢单独援锦的目前紧急时机,集中主力迅速打下锦州","只要打下锦州,你们就有了战役上的主动权。"林彪接电后表示接受,决心攻打锦州,随即重新调整部署,加强北宁线作战力量。

△ 华北"剿总"司令傅作义电令第六十二军,迅即乘轮渡海运葫芦岛,准备增援锦州。

△ 国防部改革军队人事制度,规定各级部队设立评判会,对各级军官实行考核;军官选拔晋升标准,前线部队以战绩为主,后方部队以训练成绩为主,机关学校以服务成绩为主。

△ 河北国民党军复占徐水。

△ 解放军冀中军区部队于新城县板家窝歼灭河北保安第一旅2000 余人。

△ 毛泽东、朱德、周恩来致电到达东北解放区的沈钧儒、谭平山、章伯钧、蔡廷锴,表示"极为欣慰",希望其对召集新政治协商会议一事随时提出意见,以"使会议准备工作臻于完善"。

10 月 4 日 蒋介石在北平接见顾孟馀等,并巡视卢沟桥。

△ 东北"剿总"副司令郑洞国在长春组织新编第七军、第六十军各一部,进行试探突围,遭到围困长春的解放军阻击,损失一部,其余退回长春。

△ 财政部长王云五在华盛顿记者招待会上谓:希望能获得美国更多援助,以安定中国国内的经济与政治局势;称南京政府"更愿获得物资而非现款",并称"中国早一日获得物资则中共早一日失败"。

△　总统府国策顾问陈树人在广州病逝。

△　美国经济合作总署援华计划处处长克利夫兰、技术调查团团长司徒立门、纽约花旗银行葛林与严家淦等自美飞抵上海。

△　《中港关务协定》签字。该协定之实施,将允许中国海关巡逻艇于后海湾巡行,可于香港领海内设立检查站,中国海关人员并得登船检查货单,但不得执行检查及处以没收、逮捕、罚金等项处分。

△　为支援绥远战役,华北野战军第二兵团在北平至张家口段发动攻势,进逼张家口外围,迫使傅作义第三十五军开始东返,只留骑十二旅驻守集宁。

△　人民解放军占领河北固安。

△　中共中央军委复电批准林彪、罗荣桓等关于攻打锦州部署之报告,指示:"大胆放手和坚持地实施,争取首先攻克锦州,然后再攻锦西。"

10月5日　蒋介石自北平飞天津,到塘沽乘"重庆号"巡洋舰赴葫芦岛视察。陆大校长徐永昌、海军总司令桂永清、总统府参军罗泽闿、军务局长俞济时、第十七兵团司令官侯镜如等随行。

△　东北"剿总"决定锦沈会战指导大纲如下:一、以一部固守沈阳,主力先攻略彰武,以截断辽西共军补给线。以锦州为饵,诱致林彪主力,以东、西两兵团对进夹灭之。二、锦(西)葫(芦岛)国军为东进兵团,直接解锦州之围后,会合锦州守军,协力西进兵团,夹歼共军。三、锦州国军应坚强守备,吸引林彪主力,以为我东、西两兵团开创外线作战最有利之契机。四、第五十二军略取营口,打开海上通路,策应尔后作战。五、长春国军,随时作突围之准备,俟机至沈阳会合。

△　东北"剿总"西进兵团司令官廖耀湘向所属各军下达作战命令,命各部向新民、巨流河集中。

△　顾维钧自华盛顿呈报:美军部已同意由东京盟总供应我军用汽油三万桶,合126万加仑。

△　国民党军第六十二军第一五一师,海运抵葫芦岛。

△　河北国民党军进占满城。

△　抢购物资风潮蔓延各地,上海食米来源短绌,各大公司陷半罢市状态。

△　为配合中原作战,西北野战军在陕西中部发起荔北战役。是日,解放军进至澄城、合阳以南地区,向攻击地开进。次日凌晨,以五个纵队对据守永丰镇等地的国民党军整编第十七师展开全线攻击。

△　华北野战军趁阎锡山调动七个师向太原以南出击、脱离防御阵地的有利时机,以徐向前指挥的第一兵团为主力,其他部队相配合,集中 10 个旅共八万多人,提前发起太原战役(原定 10 月 18 日发动)。是日,解放军由太谷、榆次出击,围攻据守小店镇等地之阎锡山部队。

10 月 6 日　蒋介石抵葫芦岛,召集驻军团以上军官讲话,并宣布驻锦(西)葫(芦岛)部队统归第十七兵团司令官侯镜如指挥,在侯未到前,由第五十四军军长阙汉骞指挥。

△　国民党军第六十二军军长林伟俦率军部到达葫芦岛,至 9 日,该军三个师全部到达葫芦岛。

△　行政院政务会议决定派何应钦、顾祝同兼中央训练团副团长。

△　行政院决定撤销中央、中国、交通、中国农民四银行联合总办事处。其工作于本月底结束,由中央银行与财政部继续办理。

△　上海交通大学校长黎照寰辞职,行政院派王之卓接任。

△　鲁南国民党军进占郯城。

△　西北野战军在陕中连克寺前镇、双泉镇、韦庄,歼灭国民党军第四十八旅大部,俘旅长万又麟;下午又攻克东家村、新村,将整第十七师第三十四团大部歼灭,国民党军残部退守洛河西岸。

△　徐向前兵团攻占晋中小店镇、南黑窑、南畔村,全歼国民党军暂第四十四、暂第四十五师及第六十一军第七十二师一个团,共 1.2 万余人。

△　解放军再克河北新城。

△　驻守陕西朝邑县城之保安警备队二个大队 1100 多人,在两大队长杨海潮、王彦章率领下起义,朝邑城获得解放;次日,解放军又攻占

平民城。至此,黄河以北、洛河以东广大地区除大荔城外完全解放。

　　△　美国前副总统华莱士在旧金山发表演说,谓美国支持中国贪污无能的政府,是在实行道德破产而自己亦无可辩解的计划,并使中国倾向于苏联;他建议美援应当由联合国办理,并且只能以提高人民生活水平为目标。

　　△　中共中央发出《关于与国民党进行货币斗争》的指示,要求各地立即停止收兑法币,新解放区宣布停用法币,协助商人把法币迅速排挤出去,换回解放区所急需的物资。并提出要把反法币、反假票的斗争作为边沿区重要工作之一。

　　10 月 7 日　蒋介石乘"重庆号"军舰由葫芦岛抵塘沽,察看新港工程。登岸改乘火车赴北平。

　　△　国民党军第六十二军第一五七师运抵葫芦岛。

　　△　宁、沪、江、浙、皖五省市经济管制会议在南京开幕,俞鸿钧、蒋经国、陈仪、吴国桢、刘攻芸、陈启天暨三省建设厅长、两市社会局长等出席,研讨有关经济管制事宜。

　　△　监察院审计长林云陔卒于南京。

　　△　平汉路南段国民党军复占河南漯河。

　　△　华北野战军第一纵队攻克绥远集宁,守军骑十二旅逃跑。

　　△　西北野战军攻克陕西永丰镇,歼灭守军一个团;并调集主力进攻国民党军整编第三十八师,战至是日下午,歼灭该师第一七七旅第五二九团全部及第五十五旅一部。

　　△　徐向前兵团围攻山西武宿机场,歼灭国民党军第三十四军第二一八团及一个保安团。

　　△　华北解放军进攻平绥路上之昌平。

　　△　美国西太平洋舰队司令白吉尔到北平活动。

　　10 月 8 日　蒋介石在北平召见行政院副院长兼天津区经济管制督导员张厉生,询问平、津粮食及经济情况。当日午后飞抵上海,召见上海区经济管制督导员俞鸿钧、蒋经国,听取有关沪市治安及经济管制等报告,并对上海经济管制工作有所指示。

△ 立法院以"不合规定"为由,将行政院所编之明年下半年度中央总预算案退回。

△ 廖耀湘兵团主力共五个军 11 个师,约 10 万余人,向新民、巨流河集结。是日,廖耀湘令先到的新三军向彰武城攻击前进。

△ 汉口空军连日出动,轰炸豫南解放军。

△ 上海出动戡乱建国大队、青年服务总队和警察共 5000 余人,进行全市物资大检查。

△ 中国亚洲关系协会在南京举行成立大会,以胡适、张群、吴铁城、朱家骅、王世杰、吴贻芳、彭学沛、张道藩、杭立武、叶公超、罗家伦、于斌等 24 人为理事,戴传贤、于右任为名誉理事。

△ 华北野战军在绥东攻击从土城子、玫瑰营逃窜之国民党军。

10 月 9 日 蒋介石自上海返南京。

△ 国民党军第六十二军第六十七师从塘沽海运抵葫芦岛。

△ 廖耀湘兵团新六军攻占彰武、法库间的叶茂台等地,策应新三军向彰武攻击。

△ 河北国民党军进占新城。

△ 东北野战军集中第二、三、七、八、九纵队及炮兵纵队和坦克部队,对锦州城发起猛烈进攻。范汉杰急电葫芦岛部队请求增援。

△ 华北野战军攻击绥东兴和,战至次日攻占该城,守军暂第四军逃跑。至此,傅作义援绥部队已全部撤至张家口附近柴沟堡以东地区。

△ 华北野战军第二兵团重新部署,是日开始再向北平、张家口段发动攻势。

△ 全国钱业公会联合会各地代表秦润卿、王绛斋等,到财政部请愿,对增资数额、期限等问题请求从宽办理。

△ 美共和党杜威在演说中,对于美国对南京政府之有限援助政策,深表不满,要求美国给予充分之经济与军事援助,以使中国成为亚洲"抵制世界共产主义的堡垒"。

庄分两路向东进击,与解放军发生激战。暂编第二十六师由宣化向东进击,以为策应。

　　△　陕西大荔国民党军两个旅经吕村向解放军进攻。

　　△　华北野战军第二兵团攻占西拔子、青龙桥、八达岭等据点,歼灭国民党军守护团一个营。平汉路解放军进攻高碑店。

　　△　华北野战军第三兵团前委扩大会议在丰镇召开,决定主力向绥西、绥北进军。

　　10月12日　海军总司令桂永清、空军总司令周至柔和第十七兵团司令侯镜如,乘"重庆号"巡洋舰停泊葫芦岛外,分批召集军官训话,命令坚决拿下塔山。占领阵地者官升一级,畏缩不前者就地正法。并悬赏每人5000万金圆券,组织"奋勇队",继续进攻塔山阵地。激战竟日,伤亡惨重,未能奏效。

　　△　财政部部长王云五自美返抵南京晋见蒋介石,报告赴美参加9月27日在华盛顿举行的国际货币基金会与国际开发银行理事会的经过。

　　△　卫立煌同总统府参军罗泽闿飞葫芦岛视察,当日返沈阳。

　　△　廖耀湘兵团第七十一军先头部队到达饶阳河岸。

　　△　行政院命令各地政府机关和学校从速肃清共党分子,"严密防范,彻底清查"。

　　△　河南信阳北上国民党军进占临颍。

　　△　东北野战军进占辽西小凌河,逼近锦州市区。

　　△　华北野战军第三兵团趁傅作义援绥部队东返之机,从是日起,挥师西进,攻略绥西、绥北地区。

　　△　华北野战军第二兵团在平北西拔子地区击溃国民党军第十六军两个团,并在郭家堡全歼第二〇八团。

　　△　太原前线解放军攻占武宿机场和北营车站,全歼守军第七十三师第二一八团和保安第十八团。

　　△　西北野战军于是日拂晓在大荔地区发起总攻,在李家坡全歼国民党军第六十五师一个团又二个营。整六十五师师部及整三十六师

第一二三旅在飞机、坦克掩护下南逃,伤亡惨重。

10 月 13 日 蒋介石委派刘峙、张钫、何思源、韩德勤等为徐州"剿匪"总司令部政务委员。

△ 蒋介石因锦州危急,电令廖耀湘:"西进兵团应星夜强渡饶阳河,攻占新立屯,尽速向锦州挺进。"

△ 廖耀湘西进兵团各部均先后进至彰武东、西地区。卫立煌、廖耀湘、罗泽闿同到新民、彰武、台门、新开河一带视察,卫当日返沈。

△ 国民党军东进兵团调整部署,在海、空军及炮火支援之下,向塔山全线发起进攻。右侧第八师进抵三孔桥附近,第九十五师夺取二孔桥,左翼一部曾突入塔山,展开逐屋争夺,终被解放军击退,双方伤亡惨重。

△ 解放军猛攻锦州,集中各种火炮进行猛轰,并以步兵发起冲锋,激战至是日夜,国民党军城外据点尽失,退守城垣。

△ 行政院同意国立南开大学校长张伯苓呈请辞职,任命何廉代理校长。

△ 河南参议会请求南京政府派大军分守开封、郑州。

△ 长沙绥署副主任黄杰、参谋长王天鸣由长沙抵穗,访晤穗绥署副主任黄镇球。次日,黄、王赴香港,与宋子文会商湘、粤两省边界联防问题。

△ 陕西国民党军以驻蒲城、富平、耀县等地共六个旅进行反击,西北野战军主动撤出战斗,次日由澄城向北撤退,转移至石堡、韩城以南地区休整。

△ 华北野战军四纵于平北延庆县康庄东北之郭家堡歼灭国民党军第十六军第三八〇团。

△ 朱德复电欢迎原国民党整编第九十六军军长吴化文等率部起义。

△ 上海《大众夜报》被国民党当局封闭。

10 月 14 日 蒋介石颁发聘书,聘陈省身、苏步青、吴有训、李书华、叶企孙、庄长恭、翁文灏、竺可桢、茅以升、凌鸿勋、秉志、伍献文、陈桢、胡先骕、钱崇澍、李宗恩、林可胜、冯德培、汤佩松、俞大绂、汤用彤、冯友兰、胡适、陈垣、赵元任、李济、梁思成、王宠惠、王世杰、周鲠生、钱端升、陈达 32 人为中央研究院评议会第三届评议员。

　　△　东北野战军经五昼夜激战,扫除所有锦州外围据点,并构筑交通壕进逼城下。是日上午 11 时,解放军向锦州发起总攻,从城东南角突入城内,展开街市战。

　　△　锦州守军预备队用尽,遂以警卫团及高射炮营担任城内第二线阵地防守。午后 4 时,范汉杰到卢浚泉指挥所,召集紧急会议,决定黄昏后向锦西突围。

　　△　侯镜如指挥锦(西)葫(芦岛)各军继续猛攻塔山,仍无进展。

　　△　廖耀湘对西进兵团下达攻击命令:新一军、新三军分别强渡饶阳河与柳河,向新立屯攻击前进,并准备尽速向锦州挺进;以新六军、第四十九军为第二线,随后跟进;第七十一军向黑山攻击前进,相机占领之。

　　△　平北国民党军第三十五军、第十六军集中八个团由康庄向东进攻。

　　△　长春第六十军军长曾泽生秘密派人与解放军联系,表示决心起义。

　　△　太原国民党军攻占凤阁梁。

　　△　美国经济合作总署批准援华款项 700 万美元,作为购买茶、麦、机械工具之用。次日又宣布该署顷拨款 460 万美元,以援助中国购买小麦。

　　10 月 15 日　解放军攻克锦州。经 31 小时激战,东北野战军于是日中午攻占锦州国民党军指挥所——电力公司,守军冀热辽边区司令部所辖第六兵团部、第九十三军及第一八四师、第七十九师,共八个整师,及其他特种部队、地方部队全部被歼。俘东北“剿总”副总司令范汉杰及第六兵团司令卢浚泉等以下高级军官 36 人,其他被俘官兵 8.84 万余人,共歼敌 10.8 万余人。至此,北宁线作战结束,共歼灭国民党军

12 万余人,解放军伤亡 3.7616 万人。

△　蒋介石偕宋美龄自南京飞抵沈阳,严令廖耀湘兵团西进,攻占新立屯,速援锦州;并写亲笔信令空投郑洞国,令郑率长春守军赶快突围。

△　国民党军集中兵力再次向塔山阵地发起轮番攻击,并组织敢死队反复冲锋,双方展开白刃战,战况空前激烈。锦州被攻克后,国民党军于 17 日停止进攻。塔山阻击战持续六昼夜,共毙、伤、俘虏国民党军五个团长以下 7700 余人。

△　廖耀湘兵团强渡饶阳河,占领新立屯、无棵店、北大营子等地,并准备向阜新攻击前进。

△　烟台国民党军第三十九军撤退,运抵葫芦岛。

△　国民党军进占苏北东台。

△　由平北康庄东出之傅作义部第三十五军、第十六军复占青龙桥。

△　平北华北野战军第二兵团在予敌杀伤后,主动撤出战斗,至此,平北攻势结束,共歼灭国民党军 2.1 万人。

△　太原城郊解放军经 10 昼夜连续进攻,于是日扫清城南大马村、北张、北营及城东南老坟上、石咀子一线以南所有据点,并占领东山碉堡线的重要门户石咀子及李家山、凤阁梁高地,以炮火控制了太原城及城北机场。

△　华北解放军攻占察北商都。

△　山东解放军进驻临沂、烟台。至此,山东全省除青岛外,均获解放。

△　美驻华大使司徒雷登向国务院报告:"中国 8 月 19 日的经济改革,现在似乎是要很快收场了","与此相并行的登记工业商品和检查仓库,现在渐渐停止,并无显著的效果。"

△　上海生活书店经理薛迪畅等,被特种刑事法庭检察官以"宣传共产主义"提起公诉。

10 月 16 日　蒋介石在沈阳召集东北将领训话,并单独召见东北"剿总"司令卫立煌、徐州"剿总"副司令杜聿明等指示机宜。蒋当日飞北平,中途曾到锦西、葫芦岛作短暂停留,口头指定陈铁负责指挥锦、葫各军,继续攻打塔山,收复锦州。抵北平后,蒋即向卫立煌下达手令:"应令西进兵团,迅速向黑山、大虎山、锦州攻击前进。"同日,蒋在北平听取傅作义关于华北军政情况的报告。

　　△　卫立煌获悉锦州失守后,即电廖耀湘回沈阳商议。卫认为西进兵团应立即退回沈阳,廖则主张向营口撤退,双方未能达成一致。

　　△　杜聿明等到新民与廖耀湘同赴新立屯视察。廖提出西进兵团向营口转进,与东进兵团会师的方案,获杜同意。当晚杜返沈阳以此复命,廖亦回沈请示。

　　△　郑洞国接到蒋介石要长春守军立即突围命令后,迅即召集军长和参谋长等开会,决定17日拂晓突围。

　　△　长春守军第六十军军长曾泽生于派出人员与解放军联系、获悉解放军欢迎起义后,当晚立即进行起义部署。

　　△　美大使司徒雷登报告国务院称:"这个政府,特别是蒋委员长已较过去更加不孚众望,并且愈来愈众叛亲离了。"

　　△　陕北国民党军趁西北野战军主力转移,复占合阳;次日,又攻占阳澄。

　　△　陕南国民党军复占河南荆紫关。

　　△　是日晨,华北野战军第三兵团攻克绥东陶林,俘国民党军300余人。

　　△　太原城郊解放军从是日起,开始重点进攻太原城的主要屏障东山主峰,对牛驼寨、小窑头、淖马、山头等四大要点展开猛烈进攻。

　　△　黄杰由港返穗,参加黄镇球主持的粤、湘、赣三省联防会议。

　　△　南京各大学教授邱致中等105人,为呼吁改善公教人员待遇特发布告当局书,提出改善待遇之具体办法。

　　△　国立北平师范学院改为国立北平师范大学。

　　10月17日　卫立煌、杜聿明、廖耀湘在沈阳会商,不主张廖兵团再继续西进,决定廖兵团先打下黑山。会商毕,廖即返回新民兵团总部。

因行动方案迟迟不能决定,廖耀湘兵团数日来在新立屯一带徘徊不前。

△　曾泽生率长春守军第六十军全部三个师起义,退出长春,并引导解放军进入其守备区东城。

△　立法委员尹树贤、罗衡等组织民主自由社。

△　西北野战军自 14 日起在陕北连续扫荡富平、蒲城地区,歼灭第一师一旅山炮营及保安团 700 余人。是日,解放军撤至白水地区。至此,荔北战役结束,此役歼灭国民党军 2.5 万余人,内俘 1.1 万余人,争取起义千余人,解放军伤亡 9600 余人。

△　中共中央电贺东北人民解放军解放锦州,号召“继续努力,为全歼东北蒋匪军队,完全解放东北人民而战”。

△　中共中央军委电示林彪、罗荣桓,“你们下一步行动,我们认为宜打锦(西)、葫(芦岛)并且不宜太迟,宜在休整 15 天左右以后即行作战,先打锦西,后打葫芦岛,争取 11 月完成夺取锦、葫任务”。

△　美国总统杜鲁门与经合总署署长霍夫曼及中国分署署长莱普汉举行会议。霍、莱汇报了 2.75 亿美元援华计划的进展情况,称迄今为止,已有七千万美元拨作复兴计划的款项,正协助制止共产主义在东方的蔓延,杜鲁门对此甚表欣慰。

△　美国西太平洋舰队司令白吉尔在香港称:如青岛陷于中共之手,美国海军将利用香港之英方一切便利。

10 月 18 日　蒋介石自北平乘专机再飞沈阳巡视,在机场召见卫立煌、杜聿明等,在专机内举行军事会议,午后原机返北平。

△　长春守军骑兵旅 1000 余人、保安旅 3000 余人相继向解放军投降。解放军进入长春城包围新七军,周恩来致信郑洞国,劝其率守军宣布反美反蒋,加入解放军行列。是日晚,新七军派代表与解放军接洽,达成投诚协议。

△　湖北国民党军复占枣阳。

△　立法院开会检讨物价,行政院长翁文灏、财政部长王云五出席说明。

　　△　美国经济合作总署中国分署署长莱普汉主张美国长期援华。

　　△　中英《香港关务缉私协定》及《划界附图》在南京换文。

10 月 19 日　长春宣告和平解放。东北"剿总"副总司令兼第一兵团司令郑洞国,率长春守军第一兵团部、新七军军部及所辖新三十八师、暂第五十六师、暂第六十一师、军直骑兵团、吉林保安旅、骑兵保安第一、第二旅等共 4.7 万人,放下武器,并在大同广场向解放军举行缴枪仪式。

　　△　应蒋介石电召卫立煌、杜聿明飞北平,会商东北军队今后行动方针。决定东北实行总退却,令廖耀湘西进兵团经大虎山、黑山向南,在锦西东进兵团策应下,"规复锦州",然后经北宁线入关;另以辽阳第五十二军抢占营口,准备陆路退却受阻时,即改经营口,会同沈阳守军,从海上撤退。

　　△　午后,卫、杜同机飞回沈阳。随即召集廖耀湘、周福成、刘玉章等转达蒋介石命令:西进兵团与东进兵团应同时以全力向锦州进攻;令廖兵团向黑山、大虎山攻击前进;令刘玉章第五十二军攻占营口;令周福成第八兵团固守沈阳。

　　△　蒋介石在北平召见太原绥靖公署副主任杨爱源、山西省参议会参议王怀明等。

　　△　外交部发言人表示:愿与苏联开始新航空协定之谈判,以代替于 1949 年 9 月期满之协定,但要求结束苏联单独在新疆经营航线的权利,新中苏航线应以中、苏各控制一半为基础。

　　△　美国海军发言人宣布:美驱逐护航舰数艘,即将转让南京政府。

　　△　鄂北国民党军复占随县。

　　△　华北野战军第三兵团在绥远攻占托克托,守军渡黄河西逃;次日,解放军进占乌兰花,守军逃固阳、武川。

　　△　太原外围解放军经三天激战,相继攻占东山牛驼寨等阵地,歼灭阎军第八总队一个营,及保安第六、第十三团和第七十一师等部 2000 余人,驻罕山守军奋斗第八团投诚。至此,解放军切断了东山与太原的联系。

△　中共东北行政委员会任命邹大鹏为长春特别市市长。

10 月 20 日　廖耀湘兵团开始向黑山以东解放军阵地发起攻击，遭到顽强抵抗，国民党军陆续投入兵力，仍未获进展。

△　行政院政务会议通过上海分期禁舞决定，以后绝对不增发舞厅新执照，12 月起每月抽签停业一家，分期禁绝。

△　上海粮食和物资供应问题日益严重，市场匮乏，生产停顿。是日，三省（苏、浙、皖）二市（南京、上海）物资调节会议在上海召开，蒋经国要求三省二市加强物资交流。蒋经国接见记者时又谓：上海工业原料，存货充裕，各种工业品存货亦丰富，三个月内不会有匮乏之虞，表示对上海区经济管制有确实之把握。

△　北平全体市立小学教师 4000 余人举行总罢教，提出冬季配煤、借薪两月等要求。

△　中国人民解放军长春特别市军事管制委员会开始办公，唐天际为主任。

10 月 21 日　杜聿明飞葫芦岛，召集陈铁、侯镜如、阙汉骞、林伟俦、王伯勋等将领开会，宣布蒋介石的命令，决定锦（西）葫（芦岛）部队 23 日再次进攻塔山。

△　廖耀湘兵团继续猛攻黑山，不克。

△　国防部发表一周战局，谓本周战事重心仍在东北，烟台国民党军转移有利阵地。

△　阎锡山以精锐第三十军和第十总队三个团在百门大炮支援下，向牛驼寨阵地反击，解放军遭受重大伤亡，被迫撤出。

△　傅作义乘华北解放军主力不在冀中，决定抽调第九十四军、第一〇一军暂编第三十二师、新编骑兵第四师、骑兵第二师等部，组成突击兵团，由第九十四军军长郑挺锋任总指挥，企图偷袭石家庄和中共中央所在地平山县西柏坡。

△　国民党军自西安空运抵太原。

△　晋北国民党军复占天镇。

　　△　上海区经济管制协助督导蒋经国抵南京访行政院长翁文灏，商谈物价问题。

　　△　为策应华东野战军作战，中原野战军发起郑州战役，是日分数路逼近郑州，并切断郑州黄河大桥，以防守军北逃。

　　△　华北野战军第三兵团攻克武川，向包头挺进。一部占毕克齐、台格木、卓资山等地，形成对归绥城的包围。

　　△　皖北解放军攻占凤台，次日撤离。

　　△　南京教师罢教，抗议粮荒，要求保障基本生活。

　　10 月 22 日　廖耀湘调新一军投入进攻黑山战斗，并亲自率指挥所赴胡家窝棚督战，激战竟日，仍无所获，遂决心向营口转移。于晚 9 时发布命令：新六军、第四十九军经大虎山以南，向大洼、营口转移；新三军随之跟进，并节节抵抗，迟滞共军南进；新一军、第七十一军继续猛攻，占领黑山，掩护兵团主力转移。

　　△　行政院长翁文灏邀蒋经国、王云五、关吉玉等商谈经济情况。

　　△　立法院讨论中苏关系，决议向行政院提出质询，要求政府公布苏联违背《中苏友好同盟条约》之事实。

　　△　美国大使司徒雷登报告国务院："我们的军事顾问们觉得国民党军队的战斗意志已荡然无存，而且也寻不出什么有效的办法来改变这种局势。"

　　△　中原野战军占领郑州。守军第十二绥靖区第四十军第一〇六师、第九十九军第二六八师弃城向新乡北逃，在郑州以北 30 里之老鸦陈地区遭解放军包围，一万余人全部被歼，郑州战役结束。

　　△　华北野战军第三兵团攻占绥远和林格尔，全部控制了镫口以东至台格木段铁路线。

　　△　毛泽东致电吴化文等，嘉勉该军起义，并表示："中国共产党站在人民立场上，对于任何国民党军队的官兵们，不问其过去行为如何，只要他们能够在人民解放战争的紧要关头幡然觉悟，脱离国民党政府的反动领导，加入人民解放军阵营，坚决反对美帝国主义及其走狗国民

党反动派,即表示热烈欢迎。"

△ 中国国民党革命委员会、中国民主同盟、中国民主促进会等民主党派在香港联名致函联合国大会,就美国侵华提出控诉,要求转发各会员国予以讨论。

△ 天主教南京教区总主教于斌赴新加坡访问。

△ 海关发表本年 8 月份全国进出口统计数字,计进口总值法币 125 万亿元,出口总值法币 101 万亿元,全月入超达 24 万亿元。

10 月 23 日 辽沈战役第二阶段辽西会战开始,东北野战军集中主力九个纵队 27 个师,对廖耀湘兵团(共五个军 12 个师)实行分割包围,以达到全歼廖兵团的目的。是日,第五、第六纵队攻占彰武、新立屯,断敌退路。

△ 杜聿明指挥锦(西)葫(芦岛)部队再次猛攻塔山,被解放军击退,国民党军损失惨重。

△ 廖耀湘兵团继续猛攻黑山,反复争夺,均为解放军击退,损失惨重。

△ 华北"剿总"突击兵团集结河北涿县,旋分路南开,次日抵定兴。

△ 沈阳国民党军复占海城。

△ 翁文灏到北平谒蒋介石,报告限价后之一般经济情况,并请示安定经济新办法。

△ 立法院检讨时局,包华国主张立法院应发挥监督政府之权力,会上有人提出请孔祥熙、宋子文捐出财产作军费。

△ 蒋经国为限价问题发表《向上海人民进一言》,希望上海市民"本着政府既定的决策,同心同德,一致协助政府,来保障此次经济改革已得的成绩,争取最后的成功"。

△ 据统计,截至 9 月底,南京政府收兑的黄金共达 190 多万两,白银达 100 多万两,银元达 190 多万个,美金 4400 多万元。

△ 华北野战军第三兵团进逼绥远包头,邓宝珊率部分守军西撤,

解放军予以追击。

△　中共中央电贺郑州解放,指出:"济南、锦州、长春解放之后,郑州又告解放,陇海、平汉两大铁路的枢纽为我掌握,对于整个战局极为有利。"

△　司徒雷登向美国务院请示:"我们可以劝告蒋委员长退休,让位给李宗仁或者国民党内其他较有前途的政治领袖,以便组织一个没有共产党参加的共和政府,并且更有效地进行反共战争吗?""我们可以赞成蒋委员长退休,让位给某一位能够给国民党军队和非共产主义党派争取尽可能有利的条件而结束内战的政治领袖吗?"

△　中国民主同盟中央常务委员张申府在《观察》杂志第五卷第九期发表《呼吁和平》一文,主张"以民主的方式结束战争,协议恢复和平",提出"在军事上争取主动,诚不如在和平上赢得主动"。声称反对"穷兵黩武",谓国共继续作战是"不仁也不智的冒险"。

10 月 24 日　蒋介石在北平邀请各大学校长、教授胡适、陈垣、梅贻琦等,征询有关目前经济问题的意见。

△　国防部长何应钦飞抵台北视察新军训练情况,并发表书面谈话,要台人协助政府"克服戡乱军事之困难,和衷共济,消灭共匪"。

△　国防部电示刘峙,加强陇海路商丘至海州段,津浦路临城至蚌埠段的防御,以"攻势防御""巩固徐州而确保之"。

△　宋美龄为本日联合国日向全国发表广播以庆祝,并报告联合国劝募儿童救济金中国委员会的劝募成绩。

△　廖耀湘兵团以第七十一军第八十七、第九十一师,新一军第五十师,新六军第二十二师及第二〇七师第三旅,共五个师的兵力,在 200 余架次飞机、200 余门大炮支援下,向黑山、大虎山阵地发动三路猛攻,均为解放军击退,战斗异常激烈。

△　国民党军第五十二军由辽阳、鞍山袭占营口。

△　热河国民党军进占隆化。

△　苏北国民党军进占新安。

△　豫南国民党军进击桐柏山以西解放军。

△　开封解放。开封、兰封守军在解放军强大压力下,弃城逃跑,中原解放军随即收复两城。

△　豫北解放军收复华北煤矿区焦作县城。

△　北平各大学教授朱光潜、沈从文等 100 多人联名写信,为民请命,要求救济教职员生活,宣布停教三日。

△　天津海关及电信局职工实行怠工,要求改善待遇。

10 月 25 日　蒋介石再飞沈阳,于北陵机场召见卫立煌,要他严令廖耀湘兵团按原计划,日夜兼程,继续西进。

△　辽西黑山战斗趋于白热化,廖耀湘兵团多次组织集团冲锋,双方短兵肉搏,阵地几度易手,终被解放军击退。廖耀湘见进攻不能得逞,遂命令收缩部队,以第四十九军为前导,经台安向营口撤退。东北野战军主力第一、二、三、五、六、七、八、九、十纵队开始从四面对廖耀湘兵团实行合围。

△　蒋经国召集上海各业负责人谈话,谓经济管制政策决不放弃,要求厂商继续按限价供应市面。

△　行政院长翁文灏自北平回南京。

△　阎锡山为固守太原,集中兵力于城东东山之牛驼寨、小窑头、淖马、山头等四大要点;徐向前兵团决定缩小攻击正面,全力夺取东山制高点。是日,总攻东山战斗开始,双方均以主力投入,展开反复争夺,战斗极其激烈。

△　长春解放军南渡辽河,进逼铁岭以南之辽河屯、乱石山。

△　鄂北解放军攻占应山。

△　中原解放军收复陕州,27 日收复灵宝县城。

△　中共中央致电刘伯承、邓小平及中原野战军全体指战员,庆贺郑州、开封、洛阳三大名城解放。

△　北大教授罢教,要求一周内借薪二个月,以维持生活。清华、师大、燕京、中法、北平研究院、北平商工、北平蒙藏学校、辅仁、北平第

一助产学校及北平 16 所市立中学全体教员纷纷响应,宣布罢教、罢课、罢诊、罢工。

　　△　江海关贪污案主犯尹兰荪等被枪决。

　　10 月 26 日　行政院订定安定经济新办法,有日用必需品价格分区调整,紧缩通货,增加生产,改善公教人员生活等内容。

　　△　立法院举行紧急会议,决咨请行政院根绝抢购问题,解救当前经济危机。

　　△　廖耀湘兵团在撤退中陷入重围,被东北野战军全部包围在黑山、大虎山以东,无梁殿以南,台安、魏家窝棚以北,厉家窝棚车站以西约 120 平方公里的狭小地区。解放军随即对之实行分割围歼,在胡家窝棚歼灭敌兵团指挥所和新一军军部,廖耀湘转移到新一军第三十师师部,廖部失去指挥,陷入各自作战的混乱局面。当晚,廖耀湘遵照卫立煌之命令,率残部经大虎山至老达房公路,企图突围向沈阳撤退。

　　△　卫立煌亲令暂编第五十三师立即由辽中西渡辽河,接应廖耀湘兵团。该师由卡力马渡河后,在牛心坨遭解放军截击,迅速后撤,退回辽河以东。

　　△　傅作义到张家口布置防务,28 日返北平。

　　△　华北“剿总”突击兵团先头部队第九十四军乘火车抵达定兴,继乘车向保定前进,企图会同保定新二军偷袭石家庄,行至徐水,遭解放军伏击受阻,延至次日才抵达保定。

　　△　华北野战军十四纵和太行军区部队解放焦作煤矿和修武、武陟县城,在修武西南雁门等地歼灭国民党军第四十军补训团及河南省保安团等部共 5000 余人。

　　△　鄂北国民党军复占老河口。

　　△　中国工程师学会第十五届年会在台北开幕,选举沈怡为会长,赵祖康、钱昌照为副会长,茅以升、朱其清等九人为董事,29 日会议闭幕。

　　10 月 27 日　东北野战军各纵队分头猛攻廖耀湘兵团,由西、北、南三面向东南压缩,迅速与东面之部队靠拢。廖耀湘部主力被歼,余部溃不成军,纷纷投降;残部逃至六间房、大小兴庄等地,次日为解放军全部围歼。

　　△　清晨,蒋介石派飞机至葫芦岛接杜聿明到北平,面授机宜。午后,杜聿明由北平飞沈阳,中途在锦西降落,令锦西各部停止攻击,退回既设阵地。傍晚,杜聿明到沈阳,与卫立煌、赵家骧商定,遵照蒋介石的旨意,令周福成死守沈阳。

　　△　上午,蒋介石于北平偕徐永昌、俞济时等飞承德巡视。召集中上级军官,指示承德地区在国防上所占之重要性,并勖勉负责固守。当日下午返回。

　　△　蒋介石任命陈国廉为中华民国驻丹麦国特命全权公使。

　　△　沈阳守军收缩防区,第五十三军军部及第一一六师(欠一团)于夜间从铁岭南撤沈阳,途中遭解放军截击,一个团被歼。

　　△　东北"剿总"司令卫立煌电令留守辽中的新一军暂编第五十三师立即开往沈阳增防,又电令第五十二军固守营口,同时电报蒋介石,请求派军舰接应营口撤退。

　　△　坚守塔山的解放军撤离他去,国民党军第六十二军旋即进占。

　　△　行政院政务会议委任杜聿明为东北"剿总"副总司令兼冀热辽边区司令、陈鼎勋为徐州"剿总"副总司令、李振清为第十二绥靖区司令官兼行政长官。

　　△　国民党军第三十五军、第十六军两个师、第九十二军第一四二师奉命调至平汉线,策应第九十四军进攻石家庄。

　　△　豫东国民党军退出民权。

　　△　湖北国民党军复占应城。

　　△　经济管制委员会讨论应付经济危机的新办法,决定放弃经济管制和限价政策,粮食可自由买卖,工资可调整,货物可合本定价。

　　△　东北野战军第十二纵队在新城子歼灭由铁岭向南突围的国民党军第五十三军军部及第一一六师和一个守备队,解放铁岭。

△ 太原解放军第十五纵队攻占东山淖马主阵地后,是日阎锡山军在 70 门大炮的掩护下发动反攻,展开激烈争夺。战至次日,解放军击退阎军 11 次进攻,巩固了阵地。

△ 华北解放军收复河南修武县城。

△ 中共中央军委电示林彪等:当面敌人解决之后,应以不少于三个纵队的有力兵团,星夜兼程东渡辽河,歼灭海城、牛庄、营口之敌,阻塞敌人海上逃路。如果沈阳敌军已经或正在向营口逃跑,则我军应迅速向海城、营口方向进击。

△ 毛泽东、朱德电复原国民党第六十军军长曾泽生等,对他们率部起义,加入中国人民解放军,表示欢迎。

10 月 28 日 东北野战军取得辽西大捷,廖耀湘兵团全军覆没。辽西会战全歼廖耀湘第九兵团部及五个军部,12 个师(旅),共 10 万余人,其中兵团司令廖耀湘、新六军军长李涛、第七十一军军长向凤武、第四十九军军长郑庭笈以下官兵 8.77 万人被俘。至此,解放军已取得全歼东北国民党军的决定性胜利。

△ 东北野战军五个纵队分头东渡辽河,向沈阳、营口急进。

△ 华北国民党军分四路奔袭石家庄,石家庄战役开始。是日,国民党军在方顺桥、清苑、望都、安国、定县等地遭到解放军阻击。

△ 中共中央电贺东北野战军辽西大捷,激励全体官兵"再接再厉,为全歼东北匪军,解放沈阳而战"。

△ 中共中央通过《关于准备夺取全国政权所需要的全体干部的决议》,指出随着解放战争的迅速发展,"有计划地大量地培养、训练和提拔干部"已经成为各级党委面临的重大任务。

10 月 29 日 蒋介石在北平答纽约《先驱者论坛报》记者斯蒂尔问,称"东北问题为第三次世界大战之序幕,今日历史正在重演"。呼吁美国应重视中国局势,"无完整之东北即无和平之东亚,而拯救亚洲之努力,又须以中国为重心"。

△ 辽西会战后,沈阳守军惊慌失措。东北"剿总"开始撤退,卫立

煌偕高级官员赴锦西,沈阳守军交第八兵团司令周福成指挥。

△　进攻石家庄的国民党军第九十四军、骑四师、骑十二旅进占望都,第三十五军和第十六军主力奉命南下,开平保线向南增援。

△　立法院开会讨论当前经济危机,主张取消经济管制和限价政策。监察院亦对行政院当前之经济政策提出纠正。

△　行政院秘书长李惟果携经济改革补充办法飞北平,向蒋介石请示。

△　美国任命蒲立特为议会援外监督委员会对中国方面的特别顾问。蒲氏奉派来华调查中国紧迫情势。

△　美海军第三十八特混舰队驶抵青岛,该舰队包括 2.5 万吨航空母舰"普林斯顿号",及巡洋舰三艘、驱逐舰八艘。

△　中共中央军委电示杨得志、罗瑞卿、耿飚、杨成武并告聂荣臻、薄一波,指出:傅部以三个军及两部骑兵位于平保线向石门进攻,"我应集中三、四、七纵及二纵一个旅,各个歼灭该敌"。

△　东北解放军攻克抚顺,歼灭国民党军第二○七师一部;并在东陵、水泉等地歼灭第五十三军暂三十师一部,逼近沈阳;第一纵队攻克新民,追歼骑二旅一部。

△　河南解放军占领考城守军投降。

△　由吴化文率领起义的整编第九十六军及其所辖之整编第一五五旅、第一六一旅和独立旅,正式改编为中国人民解放军第三十五军及步兵第一○三、一○四、一○五师。吴任军长,杨友柏、赵广兴、何志斌分任师长。

10 月 30 日　上午,杜聿明奉蒋介石命令飞沈阳调整该市防务,因机场混乱不能降落,遂直飞北平向蒋请示锦(西)葫(芦岛)部队行止。蒋命杜回葫芦岛待命,并命卫立煌到葫芦岛指挥,蒋旋返南京。杜飞返葫芦岛,计划撤退营口和葫芦岛之部队。

△　国防部开会讨论中原作战问题。白崇禧自汉口抵南京参加,何应钦推荐由白统一指挥徐州、华中两"剿总",白同意以第十二兵团转

用于阜阳、上蔡、太和地区,并提议以第三兵团随之行动。次日,继续开会,白又表示不愿承担统一指挥徐州和华中两"剿总"之责任。

　　△　卫立煌偕赵家骧、董文琦等由沈阳飞抵锦西,一周后卫奉蒋介石令飞北平。

　　△　蒋介石自北平飞回南京,当晚召集翁文灏、孙科、张群等于官邸举行紧急会议,商讨经济改革补充新办法,蒋经国亦参加。

　　△　蒋介石任命薛岳为战略顾问委员会委员,孙连仲为总统府参军长,派李文为北平警备总司令,陈继承为南京卫戍司令。

　　△　进攻石家庄之国民党军第九十四军并新二军暂编第三十二师由平、津地区进抵定县以北唐河南岸,继遭解放军华北军区第三纵队顽强阻击,被迫退回北岸。同日,国民党军骑十二旅自望都进至东、西四旺,新骑四师进至蠡县北潘营。

　　△　美国务院发言人宣称:美国政府的对华政策并不因沈阳军事情势而有重大变更。

　　△　美军事顾问团长巴大维到青岛。

　　△　南京《大学评论》周刊发表短评《识时务,知进退——欢送蒋总统访美!》称"我们认为在今天蒋总统如果肯谦冲为怀,取法孙中山先生和华盛顿总统,功成身退,赴美访问……必能对国事有补"。

　　△　东北野战军攻克本溪、辽阳、鞍山;第十二纵队在沈阳西吴家荒、大幸屯等地歼灭由新民撤退之第五十三军第一三○团,逼近沈阳西南。至此,沈阳守军已被包围于沈阳市及其近郊。

　　△　华北野战军第三兵团在包头西拉哈忽洞,歼灭邓宝珊部新编第十一旅一个团,并于当日包围包头西公子庙,占领长乐店。绥西、绥北地区宣告解放。

　　△　中共中央军委命令东北野战军第十一纵队进入冀东牵制傅作义,粉碎其偷袭石家庄的企图。

　　△　中共中央将《关于召开新的政治协商会议诸问题》的文件密电华南分局,请即抄送各民主党派及无党派民主人士,分别征询意见,并

尽先邀请民革、救国会、农工党、致公党、民建会各派代表及郭沫若、马叙伦等早日北来。

10 月 31 日　行政院临时会议通过《财政经济紧急处分令》及《改善经济管制补充办法》,决定从 11 月 1 日起,取消限价政策,粮食作市价交易,自由运销,纱布、糖、煤、盐及其他日用品,由政府核示定价,公用交通事业调整价格,调整公教人员待遇及工资,调整税收。至此民国政府推行的"限价政策"彻底失败。

△　周福成电蒋介石:"卫立煌弃职逃走,职正调整部署,竭力奋战,孤守沈阳待援。"

△　东北野战军分路向沈阳攻击,各路均逼近城郊。第十二纵攻克沈阳南苏家屯车站,歼第二〇七师暂十团;第二纵在三间房歼第二〇七师第二旅第四团一部,并突入沈阳市铁西区,沈阳以西国民党军三个骑兵旅投降。同时,东北野战军第七、八、九纵队对营口实行合围,以切断沈阳守军南撤路线。

△　华北野战军发起的绥西攻势胜利结束。是役,共歼灭保安第一、第二团,新十一旅三个整团,解放集宁、丰镇、兴和、陶林、和林等 15 座城市,控制铁路 406 公里,为解放绥远全省奠定了基础。

△　解放军华北军区部队歼灭企图偷袭石家庄之第九十四军第五师 1000 余人,并收复清风店车站和望都县城。

△　中共中央军委电令东北野战军主力除第四、第十一纵队和三个独立师、一个骑兵师即行南下外,其他部队"休整一个月左右","于明年一月至六月间协同华北力量歼灭傅作义主力,夺取平、津及北宁、平绥、平承、平保各线,完成东北与华北的统一"。

11　月

11 月 1 日　解放军攻克沈阳。是日凌晨,东北野战军发起总攻。第一、二纵队为主攻,由西部和西北部突破;第十二纵队由南部突破;独立第一、三、四师由东部和北部突破。10 时,第一、二纵队攻占铁西全区,歼灭国民党军第二○七师两个旅大部;十二纵攻占城南飞机场,歼灭守军一个团。下午,沈阳守军投降,在大东营继续抵抗之第二○七师第一旅第二团被消灭。至此,东北最大城市沈阳宣告解放。是役歼灭东北"剿总"所属一个兵团部、二个军部、六个师、三个骑兵旅,共 13.45 万余人,第八兵团司令官周福成以下将官 106 名被俘。

△ 蒋介石在国民党中央政治会议上说明东北战局及其失败原因,并谓东北战事虽然失利,但共军主力尚难即予华北局势以直接威胁,整个战局必无可虞,应坚定信心,补救缺陷。

△ 蒋介石特派翁文灏为中山陵园管理委员会委员,指定该会委员居正、王宠惠为常务委员。特任唐生智为战略顾问委员会委员。

△ 海军总司令桂永清在葫芦岛与杜聿明商洽东北守军残部撤退事宜。

△ 是日夜,营口国民党第五十二军开始登船南撤,至次日,仅撤走该军军部及第五十二师。

△ 傅作义得知华北解放军主力已南下,前锋已过蔚县,急令第九十四军由唐河撤至方顺桥,第三十五军退至保定、涿州间,驻定兴。

△ 国民党军第七兵团黄百韬部在郯城、邳县一带堵击自山东南下之解放军。

△ 美国防部宣布,又以 500 万美元拨交南京政府购置武器及弹药。

△ 美、英政府劝告本国在华北侨民撤退。

△ 云南、山东等地大学教授罢教,要求改善待遇。

△ 太原东山牛驼寨战斗激烈。阎军部队在日本指挥官和"执法队"的威逼下发动五次反攻,均为解放军第七纵队击退,解放军乘胜夺取了牛驼寨主阵地。

△ 东北野战军南下先遣兵团第四纵队由锦州以南出发,开始秘密进军关内。

　　△　中共中央军委发布《关于统一解放军全军组织和部队番号的规定》,决定将原各大战略区的部队划分为野战部队、地方部队和游击队三类。部队番号旅改称师,纵队改为军,军以上设兵团。全军野战部队按其所在地区分为西北、中原、华北、华东、东北五个野战军,共有 20 个兵团。全国分五大军区,与中央局同级并受其领导。与中央分局同级者为二级军区,与区党委同级者为三级军区,与地委同级者为军分区。团和分区以上各部队,均冠以"中国人民解放军"名称。从 1949 年 1 月起,全军组织和番号实现统一。

　　△　中国人民解放军总部以总司令朱德、副总司令彭德怀名义发布《惩处战争罪犯命令》。宣布凡国民党军官及国民党党部、政府各级官吏命令其部署进行下列罪恶行为中的任何一种活动,皆以战犯论罪:一、屠杀人民,抢掠人民财物或拆毁焚烧人民房屋者;二、施放毒气者;三、杀害俘虏者;四、破坏武器弹药者;五、破坏通讯器材,烧毁文电案卷者;六、毁坏粮食、被服仓库及其他军用器材者;七、毁坏市政水电设备、工厂建筑及各种机器者;八、毁坏海陆空交通工具及其设备者;九、毁坏银行金库者;十、毁坏文化古迹者;十一、毁坏一切公共资材及建筑者;十二、空袭轰炸已解放之人民城市者。

　　△　中国商船船员团体联合会举行会议,决定致函司徒雷登,反对美国政府扶植日本航运业。

　　11 月 2 日　东北野战军攻占营口。是日晨,第七、八、九纵队及辽南独二师从三路发起攻击,战至 10 时,歼灭国民党军第五十二军第二师全部,第二十五师一个团及军部运输团,共 1.48 万余人。至此,历时近三个月、规模空前的辽沈战役宣告结束,东北及热河全境获得解放(锦西、葫芦岛和承德之国民党军相继撤走),共歼灭国民党正规军四个兵团,11 个军部,32 个整师,三个骑兵旅,四个守备总队(相当于师),其他独立团及特种部队、直属部队、地方部队,共 47.2 万人,其中毙、伤 5.68 万人,俘 32.433 万人,投诚 6.49 万人,起义 2.6 万人;解放军伤亡 6.9213 万人。

△　行政院长翁文灏出席立法院为经济改革失败召开的质询会，承认政府关于收支平衡、币制改革、限价政策和调整工资及公教人员待遇等目标均已失败，并造成了新的通货膨胀。

△　蒋经国发表《告上海市民书》，承认在 70 天的工作中，不仅没有完成预定计划和任务，反而给上海市民带来了痛苦。表示向政府自请处分，并向上海市民表示歉意。

△　出席联合国大会之外交部长王世杰返抵南京。

△　华北野战军第二、六纵队兵临绥远归绥城下，预定 11 日扫清外围，16 日攻城。

△　进攻石家庄之国民党军全面北撤。第三十五军开北平西郊，第九十四军开曹河，骑四师及骑十二旅开徐水、固城。石家庄周围恢复正常状态，保卫石家庄战役结束。

△　豫北解放军攻克获嘉县城，歼灭河南保安团等部 3000 余人。

11 月 3 日　行政院长翁文灏及行政院各部长因经济改革失败决定总辞职。蒋介石批示慰留。上海区经济管制协助督导员蒋经国赴南京向行政院提出辞呈获准。

△　行政院通过公教人员待遇，按 10 月份新标准增加一倍半。

△　国防部第三厅副厅长许朗轩飞葫芦岛，向杜聿明传达"放弃徐州，固守淮河"的方案，并令杜即赴蚌埠指挥。杜表示要待葫芦岛守军撤退完毕后才能成行。

△　杜聿明电蒋介石请示锦（西）葫（芦岛）守军撤退事宜。蒋复电：第六十二军、第九十二军、独立第九十五师仍归华北"剿总"建制，其他各军撤往上海、南京。杜即按蒋电示部署撤退。

△　冀东国民党军复占三河。

△　鄂东国民党军复占广济、黄梅。

△　豫北国民党军复占封丘。

△　太原第三十军军长黄樵松与解放军联系起义，因所属第三十七师师长戴炳南告密，黄氏被捕并被解往南京，于 27 日遇害。

△　杜鲁门连任美国总统。驻美大使顾维钧向美保证中国政府"将继续视美国为旧友。并盼美国予我以合时及慷慨之援助"。次日，蒋介石致电杜鲁门表示祝贺。

△　武汉 28 所院校教职员提出总请假，要求改善待遇。南京小学教员亦要求提高工资，改善生活。

△　北平各大学教授周炳琳、金岳霖等 47 人，联名发表《我们对于政府压迫民盟的看法》，指出："此举实难免于'顺我者昌，逆我者死'之诟病。"

△　中共中央电贺东北解放，指出：东北全部解放"奠定了在数年内解放全中国、然后将中国逐步建设为工业国家的基础"。

△　中共东北行政委员会任命朱其文为沈阳特别市市长。

△　中共中央就沈钧儒等在讨论《关于召开新的政治协商会议诸问题》（草案）时所提出的意见作出答复，同意增加"上海人民团体联合会"；平、津教授可改为"全国教授"；南洋华侨民主人士可改为"海外华侨民主人士"的建议。还同意在新政协筹备单位中增加致公党及无党派民主人士两个单位。

△　伊朗首任驻华大使华乐抵达南京，13 日向蒋介石递交国书。

11 月 4 日　华北"剿总"傅作义、西北军政长官张治中到南京参加军事会议，会商华北国民党军行动方针。确定"暂守平津，保持海口，扩充实力，以观时变"的方针。

△　美国总统杜鲁门在讲话中称：总体而言，美国救济中国计划颇有成功，但加强对华援助存在诸多困难，提出美援必须由美国人就地密切监督。

△　参谋总长顾祝同及国防部第三厅厅长郭汝瑰，奉命到徐州会晤徐州"剿总"所辖军以上指挥官，传达蒋介石关于徐州作战部署。

△　刘峙令孙元良第十六兵团（欠第九十九军）由商丘开赴涡阳、蒙城。

△　国民党军第十七兵团司令侯镜如率第九十二军第二十一师、第

六十二军等部由葫芦岛撤往秦皇岛。稍后,独立第九十五师撤往塘沽。

　　△　察东国民党军复占赤城、尚义、龙关。

　　△　晋北国民党军复占阳高。

　　△　民国政府与印度尼西亚达成商务协定。该协定规定中国在短期内以 3500 码之纺织品运往印尼,而印尼则以橡胶输至中国。

　　△　南京中小学教员罢教,要求改善待遇。

　　△　南昌泥木工人要求增加工资,举行总罢工。

　　△　中原野战军占领南阳,收复泌阳县城。

　　△　中国人民解放军沈阳军事管制委员会成立,陈云为主任委员。

　　△　是日至 12 日,远东国际军事法庭宣读判决书,确认日本有对中国进行侵略战争及对苏联、美国、英国与其他盟国进行类似战争之罪。认为“九一八”事件是第二次世界大战的导火线,东条英机应负扩大侵华战争责任,松井石根、武藤章、广田弘毅、梅津美治郎及贺屋兴宜等人,应对日军占领南京后六周内屠杀 20 万中国人民的世界暴行史上最残酷的事件负责。

　　△　全国基督教协进会年会报告称:基督教会在全国各地维持 13 所大学,223 所中学,202 所医院,五所医学院,有外籍医师 227 人,护士 180 人。

　　△　苏联重新要求远东国际委员会管制日本。

　　11 月 5 日　顾祝同主持徐州“剿总”高级军事会议,刘峙、邱清泉、黄百韬、李弥、孙元良等均出席,会议讨论了蒋介石下达的徐蚌会战计划。决定以白崇禧部二个兵团、四个绥靖区的 23 万部队防御平汉路南段及长江中下游;将刘峙集团的四个兵团三个绥署的部队向南转移,重点置于津浦路徐州至蚌埠段及其两侧地区,以攻势防御阻止解放军南下,确保徐州,巩固江淮,屏障南京。具体部署如下:第二兵团邱清泉部由商丘向砀山、永城地区集结机动;第七兵团黄百韬部由新安镇移至运河西防御,位于连云港、海州的第四十四军受其指挥同时西转;第十三兵团李弥部由徐州东碾庄圩转向灵璧、泗县地区防守;第十六兵团孙元良部由柳河地区移蒙城待机；第四绥靖区刘汝明部由商丘移驻固镇、蚌埠防守；第三绥靖区冯治安部弃临城、枣庄，退守韩庄、台儿庄地区。第一绥靖区周喦部仍位于淮阴、扬州地区；海州第九绥靖区撤销；合肥第八绥靖区撤弃，辖区并入第四绥靖区，夏威所属四个师守蚌埠；此外徐州"剿总"直辖第七十二、一〇七、六十六、九十六军，分守徐州、蚌埠、睢宁、五河。为加强徐蚌地区作战，将华中"剿总"指挥的黄维兵团改归国防部指挥，由确山、驻马店向阜阳、太和前进，参加徐蚌地区作战。以上总兵力为 29 个军、70 个师，约 70 万人。当晚，顾祝同、郭汝瑰飞返南京向蒋介石复命。

　　△　李延年接刘峙电，决定放弃海州、连云港。是日，商丘及海州国民党军分别向蚌埠、徐州集中。

　　△　国民党军孙元良第十六兵团复占皖北蒙城、涡阳。

　　△　华中"剿总"司令白崇禧抵宁，出席南京军事会议。

　　△　翁文灏、王云五分别到行政院、财政部办公。翁氏对记者发表谈话，盼美国积极援助。

　　△　南京各大学教授刘不同、倪青原等 40 余人联名在《大学评论》发表《致蒋介石先生呼吁停战书》、《致毛泽东先生呼吁停战书》，要求双方停战，"图谋和平"。

　　△　美国驻华大使馆宣布：南京、浦口、江苏、安徽等地美军眷属即日撤退。同日，美国联合军事顾问团团长巴大维也正式宣布："在南京的美军眷属已决定撤退。"

　　△　美国新任副总统巴克莱表示，美将继续援华，并称："中国的需要，以及向我们提出的任何要求，均将受到郑重与有利的考虑。"

　　△　美国西太平洋舰队司令白吉尔由青岛抵上海，对记者发表谈话称：美国西太平洋舰队无意放弃青岛基地，并可能派海军陆战队来沪保护美侨。

　　△　内蒙古伊克昭盟准噶尔旗务委员会主任委员兼保安师师长奇致中率部 1900 余人起义，参加解放军。

△　农林部对卅七年度全国棉产发表第二次估计:棉田面积 3693 万亩,减少 63 万亩,(约占 1.67％);皮棉 1072 万市担,减少 60 万担 (约占 5.3％)。

△　中共中央电示香港分局,责成分局和钱之光在 12 月内将李济深、郭沫若、马叙伦、彭泽民、李章达、马寅初、孙起孟、茅盾、张绷伯、陈嘉庚等准备参加人民政协的几十名各方面代表送往解放区。

11 月 6 日　为在长江以北歼灭国民党军南线主力,中国人民解放军集中华东、中原两大野战军及地方部队,由刘伯承、陈毅、邓小平、粟裕等指挥,在以徐州为中心,东起海州,西止商丘,北起临城,南达淮河的广大地区,发起了淮海战役。解放军参战部队有华东野战军山东兵团第七、九、十三纵队,鲁中南纵队、渤海纵队;苏北兵团第二、十一、十二纵队,西线兵团第一、三、四、六、八、十纵队,两广纵队,特种兵纵队,共 16 个纵队约 36 万人,另有冀鲁豫和江淮地区的地方部队。中原野战军第一、二、三、四、六、九、十一纵队,共七个纵队约 15 万人,另有豫皖苏、豫西和陕南地方部队。投入总兵力约 80 万人。是日晚,解放军发现国民党军有全面收缩、撤退的迹象,遂决定提前发起进攻。

△　蒋介石在南京接见傅作义,指示今后华北军政措施,决定华北军政事务将由傅全权处理。

△　南京军事会议结束,决定实行战时体制。当日夜,傅作义自南京返抵北平,白崇禧返抵武汉。

△　察北国民党军复占崇礼。

△　晋北国民党军复占天镇。

△　蒋廷黻会晤马歇尔,请求美国派一特别军事代表团来华,并由美国军官指挥中国军队作战,未获马氏同意。9 日,蒋廷黻再就此事会晤马歇尔。

△　合众国际社报道:美国务卿马歇尔正改变其以前之立场,赞同"全面及尽速援助中国"。

△　美国驻华大使司徒雷登报告国务院,谓中国局势恶化,任何军

事援助亦于事无补,"因此,我们非常不愿意地得出这样的结论:国民党现政府之早日崩溃是不可避免的了"。

△ 无锡丝厂全体女工举行罢工,要求增加工资。

11 月 7 日 淮海战役第一阶段围歼东线黄百韬兵团战斗打响。担任围歼黄兵团任务的 11 个纵队分四路向陇海路出击:华野司令部率第一、六、九纵队,鲁中南纵及特种兵纵队,从临沂南下,直取新安镇;第四、八纵队由临沂西南地区指向邳县;苏北兵团第二、十二纵队及中野第十一纵,从临沂以南十字路地区南下,经宿迁、睢宁向徐州东迁回;原在睢宁、宿迁地区的华野第十一纵沿运河北上,指向运河车站。当日,解放军扫清了陇海路北侧 300 余里的广大地区,第四、八纵攻占邳县、滩上。

△ 在淮海战场中路,华野山东兵团第七、十、十三纵队,在谭震林率领下由邹县、滕县沿津浦路南下,是夜攻占万年闸,逼近台儿庄。第三纵队及两广纵队自鲁西南丰县、单县出击,插向徐州西南,钳制敌军。

△ 在淮海战场西线,由陈毅、邓小平率领的中野第一、三、四、九纵队,从郑州进至商丘东南和永城、亳县地区,与华野三纵、两广纵队发起汴(开封)徐(州)段作战。是日,在徐州以西张公店地区歼灭国民党军第五十五军第一八一师 5000 余人,俘第四绥靖区副司令兼第一八一师师长米文和。

△ 国民党军黄百韬第七兵团奉命由新安镇西撤,按第一〇〇军、第六十四军、兵团部、第二十五军、第四十四军的顺序向运河西岸撤退;第六十三军经窑湾镇渡河向运河西岸撤退。

△ 上海实行户口总清查。

△ 上海米价暴涨至每石 500 元金圆券,8 日再涨至每石 900 元,9 日又涨至每石 1800 元。

△ 中国人民解放军郑(州)洛(阳)警备司令部成立,豫西军区副司令员孔从周兼任警备司令员。

△ 冀鲁豫军区部队解放河南汲县县城,歼灭"人民自卫队"1000余人。

11月8日 蒋介石在国民党中央党部纪念周讲演,表示决心贯彻"戡乱"方针,经济上将采取有效措施,并指责说:"前几天南京竟有少数知识分子,公然发表文字,提出和平的主张,这实在是自己丧失了民族精神,完全是投降主义者。"

△ 国民党中央政治会议检讨外交政策,提出外交政策应慎重,内阁权力须加强,均以便利军事为目标。

△ 行政院政务会议通过《修正金圆券发行办法》,撤销金圆券发行额以20亿为限的规定。11日又通过《修正人民所有金银外币处理办法》,规定黄金、白银、外币准许人民持有,银币可以自由流通和买卖;并重新规定兑换率。金圆券与银元的比率由2∶1降为10∶1,贬值80%;金圆券与美元的比率由4∶1降为20∶1。12日,行政院公布《修正金圆券发行办法》。13日,蒋介石明令公布以上两个办法。"币制改革"彻底失败。

△ 白崇禧在武汉华中"剿总"发表训话称:要"提高战斗意志,彻底执行总体战"。

△ 徐州"剿总"司令刘峙判断解放军将东西夹击徐州,于是改变原定将各机动兵团撤至徐蚌线两侧的计划,决将主力集结徐州。令邱清泉、李弥、黄百韬三个兵团星夜向徐州地区集中,分别守备徐州、徐州东北茅村和徐山、潘塘镇、山口间地区。并令孙元良兵团向宿县、符离集间地区集结。

△ 民国政府令:刚由北平回到南京的杜聿明返徐州任该"剿总"副司令;令李延年第九绥靖区在蚌埠组建第六兵团,指挥第九十九、三十九(刚由东北撤回)、五十四军由蚌埠向宿县前进;刘汝明第四绥靖区改编为第八兵团,将蚌埠第九十六军归其建制,会同第六兵团向宿县推进,并守备该地;黄维第十二兵团由阜阳向蒙城、宿县前进。

△ 第三绥靖区副司令、中共地下党员何基沣、张克侠率所属第五十九军全部及第七十七军两个师共2.3万人于临城、台儿庄地区起义。解放军山东兵团第七、十、十三纵队乘机越过该部防地临城、枣庄、峄

县、台儿庄等地,渡过运河,直插徐州东侧,于 10 日进抵大许家以西,切断黄百韬兵团西撤退路。

△　上海发生饥民抢米事件多起,七万军警宪特出动在全市进行"大清查"。

△　美国经济合作总署中国分署署长莱普汉发表谈话,谓愿尽力帮助解决配粮困难,美援米面即将运至,下月起供应无虞。

△　美国经济合作总署署长霍夫曼、副国务卿罗凡特会商中国局势,决仍继续对华经济援助。

11 月 9 日　蒋介石致函美国总统杜鲁门,要求美国直接指挥国民党军作战。谓:"华中之共军现迫近京沪,倘吾人不能阻止此狂澜,民主国家或将丧失中国。""敝国政府将竭诚欢迎阁下派遣高级军官一人来华共同磋商一军事援华之具体计划,包括美国军事顾问团对于作战指挥之参加问题。……敬请早日赐复为幸。"

△　蒋介石召见孙科、翁文灏、张群,商行政院长人选及组织内阁事。

△　外交部长王世杰在立法院报告外交,重述去年 6 月 25 日所列举苏联未履行中苏友好条约之事实,并提出今后申请美援两原则,即欧亚并重,军事及经济援助并重。

△　立法院通过《临时财产税条例》。规定:"临时财产税之征收,以充作戡乱军费及地方自卫经费为目的。"在征收总额中,戡乱军费占 60%,地方自卫经费占 40%。

△　由 CC 派组织的立法院"革新俱乐部"发表当前时局主张,提出:组织举国一致的责任内阁,加强中美联系,实行民生主义及推行各级自治。

△　解放军发现国民党军正向徐州集中,装备辎重已撤到运河西岸。华野司令部立即指挥部队展开追击和和截击。粟裕、谭震林向各纵队发出指示,号召部队不分昼夜抢渡运河西进,不怕伤亡,敌人跑到那里就追到那里,直到将其消灭。第四、八纵队在官湖、邳县以南运河车站附近追上第二十五军及第一〇〇军一部,第一、六、九纵队在堰头、

窑湾、瓦窑等地追上并包围了第六十三军,第十一纵队及江淮军区独立旅攻占赵墩,主力向运河车站以西协同四纵、八纵攻击敌主力。担任迂回任务的苏北兵团第二、十二纵队及中野十一纵已到宿迁,准备西渡运河。

　　△　黄百韬第七兵团自7日由新安镇西撤后,于是日全军渡过运河,在曹八集、碾庄圩地区集结整顿,准备继续西撤。邱清泉第二兵团之一部与解放军在黄口附近发生战斗。孙元良第十六兵团(欠第九十九军)奉命开赴宿县。

　　△　河北国民党军第一〇一军(原新二军,欠暂三十一师)军长李士林奉命率军部和暂三十三师由保定北撤,该军暂三十二师留守保定。

　　△　锦西、葫芦岛国民党军余部13.78万人由海运南撤。次日,解放军进驻锦西和葫芦岛。至此,东北全境解放。

　　△　美国经济合作分署署长莱普汉电香港借米万吨以救济上海。

　　△　南京、上海骚乱,数千饥民抢米。

　　△　杭州浙赣铁路局全体员工举行罢工,要求维持生活。

　　△　北平美国侨民开始部分撤退。

11月10日　蒋介石电令黄百韬第七兵团停止西撤,固守待援。同时,解放军已占领大许家,包围曹八集,切断了黄兵团的退路。黄百韬被迫下令停止撤退,以碾庄圩为中心,筑阵地防御。

　　△　总统府官邸召开作战会议,讨论黄百韬兵团被围后徐蚌会战形势。正式任命杜聿明为徐州"剿总"副总司令,全权负责指挥徐蚌会战。杜当晚飞抵徐州,正式就职。

　　△　淮海战场解放军各部队继续向西撤之国民党军加速追击、猛攻。沿铁路两侧向西追击的华野第四、第八纵队渡过运河后,从东、北两面向以碾庄为中心的黄百韬兵团展开攻击;第十三纵队在曹八集将黄兵团先头部队包围。在南线担任大迂回的苏北兵团第二、第十二纵队,中野第十一纵,经宿迁渡运河,向徐州东南地区前进,从左侧堵截逃敌。

△ 徐蚌告急,南京卫戍司令部宣布在东至上海、西至安庆、南至杭州、北至蚌埠的广大地区,实行临时戒严。同时,蒋介石将首都卫戍总司令孙连仲免职,而以陈继承代之。

△ 国民党军第十三军军长石觉升任第九兵团司令官。

△ 蒋介石明令公布《违反粮食管理治罪条例》,对囤积居奇者分别处以徒刑、无期徒刑和死刑。

△ 蒋介石特任徐堪为行政院政务委员兼财政部长,原任行政院政务委员兼财政部长王云五准免本兼各职。特任庞松舟为行政院政务委员兼主计部主计长。

△ 陆军副总司令孙立人由台湾抵南京述职。

△ 外交部证实王世杰在巴黎时曾与美国务卿马歇尔商谈借款,现在继续商洽中。

△ 行政院政务会议就收缩通货及充裕粮源事项决定四项办法:一、出售中国纺织建设公司所有毛纺织全部资产(连同厂房及设备);二、美援棉花易得之纱布即照市价出售;三、用纱布及其他日用品换购粮食;四、允准商人自由运销货物,严禁各地方政府之封禁办法,派员就地督促实行。

△ 南京、上海抢米风潮扩大,南京食品公司亦被抢,军警开枪镇压,打死饥民三人,打伤 11 人。

△ 绥远国民党军复占陶林、兴和。

11 月 11 日 行政院通过《修正人民所有金银外币处理办法》,金银外币复准私人保有,但除银币外,仍禁止流通买卖。

△ 财政部公布《修正金圆券发行办法》,金银外币准许持有,银币准许流通,政府铸造金圆,金圆券存款时得以同额金圆券兑换金银;改订金圆券兑换率(贬值五倍),黄金每两 1000 元,白银每两 15 元,银币每个 10 元,美钞每元 20 元。

△ 黄百韬兵团四个军被解放军团团包围于碾庄圩及其周围不到 18 公里的狭小地区内。蒋介石严令徐州"剿总"立即组织东援。刘峙、

杜聿明下达东援第七兵团命令。同日,顾祝同飞临碾庄上空,令黄百韬固守待援。

　　△　在淮海战场东线,华野第一、六、九纵队将第六十三军全歼于堰头镇、窑湾镇、瓦窑地区;随后向西追击,分割黄兵团。在中路,华野十三纵全歼黄兵团第一〇〇军第四十四师,占领曹八集;第十、十一纵在东大庙、侯集地区与山东兵团第七纵队会合,南、北两路切断了黄兵团退往徐州之路。在西线,中野第三、四、九纵队与华野三纵、两广纵队进至宿县至徐州间地区,截断了津浦线。

　　△　上海淞沪警备区宣布临时戒严。

　　△　河北国民党军第一〇一军军部及暂编第三十三师撤抵涿县。

　　△　上海海关全体职员为要求改善生活待遇举行罢工。

　　△　联合国政治委员会讨论裁军,中国政府代表蒋廷黻指责苏联所提裁军提案"为间接干涉中国内政",是削弱中国"戡乱"力量,苏联援助中共的政策"乃造成亚洲最大忧患之一种因素"。

　　△　毛泽东致电林彪、罗荣桓并各中央局、各前委,指出:国民党军队的徐州、沈阳、北平、汉口、西安、太原六个集团中,以徐州、沈阳两个最大的集团为主干,沈阳集团已经被解放军解决,徐州集团如再被大部消灭,国民党即已失去主力。解放军9、10两月的胜利,特别是东北及济南的胜利,业已根本上改变了敌我形势。7月至现在四个多月的作战共歼敌军近百万人。国民党军现已不足300万人,解放军则已增至300余万人。估计再有一年左右时间即可以完成从根本上打倒国民党的任务。并提出:"我党我军仍须稳步前进,不骄不躁,以求全胜。我们的口号是军队向前进,生产长一寸,加强纪律性,革命无不胜。"

11 月 12 日　围歼黄百韬兵团的华野第四、六、八、九纵队,从四面八方展开攻击,紧缩对碾庄圩的包围圈,将黄兵团压缩于东西不及 10 里、南北不及六里的狭长地带。守军踞村落地堡工事顽强抵抗,解放军由运动战转入村落攻坚战。为加速进攻,调担任阻援任务之第十三纵加入围歼作战。

△　徐州"剿总"抽调邱清泉兵团第五、第七十、第十二军,李弥兵团第八、第九军,共 12 个师,组成东进集团,于是日沿陇海线东援,攻击前进。解放军以山东兵团第七、十纵队,苏北兵团第十一纵队在徐州以东李家井、侯集至不老河边一线筑工事正面阻击,以第二、十二纵队及鲁中南纵队、中野十一纵队在徐州东南阻击援敌侧背。双方展开激烈攻防战。

△　苏北兵团第二纵队在大王集将由睢宁撤退之原第一绥靖区第一〇七军包围,经过争取,第一绥靖区副司令长官兼第一〇七军军长孙良诚率部 5000 余人放下武器,西逃之第二六一师被全歼。

△　中野四纵、华野三纵及两广纵队在徐州至宿县间夹沟地区,歼灭孙元良兵团第四十一军军部及其第一二一师,俘 3000 余人。

△　太原外围解放军经 19 昼夜残酷的短兵相接、白刃格斗,终于于是日全部攻占东山四大要点,八纵攻占小窑头,七纵攻占牛驼寨,十三纵攻占山头,十五纵攻占淖马,共歼灭阎军一万余人,解放军伤亡达 8500 人。

△　承德解放。承德国民党军第十三军奉命由陆路撤向密云、通县一带,解放军冀热辽军区部队随即收复该城。至此,热河全境获得解放。

△　傅作义在北平中山公园中山堂举行的孙中山诞辰纪念会上致词,谓"战局严重,正是生机;团结奋起,前途光明"。

△　绥远解放军再占绥东兴和。

△　杜鲁门电复蒋介石,谓"美国正尽一切可能以加速依援华计划,采购在本国可以获得之武器与弹药,运往中国";但对美国直接参加指挥作战一事,避而不谈,只提"驻华美国联合军事顾问团团长巴大维少将洞悉目前局势,可常备咨询"。

△　美参议员白里奇要求总统召集特别会议,加强援华。

△　美国防部宣布:已将五万吨小型武器及弹药加速运华。同日,美国报纸透露,大批美国军火正在运华,内有 P—47 型驱逐机 42 架。

　　△　远东国际军事法庭对日本 25 名主要战犯进行宣判。前满洲特务机关长土肥原贤二、前首相及关东军参谋长东条英机、前陆相及关东军参谋长板垣征四郎、"广田三原则"倡议人前首相广田弘毅、南京大屠杀主犯松井石根、前东条内阁陆军省军委局长武藤章及前东条内阁陆军省次官木村兵太郎七人被处以绞刑；前陆相及"一二八"侵华战争策动者荒木贞夫等 16 人被处以无期徒刑；前东条内阁外相及驻苏大使东乡茂德被处以 20 年徒刑；主持《淞沪协定》的前外相及驻中国大使重光葵被处以七年徒刑。

　　△　驻守太原外围之阎锡山部第八总队司令赵瑞率部 600 余人在太原淖马前线起义。

　　11 月 13 日　蒋介石电促刘峙，限援军当日进至碾庄圩。是日，东援兵团再次发动强攻。华东野战军正面阻击部队第七、十、十一纵队利用河流、村落、山坡等有利地形坚守荆山铺、夺山口、侯集、邢楼一线。在侧翼阻击的第二、十二纵队、鲁中南纵队、中野十一纵队及华野三纵队，进至徐州东南 40 余里的地区，威胁徐州。

　　△　围歼黄百韬兵团之解放军继续攻击，至次日，六纵攻克彭庄，歼敌第一〇〇军军部及其第六十三师。时黄兵团仅剩四个旅机动兵力，占据碾庄圩 12 个村庄。

　　△　华北野战军乘保定国民党军守备力量空虚，发起保定战役，以第八纵队沿车站西关实施攻击，第七纵队从城东进攻。

　　△　蒋介石任命张镇为首都卫戍总司令。

　　△　驻美大使顾维钧呼吁援华，希望美国给予 10 亿美元之援助。

　　△　民国政府举行粮食会议，苏、浙、皖、赣、湘、鄂、川、粤、闽、台等省主席均出席，会议由行政院长翁文灏主持，蒋介石亲临致词，谓必须按照应征粮额如期交纳。会议提出注重征粮足额，自由流通。

　　△　傅作义在北平召开地方保安旅旅长、专区保安司令、副司令会议，讨论"整军方案"，决定将地方保安团编入正规部队，要求本月 18 日开始行动。

△ 绥远国民党军复占陶林、武川。

△ 国民党中央政治委员会秘书长陈布雷在南京仰药自尽。蒋介石、宋美龄前往吊唁。

△ 入关之东北野战军抵达河北玉田、宝坻。

11 月 14 日 华东野战军调整作战部署,决定阻援部队后撤,诱敌援军向东深入,待围歼黄兵团后,再全力围歼援敌。当日晚,正面阻援部队按计划撤至台子、崔庄一线。

△ 中野四纵队与华野三纵队在徐州南三堡地区歼灭第三绥靖区冯治安部残部第三十七师 4000 余人,逼近徐州。

△ 华北野战军八纵夺取保定车站、西关和城西南角堡垒,歼灭保安团大部,其残部缩回城内顽抗。七纵攻克东关。解放军逼近城垣,对保定守军形成完全包围。

△ 蒋介石特任何凤山为中华民国驻埃及国特命全权大使,陈继承为战略顾问委员会委员。

△ 民国政府辽宁、辽北、安东、兴安、黑龙江各省主席王铁汉、徐森、董炎平、吴焕章、韩俊杰,及沈阳、哈尔滨、大连各市市长董文琦、毕泽宇、赵惜梦等,联名致电行政院宣布总辞职。

△ 绥远国民党军再度进占兴和。

△ 湖北国民党军复占老河口。

△ 新华社发表毛泽东为之撰写的评论《中国军事形势的重大变化》,指出:"中国的军事形势现已进入一个新的转折点,即战争双方力量对比已经发生了根本的变化。人民解放军不但在质量上早已占有优势,而且在数量上现在也已经占有优势","使我们原来预计的战争进程,大为缩短","从现时起,再有一年左右的时间,就可能将国民党反动政府从根本上打倒。"

△ 东北野战军先遣兵团到达河北蓟县地区,隐蔽集结待命。

△ 美国进步党全国委员会决议,要求政府停止援蒋。

11 月 15 日 蒋介石专派参谋总长顾祝同与国防部第三厅厅长郭

汝瑰飞赴徐州督战,严促刘峙、杜聿明东进,以解黄兵团之围。

　　△　华东野战军围歼黄兵团作战暂停,各部队一面调整部署,一面补充弹药,决定先歼战斗力较弱的第一〇〇、四十四军,尔后围歼碾庄圩兵团部与战斗力较强的第二十五、六十四军;在战法上,决定利用夜间插入各村落间,逐个攻取,各个歼灭。

　　△　蒋介石任命赵士卿为国立编译馆馆长,凌纯声为国立边疆文化教育馆馆长。

　　△　后藏代表王乐阶、索多杰·巴官保尔等一行抵南京,洽商奉迎第十世班禅活佛赞返藏事。

　　△　美国国会援外监督委员会派遣来华视察员蒲立德(前美驻苏大使),抵达上海。

　　△　立法院民主自由社主张征用豪门外汇,惩处失职官员,加强对美外交。

　　△　驻南京各国使馆举行紧急会议,讨论撤退问题。

　　△　为配合淮海战役,牵制胡宗南,西北野战军发起冬季战役。西野二纵在临皋消灭国民党军一个团;接着又向罗乳山第一四四师发动进攻,战至次日,歼灭敌军一个团又一个营。罕井、白堤国民党军缩回蒲城,解放军围歼第三十师之计划未能实现。

　　△　保定前线解放军调整部署,第八纵队两旅协同第七纵队攻城。至次日,攻击未能奏效,形成对峙局面。

　　△　华北野战军第三兵团已包围绥远归绥,辽沈战役结束后,为防止傅作义集团逃跑,不过早惊动敌人,奉命于是日撤围。

　　△　中共中央发出《关于军事管制问题的指示》。指出军事管制的任务是,完全肃清一切残余之敌及武装抵抗分子;接收一切公共机关、产业和物资;恢复并维持正常秩序;解散一切反动党派和团体,逮捕战犯及罪大恶极的反动分子;没收官僚资本,建立系统的革命政权机关、党员组织和人民团体。随后,又根据各地军事管制的经验和意见,进一步拟定了《军事管制委员会条例》,规定军管期间各项政策,并以中国人

民解放军总部名义颁布施行。

　　△　中国民主同盟在香港的中央执行委员暨各处、会负责人,举行第四次扩大会议,以"迭次违反本盟历来政治主张"为由,通过开除张申府盟籍的决定。

　　11 月 16 日　当晚,华野山东兵团对碾庄黄百韬兵团发起总攻,九纵在南,六纵在西南,十三纵在西北,四纵在北,八纵在东,向守军外围村落攻击,未能奏效。

　　△　淮海战场西线,中野三纵队攻克战略枢纽宿县,全歼守军黄百韬兵团第二十五军第一四八师及交警第十六总队、第二总队第三大队,共 1.2 万余人。豫皖苏军区独立旅攻占固镇,并破击乐曹村至固镇间铁路百余公里。至此,解放军已控制了以宿县为中心的徐蚌间广大地区。

　　△　国民党军徐蚌战场,防守潘塘镇、三堡一线之第四十一军、第七十四军及第十二军之第一一二师,击退解放军的进攻。邱清泉令第九十六师主力及第三十二师前往增援。

　　△　蒋介石以宿县被攻甚急,黄维兵团已抵阜阳,令李延年指挥第三十九军、第九十九军,由固镇出发解宿县之围。

　　△　解放军冀中军区部队收复胜芳镇。

　　△　立法院通过改善公教人员待遇办法,依薪额十足发给金圆券,并另按各地区生活指数,以"八一九"为基期加成发给。

　　△　南京外交团会议,商讨中国情势,并宣读外交部备忘录,内称:政府并未计划撤离南京。

　　△　美国总统杜鲁门宣称对华政策大体不变,并谓"现正与蒋总统通信交换意见"。

　　△　美国经济合作总署宣布,已运出价值 1400 万美元的沙特阿拉伯石油以接济中国。

　　△　美海军部发言人称:美海军进行训练国民党海军人员之计划至为顺利,最近有两艘导航驱逐舰人员正在诺福克受训。

△ 南京当局以违反新闻法、为共党宣传为由,逮捕新闻记者及公务员共 82 人。

△ 上海 12 所市立中学教职员 1200 余人因生活困难,要求增加薪水及粮食配给,实行总请假一星期。

△ 中共中央军委决定由刘伯承、陈毅、邓小平、粟裕、谭震林组成总前委,邓小平任书记,统一领导中原野战军和华东野战军进行淮海战役。

△ 中央军委通知徐向前兵团,为防止过早攻克太原,使傅作义放弃平、津南撤,增加尔后歼灭的困难,决定暂缓进攻太原,俟东北野战军入关进攻平、津时,再打太原。次日,华野第一兵团表示完全接受中央决定。

△ 豫东夏邑县地方保安团 6000 人起义,夏邑县城解放。

△ 中国民主同盟代表沈钧儒、章伯钧发表对时局声明:"我们对于人民与人民公敌之争,对民主与反动独裁之争,我们的态度应该坚决站在人民的民主的这一方面,跟人民公敌反动集团斗争到底,决不动摇,决不妥协,决不对反动集团有丝毫的幻想。"

△ 立法院通过国内邮资调整,平信一角,挂号四角。

11 月 17 日 因解放军佯装退却,徐蚌战场国民党军东援兵团获得稍许进展。南京政府欣喜若狂,徐州"剿总"即令东援兵团进行追击。是日,东援兵团进至杭山、黑山、岳海以东,大许家、吴窑以西地区。

△ 是日晚,华东野战军对碾庄圩黄百韬兵团再次发起总攻,攻占大牙庄、前后黄滩等据点,歼灭第二十五军一个团,第四十四军军部及其第一五〇、一六二两个师部另四个团。

△ 为解保定之围,傅作义调集第三十五、十六、九十四、一〇一军等部共六个师由北平南下。

△ 郑北国民党军复占谷城。

△ 美军顾问团人员眷属自南京撤退。天津首批外侨 358 名撤离。

△ 美海军部命令 1250 名海军陆战队由关岛增援青岛,并协助撤退美侨。

11 月 18 日　碾庄地区继续激战。解放军全歼国民党军第一〇〇和四十四军,第一五〇师师长赵璧光率残部 2000 余人向解放军投诚。

△　徐州"剿总"发布"徐东大捷"战报,称解放军已全面退却。当日下午,刘峙又向南京告急,谓东援兵团在大许家地区遭坚强抵抗,不能前进;解放军并未退却,黄兵团仍处于包围中。

△　赶往徐州增援之国民党军刘汝明、李延年、黄维三个兵团,遭到中原解放军的顽强阻击,分别被阻挡在蚌埠、蒙城地区,进退两难。

△　美陈纳德空运大队重心自上海移往广州。时陈纳德正图恢复其飞虎队,准备帮助国民党军作战。

△　英国驻上海总领事欧哈德就英侨撤退问题发表谈话,谓英国在目前正积极准备应付任何事变,但"今日英国在上海之地位,为百余年来此间英侨惨淡经营点滴业积所造成者",英决不会放弃在沪之权益。

△　中共中央军委电示林彪、罗荣桓、刘亚楼,傅作义经人接洽"起义大致已定","我们拟利用此机会稳定傅作义不走,以便迅速解决中央军"。

△　中共中央军委命令东北野战军主力提前入关,各军于一二天内完成出发准备,21 或 22 日全军或至少八个军取捷径以最快速度行进,由东北进入关内,迅速包围唐山、塘沽、天津,不使敌人逃跑,并争取国民党军投降。

△　华北人民政府第三次政务会议通过决议,决定华北银行、北海银行、西北农民银行合并,成立中国人民银行。任命南汉宸为中国人民银行经理,并于 12 月 1 日起,发行中国人民银行新币。

△　上海生活、新知、读书三书店因受国民党当局压迫,被迫结束业务。

11 月 19 日　解放军继续猛攻碾庄。黄百韬兵团此时仅剩不足八团兵力,据守七个村庄。当日晚,解放军发起第三次总攻击。

△　为解救黄百韬兵团,东援兵团竭力进攻,遭到解放军顽强阻

击,被阻挡于离碾庄圩仅 30 里的大许家一线,一万余人被歼。

△ 包围保定之解放军主动撤围,国民党军南下援军抵达保定,先头部队是日入城。

△ 西藏商务考察团抵英国伦敦。

11 月 20 日 蒋介石以碾庄黄百韬兵团危急,派空军副总司令王叔铭飞徐州,与刘峙、杜聿明共商陆、空军协同作战以解碾庄之围办法。

△ 华野第八、第九纵队突入碾庄围,全歼敌兵团部及第二十五军军部。黄百韬率直属部队千余人撤至东边大小院上,会同第六十四军军部继续顽抗。

△ 自河南东援之黄维第十二兵团越皖北涡河前进,先头部队到达浍河南岸地区。

△ 美国援助傅作义扩充军备之第一批物资运抵大沽港。

△ 是日起,法币停止流通;平、津地区延长使用半个月。

△ 美军驻华顾问团团长巴大维到东京活动,今日会晤麦克阿瑟。

△ 胡适在北平华北"剿总"集会上演讲,宣称:"和比战要难千万倍,与中共谈和根本是幻想",要"苦撑待变"。胡适同日对美联社记者谈话,要求美国直接援助傅作义作战。

△ 上海反对生活指数急剧上升之工潮继续扩大,罢工人数超过10 万。

△ 冯玉祥夫人李德全自苏联返抵东北解放区首府哈尔滨。次日,该市各界妇女举行盛大欢迎会。

△ 河北省第三专区专员兼保安司令朱吕魁、副司令王洗凡,在天津以西王庆坨地区,率所部 1500 余人向解放军投诚。

11 月 21 日 宋美龄在南京对美国发表广播讲话,称"中国目前的局势,确乎十分严重",呼吁美国"未来任何的援助,必须立刻见诸现实"。并警告美国说:如果共产主义在中国得逞,"你们最后也必难幸免"。

△ 中共中央就国民党政府要求美国给予军事保护发表声明,指

1948 年 11 月

出："国民党政府现在即将覆亡,任何外国政府给予国民党政府的任何援助,及其与国民党政府订立的任何协定,既不能挽救国民党政府的统治,亦不能保护该外国政府的利益。此项援助及协定之唯一前途,即为随国民党政府同归于尽。"

△ 进攻碾庄之解放军为消灭院上黄百韬兵团残部,进行坑道作业,并于当日晚发起最后强攻,战至次日下午,残敌突围,为解放军全歼。

△ 西北野战军以一纵、四纵组成右翼兵团,于是日在陕西同官、耀县地区歼灭国民党军第三军第十七师师部及三个营。

11 月 22 日 华东野战军经过 10 天激战,全歼国民党军第七兵团部及四个军部 10 个师共 10 万余人,击毙黄百韬。华野、中野全部作战部队共歼敌 17.8 万余人,内起义、投诚 3.08 万余人,解放徐州周围县城 19 座,取得淮海战役第一阶段的重大胜利。徐州完全被孤立,国民党军被分割在徐州(第二、十三、十六兵团)、蚌埠(第六、八兵团)、双堆集(第十二兵团)三处,为进行下一阶段作战奠定了基础。

△ 保定解放。驻守保定之国民党第一〇一军暂编第三十二师在援军接应下,弃城北撤。同日,解放军进驻,冀中军区司令员孙毅任保定军事管制委员会主任。

△ 华北"剿总"宣布:华北地区已进入作战状态,自本日起,唐山、塘沽、天津、北平、张家口之间地区划为戒严区。

△ 国防部、交通部联署发布命令,禁止上海两路局铁路员工有怠工或罢工情事,"否则依破坏后方交通论罪,从严惩办"。

△ 中国民主同盟总部发言人为蒋介石致书杜鲁门要求美国开入军舰协助"剿共",及上海市长吴国桢请求美军登陆,提议把上海国际化事,发表谈话:"我们认为蒋、吴的这种行动,完全是出卖民族、背叛国家的叛逆行为。"

△ 监察院纠举广东省主席宋子文套购港汇与民争利。

11 月 23 日 蒋介石召刘峙、杜聿明到南京举行紧急会议,为挽救徐蚌会战败局，决定南北对进，全力打通徐蚌段交通，徐州方面向符离集攻击，第六、八、十二兵团向宿县攻击。刘峙、杜聿明随即飞返徐州进行部署，以第十三兵团守徐州，以第二、十六兵团南下攻击。

△　驻美大使顾维钧在华盛顿发表声明，吁请美国给南京政府以"更多更快的援助"，并称"中国如陷于共党统治，亚洲亦将如此"。

△　淮海战役第二阶段开始，总前委决定，以中野、华野九个纵队位于浍河南、北地区围歼黄维兵团；为保证主战场作战，南线方面，以华野第二、六、十、十一、十三共五个纵队于宿县、西寺坡之间地区，阻击李延年、刘汝明两兵团北援；北线方面，以第四、八、九、十二、鲁中南、两广纵队共八个纵队，位于徐州以南夹沟至符离集之间，阻击徐州之敌南援。

△　东北野战军主力启程分三路入关：右路进冷口，中路进喜峰口，左路进山海关。同时，东北党政干部5.3万名和支前民工数十万人也随军入关。

△　陕西大荔地区，西北野战军右翼兵团攻击铜川以东军台岭、店子坡等据点，歼国民党军一个营又两个连。

△　中国民主促进会负责人马叙伦和无党派民主人士郭沫若，由香港秘密乘轮船抵达东北解放区。

△　中美农村建设联合委员会主席蒋梦麟率该会委员晏阳初等由南京飞四川、湖南视察。

11月24日　徐州北线国民党军调整部署完毕，邱清泉、孙元良两兵团开始向南攻击前进，当日前进五里，进至刘塘、张集地区。

△　黄维第十二兵团辖四个军11个师和一个快速纵队，约12万人（其中第十八军是国民党军五大主力之一），强渡浍河，抵达忠义集、东坪集、杨庄、朱口地区，进入解放军预伏阵地。黄昏时，解放军五个纵队全线出击。

△　空军轮番轰炸徐州以东向南进攻灵璧的人民解放军。

△　行政院决定撤销经济管制委员会及各区督导员。

　△　杜鲁门再与国务卿马歇尔会商欧亚时局。马歇尔对记者表示,美国忧虑共军在中国得势,但援助国民政府方面,决审慎从事。

　△　上海私立中小学教员总请假,要求享有市立学校配给物品。

11 月 25 日　黄维兵团向东南突围未成,整个兵团四个军全部被解放军包围在以双堆集为中心的纵横不到 20 里的狭小地带内。

　△　徐州南线国民党军奉命向宿县进攻。李延年兵团由固镇北进,刘汝明兵团由蚌埠北进,随即遭中野第九、十一纵队阻击,未能前进。

　△　华野第十三纵全歼灵璧守军邱清泉兵团第十二军第二三八师。

　△　西北野战军第二、三、六纵队,将国民党军第七十六军包围于陕西永丰镇,准备围歼。

　△　美军事顾问团团长巴大维建议南京政府迅即撤离徐州,将全部兵力南移。

　△　高岗、李富春受中共中央委托,与在哈尔滨的各民主党派负责人沈钧儒、谭平山、蔡廷锴等,对《关于召开新的政治协商会议诸问题》等文件,达成共同协议。

11 月 26 日　蒋介石令准免行政院长翁文灏本职,提名孙科继任。

　△　国民党中常会举行临时会议,决定由张群继任中央政治委员会秘书长。

　△　监委侯天民等 27 人提议纠察东北“剿总”司令卫立煌“于沈阳陷落前未能从容应变,且相率仓皇弃城潜逃”之责任,要求“严加惩处”。

　△　顾祝同秉蒋介石命令致电黄维,要求被围的黄维兵团“应不顾一切即以主力向东攻击,击破当面之匪,与李延年兵团会师”。

　△　黄维兵团以第八十五军在右,第十军在中央,第十四军在左,从双堆集地区的西、东两面向东南大营集、奶奶庙方向攻击,第十八军在双堆集以北担任掩护。

　△　徐州北线方面,邱清泉、孙元良两兵团沿津浦路东、西两侧向

南发起攻击。华东野战军集中九个纵队 19 个师,组成东、中、西三个集团,包围徐州南下之敌,阻其南援。是日,展开激烈阻击战,孙兵团稍有进展,邱兵团伤亡惨重,仅前进三公里。南线李延年、刘汝明两兵团得知解放军华东野战军主力南下,灵璧失守后,遂向浍河南岸撤退。国民党军会攻宿县,打通津浦线之计划破产。

　　△　南京卫戍司令部大肆搜捕进步学生和中共地下党员,连日侦察搜捕,已有 45 人被捕。

　　△　滇南民军攻克马关,进迫文山。

　　11 月 27 日　孙科继任行政院长,对合众社发表谈话,称其受过多年美国教育,其领导之政府将在许多方面反映美国的观点。并谓为尽早取得美国重大军事援助,中国必须准备作出让步。又称,中国需要麦克阿瑟那样的杰出军人担任最高军事顾问,以指导对共军的战事。

　　△　黄维兵团集中四个师向双堆集东南方向突围,被解放军击退;国民党军第八十五军第一一〇师 5000 余人,在师长廖运周率领下,在战场宣布起义。

　　△　国民党军第八十六军撤出山海关、秦皇岛,退往天津。东北野战军入关部队随即收复之。

　　△　蒋介石任命周体仁为北平警备总司令。

　　11 月 28 日　蒋介石在南京召集紧急会议,认为黄维兵团已无力自己突围,必须集中一切兵力与解放军决战方能挽救。决定徐州部队撤往蒙城、涡阳、阜阳间地区,发动攻势以解黄维之危。会后随即命令李延年、刘汝明两兵团撤回蚌埠,守备淮河。

　　△　顾祝同飞双堆集上空视察,令黄维兵团就地固守待援。黄维随即调整部署,组成环形工事,以三四个团向四周解放军作防御攻势。解放军"以地堡对地堡""以战壕对战壕",逐步缩小包围圈。

　　△　接南京命令后,李延年兵团退至浍河南岸,刘汝明兵团退守怀远及淮南铁路。

　　△　宋美龄代表蒋介石离沪赴美,以"吁请加强援助,俾迅速完成

戡乱任务"。12 月 1 日抵华盛顿。

　　△　行政院长孙科在上海官邸邀约上海工、商、文、教各界人士潘公展、王晓籁、刘鸿生、杜月笙、钱新之、程沧波等 20 余人茶叙,承认"过去政府有许多政策是错误了,使人民受害",表示"希望各位领袖领导上海市民,与政府切实合作,推诚相与,则力量集中,必能消灭共匪,保持我们自由平等的生活方式。至于政府今后政策,当一改过去之所为,为人民服务,以取得人民的信仰"。

　　△　西北野战军肃清陕西永丰镇外围据点,并以坑道进逼城下后,是日发动总攻,全歼国民党第七十六军。至此,西北野战军冬季攻势结束,是役共歼灭国民党军 2.5 万余人,内俘第七十六军军长李日基以下 1.7 万余人。

　　△　解放军撤出包头,同日,国民党军复占之。

　　△　青年党发表声明,称将不参加新政府。

　　△　首都卫戍总司令张镇辞职,由张耀明继任。上海警备司令宣铁吾调任衢州绥署主任。

　　△　上海航运界反对政府对外国开放内河航权。

　　11 月 29 日　为解放整个华北,彻底歼灭傅作义集团(共四个兵团 12 个军 42 个师,约 50 万人),东北野战军与华北野战军联合发起平津战役。参加此役的东北野战军主力有 12 个步兵纵队,一个炮兵纵队、铁道纵队,约 84 万人;华北野战军七个步兵纵队,约 13 万人,加上地方部队,解放军总兵力近 100 万人。是日,华北野战军第三兵团在张家口以西地区展开攻势,以切断平绥线,封闭敌军西逃之路,平津战役第一阶段开始。

　　△　徐州"剿总"司令刘峙移驻蚌埠。同日,杜聿明下达徐州撤退命令。

　　△　蒋介石与熊式辉商请麦克阿瑟来华指导国民党军作战。

　　△　前北大校长傅斯年在建国法商学院发表演说,称"欲达到世界和平,必须铲除共产主义"。

△　皖北解放军攻占固镇,国民党军在浍河南岸布防。

△　围困太原的解放军,为夺取火力、控制西铭机场阵地,以晋中军区部队占领花七头、红沙梁。

11 月 30 日　杜聿明率邱清泉、李弥、孙元良三个兵团及徐州机关和部分青年共 30 万人向徐州西南方向撤退。解放军当即以华野十二纵进占徐州,以第一、三、四、八、九、十二纵队、鲁中南纵队七个纵队多路平行追击。宿县、固镇地区第二、十、十一、十三纵队也赶至永城地区围歼杜聿明集团。

△　蒋介石以东北"剿匪"总司令卫立煌"迟疑不决,坐误戎机,致失重镇",明令着即撤职查办。

△　华北野战军杨成武、李井泉第三兵团二纵、六纵攻占柴沟堡、万全;一纵攻占怀安,歼灭国民党非正规军 2200 余人。接着,二纵、六纵攻占张家口以西外围阵地,一纵向张家口、宣化间进攻,对张家口形成包围态势。

△　张家口国民党军第十一兵团司令孙兰峰向傅作义告急。傅作义急令第三十五军及怀来第一○四军第二五八师乘汽车增援张家口,以怀来第一○五军第三一○师增援宣化,另以昌平第一○四军第二六九、二五○师进抵怀来,第十六军由涿县移至昌平、南口,以确保平张线交通。

△　中国政府与美国政府在南京互换《中美友好通商航海条约》批准书,宣称该条约自即日起生效。

△　中共中央发出《关于新解放城市组织各界代表会议的指示》,指出:"在城市解放后实现军管的初期,应以各界代表会为党和政权领导机关联系群众的最好组织形式。"

是月　从本月起,公教人员分区加成发薪。

12　月

12 月 1 日　蒋介石接见美合众社副社长兼远东总经理房恩,称确信战局将转向有利于国民党军。表示将长期守住江南,并欢迎麦克阿瑟为最高军事顾问。

△　蒋介石派汤恩伯兼京沪警备总司令。

△　蒋介石召见第十二兵团副司令胡琏,令其立即飞赴双堆集,协助黄维指挥。

△　行政院会议通过非军事机关分迁于重庆、广州两地办公计划。

△　民国政府新闻局长董显光声明政府不迁都。行政院通过疏散南京公务员眷属办法。

△　美国《外交杂志》载文称:自第二次世界大战开始以来,美国曾以 35 亿美元援助中国。其中在战胜日本以前,为 14.69 亿美元;战胜日本以后,达 20.88 亿美元。

△　太原城外解放军继续进攻。十三纵占领赵家山、丘岗、以火力控制了西铭机场;东面八纵、十五纵攻占松树坡;北面七纵占领苏村、阳曲、凤阁梁等地。

△　华东野战军解放徐州,成立军事管制委员会,周林任徐州市长。

△　第二届世界民主妇女代表大会在匈牙利首都布达佩斯开幕,蔡畅率中国解放区妇女代表团参加大会,并当选为本届世界民主妇女联合会副主席。大会发表宣言,号召全世界妇女为保卫和平民主而奋斗。6 日大会闭幕。

△　民国政府开始将大陆黄金运往台湾。是日午夜,海关缉私舰"海星号"装载首批黄金 260 万两,在军舰"美威号"护送下,由上海启程。

△　华北、华东、晋绥、陕甘宁各解放区政府协商决定成立中国人

民银行,统一发行中国人民银行新币。

12 月 2 日　蒋介石派国防部第三厅副厅长许朗轩到北平,命令傅作义确实控制海口,以备撤退之用。

△　傅作义到张家口部署防务,当日返北平。

△　杜聿明集团继续向淮河方向撤退,在孟集、袁圩地区休整一晚;次日向永城急进,在青龙集北、红庙附近遭解放军阻击。

△　广州绥署主任宋子文命令禁止香港《大公报》入口,次日,广东当局宣布自即日起实行《新闻检查法》,检查由港来穗报纸,如有问题,悉数没收。

△　华北野战军杨成武兵团于是日拂晓攻占张家口、宣化间沙岭子,将下花园至宣化间的铁路破坏。

12 月 3 日　蒋介石派空军空投亲笔信给杜聿明,令其"停止向永城前进,转向濉溪口攻击前进,协同由蚌埠北进之李延年兵团南北夹攻,以解黄维兵团之围"。同日,蒋又派李以劻持亲笔信赴蚌埠,令李延年、刘汝明两兵团集中力量北进,以解救黄维兵团。当晚,杜聿明被迫改变向淮河撤退的决定,以邱兵团为攻击部队,李、孙兵团左右掩护,转向濉溪口方向前进。

△　教育部长朱家骅发表对时局谈话,称"戡乱乃中华民族的唯一出路"。

△　傅作义接见平、津、冀、晋、察、热、绥七省、市参议会议长,表示对保卫华北具有信心。

△　宋美龄访美国务卿马歇尔,吁请援华。

△　包尔汉代表张治中与苏联大使罗申订立解决西北问题密约。

△　为歼灭傅作义部队主力第三十五军,东北野战军先遣部队程子华、黄克诚第二兵团奉命由平谷、蓟县地区出发,经密云、怀柔,向怀来急进。

△　招商局行驶沪甬线的"江亚"轮在吴淞口发生爆炸沉没,旅客1600 多人和船员 68 人遇难。

△ 空军运输机一架在台湾基隆失事,25 人遇难。

12 月 4 日 杜聿明集团在华东野战军围追堵截下,于是日拂晓在离徐州西南约 65 公里的萧县、永城间之陈官庄、青龙集、李石林地区陷入重围。

△ 李延年、刘汝明两兵团奉命向北发动进攻。李延年以第九十九军攻击曹老集及其东西两侧阵地,次日占领仁和集、曹老集、周家口,随即遭解放军坚决阻击。

△ 为集中力量加快歼灭双堆集黄维兵团,总前委调战役预备队华野第七、第十三纵队及特种兵纵队参加作战。解放军八个纵队组成三个集团:以中野第四、九、十一纵队为东集团,攻击双堆集以东第十、十四军;以中野第一纵队和华野第十三纵队为西集团,进攻马围子北第八十五、十八军;以中野六纵及华野七纵为南集团,向双堆集及以南地区攻击。攻击重点为东集团。

△ 傅作义飞张家口,召集孙兰峰等举行军事会议,征求防守张家口意见,未作决断。当日飞返北平,行前指示:张家口部队行止,待其回平后电告。

△ 宋美龄要求美国援蒋 30 亿美元,以三年为期。

△ 行政院政务会议通过盐税改制案。将过去从量征收改为从价征收,改制后之盐税收入可增加三倍,预计本年盐税,总收入当在 10 亿元以上。

△ 行政院政务会议决定,自 6 日起,铁路客运及货运加价五倍。6 日,行政院咨请立法院增加邮资五倍。

△ 淮阴守军周嵒部撤退,苏北解放军占领淮阴。

△ 为争取太原和平解放,解放军对太原守军转入长期围困,同时加强对敌宣传,以实行政治瓦解。

△ 陕西国民党军复占白水。

△ 云南国民党军复占马关。

△ 中国各民主党派在香港联合发表《为保护产业、保障人权告国

内同胞及各国侨民书》,指出:"中国共产党提出的'发展生产,繁荣经济,公私兼顾,劳资两利'的工商业政策,以及严格保障人权的政策","在未来的统一的联合民主政权之下,必然会更贯彻的继续执行。"

12月5日　杜聿明集团被围后,连续组织向南突击,均未能突破解放军阵地。

△　东北野战军十一纵攻克密云县城,全歼国民党军6700余人。

△　傅作义得悉密云失守,急令第三十五军等部立即由张家口撤回北平。第三十五军倾全力进攻沙岭子,解放军因伤亡过大,放弃阵地后撤。次日,第三十五军乘汽车向新保安撤退。

△　中央航空公司飞机一架在上海失事,10人遇难。

△　美国民主远东政策委员会在纽约召开"不干涉中国群众大会",要求美国政府停止对蒋介石的一切援助,撤退一切驻华美国军事人员,让中国人民建立自己的政府。

△　马来西亚华侨52人被驱逐出境。

12月6日　蒋介石决定设立长江江防总指挥部,以巩固长江江防。令汤恩伯总司令负责主持,召集陆海空军主管会议,策定具体实施办法。

△　杜聿明集团遭到解放军从北、东、西三面的猛烈攻击。杜聿明、邱清泉、李弥、孙元良等在李石林第十三兵团司令部开会,决定入夜后分头向南突围,到阜阳集合。邱清泉、李弥根据侦察结果,认为突围必败,遂停止行动。入夜,孙元良兵团以营为单位分股突围,在萧县、永城间的黄瓦房、张老窝地区遭到解放军拦截,第四十一、四十七军大部被歼,军长胡临聪、汪匣锋被俘,孙元良只身潜逃。

△　午后4时,华东野战军对双堆集黄维兵团发起全线攻击,展开激战。

△　华北野战军第二兵团解放涿鹿县城。

△　国民党军第三十五军继续由张家口向北平撤退,因公路被破坏,军行迟缓,是晚抵达鸡鸣驿、下花园一带。

△ 宋美龄在美国为纪念珍珠港事变七周年发表文告,呼吁美国援蒋,以防止世界大战重新爆发。

△ 美军事联合顾问团决定,在本月 10 日或 10 日以后宣布撤退日期,在宣布后的五日内,所有美籍人员均将回国。

△ 美国会众议院外交委员会主席、民主党领袖白鲁姆主张美国应以紧急援助给予中国政府,以"阻遏共产主义之苏联征服整个亚洲",并提出美国应以第一流枪炮及弹药和美国之军事人员,增援并训练国民党军队。

△ 为控制新闻通讯,南京政府在上海恢复新闻检查制度。

△ 北平空军仓库发生爆炸。

△ 冯玉祥夫人李德全向西北军旧部广播,敦促及时觉醒,放下武器,为人民立功。

△ 美国共产党中央委员会打电报向中国人民解放军致敬,并保证团结美国人民力量,制止美帝国主义干涉中国内政。

12 月 7 日 经过反复争夺,华东野战军攻占双堆集地区的李围子、李土楼、小周庄、宋庄等村庄。黄维兵团猬集一团,依托村落房屋继续抵抗。黄维派第十二兵团副司令胡琏飞南京向蒋介石紧急汇报,请求突围,获得批准。

△ 傅作义第三十五军在 18 架飞机掩护下,由下花园继续东撤,遭到解放军顽强阻击,被滞留在新保安地区。华北"剿总"令第一〇四军由怀来向西接应第三十五军。

△ 据守宣化之国民党军独立第三一八师奉命撤往张家口,中途在沙岭子遭解放军伏击,大部被歼,师长张进修负伤逃脱。华北野战军一纵乘胜占领宣化。

△ 华北解放军解放涿县、顺义等县城。

△ 美国援蒋计划之第一批 1.25 亿美元物资由美国启运。

12 月 8 日 在蒋介石严令下,邱清泉兵团多次集中兵力向南突击,企图强行突围,解放军三面突击、一面堵击,迫其退缩。

△ 华北野战军杨、罗、耿兵团以强行军追击东撤之国民党军,是日将第三十五军包围于新保安。第三十五军集中兵力向东突围,解放军第四、第八纵队顽强阻击,展开白刃格斗,激战竟日,将其击退。

△ 傅作义急调在怀来的第一〇四军和在昌平、南口地区的第十六军西援。第一〇四军在飞机掩护下,先进攻怀来县土木,后转攻下湾子、宋家营,均被解放军击退。

△ 陈果夫抵达台湾基隆,对记者发表谈话,勉励青年党员向中共发动"心理战争"。

△ 凌晨,龙云秘密离开南京,乘陈纳德飞机经上海转广州。当晚乘船赴香港,摆脱了蒋介石的控制。

△ 美国代理国务卿罗维特表示,美驻华大使馆将不撤退。同日,美国经济合作总署署长霍夫曼携秘密计划来华。

12 月 9 日 胡琏由南京飞返双堆集,转达蒋介石命令,要黄维率部"毅然突围"。

△ 邱清泉兵团再次向陈官庄以南发起攻击,企图突围未逞。

△ 在华北平绥线,国民党军第一〇四军继续由贾家营向西猛攻,一度攻抵马圈,即遭解放军顽强阻击。第三十五军仍被阻于东八里一带不得前进,双方相隔仅五公里,无法会合。是日夜,解放军发起攻击,第一〇四军退回怀来,第三十五军退回新保安。解放军完成对新保安的确实包围。是日,中共中央军委电示华北、东北野战军,必须用全力围歼傅作义主力第三十五军。

△ 东北野战军四纵在康庄包围了准备西援之第十六军,发生激战。午夜,第十六军向康庄以南撤逃。

△ 国民党军第一〇五军军长袁庆荣率二个师自张家口东进,增援新保安,进至沙岭子遭解放军阻击,战至下午 4 时,退回原地。

△ 云南国民党军复占石屏。

△ 解放军山东军区部队收复威海以东刘公岛。

△ 淮阴第一绥靖区部队南逃,中共地方部队收复淮阴、淮安、宝

应等城。

　　△　英国外长贝文在下议院说明对华政策,谓遵守 1945 年美、英、苏三国在莫斯科所宣布的不干涉中国内政的政策,但亦不能漠视英国在华侨民与巨大之商业利益,要求中国交战双方尊重英人之生命财产。

　　△　港督葛量洪公开警告中共,勿干涉香港。并表示香港准备在共军南下时,竭力应付任何事变。

　　△　据上海市工业技术委员会统计,沪市 86 种工业中,共有工厂 1.2553 万家,工人总数 42.6 万人。

12 月 10 日　蒋介石颁布命令,规定东自长江口起,溯江而上,至鄂、川边界折北,沿川、鄂、陕、甘边界至天水、龙凤、海原(均甘肃境内)、沿甘肃省界至宁夏省盐池,向北之绥远省临河,折至甘、新边界上,划一界线,以东以北地域为接战地域,以南以西为警戒地域。宣布全国戒严。

　　△　立法院会议通过《工会法》和《民国卅七年整理公债条例》。

　　△　傅作义调津、塘地区的第六十二军、第九十四军(欠第四十三师)增防北平,是日到达丰台、清河、南口一带待命。

　　△　宋美龄访晤美国总统杜鲁门,要求美国发表支持南京政府反共救国的正式宣言;派遣高级军事代表团来华主持反共战争与供应的制订工作;提供 30 亿美元的军事援助。杜鲁门对此答复说:"美国只能付给已经承诺的援华计划的 40 亿美元,这种援助可以继续下去,直到耗完为止,美国不能保证无限期地支持一个无法支持的中国。"

　　△　美国西太平洋舰队司令白吉尔在记者招待会宣布,他正调美国海军陆战队于最近来沪,以保护美侨生命财产。但陆战队不上岸,只有在美侨生命财产受到威胁时才登陆。

　　△　南京全市进行大搜查,数十人被捕。

　　△　解放军攻占陈官庄周围 50 多个村落,将杜聿明集团 20 余万人压缩在以陈官庄为中心的狭小地区。

　　△　进攻双堆集之解放军调整部署,以第三纵加强南面,由陈士榘

指挥。黄维兵团第八十五军第二十三师师长黄子华率师部及两个团向解放军投降。

△　东北野战军第四纵队跟踪追击,在康庄东南 50 公里地区,歼灭国民党军第十六军 6600 余人,控制了岔道、康庄、青龙桥一线。国民党军第一○四军闻讯后,遂放弃怀来,向横岭城、马刨泉方向绕路向北平逃窜。解放军四纵进行追击,十一纵予以截击,当日占横岭城、镇边城要隘,断敌退路。

△　毛泽东、朱德复电原国民党军第三绥靖区副司令何基沣、张克侠,对其率部起义加入人民解放军,表示欢迎。

△　中国民主同盟负责人胡愈之、吴晗、韩兆鹗、楚图南在河北省解放区与中共中央统战部部长李维汉交换民盟活动的意见。

12 月 11 日　蒋介石公布 1946 年 11 月 4 日签订的《中美友好通商航海条约》,凡 30 条。

△　淮海战场解放军围攻双堆集,黄维兵团继续顽抗,第十四军军长熊绶春被击毙。

△　由怀来南逃之第一○四军(欠第二五八师)、第十六军第二十二师一部在横岭、白羊城一带,被东北野战军包围。激战八小时,除军长安春山率千余人逃脱外,其余 1.3 万余人全部被歼。

△　美国经济合作总署署长霍夫曼抵达上海。同日,经合总署宣布,又有美援粮食 1.1 万吨大米由曼谷运抵上海。截至目前,经合总署已将小麦与食米 5.2 万吨运抵中国。

△　毛泽东在为中共中央军委起草对林彪、罗荣桓等发出的电报中,指出:为使蒋介石不迅速作出让傅作义集团放弃平、津南下的决策,"从本日起的两星期内基本原则是围而不打(如对张家口、新保安),有些则是隔而不围(即只作战略包围,隔断诸敌联系,而不作战役包围,如对平、津、通州),以待部署完成之后各个歼敌。尤其不可将张家口、新保安、南口诸敌都打掉,这将迫使南口以东诸敌迅速决策狂跑"。

12 月 12 日　刘伯承、陈毅致书第十二兵团司令黄维,要其"即派代表到本部谈判投降条件",遭到黄维拒绝。华东野战军继续进攻,黄昏后逼近尖谷堆制高点。

△　根据中央军委指示,东北野战军从是日起,按左、中、右三路向平、津、塘国民党军展开分割包围。左翼以二、七、八、九、十、十二纵组成,由邓华、吴培善指挥,沿北宁线前进,执行隔断津、塘、唐的任务。中央以萧劲光、陈伯钧第一兵团指挥一、三、六、十纵,执行隔断平、津的任务。右翼为程黄兵团,隔断平绥线。

△　在东北野战军的强大压力下,国民党军第八十七军放弃唐山撤往塘沽;第八十六军由汉沽、芦台退防天津。东北野战军随即解放唐山市及古冶、开平等镇。

△　傅作义调整部署,改为分区防守,北平、津塘各为一防区,分由李文、侯镜如指挥。津塘线被切断后,又将天津、塘沽分为两个防区,分由陈长捷、侯镜如指挥。

△　天津警备司令陈长捷召开驻军军长、军参谋长、天津市市长等开会,研究加强城防工事的措施和防守兵力的部署。决定将天津市区分为西北、东北、市南三个防区,分由第六十二军(欠第一五七师)、第八十六军和九十四军第四十三师等担任防守。

△　傅作义重建第一〇四军,将河北省保安部队补充第二五〇师、第二六九师两个师,新编第三〇九师划归该军建制。

△　霍夫曼与美援运用委员会举行会谈,翁文灏促请霍夫曼考虑"在美议会通过新援华法案万一较迟时,另拨暂时性之援助,以资援华工作不致中断"。

△　孙兰峰继傅作义任察哈尔省府主席。

△　上海各界自救救国会在沪举行成立大会,出席者有杜月笙、潘公展等 1000 余人,会议表示"拥护元首,迅速达成救国救世之目的",并选举方治、江一平、杜月笙、杨虎为该会委员。

△　中共中央军委就淮海战役后的作战方针致电淮海战役总前委,指出:在全歼黄维、邱清泉、李弥诸敌后,华东、中原两野战军休整二

个月,并大致准备好渡江作战所需要的物资及初步完成政治动员,在江淮间现有诸敌未退至江南的条件下,两军协力以一个月至二个月的时间举行江淮战役歼灭江淮间诸敌,占领长江以北、淮河以南、平汉路以东、大海以西诸城镇,主要是安庆至南通一带诸城镇,控制长江北岸。然后以相当时间最后完成渡江的各项准备工作,即举行渡江作战。其时间大约在明年5月或6月,华东、中原两军协力经营东南包括皖南、苏南、福建全省、江西一部,并夺取芜湖、杭州、镇江、苏州、南京、上海诸城而控制之。东北野战军协同华北野战军主力于明年1、2两月完成夺取平、津、张、唐任务,3、4两月休整,5月沿平汉路南下,6、7两月执行江汉战役并完成渡江准备工作,8月渡江,第一步经营湖北南部、湖南全省及江西一部,包括夺取武汉、岳州、长沙、常德、宝庆、衡阳、郴州、九江、南昌、吉安、赣州在内,第二步夺取两广。华北野战军主力协同东北野战军夺取平、津、张、唐后,如那时太原尚未攻下则协力夺取太原,然后以杨罗、杨成武两部夺取绥远、宁夏,与西北野战军配合。徐向前兵团则早日与西北野战军会合,先肃清兰州、潼关线及其以南以北诸敌,并夺取潼关、西安、天水、汉中诸城,然后入川。

12月13日　进攻双堆集的解放军东集团攻占沈庄、杨围子、杨庄;西集团攻占西马围子、小马庄;南集团攻克大小王店等地。歼敌第十四军全部,第八十五军和第十军大部,第十八军一部。残敌第十八军两个师、第八十五军第二一六师及第十军一部被压缩在东、西不过三里的狭长地带,其兵团部核心阵地及临时机场完全暴露。

　　△　在平津战场,东北野战军左翼第七、九纵队进驻唐山;右翼程黄兵团占领南口,并挥师南下,经圆明园、北平以西向丰台、宛平间攻击,在枣林庄、岳各庄击溃由宛平东逃之第一○一军,歼敌2000余人,当日进占丰台、宛平。

　　△　白崇禧对武汉三镇区、乡、镇保甲长发表讲话称:要发挥军民综合力量,与中共作全面的斗争,以"争取剿匪的胜利"。

　　△　美经济合作总署署长霍夫曼在上海谈话,谓如中国现政府失

败,美对南京组织的"联合政府"将仍维持援助。

△　国际紧急粮食会议,已指拨食米 24 万公吨予中国,作为明年前六个月之需要。

△　财政部电令南京军警机关及各地金融管理局,立即取缔银元摊贩。

△　民主建国会负责人黄炎培在上海晤周孝怀,请其将昨日黄向张治中提出的实现国共和谈的办法转告张群,以共同进行。

△　中共中央军委任命接管平、津两市领导人员,聂荣臻为平津卫戍区司令,薄一波为政委,彭真为北平市委书记,叶剑英为市委副书记、北平军管会主任兼市长,黄敬为天津市市长。

12 月 14 日　解放军以中野六纵、华野三、七、十三纵共四个纵队,直攻黄维兵团指挥中心双堆集。至当日夜,南集团攻占机场南端和双堆集南面阵地,东集团攻克杨子全庄。

△　东北野战军十一纵进至北平西郊香山,与国民党军第三十一军第二〇五师及保安第二旅接触,歼敌千余人。第七、九纵队进驻芦台、汉沽,在茶淀站歼灭第八十七军 3000 余人。萧劲光兵团攻占永乐、安平镇、马驹桥等地,歼灭第三十一军第二〇五师一部。

△　蒋介石设晚宴欢迎美经济合作总署署长霍夫曼,并邀白吉尔、司徒雷登、巴大维等作陪。约定 15 日下午,中美双方官员将再度开会,对美援问题交换意见。

△　因解放军迫近北平城郊,华北"剿总"司令部由北平西郊移往城内,国民党军大部亦退守城内。

△　傅作义的谈判代表崔载之(北平《平民日报》社长)由中共地下党员李炳泉(《平民日报》采访部主任)陪同出城联系和谈,原拟与中共中央直接商洽,未果,中途折回。向傅作义汇报后,再次出城到解放军平津前线司令部驻地三河进行谈判。

△　解放军攻占安徽盱眙、天长。

△　江西省政府宣布即日起实行书报检查,凡港、沪及各地寄赣之

书报,均需检查后发行。

　　△　杭州市商人 3000 余赴市参议会请愿,反对提高营业税。

　　△　上海市民因争相存兑金银而发生斗殴,伤亡多人。

　　12 月 15 日　淮海战场解放军攻克双堆集,全歼黄维兵团。黄维、胡琏率第十二兵团残部于黄昏后向双堆集西南突围,当即为解放军全歼,兵团司令黄维、副司令吴绍周被俘,胡琏只身逃脱。是役共歼国民党军四个军部 12 个师,约 10.2 万余人,解放军伤亡 3.6588 万人。

　　△　东北野战军程黄兵团击溃丰台以东国民党军第九十二军、第九十四军一个师,及保安第二旅共五个师兵力的三次进攻,从西面包围了北平。第八纵队由香河地区分三路向天津前进。

　　△　华北野战军杨李兵团占领张家口外围西甸子等据点,北岳军区部队和蒙古骑兵第四、第五师等部解放张北。至此,平绥线国民党军被包围于新保安、张家口两处,解放军完成了对平绥线敌军的分割、包围。

　　△　傅作义在北平中南海召集所部师长以上人员开会,秘密研商与中共实现和平的问题。

　　△　蒋介石派前军令部长徐永昌由南京飞抵北平,劝说傅作义率部南撤。徐当日飞返南京。

　　△　民国政府派专机接北平著名人士和学者胡适、陈寅恪等到南京。次日,蒋介石接见胡适,听取关于北方局势的报告。

　　△　天津警备司令部决定自 15 日起,延长宵禁时间,每晚提前二小时于 10 时开始宵禁,断绝交通。自 18 日起,宵禁再次提前,于晚 7 时开始,至次日晨 7 时解除。

　　△　孙科自上海到南京,将于短期内完成组织新内阁的工作。

　　△　行政院修改存兑金银办法,每人三个月限购一两。

　　△　行政院政务会议任命傅斯年接替庄长恭为国立台湾大学校长。

　　△　美国务卿罗凡特发表声明,称美国政府对华政策不变,亦无召

回驻华大使的计划,并称美国将避免在中国当前困难中的任何直接牵涉。

△ 美驻沪总领事葛柏德在记者招待会上称:美国海军陆战队两中队及杂务人员一行 695 人,将于次日由青岛乘舰抵沪,担任保护上海美侨之任务。

△ 美国海军运输舰"延色号"装载价值 3500 万美元之武器弹药及其他装备运往中国。

△ 绥远国民党军复占凉城。

12 月 16 日 蒋介石决心部署长江江防,令李延年、刘汝明两兵团退守淮河南岸,以掩护国防部构筑工事,防止解放军南下。

△ 淮海战役进入围歼杜聿明集团的第三阶段。中共中央军委决定淮海前线部队休整 10 天左右时间,然后集中华野全力发起攻击。总前委据此作出部署:华东野战军以第一、二、四、八、九、十、十一、渤海纵队,共八个纵队,为第一线部队,边围困边休整,围而不打,并加强对敌政治攻势。以第三、六、七、十二、十三、鲁中南、两广纵队共七个纵队,部署在夏邑、永城、濉溪口一线为第二线部队,进行休整,并随时准备参战。中原野战军全军位于宿县、涡阳、蒙城地区,准备截击由南北援之敌。

△ 中共中央军委就同傅作义谈判问题给平津前线司令部发出四点指示,提出"以争取敌人放下武器为基本原则",在此原则下可以"考虑允许减轻对于傅作义及其干部的惩处和允许他们保存其私人财产"。并指出"我们的第一个目的是解决中央军"。

△ 黄维兵团被歼后,杜聿明集团陷入孤立、绝望之境地。是日开始连日大雪,大批人马冻死、饿死。杜聿明电蒋介石,表示决心固守待援。

△ 华北"剿总"在北平、天津城内赶修临时机场。

△ 中央、中国两航空公司上海、平津间飞机航班停航。是日,沪、津海运停航。

△　美国借口护侨,派海军陆战队两个连自青岛抵上海。

△　空军总司令部直属第八大队中尉俞渤等五人,驾 B—24 式重型轰炸机自南京飞抵石家庄起义。

△　中国人民解放军唐山市军事管制委员会成立,阎达开为主任。

△　中国国民党革命委员会主席李济深秘密离开香港赴解放区。

12 月 17 日　张群、吴忠信、张治中受蒋介石之托,访问李宗仁,说明蒋氏有下野意向。李宗仁当即提出:"一、德邻(按:李宗仁字德邻)为倡导和谈主持大政;二、组织举国一致的内阁(即行政院)主持和谈,其人选另行考虑;三、和谈应请国内进步人士赞助,共策进行。"

△　蒋介石电令杜聿明派人飞南京,面授机宜。

△　毛泽东为中原、华东两野战军司令部起草的广播稿《敦促杜聿明等投降书》播出。解放军通过放宣传弹、喊话、派遣战俘或投降人员返回劝降、释放俘虏等手段,加强对被围困的国民党军官兵的政治攻势。

△　东北野战军程黄兵团进占门头沟、石景山、万寿寺,逼近北平西直门、德胜门,从北面、西面包围了北平。萧劲光兵团占领南苑机场、廊房、武清,此后又粉碎了国民党军对南苑的反击,切断了平、津联系,从东面、南面包围了北平。

△　傅作义谈判代表崔载之、李炳泉等一行五人,到达蓟县解放军平津前线司令部驻地孟家楼附近之八里庄。

△　国民党军第八十六军前哨部队撤至天津东北近郊。

△　绥远国民党军第一一一军三个师向卓资山、集宁方向进击,以策应张家口守军的作战。

△　华北七省市参议长许惠东等电蒋介石,吁请派海军驰援塘沽。

△　胡适与司徒雷登谈话,要求美国支持蒋介石。

△　国民党军对江阴、镇江各港口实施局部封锁。

12 月 18 日　杜聿明派参谋长舒适存由陈官庄飞南京接受命令,蒋介石指示杜率部"击溃当面之敌南下"。

　　△　国防部参谋次长李及兰、总统府参军罗泽闿、联勤总司令部参谋长吴光朝等持蒋介石亲笔信到天津,与杜建时、陈长捷等会商。李及兰口头传达了蒋介石忧虑津、塘两区兵力单薄,不如合并一区以固守海口为主的意图,因陈长捷不同意而作罢。是日,解放军已抵达天津外围,双方发生接触,国民党军在市区内赶修机场。

　　△　北平城内东单操场改建机场竣工,今日二架小型军用飞机试行降落,次日有四架客机降落。傅作义命令:北平军政人员一概不准撤离,违者处严刑。

　　△　京沪警备总司令部通令:"各地对于集会、结社、游行、请愿等事,一律禁止",各地工厂及交通事业,严禁罢工。

　　△　美军顾问团团长巴大维在致美陆军部的电报中声称:"纵令时间容许,民国政府是否能取得必要的人民的支持,以动员这一地区(华南)的充分人力,以重建其军队,实属极端令人怀疑之事。"并谓"国军的完全失败……是不可避免的"。

　　△　原隶中央博物院之北平故宫博物馆决定改隶北京大学,馆长仍为韩寿萱。

　　△　据《大公报》报道,上海市卷烟工业计有 95 家工厂,职工 3.5万余人,每月出产各种卷烟约 12 万箱,占全国生产总量的 50％左右。近来工厂被迫停工者达三分之二以上,面临危险境地。

　　12 月 19 日　行政院长孙科以组阁遇到困难,提出辞职,为蒋介石挽留。

　　△　杜聿明之参谋长舒适存偕空军总部第三署副署长董明德飞返陈官庄,向杜聿明传达蒋介石要其"集中力量,在空军投掷甲种弹(即毒气弹)及轰炸掩护下,突破一方,实行突围"的命令。杜聿明获命后决定突围,并与董协商陆空协同计划,后因突围计划无法实施,乃派舒、董返南京向蒋介石复命。

　　△　国防部参谋次长李及兰等由天津飞北平,因无处降落,乃将蒋介石给傅作义及各军军长的信空投,然后飞返南京。

△　傅作义令第九十二军向南苑机场发动反击,收复该地,但遭解放军顽强阻击,未能实现。

△　东北野战军第九纵队攻占军粮城,守军逃往塘沽;第八纵队奔袭杨村,歼灭第一〇五军第三三三师师部及第九九七团,俘1900余人,并用炮火控制了天津张贵庄机场,使飞机无法起降。

△　解放军平津前线司令部参谋长刘亚楼拒绝傅作义谈判代表崔载之提出的关于建立华北联合政府的建议,说明中共和平解决平、津、塘、张问题的基本原则,是以国民党军队放下武器、解除武装为前提条件。由于双方意见分歧,谈判未果。

△　广东南路人民武装攻入湛江市,击毙湛江第十区清剿司令张君嵩。

△　广东省保安第十团团长陈一林率领该团800余人在雷州半岛遂溪县城起义。

△　中国致公党主席陈其尤由香港抵达沈阳。

12月20日　新任行政院院长孙科在南京陵园官邸招待外籍记者,宣布组成新内阁,称"政府将继继与共匪作战,以获得胜利之和平"。并谓"政府剿匪具有决心,决不轻言妥协"。

△　蒋介石命令第九十九、九十六、五十五、六十八军守备淮河,第二十八军于浦口占领桥头堡,第五十四、三十九军调江南,归京沪卫戍总司令汤恩伯指挥。

△　徐蚌战场连降大雪,空军被迫停止空投,被围困之杜聿明部队饥寒交迫,在解放军政治攻势下,小部队和零散官兵纷纷投诚。

△　东北野战军第八纵队攻占海滩车站,从北面、西面包围了天津;冀中军区部队解放静海。第一纵队进抵宝坻,冀东军区部队占领通县。

△　皖北解放军占领天长。

12月21日　东北野战军第九、十纵队攻占新河车站,隔断津、塘联系,包围塘沽,并从南面、东面包围了天津。至此,东北和华北野战军各路大军,在西起张家口东至塘沽约 500 公里长的战线上,歼敌八万余人,将华北"剿总"及二个兵团部六个军部 22 个师共 25 万人包围于北平;将二个军部 11 个师共 23 万人包围于天津;将一个兵团部一个军部七个师包围于张家口;将一个军部二个师包围于新保安;将一个兵团部一个军部五个师包围于塘沽、大沽两点。完成了分割、包围傅作义集团的任务。

　　△　平津战役第二阶段开始,人民解放军开始逐次攻歼新保安、张家口和天津被围之国民党军。是日,华北野战军杨、罗、耿兵团开始攻击新保安第三十五军,以三纵在西面实施主突击,四纵由东及东南突击,八纵由西北及北面突击。战至下午 3 时,四纵全歼东关守敌第二六七师一个营及守护第十三团,占领东关、龙王庙,扫清东南敌外围警戒阵地地堡群;三纵攻占水温庙。

　　△　驻北平国民党军第九十二军密派代表出城与解放军围城部队联系起义事,并商定联络办法。

　　△　立法院通过《全国戒严案》及《起用在乡军人及转业军官加强戡乱力量案》等法案。

　　△　美经济合作总署署长霍夫曼在华盛顿发表谈话称,由于中国局势之严重,7000 万美元之"长期中国建设复兴计划"已予暂停。

　　△　新驻苏陆军武官张国疆一行抵莫斯科。

　　△　安徽省政府自合肥移安庆。

　　△　清华大学校长梅贻琦、北平研究院副院长李书华飞南京。

　　△　中国航空公司沪港班机 XT—C4 号在香港附近失事,乘客 28 人及机组人员七人全部罹难,中有上海中央日报社董事长彭学沛、无锡申新三厂经理荣守仁等。

　　12 月 22 日　国民党中常会、中政会先后举行会议,通过孙科内阁名单。同日,蒋介石以总统名义发布该项命令并公布名单:行政院副院长兼外交部长吴铁城、国防部长徐永昌、内政部长洪兰友、粮食部长关吉玉、教育部长梅贻琦、卫生部长林可胜、社会部长谷正纲、工商部长刘维炽、交通部长俞大维、水利部长钟天心、财政部长徐堪、地政部长吴尚鹰、主计长庞松舟、司法行政部长梅汝璈、资源委员会委员长孙越崎、侨务委员长戴愧生、蒙藏委员长白云梯、行政院秘书长端木恺、新闻局长沈昌焕,农林部长未定,政务委员张群、张治中、翁文灏、陈立夫、张厉生、朱家骅。

△　蒋介石特任谢冠生为公务员惩戒委员会委员长兼司法院秘书长。

△　国民党中常会提名李培基、刘健群为立法院正、副院长;并批准南京市市长沈怡辞职,由滕杰继任。

△　行政院会议通过施行《戡乱军律》,凡26条。依照规定应处死刑的,包括有不奉命令,放弃守地,与军事上受重大损失者;临阵退却或托故不进者;向共投降者;惑众动摇军心者;战场逃亡者等。

△　解放军对新保安发起总攻,先以强大炮火摧毁敌军阵地,然后从四面突入城内,至下午5时,全歼傅作义主力第三十五军1.647万余人;俘副军长王雷震以下1.26万余人,军长郭景云被击毙。

△　下午,孙兰峰、袁庆荣接傅作义电令,要张家口守军"相机突围向归绥撤退"。袁庆荣随即部署突围计划:明日拂晓全军突围,主力向商都方向突围;整编骑兵第五、第十一旅向张家口以南突围,然后转道去商都会合。整编骑兵第十二旅鄂友三部占领张家口以北狼窝沟,接应突围部队。是夜,守军即出大境门向北作试探性突围。

△　解放军平津前线司令部以司令员林彪、政治委员罗荣桓名义颁发入城布告,宣布解放北平、天津诸城市"约法八章",保证保护人民生命财产、民族工商业和学校、医院和文化教育机关。

△　解放军桐柏军区部队攻克鄂北樊城。

12月23日　傅作义致电毛泽东,说"为求人民迅即得救,拟即通电全国,停止战斗,促成全面和平统一","细节问题请指派人员在平商谈解决"。

△　解放军占领张家口。是日晨,张家口守军分路突围,旋遭围城

解放军围追堵截,被包围于乌拉哈达、朝天洼、西甸子。解放军随即对之展开猛烈围歼,战至下午 3 时,除第十一兵团司令孙兰峰率少数骑兵逃往绥远外,余部 5.3 万余人悉被歼灭,第一〇五军军长袁庆荣被俘。至此,察哈尔省全境解放。

　　△　行政院长孙科正式视事,主持首次内阁会议,发表施政纲领,宣布继续"戡乱",作战到底,称政府用兵最后目的在争取和平,对内不倚外力支持,对外努力敦睦邦交。

　　△　中国青年党决定参加孙科新内阁,仍由左舜生任农林部长,林可玑任政务委员。

　　△　蒋介石派其次子、陆军装甲兵司令部参谋长蒋纬国携其亲笔信到北平,劝傅作义南撤。25 日蒋纬国飞返南京。

　　△　行政院命令中央银行即日起停止申请存款兑现,以平息经济改革所导致的金融市场混乱。

　　△　上海三万市民挤兑黄金,造成惨剧,踩死九人,伤 45 人。

　　△　内政部命令吊销上海《观察》周刊登记证,永久停刊。

　　△　北平各界名流成立文物保护会。

　　△　日本战犯东条英机、土肥原贤二、广田弘毅、板垣征四郎、木村兵太郎、松井石根、武藤章七人,在东京巢鸭监狱执行绞刑。

　　12 月 24 日　立法院选举正、副院长。童冠贤以 196 票当选为立法院长,刘健群以 202 票当选为副院长。

　　△　蒋介石特任吴忠信为总统府秘书长,原任吴鼎昌准免本职;任命滕杰为南京市市长,原任沈怡准免本职。

　　△　白崇禧自汉口发出亥敬电请张群、张治中转告蒋介石,谓人心、士气、物力均已不能再战,请停战以言和。略谓:"崇禧辱承知遇,垂二十余年,当兹存亡危急之秋,不能再有片刻犹豫之时。""故敢不避斧钺,披肝沥胆,上渎钧听,并贡刍荛:(一)先将真正谋和诚意转知美国,请美国出而调处,或征得美国同意,约同苏联共同旋斡和平。(二)由民意机关向双方呼吁和平,恢复和平谈判。(三)双方军队应在原地停止

军事行动,听候和平谈判解决。以上所陈,伏乞鉴核察纳,并望乘京、沪、平、津尚在国军掌握之中,迅作对内对外和谈布置,争取时间,若待兵临长江,威胁首都,届时再言和谈,已失去对等资格,噬脐莫及矣"。同时在汉口宣称,非蒋下台不能谈和,蒋应让别人来谈。

　　△ 甘介侯奉李宗仁之命至上海虹桥疗养院,征询民主同盟负责人黄炎培、罗隆基对实现和平谈判的意见。黄、罗提出国民党应首先自动释放政治犯,以促进国共和平谈判。

　　△ 青年党发言人宣称拥护孙科内阁作战到底,称:"孙科内阁作战到底,与本党旨趣相同,故愿参加加以支持。"

　　△ 国民党军第六十二军第一五一师所属加强团在撤离天津北郊宜兴埠时,纵火焚村,1000多户居民遭难。夜间,天津守军在市郊丁字沽、北仓一带与解放军发生战斗。

　　△ 驻日盟军总司令麦克阿瑟颁布圣诞大赦,释放日本甲级战犯19名,其中包括"中国通"须磨弥吉郎、谷正之、西尾寿造及儿玉秀雄等,并宣布日本境内主要战犯之审判业已结束。

12月25日 中共方面宣布头等战犯名单,第一批43人:蒋介石、李宗仁、陈诚、白崇禧、何应钦、顾祝同、陈果夫、陈立夫、孔祥熙、宋子文、张群、翁文灏、孙科、吴铁城、王云五、戴季陶、吴鼎昌、熊式辉、张厉生、王世杰、朱家骅、顾维钧、宋美龄、吴国桢、刘峙、程潜、薛岳、卫立煌、余汉谋、胡宗南、傅作义、阎锡山、周至柔、王叔铭、桂永清、杜聿明、汤恩伯、孙立人、马鸿逵、马步芳、陶希圣、曾琦、张君劢。

　　△ 张群、何应钦、张治中与蒋介石商谈白崇禧昨日电报,蒋谓可请李宗仁负起和谈之责。

　　△ 蒋介石特任左舜生为农林部长并为行政院政务委员,林可玑为政务委员。

　　△ 行政院副院长兼外交部长吴铁城在接见美国合众社记者时称:"新政府的唯一目标为继续对共党作战。现内阁为战时内阁,非投降内阁。"并称要加强江南防务,重振仍在北方的军队。

　△　南京治安当局严禁市民收听中共广播,并派军、警、宪严予密查,有擅自收听者,即予惩处。

　△　上海学生联合会发表声明,反对美军驻兵上海。

　△　东北野战军一个团再次进攻大沽,为国民党军击退。

12 月 26 日　蒋介石下令公布《戡乱时期邮电抽查条例》,加强对新闻消息的检查和控制。

　△　傅作义谈判代表崔载之等从蓟县八里庄返回北平。

　△　徐蚌战场被围困于陈官庄之杜聿明、邱清泉、李弥部,因连日大雪,飞机停止空投,接济断绝。

　△　海军第三舰队奉命增援塘沽。

　△　原中央政治大学教育长段锡朋在上海病卒。

　△　广东全境实施戒严。

　△　解放军总部公布 11 月份战绩:攻克城市 46 座,俘、毙国民党军师级以上军官 43 名。

　△　国民党军青岛警备第五旅副旅长顾镇光率旅直属队及一个团共 1500 余人起义。

　△　空军飞行员谭汉洲驾驶 P—51 式战斗机自青岛飞至解放区,宣布起义,加入人民解放军。

　△　新解放之新浦、海州、连云港被划为新海连特区,李云鹤任特区行政专员,胡定千任警备司令,谷牧任政治委员。

　△　各民主党派及无党派民主人士朱蕴山、章乃器、彭泽民、邓初民、翦伯赞、梅龚彬、吴茂荪、柳亚子、施复亮、孙起孟、马寅初、洪深等自香港乘船赴解放区。

12 月 27 日　蒋介石电令杜聿明突出重围,易地决战。

　△　蒋介石接见张群,询问其与李宗仁商谈情形。张谓"李亦谓公早日引退,其意图与白崇禧如出一辙也"。

　△　宋美龄到美国务院访晤代理国务卿罗凡特,要求增加对华援助。

　　△　国民党中央宣传部发出内部指示称:"我如不能战,即亦不能和。我如能战,则言和又徒使士气人心解体。故无论我能战与否,言和皆有百害而无一利。"

　　△　民国政府将重要文物运往台湾,内有故宫博物院、中央博物院、中央图书馆、北平图书馆及外交部物品共 3348 箱,是日自南京启运。

　　△　交警第三旅第十二总队在海军第三舰队炮火支援下,在塘沽新河镇与解放军激战。

　　△　湖北国民党军复占樊城。

　　△　南京公教人员眷属连日紧急疏散。

12 月 28 日　各地重要负责人应邀来宁商议,阎锡山、胡宗南是日自太原、西安到南京,随即由蒋经国陪同晋谒蒋介石,要求粮食援助。白崇禧、程潜、傅作义均未至。

　　△　行政院新闻局否认孙科派代表晤李济深。

　　△　华北"剿总"副司令邓宝珊应傅作义电邀,乘专机由包头飞抵北平,商谈与解放军谈判问题。

12 月 29 日　国民党中常会通过以蒋经国为台湾省党部主任委员。

　　△　行政院任命陈诚为台湾省政府主席;秦德纯为山东省政府主席。

　　△　湖北省参议会通电主张以政治方法解决国是。同日,立法委员黄绍竑发表谈话,主张和平解决国内问题,称"今天中国最重要之问题为改善人民生计,这一点是战争办不到的"。

　　△　阎锡山晤蒋介石、李宗仁、张群。下午出席立法院招待会,并发表演说,称"共产主义为诊断错误之医术,而共产党为诊断错误之医生"。

　　△　梅贻琦坚辞教育部长,陈雪屏代理教育部务;赵琛代理司法行政部务。

△ 杜聿明之参谋长舒适存与空军第三署署长董明德飞南京复命,向蒋介石报告徐蚌战场杜聿明部被围之情况。

△ 中共中央军委决定"放弃攻击两沽计划,集中五个纵队夺取天津"。

△ 解放军冀热察军区部队解放宝昌县城。

△ 东北人民解放军决定取消松江、龙江、嫩江、吉林、合江军区,同时在上述五省成立军事部;保留辽宁军区、辽北军区、安东军区;冀察热辽军区取消,所辖冀东、冀察热军区拨归华北军区,保留热河军区;成立锦州军区;内蒙军区不变。

12 月 30 日 华北"剿总"司令傅作义由平抵京,向蒋介石报告华北军事情况。重庆行辕主任朱绍良亦于同日抵京。

△ 蒋介石电杜聿明,拟派飞机接杜回南京,杜未接受。

△ 蒋介石令李延年第六兵团、刘汝明第八兵团守淮河,其余在长江以北的部队退守长江以南。

△ 国民党中常会决议:由郑彦棻代理中央党部秘书长。

△ 立法院通过外汇管理条例。

△ 华中"剿总"司令白崇禧再发通电主和,促蒋介石表态。电云:"当今之势,战既不易,和亦困难。顾念时间迫促,稍纵即逝,鄙意似应迅将谋和诚意,转告友邦,公之国人,使外力支持和平,民众拥护和平。对方如果接受,借此摆脱困境,创造新机,诚一举而两利也……时不我与,恳请趁早英断为祷!"

△ 河南省府主席张轸与河南省参议会通电主张和平,"恳请蒋总统下野"。湖南、广西随后通电响应。

△ 云南省府主席卢汉、广东省府主席宋子文到南京。

△ 新疆省政府改组,包尔汉任主席,穆罕默德伊敏为副主席。

△ 立法院通过,自元旦起,全国实行邮资加价五倍:平信五角,挂号信二元,航空平信四元。

△ 新华社发表毛泽东所写 1949 年新年献词《将革命进行到底》,

指出:要用革命的方法,坚决彻底干净全部地消灭一切反动势力,不动摇地坚持打倒帝国主义、封建主义、官僚资本主义,在全国范围内推翻国民党的反动统治,建立无产阶级领导的以工农联盟为主体的人民民主专政的共和国。

12 月 31 日 蒋介石召集党、政、军要员开会竟日,研究下野文告,四易其稿。

△ 北平中央军校分校学生及宪兵,在城内鸣枪肇事,制造混乱,傅作义迅即派部队予以平息。

是月下旬 蒋介石与李宗仁经过两次协商,就蒋下野让位问题达成协议:一、蒋主动下野,以便南京政府开始和谈;二、由副总统李宗仁代行总统职务,宣布和平主张;三、与中共和谈事由行政院主持。

1949 年(民国三十八年)

1 月

1月1日　蒋介石发表元旦文告,表示愿意和中国共产党"商讨停止战事,恢复和平的具体办法";但却提出"只要和议无害于国家的独立完整,而有助于人民的休养生息;只要神圣的宪法不由我而违反,民主宪政不因此而破坏,中华民国的国体能够确保,中华民国的法统不致中断;军队有确实的保障,人民能够维持其自由的生活方式,与目前最低生活水准"等条件。并表示:"和平果能实现,则个人的进退出处绝不萦怀,而一惟国民的公意是从。"

△　新华社发表毛泽东撰写的新年献词《将革命进行到底》。献词总结了人民解放战争两年半来所取得的伟大胜利,揭露了国民党蒋介石集团和美帝国主义正在玩弄新的"和平"阴谋,向中外郑重宣告:"已经有了充分经验的中国人民及其总参谋部中国共产党,一定会像粉碎敌人的军事进攻一样,粉碎敌人的政治阴谋,把伟大的人民解放战争进行到底。"同时提出1949年的主要任务是向长江以南进军和宣告中华人民共和国的成立,并组成共和国的中央政府。

△　蒋介石举行元旦团拜,邀李宗仁到礼堂休息室谈话,表示自己"当然不能再干下去了",并要李告诉白崇禧,制止湖北、河南两省再发

和平通电,"以免动摇人心"。

　　△　蒋介石以总统明令发表陈诚任台湾省政府主席。5日,陈接任视事。

　　△　行政院长孙科发表广播演说,谓此次内战各方均有责任。并表示政府力求解除人民痛苦,改革征兵、征粮制度和稳定物价。

　　△　阎锡山乘专机返太原。

　　△　中共中央电复平津前线林彪,指示争取傅作义走和平道路工作要点,通过中共北平市委告诉傅作义:一、傅作义"目前不要发通电",此电一发,他即没有合法地位了,他本人和他的部属,都可能受到蒋系的压迫,甚至被解决。二、将傅列为战犯宣布,"傅在蒋介石及蒋系军队面前的地位立即加强了。傅可借此做文章,表示只有坚决打下去,除此以外再无出路;但在实际上,则和我们谈好,里应外合,和平地解放北平,或经过不很激烈的战斗解放北平。傅氏立此一大功劳,我们就有理由赦免其战犯罪,并保存其部属"。三、傅可派一有地位的代表及张东荪出城密谈。

　　△　北平市人民政府于北平郊区成立,发布第一号布告,宣布"为巩固郊区治安,保障人民生命财产之安全……建设新民主主义的新北平,着即成立北平市人民政府,任命叶剑英为市长,徐冰为副市长"。

　　△　人民解放军北平市军事管制委员会成立,叶剑英任主任,并发布第一号布告:奉中国人民解放军总部电令"着令在北平城郊,东至通州,西至门头沟,南至黄村,西南至长辛店,北至沙河的辖区内,实行军事管制,成立在中国人民解放军平津前线司令部指挥之下的北平军事管制委员会,为该区军事管制时期的权力机关,统一全区军事和民政管理事宜"。同日,北平市军管会发《告北平各界同胞书》,号召"大家团结起来,保护城市的一切公共财产,维护社会秩序,迎接人民解放军和人民政府进入北平"。

　　△　中共中央中原局、人民解放军中原军区举行元旦祝捷大会,并作准备过江的思想动员,号召广大干部向人民说明渡江是为了彻底打

垮国民党反动统治,驱逐美帝国主义的侵略势力,为中国人民求得永远的和平解放与和平生活。

△ 人民解放军粤赣湘边纵队和桂滇黔边纵队成立。粤赣湘边纵队由尹林平任司令员兼政治委员;桂黔滇边纵队由庄田任司令员,周楠任政治委员。

△ 民国政府承认大韩民国。

△ 锡林郭勒盟之德穆楚克栋鲁普(德王)由北平抵南京。20 日,由蒋介石加予德王阿莽仓佛辅教宏觉禅师名号。

△ 《冀中导报》与《保定日报》合并为《河北日报》,是日在保定发刊。

1 月 2 日 蒋介石致电华中"剿总"总司令白崇禧,略谓:"假令共党确能翻然悔祸,保全国家之命脉,顾念生民之涂炭,对当前国是能共商合理合法之解决,则中正决无他求;即个人之进退出处,均惟全国人民与全体袍泽之公意是从。"要求白"激励华中军民,持以宁静;藉期齐一步骤,巩固基础;然后可战可和,乃可运用自如,而不为共匪所算"。同时致电河南省主席张轸,声言"值此千钧一发之际,吾人如不能熟权利害,团结意志,而先自乱步骤,则适中共匪分化之诡谋,将陷于各个击破之惨局。须知今日之事,可和而不可降,能战而后能和,国族之存亡系于是,兄等自身之安危亦系于是"。

△ 云南省政府主席卢汉于上年 12 月 28 日到南京向蒋介石述职,向蒋述诉与云南警备总司令何绍周势不两立,本人有职无权的苦衷,请求辞职。蒋答允撤销云南警备总部,并同意卢汉提出将云南的八个保安团扩编为三个保安旅的要求,责成卢汉负责维持滇省治安。是日,卢返回昆明,发表《以全滇力量拥护中央,支持戡乱》的谈话。次日,蒋介石明令撤销云南警备总司令部,总司令何绍周调任第四十九军军长。

△ 人民解放军总部宣布改编长春起义之原国民党军第六十军为中国人民解放军第五十军。曾泽生任军长,徐文烈为政治部主任。本

月 29 日,行授名典礼。

　　△　人民解放军苏北部队解放黄桥重镇,歼国民党军第二三〇师两个团大部及地方武装 3000 余人。俘第二三〇师少将副师长苏桂菁以下 2900 余人。

　　1 月 3 日　毛泽东为新华社写《评战犯求和》的评论,揭露蒋介石的求和是战犯求和,其目的是保存国民党和四大家族的统治法统与统治地位,以及军事力量等。指出“蒋介石已经失了灵魂,只是一具僵尸,什么人也不相信他了”。

　　△　中共中央发布《关于建立中国新民主主义青年团的决议》,决定在本年夏季召开中国新民主主义青年团第一次全国代表大会,正式成立中国新民主主义青年团,制定青年团的工作纲领、团章,并选举出青年团中央委员会。同时提出了《中国新民主主义青年团团章草案》。本月 19 日,中共中央发出于 4 月中旬在华北召开新民主主义青年团第一次全国代表大会和全国民主青年代表大会的通知。

　　△　蒋介石致电华北“剿总”总司令傅作义,勉励保卫平、津、华北,坚持最后五分钟,称“完成戡乱建国之功,端在此战”。

　　△　国民党杭州笕桥空军军官学校上尉飞行官谢派芬、中尉蒋声翰及机械员李保瑕、田维初、苟富贵等驾驶 C—46 式运输机一架起义,自笕桥机场飞抵郑州,参加中国人民解放军。

　　△　美国驻华大使司徒雷登就蒋介石元旦文告向美国国务院报告观感,认为该文告“含有一个强大的统治者以仁慈口吻对待其厌烦叛徒之意味”,“在某种意义上,彼已表示让步,但并未继予充分之退让”。司徒认为:蒋之辞职表示,是很勉强的。

　　1 月 4 日　蒋介石到傅厚岗拜访李宗仁,询问对时局的处置意见,要求李宗仁出面主持与中共进行和平谈判,表示自己五年内不干预政治。

　　△　国民党中央执监委员会商讨时局对策,马超俊主席,张群、黄少谷等先后发言,均表示拥护蒋介石元旦文告,向中国共产党“呼吁和

谈"。同日,南京、汉口、西安、天津等各地参议会、国大代表等召开谈话会,并致电蒋介石和毛泽东,呼吁停战议和。

　　△　京沪杭警备副总司令兼战地政务委员会秘书长祝绍周向蒋介石密陈,建议以张发奎主持海南岛军事;在台湾、福建、浙江、广东及海南岛之间,以台湾为中心建立坚强军事组织。

　　△　蒋介石接见美国军事顾问团巴大维团长,获知美国援助之军械三舰是日运抵台湾。

　　1 月 5 日　人民解放军平津前线司令部以林彪、罗荣桓的名义发布《告华北国民党将领书》。指出:你们当前"只有一条路,就是下令全军,向本军投降,我们一律宽大待遇"。并表示欢迎他们与前线司令部接洽。

　　△　东北野战军攻克天津东南灰堆镇,歼国民党军津南第一支队3000 余人,俘少将支队司令白英杰。

　　△　行政院会议通过任命周嵒为京沪警备副总司令。

　　△　美国驻华大使司徒雷登的私人秘书傅泾波通知李宗仁说:美国驻华联合军事顾问团团长巴大维将军闻悉,蒋介石有放弃大陆,经营台湾的计划。巴大维拟请司徒雷登向蒋提出抗议。李宗仁表示国民党当局有半数可战之兵,且西北地区和长江以南省份依然完整,此时即作放弃大陆准备无乃太早,应以半壁河山与中共分庭抗礼。

　　△　第十六兵团司令孙元良自宿县突围抵汉口,所部残余千余人,逃至驻马店地区。

　　△　粤汉铁路南段数千工人因要求改善待遇举行大罢工,致使广九、广武、广三各次快车停开。工人要求按上年八一九物价指数折发实物。路局答允转报交通部解决,工人暂复工。9 日,工人派代表往衡阳路局请愿,未得圆满答复。14 日,工人再提五项条件,要求局方于 15日答复,否则全体总辞工。后由官方答允薪津照中央标准核发,并免费加发食米,情况始趋缓和。

　　1 月 6 日　毛泽东致电林彪、谭政,指示天津作战注意事项:"如果敌人占据工厂顽抗,我军必须歼灭该敌,即使工厂有所破坏也不要顾惜。但是,如果天津其他区域的敌军均已解决,仅剩下工厂区的敌军,而又有可能采取劝降方法解决,则应试图采用劝降办法,以便减少破坏。"同日,又电林彪,指示对占据学校之国民党军,亦应运用上述办法。

　　△　淮海战役第三阶段开始。下午4时起,华东野战军东、北、南三个突击集团同时对河南永城东北之青龙集、陈官庄地区被围之杜聿明集团发起总攻,在两小时内歼李弥第十三兵团万余人,攻占村落据点13个。李弥下达突围、转移阵地的部署和命令,令各部以密集纵队态势,利用空军投放毒气弹为突围开路,并在空军火力掩护下逐次对共军作集团冲击,以突破共军的包围。规定7日起转移阵地,8日作攻击准备,9日开始突围。次日,解放军突破第十三兵团青龙集阵地,第十三兵团逃入邱清泉第二兵团防区。华东野战军乘势连续猛攻,又攻占村落23处,并击伤第二兵团第七十军军长高吉人。邱清泉即提升邓军林任第七十军军长,准备作最后挣扎。

　　△　华北"剿总"总司令傅作义复派"总部"少将处长周北峰、民盟成员张东荪往蓟县东南八里庄解放军平津前线司令部洽谈和平解决北平问题。

　　△　林彪、罗荣桓致函天津警备司令陈长捷、第二十六军军长林伟俦、第六十八军军长刘云瀚等,劝其仿效长春郑洞国榜样,命令守军自动放下武器。果能如此,则使天津不受破坏,为人民立了大功。人民和解放军即可原谅他们过去之罪恶,不把他们当成战犯和俘虏看待,并保证其生命财产安全与个人自由。希望他们于总攻之前,有实际行动。但陈长捷等拒绝。

　　△　蒋介石电示徐州"剿总"副总司令杜聿明突围死战,达成任务。

　　△　郑介民代表蒋介石抵北平,携蒋亲笔信函访晤傅作义。

　　△　中国民主同盟主席张澜在上海虹桥疗养院发表谈话,抨击蒋介石元旦文告说:国民党利用和谈,保持现状,不仅共产党不同意,人民也不赞成。此时张澜已被国民党特务监视。

△　中央研究院公物 4000 余箱、交通部公物 1600 余箱,由招商局"海沪"轮运往台湾。

1 月 7 日　在河北平山县李家庄的民主人士符定一、周建人、韩兆鹗、翦伯赞、刘清扬、楚图南、田汉、胡愈之等人联名致电在哈尔滨的李济深、沈钧儒、章伯钧、马叙伦、王绍鏊、陈其尤、彭泽民、沙千里等人,认为民主人士在当前必须认清三点:一、"养痈贻患,芟恶务尽,时至今日,革命必须贯彻到底,断不能重蹈辛亥革命与北伐战争之覆辙";二、"薰莸不同器,汉贼不两立。人民民主专政,决不容纳反动分子……务使人民阵线内部既无反动派立足之余地,亦无中间路线可言";三、在中国共产党领导下,"忠于人民革命事业之党派团体及民主人士一致行动,通力合作,方可完成人民革命之大业"。提议:"倘荷赞许,尚祈诸公率先发起联函向国外发表严正声明。"

△　晨 1 时,东北野战军二万人向天津守军东局子阵地猛攻,双方进行激烈炮战。空军连日轰炸天津外围解放军阵地。天津夜间戒严时间提前至下午 6 时开始,并实行交通管制。

△　行政院召集国防部长徐永昌、财政部长徐堪、主计长庞松舟、秘书长端木恺、交通部次长凌鸿勋开会,拟定疏散事宜。

△　中共中央根据贺龙的提议,同意成立川西北军政委员会,由贺龙任主任,统一领导军事、政治、党务和民运工作。军事上,以西南军区司令员名义,指挥部队作战。

△　上午 10 时,南京 71 单位机关员工向行政院集体请愿,要求按照上海公教人员存兑黄金办法存兑黄金(每两 2000 元,每人存兑一两)。秘书长端木恺接见请愿代表,并接受请愿书,答允三日内由财政部拟具办法解决。

△　艾奇逊继任美国国务卿。

1 月 8 日　中共中央政治局会议 6 日起在河北平山县西柏坡召开,是日通过《目前形势和党在一九四九年的任务》的决议,重申将革命进行到底的决心,提出了向全国大进军的计划,要求继续揭露和打击国民党的和谈阴谋,警惕美国直接出兵的军事干涉。指出"中国人民革命力量愈强大,愈坚决,美国进行直接的军事干涉的可能性也就将愈减少"。决议提出 1949 年的任务,"夏秋冬三季,我们应当争取占领湘、鄂、赣、苏、皖、浙、闽、陕、甘等九省的大部,其中有些省则是全部"。"召集没有反动派代表参加的以完成中国人民革命任务为目标的各民主党派各人民团体的政治协商会议,宣告中华人民民主共和国的成立,组织共和国的中央政府,并通过共同纲领"。决定召开党的七届二中全会。

　　△　傅作义代表周北峰、张东荪与解放军平津前线司令部领导人林彪、聂荣臻、罗荣桓举行会谈。傅方提出北平、天津、塘沽、绥远一起解决;军队不用投降或在城内缴械的方式,而采取以团为单位出城整编;在新保安、张家口、怀来等地作战被俘人员一律释放不作战俘对待;文职人员给予安排等要求。林彪等人表示:所有军队一律解放军化;所有地方一律解放区化。在接受这样条件的前提下,各地作战被俘人员一律释放,不咎既往。凡愿继续工作者可留下安排,要求还乡者可资遣还乡。并表示:"我们对傅不但不作战犯看待,还要在政治上给他一定的地位。"次日,双方草签《会谈纪要》,并附记:傅方务必于 1 月 14 日午夜前答复。

　　△　蒋介石派张群、黄绍竑由南京到汉口晤白崇禧,转达蒋两点意见:"(一)余如果'引退',对于和平,究竟有无确实把握;(二)余欲'引退',必由自我主动,而不接受任何方面的压力。"张群语白:蒋强调"可和而不可降;能战而后能和"。白表示他前后发出二电,均主张备战谋和,而不是无原则之妥协投降。10 日上午,张群、黄绍竑往长沙晤程潜后返京。李宗仁认为蒋的意图"显然是恐惧手握重兵的白崇禧和程潜会同中共接洽'局部和平'。张、黄之行的最大目的是为稳定两湖"。

　　△　蒋介石召集行政院孙科及张群、张治中,会商运用外交促成和谈问题。会后蒋即授意行政院副院长兼外交部长吴铁城照会美、英、苏、法四国,希望协助中国和平谈判。

　　△　外交部分别向美、英、法、苏四国驻华大使致送备忘录,要求四

国政府出面,调停国共之间的和平谈判。12 日,美国政府答复表示拒绝,并称:美国"殊难相信出面调停能达到任何有益的效果"。苏联政府17 日答复说:"承担上述备忘录中所提的居间调停,是不适宜的。"英、法两国政府亦相继拒绝。

△ 蒋介石决令北平各军由空运撤退青岛,以免为共军各个击破。

△ 行政院第三十四次会议,通过:一、准 1 月份对全国文、武、公教员工、军警各加发薪津一个月。二、公教人员待遇,决定自本月份起调整,仍照 11 月份计算方式,共分一、二、三、四区及特区。第一区增加25 倍;二区 20 倍;三区 15 倍(京、沪包括在内);四区 12 倍;特区 36倍。三、中央银行办理军、警、公教人员存兑金银,上海方面的军、警、公教人员存兑金银办法殊属不合,应克日废止,南京方面不得援以为例。

1 月 9 日 中共中央军委就与傅作义谈判问题复电林彪、聂荣臻等,指示:应迅速解决平、津问题,为了避免平、津遭受破坏,可照傅方代表提议,军队调出平、津两城,遵照人民解放军命令开赴指定地点,用整编方式,改编为人民解放军。并由双方代表于三日内规定具体办法,于1 月 12 日下午 1 时开始实施。平、津两地处理完毕后,即可照此办法解决塘、绥问题。

△ 傅作义通过北平平明日报社采访部主任、中共地下党员李炳泉转电林彪、聂荣臻,提出有关部队出城接受改编问题,"亟需缜密计划,妥慎实施,方可避免糜烂,不违初衷"。"部队出城时间,须视准备工作进行之程度及双方细节问题具体商决约定"。

△ 人民解放军继续对杜聿明集团盘踞之陈官庄进行攻击,上日已将陈官庄门户孔庄攻占。是日下午杜聿明与邱清泉离开陈官庄,逃到陈庄第五军司令部。邱清泉第二兵团第七十二军由胡庄往陈官庄增援,其主力被解放军击溃,接着该军军长余锦源、副军长谭心、参谋长许亚殷及第三十四师师长陈渔浦、第二三三师师长徐华等与解放军接洽投降(是晚按规定路线进入解放军阵地缴械)。李弥第十三兵团阵地全线崩溃,从青龙集一带往西溃逃。晚,邱清泉命所属各部自寻出路。至

次日凌晨2时,解放军将陈庄三面包围,第五军代军长郭吉谦指挥第五军突围过程中,第四十五师、第一一二师等部相继向解放军投降。杜聿明、邱清泉及徐州警备司令谭辅烈等从西南方突围。

　　△　汤恩伯视察辖区沿海各县防务,并训令封锁京、沪江面,自吴淞口至马当间,只开放南北岸20余个口岸。

　　△　陆军副总司令关麟徵抵达高雄,检阅台湾训练之新军。

　　△　上海市参议会通电建议于本年2月10日,在沪召开全国和平促进会。希望各省、市参议会正、副议长或指定之负责代表、各全国性职业团体理事长或互推常务理事到沪参加会议,共同商讨,促成和平。

　　1月10日　淮海战役结束。是日,华东野战军将邱清泉第二兵团陈官庄阵地瓦解,消灭邱清泉第二兵团、李弥第十三兵团等残部共13万余人,其中包括蒋介石自诩为"五大主力"的第五军和第八军。俘徐州"剿总"副总司令杜聿明,及第八军军长周开成、第七十四军军长邱维达等。击毙第二兵团司令邱清泉等。第十三兵团司令李弥逃脱。于上年11月6日开始的淮海战役宣告胜利结束。这一具有决定性的战役,国民党军损失最精锐的机械化部队共五个兵团、22个军,共55.5万余人,另有两个兵团被击退。从此国民党军已丧失大兵团作战能力。

　　△　为统一指挥东北、华北野战军联合进行平津战役,中共中央指示由林彪、罗荣桓、聂荣臻组成平津前线总前委,统一管理平、津、塘及其附近区域的军事、政治、经济、外交、文化及党务等各项重要工作。

　　△　蒋介石命蒋经国赴上海访俞鸿钧,促将中央银行库存准备金移存台湾。

　　△　西安绥靖公署主任胡宗南限令陕西省政府主席董钊、西安警备司令钟松于2月15日完成西安城防。

　　△　国民党军天津城防司令陈长捷于是日及翌日,两次派天津参议会组成之代表团出城与解放军围城部队谈判,解放军天津前线司令员刘亚楼出面接见。刘要求代表团转告陈长捷,一切天津国民党军队应自动放下武器,人民解放军保证其生命财产的安全和去留自便。人

民解放军停战 24 小时等候答复,否则即于 14 日 10 时发起总攻。并给代表团以假象,使之认为围城解放军攻城主攻方向在北城。陈长捷拒绝和平道路,并匆匆将主力第一五一师从市中心调到北城固防。

△　中原野战军收复鄂西北重镇襄阳、樊城,国民党军向南逃窜。另一部攻克房县县城,歼国民党军第一一九师一个团。同日,豫皖苏地方人民武装解放安徽省淮南煤矿。

△　中共中央军委为争取在年内修复长江以北的主要铁路,以利中共军队南进,作出《关于成立军委铁道部的决定》。

△　东北行政委员会决定设立辽西省(辖九县一市),任罗德成为主席,李杰庸为副主席,省府设锦州市。撤销东北行政委员会冀察热辽办事处。

1 月上旬　月初,国民党当局阴谋胁迫上海知名人士逃亡台湾。中共上海地下组织委托剧影协会筹委会负责人熊佛西去联系周信芳、梅兰芳等,希望他们留沪迎接解放。周、梅均郑重表示,决不跟国民党逃走,一定留在上海。

1 月 11 日　蒋介石电新任台湾省政府主席陈诚,指示治台方策,既授以在政治方针上要"多方引用台籍学识较优、资望素孚人士参加政府;特别培植台籍有为之青年与组训;收揽人心,安定地方",又告诫要"处事稳重,对下和蔼,切不可急躁,毋求速功速效"等个人修养。

△　蒋介石致电白崇禧,说"惟此时我军既处劣势,外交运用,恐难有大效",处境之基本要道为患难相共,自立自助。并称倘苟有一线和平之希望,必竭尽一切方法,以求得之。

△　监察院举行第三十四次会议,修正通过和平宣言,宣称:"全国国民一致期待的和平,自蒋总统本年元旦文告发表后,业已露出曙光,然而事势演到今天,仍在和战未决的阶段徘徊,令人万分悬念。""在这和平呼声充满宇内的时候,我们一方面要呼吁和平,一方面要加强团结,充实自身的力量,来争取和平,保障和平。"

△　蒋经国、俞鸿钧及吴崇庆奉蒋介石命,立"军费草约",将上海

国库 99 万两黄金、3000 万块银元及 7000 万美元"预支为军费",交国军财务署监管。民国政府以军舰、民船及军、民用飞机将金银从上海南运台湾及厦门。

△　英国驻美大使馆向美国务院通报英国政府对中国局势变化后的立场:英国在中国最好希望是"保持一个立足点","原地不动,以寻求和中共建立不可避免的事实上的联系"。为此,英政府令驻沈阳、北平、天津等地领事馆,在人民解放军进城后继续开放,并决定"承认中共为它所控制地区的事实上的政府,同时继续承认国民党政府为法律上的中央政府"。

△　南京教育界于上午 10 时假中央研究院举行蔡元培八十二岁诞辰纪念会。胡适在会上讲演《四百年来〈水经注〉整理小史》。自谓他整理《水经注》已经五年,可告一段落了。

△　上海米高梅、派拉蒙、国际等九家外商影片公司职工要求改善生活待遇,举行怠工,资方表示让步后,15 日复工。

1 月 12 日　中共中央军委电示林彪、聂荣臻,指出要当面向邓宝珊驳斥傅作义 9 日电所持立场,"自己提出离城改编,现又借词推托,企图拖延时间,实则别有阴谋,加重平、津人民的痛苦。傅如有诚意,应令天津守军于 13 日全部开出城,听候处理"。"否则我军将于 14 日攻击天津。至于北平守军,可以推迟数日离城,但也不能拖延太久"。

△　白崇禧派黄绍竑从武汉乘专机秘密飞香港,拟通过中国国民党革命委员会主席李济深与中共取得联系,共同反蒋,并邀请李济深及民革中央迁往武汉。黄绍竑到港时,李济深已离港北上解放区,黄便将他致李济深信函托民革驻港负责人黄琪翔转与中共驻港负责人潘汉年。黄函略谓:白崇禧"反蒋早具决心",希望李向中共方面转告武汉桂系反蒋经过及以后的决心和行动;请中共中央转知中共华中当局与白崇禧成立军事谅解,并商定以后共同作战计划。信中还说:白崇禧认为时机紧迫,能早日得到中共的答复,随即便可发表反蒋宣言,军事立刻行动。黄绍竑在黄琪翔的安排下,与潘汉年晤面。黄对潘说,白已决心

和平,与蒋系已成敌对,但桂系军力在华中只及蒋系的三分之一,程潜虽可联合,但如得不到中共的配合,仍无成功的可能。

△　新任台湾省政府主席陈诚招待在台之国民党中委、国大代表、立法、监察委员等 128 人,征询对时局意见。陈诚表示:成立联合政府"不过为投降政府";"倘主张接受不可接受之条件,此亦不过表示苟安之心理"。并表示以"民生第一"治理台湾。

△　中华全国民主妇女联合会筹备委员会在河北平山县西柏坡附近李家庄成立。蔡畅、邓颖超、李德全分任正、副主任。蔡畅、邓颖超、李德全、康克清、沈兹九、罗琼、张琴秋等 21 人为常委,张琴秋为秘书长。

△　杭州空军学校教育处副官高全铮驾驶"空中吉普"L—5 通讯飞机一架起义,由杭州飞抵安徽宿县,参加人民解放军。

△　国民党军飞机狂炸济南市,炸死炸伤市民 140 余人。次日,又轰炸徐州市,死伤市民 30 余人。

1 月 13 日　傅作义邀请华北七省、市参议会议长及各教授商讨和平问题。

△　白崇禧将中央银行由粤汉路运往广州之银元中途截回。

△　宁夏省主席马鸿逵抵西安,希望宁、陕两省加强合作。

△　《察哈尔日报》在张家口创刊。

1 月 14 日　中共中央主席毛泽东发表关于时局的声明,提出八项和平条件。提出:"为了迅速结束战争,实现真正的和平,减少人民的痛苦,中国共产党愿意和南京国民党反动政府及其他任何国民党地方政府和军事集团,在下列条件的基础上进行和平谈判。这些条件是:(一)惩办战争罪犯;(二)废除伪宪法;(三)废除伪法统;(四)依据民主原则改编一切反动军队;(五)没收官僚资本;(六)改革土地制度;(七)废除卖国条约;(八)召开没有反动分子参加的政治协商会议,成立民主联合政府,接收南京国民党反动政府及其所属各级政府的一切权力。"

△　东北野战军在天津国民党军拒绝走和平道路的情况下,按预

定计划于是日上午 10 时发起总攻,各突击集团从东、西、南三面突入市区,向纵深发展,至翌日凌晨 5 时,东、西主攻部队在海河金汤桥会师。至下午 3 时,全歼国民党军 13 万余人,俘中将司令陈长捷、少将副司令邱宗鼎、第六十二军中将军长林伟俦、第八十六军中将军长刘云瀚等将官 29 人,及天津市长杜建时等。

　　△　蒋介石召集陆、海、空将领,督导江防部署,并指示作战方针。

　　△　傅作义对走和平道路依然心存疑虑,对周北峰与平津前线司令部草签的《会谈纪要》拖延不作答复,经他专机接到北平的好友、与中共方面有友好交往的华北"剿总"副总司令邓宝珊及北平各方人士的开导、敦促,决定派邓宝珊为全权代表与周北峰于是日赴通县西五里桥与解放军平津前线司令部领导人再次会谈。当晚,聂荣臻告知邓宝珊,已下达攻击天津的攻击令,这次谈判不包括天津在内(此前谈判包括华北"剿总"管辖之平、津、塘及绥远等地区)。周北峰电傅请示。傅复电:"与邓相商斟酌办理。"翌日正式会谈开始。16 日双方签定《北平和平解放的初步协议》。

　　△　白崇禧招待武汉各界人士 150 余人,宣称"我们必须认清时局的严重性,更须深切了解和平切不可幸致。应确认可战始可和,能战始能和,应备战以谋和,勿求和而忘战……"。

　　△　国民党空军第二十八中队驾驶员阎承荫驾驶 P—51"野马式"战斗机一架起义,从南京飞抵济南,参加人民解放军。

　　1 月 15 日　中共中央军委发出关于各野战军番号改按序数排列的指示。原西北野战军改称为第一野战军(2 月 1 日正式改称),司令员兼政治委员彭德怀,第一副司令员张宗逊,第二副司令员赵寿山,辖第一、第二兵团;原中原野战军改称为第二野战军(2 月 5 日正式改称),司令员刘伯承,政治委员邓小平,辖第三、第四、第五兵团;原华东野战军改称为第三野战军(2 月 9 日正式改称),司令员兼政治委员陈毅,副司令员兼第二副政治委员粟裕,第一副政治委员谭震林,辖第七、第八、第九、第十兵团;原东北野战军改称为第四野战军(3 月 28 日正式改称),司令员林彪,政治委员罗荣桓,副政治委员邓子恢,辖第十二、十三、十四、十五兵团。由华北军区原属之第一、第二、第三兵团依次改称为第十八、第十九、第二十兵团,均直属人民解放军总部指挥。原属东北野战军建制的铁道兵纵队扩建为铁道兵团。

△　中共中央发出《关于接收官僚资本企业的指示》,指出:天津解放后"派人去接收官僚资本企业,必须严格注意到不要打乱企业组织的原来的机构"。"企业中的各种组织及制度,亦应照旧保持,不应任意改革及宣布废除,旧的实际工资标准和等级及实行多年的奖励制度、劳动保险制度等,亦应照旧,不得取消或任意改订"。

△　蒋介石召孙科、张群、张治中、邵力子等多人研究中共中央毛泽东主席 14 日声明所提八项和平条件。16 日、17 日复增加民社党主席张君劢、青年党左舜生等人,继续研讨对付办法。

△　南京市参议会发表宣言,主张讨论中共八项原则和蒋介石五项条件。并吁请各省、市参议会及全国性人民团体(均包括解放区),立即派代表于本月内齐集上海,"筹组全国性的和平改革促进会议"。

△　行政院临时会议,通过大量抛售黄金、棉纱,吸收游资,平抑物价等议案,以及中越民航条约延长三个月。

△　空军第二十大队第十一中队飞行员宋洪儒、刘焕统、邹灿坤三人驾驶 C—46 型运输机一架起义,自青岛飞抵沈阳,加入人民解放军。

△　中原野战军攻克鄂西北重镇老河口,俘边防司令陈别三等以下 1200 余人。19 日、20 日分别收复汝南、竹山县城。21 日,收复襄河西岸宜城县城。

△　人民解放军天津市军事管制委员会正式成立,主任黄克诚,副主任黄敬。天津市人民政府同日成立,黄敬任市长,张友渔任副市长。

△　原冀察热辽解放区的察哈尔部分和原华北的北岳解放区正式合并为察哈尔省,张苏任省政府主席,李济寰任副主席。察哈尔军区同时成立,王平任司令员。

△　陕甘宁边区第三届参议会常驻委员会和陕甘宁边区政府委员

会联席会议,决定将晋绥、陕甘宁两边区合并,统受陕甘宁边区政府领导。

　　△　中共松江省委机关报《松江日报》在哈尔滨创刊。5 月 15 日,松江省委决定将《合江日报》合并于松江日报社,《合江日报》停刊。

　　1 月 16 日　中共中央军委电示林彪、罗荣桓、聂荣臻等,"对于傅作义所提我军数日内暂缓入城及由傅我双方组织联合委员会,临时接管市政,然后过渡到完全由我接管"的问题,"你们不要正面拒绝"。同日下午 6 时,再电林彪等,指出"傅方要求军队出城,不要开得太远及各部驻地不要过于分散,这是惧怕缴械的表示","第一步你们可以答应他们这样做,使他们放心出城。地点似可指定通县、香河、三河区域;第二步再照你们所拟办法将彼军分散插驻我军各纵之间,实行整编"。同时提出:"积极准备攻城。"

　　△　中共平津前线人民解放军司令员林彪、政治委员罗荣桓致电傅作义,促自动放下武器,或离城接受改编为人民解放军。

　　△　在南京立法委员多人致函孙科,希望政府立即派定适当人选,与中共方面进行商谈,以"寻求促成和平之有效途径"。并特别指出:"断不容因循犹豫,致使国家续遭战祸。倘全国人民所企求之和平得早日实现,同仁等愿不计任何个人牺牲,以促其成。"

　　△　蒋介石在中山陵前检阅首都附近军警 3.8 万人。汤恩伯、张耀明等陪同。晚 8 时,又于官邸宴请民社党主席张君劢、青年党左舜生和孙科、吴铁城、张群、洪兰友、邵力子、张治中等,继续研讨中共中央八项条件。

　　△　广东省政府主席宋子文、重庆绥署主任朱绍良奉召到南京见蒋介石。

　　△　华东野战军解放皖北之五河、凤阳两县城。18 日,又收复苏北高邮县城,国民党军南逃。

　　△　人民解放军平津前线司令部发表第一号公报,宣布 19 天歼国民党军 13 万,解放城市 18 座。

1 月 17 日 蒋介石致电傅作义,表示对傅走和平道路"无可奈何",要求于 18 日起派飞机到平运走第十三军少校以上军官和必要的武器,希望傅"念多年之契好,予以协助"。傅接电后一面复电蒋"遵照办理",一面嘱"总部"政工处长王克俊将此情电告解放军平津前线司令部,请届时对天坛临时机场实行炮击,阻蒋机着陆。次日起,蒋机飞临北平上空,在解放军连续炮击下无法着陆,粉碎了蒋介石运走其嫡系"精锐兵团"和装备的企图。

△ 人民解放军解放塘沽、大沽。塘沽国民党军第十七兵团五万余人在天津守军被消灭后,于是日在侯镜如率领下乘船从海上南逃。东北野战军第十二纵队歼其后尾的 3000 人,塘沽、大沽解放。

△ 华北七省、市参议会议长在北平市参议会讨论北平和平问题。傅作义"总部"各将官、北平市长刘瑶章、前市长何思源等 50 人与会,推何思源、吕复、康同璧等 11 人为代表,拟通电致中共和南京两方。并决定于次日出城与解放军接洽。

△ 旧政治协商会议秘书长雷震接受中央社记者访问,发表对和平问题看法。他认为:和谈先决条件必须现地停战;无和谈力量即不能言和。

△ 中国青年党中常会开会,发表对时局之书面意见,强调必须具有和谈的力量,即"能战始能和"。

△ 行政院临时政务会议决议于本日起停止金银存兑,自下月起,发行黄金短期公债。

1 月 18 日 国防部遵蒋介石令,作以下人事任命:一、汤恩伯专任京沪杭警备总司令;二、衢州绥署撤销,改设福州绥署,派朱绍良为福州绥署主任;三、派张群为重庆绥署主任;四、广州绥署主任宋子文专任广东省主席,派余汉谋为广州绥署主任;五、台湾警备司令部扩大为警备总司令部,陈诚兼任总司令,派彭孟缉为副总司令。

△ 蒋介石任命金宝善为卫生部长。

△ 蒋介石闻原北平市长何思源到北平参加和平运动,遂责令国

防部保密局长毛人凤电令北平站站长王蒲臣置何思源于死地,"以儆效尤"。是日凌晨3时,由特务在何宅屋顶安放的炸药爆炸,何次女毙命,何及二子一女受伤,何妻何宜文受重伤。何不畏强暴,裹伤于本日下午与立法委员、中国大学代校长吕复等率领代表团出城,向解放军表达和平愿望。

△　中国和平策进会致电毛泽东和蒋介石,提出和平纲领13条。其中主张:"人民之生活方式,非依法不得变更";"政治、文化、社会之全面改革,均循和平革命之民主道路为之";"政党政治应建基于独立的专家政治之上,依据国策处理各级政府之事务"等等。

1月19日　傅作义派"总部"政工处副处长阎又文与东北野战军参谋处长苏静在北平依据16日双方达成的协议,共同拟定《关于和平解决北平问题的协议》:为迅速缩短战争,获致人民公议的和平,保全工商业基础与文物古迹,使国家元气不再受损伤,以促成全国彻底和平之早日实现,经双方协议公布下列各项:一、自本月22日上午10时起双方休战;二、过渡期间双方派员成立联合办事机构,处理有关军政事宜;三、城内部队兵团以下(含兵团),原建制、原番号,自22日开始移驻城外,于到达驻地约一月后,开始实行整编;四、城内秩序之维持,除原有警察及看护仓库部队以外,根据需要,暂留必要部队维持治安;五、北平行政机构及所有中央、地方在平之公营公用企业、银行、仓库、文化机关、学校等,暂维现状,不得损坏遗失,听候前述联合办事机构处理,并保障其办事人员之安全;六、河北省政府及所属机构,暂维现状,不得破坏损失,听候前述联合办事机构处理,并保障其办事人员之安全;七、金圆券照常使用,听候另订兑换办法;八、一切军事工程一律停止;九、保护在平领事馆外交官员及外侨人员财产之安全;十、邮政电信不停,继续保持对外联系;十一、各种新闻报纸,仍可继续出刊,俟后重新登记审查;十二、保护文物古迹及各种宗教之自由与安全;十三、人民各安生乐业,勿相惊扰;十四、军统、中统特务分子必须进行登记,坦白从宽,抗拒从严。以上除第十四条未予公布外,其他各条于22日在《平明日报》公布。

△　蒋介石会见李宗仁,商谈时局,表示"引退"之意。同时嘱由吴忠信、张群与李宗仁洽商接代手续。李表示一切以蒋之意旨为意旨,其接任时期由蒋决定。

△　顾祝同参谋总长签呈:"徐州剿匪总部所辖中间指挥机构,拟即予以裁撤。"并附裁撤机构番号表:一、徐州"剿匪"总部前进指挥所。二、第二兵团司令部。三、第七兵团司令部。四、第十二兵团司令部。五、第十三兵团司令部。六、第十六兵团司令部。七、第三绥靖区司令部。八、首都卫戍总部滁县指挥所。其各主官分别为:杜聿明、邱清泉、黄百韬、黄维、李弥、孙元良、冯治安、杨干才。是日,蒋介石电复准予照办。

△　中共中央发出《关于外交工作的指示》,指出"目前我们与任何外国尚无正式的国家的外交关系",因此不承认这些国家派驻中国的外交代表为正式的外交人员。在此情况下的外交原则是"帝国主义在华的特权必须取消,中华民族的独立解放必须实现"。但在步骤上,"则应按问题的性质及情况,分别处理"。并提出"在外交工作方面,我们对于原则性与灵活性应掌握得很恰当,方能站稳立场,灵活机动"。《指示》就不同国家的外交机构,外资关系,对外贸易,海关税收,外国人办的学校、医院、报刊、通讯社及外国记者等项,都规定了暂行政策。

△　毛泽东、周恩来致电寓居上海的宋庆龄:"新的政治协商会议将在华北召开,中国人民革命历经艰辛,中山先生遗志迄今始告实现。"邀其"命驾北来,参加此一人民历史伟大的事业,并对于如何建设新中国予以指导"。为帮助宋庆龄顺利地经香港北上,同日,中共中央电中共上海局和华南分局负责人方方、潘汉年、刘晓:"第一,必须秘密而且不能冒失。第二,必须孙夫人完全同意,不能稍涉勉强。如有危险,宁可不动。"

△　人民解放军第四纵队政治委员莫文骅会见吕复、何思源所率华北人民和平促进会代表,何思源等表示要给傅作义一条路走,不要逼得太紧,双方代表谈判应和平解决,以免北平打坏了。莫文骅告以中共方

面对傅作义及其所部的处理方针。何思源等感到满意,特别对傅部撤出城外听候改编及保障其本人、军官家属财产安全,认为干脆,很宽大。

　　△　行政院政务会议讨论时局对策。会议决议并声明:"政府为遵从全国人民之愿望,祈求和平之早日实现,特郑重表示,愿与共方先行无条件停战,并各指定代表,进行和平谈判。"而对中共提出的八条只字不提。

　　△　在南京监察委员举行座谈会,于右任等 20 余人出席,"均望政府考虑释放政治犯问题,以作号召和平之进一步表示"。同日在南京之国大代表等百余人集会,余精一提出"亟要撤销戡乱建国委员会"的提案。

　　△　中国人民解放军华东军区颁发《关于起义部队在解放区军属待遇问题的训令》。指出:凡起义加入人民解放军的部队,自起义之日起,其官兵之家属即为革命军人家属,在解放区内应享受革命军人家属之待遇。其生活确有困难者,得由民主政府按优属条例给以照顾。

　　△　台湾大学校长傅斯年抵台就任。

　　1 月 20 日　毛泽东分别致电南洋爱国华侨领袖、新加坡南侨总会主席陈嘉庚,美洲爱国华侨领袖、美洲致公党监督司徒美堂,电文说"中国人民解放斗争日益接近全国胜利,召开新的政治协商会议,建立民主联合政府,团结全国人民及海外侨胞力量,完成中国人民独立解放事业。为此亟待各民主党派及各界领袖共同商讨",邀请其回国参加新政协会议。同日,中共中央电示在港的中共华南分局负责人方方、潘汉年及刘晓,邀请张澜、黄炎培经港北上,参加新政协。

　　△　中共华南分局负责人潘汉年将白崇禧代表黄绍竑关于白崇禧联共反蒋的意图电告中共中央。是日,毛泽东以周恩来、李克农名义复电潘汉年,告之以下列各点答复黄绍竑:"(一)中共对时局的态度已见毛主席 14 日声明,任何方面均可照此声明去做;(二)南京集团是主要内战罪魁。李、白对内战亦负有责任,如欲减免内战罪责,必须对人民解放事业有具体而确实的贡献。如李宗仁尚欲取蒋而代,白崇禧尚欲

获得美援反对我军,则将不能取得人民谅解,可以断定无好结果;(三)如白欲派代表与刘(伯承)、邓(小平)联络,可到郑州市政府接洽。"次日,中共中央通知华中野战军政治委员邓小平,准备接待白崇禧派来的代表。

　　△　李宗仁通过刘仲华转告中共驻上海负责情报联络工作的吴克坚,说明他已派人去武汉,要白崇禧将武汉让给中共,并联合湖南省主席程潜一同动作反蒋。若程潜不肯联合,则白可向长沙进攻;如程潜同意联合,则桂系军队可放心配合中共军队进攻南京。

　　△　国民党中政会讨论时局问题,孙科主席,李宗仁、张治中、邵力子、张群、王世杰等参加,议决由行政院尽速将和谈步骤和选派代表问题拟定具体方案,然后再由中政会讨论。

　　△　蒋介石任命朱绍良为福建省政府主席,方天为江西省政府主席。

　　△　蒋介石令撤销徐州"剿匪"总司令部,调刘峙任总统府战略顾问。

　　△　蒋介石特任刘攻芸为中央银行总裁,特派俞鸿钧为中央银行理事兼常务理事。派黄珍吾兼首都卫戍总司令部副总司令。

　　△　蒋介石致函西安绥靖主任胡宗南,略谓:"近日政局,即有变动,但陕省重要,一切工作皆应照常进行,而且比以前更积极准备,作死中求生之奋斗。"指示"今后主力应置于汉中附近,对四川关系,特别密切,将来应受重庆张主任之指挥,则公私皆宜"。"只要吾人能自立自助,不屈不挠,百折不回,则最后胜利未有不属于我也"。次日蒋宣告下野离京前,又致电胡:"尚祈为国珍重,努力勿渝,以竟救国卫民之功。"

　　△　蒋介石于上年 11 月命保密局局长毛人凤调保密局云南站站长沈醉在南京建立特别行动组,负责监视、刺杀李宗仁及白崇禧等桂系首领。本月中旬,蒋介石在桂系逼宫的情势下,意欲将李宗仁除掉,由毛人凤每日叮嘱沈醉作好随时行动的一切准备,由于蒋决定"引退",推李宗仁到前台支撑危局,是日由毛人凤命沈醉结束这个特别行动组。

△ 蚌埠解放。国防部参谋总长顾祝同令守军撤退前将蚌埠以北之淮河大桥炸毁。

△ 国防部令派李延年负责指挥江北战事。

△ 第二批黄金99万两从上海国库启运厦门鼓浪屿。

△ 东北行政委员会决定成立辽西省政府。任命罗成德为省政府主席,省府设于锦州。

1月21日 蒋介石发表"引退"文告,宣称:鉴于"战事仍然未止,和平之目的不能达到,人民之涂炭曷其有极,因决定身先引退,以冀弭战销兵,解人民倒悬于万一"。宣布"于本月21日起,由李副总统代行总统职权"。

△ 蒋介石宣布下野前,亲书致傅作义函,告以"余虽下野,政治情势与中共并无甚变易",派国防部长徐永昌携往北平对傅"予以劝勉"。

△ 上午10时,蒋介石召集在京党、政、军高级人员会议,讲述在军事、政治、财政、外交各方面"皆濒于绝境",表示"在目前情况下,我个人非引退不可",提出由李宗仁"依法执行总统职权,与中共进行和谈……挽救党国危机"。蒋宣布下野后,于下午4时由明故宫机场乘"美龄号"专机离京。当日蒋偕蒋经国等飞抵杭州,次日回奉化溪口。

△ 新华社发表毛泽东起草的评论《中共发言人评南京行政院的决议》,指出国民党政府行政院19日决议要求所谓"立即先行无条件停战",不但完全忽视毛泽东在本月14日提出的八项和谈条件,而且直接推翻了蒋介石1月1日的建议,"表明南京国民党反动政府并无与其对方进行和平谈判的诚意"。

△ 东北野战军政治部主任陶铸代表北平市军管会主任叶剑英、华北人民政府财政部长戎子和代表华北人民政府、北平市副市长徐冰代表中共北平市委书记兼市长彭真,在周北峰陪同下进入北平,当晚与傅作义会晤,商定按和平协议成立北平联合办事处,处理执行和平协议的军政问题。中共中央指派叶剑英任联合办事处主任,陶铸、徐冰、戎子和为委员;傅作义指派郭宗汾、周北峰、焦实斋为委员。有关傅部城

内部队开出城外改编的日期、次序、地点，以及军政机关、工矿企业移交等问题亦进行了商谈。

　　△　傅作义召集华北"剿总"机关及各军高级将领会议，宣布《北平和平解放实施办法》条文，大多数将领均表示赞同。蒋介石嫡系第九兵团司令石觉、第四兵团司令李文从中作梗，但在大势所趋下提出与蒋介石关系特殊，不能执行改编任务，要求带师长以上将领回南京。傅予以同意，令其指定接替人员，保持军队安定，不得破坏和平，否则以军法论处。石、李表示服从。傅作义即将协议条文下达各部，并颁布《关于全部守城部队开出城外听候改编的通告》。

　　△　孙科决定于李宗仁代行总统职权期间继续蝉联行政院长。

　　△　中国民主同盟发表《我们对和平的态度》声明，表示完全拥护毛泽东主席所提八项条件。声明略谓："实现和平的八项条件，义正词严，充分反映了全国人民的意志。"次日，民盟主席张澜发表书面谈话，表示"民盟同人，一贯的主张是民主、和平、统一、团结"。

　　△　蒋介石手令提取中国银行所存美金1000万元，汇交在美国之空军购料委员会主任毛邦初，嘱毛将该款连同原存美国余款悉数从纽约中国银行提出，改以毛私人名义存入美国银行。蒋此举系虑及和谈成功，建立联合政府，以防该款落入新政府。而采取此种非法私相授受措施。

　　△　华东野战军解放含山县城。另部解放安徽省会合肥，国民党军第六十八军两个团南逃。同日，苏北泰州、海安，及津浦路南段重镇嘉山县城亦宣告解放。

　　1月22日　李宗仁发表文告，宣布就任代总统职，宣称："自今以后，政府工作目标在集中于争取和平之实现；个人服务方针，亦夙以人民意志为依归。"并表示"中共方面所提八项条件，政府愿即开始商谈"。

　　△　李宗仁派甘介侯在上海分别访问宋庆龄、张澜、张君劢、黄炎培、章士钊、罗隆基，就和平问题交换意见。

　　△　晚，傅作义在怀仁堂召集在平国防部保密局各单位头目会议，

参加的有新任北平站长徐宗尧、保密局北平督察（原北平站长）王蒲臣、北平市警察局长杨清植、北平市警备司令部稽察处处长毛惕园、北平支台台长阎守仁等 10 余人。傅宣布"和平解放北平的协定已经签订，希望你们的行动立即停止。关于今后你们的生命财产，可以负责保证安全。你们如愿意回南京，可以负责要飞机把你们送走"。此前，徐宗尧已与中共城工部刘仁的代表王博生建立了联系，愿意弃暗投明。24日，保密局北平站头目及特务人员在徐宗尧动员下，加入和平起义行列。

　　△　傅作义"总部"政工处副处长阎又文奉傅命以"总部"发言人身份于是晚在中山公园水榭举行记者招待会，到中外记者五六十人，其中包括美国新闻处、南京民国政府行政院新闻局人员，阎宣布"和平协议"及傅以总司令名义发布的文告。

　　△　华北"剿总"驻归绥指挥所主任兼绥远省政府主席董其武从电台广播听到傅作义与中共达成和平解放北平的消息，于是日飞平晤傅，傅向他指出走和平道路"是大势所趋，人心所向，是历史的发展，是人民的要求"。希望董顺应历史发展潮流。董当即向傅表示"你怎样走，我就怎样走"。董回绥远后，即遵傅的吩咐，开始在上层军政人员中进行酝酿准备，以待时机。

　　△　李宗仁致函民盟中央沈钧儒、章伯钧、张东荪等，表示他"决以最大之努力谋和平之实现"，希望沈钧儒等民盟领导人"一致主张，力加赞助"，作和平调解。

　　△　白崇禧致函李济深，宣称："兹蒋已去位，德公（李宗仁字德邻）继承艰危，决以最诚恳态度与中共进行和平谈判，以坚确决心，扫除独裁祸根，将来国是全由国人公意抉择。"

　　△　行政院会议决议特派邵力子、张治中、黄绍竑、彭昭贤、钟天心五人为和谈代表，以邵力子为首席代表。同日，邵力子对专访他的记者表示："国共双方过去有多年的裂痕，这次战争又如此残酷，而最近双方的表示，距离也是很远，所以我感到这次的使命，十分困难。但是和平

实在是很需要的,为保持国家之元气和减少人民的痛苦,大家都迫切要求和平,国共双方也都有这样的看法,所以我又相信我们的使命能够达到,而能促进和平的成功。"同时希望中共方面"提出商谈的地点,使双方的谈判早日进行"。邵并向行政院长孙科恳辞首席代表职,次日获准。

　　△　到达解放区之各民主党派、各人民团体代表人物及其他民主人士李济深、沈钧儒、马叙伦、郭沫若、谭平山、周建人、李德全、朱学范等 55 人发表《我们对时局的意见》,表示坚决拥护中共中央和毛泽东主席 14 日声明所提八项和平条件,反对南京政府假和平阴谋,指出:"革命必须贯彻到底,革命与反革命之间绝无妥协与调和之可能","对于蒋美所策动的虚伪的和平攻势必须加以毫不容情的摧毁"。表示愿意在中国共产党的领导下,团结一致,将革命进行到底。"决不容许有所谓中间路线之存在"。

　　△　毛泽东等在西柏坡会见傅作义、邓宝珊,表示"有了北平和平解放,绥远问题就好解决了","绥远问题,用'绥远方式'解决"。

　　△　中国民主促进会发表宣言,支持毛泽东主席八项和平条件,揭露南京政府的假和平。宣言略谓:"中国的永久和平必须建筑在真正的民主的基础上面,这是一点也没有可疑的。""希望中国共产党坚强地领导全国人民造成一个新的、美的、快乐的、和平的、统一的、民主的中国;我们决定一致的合作完成这次革命的任务。"

　　△　美国广播公司比尔声称:"我想我们只要一年下 8 亿美元的赌注,就能阻止中国共产主义的狂潮。"

　　△　华东野战军解放来安、舒城两县城。次日解放安徽重要产米区巢县。

　　△　天津市人民政府于 20 日及本日先后将天津解放前被国民党当局擅自释放的原华北伪政权驻日大使徐良和伪天津市市长温世珍重新逮捕。

　　1 月 23 日　代总统李宗仁饬行政院实施七项和平措施:一、各地

"剿总"一律改为军政长官公署;二、取消全国戒严令;三、裁撤"戡建总队",归国防部另行安排;四、释放政治犯;五、启封一切过去"戡乱"期间抵触"戡乱"法而被封闭的报刊、杂志;六、取消特种刑庭,废止特种刑事条例;七、通令停止特务活动,对人民不可非法擅自逮捕。

△　李宗仁、白崇禧派立法委员黄启汉、华中"剿总"总部参议刘仲华往北平与中共方面联系,要求解放军停止军事进攻。黄、刘是日乘军用运输机到平。

△　中国人民解放军进入北平。

△　国民党中央重要党史资料108箱,运抵台湾省基隆港。

1 月 24 日　潘汉年再晤黄绍竑,说明李宗仁如能效法傅作义,先具体接受中共八项条件为先决条件,然后好谈和平解决方案。否则,一切空谈均于事无补。

△　国民党中常会通过中央人事调动:中央政治委员会主席由孙科代理;郑彦棻继任中央委员会秘书长;原中央政治委员会秘书长张群辞职照准,推李惟果继任;组织部代理部长谷正鼎真除组织部长;原中央政治委员会副秘书长洪兰友辞职照准。同时通过改派卢汉为云南省党部主任委员;朱绍良为福建省党部主任委员;方天为江西省党部主任委员。

△　国民党中央宣传部发出《特别紧急宣传通报》,通报国民党党员:蒋介石"仍以总裁地位"继续指导国民党"致力革命",要国民党人"更须继续接受总裁之指示"。

△　清华、燕京两大学教授发表时局宣言,主张将革命进行到底,拥护毛泽东主席的八项和平条件。

△　李宗仁为表示实施和平,指示顾祝同释放被拘押的张学良、杨虎城。2月1日,顾函复李宗仁,将此事推与陈诚、张群。

△　华东野战军解放长江北岸南京外围重要战略据点滁县及泰兴。同日,中原野战军解放皖西庐江、岳西两县城。

1 月 25 日　中共中央发言人就南京政府派定和谈代表发表谈话,

指出:"我们允许南京反动政府派出代表和我们进行谈判,不是承认这个政府还有代表中国人民的资格,而是因为这个政府手里还有一部分反动的残余军事力量。"关于谈判代表,指出"彭昭贤是主战最力的国民党 CC 派的主要干部之一,人们认为是一个战争罪犯,中共方面不能接待这样的代表"。谈判地点,"要待北平完全解放后才能确定,大约将在北平"。

△　晚,李宗仁、孙科、吴铁城、顾祝同、吴忠信五人集议,以南京危在旦夕,决定将政府迁广州办公,以 2 月 5 日为广州办公日期,并由外交部通告各国驻京使节。李宗仁表示自己决不离开南京,以等待和平实现。各机关疏散自按原计划实行。

△　张群、邵力子往上海虹桥疗养院专访民盟主席张澜,希望张澜重新出面调解国共两党关系。张澜断然表示:"现在是革命与反革命之争,而我们站在革命的一边,所以不能作调解人。"

△　行政院会议通过撤销特种刑事法庭,释放政治犯,停止特务活动及被停刊之报刊准予复刊等法令。

△　上海市警察局制定《上海市警察局突击搜查实施办法》呈报上海市长吴国桢、淞沪警备司令陈大庆。《办法》规定突击搜查分作甲种、乙种、丙种三种方式:甲种搜查法"发动所有警力(行政警、刑事警、保安警、义勇警、飞行堡垒及学警等),实施全面搜查";乙种搜查法"指定地区,发动该地区内各分局、所、队所有警力,实施联合搜查";丙种搜查法"各分局、所、队就所有警力实施局部搜查"。淞沪警备司令部、上海市政府分别于 2 月 3 日、2 月 18 日核准。

△　原云南省政府主席、国民政府战略顾问委员会代主任龙云自上年 12 月上旬逃离南京到香港后,宋子文曾往香港建议龙云出面组织"华南反共联盟",遭龙拒绝。是日,龙在港接见法新社社长白龙沙及其他记者,发表长篇谈话,郑重否认自己参加"华南反共联盟"之事,并抨击蒋介石下野的幕后阴谋。龙将这篇谈话派专人送到昆明,在《观察报》上发表。

△　华东野战军解放江北重镇扬州城,国民党军渡江南逃。另部攻克浦口以西之全椒县城,全歼保安团 1600 余人。另部连克六合、如皋、定远三县城。

△　中原野战军攻占平汉路南段重镇驻马店。同日豫北解放军于滑县北面之卫河湾,全歼由新乡出城抢粮之国民党军第四十军第三一六团及国防部炮兵团、炮十四团等部 2500 余人。

△　河南省政府主席兼第五绥区司令官张轸,已于昨、今两日释放政治犯胡德乐等 13 名。

△　青岛海军学校迁移厦门。

1 月 26 日　中共东北中央局、东北行政委员会、人民解放军东北军区和东北各界人民代表举行欢迎会,欢迎为参加新政协会议先后到达东北解放区的各民主党派、各人民团体代表及无党派民主人士李济深、沈钧儒、李德全、郭沫若等 34 人。东北行政委员会主席林枫致欢迎词。中国国民党革命委员会主席李济深、中国民主同盟中央常委沈钧儒、三民主义同志联合会主任委员谭平山、中国妇女联谊会主席李德全等 20 人相继在会上发表演说,一致谴责南京国民党政府的假和平阴谋,坚决拥护中共中央毛泽东主席对时局的声明,主张将革命进行到底。

△　民国政府发言人评论中共发言人 25 日广播谈话,以所谓"政府为提早结束战争,以减轻人民痛苦,一月以来已作种种措施与步骤。本月 22 日更正式派定和谈代表。日来只待中共方面指派代表,约定地点,以便进行商谈"为其假和平辩解。且指责中共方面"不立即指派代表约定地点,又不停止军事行动,委诸北平和平解放以后,岂非拖延时间,延长战祸"。

△　蒋介石于溪口密函南京、上海的军事、政治、党务、特务首领,命令他们如果和谈不成,就作战到底。

△　美国国务卿艾其逊发表声明:美国对华政策不变。

△　国防部军事法庭在上海宣判日本侵华战争罪犯、前中国派遣

军总司令冈村宁次无罪。樱庭子郎亦宣判无罪。伊东忠夫判无期徒刑。

　　△　中共中央发出《中共中央关于没收战犯财产问题的指示》,指出中央所决定之 43 名战犯名单,是报道消息,不具备法律效力,不能据以没收其财产,同时也不必急于实行没收,可先不露声色地进行调查,调查期间如确有逃避转移之行为者,可明令冻结之,但也不忙没收。

　　1 月 27 日　李宗仁致电毛泽东,表示他自"主政之日起,即决心以最高之诚意,尽最大之努力,务期促成和平之实现","在今日之情势下,决无继续诉诸武力,互相砍杀,以加重人民与国家痛苦之理由。除遵循全国民意,弭战谋和,从事政治解决之外,别无其他途径可循"。并说:"现政府方面,已从言论和行动上表明和平之诚意,所有以往全国各方人士所要求者,如释放政治犯、开放言论、保障人民自由等,均在逐步实施。"望中共方面"即日派遣代表,商定地点,开始谈判"。并表示"贵方所提八项条件,政府方面已承认可以作为基础,进行和谈,各项问题,自均可以在谈判中商讨决定"。

　　△　李宗仁和白崇禧的私人代表刘仲华、黄启汉在北平颐和园向中共代表叶剑英转达李、白的秘密口信,表示愿以和平方式加快胜利进程。首先实现局部和平,及与中共并肩作战;切实在八项条件下里应外合,推动全面和平。次日,叶剑英向黄启汉、刘仲华讲述了中国共产党自日本投降以来对防止内战,巩固国内团结,保证国内和平,实现民主所尽一切努力及蒋介石的倒行逆施。表示为了迅速结束战争,减少人民痛苦,在毛主席八项条件基础上愿意和国民党政府及其他任何国民党地方政府和军事集团进行和平谈判。29 日,黄回南京复命,刘暂留平。

　　△　国防部发布文告,宣称为了缩短战争,保护古都北平,同意傅作义宣布于 22 日上午 10 时起休战;并谓"绥远、大同两地亦将实施休战"。

　　△　中国国民党革命委员会于沈阳发表对于时局声明:"号召全国工、农、兵、商、学各界,号召党内爱国民主分子,一致拥护中共主席毛泽

东先生对于时局之主张及八项和平条件。"并声明中国人民要求建立独立、民主、自由、幸福之新中国,必须将革命进行到底,"不可姑息养奸,至重蹈辛亥以来革命失败之覆辙",反帝反封建、反官僚资本的进行,"必须在中国的无产阶级政党——中共领导之下,才有不再中途夭折的保证"。

△ 中国民主同盟主要领导人就22日李宗仁要求民盟调解和平事发表严正谈话,指出:"从前国共两党之争,我们是第三者,但现在局势已经完全改变,现在是革命与反革命之争,而我们站在革命的一边,所以不能参加调解。"

△ 中联企业公司"太平号"客轮于下午4时18分由沪驶台,于当晚11时驶抵舟山群岛时,在迷雾中与自基隆驶来之货轮"建源号"相撞,两轮同告沉没,乘客大部分罹难,获救者仅26人。

△ 驻青岛外围国民党军第三十二军第二五二师第七五四团官兵,在团长方本壮、副团长张德义率领下,于即墨以南地区起义,加入人民解放军。

△ 杭州航空军官学校学员李延森、周梦纪驾PT—14教练机两架起义,自笕桥机场飞抵合肥。

△ 中共中央制定《关于国民党、三青团及特务机关的处理办法》,对处理时机、登记办法等作出明确规定。

△ 华东野战军解放苏北启东、海门两县城。次日复解放靖江县城。

△ 驻华军事顾问团团长巴大维电告蒋介石:"奉本国政府命,撤离中国。"同日,美国驻华联合军事顾问团宣布停止工作。

1月28日 毛泽东以中共发言人名义发表谈话,严重警告南京政府:"你们必须立即将冈村宁次重新逮捕监禁,不得违误。"对其他日本战争罪犯,"一概不得擅自释放或纵令逃逸,违者严惩不贷"。谈话严正驳斥南京政府发言人1月26日的谈话,提出"你们必须立即动手逮捕一批内战罪犯","其中最主要的,是蒋介石、宋子文、陈诚、何应钦、顾祝同、陈立夫、陈果夫、朱家骅、王世杰、吴国桢、戴传贤、汤恩伯、周至柔、王叔铭、桂永清等人。特别重要的是蒋介石"。

△ 周恩来针对李宗仁进行的假和谈活动,致电吴克坚:向尚在沪的民主党派领导人张澜、黄炎培、罗隆基等说明,应坚持李济深等 55 人 1 月 22 日声明所持的立场,"以便实现真和平真民主"。毛泽东在该电上加上:"望要刘仲容即去告李、白绝不要相信蒋介石的一套,桂系应准备实行和蒋系决裂,和我方配合解决蒋系,才能在人民面前和蒋系有所区别。"

△ 李济深致李宗仁公开信,指出"吾兄如真有和平诚意",即全部接受中共主席毛泽东先生所提之八项条件,"方有和谈之可言"。

△ 中国致公党发时局通电,表示拥护毛泽东主席所提八项和平主张,并渴望彻底肃清国民党反动残余势力。

△ 白崇禧派代表李书城往郑州晤见中原野战军负责人,转达他的意向,表示对毛泽东八项条件基本同意,只是感到宣布的战犯太多,他本人不应包括在内。他仍愿联合中共军队对蒋系作战,希望中共同意不改编他的军队,并能够让他参加联合政府。

△ 浙江省政府主席陈仪在共产党人和民革主席李济深等人帮助下,决心以傅作义为榜样,为和平作出贡献。他的老部下、并有师生之谊的京沪杭警备总司令汤恩伯于本月上旬向陈提出要和中共地下党联系人作商谈。是日,陈派外甥丁名楠持他的手书赴沪见汤。函谓:"兹有×××先生应邀去见你,请你和他畅谈。我们从前的计划他都同意,希迅速实行,以免夜长梦多。"并附四点意见:一、徐蚌战争已结束,蒋方彻底完结,这正合全民愿望。请你不要遵蒋方指示,上海工事应全部停止;二、有利于蒋方军事部署也完全停止,以免扰乱民心;三、上海全部物资,不必变卖,留给共方;四、我们早已商定,以保护沪、杭安全以至全浙人民安全,不受军事扰乱为主,对溃兵游勇,要严加管束。此函被特务头子、上海警察局长毛森发觉,汤为个人安危,于次日将陈密函送溪口蒋介石处告密,并向蒋誓输忠诚,自请诱捕陈仪归案。蒋介石得报,

即命国防部保密局长毛人凤派特务对陈严密监视,并安排其心腹周喦准备接替陈仪职务。

　　△　新任美国会援外监督委员麦卡伦声称将以 15 亿美元援助民国政府。2 月 8 日,美国经济合作总署署长霍夫曼表示希望于 3 月份向国会提出延长援华计划法案。

　　1 月 29 日　国防部参谋总长顾祝同,奉蒋介石之命,下达《应付时局六要领》密令,一、认清中共企图。二、中共八条“第一条所谓战犯,意在侮辱我领袖,动摇我信心”,“须予严厉驳斥”。三、“军事最近作战重点,封锁巩固长江,并保卫西北、西南;第一线部队宜加强戒备,切实演练歼灭敌人战术”。四、“后方整训部队及无作战任务部队,务须加紧补充训练,以提高作战精神及能力,期短期变成劲旅”。五、“对后方治安秩序应加维持,地方散匪及造谣生事、罢工、怠工等行为,应严加取缔肃清”。六、“对部队应特别注意激励士气”。2 月 4 日,该通令转发中为解放军所缴获。

　　△　北平联合办事处于下午在颐和园益寿堂召开第一次会议。中共方面叶剑英、陶铸、徐冰、戎子和,傅作义方面郭宗汾、周北峰、焦实斋出席。会议决定:联合办事处即日成立;工作方式采用集体办公;办公地点设东交民巷御河桥 2 号。议决:“本月 31 日,北平城中所有国民党军一律撤至城外规定地点,当日人民解放军即入城接防。”

　　△　中国人民解放军总部发布解放战争两年半(1946 年 7 月 1 日至 1948 年 12 月 31 日)的战绩公报:共歼灭国民党军 207 个整师 433.1 万余人,解放城市 270 余座。

　　1 月 30 日　国民党中央党部第一批南迁人员抵达广州。中央组织部长谷正鼎同时到达,对记者称:“此次南迁局面,使吾人深感惭愧,国民党革命本是由广东打出去的,今反退回原地。国民党要复兴,惟有再度打出去。”

　　△　中原野战军解放河南光山、潢川两县城,潢川五个保安队全部投降。

　　△　国民党空军飞行员李筠、邢国铮等四人夺取 C—47 运输机一架起义，由上海飞抵济南，参加人民解放军。

　　△　美、英、法驻华使馆南迁广州。

　　1 月 31 日　北平和平解放。华北"剿总"总司令傅作义按照和平协议，自 22 日起首先将自己的嫡系部队骑四师、第一〇四军开出北平城，到达整编地点，随后华北"总部"所属部队均按指定地点陆续开出城外。是日，人民解放军东北野战军第四纵队从西直门开入北平城接管防务，北平市人民政府工作人员入城接收市政，世界驰名的文化古都宣告和平解放，历时 64 天的平津战役结束。在这次战役中，东北、华北野战军共歼灭和改编国民党军一个总部、一个警备司令部、三个兵团部、13 个军部、50 个师，共 52 万余人，基本上解放了华北地区。

　　△　北大、辅仁等 10 余所学校学生及电讯局工人 4000 余人于下午 5 时在中南海与入城解放军举行盛大联欢会，欢庆北平和平解放。

　　△　中共中央领导人毛泽东、朱德、刘少奇、周恩来、任弼时等在河北平山县西柏坡会见苏共中央代表、苏共中央政治局委员米高扬等，向他介绍了中国革命形势和特点，并表明把革命进行到底，解放全中国的决心。说明即将召开新政治协商会议，成立各民主党派、人民团体、无党派民主人士参加的联合政府。会谈中，毛泽东提出了《中苏友好同盟条约》中有关旅顺港、新疆及外蒙古独立等问题。关于旅顺港问题，毛泽东赞成苏联保留海军基地，当中国稳定得有能力防止日本侵略的时候，苏联也就不需要旅顺港基地了；关于外蒙古问题，毛说内外蒙古应该统一起来，并入中华民国的版图；关于新疆问题，毛说，新疆的伊犁地区在闹独立运动，当地的起义者拥有苏联生产的大炮、坦克和飞机。米高扬对《中苏友好同盟条约》表态，说"我们认为《关于旅顺口协议》是不平等条约"，根据斯大林的来电，表示"苏联政府决定，撤销这一不平等条约"，"如果中国共产党认为应该从旅顺口立即撤出苏联军队是适宜的，则苏联准备满足中共的这一要求"。关于新疆问题，米高扬说，苏联"不支持新疆人民的独立运动，而且对新疆的领土也没有任何野心"，表

示"新疆将归入、也应该归入中国的版图"。关于外蒙问题,米高扬明确表示反对毛泽东的主张。米高扬根据斯大林的来电说,"外蒙古领导人主张把中国的所有蒙古地区同外蒙古联合起来","组成一个统一的蒙古国"。表示"苏联政府表示反对这个计划",但是"这件事的决定权属于外蒙古自己"。毛泽东表示"以后不再提蒙古统一问题"。2月7日,米高扬离西柏坡回国。

　　△　南京政府发言人发表声明,对中共中央发言人28日声明作出所谓答复。声称冈村宁次问题是一个"司法问题","完全与和谈无关",拒绝重新逮捕日本侵华战犯,拒绝逮捕蒋介石等战争罪犯。

　　△　李宗仁偕邵力子由京到沪,于上午10时30分邀社会各名流颜惠庆、江庸、章士钊、陈光甫、冷遹、张君劢、钱新之等10余人商谈和谈问题,提出以颜惠庆、江庸、章士钊、陈光甫、冷遹五人为他的私人代表前往北平与中共方面"搭桥"。午后召集行政院在沪各部、会官员孙科、吴铁城、朱家骅、徐堪、刘维炽、左舜生、钟天心、刘攻芸、端木恺等商谈所面临的各项问题。继往香山路访晤宋庆龄后返京。

　　△　蒋介石在溪口召见何应钦、顾祝同、汤恩伯,决定继续顽抗,将长江防务划分为两大战区:湖口以西归白崇禧指挥,总兵力为25万人;湖口以东归京沪杭警备总司令汤恩伯指挥,总兵力为45万人。以上海、松江地区为防务中心,重点防守上海与杭州三角区,而对南京地区则不设重防。待将上海之金、银与美钞运抵台湾后,再放弃华东、华中,转而退守台湾。并于西北、西南地区继续抵抗。

　　△　京沪杭警备总司令汤恩伯发表谈话,宣称中共如渡江,本人"决以全力保卫"。并称"江防严密,绝无疏虞"。对扰乱秩序者,"决依戒严法令,严予惩处"。

　　△　南京政府遵从东京麦克阿瑟的命令,将日本侵华战犯260名连同冈村宁次等九人一起送往日本。2月4日抵东京。

　　△　美国《旧金山纪事报》发表社评,攻击中共和谈条件要求惩办战犯"为破坏国际道义之行为"。接着《俊克兰论人报》、《华盛顿评论

报》加以附和,称惩办战犯"既无道义上之理由,亦无法律上之根据"。

△ 中央研究院总干事萨本栋因癌症逝世于美国旧金山。

是月 中国人民解放军总部于 2 月 27 公布本月份战绩公报:共消灭和改编国民党军 61 个整师,62.8 万人;俘获师级、上校以上军官 123 名(包括投诚者 17 名);缴获各种炮 7069 门、飞机 57 架(内起义者九架)、坦克 271 辆;解放人口 960 万、土地二万平方公里、城市 39 座。

△ 张群往重庆就任绥靖公署主任前,往上海虹桥疗养院访问张澜。张澜告诫张群说:"到四川去应该为四川人民做些好事,首先应该释放政治犯,停止征兵征粮,更不要在四川打内战。"张群回川上任后,即释放了关押在中美合作所的 21 名民盟盟员(内有中共地下党员数人),并将征兵名额由 42 万人减为 6.2 万人。

△ 外交部同意苏联在广州设立领事馆及塔斯新闻社分社。

2 月

2 月 1 日 中共中央致电彭真、叶剑英:要李宗仁使者刘仲华返南京面告李宗仁,如果他真有反蒋反美,接受八项和平条件诚意,即应迅速与蒋分裂,中间道路是行不通的,惟如此,方能站稳脚跟,进行和谈。否则,"中共便无此余暇,与之敷衍"。

△ 监察院长于右任、立法院长童冠贤致电在上海之行政院长孙科,希望孙为便于和谈大计,以政府各要员仍留南京为宜。同日,孙科应李宗仁之召,偕内政部长洪兰友自沪抵南京。

△ 南京中国人民和平策进会、各大学教授国策研究会合组之人民和平代表团邱致中等一行,携带"和平纲领",乘专机由南京飞青岛,准备往北平会晤叶剑英。

△ 汉口市人民和平促进会分别致电毛泽东主席和李宗仁代总统。致李电谓:"毛泽东先生子感电文,谦冲自牧,悲天悯人之精神,益征雅度虚怀,处处为国家民族着想。"促李宗仁积极进行和谈。致毛泽

东电则称:蒋介石发表元旦文告,"和平曙光掩映大陆。匝月以来,政府披沥诚求",并说,"当和平使者整装待发"之时,"军事之冲突似迄未停止;宣传之言论,似仍多刺激,和平前途尚行暗淡"。

　　△　西北军政长官张治中下午抵达兰州,对记者谈话称:和平并没有绝望;自己为政府派定和平代表,愿为和平而努力。

　　△　中国国民党中央党部迁移广州办公。

　　△　李济深、沈钧儒、马叙伦、郭沫若等民主人士56人联名致电中共中央主席毛泽东、人民解放军总司令朱德,祝贺人民解放军的伟大胜利。"务望追奔逐北,振至上之雄威,扫蒂除根,奠无疆之大业"。次日,毛泽东、朱德复电,"极感盛意",并指出:"欲求人民解放斗争获最后胜利,必须全国一切民主力量同德同心,再接再厉,为真正民主的和平而奋斗。诸先生长期为民主事业而努力,现在到达解放区,必能使建设新中国的共同事业,获得迅速的成功。"

　　△　周恩来交待齐燕铭、周子健立即赶往北平筹备召开新政协,并会同金城、申伯纯将暂住李家庄的周建人、胡愈之、符定一、韩兆鹗、雷洁琼、沈兹九、何惧等送往北平。

　　△　中共中央电贺北平解放。指出:"华北人民解放战争的伟大胜利,连同东北、华东、西北人民解放战争的胜利,以及南方人民游击战争的胜利在一起,已经奠定了人民解放战争在全国胜利的巩固基础。"

　　△　华东野战军解放苏北纺织业中心南通,国民党军渡江向南退却。

　　△　北平联合办事处成立,中共方面叶剑英、陶铸、徐冰、戎子和,傅作义方面郭宗汾(华北"剿总"副总司令)、焦实斋(华北"剿总"副秘书长)、周北峰参加,叶为主任,郭为副主任。

　　△　中华全国学生代表大会筹备委员会于北平成立,陈震中当选为筹委会主任,刘廉儒、邵敏、顾光顺为副主任,史继陶为秘书长。

　　△　美国陆军部部长罗亚尔、陆军部作战计划处处长魏特迈与其他美政府官员到日本东京与麦克阿瑟、美驻华大使司徒雷登、美驻华军

事顾问团团长巴大维、参谋长坎贝尔等密商对华政策。4 日至 7 日,司徒雷登在青岛与美国太平洋舰队司令蓝姆赛、西太平洋舰队司令白吉尔密商中国局势。

△　华中"剿总"总司令白崇禧公布《维持治安紧急处置办法》四条:一、聚众抢劫财物者杀;二、散布谣言、扰乱治安者杀;三、为首纠众暴动者杀;四、故意造成黑市扰乱币制者杀。

△　广州特刑庭结束。广州当局释放政治犯 200 余人。

△　南京卫戍司令部查封《南京人报》,谓该报假造要人卷款出逃丑闻,"挑拨离间"。

△　财政部重新调整货物税额,卷烟较上月增加 113％,火柴增 180％,毛纱增四倍,棉纱增 21％,化妆品、土酒、食糖等均增一倍。同日,沿海及长江线轮运价重新调整,客货运价一律增加 60％。铁道客货运费涨价四倍。

△　上海市长吴国桢密电台湾省府主席陈诚,提出对存沪物资予以紧急处理,凡为台方所需要者,应赶速运往。

△　广州二沙头空军大码头招商局"利字 104 号"油船于上午 10时 40 分发生大火,焰高六七丈,至 4 日晨始告熄灭,烧毁飞机油 6000余桶,搬运工人 10 余人丧生、失踪。

2 月 2 日　人民解放军江汉军区部队进行荆门战役,是日,将国民党军第十四兵团宋希濂部第七十九军军部和一个团部又两个营,包围于荆门城内。

△　空军飞行员李愚、刁家平驾驶 L—5 通讯机一架由上海起飞后坠毁,两人受伤,后由中共地下党组织安排到达苏北解放区。

△　中原解放军收复鄂西北房县城。

△　苏联驻南京大使罗申一行 36 人,随行政院迁穗。

△　广东省政府主席薛岳对美联社记者声称,建立粤、桂、闽、湘四省联盟。

△　南京卫戍司令部发言人以所谓"政府谋求全面和平,非谋求局

部和平",宣布取缔南京之自治会、和平促进会等组织。

　　△　北平军管会、市人民政府正式迁入北平城内办公,分别发布《入城办公布告》,申明继续遵行平津前线司令部颁布之约法八章。

　　△　北平市警备司令部成立,发布布告:奉人民解放军总部命令成立,任务是确保北平治安,保障革命秩序。在北平市军事管制委员会领导下执行任务。程子华任司令员。

　　△　《人民日报》北平版正式创刊,发表社论(代发刊词)《为建设人民民主新北平而奋斗》,同日,新华社北平分社成立。北平新华广播电台正式播音。

　　△　粤汉铁路南段工人因路局不履行协议,再次罢工。次日上午广九、广汉、广韶各列车停开。下午局方答允对员工薪饷以米粮计算,晚8时复工。

　　2月3日　中国人民解放军举行隆重的北平入城式。上午10时,以指挥车和军乐队为先导,开始进入永定门,依次为装甲车队、炮兵车队、坦克部队、摩托化部队、骑兵方队和步兵方队。林彪、罗荣桓、聂荣臻、彭真、叶剑英及北平联合办事处全体代表登上前门箭楼检阅。工人、市民、学生和各界欢迎的人群挤满了解放军通过的各条通衢大道,各民主党派人士、教授学者和社会名流也加入欢迎行列。

　　△　留京国大代表百余人于上午召开联谊会全体大会,通过多项提案,并促行政院长孙科、立法院长童冠贤、监察院长于右任等返回南京,共同促进和谈。

　　△　中国民主同盟、中国国民党革命委员会、中国人民救国会、中国农工民主党、中国民主促进会、三民主义同志联合会、中国致公党发表联合声明,反对美国总统杜鲁门、国务卿马歇尔向国会提出援华法案,指出:"南京独裁政府违法摧残民主政党,逮捕学生,执行内战政策,早已不能代表民意。"如美国政府再继续援助南京政府,是"助长中国内战,干涉中国内政",表示"坚决反对此种加深中国人民痛苦之对华借款"。

　　△　马叙伦、沙千里等六人,发表《告上海同胞书》,劝告上海同胞

勿上国民党假和平的圈套。

△ 广东省政府主席薛岳,于广州宣布施政三大原则:一、政治自由;二、经济民主;三、军事自卫。六大政纲:一、生民之政;二、养民之政;三、教民之政;四、卫民之政;五、管民之政;六、用民之政。三大目的:一、安;二、便;三、足。

△ 美国西太平洋舰队司令白吉尔在青岛声明:美国西太平洋舰队为保护美侨,仍留在西太平洋,"使整个中国沿海的美国人感到安全"。

△ 美国经合总署停止对解放区之救济工作。

△ 美国经济合作总署中国分署长莱普汉、副署长葛里芬一行抵台湾考察经济建设。

△ 空军第八大队中尉飞行员张雨农、任永荣、黄友寿,中尉军械员黄文刚等四人驾驶 B24—483 号重型轰炸机一架起义参加人民解放军。

△ 赣西新喻县因店租人与租店人发生冲突,引发大规模械斗,扩及清江、上高、宜春、分宜、高安等县,参加民众达千余人,步枪千余支,时间绵延一个月,死伤达数百人之众,仍未停止。

△ 中共中央发出指示,要求华东、华中、华北、中原、东北各中央局调集干部,集训待命,准备随军渡江南进。

2 月 4 日 中共中央发表关于国民党政府将日本侵华战犯冈村宁次等遣回日本的严正声明。警告南京国民党政府"应即将冈村宁次及其他日本战犯立即追回移交于在中国抗日战争中起主要作用者和现时中国国防负实际责任者中国人民解放军总部"。声明"保留对于追回冈村宁次,予以重行审判,并追回被移交日本的其他二百六十名日本侵华战犯的完全权利"。对于被东京麦克阿瑟总部擅自释放之其他多名战犯,"中国人民解放军同样保留要求重行审判的权利"。

△ 行政院长孙科偕副院长吴铁城等由沪飞抵广州。

△ 人民解放军江汉军区于 3 日晚进攻荆门县城,占领东端要地

文峰塔,国民党军第七十九军军长方靖急电第十四兵团司令宋希濂求援,并下令部队向南突围。第一九四师师长龚传文主张固守,并亲率一团反攻文峰塔。虽然占领文峰塔之人民解放军当即退出,而驻守城内之国民党军仍按方靖的命令分路向西南突围,遭埋伏在各要点的人民解放军伏击。是日上午,人民解放军占领荆门,歼灭第九十八师一部,生俘军长方靖以下 5000 余人。

△ 云南东南部人民解放军敌后武装解放马关县城。翌日解放云贵边境之罗平县城。另部解放滇越路西侧之屏边县城和滇越路支线终点石屏县城。

△ 豫北前线解放军解放新乡西北之辉县,国民党军千余人全部投降。

△ 美国军事顾问团最后一批人员由团长巴大维、海军组长奥尔特率领离华,抵达日本东京。

△ 国防部青年救国团制订《各联合中学临时中学学生组训办法》检送国防部转饬各联合中学、临时中学执行。规定各校分别编组学生总队、大队、中队,以加强对学生的思想、行动的控制。

△ 《人民日报》消息,天津警备司令部及第六十二军和第八十六军两个军部、10 个师及特种部队和地方军,共 13 万余人被歼。天津警备司令陈长捷以下将级军官 28 人及大批军官被俘。

2 月 5 日 毛泽东以中共中央发言人名义发表关于和平谈判的声明,指出必须在八项和平条件的第一条中增加惩办日本战犯一项。即"(甲)惩办日本战争罪犯;(乙)惩办国内战争罪犯"。

△ 中共中央在给林彪、罗荣桓、聂荣臻的复电中指出,只要李宗仁、白崇禧"能站在有利于人民事业的一方面,仿照北平办法解决京、沪、汉等处问题,我们即会以对待傅(指傅作义)的态度对待他们"。

△ 中共中央电示上海局和香港分局,指出:为击破国民党的假和平阴谋,配合即将进行的谈判斗争,对于各大城市首先是长江流域各大城市,应该有准备地发动工人、学生等群众运动,要求完全实行中共的

八项条件,按照北平办法和平解决。

　　△　李宗仁以代总统名义组织由颜惠庆任团长的"人民和平代表团"六人,准备赴北平洽商和平。

　　△　黄绍竑、黄旭初到南京谒李宗仁。对于和谈问题,李表示最好能做到划江分治;白崇禧亦如此设想。黄绍竑则认为,在目前强弱悬殊情形下,隔江分治是办不到的。8 日,李宗仁命黄旭初携李宗仁信函往广州访问孙科、吴铁城等人。

　　△　留沪监察院副院长刘哲及监委 50 余人于上午 9 时召开座谈会,讨论促进和谈和政府迁移问题。多数监委对行政院迁穗表示不满,并提出纠正案,同时主张监察院不应随行政院迁穗,2 月份院会仍在南京举行。会议决定设立和平问题研究委员会,推刘平江、陶百川等七人主持其事。

　　△　鄂省人民和平促进会发起之鄂、桂、湘、赣、皖、豫、闽七省市和平促进会在武昌召开预备会议。6 日下午 1 时,七省市和平促进会联合大会正式开幕,桂省参议会议长蒋缮伊任大会主席,并即席发表讲话,强调立即停战言和。8 日,通过大会宣言,闭幕。

　　△　行政院在广州正式办公。院长孙科和副院长吴铁城邀集立法院副院长刘健群及立委多人,以及省、市参议长垂询粤省治安和经济情况。

　　△　程思远应邀于台北会晤陈诚。陈就李宗仁饬释张学良问题对程表示,张非受台省管束,台省无权决定,予以推诿。

　　△　安庆以北桐城县城解放。

　　△　云南省政府主席卢汉下令中央银行昆明分行停止外运在滇收兑之黄金白银。12 日,又禁令金圆券运入滇境。3 月,又令省财政厅将中央银行昆明分行库存黄金白银移入云南富滇新银行保管,扣下黄金 1.3 万余两、白银 60 余万两和一批滇铸银币。

　　△　上海市大米每担涨至金圆券一万元。较上年 8 月 19 日限价时上涨 470 余倍。

2月6日　　行政院长孙科于广州举行记者招待会,发表谈话称:政府力谋光荣和平,使国内一切问题获"公平合理解决";反对李宗仁愿以中共八项和平条件进行谈判的声明,声称:"共党所提出之惩治战犯一节,即系绝对不能接受者。"对各方反对行政院迁穗事,宣称迁穗办公,不等于迁都。次日,又在广州纪念周上作报告,宣称绝不接受投降的和平。

△　南京人民和平代表团经在青岛与中共方面联系,中共同意接待,给以私人的和参观的名义,要求报告代表团成员名单,不得有记者随行。是日该代表团自青岛乘中航机到达北平,下榻六国饭店。其成员是邱致中、吴裕後、曾贤生、邓季雨、宋国福、聂元芝、吴哲生、苗迪青、刘达逵、黄浩。首席代表邱致中。随行记者留于西苑机场。次日,中共代表叶剑英与代表团见面,就和平问题交换意见。

△　驻重庆市宪兵第二十四团派驻泸县宪兵队自本月 2 日至本日,破获一大贩毒案。缴获烟土 4.56 万余两,抓获人犯 14 名、大卡车两辆、吉普车一辆。

△　因粮店拒绝售米,南京市自本日起,实行持证分区购买大米。

△　美国经济合作总署中国分署署长莱普汉发表书面谈话,主张扩充台湾省肥料及电力生产。

2月7日　　中共中央发言人发表声明:如果上海颜惠庆、章士钊诸先生以私人身份来平,叶剑英市长将予接待;如果像甘介侯所声明,代表团惟一任务为从事敲门和"敦促中共迅速指派和谈代表,并决定和谈之时间地点",则"中共早已声明,和平谈判的准备工作尚未做好,目前无从谈起,我们对于任何方面的人暂时均不准备接待"。"至于甘介侯这类从事'和平攻势'的政治掮客",不予接待。

△　行政院于下午 4 时在广州召开第四十二次院会,孙科主席,通过议案六项:一、"政府于 2 月 5 日在穗正式办公",并电各省市政府、各绥靖公署、各总司令部知照。二、行政院留京办事处成立,由副秘书长负责。三、整饬纲纪,健全组织,调整待遇,改善生活。四、设立桂林绥靖公署,以李品仙为主任。五、国防部任命钱大钧为重庆绥靖公署副主

任;国防部次长萧毅肃兼任重庆绥署参谋长;江苏省主席丁治磐兼任第一绥靖区司令官。

△ 国民党留沪中央执行委员、监察委员 40 余人,在市银行召开座谈会,决定电请广州中央党部从速召开中央常务委员会及全体会议,讨论局势。

△ 驻长江南岸芜湖至繁昌、荻港沿江地区国民党军第一〇六军第二八二师师长张奇率所部官兵 5000 余人起义,于下午 6 时 30 分起陆续渡江,顺利到达长江北岸无为县,与江北解放军会师,改编为第二野战军独立师,张奇任师长。3 月 2 日,第二野战军司令员刘伯承、政治委员邓小平,第三野战军司令员兼政治委员陈毅致电慰勉全体起义官兵。

△ 上海监狱释放判刑汉奸 92 名,均系被判处五年以上至十年以下刑期者,其中不少系重要汉奸。8 日,又释放 132 人,其中有盗匪 60 余人,次为烟毒犯和杀人犯等。

△ 迁往广州之行政院欲占用中山大学校舍,激起学生愤怒,是日学生在校内遍贴反迁校标语,呼吁全校员生重振"五卅"焚烧宪法、流血护校精神,誓死抵抗当局强占校舍,扼杀教育,并斥校长陈可忠为腐化官僚。

△ 中央银行运出第三批黄金去台湾,于次两日(即 8 日、9 日)内完成,约 60 万两。

△ 京沪铁路局戚墅堰机厂工人因对所领 2 月份米贴不满,提出每月薪金照米计算等要求,部分工人采取卧轨阻止列车通行的行动,路局长王兆槐派警务局长钱鹤皋率警队前往弹压,京沪杭警备总司令部无锡指挥所主任周嵒亦派军宪前往。至下午 6 时 20 分,待军警抵达时,工人自动分散。

2 月 8 日 叶剑英与南京人民和平代表团成员进行长谈。吴裕後以书面形式责问中共:既然南京政府已表示承认八条为和谈基础,中共为何仍旧反应消极?为何迟迟不指派和谈代表及地点?等等,要求答复。邱致中致送《和平谈判纲领》一份,内容大略为:一、双方各派全权代表,以中共所提八条为基础,并请公正人士参予;二、双方参战军队即刻停战;三、双方即刻停止一切宣传战;四、和谈后即行召开新政协会议,其构成为共产党、国民党、中间党派、民意机关、人民团体、社会领袖六方面各六人成"六六比例制";五、和谈及新政协地点在北平。叶剑英分别予以解释后,代表团成员开始承认中共确有和平诚意,蒋介石无和平诚意,李宗仁、白崇禧亦不足望。极力建议中共利用蒋、桂矛盾,争取和桂系和谈成功,则可不必另立新中央,而占有旧中央就能"号召全中国及发布讨伐令","西起宜昌,东至上海,即可解放"。叶剑英表示,只要桂系今后的行动确是站在有利于人民解放事业的立场上,并能达成真正持久和平的目的,中共不会予以拒绝。

　　△　李宗仁鉴于由甘介侯组织的和平代表团赴北平试探和谈问题被中共拒绝,于本日抵沪,推定颜惠庆、章士钊、江庸三人为代表,邵力子则以私人资格赴平。旋得北平同意,即决定以"上海人民和平代表团"名义赴平。

　　△　国民党中央执行委员会常务委员会于广州举行迁穗后首次会议。邹鲁主席,讨论和平与党务改革等问题;并议决由黄少谷任宣传部长,中常会每周召开一次。

　　△　在广州立法委员40余人下午3时举行座谈会,童冠贤院长主持,决请各地立委南下复会。

　　△　国防部召开江防紧急会议,国防部长徐永昌、参谋总长顾祝同、京沪杭警备总司令汤恩伯、淞沪警备司令陈大庆以及国防部第三厅厅长蔡文治等高级将领参加,李宗仁应邀与会。会议由顾祝同主持,首由蔡文治提出江防计划,其要旨是将江防军主力自南京向上下游延伸,重点放在芜湖地段,以确保南京安全。汤恩伯声言此方案大违蒋介石的旨意,决意将主力集中于镇江以东,以上海为据点,集中防守,南京上下游只置少数部队。蔡指出此种方针在战略及战术上均属下策。汤以"总裁吩咐"压蔡,蔡谓"总裁已经下野",应服从参谋总长的作战计划。

会议在汤、蔡的激烈争吵中而散。李宗仁鉴于蒋介石幕后操纵,束手无策。汤恩伯便遵循蒋的旨意,制定京、沪、杭作战方针,要旨为:以长江防线为外围,以沪、杭三角地带为重点,以淞沪为核心,采取持久防御方针,最后坚守淞沪,与台湾相呼应。兵力部署为:以第三十七、五十二、七十五三个军及青年军第二〇四师、交警总队等部在淞沪地带设立第一、第二道防线及核心防线;以第二十八军防守南京北大门三浦地区(浦口、浦镇、江浦),第四十五军守南京;第四、五十一、二十一、一二三军四个军布防镇江以东至江阴长江沿岸;第五十四、第九十九两军分驻丹阳、龙潭为机动,而湖口至马鞍山千里江防仅第六十六、二十、八十八、五十五、九十六、六十八军六个军和第四十六军之第一七四师。

　　△　毛泽东为中共中央军委起草复邓小平等电,指出"今后将一反过去二十年先乡村后城市的方式,而改变为先城市后乡村的方式。军队不但是一个战斗队,而且主要地是一个工作队。军队干部应当全体学会接收城市和管理城市"。

　　△　美国合众社记者基昂、穆萨对北平人民迎接和平解放作诽谤性报道,基昂2月1日报道称:"北平平静地好奇地接待征服者。……他们表示了据说四十年中用以迎接六次征服者的同样的保留态度。"2月3日,美国记者穆萨报道曰:"长列的市民在这个热烈的欢迎游行中,把嗓子都喊哑了——正如当日日本人占领北平,他们欢迎日本人,当美国人回来(?!)他们欢迎美国人,当中国国民党人回来,他们欢迎国民党人,以及他们数百年前欢迎蒙古人与鞑靼人一样,北平在欢迎它的征服者方面,是素享盛名的。"是日,新华社发表报道专文予以揭露。10日,北平各报刊、各民主人士、工人、学生予以严正驳斥。燕京大学自治会要求将基昂、穆萨驱逐出境。

　　2月9日　在淮海战役期间由邓小平、刘伯承、陈毅、粟裕、谭震林五人组成的总前委召开会议,中共中央中原局负责人参加了会议,讨论渡江作战等问题,提出渡江时间"以3月半出动,3月底开始渡江作战为最好"。在战役部署上,"以华野四个兵团,中野一个兵团为第一梯队"，"预定的突破重点位置，拟在芜湖、安庆地段"。

　　△　行政院于广州举行第四十三次院会，孙科主席，通过人事任免事项：陆军总司令余汉谋免本职，遗缺由张发奎继任；海南特区行政长官兼建省筹备委员会主任委员张发奎免本兼各职，遗缺由李汉魂继任；青岛市长龚学遂准辞，遗缺由山东省政府主席秦德纯兼任；改组广东省政府，任命李扬敬、黄光海、张建、谢文龙、欧芳浦、香翰屏、黄范一、韩汉英、吴逸志、陆匡文、萧次尹、黄晃为广东省省府委员；李扬敬兼秘书长；黄光海、张建、谢文龙、欧芳浦分别兼任民政、教育、建设、财政厅厅长。

　　△　国防部政工局长邓文仪，于下午3时在南京对中外记者发表谈话，宣称：一、"政府要和"。二、"中共要战"。三、"北平局部和平成了骗局"。四、"备战以言和"。

　　△　第一绥靖区南通指挥所奉命改称苏州指挥所，迁移至常熟，克日展开江防任务。

　　△　上海监狱继续释放129人，其中包括大贪污犯、前中央银行业务局局长杨安仁等。

　　△　上海铁路工人千余人，为薪金问题齐集北站广场罢工，使京沪、沪杭两线中断六小时，并与警方发生冲突。后经铁路局方答应于11日调整员工薪金，工人答允复工。

　　△　中央研究院院长朱家骅赴京处理该院迁移事宜后返沪。该院除社会科学和地质两研究所外，其余11个所，均已分别集中到上海。

　　2月10日　中共中央复电在港之中共华南分局负责人潘汉年，同意他和左恭、钟天心见面，告诉左、钟："战争罪犯只有蒋介石及其死党中那些罪孽深重的人们不能赦免，其他各人包括孙科、薛岳、余汉谋、张发奎等在内，只要他们在将来某种紧急时机能够站在有利于人民事业的方面，反对帝国主义、封建主义、官僚资本主义，愿受中共领导，则他们过去的罪恶行为可能取得人民的谅解而予以赦免，并给以新的出路。"指示潘"应乘此时机，抓紧对孙科、薛岳、余汉谋等人的工作"。

　　△　淞沪警备司令部重新策定上海市区警备计划。其方针为："以

确保上海市区安全、维护社会秩序之目的,即以现有军、宪、警,配合各种自卫力量,统一指挥,分区警备,肃清奸宄,防止暴乱,加强各种军事设施,迅速完成决战准备。"其指导要领是将苏州河南北及浦东等处划分为三个警备区域。其兵力部署及任务区分均作了详细具体的规定。

△　美经济合作总署中国分署署长莱普汉、副署长欧里芬由行政院美援运用委员会副秘书长周舜年陪同于昨日抵广州,是日与行政院美援运用委员会主任委员孙科等举行联席会议,决定:一、充分拨付华南款项,为华南(包括台湾)西南农村复兴之用。二、筹划充足款项,继续推进经合在华工作。三、向缅甸购米粮 2.3 万吨,在京、沪、穗和青海等地配售。四、协助广州添建仓库。

△　中央银行金银已大部分运存台湾和厦门,上海所余黄金仅 20 万两转运工作完成。

△　国防部令:陆军装甲兵参谋长蒋纬国晋升为上校副司令。

△　芜湖特刑庭撤销,政治犯 88 人交保开释。次日,镇江特刑庭撤销。

2 月 11 日　中共中央军委复电总前委,同意 2 月 9 日总前委会议所提渡江行动计划的建议。指令淮海战役总前委在渡江战役中"照旧行使领导军事及作战的职权,华东局和总前委均直属中央",同时指令刘伯承、邓小平、张际春、陈赓参加华东局为委员,邓小平为华东局第一书记。

△　南京人民和平代表团离平返回南京。临行前在取得中共方面的同意后,在平发表该团发言人声明,说明代表因此行已向中共转达了人民对和平的渴望,并获知,如南京政府确有和平诚意的事实表现,中共准备与之谈判,"以期获得有利于人民的真正和平"。下午 3 时半抵南京。

△　人民解放军华东军区司令部发言人向青岛国民党第十一绥靖区司令官刘安琪提出严重警告,令其立即停止破坏青岛发电厂、码头等设施,否则以战犯论处,缉拿严惩。同日,蒋介石命顾祝同通知刘安琪暂勿撤退。

　　△　中国国民党革命委员会南京分会主任委员孟士衡等,在南京国民党警宪中发展成员,掌握了数千人的武装力量,经与江北中共江淮军区党委取得联系,决定发动一次 5000 人的武装暴动。本月 6 日晚,孟士衡召集吴士文、萧俭魁等人在吴士文家秘密会议,决定行动计划:一、控制飞机场;二、截断交通干线;三、扣留李宗仁及其他重要军政人员;四、成立南京人民解放委员会;五、迎接人民解放军渡江。决定以 2000 人在市内暴动,3000 人迎接解放军渡江。此一计划为首都卫戍总部稽查处特务、与吴士文同住一院内且混入民革的秦范五于 7 日向稽查处密报。9 日,孟士衡往上海向民革京沪地区负责人、华东区军事特派员王葆真汇报。10 日,首都卫戍总部政工处长罗春波派上校附员马志青追踪到沪,于是日将孟士衡逮捕。同日及 11 日,王葆真、萧俭魁、吴士文、马骏名、王鼎臣等先后在上海和南京被捕。接着,首都警察厅长黄珍吾先后拘押南京中区警察局长、北区警察局长以下 10 余人,及宪兵第七团的下级军官、宪兵 20 余人。

　　△　陕西栒邑县县长郝登阁率保安团起义。

　　△　京沪杭警备总司令汤恩伯在上海宣布《维持上海治安秩序五项准则》:一、报纸刊物之言论记载,"必须根据正确之事实,不得妄载谣言,淆乱视听;并须以安定人心,维护秩序为准则"。凡停刊之报纸及刊物,"非经主管机关许可,一概不得复刊"。二、禁止罢工和怠工等。三、学校学生"应体会国事艰难,多用理智,勿作影响社会秩序之行动"。四、各界人士"切勿触犯戒严令"。五、本市驻军"必须绝对遵守淞沪警备司令部 2 月 8 日公告之整饬上海军风纪要令;如有违犯,严惩不怠"。

　　△　台湾省主席陈诚在记者招待会上宣布,将成立台省自治研究会和经济建设研究会,为积极推行地方自治作准备工作。

　　△　美国联合军事幕僚长李海答复美国国家安全会议,称可派遣少数军舰巡弋或停泊台湾港口,并在陆地、空中建立联系系统,以表武力存在。

　　△　广东石井联勤总部第八十兵工厂第十地雷仓库于上午 10 时

许起火爆炸,炸死工人 20 人。厂长李方园闻讯赴现场,为流弹击毙。

2 月 12 日 黄旭初受李宗仁派遣往广州活动,是日返抵桂林,向李报告称:一、孙科不返京。二、张发奎热心联络余汉谋、薛岳、陈济棠,一致对李表示拥护。三、广东首要人物均主张罢免孙科,改组行政院。四、留粤立委受 CC 派影响,主张在广州开会。五、溪口(蒋)常以长途电话指挥广州党政机构。

△ 张发奎派海南特区行政长官李汉魂和广州绥署秘书长陆匡文携致李宗仁函飞南京见李。张在信中表示:务求党内进步分子团结一致,充实革命力量,加强领导中心。李汉魂到南京后,即改任总统府参军长,成为李宗仁得力幕僚之一。海南特区行政长官遗缺,由陈济棠兼任。

△ 辛亥革命同志会于南京市召集执监委员联席会议,商讨和平问题,梁烈亚主席。会议通过向国共两党发出呼吁全面和平通电,略谓:"务祈国共双方执事,应以国家至上,人民至上为原则,弃嫌修好,敦睦和合,共拯人民于水火。"

△ 全国和平促进会于下午 2 时在上海市参议会礼堂正式开幕。出席代表共 48 人,包括 16 个省、市参议会,36 个职业性团体。沪市参议员 31 人,留沪监察委员十余人列席。甘省参议会副议长郭维屏提出八项和平条件:"(一)和平应以平等互谅为基础。(二)双方即行停战。(三)召开全国各党派法团、各区域及社会贤达的政协会议。(四)维护中华民国法统,并可依法修改宪法。(五)依据民生主义实行节制资本、平均地权政策。(六)保证人民生活自由。(七)军队属于国家,任何党派不得以武力当工具。(八)和谈一切应在中央政府领导下,作全国一致行动。"

△ 京沪杭警备总司令部关于严禁交通及公用事业员工罢工代电上海市政府,重申上年 12 月 14 日禁令,要求上海市府依照切实执行。禁令规定:一、员工如有福利问题,应由主管机关依法处理,绝对不得罢工、怠工。二、如有怠工、罢工或聚众要挟情事,应由各地治安机关依戒

严法强制其回复原状。三、如有不服从治安机关之命令,肆意破坏治安者,得由治安机关依军法就地枪决。

△ 杭州警备司令部于杭州设立,由京沪杭警备总司令部副总司令周碞兼司令。以警卫沪杭、浙赣两路为主要任务。

△ 北平市警备司令部发出布告,限令前驻北平市国民党宪兵第十九团官兵,于本月 20 日前报到交出武器,遵命者不究既往,违命者决予严办。

△ 中央银行昆明分行宣布其总行发行的版面颜色不一的金圆券为伪钞,拒绝兑换。受害群众涌向该行质询,要求兑换。该行竟关门拒兑。持票群众与银行人员由争吵、怒骂进而相互撕打。有人冲上大楼进行抢砸。昆明警务处长、军统特务李毓祯指挥军警将挤兑人群包围,下令逮捕 200 余人,并向省府主席兼保安司令卢汉报告。卢赶往现场,亲自审讯被捕群众,承认冲上银行楼上的 21 名群众被立即枪决。造成震动全国的“昆明南屏街大血案”。本月 22 日,新华社以《警告杀人犯》为题发表评论,奉劝卢汉悬崖勒马。

△ 广州市商会会议决定提请政府撤销输出入口管制及金融管制等六项要求,由该会理事长关能创等前往行政院及有关部门请愿,并函请香港各华人商会表同情,旋得香港华商总会的响应支持。

△ 国史馆馆长戴季陶服安眠药自杀于广州寓所,上午 10 时 40 分逝世。戴被称为国民党“理论家”,他痛感国民党政权行将崩溃,曾于上年两次服用安眠药自杀,被人救治未遂。

2 月 13 日 中共中央发言人发表关于反对外国干涉中国内政的谈话。严正指出澳大利亚外交部长伊瓦特在国会发表外交政策演说,建议联合国调停中国内战,“是荒谬和侮辱中国人民的”。同时指出行政院长孙科 11 日在广州附和澳外长的论调,宣称“联合国调处或获致我国和平之唯一实用途径”,“不过表示他们一贯的卖国立场”。声明“任何外国政府或联合国组织,绝对无权干涉中国的内政”。

△ 毛泽东、周恩来就上海轮船业负责人杜月笙、魏文瀚来电表示

愿以面粉交换煤炭事,复电称:"恢复华北、上海间航运,以利生产之发展,极为必要。"对上海方面派"大上海"、"唐山"两轮北驶,并派员至华北接洽,表示欢迎。同时指出:"所谓华中、华南中国船舶开放华北口岸,将不许其驶返原地,纯系报纸造谣。流言止于智者,先生等不应置信。"

△ 国民党中央宣传部向各党部、各党报发布《特别宣传指示》,要点为:一、"政府与其无条件投降,不如作战到底";二、"毛泽东 1 月 14 日声明,所提八点为亡国条件,政府原不应接受";三、"中共应负破坏和平之责任。今日中共反而提出所谓战犯名单,将政府负责人士尽皆列入,更要求政府先行逮捕,其蛮横无理,显而易见。中共如不改变此种作风,则和平商谈之途径势难寻觅"。

△ 上海和平代表团颜惠庆、邵力子、章士钊、江庸受李宗仁之托,在李宗仁私人代表黄启汉陪同下于上午 11 时在上海龙华机场乘中航专机启程赴平。随同前往的还有颜惠庆等四人的私人秘书,以及参予联系南北通航的金山、中航公司副主任雷仲仁等多人。次日下午 5 时抵平,受到叶剑英等的热情接待。

△ 南京人民和平代表团发表声明,纠正各种有关该团活动的谣传。诸如"中共当局对于所提八项条件中之'战犯'、'改编军队'二点可以让步","中共当局业有具体条件交由本团带回","叶剑英向代表团提出,保证在和谈前和和谈期间,不致攻击长江江防"等等,"不但纯属无稽,且迹近造谣"。并宣布该团任务完成,予以撤销。

△ 全国和平促进会于下午举行第二次会议,议决二项:一、"电请双方立即就地停战,并停止一切指责对方之宣传,以示谋和之诚意"。二、"要求中共迅速派定代表,与政府代表即日开始会谈,谋取全面和平"。

△ 上海市公用事业新价格核定实行,平均增加二倍半。其中自来水每立方米 75 元至 97 元;电每度 42 元至 75 元。

2 月 14 日 中共中央致叶剑英电,指示接待上海和平代表要点与方针：一、招待周到，谈话恳切；二、对其应强调八项和平条件，特别是第一条；三、痛责四大家族祸国殃民，揭露其和谈是美国指使的和平攻势，并无和平诚意；四、如要真和平，必须在八条基础上得到；五、讲明中共正在和各民主党派商量战犯名单及其他有关和谈问题，"一俟准备就绪，即将通知对方，约定时间、地点"。

△　李宗仁于下午3时在总统府大礼堂举行茶会，招待来京之监察委员，交换有关意见。监察院副院长刘哲等50余人参加。与会委员提出三项意见：一、行政院迁穗办公应予纠正。二、中央银行将大批黄金白银运往广州，殊属失当，亦应纠正。三、急须整饬军风纪。

△　前国防部长何应钦自沪抵京，自称为养病到此。记者询以对和平之意见，何答称："和平不仅中国需要，且为世界所切望，余在国外时即主张永久之和平；况此战事，皆系对内之事，如不求外助而能获得永久之和平，岂不更佳。"

△　空军总司令部迁移台北办公。

2月15日　新华社发表毛泽东撰写的评论文章《已经四分五裂的反动派为什么还要空喊"全面和平"》，揭露南京李宗仁和广州孙科以及国防部等之间的四分五裂局面及其和平攻势的破产。指出"他们梦想在全面和平的口号下鼓吹全面战争。即所谓'战要全面战，和要全面和'，但是，事实上他们既没有力量实行全面和平，也没有什么力量实行全面战争"。

△　中共中央发出关于南北通船、通航、通邮等政策的指示，指出：为恢复南北联系，使南方各大城市之资产阶级了解中国共产党政策措施，便利于占领南方各大城市时孤立国民党，顺利接收和发展各大城市之生产及轮船、飞机、邮政、电报从国民党手中转入中国共产党手中，不论何种轮船业、民航公司（中航、央航），都应当允其先在平、津、秦皇岛恢复通航。平、津与南方邮务、银行、钱庄及商家汇兑，亦应恢复。并指示由总前委、董必武、薄一波、彭真、叶剑英共同负责研讨，并提出对南北通船、通航、通电、通汇诸事之具体办法报告中央。

　　△　北平市长叶剑英、副市长徐冰至六国饭店拜会颜惠庆、邵力子、章士钊、江庸及黄启汉等。是晚设宴招待上海和平代表团,林彪、罗荣桓、董必武、聂荣臻、陶铸、戎子和等出席作陪。同时邀请傅作义、邓宝珊、郭宗汾、焦实斋、周北峰等出席。叶剑英在与颜惠庆等人的谈话中,表明中共的和平诚意,强调坚持八项条件的必要性,并指出第一条战争责任问题必须区分清楚,战犯名单并非不可改变,并以傅作义为例。颜惠庆等表示希望不要拿他们做谈判代表,他们真心想做共产党的朋友,衷心希望中共成功,但不要操之过急,提出可否将战犯一项移后一点。并认为"中共调子唱得太高"。章士钊提出现在是楚汉之争,桂系正在起着当年韩信那样的作用,韩偏楚则汉不能成功,争取桂系实属必要。其后,章士钊又明里暗里告诫中共,中共的所作所为,不要让人害怕,不要逼走桂系,更不要逼得美国武装日本来对付中共,进而引起外国干涉等等。毛泽东对这种抬高桂系势力和作用,畏惧帝国主义干涉的说法,很是不满,指出他们的"共同立场是使革命带上温和色彩"。

　　△　李宗仁于晚 9 时发表广播讲话,宣称南京政府完成两个人民迫切要求的重要任务:"第一是谋求和平;第二是革新政治。"并说:"许多人批评我们政府是贪污无能,我以为这不是'无的放矢',也用不着'讳疾忌医'。我们惟有坦白承认我们以往的错误,检讨以往的缺点,拿出勇气和决心,彻头彻尾,从新做起,才能挽救国家劫难,解除人民痛苦,进而建设国家,造福人民。"

　　△　监察院在南京召开第三十五次会议,于右任主席,出席委员43 人。会议决定:3 月份月会与年会,均于 3 月 12 日在南京召开;严厉查禁任何机关之非法逮捕拘禁行为;纠正行政院违法委派江苏参议员、议长、副议长;纠正金圆券发行漫无限制;增派飞机接济太原粮食;派员调查国家行、局金银外运等案,分交各有关委员会审办。

　　△　立法院长童冠贤于南京召集在京立委座谈,到会立委均主张月内在南京复会,如果移地复会,必经院会决议。同日,童返沪召集在

沪立委黄少谷等 120 余人会议,通过立法院在本月 25 日于南京复会。20 日,立法院通告于 21 日在南京办理报到手续。

　　△　上午,全国和平促进会召开第三次会议,通过如下主张:"和平应以平等互谅为基础";"召开有人民代表参加的全国和平会议,协定之签订,应有人民代表参加。"下午第四次会议通过的《和平宣言》中,又提出目前必须达到三点:一、双方立即停战;二、双方同时停止宣传攻击;三、双方尽快在不变更中华民国国体的大前提下,"对政治制度作适合时代环境的规定"。

　　△　阎锡山抵达上海,访问经合分署署长莱普汉,商讨太原粮食接济问题。即日,复转抵南京,晋见李宗仁,促请中央运粮接济太原。

　　△　张群于昨日抵成都,本日上午分晤西康省主席刘文辉和成都耆宿。午时,赴川省主席王陵基公宴,席间张强调"团结一致,以济时艰"。

　　△　美国众议院 51 人为中国局势问题致函总统杜鲁门,宣称中国局势已使美国安全"感受严重威胁";"共产党在中国之胜利,将为吾人重大的及历史性的失败",要求杜鲁门指派一委员会研究中国问题。

　　△　立法委员李世军电请行政院长孙科,制止国营交通事业擅自加价,指出"近见不经行政院或交通部命令,一月之内,有四次加价情形"。

　　△　重庆绥署为抑制通货膨胀,颁发四项原则,分电川、滇两省和渝市执行:一、凡行庄运现金入境,由海关和特定人员检查,限令交送国行,进帐审核用途,陆续支付;私人携款,则由各地自行斟酌限制,超额者,仍须存入国行,查明正当用途后支付。二、饬各行、庄严格审核信用放款,制止滥发保付支票,各行、局并停止同业买汇。三、调节食粮。四、严禁金银买卖;棉纱交易严禁期货与投机贸易。

　　△　京沪区铁路管理局员工,为要求改善生活待遇,再次举行罢工,使沪宁、沪杭两铁路自下午 3 时起停车。罢工员工提出要求三项:一、工人最低薪资应为食米三石之值;二、借薪每人二万元;三、员工待

遇不低于电讯局与邮政局。局方允每人先发给 5000 元,待遇计算依电讯局办理,并由各单位派工人代表一人,会同往电讯局调查计薪办法。同日,戚墅偃厂、常州、无锡、苏州车站工人约 6000 人闻讯乘专车赴沪声援。车至真如、杨家桥附近,被国民党军警以拆毁铁路手段阻止前进。次日,沪杭、沪宁两线竟日停车。至 17 日晨 4 时,双方洽定改善待遇办法后,罢工结束。

△　制造上年北平"七五"大屠杀血案的首犯北平参议会议长许惠东被逮捕。此前,北平 15 个学校单位联合成立了"七五"血案控诉复仇委员会,要求对首犯许惠东,予以法办。

△　北平市公安局破获国民党军事特务案。主犯"华北敌后游击策动委员会"主任委员兼"华北民众自救会"主任委员张荫梧于下午 9 时被捕获归案。同时捕获者有副主任委员佟寿山及"华北敌后游击策动军"第四总队司令马希援、第六总队司令李国昌、第七总队司令赵毅然、第九总队司令金明甫等人。缴获各种枪支 234 支,手榴弹二箱,子弹 4650 发,电台一部。

△　晋绥、陕甘宁两边区合并,统受陕甘宁边区政府领导。原晋绥行政公署撤销,分别划为晋西北、晋南两行政公署。

2 月 16 日　新华社发表毛泽东撰写的《国民党反动派由"呼吁和平"变为呼吁战争》的评论,揭露国民党战犯集团和死硬派,妄图挽救他们自己,从 1 月份发动"和平"攻势后,到 2 月上旬以来又重弹"和共党周旋到底"等破坏和谈、呼吁战争的论调,"因而把自己孤立在宝塔的尖顶上,而且至死也不悔悟"。

△　孙科在广州主持召开行政院第四十四次院会。遵蒋介石密令,将酝酿准备和平起义的浙江省政府委员兼主席陈仪免本兼各职,任命蒋介石的心腹周嵒为浙江省政府委员兼主席;准湖北省政府委员兼主席张笃伦辞本兼各职,遗缺由朱鼎卿继任;派钱大钧为重庆绥靖公署副主任,吴石为福州绥靖公署副主任。会议议决停止征收"戡乱"时期海关附加税等六项议案。

△　上海航业界代表魏文翰、周启新、姜克尼、俞惠方乘轮赴天津转往北平,与中共方面商谈南北通航事宜。

△　经合总署驻华分署署长莱普汉应民国政府之请,向美政府建议拨款50万美元救济中国留美学生。

△　上海公共汽车公司工人于14日向公司提出改善发薪办法、取消公休训练、发放子女贷学金、与英、法商业公司员工享同样福利金及伙食津贴,以及每人发给应变费食米六担的要求。15日公司方面对应变费予以拒绝,对其他各项则答允设法解决或部分解决。是日上海公共汽车公司、法商电车公司等六大公用事业公司全体员工罢工,淞沪警备司令陈大庆奉汤恩伯命,枪杀罢工领导人钟泉周、顾伯康、王元三人,逮捕监禁六人。上海市长吴国桢下令不立即复工者解雇,愿复工者即行登记。在强压下大部分工人于17日下午登记复工。

△　在沪中央机关交通部、社会部、地方法院等38单位代表20余人,要求调整待遇和发放安家等费,向财政部长徐堪请愿,被门卫阻止,社会部职员丁高林手臂被打伤,各代表深感愤慨。经财政部钱币、总务二司司长折冲,此事件始告平息。

2月17日　林彪、叶剑英、徐冰举行欢迎上海和平代表团晚会,首由徐冰致词,表示中共方面诚意言和。继由林彪讲话,主要内容三点:一、诚意言和;二、军力解决绝无问题;三、可以北平和平解决为例。叶剑英分别和颜惠庆、章士钊、江庸、邵力子长谈,表达和平至诚,只要南京政府方面确具诚意。次日,上海人民和平代表团再应董必武、罗荣桓、林彪、聂荣臻、薄一波五位的宴会,就和平问题作深谈。当晚,由黄启汉、刘仲华电南京李宗仁报告。

△　中共中央致电叶剑英转李克农,说"对杜月笙的方针,就是要他努力使上海不乱","等待人民解放军前往接收"。

△　孙科在广州对记者称:他与李宗仁并无意见分歧,南京与广州意见完全一致。"余绝对相信李代总统决不接受形同投降之任何和平条件"。对传言他将辞职一事,则说"实则绝无其事"。并透露曾向经合

总署提出,于援华方案 4 月 3 日期满后,继续援华,要求美国实行三年援华计划(1949 年 7 月—1952 年 6 月),经费为 30 亿美元。

△　南京人民和平代表团代表吴裕後等,在广州访晤孙科,报告赴平经过。并谓"国共双方均有和平诚意"。

△　上海市成立所谓军民合作委员会,市长吴国桢兼主任委员,下设供应、征雇、总务三组。

△　李宗仁电令上海中央银行总裁刘攻芸,以后库存金银不得运往他处。

2 月 18 日　新华社发表毛泽东撰写的评论文章,《评国民党对于战争责任问题的几种答案》。评析国民党中宣部,蒋介石、孙科等推卸战争责任的种种说法,并宣布"大约不要很久,战犯名单就可公布,代表就可指派,谈判就可开始"。

△　国防部电令重庆绥靖公署:宋希濂之第十四兵团着改为鄂四绥靖司令部,范围包括恩施、沙市及宜昌、巴东南北岸;孙震改任重庆绥靖公署副主任兼川东绥靖司令,移驻川境梁山,指挥川中第四兵团罗广文及整补中的第十六兵团孙元良两部,担任大巴山防务,以后准备进出长江北岸之湖北兴山九道梁地区,迎击由鄂西、鄂北西进之人民解放军。

△　长沙绥靖公署主任兼湖南省政府主席程潜为准备和平起义创造条件,取得长沙中共地下党组织的同意,委托与桂系关系密切的刘斐向白崇禧活动,调华中军政副长官兼第一兵团司令陈明仁率所部移驻湖南。白以陈"反共坚决",第一兵团驻守湖南,既能保持桂系的退路,又可监视程潜,予以同意。是日,陈率所部开赴湖南,于长沙设兵团司令部。陈与程既属同乡,又有师生之谊。陈回湘后,"倾向和平的心理一天天增长",表面上仍以"主战派"面目出现。

△　中国新民主主义青年团筹备委员会成立。主任委员任弼时,副主任委员冯文彬、廖承志、蒋南翔、胡乔木、李昌、宋一平、黄华、杨述、陈家康、荣高棠、陆平、张凡、张育英、高景芝。常委会议决定于 4 月 10

日至 17 日在北平举行新民主主义青年团全国第一次代表大会。

　　△　新任福州绥靖公署主任兼福建省主席朱绍良对记者宣称："凡扰乱社会治安之不良分子,当彻底铲除。"同日,新任浙江省主席兼警备司令周嵒对记者称:今后当以全力维持浙省治安,并组建军、宪联合办事处,严禁罢工、游行、请愿等"非法行为",如有违背者,概照戒严法予以惩治。

　　△　淞沪警备司令陈大庆发表谈话称："本人职责所在,为谋全市人民之安全,对少数扰乱治安之分子,决采用一切有效方法,从严制裁。"

　　△　四川省和平促进会举行成立大会,并通过致李宗仁、毛泽东及全国各省、市参议会、各人民团体电文和大会宣言。

　　△　淮海战役中起义之张克侠部第五十九军与人民解放军渤海纵队合编为人民解放军第三十三军,张克侠任军长,韩念龙任政治委员。

　　△　北平军管会派员接收行政院美援运用委员会北平办事处所存面粉 6641 袋。次日,前美国经合总署驻华北代表戴维斯向叶剑英表示"抗议",称该项面粉属于行政院美援运用资产。3 月 6 日,新华社发表评论文章,揭露经合总署企图强霸中国面粉,指出此部面粉系属"美援运用委员会"所有,当然就归北平市军管会所有。

　　△　财政部长徐堪自沪抵京,晋见李宗仁,提出经济改革新方案:一、开放金银外汇市场,银元流通使用。二、办理银元存款及以金银作抵押品之放款。三、市面银币如不敷用时,除发行前铸五角银币作为辅币外,并将发行银元兑换券。四、银元券对金圆券之折合率,由中央银行每日根据市价挂牌,并由央行业务局设法平衡其价格。

　　△　湖北省省会公教人员致电行政院、立法院、监察院及财政部呼吁调整待遇。内称:2 月份上旬生活指数为 315 倍,中旬为 518 倍,员等所领薪金,仅有 15 倍,与实际指数相差太远,要求"按照实际指数,重新调整"。

　　△　贵州省兴仁县鲁础营举行反对土司和国民党统治的暴动。年

初国民党当局确定退守大西南的计划,企图消灭盘江地区中共领导的游击队。为粉碎国民党的阴谋,中共领导的农民武装——海子支队制定了暴动计划,经中共罗盘地委批准后于是日开始暴动,海子临时支队开进土司龙家大院,召开群众大会,公开提出"打倒蒋介石"、"拥护中国共产党"等口号。国民党当局匆忙调集重兵镇压,被海子临时支队击退。为巩固暴动成果,中共罗盘地委将海子临时支队改编为海子游击大队,击退国民党军多次"围剿",坚持斗争到贵州解放。

　　△　浙赣铁路南昌车站全体职工,为要求维持生活而罢工。

　　△　《新闻观察》杂志在上海创刊,由邹凡扬负责,倪子琨任主编,内容介绍解放区情况和中国共产党的政策,受到读者欢迎。4 月间,出至第四期,即被国民党当局查禁。

　　2 月 19 日　中共中央军委批准由刘伯承、邓小平、张际春、陈赓、李达五人组成之第二野战军前委,由邓小平任书记。

　　△　北方旅沪国大代表,于上海召开座谈会,通过拥护李宗仁 15 日广播讲话;并请李宗仁下令,着国民大会秘书处迅速迁回南京。

　　△　空军第十大队驾驶员徐骏英、副驾驶员魏雄英、通讯员赵昌燕、领航员张玟荆和飞行员张时习等五人驾驶 C—46 式运输机一架由上海起飞执行任务时,飞抵济南起义,加入人民解放军。

　　2 月 20 日　林彪、董必武、罗荣桓、薄一波、聂荣臻、叶剑英于北京饭店举行盛大宴会,招待在平民主人士。到各党派及学术、文化方面民主人士 400 多人。上海和平代表团颜惠庆、章士钊、江庸、邵力子应邀出席。林彪首先致词说:"北平未经炮火而得解放,对人民是很好的。全国人民殷望和平,共产党对和平一片真诚,但对方依靠美帝,想作挣扎的企图是显明的,希望邵公等南返,向人民转达中共之意,一齐为永久的真和平努力。"邵力子讲话,希望和平障碍得以扫除,并表示"宁选北平式的和平,不选天津式的和平"。

　　△　宋庆龄复函毛泽东、周恩来等,对邀请她北上表示"深厚地感谢",说明"由于有炎症及血压高,正在诊治中,不克即时成行"。同时表

示"我的精神是永远跟随着你们的事业",深信"将于最近将来光荣的完成"。

△ 李宗仁上午9时乘"中美号"专机离京赴穗,甘介侯、黄雪邨等偕行,下午1时抵广州,孙科、吴铁城、薛岳等到机场迎接。当日晚,孙科设宴欢迎,李即席发表书面谈话称:和平为全国人民一致之要求,"余不特愿为和平尽其最大之努力,而对和平之必然实现,抱有无限信心"。下午召见陆军总司令张发奎、广州绥署副主任邓龙光。当晚与孙科长谈,力劝孙科返回南京。

△ 天津南开、北洋大学教授、讲师等135人,宣言拥护毛泽东主席1月14日声明。

△ 第一野战军发起春季战役,由第一、二、三、四、六军及骑兵第二旅等部于是日向陕中渭河以北的泾河、洛河之间地区胡宗南部发起攻击,先后解放铜川、耀县、蒲城、富平、淳化、大荔、平民、朝邑等城。

△ 阎锡山离京飞返太原,自云粮食运济太原问题已经解决。

△ 前东北"剿总"总司令卫立煌致函朱德总司令,说他"自沈阳南旋,行动不克自由","惟念老母现年八十有五,弱弟奄涛,率同子侄数十人,在肥侍养。兹值解放大军到达,望电知军政领袖,加意维护,免受惊恐"。4月5日,毛泽东以中央军委名义电邓小平、饶漱石、陈毅:"望转合肥县政府对卫立煌家属予以保护。"卫立煌上年被蒋介石软禁南京,本年1月25日由李宗仁恢复其自由后,于28日经上海乘英轮逃往香港。

2月21日 人民解放军平津前线司令部政治部召开北平受编之原国民党军部队师级以上军官会议,正式宣布改编方案。人民解放军平津前线司令员林彪、政治委员罗荣桓、参谋长刘亚楼、政治部主任谭政、副主任陶铸及傅作义代表郭宗汾等出席。改编方案规定:原国民党军华北"剿总"、第四、第九两兵团和其八个军部的三级指挥机构全部结束。其所有工作人员与直属队分别编入解放军平津前线司令部与各兵团部及各军部。其所属的25个师则改编为解放军之独立师;各特种部队则与解放军的特种部队合编。改编方案由新华社于 3 月 1 日正式公布。

△　上海和平代表团颜惠庆、章士钊、邵力子、江庸及黄启汉由北平乘专机飞石家庄转车抵河北平山县西柏坡。起义将领傅作义、邓宝珊提出见毛泽东主席的要求，经中共中央同意，是日与上海和平代表团一同到达西柏坡。

△　李宗仁在穗出席扩大纪念周例会及在穗立法委员欢迎会，呼吁国民党要精诚团结，表明停战谈判为势所必然。晚间出席国民党中央常务委员会与政治委员会联席会议，就和谈问题交换意见。孙科提出在平等地位上和谈，依照国际准则，内战不存在"战犯问题"，对政治体制，排除联合政府形式等主张。次日中午李离穗往桂林。

△　立法院院长童冠贤致电孙科、吴铁城，通告立法院第一届第三次会期在南京复会。

△　原浙江省政府主席陈仪被撤职后，是日在杭州举行交卸仪式，旋乘自备专车回到上海寓所。汤恩伯于深夜往访，欺骗陈说："由于蒋家政权崩溃在即，各省主席都要换用有兵权的人充任"，要陈"不要介意，我们的计划照常进行"。陈对汤仍深信不疑。

△　李宗仁代总统令：总统府第三局局长俞济时辞免，改任战略顾问委员会战略顾问，遗缺由刘士毅继任；第四局局长吴思豫免兼参军，专任本职；侍卫室侍卫长石祖德辞免，遗缺由李宇清继任；参军长孙连仲辞免，特任为战略顾问，遗缺由李汉魂继任。

△　乡村建设派主要领导人梁漱溟在本日上海《大公报》上同时发表《论和谈中一个难题》及《敬告中国共产党》两文。前文指责国民党方面拒绝接受中共八条之第一条惩办战犯问题所抱的态度，主张：一、"凡是国民党之在高位者，应表示负责精神，自认作事失败，对不起国家，对不起人民，一律随同蒋先生引退下野，闭门思过"。二、"共产党应宣布三年作战，事非得已。对于国家人民所遭损害，同深疚歉"。今后愿以政治方式解决一切问题，"绝不用兵"。三、由国共两方之外的公正人士采集证据，"确定破坏和平造成内战惨剧者究是哪些人。再经过公开审

判和辩论,即为定谳,永垂史乘"。后文"敬告"中共方面"要容纳异己","不要用武力",略谓:"如果用武力打下去,我不否认有在一年内外统一全国之可能。但到那时却既没有联合,亦没有民主。"

△　财政部长徐堪偕中央银行总裁刘攻芸同机自沪抵穗,将向行政院报告财经改革方案。

2月22日　毛泽东、周恩来在河北平山县西柏坡亲切接见国民党军起义将领、原华北"剿总"总司令傅作义、副总司令邓宝珊。毛泽东向傅表示,将原傅部被俘人员放回,傅可接见他们,并准备将他们送往绥远。并说:"国民党不是一贯宣传共产党杀人放火,共产共妻吗?他们到了绥远,可以现身说法,共产党对他们一不搜腰包,二不侮辱人格;可以帮助在绥远的人学习学习,提高认识嘛。这些人我们以后还要用哩!"谈到绥远问题,毛泽东说:"有了北平的和平解放,绥远问题就好解决了。可以先放一下嘛,等待他们的起义。"

△　张群在重庆召开西南川、康、滇、黔、渝五省、市军政首要会议,决定在西南地区编组 18 个军,并筹划设立西南政务委员会,以五省、市主席、市长及参议会议长为委员,张群为主任委员,钱大钧为副主任委员。

△　海军"黄安号"舰在舰务官鞠庆珍、枪炮官刘增庆等率领下起义,由青岛开往连云港加入人民解放军。

△　空军第十大队驾驶员杨崇庆驾驶 C—46 运输机一架起义,由西安飞抵唐山。

△　广州市政府以该市工人要求改善待遇,经常发生停工、罢工事件,再次宣布所有社团不得采取罢工手段,违者"以扰乱社会治安治罪"。

2月23日　中共中央军委根据总前委的建议,决定由第四野战军第十二兵团部率第四十军、第四十三军、炮兵一团等部计 20 万人组成先遣兵团,归二野指挥,攻略武汉以北及其以东地区,钳制白崇禧集团的东援,配合二野、三野渡江作战。

　　△　　行政院第四十五次会议通过：一、海南岛特区行政长官兼建筹委员会主任委员李汉魂免本兼各职，遗缺由陈济棠接任。二、派徐景唐、吴奇伟、陈策、梁华盛为广州绥靖公署副主任。三、派祝绍周为京沪杭警备总司令部副总司令。并修正通过财政部经济改革方案；通过调整机构，统一事权案；3 月份调整公教人员待遇案及开放梧州为对外贸易口岸案。

　　△　　国防部保密局局长毛人凤奉蒋介石电令，会同京沪杭警备总司令汤恩伯将陈仪扣押。毛人凤令上海警察局长毛森是日率 30 余名特务往陈仪寓所将其逮捕，由汤恩伯派专机押解浙江衢州秘密监禁。

　　△　　中央社报道：南京释放已决政治犯 77 人，未决政治犯 23 人。并称南京在押政治犯已全部释放。

　　△　　日本归还战时掠夺中国最后一批铜币、镍币 700 余吨，由"海辽"轮装运回国。

　　2 月 24 日　毛泽东在西柏坡接见颜惠庆、邵力子、章士钊、江庸一行，毛泽东明确表示可与南京李宗仁政府进行谈判，但必须"速议速决"，一切以八项条件为基础。章士钊起草了一份协议要点，经讨论，达成八点秘密协定：一、谈判以中共与南京政府各派同数代表为之，地点在石家庄或北平。二、谈判方式取绝对秘密及速议速决。三、谈判以中共所提八条为基础。四、谈判协议发表后，南京政府团结力量与中共共同克服可能发生之困难。五、迅速召集新政协成立民主联合政府。六、南京政府参加新政协及参加联合政府之人选，由中共（包括民主人士）与南京政府商定之。七、南方工商业按照原来环境，依据中共城市政策，充分保障实施。八、有步骤地解决土地问题，一般先进行减租减息，后行分配土地。约定该协定只交给李宗仁。协定达成后，颜惠庆等及傅作义、邓宝珊返回北平。

　　△　　财政部长徐堪主持记者招待会，公布《财政金融改革方案》。《方案》包括财政、金融、进出口贸易三大项，除重申上年 11 月 13 日公布的《修正人民所有金银外币处理办法》中关于银币可以自由流通和买

卖之规定外,又规定军费和军饷支出,改以银元为计算标准。财政税收方面,中央政府停止对各省、市、县财政的补助,将原属中央所保留之田赋三成归还地方,并放宽地方征课税限制。棉纱、火柴、水泥、卷烟、食糖照规定税率征收实物。不便征收实物者,以缴税日当地实物价格折算金圆券缴纳。盐税除征收实物外,"政府得办理一部分官收官运"。外汇方面规定"凡出口货品所得之外汇及华侨汇入汇款,均应全部交由中央银行或其指定银行换取等值之外汇转移证",由中央银行"维持外汇转移证之合理市价"等等。该《方案》2月25日正式施行。徐堪宣称:一、政府如能保有长江以南地区完整,则每年关税收入尚可获美金3000万元;出口所值,亦有美金二亿元以上。二、行使银元并非实行新币制,除使用旧有银元外,亦铸造新银元,成色等量。三、烟酒、田赋税划归地方,使其自给,不依赖中央。四、黄金、白银、银元与金圆券无固定比率,由市场自行订定,中央银行不挂牌等等。

　　△　新疆轮台、库车克日西村东北发生7.3级地震。

2月25日　李宗仁由桂林到长沙,是日在湖南省府举行的欢迎会上表示坚信和平终必实现。他"希望国民党左一点,彻底实行民生主义,共产党右一点,实行温和的革命"。并宣称"不得不于长江以南备战"。同日午时,离长沙经汉口,于下午5时飞抵南京。

　　△　中共中央派林伯渠代表中央往沈阳迎接抵达东北的民主人士李济深、沈钧儒、马叙伦、郭沫若、谭平山等35人,于是日下午2时,自沈阳抵达北平,林彪、叶剑英、董必武到车站迎接。在天津之民主人士亦于同日抵平。

　　△　中共中央军委电示第三野战军:"准备攻占浦口及炮击南京。此项准备工作限于3月10日以前完成,待命行动。"

　　△　海军最大之巡洋舰"重庆号"官兵经中共上海局、南京市地下党的策动,在舰长邓兆祥率领下,于上海吴淞口宣布起义,开往烟台。3月4日,开往葫芦岛。3月5日,邓兆祥率全舰574名起义官兵致电毛泽东主席、朱德总司令,表示"重庆号全体官兵,不甘再助纣为虐,咸愿

秉诚赎罪,报效人民","今后誓当在中国共产党领导之下,东北解放区军政首长直接领导之下,贯彻毛主席八项和平主张,为彻底摧毁美蒋勾结的对中国人民的统治,完成全国人民解放大业而奋斗"。3 月 15 日东北军区宣布邓兆祥为舰长,任克加为政治委员。

　　△　浙江省参议会通过决议二项:一、电请代总统李宗仁从速释放政治犯,恢复言论自由,启封被禁报章杂志。二、电请广州立法委员从速赴京与会,团结一致,共商国是,以副民望。同时通电各省、市参议会一致主张。

　　△　北平军管会查封 CC 系立法委员成舍我主办之《世界日报》。

　　△　美国国会两院联合援外监督委员会主席麦加兰,向参议院提出以 15 亿美元贷与中国政府,以为经济、财政、政治与军事各方面之援助案。该案规定以五亿美元稳定中国货币,以七亿美元为军事之援助,以三亿美元拨交经合总署。

　　△　中华全国总工会由沈阳迁抵北平。

2 月 26 日　人民解放军平津前线司令部、北平市军管会、北平市人民政府、中共北平市委联合在中南海怀仁堂举行欢迎各方民主人士大会,到会有各民主党派领导人及无党派人士李济深、沈钧儒、马叙伦、郭沫若、谭平山、彭泽民、陈其尤等 410 余人。会议由叶剑英主持,林彪、彭真先后致欢迎词,李济深、沈钧儒、马叙伦、郭沫若、谭平山、李德全、章伯钧等 14 人发表演说。

　　△　上海和平代表团颜惠庆、江庸、章士钊、邵力子在六国饭店宴请北平党、政、军各界领导人作临别答谢。林彪、董必武、叶剑英、罗荣桓、聂荣臻、徐冰、戎子和、陶铸、谭政以及傅作义、邓宝珊等出席。次日,邵力子往北京饭店分访李济深、李德全、沈钧儒、章伯钧等。

　　△　李宗仁于上午在傅厚冈官邸召集于右任、居正、何应钦、吴铁城、翁文灏、白崇禧、张治中、吴忠信、黄绍竑等商议将要在京举行之各省军政首要会议。李宗仁提出两点:一、"与共方开始和谈"。二、"依和平为基础,团结国民党,勿再继续战争"。

△ 孙科于广州发表谈话,谓财政金融改革方案为治标之计,而当前之根本问题,"厥为实现和平";如兵荒马乱之情形一日不得解决,举凡物价与通货等问题,均无法获得根本解决。

△ 重庆《商务日报》员工总辞职休刊,3月4日起复刊。

2月27日 上海和平代表团颜惠庆等一行于上午10时往西苑机场离平,叶剑英往送。下午返抵南京,李宗仁的代表李宇清和于右任、童冠贤、居正、何应钦、吴铁城、张治中、白崇禧、吴忠信等人及各界代表往机场迎接。颜惠庆、江庸、章士钊、邵力子联名发表书面谈话,告以此行经过,表示"同人等深觉和谈前途虽困难尚多,而希望甚大","对于便利南北人民之通邮诸项问题,均经于原则上商得同意"。晚,李宗仁邀宴代表团各人。

△ 广州立法委员致电院长童冠贤,要求取消2月28日在南京复会的决定,并通电各地立委,促到穗商谈复会地点。

△ 北平军事管制委员会通令:军事管制期间,所有在平的外国通讯社及外国记者均应停止其活动。

△ 沪、杭、苏三地各国立大专院校校长联袂赴京,要求改善教职员待遇,增发经费和发给应变费。交通、复旦、同济、暨南、音专、唐山工学院、幼专七院校学生团体,同时联名上书李宗仁,提出同一要求,交复旦大学校长章益带京转呈。

2月28日 中共中央军委电示聂荣臻、薄一波、杨成武、钟赤兵,指出人民解放军主力南征取得伟大胜利的情况下,帝国主义及国民党有向我后方袭击和扰乱的可能。令杨成武、李井泉第二十兵团除留一个军位于大同区域以外,率主力两个军即开秦皇岛、塘沽两处布防;四野特种兵司令部钟赤兵、苏进纵队亦开该两处布防。

△ 行政院长孙科在李宗仁赴穗敦促下,于是日下午偕地政部长吴尚鹰、教育部代部长陈雪屏等自穗回京。李宗仁和立法、监察院院长、在京军政大员前往机场迎候。

△ 立法院长童冠贤、监察院长居正联合于国际联欢社设宴欢迎

颜惠庆、章士钊、江庸和邵力子。当日晚,行政院长孙科亦于外交部宴请上海和平代表。

△ 立法院于上午在南京举行第一届第三期院会,到会立委共211人,童冠贤院长致词,指出本院责任重大,主要是促进和平,革新政治。讨论议题为"督励政府扭转当前的危局"。

△ 美国国务院向国家安全委员会提交《美国对华贸易政策报告》,主张在政治上不致力于推翻中共新政权,而是"通过允许恢复与中国的正常经济关系,大大增强这种可以使莫斯科与中共政权产生严重分裂的力量"。认为这样,可以在经济上使美国私人企业在中国继续做些生意。

2 月下旬 南京市公布 2 月下半月工人生活指数为 535.01 倍。兰州市府公布物价总指数为 639.6277,较上月涨 735%,较"八一九"涨639.63 倍。

是月 上年由民革建立的滇黔人民自卫军于本月发动攻击蒙自的武装起义,散发《滇黔人民自卫军起义宣言》和《告云南民众书》。同月,中共中央指示,对个别民主党派掌握的武装,原则上应一律由人民解放军加以整编和改造。

3 月

3 月 1 日 李宗仁在南京召集孙科、吴铁城、顾祝同、于右任、何应钦、徐永昌、白崇禧、黄绍竑、孙越崎、童冠贤、甘介侯、邵力子、江庸、张群等举行秘密会议,研讨"促成和谈方式",并指定孙科、邵力子、吴铁城、张治中、何应钦、朱家骅、吴忠信、张群、刘斐、钟天心十人负责研究和起草和谈方案。

△ 陈立夫于台中发表谈话称:"合则相亲,异则相对,强不凌弱,众不暴寡,乃和平之真谛。"并云今后将从事伦理哲学撰述工作。

△ 是日至 7 日,台湾召开 1949 年度全省行政会议。陈诚在会上

宣布:在政治方面,推行地方自治,健全组织,提高行政效率,确立人事制度,推行土地改革政策;在经济方面,要增加生产,稳定物价,实行三七五减租;在文化方面,要奠立实施计划教育的基础,建设三民主义的新文化。

　　△　台湾省政府规定入境补充办法,对军公人员和旅客入境者,有所限制。如军公人员入口证明书、旅客入境许可证有效期三个月,仅能使用一次,入境时由检查人员收缴;中央各机关派到台湾的工作人员及台省军公人员眷属,以随行直系为限;由港到台旅客应向外交部两广特派员公署申请等等。

　　△　人民解放军第一野战军于陕西省三原西北地区歼国民党军第七十六军第二十师和第十四师之第四十团,俘其师长褚静亚等。

　　△　中国人民解放军河南军区成立。该军区由豫西、豫皖苏、桐柏、鄂豫各军区的河南部分组成。陈再道任司令员,李雪峰任政治委员。

　　△　中华全国学生第十四届代表大会于北平开幕,6日闭幕。出席大会的各地学生代表204人。叶剑英、罗荣桓分别代表中共中央、人民解放军;赵毅敏、许之福、李德全、冯文彬分别代表中共北平市委、中华全国总工会、中华全国妇女联合会及解放区青联出席;李济深、沈钧儒(沙千里代)、马叙伦、郭沫若、许德珩等民主人士与会。会议制定了《中华学生联合会章程》,正式成立中华全国学生联合会。选举刘希圣、冯彬彬、周寿昌等36人组成全国学联执行委员会。会议通过了《中国学生运动当前任务决议案》,确定了今后中国学生运动的方针、任务。

　　△　美国麦克阿瑟发表"在对日和约签订以前,台湾属于盟军总部"的荒谬声明,并指使台湾籍美国间谍廖文毅等,假台人团体名义发出要求台湾"独立"的叫喊。

　　△　美国经济合作总署中国分署署长莱普汉向美国国会提出援助中国政府新计划。该计划提出以2.4亿美元作为援助经费,分12个月办理,每月供给2000万美元。莱氏称:"能够而且应该给国民党中国建立一个稳定的政府。"

3 月 2 日　上海人民和平代表团代表颜惠庆、江庸、章士钊自南京返沪,市长吴国桢等到机场迎接。颜等对记者谓:今后之事,当由国共双方开始商谈。下午 3 时许,章士钊访晤杜月笙,谈南北通航问题。

△　旅台立法委员联谊会举行座谈会,通过致京、穗立委电,主张在京召开立法院会议,并敦促留穗立委到京开会,讨论各项重要议案。

△　中央造币厂开铸银币。标型为 1944 年采用之"船洋",含银七钱一分五厘。每日制造 50 万枚。

△　邮电部自即日起实行邮电加价,平信每件 25 元、航空 70 元,电报及电话普涨 66%。

3 月 3 日　张治中、吴忠信到奉化溪口与蒋介石晤谈。就和谈限度及和谈代表人选问题、国民党党务问题、外交政策问题听取蒋的意见,并拟动员蒋出洋。此前,李宗仁通过甘介侯传出国民党中正劝蒋出洋,以利推进和谈。是日,蒋与张治中、吴忠信一晤面就表示:"逼我下野是可以的,要逼我亡命就不行。"

△　行政院长孙科在南京中外记者招待会上宣布:国内和平之恢复,目前已有良好转机,预料和平谈判可于 3 月 15 日以后开始进行。并公布本月 1 日所已推定起草和谈方案十人名单,宣布政府决计取消征借食粮和缩减军队。

△　宋子文、徐堪及中国银行总经理席德懋、蒋介石特别顾问何浩若在香港秘密会议,决定向美国进行白银贷款。6 日,席、何即赴美与在美的贝祖贻一起向美国政府谈判。

△　华北解放区与上海口岸通航商谈在天津达成协议。规定在天津成立船舶统调委员会,由津、沪双方委员共同组成。

△　中原解放区临时人民代表大会开幕,6 日闭幕,出席会议的有各区域之工、农、商、妇、学、军及民族资本家、开明士绅代表共 81 人。选出刘伯承、李先念、邓子恢、李雪峰、吴芝圃、李一清等 21 人为政府委员,邓子恢为政府主席,吴芝圃、李一清为副主席。中原临时人民政府宣告成立。

△ 驻美大使顾维钧访晤美国副国务卿威勃,讨论美援基金剩余部分运用问题。顾请求以 50 万美元资助在美之中国留学生。美方未予答复。

△ 美国前驻华大使赫尔利于乔治大学发表演说,认为美国在雅尔塔会议中对苏联让步"所造成之外交错误,乃共党在中国获得成就之原因"。

3 月 4 日 上午 10 时,行政院举行政务委员谈话会。孙科主持,政务委员张群、吴铁城、朱家骅、徐永昌、吴尚鹰、徐堪,教育部代部长陈雪屏、行政院副秘书长倪炯声均出席参加。孙科提出准备向立法院报告之施政方针九条:一、土地改革,实行耕者有其田,重新分配土地;二、裁减军队;三、废除征兵制,改为募兵制;四、停止征借粮食;五、实行中央与地方分权制,并按宪法规定,实行地方政府民选制;六、加强税收、改征关元;七、鼓励出口,放宽原料输入,辅助工商业;八、提高官兵生活;九、改善公教人员待遇。

△ 李宗仁电召陈诚、朱绍良、薛岳、余汉谋、陈济棠、张发奎等到南京对国是陈述意见。

△ 行政院副院长兼外交部长吴铁城派李惟果到溪口,劝蒋介石出国。

△ 人民解放军琼崖纵队发起春季攻势,至 6 月 5 日胜利结束,共歼国民党军 2200 余人,解放了海南岛之新州、昌化、感恩等 20 座城镇。

△ 人民解放军第一野战军在陕西连克大荔、朝邑、平民三县城。

△ 福建省府职员面对物价狂涨,自动召开"救命会",要求省府增发食米二石,并按实际生活指数,借支薪津。同时通电全国,一致向中央要求按各地实际物价指数,调整待遇。

3 月 5 日 中国共产党七届二中全会在河北省平山县西柏坡召开,13 日闭幕。出席中央委员 34 人,候补中央委员 19 人。由毛泽东、刘少奇、周恩来、朱德、任弼时组成主席团。全会听取并讨论了毛泽东的报告,批准了七届一中全会以来中央政治局的工作,批准了由中国共产党发起的关于召开新政治协商会议及成立民主联合政府的建议,批准了毛泽东主席关于以八项条件作为与南京政府进行和平谈判的基础的声明。全会根据三大战役后国民党军队主力已基本上被消灭的情况,认为今后解决残余的 100 多万国民党军队的方式,"不外天津、北平、绥远三种"。全会着重讨论了党的工作重心的战略转移,即由乡村转移到城市,必须用极大的努力去学会管理城市和建设城市。全会充分地研究了经济政策问题。全会指出,革命在全国胜利并解决了土地问题以后,中国还存在着两种基本矛盾:国内是工人阶级和资产阶级的矛盾,国外是中国和帝国主义国家的矛盾。全会强调中国民主革命是伟大的,但胜利以后的路程更长,工作更伟大、更艰巨。提醒全党务必保持谦虚、谨慎、不骄、不躁和艰苦奋斗的作风。规定禁止给党的领导者祝寿,禁止用党的领导者的名字作地名、街名和企业的名字,防止对个人歌功颂德。这次全会,为中国革命的进一步发展,制定了明确的方针;为夺取中国革命在全国的胜利和建设新中国,在政治上、思想上、理论上作了充分的准备。

　　△　行政院举行第四十六次政务会议,讨论通过以下事项:一、三十八年度施政方针。二、《特种刑事法庭组织条例》《特种刑事法庭审判条例》《戡乱时期危害国家紧急治罪条例》着即废止。三、改善公教人员待遇办法,自 3 月份起,恢复依照各地生活指数分区标准逐月调整。四、任命宣铁吾、宋思一、石觉为京沪杭警备副总司令。

　　△　立法院上午于南京举行谈话会,讨论和谈问题,认为立法院对和平问题应提出一个原则提案,至于细节,授权政府对中共谈判,然后由立法院追认。

　　△　中国民主同盟总部在北平设立临时工作委员会,原香港总部同时撤销,推举沈钧儒、章伯钧、张东荪、朱蕴山、吴晗等 22 人为委员,推选沈钧儒、章伯钧为主持人,并为总部对外代表。7 日,总部临时工作委员会上书毛泽东主席,表示"愿以至诚"接受中国共产党的领导。10 日,毛泽东复电沈钧儒、章伯钧:"贵盟中委在平设立临时总部,并举

两先生为贵盟总部主持人,愿与敝党保持密切合作,无任欢迎。兹托李维汉、齐燕铭两同志先行至平接洽,有事请与磋商为盼。"

△ 胡宗南在人民解放军一野发起的春季战役中,在陕中连遭失败,是日起,胡集中七个军及青海马步芳一部进行反扑。

△ 东北行政委员会发布《关于反动党团特务组织登记布告》。宣布解散一切反动党团组织,严禁其进行任何活动。并令参加反动党团人员自行登记,对悔过自新者予以宽大处理。截至 5 月底止,据不完全统计,已有 3.76 万余名反动党团特务分子登记自新。

△ 全国工业总会理事长刘鸿生代电财政部长徐堪称:上海市棉纺、毛纺、卷烟等工厂实际开工数不过十之六七;水泥、火柴、造纸、化工等工厂,其开工率更低。

△ 台湾省参议会驻会委员会议决,请省府转请中央援照新疆省例,准台省提前于半年内实行民选县、市长制度,以及于三个月内改选民意机构。

△ 江苏省临时参议会第五次大会决议:一、请省府从速裁并骈枝机构及冗员。二、组织江苏省清除贪污委员会。三、电请政府各院、部、会诸公,迅速集中首都,谋取和平,并廓清一切反和平法令。吁请中央停止征粮、抽丁、筑工事。四、电请全国各民意机关,拥护李代总统和平国策。

△ 南京卫戍司令部以《救国日报》于 4 日发表社论《人民要求政局明朗化》,是日发表社论《蒋公不出国中国无救》,宣布罚停刊三天处分。

△ 《报告》周刊在上海出版,徐中玉、姚雪垠创办。第一期介绍了解放区新面貌,即被国民党当局查禁,8000 本刊物全部被扣。

3 月 6 日 新华社发表短评《注意国民党反动派布置新战争的阴谋》,揭露蒋介石集团以"和平"为掩护,而加紧扩军备战。如:一、已经制定了一个征募新兵 250 万的计划,准备把已经被人民解放军歼灭的国民党军队,特别是蒋介石的嫡系部队重新恢复起来,这些部队的军长、师长大部分都已派定。二、国防部奉命成立 12 个编练司令部,一部分部队正在补训中。美帝国主义的军火继续输送给国民党政府。三、蒋介石每天都在发号施令,忙碌地进行作战部署;国民党死硬派首领们,不断向蒋介石请示行动计划。四、在所谓"备战以谋和"的口号下,对其内部进行公开的战争动员。五、争取三个月到六个月时间,以实现其编组 400 个师 200 万人的狂妄计划。

△ 民革主席李济深致函黄启汉,请其转告李宗仁饬上海军警机关将被捕之民革上海地区负责人王葆真迅予释放。函谓:"王葆真先生在沪被捕。当德邻兄(李宗仁字德邻)力主和平,解决国是,并释放政治犯以取信于国人之时,尚有此违反人民意志之行动,闻之不胜愤慨。望即电知德邻兄即饬上海军警机关迅予释放。"黄将李函急电李宗仁,当日李宗仁用电话答复黄称,已派人到沪调查。未久王葆真被释放。

3 月 7 日 行政院长孙科向李宗仁提出辞呈。李宗仁即与在溪口之张治中、吴忠信相商,提出几个继任人选,特别着重于何应钦。张等向蒋介石当面请示,蒋答以"在准备和谈期间,敬之(何)任行政院长颇不便,甚至发生不良影响"。并说"现在是备战求和,仍然以整饬军事为重,不应分心"。而提出以何任副院长兼国防部长。

△ 立法院委员是日下午于南京举行秘密座谈会,出席委员百余人,对政治革新问题交换意见,并推定人选起草政治革新方案。

△ 北平市公安局破获国民党特务组织"国防部保密局民众别动军",逮捕其组织成员 21 人,搜获电台、收发报机、手枪及伪造证件等罪证。该组织总指挥吴雷远假借中国民主促进会华北分会名义,阴谋组织暴动。17 日,北平公安局向李济深、蔡廷锴、马叙伦等民主党派负责人通报破获该案情况,各民主党派一致要求对吴犯等人严惩。

△ 空军第一大队王玉珂、刘继广、禹庆云等驾驶"蚊式"战斗机一架起义,自上海飞抵石家庄。同日,空军第十大队唐宛体、李学冕、彭树新自汉口驾驶 C—47 运输机一架起义,飞抵内蒙古赤峰。

△ 广州市航业公会全体理监事会议反对开放梧州为对外贸易口

岸,决定成立维护航权小组,集体前往行政院、立法院、监察院及省、市参议会请愿。15日,与海员工会广州分会派代表分赴省、市商会及工界社团陈述开放梧州为丧权之举,吁请支持。16日,复派代表赴南京请愿。

　　△　广州市公共汽车员工抗议宪兵无理殴打公共汽车沽票员李林举行罢工,并将汽车开至市政府请愿,要求惩办凶手。次日由市警备司令部答允员工要求,始恢复行车。

　　3月8日　下午,孙科于总统府政务会议上提出辞职。行政院政务委员也一致决定提出总辞职,并请孙科敦促李代总统迅速另组新阁。10日,新华社评论指出:"孙科承认在和平以及征兵促粮,军费开支,物价飞涨等问题上给人民造成了巨大灾难,自己有罪,但又不领罪受罚。""南京政府并不因孙阁总辞职而减少反动性质。"

　　△　国民党中宣部副部长陶希圣答记者称:根据宪法,并无总统辞职之规定,只有国民大会罢免总统之规定,但总统不能行使职权时,可由副总统代行总统职权;并称蒋介石无意复职,亦无赴广州或台湾准备。

　　△　民国政府附设军事革新委员会,何应钦任主任委员,白崇禧、徐永昌任副主任委员,主司整军与复员事宜。

　　△　华北野战军第十九、第二十兵团奉中央军委命往山西参加太原战役。是日至11日分两路向太原进军,第十九兵团由北平经石家庄、榆次到太原以南地区;第二十兵团由北平经阜平、代县、忻州进入太原以北地区。东北野战军亦派炮兵第一师往太原参战。

　　△　1939年3月9日中苏两国订立之合办哈密——阿拉木图间航空协定,共组中苏航空公司十年期届满,为签订续约,是日行政院第四十七次会议,通过交通部派刘泽荣、萧立坤、穆罕默德·伊敏、刘孟纯四人为代表,以刘泽荣为首席代表,并派夏舜参、李如桐为顾问,最迟于3月底前与苏联民航总局代表在迪化举行谈判。

　　△　美国国务院发表本年援华款项数额称:至3月4日止,美财部

根据 1.25 亿元军事援华计划,已向中国政府和若干美国机构付出 1.2407869245 亿元,用以购买武器及军火。同时经合总署已核准拨款 167.1 万元,为中国本年第一季度之用。总署为中国购买货物用去经费总数已达 1.97245 亿元。

△ 英国远东舰队司令布朗抵南京访问,海军总司令桂永清设宴招待。布朗将晤见英国驻华大使施谛文,定于 12 日返回新加坡。

△ 陕甘宁边区人民政府宣布成立榆林和大荔两个分区。榆林分区包括横山、镇川、神木、府谷等县;大荔分区包括韩城、邰阳、澄城、白水、蒲城、大荔、朝邑、平民八县。

3 月 9 日 李宗仁以孙科内阁总辞职,派国民党中央常委兼立法委员范予遂赴上海访顾孟馀,请其主持行政院工作。顾以蒋介石在幕后控制,和战均无办法,不予接受。

△ 立法院负责整理和平问题意见立委孔庚、江一平等 22 人于上午举行第一次会议,公推江一平、杨玉清、卢郁文、张汇文、黄宇人五人起草和平意见书,向大会报告。

△ 中国驻日代表团人员表示,经中国政府定谳之日本战犯,"盟总"无权减刑,如"盟总"不事先与中国驻日官员商讨即予减刑,中国政府将提出抗议。

△ 国防部兵役局宣布本年度内征兵 200 万人。各地相继召开征兵会议。

△ 中国留美九个教育团体联名上书美总统杜鲁门,抗议国民党当局于北平和平解放前将北平古物 8600 件运往华盛顿美国会图书馆"暂为保存"。11 日,美国务院声明,自供国民党政府曾于数日前申请将藏于北平图书馆之手抄本 113 件运美保存。

△ 华北解放区与江南各地开始通邮,凡平信、挂号信、新闻纸、印刷品、商务传单、货样、贸易契约、普通包裹均可邮寄。邮资、邮票等一律以华北区现行制度为准。

△ 中原人民解放军解放湖北麻城县城。

3月10日　张治中、吴忠信在溪口就李宗仁提名何应钦组阁问题继续征求蒋介石的同意，得到首肯。鉴于当时何应钦并不答允担当此任，蒋遂写了一封致何亲笔信交张、吴带往。是日，张治中、吴忠信自溪口返回南京，向李宗仁报告。李决定提名何应钦出任行政院长。

　　△　李宗仁令："戡乱建国动员委员会"着即撤销；江苏省临时参议会议长余井塘辞职照准，遗缺由庞树森继任。

　　△　监察院财政、粮政委员会会议，通过如下议案：一、依照《财政金融改革方案》，对公教人员与官兵，一律发给实物或银币。二、请行政院于本年3月起执行公教人员调整待遇和调整军工公教人员生活指数案。三、政府预算不敷之处，应另开财源，不得再以发行通货为弥补办法。四、金圆券发行准备监理委员会应迅予改组。五、各项公营、民营事业价格，由政府每月调整一次，私人不得擅自加价。六、输出入管理委员会应予裁撤，由中央银行和海关代管其业务，各地金融管理局亦应裁撤，由中央银行代管其业务。

　　△　立法院政治革新方案起草委员会于昨日举行第一次会议，对革新方案进行了广泛讨论。是日，召开第二次会议，袁其炯和崔学礼等四委员提出如下建议：一、请李代总统放弃《戡乱时期临时条款》。二、登记豪门资产。三、限制私人银行发展。四、实施土地改革。五、停止征兵征实。六、监院、立院合作，促成廉洁风气。七、军人绝不干涉政治。八、核实军费开销。九、彻底改革币制，稳定金融。十、力戒生活奢侈浮华与人心涣散。

　　△　京沪杭警备总司令汤恩伯召集出版、新闻界宣布六项原则：一、今后报刊对和平问题，应以不违反全面平等合理之和平为准则；二、不得登载中伤、讥讽或违反该项国策之文字；三、言论、记载须正确公平，不得破坏团结，挑拨离间，制造分裂，危害国家；四、报道消息，以事实为根据，不得无中生有，各种电讯，尤须慎重发表斟酌运用；五、严禁漏泄军事秘密及侮辱诬蔑政府之文字；六、对本区治安秩序之维护和军民合作之提倡，应共同予有力之鼓吹。

△　广州国立中山大学教授因生活受到严重威胁,于本月 5 日起实行罢教,学生亦以罢课响应。是日该校教授急电代总统李宗仁及有关部、会,指出穗市"物价一日数涨,涨必数倍",要求加薪,并提出薪津一半发银元,一半发金圆券。次日,当局答允薪俸照生活指数 500 倍借发,公费生亦照此办理。本学期于是日正式上课。17 日,再以广州生活指数早已超过 1000 倍,金圆券仍继续贬值,生活陷入绝境,继续向教育当局请愿。

△　台中久旱,八仙山大森林继上年 12 月大火后发生第二次大火。幸赖降雨,12 日大火被扑灭。

3 月 11 日　张治中、吴忠信、顾祝同往杭州晤何应钦,敦劝何"出任艰巨",面交蒋介石亲笔信。蒋在信中说:"中正以为只要于革命前途有益,使旧属官兵有所依托,而不致散乱,以保全革命硕果之基础,则兄应毅然应命,更不必论职位之尊卑,与个人之得失。……望吾兄能以中正之意志为意志,承当此艰危的局势也。"何于是接受李宗仁的任命,但要求张治中负起和谈责任,张应允。

△　李宗仁代表黄启汉在北平获知李宗仁任用蒋介石嫡系何应钦担任新的行政院长,致电李宗仁,指出:"当兹和谈机会接近之际,行政院人选,各方甚注意,似宜以令争取和谈顺利进行者为第一前提,尤力避免引起误会。"16 日,李宗仁复电解释说:何应钦出组新阁,"不特渠为一力主和平之人,且因其对黄埔系军人能加以控制,对于今后裁军工作即可望顺利进行。故实为现阶段一极适当之人选"。

△　下午,立法院第四次院会秘密举行,讨论通过由黄宇人等 20 人起草的《和平意见书》。主要内容为:一、本院赞同政府促进和平措施。二、各项重大问题,应依双方所"共同主张之政治民主化,经济社会化,军队国家化,党派合法平等原则,求得合理之解决"。三、和谈进行事宜,"应由政府根据上述人民对和平之愿望及前项原则,妥慎处理"。

△　云南省政府以同意省参议会建议的名义,宣布"自即日起停止田赋征实征借,并停止征兵"。

△　台湾省府第八十九次委员会议通过:一、健全县、市地方政府组织,加强县、市长职权,提高行政效率。二、改善地方自治财政措施。三、各县财政收支监督办法。四、撤销省肥料运销委员会。五、拟定烟酒公卖品价格等议案。

3月12日　李宗仁将提名何应钦任行政院院长咨文送交立法院,并于上午11时在国际联欢社茶会招待全体立法委员,声称推荐何任行政院长,可以整编军队、革新政治、争取和平,希望立法委员予以通过。下午3时,立法院临时会议审议,投票以209票赞成,30票反对,获得通过,即由李宗仁以总统明令发表。

△　监察院于上午召开本年度年会,出席96人。院长于右任致词谓:"监察权与惩戒权之不统一,弹劾案之提出又不能公布,使不少案件失掉时效,为廓清贪污、提高行政效率之最大漏洞。"

△　孙科自南京抵达上海,当晚在寓所接见往访记者,发表时局谈话称:外间所传南北分治问题,为不可能之事,因为"中共亦不必予赞成"。又谓:"中共控制中国,必然参加苏联集团而反对美国,盖我国今后外交,固不应反苏,亦不宜反美,以免三次大战之波及。故为今日之计,我外交政策须保持中立。"

△　江西省府主席方天对记者宣称土地改革运动决自4月1日实施,10月31日前完成总归户工作。并称为彻底实行民生主义,决不惜任何牺牲。

△　胡宗南集团10日起回犯陕中,至是日止先后侵占宁平、淳化、耀县三城及其周围许多村镇。青海马步芳部八个团,亦由陇东平凉、泾川、灵台一带向东面出动,10日,占领淳化附近之通润、铁王等处。

△　人民解放军解放河南省南部正阳县城。

△　《中央日报》台湾版发行创刊号。

3月13日　何应钦偕刘峙、孙连仲、陈继承、孙蔚如、冷欣由杭州抵上海,何向记者发表谈话称:"日内即赴京与各方交换意见,期能集中人才,共图国事。以团结革新之精神,谋政治之改革与和平之实现。"同日,在沪会晤民社党张君劢,青年党李璜、左舜生,邀请民、青两党入阁。

3 月 14 日　何应钦在沪访晤颜惠庆、江庸、章士钊、钱新之、陈光甫等人,邀其入阁。颜、江予以谢绝。章表示考虑。同日,何语记者称:新阁面临重大课题为解决经济问题;今后行政事业中心仍在广州,因迁返南京费用过大;和谈将遵从各方意见;对任何国家之外援均乐于接受。15 日,何由沪到京。

△　人民解放军第三野战军主力于 2 月底南下,进抵皖、苏境内之庐江、无为、滁县、六合、扬州、如皋一线,开始全面进行渡江作战的各项准备工作。是日,三野司令部指示所部于 3 月 20 日集中部分兵力发起扫除长江北岸国民党军据点的战斗,速战速决,力求全歼,使江南国民党军防御体系前沿完全暴露于解放军炮火攻击之下。

△　立法院政治革新方案起草委员会举行第四次会议,通过将《政治改革方案》更名为《政治改革纲要》。各委员对革新政治再提如下要求:一、实行责任内阁。二、废止"戡乱"临时条款。三、彻底检讨财政金融未经立法院同意之措施。四、改革银行制度。五、立法院授予代总统以实权等。

△　监察院第三十六次会议,由秘书长李崇实报告自上年 8 月行宪以来所提出之 45 件弹劾案,64 件纠举案,及 46 件纠正案。继由各专门委员会分别作 10 分钟口头报告。继讨论蓝妮(即蓝叶珍)颜料案纠举孙科。行政院敌伪产业处理委员会主任委员认为蓝妮颜料案与孙科个人无关,蓝妮并未经法院判为汉奸,其财产自不应为逆产,政府不能仅凭密报予以没收(蓝妮颜料案系 1945 年 8 月 10 日在沪查封,于同年 10 月 7 日由孙科函请发还。认为孙科假借职权,图利爱妾)。

△　美国经合总署华南办事处宣布:前曾暂停拨运援华之美棉,恢复援华,第一批 2800 包已于本月 9 日运抵上海,供应各纱厂使用,尚有之 9.2 万包,将于本年 4 月全部运抵。

3 月 15 日　新华社发表题为《中国人民一定要解放台湾》的时评,

揭露美国正在进行侵略台湾的活动,重申中国人民一定要解放台湾、解放全中国的决心。

　　△　立法院院会通过简化行政机构案。行政院设内政、外交、国防、财政、教育、司法行政、经济、交通八部及蒙藏、侨务两委员会。工商、农林、水利三部及资源委员会合并为经济部;社会部归并内政部;地政部、卫生部改为署,隶属内政部;粮食部改为田粮署,隶属财政部;主计部改为主计处,隶属于行政院。新闻局裁撤。

　　△　美国务卿艾奇逊致函参议院外交委员会主席康纳利,略谓:"现在没有证据可以证明,美国增加军事援助足以改变中国目前一切发展的状态。""一旦共产党人以武力越过长江,在全国范围内实施有效的军事抵抗的可能极为渺茫。"但仍提请美国国会将美国1948年援华法案的期限延长至12月31日。延长期内仍可动用3.38亿美元援华款项中之余额,原有1.25亿美元军事援华款项不受影响。

　　△　《人民日报》移北平出版,《人民日报》原北平版自本日起改为《北平解放报》。

　　3月16日　监察院会议通过设立业务检讨意见整理小组、监察法令研究小组、政治检讨研究小组,并推举出三小组委员。

　　△　行政院于广州举行第四十八次会议,议决承认外约旦和以色列国政府,承认萨尔瓦多国新政府等议案。

　　△　陈诚、朱绍良、王陵基、杨森应李宗仁电召,抵南京。

　　△　华北人民政府决定将晋中行政公署合并于太原市人民政府,任命裴丽生为太原市市长。

　　3月17日　中共中央军委决定,为统一太原战役的领导,成立太原前线司令部,以徐向前为司令员兼政治委员,周士第为副司令员,罗瑞卿为副政治委员,统一指挥第十八、第十九、第二十等三个兵团,并以第十九兵团司令部为太原前线司令部。同时成立党的总前委,以徐向前、罗瑞卿、周士第、杨得志、杨成武、陈漫远、胡耀邦、李天焕等八人组成(4月2日增加赖若愚),徐向前任书记,罗瑞卿、周士第分任第一、第二副书记。

△ 中共中央军委电示三野司令部,告以渡江作战之确定日期为4月10日,"以便在南京代表到达北平开始谈判十天或五天后我军即实行渡江,迫使对方或者签订有利于人民的和平协定,或者破坏和谈,担负继续战争的责任"。是否炮击南京,则视谈判情况而定。本月19日,又电复三野陈毅等,是否攻占浦口、浦镇,"须看谈判情形及军事上是否必要才能决定"。

△ 国民党中央常务委员会议于广州举行第四次会议,通过追认孙科辞行政院长职,由何应钦继任;积极准备五中全会召开;推黄绍竑、张发奎、余汉谋、薛岳为中央政治委员会委员等议案。

△ 李宗仁、白崇禧一致邀请司徒雷登的私人秘书傅泾波出任行政院秘书长。傅以"身处局外"更能有所作为,未予接受。

△ 立法委员刘锡五等58人联名致函何应钦,对新阁人选提出四项原则:一、慎选廉能前进有为人员,不使贪污无能及投机分子入阁。二、慎选堪任艰巨努力职守人员,不可崇拜偶像,强拉衰庸及腐败官僚入阁。三、慎选秉持大公为国为民服务之人员,不可引用专为派系利益或附益豪富分子入阁。四、凡久居阁员或居军政显要,素无成绩表现者,及因供职军政致发大财者,均不应入阁。

△ 监察院各研究小组讨论革新政治事宜,决定就树立法治,整肃贪污,用人唯贤,整肃纲纪,慎重决策,加强改革,加强进步团结诸原则,向新任行政院长提出具体意见。

△ 白崇禧自南京返回汉口,表示支持何应钦组阁。

3月18日 何应钦应邀出席监察院茶会,监委谷凤翔等代表全体监委发言,要求政府:一、加强改革决心;二、加强进步团结;三、慎重决策,树立政府威信;四、选任贤能;五、整肃纲纪;六、厉行法治,严惩贪污;七、促进和平;八、革政不应拉拢派系而放弃人民;九、政府不应朝令夕改;十、军纪政风尤当加力整饬。何应钦致答词谓:欲废除人民痛苦,惟有和平一途,本人此次组阁,可谓"和平内阁"。

△ 中国青年党举行中常会,决议不参加何应钦内阁,而从旁努力支持。

△ 立法院第三会期第六次会议讨论停止动员"戡乱"时期宪法临时条款之适用。

△ 监察院对孙科擅支"机密费"1.1亿余元金圆券案提出纠举,纠举书谓:"行政院长孙科妄支巨额国帑,化公为私,亟应咨请总统,严予处分,立即追回全部公款,并送司法机构,依法诉究,以彰法纪,而肃政风。"21日,将纠举书分别送交总统府和最高检察署。

△ 民主人士柳亚子、陈叔通、马寅初、张炯伯、包达三、叶圣陶、郑振铎、傅彬然、宋云彬、曹禺、张志让、沈体兰、刘尊棋、赵超构、徐铸成、王芸生等抵达北平。北平市军管会主任叶剑英和北平民主人士沈钧儒、马叙伦、郭沫若等20余人亲往车站迎接。

△ 《北大西洋公约》公布,规定一签约国被攻,即认为全体被攻,其他签约国应采必要援助行动。有效期20年。21日,新华社发表时评文章《斥北大西洋公约》,指出该公约"实际上就是美国企图用以指挥世界主要资本主义实行侵略的大联合,是美国压迫和奴役世界人民一个凶恶的反革命集团"。

△ 《技协》双周报公开向社会发行。该报为中共上海地下组织领导的工余联谊社创办于1945年10月,原名《工余社报》。1946年3月工余联谊社扩大成立中国技术协会,该报先后更名《技协会报》、《技协通讯》。1947年12月再改名《技协》双周报,以读者来信等形式,宣传解放区生产恢复情况。

△ 上海出版之《和战》、《时局人物》、《政治观察》、《新时代》、《中共内幕》、《国情》、《时论》、《纵横》、《透视》、《野风》、《时局观察》等23种刊物被国民党当局取缔。《群言》、《中建》、《舆论》三刊被勒令停刊。

3月19日 李宗仁于昨日晚自京赴沪,是日访晤薛笃弼、梅贻琦、胡适、张嘉璈、陈光甫,请薛笃弼出任行政院副院长,薛坚辞;梅亦拒绝出任教育部长;李复邀约张君劢,动员民社党参加内阁,张仍未允参加。

下午李宗仁由沪返京。

△ 立法院小组委员会讨论草拟役政改革方案,推定委员王泽民等七人负责。其中心要点是废除征兵制,改由劝募。

△ 监察院移送之公务员违法惩戒弹劾案 40 余件,半年来,司法院公务员惩戒委员会迄未处理。本日监察院会议决定请公务员惩戒委员会委员长谢冠生来京备询。同日,《中央日报》刊载中央银行将银元价格抬至 7000 元抛出,导致物价上涨,监委会议决定派员调查。

△ "重庆号"巡洋舰在葫芦岛附近被国民党军 B—29 式重型轰炸机炸毁,翌日沉没,在护舰中六人牺牲。24 日,毛泽东、朱德复电慰勉全体起义官兵。

△ 中国轮船商业同业公会联合会致电李宗仁、何应钦及交通部长,陈述前行政院长孙科准许外轮由接近战区口岸装运物资,直接运往其他中国口岸,即实行开放我沿海航权;而规定梧州为对外贸易口岸,又为开放我内河航行权之先声。指出:"航权完整,为国家民族之生命所寄","孙前院长一举而断送沿海航权,并开外轮享受我内河航权之恶例,其结果足以摧毁我国幼稚之航业。"

△ 张群由广州抵重庆,对记者称:辖区内停止征粮,减少征兵,另以募兵制补充兵额之不足。

△ 中原解放军解放湖北罗田、英山两县城。

△ 《展望》周刊第三卷第十八期刚出版即被上海市社会局下令查封。该刊向读者寄发《告别了,再见》的告别书,略谓:"在这样一个翻天动地的大时代,一个刊物的被令停刊可说是一件无关宏旨的小事。被令停刊既不由《展望》始,言论自由的成为力量,也不会随《展望》停刊止。"

3 月 20 日 新任行政院长何应钦草拟新阁施政方针,谓之四大目标:一、谋取和平。二、革新政治。三、稳定经济。四、安定民生。新阁组成后立待开展的工作为:一、公教待遇之调整。二、孙阁留穗人员之处理。三、当前财政经济之整顿。

△ 国防部部长徐永昌、参谋总长顾祝同邀请立法院、国防委员会

各委员以及各地来京之军政要员等 60 余人,于上午 10 时假励志社举行座谈会,就征兵征粮问题进行讨论。与会者均认为征兵征粮制度必须保存,但对经办机构及办法,必须切实改革,希望国防部与立法院、国防委员会订出切实可行办法。

△ 陆军总司令张发奎、广州绥署主任余汉谋,应李宗仁电召,下午 3 时许飞抵南京。

△ 国际商会中国分会会长陈光甫赴曼谷,参加联合国远东经济委员会会议。

△ 海南特区行政长官陈济棠与美国驻华公使克拉克、美国驻粤总领事卢登及陈纳德等密谈美国空军使用海南岛空军基地及民航大队开辟穗琼线等问题。

3 月 21 日 何应钦所组新内阁组成。代总统李宗仁发布新内阁任职命令:一、任贾景德为行政院副院长。二、任张群、莫德惠、张治中、朱家骅、贺耀组为行政院政务委员。三、任李汉魂为内政部长、傅秉常为外交部长、徐永昌为国防部长(后由何应钦兼)、刘攻芸为财政部长、杭立武为教育部长、张知本为司法行政部长、孙越崎为经济部长、端木杰为交通部长、白云梯为蒙藏委员会委员长、戴愧生为侨务委员会委员长,并均为行政院政务委员。四、任庞松舟为主计长。五、任黄少谷为行政院秘书长。

△ 李宗仁令:一、《戡乱时期危害国家紧急治罪条例》着即废止。二、《特种刑事法庭组织条例》着即废止。三、《特种刑事法庭审判条例》着即废止。

△ 湖北省政府主席朱鼎卿于汉口谈本省施政方针云:一施政之依据为中央法令和军事需要、人民意见,即官民一体、军民一体。二、施政步骤采取重点主义,逐步实施,以期政无繁苛,功归实用。三、以舆论的动向,作为施政的准绳。

△ 皖中人民解放军解放潜山和商河埠。23 日,中原解放军收复应城。

3 月 22 日 李宗仁令：一、派唐星为长沙绥靖公署副主任。二、任命陈成为浙江省政府委员兼秘书长。

△ 立法院第七次会议，各委员提出对当前财政金融改革案应详加检讨。认为此案毛病很多，不宜仓促通过。会议通过以下讨论事项：一、铁路、邮电按成本指数调整运价、资费办法。二、重行修改银行业战前存款放款清偿办法。三、为实行国家财产清查，组织国家财政研究特种委员会。四、拟具军事改革方案。

△ 中华全国总工会发表宣言，号召保卫世界和平，表示"必须坚决站在以苏联和国际无产阶级为首的反帝国主义阵营方面"。决派代表出席世界拥护和平大会。

△ 中国政府于上年 10 月 9 日通知印度政府，1908 年所订《中英续行藏印通商章程》期满，应予废止。是日，印度政府复文，除声明印度政府继承前英属印度政府与西藏所订条约的全部条约义务，表示《中英续行藏印通商章程》早已失效，无庸再提外，并声称印度与西藏的关系"当以 1914 年《西姆拉条约》及其通商附则为准"。所谓《西姆拉条约》，从未为历届中国政府所承认。这一复文暴露了印度政府对西藏的野心。

△ 中华全国文艺协会在北平的总会理、监事与华北文协理事举行联席会议，决定召开中华全国文学艺术工作者代表大会，推选郭沫若为筹委会主任，茅盾、周扬为副主任。同时推选郭沫若、郑振铎、田汉、洪深、曹禺、萧三、曹靖华等 12 人出席于巴黎召开之世界和平大会。并决定将原设在上海的总会迁到北平。

△ 黄金市场于上午 10 时开业。同日公布黄金买卖现货办法 13 条。

3 月 23 日 按照中共中央、毛泽东主席和平解决绥远问题的方针，即"绥远方式"，是日起人民解放军代表李井泉、潘纪文（后改由张友渔、李哲仁）和绥远方面代表周北峰、阎又文（后加王克俊），在北平就划界、交通、金融、贸易及派遣驻绥联络站等具体问题举行会谈。

　　△　南京警卫部队第四十五军第九十七师师长王宴清经由中共南京市地下党策动,率部于南京外围江宁镇起义。分批渡江,遭空军袭击,部队崩散,王率百余官兵到达解放区。

　　△　监察委员胡文晖纠举前财政部长徐堪、前敌伪产业清理委员会主任委员张肇元"违法支领行政院长孙科 1.1 亿元,朋比为奸,结好豪门,滥用职权,徇情舞弊"。

　　3 月 24 日　上午 10 时 30 分,何应钦新阁在总统府举行就职仪式,并召开首次政务会议,何应钦提出争取和平、革新军事、革新政治、安定民生等四项施政方针。会议决定派张治中、邵力子、黄绍竑、章士钊、李蒸五人为和谈代表。任命张义纯为安徽省政府主席,原任夏威免本兼各职。

　　△　中国妇女第一次全国代表大会于北平召开,4 月 3 日闭幕。出席代表 421 人。毛泽东为大会题词:"为增加生产,为争取民主权利而斗争。"中共中央代表董必武到会致词祝贺。民主人士李济深、沈钧儒、马叙伦、郭沫若、柳亚子及全国总工会代表许之桢等亦与会致词。朱德致闭幕词。会议通过《中国妇女运动当前任务的决议》,宣告成立中华全国民主妇女联合会;选举蔡畅、邓颖超、何香凝、康克清等 51 人为执行委员。4 月 14 日,第一次执委会选举何香凝为名誉主席,蔡畅为主席,邓颖超、李德全、许广平为副主席。

　　△　宋希濂与中央陆军军官学校校长关麟徵到奉化溪口晤蒋介石。次日,蒋对宋、关说:"现在我摆脱了国家行政元首的地位,今后可以总裁身份就重大政策问题表达意见,反而要好得多。"旋授意宋希濂确保西南地区,必要时将湘省几个军退到湘西,如共军向宜昌、沙市进攻,将宋所指挥的部队转移至鄂西一带山地,司令部设恩施。陈明仁第一兵团退芷江、沅陵一带,归宋统一指挥,以固川东门户。

　　△　监察院第四十五次会议,出席委员 109 人,议决以下事项:一、呼吁政府将大批粮食空运太原救急;二、另订新疆监察区行署组织单行法规;三、成立国库清查委员会,彻底核察接受敌伪物资和美援救济物

资、收兑金银之数量。并召宋子文进京,以备查询。推举唐鸿烈、孙玉琳、谷风翔等 15 人为国库清查委员会委员。

△　前外长王世杰于台北扶轮社发表演说,声明台湾的法律地位,"无论在法律上或政治上,台湾是一个光复地域,不是中国或盟国的一个军事占领地域"。中国政府在这个地域内,对内对外有绝对的自主和自由。

△　由中华全国总工会、中华全国妇女联合会、中国青年联合会、中华全国学生联合会、中华全国文艺协会、华北文艺界协会、中国科学工作者协会、中华学术工作者协会、上海人民团体联合会及民主教授、宗教界选出之出席巴黎第一次世界拥护和平大会中国代表团正式组成,共 39 人,公推郭沫若为代表团团长,刘宁一、马寅初为副团长,钱俊瑞为秘书长。本月 29 日启程。

△　国立中山大学校长陈可忠于 21 日答允对该校教授待遇略事调整,因未履行诺言,176 名教授于是日签名决定由 25 日起至 31 日止总请假"待命"。27 日,该校学生千余人节食一天,得米 2000 斤,支援慰问教授。28 日,研究生百余人发表声明支援教授罢教,并因两个月来未发研究费,定 28 日罢课一天,以示抗议。28 日,成立国立中山大学各院系联谊会,发表声援教授罢教宣言。4 月 1 日因待遇未获改善,继续请假。至 4 月 18 日始结束延续 24 天之总请假行动,积极筹设师生员工生活互助会,决定自谋自救,以校养校。

3 月 25 日　中共中央、人民解放军总部机关由河北省平山县西柏坡移到北平。毛泽东、朱德、刘少奇、周恩来、任弼时等于 23 日出发,途经唐县、保定、涿县,于是日到达北平。西苑机场举行了盛大的阅兵式,毛泽东、朱德等检阅了人民解放军部队。傅作义应邀参加检阅。

△　李宗仁复派邵力子、黄绍竑、张治中、章士钊、李蒸组成和谈代表团,邵力子为首席代表。

△　民主人士黄炎培偕盛丕华、俞寰澄、常任侠等于 23 日由香港乘轮到达天津,受到天津市长黄敬等迎接并宴请。是日黄等由津抵达

北平，董必武等到车站迎接。

　　△　宋子文自辞广东省主席职后蛰居香港，是日由港到达广州，监督验收他任内订购到货的美国军火，并为粤省武装的招募、训练和部署出谋划策。

　　△　章士钊由沪到京，发表谈话称：以超然立场为双方意见折冲，不准备代替政府提出任何条件。

　　△　新华通讯社总社和陕北新华广播电台迁至北平。陕北新华广播电台改名为北平新华广播电台。原北平新华广播电台改名为北平人民广播电台。

　　△　航行港穗线之"和平"轮在沥滘河面触水雷爆炸沉没，乘客约 300 人获救外，死难约 130 余人。

　　3 月 26 日　中共中央决定组成以周恩来为首席代表，林伯渠、林彪、叶剑英、李维汉为代表的中共和谈代表团（4 月 1 日加派聂荣臻为代表），按照 1 月 14 日毛泽东主席对时局声明及其所提八项条件为基础，于 4 月 1 日起在北平与南京方面的代表团举行谈判。同日由广播电台通知南京政府，按照上述时间、地点，派遣其代表团，携带为八项条件所需的必要材料，举行谈判。

　　△　陈毅、邓小平、谭震林电呈中共中央军委，提出原定 4 月 13 日发起渡江战役，因该日正值阴历十六，月光通宵，不易隐蔽，建议推迟两天行动。翌日，中央军委复电同意。

　　△　何应钦主持召开国防部整军会议，徐永昌、顾祝同、周至柔、桂永清等参加。经讨论，拟将现有部队 470 万人缩编为 400 万人。陆军缩编工作，先核实兵额，撤销若干虚有其名的番号。同日，何赴孝陵卫对驻军官佐训话，宣布自下月份起改发银元和调整待遇。

　　△　监察院第四十七次会议，推选出各区监察委员行署第二届委员。

　　△　孙科致函监察院院长于右任，说明所支用之 1.2 亿元，系清偿三月以来在沪迭次临时应急款项本息，纯系公用。

△ 国立贵州大学学生为抢救教师饥饿,自花溪入城,结队游行,向省府请愿。省主席谷正伦答允拨省级公务员米一个月给予教师,并拨稻谷 1000 石作为学生伙食之需。次日下午,学生返校。

3 月 27 日 李宗仁在总统府邀宴全体监察委员,席间致词谓:"此后和平之能否成功,端视政府对和平所作之努力而定。"

△ 白崇禧抵达长沙,与程潜商讨江南防务问题。接见记者称:"和平绝不可幸致,必须相当代价,方能争取公平合理的和平。"

△ 宋子文到奉化溪口晤蒋介石,蒋委托其到台湾视察,协助陈诚制订经营台湾的计划。宋应允,于 29 日离溪口,过台湾晤陈诚后返港。

△ 胡适在台北中山堂演讲《中国文化自由传统》,说中国远在 2000 年前,即有自由主义者为思想自由、言论自由、信仰自由而奋斗的史实。自由并非来自外洋的舶来品,实为国货。

3 月 28 日 经何应钦召集和谈代表张治中、邵力子、章士钊、李蒸以及翁文灏、彭昭贤、贺耀组、黄少谷等人四次集会研究,对和谈问题决定:一、建议国民党中央常务委员会、中央政治委员会联席会议改在南京开会。二、由李宗仁、何应钦,并由中常会、中政会联席会议公推委员三人共同组织和谈指导委员会。(三)和谈不另订方案,就中共所提八项作为基础,加以研究,酌定"原则性限度",由和谈代表负责进行。根据"原则性限度",写出腹案九条作为赴平商谈的依据。其大要为:一、双方不再追究战争责任。二、同意重订新宪法,南京方面应有相当比例人数参加起草。三、法统问题与前项合并商讨。四、双方军队分期自行整编。五、原则同意没收官僚资本。六、原则同意改革土地制度。七、废除卖国条约由将来政府就过去对外所订条约加以审查,有损国家领土主权者应予修改或废止。八、同意召开政治协商会议,并由该会议产生联合政府,但政府中人必双方相等。九、商谈开始前,就地停战。

△ 代总统李宗仁致电阎锡山,电谓:"和平使节定于月杪飞平,党国大事,诸待我公前来商决,敬请迅速命驾,如需飞机,请即电示,以便迎迓。"阎虽然叫喊"我决心死守太原,与城共存亡",而他于上年底即开

始作逃离太原的准备,将其管辖的官僚资本企业,除西北实业公司外,一律结束,货物变价款运送上海,约合黄金 4.5 万两左右。阎接李宗仁电后,即安排出逃,任命梁化之、王靖国、孙楚、赵世铃、吴绍之组成五人小组,掌管和控制太原行政、军事、经济。在军事上将太原划为五个防区,以温怀光第十九军守东北区;刘效增第四十三军守东南区;赵恭第六十一军守西区;高倬之第三十四军守南区;韩步洲第三十三军守北区;第三十军戴炳南部和铁血师、神勇师为总预备队。

　　△　监察院第四十八次会议,宣布通过代总统李宗仁提名之大法官人选夏勤、翁放棠等八人和考选委员人选柳贻征、张其昀等九人。

　　△　监察院财粮委员会召开第十三次会议,议决向政府提交以下议案:促请救济告贷无门之迁穗公教人员;解救太原粮荒;改变征实办法;修正各机关办公费规定;裁撤台湾巡察团之烟酒公卖机构;纠正中央银行高价抛售金银作法。

　　△　联合国中国同志会会长朱家骅于南京发表谈话,为《北大西洋公约》叫好,宣称该公约之签订,“诚为争取和平积极而有效的行动,亦可说是对于人类对于当前危机的觉醒”,“侵略因素,必可消灭,人类再度浩劫,亦当能解除”。

　　△　美国众议院外委会向国会提出报告并决定美国对华外交政策应采取之基本原则:一、继续支持美国一向尊重中国领土主权完整之信条。二、希望中美两国人民继续正常之经济文化交流关系。三、因经济援华一事,于美国本身利益甚为重要,故应尽可能继续下去。

　　△　海军封锁长江安庆江面。

3 月 29 日　张治中往奉化溪口谒蒋介石,就和谈腹案向蒋请示。蒋向张表示:“为倡导和平,本人业已引退,因之对政治问题,不便表示意见。今后和谈大计,应由李代总统与何院长负责主持。本人甚愿以在野身份,尽力支持李代总统使和平早日实现。”次日,张偕屈武回南京,将蒋的表示写成新闻稿发表,用以压摄国民党内顽固派。并与邵力子参加立法院秘密会议,报告溪口之行,博得赞同。

△　行政院临时政务会议,通过加派刘斐为和谈代表,并指派张治中为首席代表。

△　国大代表上海联谊会开会,对和谈从中阻梗,并致电李宗仁、何应钦转和谈代表,提出:"和谈为国家之大事,决非国共两方可得而专。""政府为国民大会依据宪法所产生,试问诸公将凭借何种地位,有何种权力以与共党谈判?"要求"克日召集国民大会临时会议,以为最后之决定"。同日,潘公展等亦电李宗仁、何应钦、于右任、居正,电谓:"惟愿诸公始终勿忘政治民主、经济平等、社会安全、生活自由、军队国有五大原则,而作合情、合理、合法之解决;否则苟安于一时,必抱憾于无穷也。"

△　下午,阎锡山由太原围城中逃往南京。行前紧急召集各部门负责人在绥靖公署内阎公馆开会,由秘书长吴绍之宣读李宗仁电报。阎对与会者诡称:此去也许三天五天,也许十天八天,候和平商谈有了结果,我就回来。随即在梁化之、阎慧卿陪同下急忙乘车直奔西门外洪沟机场,逃离太原。

△　监察院年会闭幕,历时 18 天,院长于右任在闭幕式上发表讲话,希望一切为人民着想,不负民望。

△　陈诚出席台北青年节大会,致词称:青年学生之使命为帮助政府完成后期革命。"如有人对现状不满,觉得共党区域较此间安定,余极愿意拨付旅费,送其前往共区,且更欢迎前往者再度回来,俾为吾人证实台省与共区之间到底何方为佳"。

△　行政院"纠正"梧州开放对外口岸办法,由海关在梧州设关,轮船直开香港,不经广州,只准本国轮船直接来往。广州轮船公会及海员工会维护航船小组对行政院修正案仍表不满,要求撤销梧州开港原案。

△　《广州日报》改组为广东《中央日报》,是日创刊。

3 月 30 日　中共中央军委电示刘伯承、邓小平并告陈毅等,指出:白崇禧代表刘仲容今日到平,我们决定联合李、白反对蒋党;决定要白崇禧让出花园以北地区,我军到信阳、武胜关附近时,如守军南撤,则不要攻击或追击,让其退至花园及其以南,孝感、黄陂、黄安、阳逻、黄冈等地亦暂时不要去占,待东北主力到达后,再通知白崇禧连同汉口、汉阳等地一齐有秩序地让给我们。

△　中国人民解放军太原总前委决定进攻太原城方案,第一步打外围,争取消灭阎军六至八个师,占领攻城有利阵地;第二步攻城。

△　国民党中央执、监常委及中央政治委员在广州举行谈话会,提出和谈代表抵平后,应先提出双方立刻无条件停战;和谈一切报导公开;和谈进行详情随时报告党的中央,谈判结果应对党完成法定程序;和谈内容坚持下列五原则:一、国体不容变更;二、人民之自由生活方式必须保障;三、宪法之修改必须依法定程序;四、土地改革应首先实行,但反对以暴力实施;五、战争责任问题应毋庸议。

△　何应钦在立法院第九次会议上报告施政方针,声称:政治上,维持国家的独立与统一,在公平合理的基础上,努力与中共进行全面和平谈判,在不危害国家主权范围内,欢迎一切外援,以及实行土地改革、改善征粮制度、提高公教人员待遇、宽筹教育经费等等;军事上,前线部队保持现有防线与态势;财政经济上,田赋交还地方,税捐以银元计算缴纳,筹办财产税,酌办生产贷款,鼓励出口和价汇,奖励人民投资生产事业。

△　国防部长徐永昌、参谋总长顾祝同分别在立法院第九次会议上报告整军情况,谓国军经本月份核实,为420万人,预定4月间裁减为400万人,所裁之20万人中,官佐占13万。将裁撤14个军包括30余个师的番号。今后拟在每一个地区配备若干个师,"其军费由地方负担一部分,以补国库之开支"。同时对中共军事力量作了说明,认为人民解放军缺乏船只,无法渡江。

△　山东省人民政府行政委员会及山东省临时参议会驻会委员举行联席会议,决议:健全省政府,推选康生、郭子化、方毅等19人为山东省政府委员;康生任山东省府主席,郭子化为第一副主席,方毅为第二副主席。

△ 中苏关于合办中苏航空公司哈阿线延长协定谈判在迪化举行。

△ 开滦唐山煤矿接连发生重大工伤事故,该矿职工临时代表会于昨日向矿务局递交抗议书,并提出四项合理要求,矿方置之不理。是日下午 3 时,遂召开临时职工代表大会,通过限矿方于 15 分钟内表明态度,否则即向人民法院起诉,控告矿方违反安全规章,玩忽职工生命之不法行为。矿方被迫答允职工代表所提以下三项条件:一、职工临时代表会提出改善设备意见,矿方保证执行。二、今后矿方应保证承担自己应负之责,不得推卸与离间职工团结。三、此次事件因果责任,矿方应登报声明,公开认错道歉。此外并答允对伤亡职工的抚恤条件。

3 月 31 日 由刘伯承、陈毅、邓小平、粟裕、谭震林组成的总前委在瑶岗召开兵团以上干部会议,研究制定《京沪杭战役实施纲要》(即渡江作战实施计划)。是日总前委将《纲要》呈报中央军委。《纲要》决定以第二野战军第三、第四、第五兵团及地方部队组成西突击集团,由刘伯承、张际春、李达指挥;以第三野战军第八、第十兵团及苏北军区组成东突击集团,由粟裕、张震指挥;以第三野战军第七、第九兵团组成中突击集团,由谭震林指挥。采取宽正面、有重点的多路突破手段,于 4 月 15 日 18 时在江苏靖江至安徽望江江面实施渡江作战。4 月 3 日,中央军委复电批准。

△ 上海人民团体联合会发《告上海人民书》,指出中共决定 4 月 1 日于北平举行和平谈判,是给李宗仁、何应钦为首的国民党政府"改过自新的一个最后的机会",如李、何愿意证明自己的求和诚意,就必须以八项条件为基础,立即停止征兵征粮,征拉民夫建筑防御工事;必须立即释放全部政治犯,停止逮捕,解散特务机关;立即实现与解放区通航、通商、通汇,并取消捐税征实;立即开放言论、集会、结社自由;立即设法保障及改善职工生活;立即停止发行金圆券,并立即将强制购买自人民的金银全部运回上海。

△ 晚 7 时,李宗仁在总统府设宴欢送和谈代表团。宴会后召集

何应钦、白崇禧、顾祝同、张治中、林蔚、萧毅肃、汤恩伯、王叔铭、刘士毅、关麟徵、宋希濂等开军事会议,讨论加强长江防务部署,由国防部参谋次长萧毅肃报告长江沿岸兵力概况后,责成京沪杭警备总司令部及华中军政长官公署命令各部队严密防范解放军南渡,并就海军沿江巡逻、空军分区侦察以及交通补给等问题作出决定。国防部提出将驻新疆部队之大部分东调,张治中以无论步行或车运均有困难,提出由国防部电召新疆警备总司令陶峙岳来京研究后再作决定。李宗仁予以接受。旋讨论十个师的美械装备分配问题,白崇禧要求四个师的装备,顾祝同不允,双方发生激烈争吵。何应钦提出待仔细研究后再定,始告平息。

　　△　民国政府组成和谈指导委员会,由李宗仁(召集人)、何应钦、于右任、居正、张群、吴铁城、孙科、吴忠信、朱家骅、徐永昌、董显光等11人参加。

　　△　南京和谈代表团秘书处部分人员由秘书长卢郁文率领,于上午9时乘中央航空公司飞机赴平。下午1时抵达。

　　△　国民党中央宣传部发出宣传指示,承认国民党在政治、军事、经济三方面之"缺点与错误",招致今日失败,应"深切反省,痛加改革"。不承认今日失败为"中国反共斗争的最后失败"。认为"中国反共斗争为世界反共斗争一部分,一环节","中共今日的胜利,在世界大战上并无决定意义,而国民党今日失败,亦不是决定性的"。"必须继续奋斗,阻止中共发展"。

　　△　行政院政务会议通过内政部组织法草案、主计处组织法草案、中央各部留职停薪职员救济办法。修正通过财政部长刘攻芸提交的《财政金融新改革案》。

　　△　立法院全院委员第四次谈话会决定清理重要议案:一、征财产税案。二、省县自治通则。三、土地改革法案。四、简化行政机构后各部会组织法。

　　△　首都卫戍总司令部发言人宣布:一、凡与戒严法相抵触而企图

捣乱社会秩序者,决依法惩处。二、依照戒严令,绝对禁止任何学校团体假借任何名义,非法集会,或聚众游行,违者严惩不怠。

△　张群奉召自渝抵京,谒见李宗仁。

△　教育部专门委员李维远向教育部呈报重庆各院校员生罢课罢教经过。内称:由于物价猛涨,汇款迟到,现钞缺乏,致公教人员月入不足以维持最低生活;加之武职人员薪俸改用银元折发等不平现象,各校教授终于 2 月底罢教,各院校学生,继起罢课。并于 3 月 17 日请愿游行。27 日晚,重庆大学等四校学生在重庆举行营火晚会,提出"团结就是力量"、"争取温饱"、"打倒贪污"等口号。省立中等学校亦纷纷罢教,请求改善待遇。为避免"酿成更多事故",要求教育部向行政院力争恢复渝、蓉地区待遇等级,及考虑提高奖学金名额,照指数补发师范生各项费用。

△　南京市大专院校学生联合会发表争生存、争和平宣言。提出生存权必须在全面和平下才能取得。这种和平,不是反动政权和封建势力为保存自己统治而备战的和平,而是真正民主下的永久和平,是将革命进行到底和毛泽东八项条件的和平。"坚信人民的力量是无比的,历史是永远前进的"。

3 月下旬　李宗仁托龙云的亲属往香港向龙云表示致意,希望龙回南京"共商国是和云南的一些问题"。何应钦出任行政院长后也致电龙云请其入京。

是月　上海地下剧影协会决定组织迎接解放的演出队,由吕复任演出队总队长。至 4 月底组成了 40 多个演出队。

4　月

4 月 1 日　南京民国政府和谈代表团张治中、邵力子、章士钊、黄绍竑、李蒸、刘斐,顾问屈武以及李俊龙、金山等一行 19 人,于上午在南京乘中航专机赴平,在机场发表书面谈话,表示"谨慎地秉承政府的意旨,以最大的诚意,和中共方面进行商谈,希望能够获得协议,使真正永久的和平,得以早日实现"。下午专机抵平。晚,周恩来、林伯渠、林彪、叶剑英、李维汉、聂荣臻等在六国饭店公宴南京代表团一行。宴后周恩来、林伯渠与张治中、邵力子交谈。周恩来指出张治中离南京前往溪口见蒋介石,完全是为了加强蒋的地位,淆乱视听,表示不能接受"这种由蒋导演的假和平"。张治中解释说,见蒋主要是形式上的礼貌问题,其次是借此消除和平的暗礁。并表示他当尽一切努力争取和谈成功。

△ 傅作义通电毛泽东主席、全国各民主党派、人民团体及国民党中的爱国朋友,希望"一切有爱国心的国民党军政人员,都应该深切检讨,勇于认错,以北平和平为开端,努力促使全国和平迅速实现",并表示今后愿意拥护中共主席毛泽东的领导,和平建设新中国。

△ 南京中央大学、金陵大学等 11 所专科以上学校学生 6000 余人举行游行请愿,要求南京政府接受中共八项条件,实现真和平。南京卫戍司令张耀明令军队和特务袭击学生,当场打死二人,打伤 106 人,失踪多人,制造了震惊中外的"南京惨案"。

△ 李宗仁特派顾维钧为出席联合国大会第三届常会第二期会议首席全权代表,李惟果、刘师舜为全权代表;行政法院院长张知本另有任用免本职,遗缺由端木恺继任。

△ 中原人民解放军解放豫南重镇信阳。河南省政府主席张轸率所部第五绥靖区 10 个旅从信阳撤退时,遵白崇禧阻解放军沿平汉线南下的命令,由张的主要助手朱其平指挥工兵营将狮河大桥和武胜关隧道炸毁。张轸所部在湖北孝感祁家湾火车站南北一带短暂集结后,撤至武汉附近。并遵令撤销第五绥靖区,将 10 个旅改为师的番号,编为第一二七军和第一二八军,组成第十九兵团,张轸兼任兵团司令,赵子立、朱其平任副司令,赵子立兼第一二七军军长,辛少亭任第一二八军军长。兵团部设粤汉铁路线上贺胜桥车站。

△ 中原人民解放军解放花园市西周家庙地区,歼白崇禧集团主力第七军第一七一师第五一二团全部,俘 1300 人,毙伤 700 余人。

△　陕南人民解放军击溃由商县、雒南赶来增援之国民党军第三军一个团及陕西保安第十一团共 2000 余人,毙伤及俘获 290 名。

△　汉口地方法院是日宣布上年轰动全国之景明大楼集体强奸案被告张月明、杨玉峰、刘宝山等共同意图营利,引诱良家妇女予他人奸淫,各处有期徒刑三年。章继宾、曹秀英同罪,各处有期徒刑一年。上列被告均系牵线犯。对外国人未作追究。

△　美国政府将四艘驱逐舰赠送中国政府,其中"太和"、"太仓"两艘于是日驶抵台湾左营港。

4 月 2 日　是日起国共双方和谈代表分别就中共八项条件个别交换意见。南京代表提出双方军队自即日起固守原防就地停战。对惩治战犯问题,除邵力子外,均不同意。同日,周恩来会见李宗仁私人代表黄启汉,指出李宗仁本来公开宣布承认毛泽东主席提出的八项原则为谈判基础,代表团来了,又变了卦。

△　毛泽东会见刘仲容,要他向李宗仁、白崇禧转告:一、李宗仁的政治地位可以暂时不动,照样在南京发号施令;二、桂系军队只要不出击,中共也不动它,待将来具体商谈;三、关于国家统一问题,国共双方正式商谈时,如李宗仁出席,毛泽东也出席;如李不愿来,由何应钦或白崇禧当代表亦可,中共方面则派周恩来、叶剑英、董必武参加,来个对等。地点在北平,不能在南京,双方协商一致后,成立中央人民政府,那时南京政府的牌子就不要挂了;四、希望李宗仁、白崇禧拿定主意,不要上美国和蒋介石的大当。

△　蒋介石由溪口向广州国民党中央党部发出关于和谈原则的三条补充指示:"(一)和谈必须先订停战协定;(二)共军何日渡江,则和谈何日终止;(三)其破坏责任应由共方承担。"

△　毛泽东复电傅作义,略谓:"南京国民党反动政府发动反革命内战的政策,是完全错误的",但执行这个政策的文武官员,"只要他们认清是非,翻然悔悟,出于真心实意,确有事实表现,因而有利于人民解放事业之推进,有利于用和平方法解决国内问题者,不问何人,我们均

表欢迎"，"北平问题的和平解决，贵将军与有劳绩。贵将军复愿于今后站在人民方面，参加新民主主义的建设事业，我们认为这是很好的，这是应当欢迎的"。

△　南京、上海等地学生为抗议国民党当局制造南京"四一"惨案，举行罢课、示威游行。行政院发表书面声明，宣称已"令教育部会同卫戍总部查明责任"，"令卫戍总部于五日内将城内军官收容总队迁移城外"，搪塞责任。以"令内政部长、教育部长亲至医院慰问受伤人员"缓和舆论。同时约束学生"不可再聚众游行，破坏戒严法令"。

△　重庆绥靖公署主任张群于是晚离南京遄赴溪口，向蒋介石报告此次国民党中常会交换和谈问题之经过情形。

△　第二野战军刘伯承部第十一、十二军和皖西独立旅等部共五万人，分东、西、北三面向安庆猛攻。

△　成都省立18所学校教职员工反饥饿罢教已一周，是日各校学生集合师范学校开会，会后出发游行。

4月3日　周恩来单独接见李宗仁私人代表黄启汉，要他转告李宗仁、白崇禧：一、在和谈期间，人民解放军暂不过江，谈成后要渡江，谈不成也要渡江；二、白崇禧在武汉指挥的国民党军，应先退到花园以南一线；三、希望白崇禧部队在安徽让出安庆，桂军向武汉撤退；四、希望李宗仁在任何情况下都不要离开南京。考虑到他的安全，可以调桂系一个师进驻南京保护，万一受到蒋军攻击，只要守住一天，解放军就可以到来支援。黄启汉当即表示："不管李、白走什么道路，自己一定跟共产党走。"当天下午，黄启汉由北平飞南京，向李宗仁报告周恩来的意见和忠告。

△　中国共产党主席毛泽东及各民主党派领导人李济深、沈钧儒、章伯钧、黄炎培、马叙伦、谭平山、彭泽民、李章达、蔡廷锴、陈其尤等发表联合声明，反对美、英、法、意等12国签署《北大西洋公约》，谴责美国政府及其附庸背叛波茨坦协定、背叛联合国组织、背叛各国人民的和平愿望。

△　何应钦就"四一"惨案发布处理训令,指责学生"不顾戒严法令,集合游行,向总统请愿,沿途高呼口号,张贴标语,反对政府,言行激越"。为缓和舆论,亦宣布将肇事凶首官佐六人"立予押讯",并严饬收容总队官佐"不准至各学校寻衅,违者就地枪决"。次日,又拨送衬衣、被褥给受伤学生以示"安抚"。

△　国民党中央党部秘书长郑彦棻,日前赴溪口晋谒蒋介石,报告中央党部迁穗后党务推进情形,并请示五中全会召开之有关事宜。今晨离溪口。同日,国民党中常委雷震、前外交部长王世杰亦到溪口谒蒋。

△　中原解放军解放平汉路南段的花园市,国民党军第七军第一七一师南逃。同日,中原解放军解放广水车站,歼国民党军第二十九军一部。

△　全国学联通电抗议南京政府屠杀爱国学生的罪行。京、沪学生继续罢课示威,要求惩办凶手。

4 月 4 日　新华社发表毛泽东撰写的社论《南京政府向何处去?》,指出摆在国民党政府面前只有两条路,即:向人民靠拢或继续与人民为敌,决无第三条路可走。

△　李宗仁、白崇禧通过黄启汉及南京和谈代表要求中共勿攻安庆及再向长江靠近,"以利和谈,免生枝节"。中共中央是日致电萧劲光、陈伯钧、唐天际并告刘伯承及中原局邓小平等,告知已和白崇禧代表刘仲容商定"黄冈、阳逻、仓子埠、黄陂、花园、孝感、汉川、蔡甸、黄陵矶之线及其以南地区,我军暂不进占,使武汉不感震动","其余宜昌至武穴线上长江北岸要地,凡我军已占者照旧,凡我军未占者一律暂不进占,以利和平接收"。

△　中华全国总工会通电声援南京学生,号召工人、妇女支援解放军渡江。北平各大专院校教职员团体发表联合宣言,抗议南京当局制造"四一"血案,要求解放军早日渡江,结束南京反动统治。

△　立法院财政金融委员会会议,财政部长刘攻芸报告财政金融

施政方针,哀叹目前财经十分困难,本拟发行国债,然不易取得国人信用,殊难弥补整个支出。期望外债,然美援数量及时间,均难预知。与会立委向刘提出质询:通货膨胀甚速,应由谁负责? 关元、税元、金元、银元流行市上,究以何种货币为本位? 以及要求纠正高价抛售金银、引导黑市上升的举措。同日,立法委员王力航致书何应钦、刘攻芸,痛斥国家行、局、库无法无天,要求改革金融机构。

△　美国参众两院通过一项议案,决定将 1948 年 4 月 3 日所通过的"援华法案"延期至 1950 年 2 月 15 日,以该法案拨款四亿美元中尚未动用的 5400 万美元继续援助中国政府。

4 月 5 日　国共双方和谈代表于怀仁堂举行全体会议。中共方面对南京政府所持的基本意念与和平谈判的基准,"备战谋和"的动向与"停战谋和"的意向,以及蒋介石及各地区官员对和平的态度与战争的观点等深表疑虑。

△　中共通过李宗仁私人代表刘仲容向李宗仁提出双方建立联合委员会的建议,由毛泽东任主席,李宗仁任副主席,4 月 12 日以前建立。李到北平,共同进行国民党军的整编、没收官僚资本等事宜。另外,就李宗仁表示阎锡山已离开太原,愿出面交涉和平解决太原问题。告知刘仲容转告李宗仁,"允许和平解决,重要反动分子许其乘飞机出走,其余照北平方式解决"。

△　刘仲容偕朱蕴山、李民欣、刘子毅回到南京。当晚向李宗仁、何应钦转告中共中央及毛泽东主席对和平问题的态度。"国共两家打了这些年仗,该歇歇手了,和总比打好"。"并不是共产党没有力量,而是为了早日结束内战,使国家和人民少受损失,才愿意通过谈判,政治解决。解放军一定要过江,谁也阻挡不住"。并转达毛泽东提出欢迎李宗仁去北平直接商谈,参加和议签字仪式。同时转达李济深的口信,要李宗仁把总统印带在身边,无论在哪里签署和议都可。

△　白崇禧于昨日电中共方面,提出在接受八项和平条件,并经双方协力在全国范围内完全实现这些条件的时间内,要求人民解放军停

止前进。是日,毛泽东以中央军委作战部部长李涛名义复电白崇禧,指出其要求是不合理的,但为了和李、白建立合作关系,表示愿意立即实行下列各项处置:"(一)安庆及其以西直至黄冈(不含)之贵方部队,请迅即撤退,并限 4 月 10 日以前撤退完毕。(二)黄冈、团风、仓子埠、黄陂、花园、孝感、汉川、蔡甸、黄陵矶一线及其以南地区,包括汉口在内,暂由贵部驻防,维持秩序。该线以北以东各地之贵部,望即向该线撤退。该线以西各地,暂维现状。(三)整个华中问题的处置,听候双方代表团谈判解决。"希望白通知所部照办。同日,黄启汉由南京到汉口,向白崇禧转达周恩来的谈话。白崇禧表示:"现在安庆驻防的是广西第四十六军一七四师,我调刘汝明部来接防。"又说:"最好以长江为界,共产党军队不要过江,划江而治,他们在江北,我们在江南,事情就好办了。"依旧幻想南北分治。

△　行政院第五十二次会议通过特派张群为西南军政长官,白崇禧为华中军政长官(14 日李宗仁以总统明令发表)。派李良荣为福州绥靖公署副主任。

△　宋希濂抵长沙晤程潜,提出鄂中江南与湘西北接连地区为军略要地,拟即成立湘鄂边区军政机构,由他本人兼主其事。宣称:"巩固江防,坚守长江,阻遏共军南犯,殆为国军当前唯一之重大任务,亦即争取和平之有力条件。"

△　驻太原阎锡山部第六十六师第一团团长孟祥瑶和中共工作人员王烈护、李焕卿、韩益才策划起义事宜,事泄,四人同时被捕。后经营救孟祥瑶等四人脱险。

△　中国民主促进会和上海人民团体联合会发表声明,声援南京学生。华北新民主主义青年团代表大会特发抗议书,抗议南京反动当局制造南京血案。

△　美国政府于是年 3 月通知英国政府,美将对中国(包括香港)实行严格的出口限制,希望英国也照此办理。英国对禁运军火没有异议,但认为对其他商品实行管制有损香港的商业利益。是日答复说,采

取出口许可证制度"只能是一种最后的办法,且无论如何只能用于据我们所知中共特别需要的那些物资"。

4月6日　新华社揭露南京政府利用和谈掩护扩军备战的阴谋称:国民党国防部已设置14个编练司令部,妄图使其削弱得只剩100万的正规军,扩展为350万至500万。

△　台湾省政府主席陈诚以台湾省立师范学院、国立台湾大学学生张贴进步标语、提出合理要求,认为是受"共党职业学生"煽动,是"中共潜伏台湾的匪谍分子一种有计划的行动",下令师院立即停课整顿,并指示"要在不流血的原则下,清除匪谍,安定学校",并于是日调军警包围师院及台大两校,逮捕学生20余人和两名记者,对未捕的学生一律重新登记,进行甄审。并将师范学院代院长谢东闵免职。

△　胡适自上海登轮赴美。14日在海轮中写成《〈自由中国〉的宗旨》一文。文中说:"共产党的武力踏到的地方,立刻就罩下了一层十分严密的铁幕。""在那铁幕底下,报纸完全没有新闻,言论完全失去自由,其他的人民基本自由更无法存在。"宣称:"我们实在不能坐视这种可怕的铁幕普遍到全中国。因此我们发起这个结合,作为'自由中国'运动的一个起点。"这篇反共宣言,是为他与雷震、杭立武商定要创办的杂志写的发刊词。

4月7日　李宗仁致电中共中央主席毛泽东,首先表白他"主政以来,排除万难,决定谋和",南京和谈代表亦已采纳中共方面所提八条为基础。表示:"凡所谓历史错误足以妨碍和平如所谓战犯也者,纵有汤镬之刑,宗仁一身欣然受之而不辞。"同时表示要"与贵党携手,并与各民主人士共负努力建设新中国之使命"。北平和谈,经过几天来个别交换意见,在战犯和渡江等问题上双方距离很大。张治中说:关于战犯问题之第一条,"我们决不能签字。一则南京李、何不会同意;二则我们上午签了字,也许下午就出事了;三则签了字,我们如何回得南京去?只好留在北平了"。

△　李宗仁于晚间宴请由平到京之李民欣、刘子毅、朱蕴山。表示

对中共方面的建议,将于 4 月 11 日以前给予具体答复,仍希望划江而治,反对人民解放军渡江。

△　国民党中常会在广州举行。何应钦报告时局及施政方针,通过和谈五项原则:一、双方停战,各守原防,如共军渡江,即宣告和谈破裂。二、保持国家独立自主精神。三、维护人民自由生活方式,停止所有暴力政策。四、双方军队各就防区整编。五、政府组织以确能保证上列二、三、四原则之实施为条件。会议通过成立和谈指导委员会,推李宗仁、张群、于右任、居正、童冠贤、孙科、吴铁城、何应钦、朱家骅、吴忠信、徐永昌 11 人组成,研究和谈问题。会议决定任傅秉常为外交部长。

△　立法院财政金融及预算两委员会联席会议,讨论由院会交付审查之举办金价存款,稳定金融,改善薪饷办法,保障储蓄,及发行救国特别公债等提案。立委王力航对行政院施政方针报告提出书面质询,指责四大家族及其亲信操纵国家整个财政金融大权和人民的命运说:“他们打着商股的旗帜,披着国家的外衣,右手抓住政府,左手抓住人民;一脚踏在中国,一脚乃在外国;咬紧我们的同胞,吸吮我们的膏血;咬得尸横四野,咬得血流成河。请问何院长、刘财长,面对这广大悲惨的场面,看清了事实么? 打算怎样办呢?”

△　第三野战军第八兵团及地方团队约万余人,进攻并解放浦口以东国民党重要桥头阵地仪征县城。

△　第四野战军解放湖北东部浠水县城。

△　在中共上海局领导下,国防部陆军预备干部局少将代局长贾亦斌率领预备干部训练团第一总队 4000 余人,在宁、沪、杭心脏地区嘉兴宣布起义,并向西天目山进发。国民党当局调集几十倍于起义部队的兵力围追堵击。在突围中领导人刘异等部分人牺牲,部队溃散,大部被俘。贾亦斌突围负伤,被梅溪地区中共游击队和群众救护,只身进入游击区,嘉兴起义失败。

△　空军第一大队第九中队上尉飞行员梁惠福驾驶 B—25 式 940 号中型轰炸机一架起义,从汉口飞抵郑州,加入人民解放军。

△　南京大专院校"四一"血案善后处理会代表王善进、李绅、吴宴平向立法院呈交请愿书,要求查明事实真相,追究肇事责任,予祸首以严重处分等六项要求。同日,立法院会议通过请愿书,咨请行政院转饬教育部处理。

△　湖南大学、克强学院、长沙一师等20余所院校学生万余人集会,追悼南京死难学生,追悼大会后游行,沿途高呼"反对假和平"、"拥护中共和谈八项条件"、"严惩四一血案刽子手"等口号。

△　美国务院公布紧急补助中国学生办法,拨款50万美元专作救济留美学生之用。此项补助办法,系由日前返美之经济合作总署中国分署署长莱普汉建议,而由中国政府提出。

4月8日　上午,毛泽东、周恩来在香山接见张治中,就和平谈判有关事宜,长谈四小时。毛泽东谈到,为了减少南京代表团的困难,可以不在和平条款中提出战犯的名字,对南京代表团的处境和困难,也表示谅解。渡江问题,是否签字后马上渡江,也可以商量。南京政府在联合政府成立前这一段时间内,要继续负责,不要散了。并说,和谈方案先由中共方面草拟,拿出方案后,正式谈判就容易了。将来签字,如李宗仁、何应钦、于右任、居正、童冠贤等都来参加则更好。张治中晤见毛泽东后,感慨地说:"国民党的失败是应该的,共产党的成功并非偶然。"是日起,毛泽东分别与南京和谈代表邵力子、章士钊、黄绍竑、刘斐、李蒸及秘书长卢郁文晤谈。

△　张治中从西山回南京代表团寓所,立即召集代表团会议,传达与毛泽东、周恩来谈话的经过和内容。代表团各成员都深感释然,相信和平有望,但担心蒋介石及国民党和谈指导委员会从中作梗。经反复讨论,决定届时派黄绍竑亲回南京,向和谈指导委员会陈明利害,阻止其向蒋介石请示,并争取接李宗仁到北平签字。随即代表团致电南京,报告张治中与毛泽东、周恩来谈话经过,并附两点意见:一、渡江问题,中共很坚持,恐势在必行。二、请李、何千万保守秘密,以免主战派破坏。

　　△　中共中央主席毛泽东电复李宗仁,指出实现八项条件应以"是否有利于中国人民解放事业之推进,是否有利于用和平方法解决国内问题为标准"。战犯问题,在此标准下,"我们准备采取宽大的政策"。并盼双方早日成立和平协定。

　　△　第三野战军陈毅部第二十军占领三江营桥头堡,并向高桥进攻,9 日,解放高桥。

　　△　宋子文受蒋介石之委托到台湾视察,帮助陈诚拟订从政治、经济、军事诸方面抵御中共的方案。15 日离台北经厦门返港。

　　△　上海市公用事业涨价,电车、公共汽车、轮船、小铁路四项交通票价平均上涨 150％。水电部门上涨 105％。

　　△　在中共中央上海局领导下,报纸接管小组以上海人民团体联合会名义出版《上海人民报》,由唐守愚负责,陈虞孙主编。该报从 5 月 12 日开始报道上海战况。至 5 月 27 日上海解放,前后共出八期。

4 月 9 日　李宗仁于下午召何应钦、于右任、童冠贤、张群、白崇禧、阎锡山、顾祝同、徐永昌、桂永清、周至柔等军政首要会议,会商和谈及江防问题。同日晚,复与白崇禧、李品仙、夏威、程思远、邱昌渭等桂系人物密谈,均认为蒋介石在幕后控制政府,和战都无希望。提出蒋、李中只能有一人主张,蒋如不出国,李应即辞代总统职。白崇禧抱怨李当空头代总统不管用。12 日,李挽请居正、阎锡山赴溪口,并带交致蒋函,表示蒋如不放手,他惟有急流勇退,以谢国人。

　　△　何应钦由广州致电南京和平代表团,传达国民党中常会的决议,即:一、如共军在和谈进行期间渡江,则宣告和谈破裂;二、为履行《联合国宪章》所规定的国际责任,对于以往的外交政策应予维持;三、为切实维护人民之自由生活方式,应停止一切施行暴力之政策;四、双方军队应在平等条件下各就防区自行整编,整军方案必须有双方相互尊重、同时实行之保证;五、政府之组织形式及其构成分子,以确能保证上列二、三、四项原则之实施为条件。

　　△　张治中致信蒋介石,针对何应钦传达国民党中常会的决议,指

出:"凡欲重振旗鼓为作最后之挣扎者,皆为缺乏自知不合现实之一种幻想!"痛陈"一年来国人怨声载道,对于钧座之信仰,可谓低落至无以复加",党、政、军一般干部,尤其黄埔系高级将领,"皆谓今日之失败,乃由钧座领导错误所招致"。劝蒋"惟有断然暂时出国","倘不幸而和谈失败,亦惟有将党政军大权,尤其军事上之全权,交与李、何两同志负责"。此信由屈武带回南京托吴忠信转交。

△ 国防部致电和谈代表团,要求通知中共方面,务必立即把自和谈开始以来向前推进的军队全部撤回原来的位置。

△ 白崇禧与黄启汉由汉口飞南京。白到宁后听取刘仲容北平之行的汇报。刘仲容说,当初受白交付的使命,向中共提出政治可以过江,军事不要过江的建议,"中共方面态度坚决,认为政治既要过江,军事也要过江,而且很快就要过江"。白崇禧则声称:"他们一定要过江,那仗就非打下去不可了","过江问题为一切问题之前提,中共如在目前'战斗过江',和谈的决裂,那就不可避免。"

△ 国民党中央常务委员会第一八二次会议通过:一、中央宣传部长黄少谷辞职照准,推程天放继任;二、中央青年部长陈雪屏辞职照准,推倪文亚继任;三、甘肃省党部主任委员张维辞职照准,派郭寄峤接充;四、台湾省党部主任委员蒋经国辞职照准,派陈诚接充。

△ 空军第十大队第一〇一中队沈济之、刁光第、王伯泉、罗锡龄等七人驾驶 C—46 式飞机一架起义,自上海飞抵济南。

△ 重庆大学、四川省立教育学院等渝市 15 所院校成立争温饱联合会。

4月10日 白崇禧致电中共方面,声称安庆桂军撤退"暂有困难","因自该地发生战事以来,国防部曾令坚守待援,该地辖京沪区指挥,敝方不便擅令守军撤退"。请中共允许"暂留该地勿攻,敝方亦不出击,以待和谈解决"。是日,中共中央电刘伯承、张际春、李达并告总前委令前线停止对安庆的攻击,"彼此暂维现状"。

△ 蒋介石命蒋经国电约何应钦、阎锡山、李宗仁、白崇禧在杭州

会商时局。

　　△　京沪杭警备总司令部代电上海市政府,令其对民盟外围组织上海人民团体联合会的活动"切实注意防范"。14 日,上海市政府训令所属各局、处切实执行。

　　△　湖南省主席程潜发表书面谈话,表明他名列战犯"不加辩白"。并表示愿以至诚至正的决心,求使湖南免于战祸。

　　△　立法委员许闻天、金绍先下午在南京为京沪杭警备总司令部派员拘捕,罪名是"煽惑军心,策动叛变"。金当天释放,许由京解沪。次日,金分别往谒李宗仁、童冠贤及何应钦,向何要求立即释放许闻天,保障全体立委言论行动自由。后经立法院抗议,12 日许被释放回南京。

　　△　四川省重庆大学等 22 院校共 2000 余人,下午在重庆大学操场开"四一"死难同学追悼会。大会宣读抗议书,要求惩办主使凶手、保障人权、厚葬死难同学并发抚恤金,以及赔偿受伤同学精神和物质上之一切损失。

　　4 月上旬　参加太原战役之人民解放军第十九、第二十兵团及炮兵第一师于月初到达太原域周,与围困太原的第十八兵团等部会合。

　　4 月 11 日　中国新民主主义青年团第一次全国代表大会在北平开幕,18 日闭幕。到会代表 340 人。朱德到会致祝词。任弼时作政治工作报告。冯文彬作关于青年团的任务与工作报告及会议总结报告。蒋南翔作关于团章的报告。大会通过了中国新民主主义青年团的工作纲领与团章;推举任弼时为团中央名誉主席;选举冯文彬、廖承志、蒋南翔、萧华、胡乔木、胡耀邦等 45 人为团中央委员。在一届一中全会上,选举冯文彬、廖承志、蒋南翔、钱俊瑞、荣高棠、李昌、宋一平、陆平、韩天石九人为团中央常务委员,冯文彬为书记,廖承志、蒋南翔为副书记。

　　△　中共中央军委电示总前委并第二、第三野战军,依据和平谈判进展情况,决定渡江时间推迟一星期。翌日,总前委根据中央军委指示,为表明和谈诚意,命令前线各部队自即日至 16 日停止战斗。14

日,中央军委电示总前委,保持前线平静时间"请由原 16 日延长至 20 日。在此时间内即使敌方发炮,我方也不要还炮"。总前委旋令已占据渡江有利地形之宋时轮第九兵团后撤,并令各部队严格遵守中央军委命令。

　　△　龙云在香港浅水湾寓所举行记者招待会,公布他给代总统李宗仁、行政院长何应钦的信函。他在信中对李、何邀其入京共商国是,表示"今日之所谓国是,一言可决,即须兄等毅然决然,勇敢接受毛泽东主席所提八项原则,电嘱北上代表,依照原则,作出具体决定,付之实施。将为吾民族开万世永久和平,岂独吾滇省一时受赐"。并告诫李宗仁等,"今日之事,幕后操纵,怙恶不悛者已大有人在,指示作困兽之斗,荼毒人民。吾兄必须洞烛阴谋,作刚毅之决断"。信中还表达了他对中国共产党领导中国革命的信服。是为龙云从南京逃到香港后,第一次公开全面地阐述自己的政治见解和态度,各报均以显著地位刊载。

　　△　阎锡山赴溪口谒蒋介石,转陈李宗仁书函,略谓中共节节进逼,陈兵江北,所提条件苛刻,似非作城下之盟不止,请预筹应对之策。12 日,蒋介石复函李宗仁,称一本常理处之,万不可以一时之胁迫而有所自馁。

　　△　西北军政副长官兼宁夏省主席马鸿逵应李宗仁电召,乘专机抵南京述职。

　　△　南京民国政府因"重庆号"军舰起义,以海军总司令桂永清"事先疏于防范,并对该舰人事处理亦欠妥善,实属咎有攸归",以总统令"着即撤职留任,以示惩儆"。

　　△　自 4 月 1 日国共和谈开始以来,飞机仍轰炸苏皖解放区之靖江、扬州、六圩港、无为等地。昨今两日,徐州、合肥两市也遭轰炸。总计炸死炸伤居民数十人,烧毁民房 150 多间。

　　4 月 12 日　9 日至 11 日,毛泽东、朱德、周恩来又先后接见南京和谈代表邵力子、章士钊、黄绍竑、刘斐、李蒸及秘书长卢郁文等。南京和谈代表认为在战犯名单、军队整编、解放军渡江、南京政府的过渡等问题上已达成妥协。各人均感到和谈大有成功的希望。是日,代表团电告李宗仁称:目前只等中共方案提出,一旦中共提出方案,代表团讨论后,即派黄绍竑、屈武回南京,如同意方案,即与李宗仁等一同飞返北平签字。如不同意,亦请派于右任等来平。

　△　何应钦电南京和谈代表团,转达和谈指导委员会作出的五项决议。即:一、战争责任问题,可依据代表团所提原则处理;二、所邀南京参加签字各位,届时再作决定;三、签约后驻军,第一期最好各驻原地;四、新政协及联合政府事,等中共提出方案后再行研究;五、渡江问题应严加拒绝。

　△　下午,南京和谈代表团开会讨论和谈指导委员会的五项决议中拒绝解放军渡江问题。张治中、章士钊等均认为此问题原则上已向中共承认,不好推翻。会议最后决定请章士钊出面设法向毛泽东通融,要求中共在和平协定签订后能够暂缓过江。

　△　南京民国政府加派于右任、居正、吴铁城以顾问名义赴北平协助和谈代表团。

　△　昨日王炳南从北平打电话邀请刘仲容再去北平,得到李宗仁的同意。是日,刘仲容由南京飞北平,向毛泽东报告李宗仁、白崇禧的态度。毛泽东说:中央已经决定解放军 4 月 20 日就要过江,希望李宗仁不要离开南京;如果李宗仁认为南京不安全,可以飞到北平来,共产党会对他以贵宾款待,仍可继续会谈。刘仲容即用电话向李宗仁报告。

　△　何香凝由廖承志陪同到达北平。董必武、叶剑英、李维汉、邓颖超及民主人士沈钧儒、朱学范、柳亚子、刘清扬等前往车站迎接。

　△　李宗仁特任居正为国史馆馆长。任命韩德勤、上官云相为战略顾问委员会战略顾问。

4 月 13 日　国共和谈正式举行。经过 12 天双方交换意见,周恩来将中共方面提出的《国内和平协定(草案)》送交南京方面首席代表张治中。晚 9 时,双方代表于中南海勤政殿举行第一次正式会议,周恩来就草案原则及各项条款内容作说明,指出首先必须分清是非,战争的责任应该由南京国民政府担负。对南京方面最不能接受的战犯问题,提出中共对一切战犯,不问任何人,只要能认清是非,以实际行动表示悔悟,因而有利于中国人民解放事业之推进,与用和平方法解决国内问题者,准予取消战犯罪名,给以宽大处理待遇。张治中发言表示,代表团诚意承认国民党方面的错误和失败,但协定中有些过于刺激的字句,望能酌加删节;战争责任问题希望不要作成条文,不宜在条文中规定南京政府为人民革命军事委员会所辖的机构。并表示愿就中共所提草案再加研究,提出修正案。

　　△　李宗仁接到中共和谈代表提交的《国内和平协定(草案)》,派甘介侯找美国驻华大使司徒雷登会商,司徒雷登要李宗仁坚定立场,拒绝承诺,观察事态的发展。

　　△　行政院会议通过南北通航交换物资办法。规定由全国轮船业联合会组织统一调配委员会,管理与统筹调配通航船舶及运载物资种类、数量。

　　△　湖南岳阳中小学生为声援南京"四一"惨案举行示威游行,专员王翦波指使军警镇压,学生死二人,伤20余人,失踪六人。15日,长沙各校学生获悉岳阳"四一三"惨案真相,举行示威、请愿、罢课等活动声援。17日,长沙市学联在湖南大学召开会议,49所学校100余名代表参加,商定声援办法。18日,长沙全市大中学生罢课一天,并推代表向程潜请愿。程潜对此案很重视,于17日派警卫处长李肖白赴岳阳调查,并代表他向受伤学生慰劳,赔偿医疗费用。

　　4月14日　周恩来与张治中就《国内和平协定(草案)》全部内容要点再度具体交换意见。南京和谈代表就草案继续研究,提出修改意见40余条,除对国民党军队的改编及联合政府两项有若干不同意见外,大多为词句方面力求和缓,避免刺眼的词句。当晚,张治中将书面修正案交周恩来。

　　△　人民解放军太原前线司令部令发解放太原攻城部署:以第二十兵团由城北大、小北门地区登城向城内发展,歼灭所属地区之敌;以第十

八兵团及第七军组成之左、右集团分由大东门南、北地区登城向城内发展,歼灭所属地区之敌;以第十九兵团及晋中军区由城南首义门东、西地区登城向城内发展,歼灭所属地区之敌。18 日,命令所属部队:"决定提前于本(4)月 20 日 5 时开始攻击,各部即按原计划准时动作。"

△　李宗仁令:兼国际货币基金暨国际复兴开发银行理事徐堪呈请辞职照准,特派刘攻芸兼国际货币基金暨国际复兴开发银行理事;派黄珍吾为福州绥靖公署副主任;任命徐景唐为战略顾问委员会战略顾问;特派张群为西南军政长官,白崇禧为华中军政长官。

△　监察院内政、财政两委员会联席会议,决议立即运回由蒋介石命令移运至台湾、厦门的国库黄金、白银及外汇。

△　美国国会否决民主党议员麦卡伦提出的向中国政府提供 15亿美元新援助,和由美国军官指挥国民党军作战的法案。同日,美国新闻处公布艾奇逊 3 月 15 日致参议院外交委员会主席康纳利函,艾奇逊在信中说:"美国于现在情况之下,出以如此规模之援助殊属不智,贸然为之,后果之恶劣殆必不堪设想。"

△　人民解放军北平市警备司令部奉命撤销,其卫戍警备事宜由人民解放军平津卫戍司令部(司令员聂荣臻)负责。

△　解放区太行专署公安局破获阴谋爆炸黄河铁桥、焦作发电机、机车及组织散匪刺杀解放区军政人员的特务案一起,主犯何成功等七人全部落网。

△　联勤总部从广州中央银行提运银元 11.5 万元用飞机运往桂系势力范围之柳州、长沙、南昌等地发放军饷,被广东军方截回。后经李宗仁、何应钦与粤方余汉谋、薛岳电商,于 17 日同意将银元运出。

△　中华全国民主妇女联合会执委会一届一次会议召开,选举何香凝为名誉主席,蔡畅为主席,邓颖超、李德全、许广平为副主席。

△　著名报业家《大公报》总经理胡政之患肝硬化不治,于是日上午在沪寓逝世。

4 月 15 日　国共和谈举行第二次会议。晚 7 时,中共方面将《国内和平协定》定稿八条二十四款送交南京和谈代表团。晚 9 时,双方代表在中南海勤政殿举行第二次会议。周恩来对修正稿作说明,表明中共代表团对南京政府代表团的许多意见,凡是与推进和平事业有利,与中国人民解放有利的意见都尽量采纳,就是在某些大问题上,应该求得妥协的,总尽量妥协,如中国人民革命军事委员会的权力等问题,都作了重大让步,但对于国民党军队的改编和人民解放军过江接收地方政权两点,决不让步,并坦诚地阐述理由。正式告诉张治中,转告李宗仁、何应钦,于 20 日以前给予答复,如届时不能获得协议签字,"那我们只有过江"。张治中发表意见和感想,声明次日派人回南京请示答复。会后,南京代表团郑重研究,认为定稿已接受了所提修正意见 40 余处的过半数,特别是关于战犯等问题中共作了让步,一致认为尽管条件过高些,不囿于一派一系的私利,以国家元气、人民生命财产为重,只有毅然接受。并决定派黄绍竑、屈武携带文件次日回南京,劝告李、何接受。

　　△　李宗仁请美国政府发表某种声明,以延缓人民解放军渡江。

　　△　空军伞兵第三团全部,伞兵司令部及第一、第二团各一部共 2500 名官兵,奉命乘船开往福建途中,在第三团团长刘农畯、副团长姜健等率领下,于上海吴淞口宣布起义,开往苏北连云港加入人民解放军。5 月 18 日,毛泽东、朱德致电刘农畯等全体起义官兵,勉励其努力学习,为建设人民伞兵而奋斗。

　　△　国民党中央党部派谷正纲、张道藩飞溪口谒蒋介石,请示党务改革问题。

　　△　布拉格 15 日消息:国际学联致电李宗仁抗议国民党政府屠杀南京学生的暴行,要求惩办屠杀学生的凶手。

4 月 16 日　南京和谈代表黄绍竑、顾问屈武携文件回南京。周恩来赶往西郊机场,面嘱黄、屈,请其明白告诉李宗仁、何应钦,希望他二人在修正案签字问题上,自拿主张,不要请示蒋介石。下午 2 时多,黄、屈到达南京。李宗仁见隔江而治的目的未能达到,也担心批准协定使自己陷入困境,便在傅厚岗公馆召集何应钦、白崇禧、黄旭初等人听取黄绍竑有关北平会谈的报告，并传阅和平条款。何应钦表示要将和平条款经行政院开会讨论才能答复。李不表示态度，把牌摊给了何应钦。

△　中央军委电示总前委及第二、第三野战军，要求将渡江立足点放在和谈破裂，用战斗方法渡江上，保证 22 日一举渡江成功。

△　行政院第五十四次会议决议：派汤恩伯为京沪杭警备总司令部政务委员会主任委员，吴国桢、谷正纲、邓文仪为委员兼常务委员。陈良、周喦、张强、丁治盘、顾希平、滕杰、潘公展、方治、范争波、陆京士为委员，陈大庆为委员兼秘书长。

△　淞沪警备司令部制定镇压学生运动的《纲领草案》和《计划草案》。《纲领草案》规定学运工作的原则二条：一、"治本重于治标，主动重于被动，疏导重于制压，攻击重于防御"。二、"以组织对组织，以宣传对宣传，以行动对行动"。以上海市党、政、军、警、宪各有关单位成立联合小组，各部门分别负责对"匪谍学生"的调查、监视、跟踪、逮捕、侦讯。《计划草案》则提出"俟本市进入非常状态时，对各学校之'匪谍分子'作全面之肃清"。

△　中华全国青年代表大会筹备委员会在北平成立。廖承志任主任，冯文彬、吴晗任副主任，黄华任秘书长。

△　南京政府派驻比利时大使金问泗为出席法国安尼茜市举行的国际关税会议中国代表团首席代表，薛裕祺、杨树人、叶遇春、黄延德、汤理胜为代表。

△　立法院临时会议讨论财政金融改革草案审查修正案，予以修正通过。修正要点为：一、规定军中薪饷及副秣费以船版银元为发给标准。二、各省、市、县课征地方捐税须经各该省、市、县民意机关之通过。三、举办财产税。四、一切捐税除关税外按各地物价指数计算。五、黄金、白银、银元运入国境者，暂行免征进口税。外国币券超过美金 1000 元者，其超额部分存入中国银行，由存款人随时按照中央银行收兑外币价格售与中国银行。

△ 重庆发生抢米风潮,仅是日一天,就有 15 起抢米骚动,数百石大米为饥民夺去。

4 月 17 日 国民党和谈指导委员会派居正、吴铁城、朱家骅携黄绍竑带回之《国内和平协定》及和谈记录往溪口请示蒋介石。蒋认为"真是无条件的投降处分之条件。其前文叙述战争责任问题数条,更不堪言状矣。黄绍竑、邵力子等居然接受转达,是诚无耻之极者之所为;可痛!"他当即拟定三种对付方案:"(甲)提出具体相对条件复之;(乙)不提出对案,仅以不能接受其所提条件而愿先订停战协定,以表示和谈之诚意。如其在此和谈期间,进攻渡江,则其战争责任,应由'共匪'负之;(丙)用党部名义驳斥其条件之前文与消灭行宪政府而实行其共产专制政府。"19 日,居正等返回南京向李宗仁等报告。

△ 总前委电呈中共中央军委,将原中、西两集团作战部署进行部分调整:以第三兵团直出徽州,沿浙赣路东进;第九兵团担任芜湖、南京的监视任务,而将主力置于南京以南地区。次日,中央军委复电同意,并指出"此次我百万大军渡江南进,关系全局胜利极大。希望我二野、三野全军将士同心同德,在总前委及二野、三野两前委领导下完成伟大任务"。

△ 太原前线人民解放军两个兵团、六个独立师共计 20 万人左右,在一个炮兵师协助下猛攻太原。城东、城南两机场已为解放军猛烈炮火完全轰毁,城西机场亦在解放军炮火射程内。

△ 空军第八大队杜道时和第二十大队机械员郝子仪驾驶 C—47 运输机一架起义,自台湾新竹机场飞抵郑州。

△ 立法委员王丹岑对记者谈话,反对中央银行发行大钞。次日,中央银行抛出五万元面额之金圆券大钞。

4 月 18 日 国民党中央执行委员会发表对和谈声明,重申必须以该党中常会本月 7 日关于和谈"五项原则"的决议为依据。下午,李宗仁召黄绍竑、白崇禧、李品仙、黄旭初、夏威、程思远、邱昌渭等桂系人员会商,黄绍竑汇报北平和谈情况后,指出桂系别无出路,不像蒋介石有台湾。并说:"如果德公(李宗仁字德邻)同意签字这一协定,则将来可选为联合政府副主席,即广西的部队亦因此得到安全的保障。"白崇禧认为代表团未坚持政府基本立场,有负付托之重。反对签字,并提前离开会场。

　　△　南京和谈代表团再电李宗仁、何应钦,指出:"和谈至此阶段,万无游移可能","如待共军行动后,补签协定,屈辱更大,大局更难收拾"。希望李、何"当机立断",或"亲来北平一行"。

　　△　白崇禧访晤美国驻华大使司徒雷登,谓李宗仁拟请蒋介石出国,交出所有权力及国家财富。

　　△　太原前线人民解放军于下午 5 时起向太原西南之吴永堡南北堰发起攻击,与阎锡山守军激战彻夜。同日,阎锡山部第四十六师师长阎俊贤率师部和第三团向太原新城人民解放军投诚。

　　△　第三野战军第二十三军占领扬中对面之永安洲。第三十四军向镇江对岸十二圩进攻。20 日,十二圩解放。

　　△　海军海防第二舰队司令林遵,经中共中央社会部派员教育争取,决心走起义道路,制定了配合解放大军渡江,就地起义的计划。是日,海军总司令桂永清以芜湖告急,命林遵率舰增援。林奉命到芜湖,会见第七绥靖区司令张世希,张要林遵率舰沿江巡逻,防止解放军渡江。林却通知各舰只在解放军炮火射程以外的安全地带作短程巡逻。

　　△　上海人民团体联合会发致科技人员号召书。指出无论目前和谈的结果怎样,人民解放军总是要向江南进军了,号召全上海一切科技工作者和学生、知识分子,协助解放军接收管理上海,迅速恢复与发展上海的工业生产,为建设新民主主义的新上海与新中国而共同努力。

　　△　湖南省主席程潜在省府举行的例行月会上讲话,公开表示走和平道路,他说:"现在全国人民要和平,我们政府,只有排除万难,力谋真正和平之实现,还有什么瞻顾的余地呢? 如果还有什么人梦想借武力来压制全国人民所祈求之和平,我相信全国人民都会有一个制裁。到那时,凡是穷兵黩武的人,一定逃脱不了'千夫所指'的惨痛教训。"勉

励僚属："应该拿出良心来,争取真正的和平,为国家,为民族留一线生机。"

△　法国政府限制中国出席巴黎世界拥护和平大会代表入境人数为八人。是日,中华全国总工会、中华全国民主妇女联合会、中华全国学生联合会、中华科学工作者协会等 11 个人民团体在北平集会,向法国政府提出严重抗议。同日,巴黎世界拥护和平大会筹委会主持人鲍烈尔举行记者招待会,严厉谴责法国政府的专横行为。

△　日本赔偿中国之机器 781 件中之一部分,由"琪美号"轮运沪。

4 月 19 日　国民党和谈指导委员会会商《国内和平协定》,决定拒绝解放军渡江和由中共负责整编国民党军两项。对于联合政府等项,则提出修改意见。次日继续会商后,推定张群、吴忠信赴溪口,吴铁城、黄绍竑赴广州,分向蒋介石及国民党中央执行委员会报告。

△　阎锡山由南京急电太原梁化之五人小组为之打气,声称:"你们要努力支持一星期,我就一切都有办法。"

△　李宗仁任命林伯森为陆军总司令部副总司令,仍兼陆军总司令部参谋长。

4 月 20 日　国民党中央常务委员会发表声明,拒绝接受《国内和平协定》。同日,国民党和谈指导委员会通过给南京民国政府和谈代表团训令。晚,李宗仁、何应钦联名致电南京和谈代表团,按照蒋介石的乙种方案,拒绝《国内和平协定》。电文通篇列举所谓不能接受之理由,声称:"综观中共所提之协定全文,其基本精神所在,不啻为征服者对被征服者之处置,以解除兄弟阋墙之争论者,竟甚于敌国受降之形式,且复限期答复,形同最后通牒,则又视和谈之开端为战争之前夕,政府方面纵令甘心屈辱,予以签署,窃恐畏于此种狭隘与威压作风之刺激,士气民心,同深悲愤,不特各项条款非政府之能力所能保证执行,而由此引起之恶劣影响与后果,亦决非政府所能挽救。"仍希望"即日成立临时停战协定"。

△　参谋总长顾祝同判断人民解放军将于本日夜间渡江,电令所

属各部:一、决固守长江,"击灭任何地区渡犯之'匪'于水中"。二、"江防各部队应迅即自行调整部署,立刻集结兵力及各种轻重武器,直接配备于巩固'匪军'渡点之我岸(或沙洲)"。三、"陆、海、空军应准备夜战"。四、"海军舰艇应即配置于九江、安庆、裕口、西梁山、瓜洲、江阴各桥头堡内,随时准备果敢击毁来犯之'匪'船。华中方面之海军,应抽调于安庆附近,参加皖南之作战"。五、"空军亦不分昼夜,轮流对上列各渡口集结之'匪军'船只、炮兵等予以侦炸"。"华中方面之空军,除留极少数外,余向南京集中"。六、"长江南岸,沿京沪、京芜路各重要城市,应即严防暴动,并从速肃清'匪谍'"。

　　△　太原前线人民解放军总攻太原。第十八、第十九、第二十兵团等部分由东、南、北三面向太原城发起攻击。第十八兵团两个师于昨日(19)晚 21 时起向阎家坟,郝庄以东阵地插入,至 24 时与第十九兵团之第六十三军取得联系,完全切断马庄地区阎军归路,割裂歼灭城外之敌;第二十兵团于本日晨 2 时起迅速沿汾河两岸插入新城及其以北地区,至 4 时占领新城,并控制汾河大桥,歼阎军第四十六、第七十一师全部及坚贞师、第三十九师各一部,俘第七十一师师长张忠,击毙第三十九师师长刘鹏翔。阎军部署被完全打乱,仓忙将城东北第三十军收缩城北。第十九兵团及晋中军区部队于本日晨 5 时由城南及汾河西发起攻击,切断汾河西阎军归路,至晚将其歼灭。同日下午 6 时,第十八兵团及第七军于城东发起攻击,至 21 时逼近太原城下。

　　△　太原阎军第七十一师副师长尤世定、参谋长孟壁、团长冯文亮、副团长李景春率所属两个团在太原城北起义,后编入人民解放军第二十兵团。同日,太原剪子港要塞司令官梁象恒、副司令官狄玉率保安第九团百余人起义。工兵第一团在营长朱以慰、连长刘子聪率领下在太原西山大井峪起义。第六十九军副师长王熙明争取所部第二〇五团团长唐志宽率第二〇五团、第二〇七团向人民解放军投诚。

　　△　行政院第五十五次会议通过,任命孙越崎兼经济部资源委员会主任委员,吴兆洪为副主任委员。

　　△　重庆警备司令部以本市各大、中学校学生决定 21 日举行联合大游行,宣布实行特别临时戒严,从是日午后 6 时起至 21 日午夜 12 时止。

　　4 月 21 日　中共中央军委主席毛泽东、中国人民解放军总司令朱德向人民解放军发布《向全国进军的命令》。命令全军指战员"奋勇前进,坚决、彻底、干净、全部地歼灭中国境内一切敢于抵抗的国民党反动派,解放全国人民,保卫中国领土主权的独立与完整"。

　　△　人民解放军发起渡江战役,在西起湖口,东至江阴长达 500 公里的长江沿线上分三路强渡长江。解放军渡江作战中集团(第三野战军第七、第九兵团)第二十四军、第二十五军、二十七军于 20 日晚 8 时起,在强大炮火掩护下冒着国民党军舰艇和江防炮火的阻击,先行从荻港一带渡江,迅速占领太阳洲、黑沙洲、白马洲等几个江心洲。第二十五军、二十七军先遣队遂以这些江心洲为跳板,一面向南岸国民党军阵地猛烈炮击,一面乘船渡江。半小时接近南岸,国民党军第八十八军发现解放军行将登岸,仓皇乱射,难以阻挡,加之解放军后续部队接踵急渡,在荻港一带多处登岸。至是日晨 6 时止,解放军 28 个团渡过长江,占领荻港附近诸高地,随即以主力向繁昌突进,一部向左席卷。第七绥靖区司令张世希不断向汤恩伯告急,汤除责令张世希以驻芜湖之第二十军杨干才部堵击突破口外,急令机动部队第九十九军(欠第九十九师)由汤山车运芜湖支援。同日上午,汤亲至芜湖视察,令第二十军军长杨干才指挥第二十军、第九十九军挽回战局,并许诺升杨为兵团司令。待第九十九军甫抵芜湖时,解放军已突破国民党军繁昌防线,并占领铜陵、繁昌、顺安等地。第九十九军即沿芜杭公路往杭州撤逃。同时第八兵团之第五十五、第九十六、第六十八各军也分别向歙县、祁门、浮梁夺路南逃。

　　△　人民解放军渡江作战东集团(第三野战军第八、第十兵团)由江苏境内的江阴至扬中江段实施渡江。第二十军、二十三军一部由三江营、口岸镇向扬中强渡长江;第二十八、第二十九、第三十一军等部

在炽烈炮火掩护下分向江阴东、西一带横渡。国民党军第二十一军逐次向无锡撤退。同日晚,人民解放军渡江作战西集团(第二野战军第三、第四、第五兵团)在预定地段顺利突破国民党军江防阵地,于次日占领彭泽、东流等地。

△ 周恩来到六国饭店看望张治中,告知人民解放军已胜利渡江,劝张留北平,不再返南京而为国民党特务所加害。说:"西安事变时我们已经对不起一个姓张(指张学良)的朋友,今天再不能对不起你了!"张治中、邵力子、章士钊、李蒸及随从人员经开会讨论,一致同意留下。

△ 侵入中国内河长江的英国军舰四艘,和国民党军军舰一起,在镇江、江阴段江面阻挡人民解放军渡江,在双方炮战中,打死打伤人民解放军 252 人。英舰"紫石英号"负伤,被迫停于镇江以东江中,其余三艘英舰逃走。

△ 李宗仁、何应钦电召在平的南京和谈代表团返京。要求电告"此间迎代表团之专机应于何日飞平"。同日,和谈代表黄绍竑以"身体不适,为拟小作休息,不愿作任何政治活动"为由,向李宗仁、何应钦提出呈辞,并辞和谈代表职务,于上午 9 时自穗飞港养病。

△ 太原前线人民解放军扫清太原城东铁路两侧阎军,城北占领工厂区,城南攻占面粉公司、民众市场,并分别向卧虎山、双塔寺逼近,城外阎军除残留该二据点外,已被全部肃清。太原前线司令部通告困守在太原城中的蒋阎官兵停止抵抗,投向人民。

△ 行政院长何应钦电令各地方政府及治安机关,"加紧维持社会秩序与治安",并要求各地重新公布戒严法,严厉执行。

△ 李宗仁、何应钦召集各院、部会议,决定各部门疏散转移。总统府及国防部迁沪,行政院迁广州,其他院、会、部分批疏散至广州、桂林、台湾,由行政院准备交通工具。规定于 23 日凌晨 2 时集合完毕开始行动。

△ 立法院表示一致支持政府拒绝《国内和平协定》。

△ 上海学生联合会发《告同学书》,号召:"全上海同学组织起来,

保护学校,保护自己,反对国民党反动派的破坏、逮捕及屠杀,配合人民解放军,解放上海,解放全中国!"同日,上海职业界协会,上海教育界协会、民主军警联合会、保警同仁会等民众团体均发表宣言,谴责国民党当局拒绝《国内和平协定》,拥护人民解放军向全国进军,号召全体同仁紧密地团结在一起,配合解放军解放大上海。

　　△　重庆各大专院校学生数百人于上午10时列队游行。同日,成都宣布戒严,大肆拘捕所谓嫌疑分子,教员和学生遭捕者17名。

　　△　东北行政委员会决定重划东北行政区为六省四直辖市,并任命各省政府主席、副主席。辽东省:由原辽宁、安东省合并,省府设安东市,张学思任主席,杜者蘅为副主席;辽西省:由原辽北、辽西省合并,省府设锦州市,代理主席杨易辰,副主席仇友文;吉林省:省府设吉林市,主席周保中,副主席周持衡;黑龙江省:由原黑龙江省、嫩江省合并,省府设齐齐哈尔市,主席于毅夫,副主席杨英杰、王梓木;淞江省:由原合江、松江省合并,省府设哈尔滨市,主席冯仲云,副主席李范五、李延禄;热河省:省府设承德市,主席罗成德,副主席阎顾行、杨雨民。直辖市:沈阳市、抚顺市、鞍山市、本溪市。

　　△　广西大学校长陈剑修辞职,由盘珠祁继任。

　　4月22日　人民解放军东集团渡江部队于是日凌晨击退从常州、丹阳等地来援之国民党军第五十四军等部的反扑。第二十军五个团登陆扬中,歼国民党军第四十一师一部;第二十三军控制上三圩至利港段,并于午时攻克百丈镇、桥墅,歼国民党军第八师一部,俘千余人,同时击溃其第一九八师和第二九一师的反扑;第二十八军亦于午时攻占申港、舜歌山,歼国民党军第二三○师大部及第一四六师第四三六团一部,继续向宜兴挺进,并以一部控制戚墅堰,第二十九军占领江阴要塞,并分割歼灭国民党军第一四五师一个团的大部,继续向无锡挺进;第三十一军主力渡过长江。第十兵团指挥所进驻申港。

　　△　江阴要塞炮台总台长唐秉琳、游击炮团团长王德容等人,在中共地下党的争取教育下,秘密加入共产党,积极进行起义的准备,是日

为配合解放大军渡江,率要塞官兵 7000 余人宣告起义,活捉要塞司令戴戎光,并对国民党军第五十四军及第二十一军阵地进行有力炮击,给予企图反扑的第二十一军毁灭性打击,有力地配合了人民解放军渡江。汤恩伯一面责令第五十四军星夜反击,同时令栖霞山之第九十九师速开上海。第五十四军派出三个团出击,被解放军包围。第五十四军军长阙汉骞不敢继续反击,改取守势掩护撤退。同日,泊于江阴附近江面的海军“逸仙号”等三艘军舰,在唐秉琳等的劝导下投诚。

　　△　蒋介石由溪口到杭州,召集李宗仁、何应钦、白崇禧、顾祝同、张群、汤恩伯等在笕桥航校会商对付时局办法。蒋问李宗仁对于和谈还有什么打算? 李答以“准备再派人去北平商谈一次”。蒋以解放军已经渡江,“再没有谈判的余地”拒绝。李表示和谈使命既终,要求卸职。蒋鼓励其“继续领导下去,我支持你到底,不必灰心”。旋在蒋的主持下决定:一、宣告和谈破裂,对中共坚决作战,党内不许再倡和议。二、联合全国民主自由人士共同奋斗。三、何应钦兼国防部长,统一海、陆、空军的指挥权力,参谋总长直接向国防部长负责。四、加强国民党内团结及党与政府的联系。同时决定于国民党中央常务委员会下设“非常委员会”,作为国民党最高决策机构,由蒋介石任主席,李宗仁任副主席,今后重大决策,先提交该会决定,然后交由政府执行。

　　△　南京国民党政府各院、部、会撤迁广州,总统府迁往上海。撤迁前发表文告,声称坚决与中共作战到底。并正式通知在南京之各国外交使团迅即撤往广州。

　　△　林伯渠、李立三分别与南京和谈代表章士钊、刘斐谈话。林伯渠向章士钊说明中共谋和诚意不因解放军过江而有所改变,并深信此举能协助李代总统,使得排除反动派,贯彻已所默认之和平主张。极望李不为反动派所胁走,仍坐镇南京,当机立断,电知代表团在平签字,随即商讨各项技术问题。李立三向刘斐亦表示相同意旨。同日,南京和谈代表团将谈话内容电告李宗仁,但此时蒋介石已直接出面干预,李宗仁已失良机。

　　△　汤恩伯鉴于江防全线被人民解放军突破,是日下午仓促部署总退却。江阴要塞以东的第二十一军、第一二三军,沿铁路及公路径向上海撤退。江阴以西的第五十一军、第五十四军,经常州、溧阳、宜兴、吴兴、嘉兴,绕过太湖向上海撤退。驻镇江之第四军及首都卫戍司令部所属之第四十五军,统归张耀明指挥,沿京杭国道撤往杭州。首都卫戍司令部改为第七兵团。第二十八军掩护南京部队撤退后,沿京杭国道向杭州撤退。

　　△　首都卫戍总部下午接汤恩伯全线撤退的命令,立即召开秘密会议,研究撤退部署。会上有人提出由第二十八军工兵营于撤退时破坏下关火车站及码头。卫戍副总司令覃异之坚决反对,经反复争论,首都卫戍总司令张耀明同意覃异之的主张,并与覃共商撤退后维持南京社会秩序办法,决定由南京各界联合组织南京治安维持委员会,由马青苑负责主持,并留下一个营组成纠察队保护水电厂及维持市区秩序。次日,南京治安维持委员会成立,由马青苑任主任委员,吴贻芳任副主任委员,并致电毛泽东主席,恳请电饬金陵外围人民解放军对南京予以和平接收。毛泽东接电后,即由中共中央军委电示总前委:"迅即令知三十五军或其入宁接收部队,迅即入城维持秩序,并与马青苑、吴贻芳等接洽,确保南京治安,并注意保护各外国使馆。"并令邓小平、陈毅"应即率华东局机关入城主持一切"。

　　△　人民解放军太原前线司令部紧急政治命令:对不顾解放军多次劝告,拒绝放下武器,并威逼其广大官兵作绝望抵抗之蒋阎军首要梁化之、孙楚、王靖国、戴炳南、岩田等缉拿归案,依法严惩。

　　△　太原前线人民解放军第十九、第二十兵团各一部于上午分别攻克城东北卧虎山及城东南双塔寺阎军两孤立支撑点,至此城外四郊全部为人民解放军占领。在两天战斗中,全歼阎军12个步兵师,击毙第六十一军军长赵恭,俘第十九军军长曹国忠、第四十三军军长刘效增、第四十师师长许森、第四十六师师长阎俊贤、第六十八师师长武世权、第七十三师师长祁国朝、工兵师师长王同海、卧虎山要塞司令程景

堂等以下官兵三万余人(内有铁血师及其他六个整营于战斗中投降),毙第三十九师师长刘鹏翔以下官兵4000余人。

△　阎锡山以电话训示梁化之在太原顽抗。梁报告所有应处理事项即行完毕,表示誓遵"不做俘虏,尸体亦不与敌人相见"的昭示。阎即命转告全体文武官员:"成功是国家人民的需要,成仁是自己的收获。所愧者不能与大家共同牺牲,唯我一定要对得起大家。"

△　李宗仁令:国防部部长徐永昌着专任陆军大学校长,特任何应钦兼国防部部长,指挥全国陆、海、空军。国防部参谋长改为国防部长之幕僚长。

△　长沙绥靖公署主任兼湖南省政府主席程潜召集军政领导人及民主人士联席会议,以和谈破裂,湖南怎么办为中心议题,试探各方意向。第一兵团司令陈明仁见绥署参谋长刘嘉树、高参杨继荣等主战派人物均在座,便表示说:"我们要服从政府,中央既有命令再战,自然只有在中央和白(崇禧)长官领导之下作战到底,不能再有其他企图。"程潜大惑不解,一些主张和平的人士也大为失望,会议草草而散。次日,陈明仁回醴陵老家,程潜委托第一兵团高参李君九、经理处主任温汰沫等人到醴陵询问究竟,陈明仁表示跟程潜走和平道路的意愿不会改变。

△　淞沪警备司令部发言人张泰祥下午在记者招待会上宣布沪市即日起进入战时状态,每天提早一小时宵禁,全市实施全面军管制,颁布沪市紧急治安条例八条。同日,杭州城防指挥部宣布特别戒严。

△　上海工人协会宣言,号召工人发扬光荣斗争传统,"担负起中国革命历史所给予的光荣的斗争任务",迎接人民解放军,迅速解放大上海。25日,上海市文化工作者协会发《告文化界同仁书》,号召上海文化工作者同仁,"再以最大的努力来作上海人民的号角",迎接上海的解放。

△　胡适在美国旧金山发表谈话,略谓:"现在重要之事实,则为中国政府已拒绝投降,此非仅四万万人民之命运所系,即全世界之命运,恐亦随之决定。"次日,人民解放军占领南京后,他仍宣称:"不管局势如

何艰难,我始终是坚定的用道义支持蒋总统的。"

△ 杨森手令重庆市教育局解散重庆市第一中学,派教育局长罗象翥、警察局副局长李济中率警前往执行。

△ 湖南省参议会、湖南人民和平促进会联衔召集湖南工会、农会、妇女会、商会等 11 团体扩大会议,决定成立"湖南各界争取和平联合会",通过该会组织章程。章程提出:"本会以代表全省人民意愿,发挥人民力量,达成湖南免于战祸、保全地方元气为宗旨。"并提出湖南不设防、不备战,湖南人民大团结等主张和口号。决定邀请唐生智担任该会主任委员。中共湖南省工委认为利用唐生智的声望,壮大和平运动,促使程潜、陈明仁下定起义决心非常必要,遂通过省工业会理事长陈云章,以省人民团体名义往东安邀请唐生智到长沙。29 日,唐生智到长沙,程潜亲自往车站迎接。

△ 意大利共和国驻华大使冯雅德和外交部代理部务叶公超签订中意友好条约。

4 月 23 日 第三野战军第八兵团第三十五军经浦口渡江,南京和平解放。

△ 解放军渡江作战东集团主力解放常州,切断了沪宁铁路。中集团一部占领芜湖、青阳县城,芜湖保安队千余人投降,主力渡过青弋江,并在湾址地区歼国民党军第二十军大部和第九十九军一部。西集团乘胜攻占贵池,于至德、贵池以南地区歼国民党军第九十六军一个团等部,俘 3000 余人。

△ 海军第二舰队司令林遵于下午 3 时 15 分率"惠安"、"永绥"、"安东"、"江犀"、"楚同"、"联光"、"太原"、"吉安"、"美盛"等 9 艘军舰和 16 艘炮艇在南京东北笆斗山江面起义。是晚,人民解放军第三十五军联络部长张普生抵笆斗山与林遵会面,接见各起义舰、队长,向第二舰队全体起义官兵表示欢迎和慰问。

△ 国民党中央执监委员,及立法、监察委员 114 人在广州开会,一致决议电请蒋介石、李宗仁来穗,继续领导国民党,顽抗到底。

△　何应钦偕桂永清等由南京迁到上海,召集顾祝同、汤恩伯、周至柔、桂永清、陈大庆等举行军事会议,研究集中国民党军兵力,防守上海的各项部署。何在沪发表书面谈话,诡称:"我统帅部估计军事形势,当前尚非适宜之决战阶段,不能不自动从首都作战略之撤退。且政府原早迁广州,部署停当,政府各机关驻京办事处自宜一律结束,重回我革命策源地,为国家之独立,人民之自由,继续奋斗。"

△　总前委根据沿江国民党军全线退却的情况,调整部署,令第三野战军除以第八兵团部率两个军执行南京、镇江的警备任务,以第十兵团一个军东进苏州,向上海方向警戒外,主力分别沿丹阳、金坛、溧阳及太湖西侧之线和南陵、宣城、广德之线,向长兴、吴兴地区疾进,切断宁杭公路,完成战役合围,聚歼南京地区甫撤之国民党军。

△　晨3时,京沪杭警备总司令部令江防各部队撤退。第一绥靖区向上海;首都卫戍部队向钱塘江以南,桐庐以东;第七兵团向富春江以南、遂安以东;第十七兵团向婺源、开化;第八兵团向皖赣边境;第九编练司令部部队向浦城、龙泉之线撤退。其第一绥靖区在镇江以东之第一二三军、二十一军、五十一军残部依次在常熟、无锡、宜兴掩护后,与第五十四军及第九十九师共同撤至上海。

△　京沪杭警备总司令部文教委员会致函上海各广播电台,对沪市各电台近期播出的《日出》、《雷雨》、《原野》横加指责,认为:"该剧反动色彩甚浓,如鼓动工潮、阶级斗争等均多穿插,希即予禁播。"并称:"嗣后各电台广播剧本之采用,应送由本会审查核定之后始准播送。"

△　国民党中常会决定撤销和谈指导委员会。

△　各民主党派领导人李济深、沈钧儒、章伯钧、黄炎培、马叙伦、谭平山、彭泽民、李章达、蔡廷锴、陈其尤发表《联合声明》,表示"竭诚拥护"毛泽东主席、朱德总司令发布的向全国进军的命令,支持人民解放军迅速彻底消灭一切负隅顽抗的敌人,完成解放全中国的任务。

△　美国太平洋舰队司令部宣布:派重巡洋舰"圣保罗号"和轻巡洋舰"孟彻斯特号"载美海军陆战队第七大队官兵700人,定本月30日

由珍珠港开赴上海,接替现驻黄浦江之第三陆战队。

　　△　国民党军第二十八军新编第七师副师长张少武率一个团在南京郊外汤山起义。"

　　△　据守靖江八圩港的国民党军第二十一军第一四五师两个团向解放军投诚。

　　△　李宗仁于上午9时乘"追云号"飞机离南京飞桂林。决定派程思远等分头去汉口、广州,与白崇禧、张发奎及美国驻广州领事馆代办克拉克洽商。李在桂林机场下机时,对前来迎接的人表示:决不糜烂广西,绝不去广州。

　　△　重庆警备司令部下令重庆各校统于本月27日以前一律复教、复课;彻底取消各校组织的重庆学生争取生存联合会、"四一"血案救援会等一切组织;即日起根绝各种宣传品,并限各校长于一周内秘密呈报"鼓动学潮之阴谋分子"名单。以上各项如有不遵者,"本部即依戒严法处置"。

　　4月24日　太原前线人民解放军向城垣发起总攻,晨5时30分以1300门大炮轰击城垣,第二十、第十九、第十八兵团等部相继于6时10分至7时40分之间,从东、南、西、北四面12个突破口登城突入城内,将蒋阎守军分割围歼。至上午10时,全部战斗结束,全歼太原绥靖公署第十、第十五兵团司令部,第三十、三十三、三十四、六十一军军部,及第三十九、四十九、六十九、七十、八十三师、亲训师、铁军基干师、坚贞师、铁血师、神勇师、迫炮师等全部,俘太原绥靖公署副主任兼第十五兵团司令孙楚、太原守备总司令兼第十兵团司令王靖国、太原绥署参谋长赵世玲、十兵团副司令孙福麟、温怀光、参谋长侯远村、山西保安司令许鸿林、第三十三军军长韩步洲、第三十四军军长高倬之、第四十三军副军长兼迫炮师师长贾毓芝、第六十一军副军长娄福生、第四十九师师长王永寿、第六十九师师长郭弘仁、铁血师师长赵显珠、工兵司令程继忠、宪兵司令樊明渊;机械化兵团司令韩文彬、炮兵顾问岩田(日人)等以下官兵四万余人,毙第六十一军军长赵恭等以下官兵7000余人。自

4 月 20 日至本日共俘 9.7 万余人,毙伤 3.3 万余人,投诚 5300 余人,总计 13.5 万余人。

△ 山西省代主席、特务头子梁化之和阎锡山之五妹、省妇女会理事长阎慧卿,在绥署东花园自杀身死。太原市警察局长师则程在柳巷派出所先枪杀其日本小妾后也自杀。特种警宪指挥处处长徐瑞和首要分子岚风,自知难逃法网,为表示对蒋阎的效忠,将一批特务分子集中在指挥处大楼内,是日黎明解放军攻入城内时,徐瑞命武装科长李子云把守楼门,徐一声令下集体自杀,徐首先自戕,其他人有的开枪自击,有的跳窗逃跑。李子云先用冲锋枪扫射,然后纵火自焚。同时,山西第四行政区督察专员兼保安司令尹遵党等百余人在八旗会馆先举火焚楼,旋集体自杀。

△ 太原前线司令部发布布告,宣布保护人民财产,保护民族工商业,没收官僚资本,确保城市治安等约法八章。同日,太原市军事管制委员会成立,主任徐向前,副主任罗瑞卿、赖若愚、胡耀邦。发布《太原暂时实行军事管制》、《中国人民解放军太原部队及其机关人员入城守则》等文告。太原市卫戍司令部亦于同日成立,司令员萧文玖,政治委员赖若愚。

△ 东路渡江之解放军部队解放镇江、丹阳、武进、无锡、句容等县城。越京沪路南进的解放军连克宜兴、金坛,切断宁杭国道。由芜湖向东南追击的部队解放宣城。另部解放当涂县。

△ 李宗仁自桂林分电于右任、童冠贤、居正,促请即日赴穗。25日,于右任、孙越崎同机自沪飞穗。26日,童冠贤、阎锡山亦由沪飞穗。

△ 京沪杭警备总司令汤恩伯发布命令,确定淞沪地区守备部署,以当时驻淞沪的第五十二、七十五、三十七等三个军区分为第一、第二、第三守备兵团,分任沪西北区(浦西、铁路北)、沪西南区(浦西、铁路南)及浦东区之守备。另以驻在市区之交警、保警、宪兵统一编组为上海市区守备兵团。同日,淞沪警备司令部命令:"着三五三师师长欧孝全统一指挥三五三师、宪兵第九团、吴淞要塞守备总队、交警第二总队、保警

第一、第二两总队、装甲兵第四营,担任上海市中心区(木城内及黄浦江以西区域)之警备。"各该部除"担任各学校、工厂、仓库、公共事业、木城、桥梁、码头加强警备,确实控制外,并对市内各要点、坚固建筑物制高点,速即分别派兵占领,严加守备"。

　　△　淞沪警备司令部颁发《广播电台管制办法》,规定:"各广播电台节目未经本部核准者,一律不准播送,如有违背,立即查封";"各台广播节目内容如有反动,或足以影响治安之言论,一经查实,按照戒严法从严惩办。"

　　△　安徽省保安第五旅全体官兵5300余人,在太平、绩溪、休宁等驻地起义参加人民解放军,并占领旌德县城,解决了地方团队百余人。

4月25日　毛泽东主席、朱德总司令颁布《中国人民解放军布告》,宣布约法八章:一、保护全体人民的生命财产。二、保护民族工、商、农、牧业。三、没收官僚资本。四、保护一切公私学校、医院、文化教育机关、体育场所,及其他一切公益事业。五、除怙恶不悛的战争罪犯及罪大恶极的反革命分子外,凡属国民党中央、省、市、县各级政府的大小官员,"国大"代表,立法、监察委员、参议员、警察人员,区、镇、乡保甲人员,凡不持枪抵抗,不阴谋破坏者,人民解放军及人民政府一律不加俘虏,不加逮捕,不加侮辱。六、为着确保城乡治安、安定社会秩序的目的,一切散兵游勇,均应向当地人民解放军或人民政府投诚报到。七、农村中的封建土地所有权制度,是不合理的,应当废除。八、保护外国侨民生命财产的安全。

　　△　蒋介石于下午乘汽车离溪口,至象山港登"太康"舰赴沪,督导上海保卫战。

　　△　国民党中常会在广州举行第一八六次会议,出席者有何应钦、王宠惠等数十人,孙科主席。经讨论决定:一、和谈指导委员会任务终了,应即撤销。二、推派李文范、吴铁城两委员赴桂林促请代总统李宗仁早日来广州。

　　△　西路渡江解放军于贵池、东流间,歼国民党军第四十六军第一

七四师两个团,第二三六师一个团及安徽保安团两个突击大队等部,俘5000 余人。

△ 淞沪警备司令部以"共军刻对京沪发动总攻,本部为维护淞沪治安","对潜伏淞沪共党分子及蓄意破坏治安人员,决予集中管理",令所属军、警、宪对震旦大学等 14 院校所谓"共党嫌疑分子"实行大逮捕,是晚 9 时开始行动,至次日晨结束,先后拘捕学生 356 人,羁押于建国西路达仁中学内。30 日起进行审讯,虽经"派员或亲访各方,征集有关各生匪嫌罪证资料及平时行为记录,终难获得",于 5 月 21 日、22 日先后将未经提名而逮捕之学生 190 人交保开释。

△ 上海市警察局训令各单位转发汤恩伯所颁战令 11 条:一、"为救世救人、自救救国而战"。二、"为民族独立、政治民主、生活自由而战"。三、"确守淞沪复兴基地是我们的神圣任务"。四、"发挥铁的意志、正义的力量粉碎暴力"。五、坚决完成任务,放弃阵地者处死。六、确实掌握部队,混乱作战秩序者处死。七、确守战斗岗位,擅离职守者处死。八、随时保证行动之迅速准确,迟疑畏缩者处死。九、确守爱民军纪,扰害人民者处死。十、绝对服从命令,自由行动者处死。十一、忠党爱国坚定信心,造谣惑众者处死。

△ 淞沪警备司令部以所谓造谣惑众罪名枪决颜佩福、刘金山二人。

△ 西南军政长官张群发布通令:一、所有违反国家及人民利益,妨害社会秩序之言论行为,必须予以取缔。二、一切妨害生产,浪费物资及垄断兼并者,必须予以制裁。三、一切树植非法武力,扰害地方,或潜伏城市、乡村之各种组织,必须予以清除。

△ 人民解放军三野第八兵团第二十三军解放溧阳,第九兵团由芜湖南进解放泾县。

4 月 26 日 蒋介石到达上海复兴岛,即召见徐永昌、顾祝同、汤恩伯、周至柔、桂永清、石觉、陈大庆等陆、海、空高级将领及保密局长毛人凤、上海市长陈良等,听取上海防务报告,并指示方略。按照蒋的旨意,以原驻淞沪部队及预定从沿江撤退上海的部队,确定淞沪防务部署为:以第一二三军、第五十一军及暂编第八师守备南翔、华漕、七宝、川沙等外围据点;以第二〇四军守崇明;第五十二、五十四、七十五、三十七、十二军及独立第九十五师守备宝山、月浦、杨行、刘行、大场、真如、虹桥、龙华、高桥、洋泾等主要阵地;第二十一、第九十九两军及交警总队控制市区重大建筑,构筑强固工事,组成核心阵地。

　　△　京沪杭警备总司令部政务委员会在沪成立。上午举行第一次会议,汤恩伯主持,谷正纲、潘公展、方治、邓文仪、陈良等出席,会议决定成立粮食、交通、公用、文教、经济等委员会及中央银行贷款审核委员会。由警备司令部成立新闻检查处,确定新闻检查标准:一、不得有违反反共自卫战争之言论。二、不得破坏政府法令。三、不得有影响治安及社会秩序之言论。四、不得造谣惑众。五、不得为"共匪"张目宣传。六、不得有破坏军民合作之言论。

　　△　淞沪警备司令部为检查入境旅客训令各检查站所,规定:一、凡由外埠来沪旅客,于启程地点一律应凭身份证购票,否则于到埠后,勒令乘原车船或飞机离境。二、持有"匪军"占领地区各省、市、县政府所发之身份证,不准入境。三、过境"难民"不准进入市区。四、苏北、华北旅客、"难民"及归俘官兵,一律不准入境。五、入境旅客绝对禁止私携武器及其他违禁物品。

　　△　第三野战军二十四军解放皖南广德县城,并在宜兴附近歼国民党军第五十一军两个团。

　　△　英国首相艾德礼在议会中宣称:"英国军舰有合法权利在长江行驶,执行和平使命。"并说这是得到民国政府的许可。同日,英国保守党头子丘吉尔在下院发言,污蔑中国人民解放军反击侵犯人民解放军的英舰是所谓"暴行",要求英国政府"派一两艘航空母舰到中国海上去","实行武力的报复"。

　　4月27日　蒋介石发表《告全国同胞书》,宣称"我们今日只有在一个政府之下,以对共的态度,为忠奸试金石。凡是反共的政策,就要力谋贯彻,凡是剿共的命令,便要绝对服从"。并谓:"当此国家民族存亡生死之交,中正愿以在野之身,追随我爱国军民同胞之后,拥护李代总统暨何院长领导作战,奋斗到底。"

△ 行政院在穗举行第五十六次会议,何应钦主持,通过议案:一、撤销政府和平商谈代表团。二、对中共区邮电、汇兑一律停止。

△ 沿京沪路东进之人民解放军三野第二十九军解放苏州、长兴、吴兴。第二十五军解放郎溪,与苏浙皖游击队一部会师。三野另一部越沪宁铁路于句容、源阳公路歼南逃之国民党军 2600 余人。

△ 人民解放军第三十五军于 25 日擅自派兵进入美国驻华大使司徒雷登的住宅,是日中共中央军委电示粟裕并告总前委刘伯承等,指出"必须立即引起注意,否则可能出大乱子",要求将经过情形速即查明电告。并说:"三十五军进入南京纪律严明,外国反映极好,但是侵入司徒住宅一事做得很不好。"

△ 淞沪警备司令部代电上海市政府,要求"各机关社团于文到三日内,应即再举行一次肃奸总清查,各就平日所得侦查记录,除罪嫌显着即予逮捕侦讯外,倘其言行有可疑者,亟须加紧侦察监视,务期肃清内部,以策安全"。

△ 京沪杭警备总司令部政务委员会决定:"在军事区域以内之大学,如复旦、交通、同济、大夏、暨南等校,应限令提前放假,以便驻军。"同日,淞沪警备司令部令该部政工处执行,并开列光华、复旦等 15 所大专院校为第一阶段疏散院校,统限于本月 30 日以前彻底疏散完毕,其迁移事宜,"统由上海市警察局严格督导办理,如有借故迟延,即予强制执行"。

△ 广州西湖路真善美印刷厂因出版《真善美》期刊,抨击国民党当局,遭广州警备司令部搜查并下令封闭。经理徐国屿被拘捕。

△ 中共中央军委致电粟裕、张震等:"你们不但要部署攻击杭州,而且要准备接收上海。"

△ 中华全国总工会等 16 个人民团体通电抗议英国军舰在长江

炮击人民解放军的暴行。

4月28日　中共中央军委电示林彪、罗荣桓、刘伯承等并告中原局,指出"和谈破裂,桂系亦从来没有在具体行动上表示和我们妥协过,现在我们亦无和桂系进行妥协之必要","基本方针是消灭桂系及其他任何反动派",但由于四野主力还要一个多月才能到达汉口附近,接收汉口的准备工作尚未做好,对白崇禧和中央联络的电台暂时仍不割断,前线部队仍遵守前定界线不要超越。

△　国民党中央执行委员会发表《告全体党员书》,号召国民党员"救国护党","一致团结于本党中央领导之下,为保国保民而努力"。

△　在南京芭斗山江面起义的原海防第二舰队25艘舰艇于27日驶抵下关。是日上午9时45分,空军轰炸机六架,飞临南京江面上空,对起义舰艇狂轰滥炸。各舰均组织火力反击。"惠安"、"楚同"两舰被炸沉,两舰起义官兵英勇牺牲。当晚,人民解放军第三十五军军部通知各舰舍舰保人,各舰官兵全部离舰。30日,空军又炸沉"吉安"、"永绥"两舰,5月4日炸沉"太原"舰。拒绝参加起义之"永嘉"等四舰逃往上海外,其余八艘同遭轰炸。

△　淞沪警备司令部以上海进入战时状态,发布布告两份,其一为规定沪市市区进出限制办法,规定:一、自4月27日起禁止郊区人民迁往市区。二、无上海市身份证者禁止入城。三、迁出城外不受限制。四、任何人私藏武器,一经查出就地枪决。其二为颁布紧急治安条例,规定:一、自即日起,本市进入战时状态。二、自即日起,本市宵禁时间提早二小时(自晚间10时起至翌晨5时30分止)。三、自即日起本市实施军事管制。四、特颁布上海市紧急治安条例八条:(一)造谣惑众者处死刑。(二)集中暴动者处死刑。(三)罢工怠工者处死刑。(四)鼓动学潮者处死刑。(五)窃盗抢劫者处死刑。(六)扰乱金融者处死刑。(七)破坏社会秩序者处死刑。(八)无命令而破坏物资者处死刑。

△　人民解放军南京军事管制委员会成立,刘伯承任主任,宋任穷为副主任。分别按照军事、行政、财政经济、公安、文化教育、交通、国营

企业等系统派出军代表,陆续接管国民党在南京的各级统治机构。

△ 由上海到广州之新闻记者丁中江、陆铿创办之《天地新闻日报》,是日在头版全文刊载 4 月 21 日中国人民解放军向全国进军命令,发行人陆铿、总编辑董品超被广州警备司令部逮捕,该报被勒令停刊。次日,广州《当代日报》因谴责国民党当局拒绝和平协定,遭广州警备司令部勒令停刊七天。

4 月 29 日　人民解放军渡江各军追歼由南京、镇江、芜湖等地向南撤退之国民党军。在苏州、长兴、广德、泾县、彭泽之线以北地区内,自 22 日以来,已歼国民党军第四、二十、二十八、四十五、五、六十、八十八、九十九等八个军全部及第三十军大部,第四十六、五十四、九十六军各一部,生俘国民党军八万余人。聚歼战役结束。

△ 第二野战军第十二军解放皖南歙县城,全歼国民党军第二八二师两个团、第二二师一个团、保安旅一个团,生俘第二八二师师长郭奉先以下官兵 6400 余人。同日,向江西东部挺进之二野第十三军解放乐平县城和景德镇。

△ 上海人民团体联合会发《告国民党各机关及保甲人员书》,指出解放军已迫近上海的形势,应该作一次最后的抉择,不要再执行国民党当局的反动命令,不再压迫人民,不再做迫害民主人士的帮凶,保护自己所属机关的产业、资财、文件、帐册、档案,准备完整地、有秩序地移交给解放军。

4 月 30 日　毛泽东以中国人民解放军总部发言人李涛之化名为英国军舰的暴行发表声明,要求英、美、法三国在中国的军舰、军用飞机、陆战队等武装力量迅速撤离中国的领水、领海、领土、领空,不要帮助中国人民的敌人打内战。斥责英国保守党首领丘吉尔和首相艾德礼为英舰侵入中国长江、并向人民解放军发炮攻击的暴行辩护以及要武力报复的恫吓。

△ 起义海军将领林遵领衔全体起义官兵向毛泽东主席、朱德总司令发致敬电。愤怒谴责蒋介石集团发动的反人民战争,以及对起义

官兵惨无人道的轮番轰炸,表示今后"誓愿在中国共产党与人民革命军事委员会和人民解放军华东军区领导之下,贯彻毛主席、朱总司令进军命令,为彻底推翻在美帝国主义支持下的国民党反动统治,完成新民主主义革命而奋斗"。

△　美国驻广州领事馆大使衔代办克拉克到桂林与李宗仁会谈。克拉克表示只要李能继续在华南、西南组织抵抗,美国就有可能在"未受共产党控制的区域内,对坚持反共的力量提供援助",并称"美国政府今后不再援蒋",希望李尽快赴穗,"在广州组织一个与蒋氏截然分开的政府,否则不易改变美国政府的态度"。并表示:"如果有一种第三势力存在,美国必乐于出面援助。"示意李依靠"第三势力"。

△　国民党中央发表告党员书,称中共向政府提出《国内和平协定》八条24款,如果接受,则中国国民党与中华民国从此消灭,当此党国危难之时,当各尽其在我,吾党应有自信,不必有丝毫之气馁。

△　蒋纬国自台湾到上海,向蒋介石报告台湾情况。

△　国民党中央执行委员会发表一篇题为《反对中国共产党赤化中国,扰乱世界和平》的文章,文中诬蔑中共为"赤色国际第五纵队,从建党起即受外国津贴"等语。

△　国民党中央农工部长马超俊,以纪念五一劳动节为名,发表《纪念五一与当前任务》一文,攻击中共"用极权主义的铁腕,剥夺人民自由主权",并以保卫国民党地方政府的名义,鼓吹组织自卫军。

△　法国驻华大使梅理霭与外交部代理部务叶公超互换《关于修订航空临时办法》之换文(即无限期延展此办法之换文)。

是月　上海昆仑影片公司创作人员陈白尘、沈浮、郑君里、赵丹、徐韬、王林谷等为记下蒋家王朝崩溃时的罪恶史,由陈白尘执笔,集体创作了电影剧本《乌鸦与麻雀》,并于本月投入拍摄,尽管在送审本中删掉一些场景和对话,还是被国民党当局察觉。下旬,淞沪警备司令部以"该片鼓动风潮,扰乱治安,破坏政府威信,违反戡乱法令"令其停拍。

△　成都四川大学教授、福州中学教员、桂林广西大学教授、江西

南昌各省立中学教职员相继罢教,要求调整待遇,改善生活;贵阳医学院和贵阳师院学生,举行反饥饿示威游行。

5 月

5 月 1 日 山西大同和平解放。大同于上年 12 月 24 日被晋绥、晋察冀人民解放军包围后,华北军区敌工部派科长叶修直,率原阎锡山部第三十三军军长沈瑞、隰县专员孙海丞、少将参谋长张西柱、第十九军副参谋长李又唐、第六十师师长秦炯等到雁北配合雁北地委城联部部长杜钰开展对大同国民党守军的争取工作。在北平的原国民党人员刘仪亭、王达之和阎锡山部第十八兵团副司令兼大同守备指挥部指挥于镇河之子于润仓、镇北专员孟祥祉之弟孟祥祚携带华北人民政府财政部长戎子和的信件到大同争取,上月 25 日、26 日,大同守军第三十八师师长田尚志、副师长王元令出城与解放军进行谈判,草拟和平解放大同方案。是日于镇河、孟祥祉、田尚志率所部一万余人开出城外,听候改编。至此,山西全境宣告解放。

△ 中共中央致电二野刘伯承、邓小平、张际春,三野陈毅、饶漱石、粟裕、谭震林及两大野战军全体指战员,其他各野战军地方军及各游击队,全国工、农、商、学各界同胞,热烈祝贺南京解放。指出:"此皆我前线将士英勇善战,后方军民努力支援,江南民众奋起协助,其他野战军、地方军一致配合行动所获的结果。"勉其"共同为消灭反革命残余力量,解放全国人民,建立统一的民主的新中国而奋斗"。

△ 中共中央致电徐向前、周士第、罗瑞卿及太原前线人民解放军全体指战员,山西及华北各省全体军民同胞,热烈祝贺太原解放。同日,人民解放军太原前线部队举行入城式。

△ 人民解放军华东军区海军司令部成立,张爱萍任司令员兼政治委员,起义海军将领林遵任第一副司令员。

△ 人民解放军南京市警备司令部成立,陈士榘任司令员,袁仲贤

任政治委员。

　　△　行政院第五十七次会议议决:准上海市长吴国桢辞职,任命陈良为上海市长。

　　△　桂林绥靖公署成立,李品仙任主任,黄旭初、莫树杰兼副主任。

　　△　逃粤之"国代联谊会"分电蒋介石、李宗仁,请即来穗"主持国政",电称:"国事不可无一人主持,务请两公即日命驾莅穗,共议大计。"

　　△　广州《中央日报》发表题为《应该痛自反省了》的社论,指出国军军事的失败,"是二十余年来政治的必至结果"。

　　△　台湾进行户口总检查,自是日零时开始,午时结束。陈诚宣称此举"在于分别良莠,使奸犯无法逃匿"。

　　△　武汉《汉口商报》、《建国晚服》因经费问题停刊。《新世界》、《明道》、《小春秋》则轮流出版。

　　△　云南大学教授会为生活所迫,迭电各方呼吁无结果,是日全体罢教。

　　5月2日　广州国民党中央推阎锡山、李文范、居正三人随白崇禧自广州飞桂林,敦促李宗仁赴穗。阎等力劝李宗仁"以国家为重,速赴广州,领导反共"。李以蒋介石幕后不放手,无法亦无此能力领导,表示"只有急流勇退之一途"。阎等告知来桂林前已得到蒋的保证,说五年之内决不干预政治,望李继续支撑残局。

　　△　下午3时,湖南省参议会、湖南各界争取和平联合会召开扩大的湖南自救座谈会,各界代表120余人参加。唐生智即席发表演说,略谓:"现在湖南人应该站起来了,在目前情形之下,不必多说,除了团结自救,没有第二个办法。""湖南人为救命而团结,才可对得起革命先烈不死的精神。"表示"本人一定以全副之精神拥护各位完成这一使命"。接着由唐伯球宣读组织湖南人民自救委员会的提案,获大会一致通过,湖南人民自救委员会宣告正式成立,由唐生智任主任委员,陈渠珍(一直未到职)、仇鳌为副主任委员,刘公武任总干事。7日,益阳县参议会、长沙市参议会、市商会、市教育会等致电"自救会"或唐生智,表示拥

护,誓为后盾。

　　△　原太原绥靖公署主任阎锡山在国民党中央纪念周上报告山西溃败经过,检讨错误所在与个人对时局之意见,承认政府军事上"犯战略上的错误"等六点失败原因。

　　△　京沪杭警备总司令部命令,派交警总局长马志超为上海市区守备兵团指挥官,该兵团归淞沪警备司令陈大庆指挥。是日,淞沪警备司令部增派上海市警察局长毛森为上海市区守备兵团副指挥官,并饬令所属,将上海市区守备区域重行调整,划分为五个守备分区,规定各守备分区之任务及交接事项。

　　△　人民解放军二野第十二军解放皖南绩溪县城,国民党军 2000余人投诚。二野第十八军解放赣东婺源,歼国民党军第九十六军一部及皖保二团全部,活捉第一四一师参谋长及团长以下官兵 2400 余人,毙伤 600 余人。另部解放浙西淳安县城,于该城西北歼国民党军第十一军一个营,缴汽车 150 辆。同日,二野第四兵团解放赣南鄱阳县城。另部于乐平以南歼溃逃之国民党军第六十八军大部与第四十六军一部,生俘第六十八军第一四三师师长张勋亭、第四十六军第一七四师师长吴中坚以下 4000 余人。

　　△　由南京逃到杭州的首都卫戍司令张耀明带领残余部队(改称第七兵团)和杭州警备司令兼浙江省主席周嵒一道,经宁波逃往定海。

　　△　中央银行总裁刘攻芸由沪到穗,宣告中央银行总行即日起在穗办公,上海中央银行改为分行。同日,中央银行推出面额 10 万元金圆券大钞 1000 亿元,引起物价狂涨。

　　5 月 3 日　中共中央军委关于占领杭州、上海问题电示总前委、华东局并粟裕、张震。指出杭州城内军队、警察及省政府均已向宁波撤退,在此情况下,似可不即去占领。上海在 5 月 10 日以前确定不要去占,以便有十天时间作准备工作。十天内如汤恩伯由海上退走,则去占领;如汤不走,则准备工作时间延至半个月或一个月。同日,第三野战军第七兵团已进驻杭州。

　　△　行政院副院长朱家骅、海南军政长官陈济棠衔蒋介石之命到桂林劝李宗仁到穗,向李转告说,蒋已决心将军、政、财大权全部交出,他决不再在幕后操纵。旋由朱、陈与阎锡山、居正、李文范共同磋商,拟定六条方案,由阎面请蒋作确切保证,为李重主中枢的先决条件。六条方案的内容为:一、国防部应有完整指挥权,蒋不得在幕后指挥。二、官吏任免由总统及行政院长依宪法执行,蒋不得幕后干预。三、中央金融、企业等机构,概由行政院主管部门监督。中央银行运台存贮之银元、金钞一律交出,支付军政费用。四、各级政府向总统及行政院长分层负责,不得听受任何个人指导,在广州之政府机关,率先奉行。五、国民党不得干涉政务,控制政府。六、希望蒋介石暂时出国赴欧美访问,免碍军政改革。

　　△　监察院在广州举行第五十次会议,出席委员刘哲等45人,于右任主席,会议讨论今后工作重点放于督促政府全面改革,并通过以全体监委名义电促李宗仁赴穗主政。

　　△　台湾省政府警务处设立刑警总队。

　　△　台北《中央日报》刊登题为《台湾负担不起》一文,对于最近由京沪撤退到台之一批国民党官员加以抨击,称之为"政治垃圾",并提议除直接与台省政有关者外,对赴台省官员不予招待。

　　△　国民党中央文化运动委员会主任张道藩,以纪念"五四"为名,发表《五四运动的认识》一文,扬言要向共产党和共产主义作彻底的反击。

　　△　财政部长刘攻芸于下午3时至中央银行召集有关金融负责人会议,商讨改革币制,即发行银圆券问题。迄5时许,复返财政部召开该部各负责人会议,讨论财金再度改革即发行银圆券之技术问题。

　　△　京沪杭警备总司令部发布紧急公告,宣布中央银行发行之定额本票视同现钞,不得拒绝接受,或贴水、折价,违者按扰乱金融治罪。自5月5日起,除中央银行外,其他任何金融机构一律不得发行本票。

　　△　台湾银行公布,自是日起,台币对金圆券汇率,改为台币一元

兑金圆券 100 元。26 日,台币对金圆券兑换率改为 1∶1000。27 日,台湾银行又宣布调整为台币一元兑金圆券 2000 元。24 天内,金圆券与台币相较,竟贬值 20 倍之多。

5 月 4 日　中华全国青年代表大会第一次会议在北平开幕,11 日闭幕。出席会议代表 480 人。朱德、叶剑英等先后莅会致词。周恩来作《全国青年团结起来,在毛泽东的旗帜下前进》的报告。大会通过《中华全国民主青年联合会会章》及《中国人民解放战争中的青年运动与今后中国青年的基本任务》,选举廖承志、钱俊瑞等 87 人为中华全国民主青年联合会委员和 22 名候补委员。中华全国民主青年联合总会宣告成立。

△　行政院政务会议以西北军政长官张治中留平未返,不能回任所行使职务,予以免职,派郭寄峤代理西北军政长官。另决定自 5 月份起,文武公务员待遇一律改用关元计算,并予以保值折发金圆券。

△　人民解放军西集团第四兵团于昨日至本日在赣东连克浙赣路上之横峰、弋阳、贵溪、上饶四城,国民党军第六十八军副军长王振声率所部第八十一师 3000 余人投诚。另部歼京沪杭护路指挥所 2000 余人。

△　第三野战军陈毅部第二十七、二十八、二十九及三十一军四个军集结于上海半圆形外围。7 日,陈毅将指挥部设于苏州。

△　西北胡宗南集团在人民解放军的沉重打击下,上月 26 日决定放弃蒲城、铜川据点,撤至泾河、渭河南岸。是日,又决定放弃三原、高陵、泾阳,将主力撤过泾河,以十多个军的兵力收缩控制西安、临潼、咸阳、武功、凤翔以及川陕鄂边区。

5 月 5 日　蒋介石在复兴岛召集陆、海、空三军高级将领训话。汤恩伯在会上报告战备情况说:大战在即,一切作战准备,必须昼夜兼行,克日完成。全部军眷和重患,即送普陀、定海集中。守备部队应能随时进入阵地,投入战斗,机动兵团应能随时出动;各特种兵应完成对各守备区的支援准备。汤吹嘘说:共军"虽在兵力、炮火上略居优势,但我有优势的坦克、飞机、兵舰,凭借坚固的既设阵地,只要各军、兵种和友邻间密切协同,团结奋战,定能达成固守上海之任务"。当时麇集上海地区的国民党军,包括从长江防线撤退下来的各军残部,以及交警、保警在内,共约九个军、28 个师,连同空军、特种兵,号称 30 万人,实际约25.6 万人,共编为四个兵团,其部署是:以第二十一、五十一、五十二、五十四、七十五、一二三军 20 个师,配属坦克、装甲车各一部,守备黄浦江以西市区及外围之太仓、昆山、嘉兴、金山等地。其中第二十一、五十二军及吴淞要塞为第一兵团,归第五十二军军长刘玉章指挥,守备狮子林、月浦、杨行、刘行、江湾、大场地区,确保吴淞;第五十四、七十五军及第九十五师为第二兵团,归第五十四军军长阙汉骞指挥,守备南翔、真如、虹桥、漕河泾、龙华一带;第一二三军附暂八师占领太仓、昆山、青浦、金山卫一带,担任搜索和警戒;另以第五十一军配置于川沙地区及南汇、奉贤,守备前进阵地。以第十二、第三十七军共五个师编为第三兵团,归第三十七军军长罗泽闿指挥,守备黄浦江以东地区。另设市区守备兵团,由交警总局长马志超指挥。其守备重点置于浦西市郊之月浦、刘行、大场和浦东之高行、高桥,借以屏障吴淞和市区,以保出海通路。

△ 毛泽东致电斯大林,请其对解决经济任务提供帮助。谓:"不解决这一经济建设的任务,我们便不能巩固革命的果实,便不能完成革命。""因此,请您满足我们的请求,派遣苏联专家给我们。"

△ 行政院长何应钦密电汤恩伯、陈良等,加紧抢运各中央机关存沪物资。种类包括中纺公司及该公司已交国防部尚未运出之棉纱;中信局之敌伪珠宝及日本赔偿的铜元;中央银行所存德孚颜料;中央造币厂之铜块及日本赔偿铜元;交通部之通讯器材及铁道材料;资源委员会之化学原料、金属器材及矿属油料;物资供应局之紫铜锭及其他贵重物资;美援花纱布联营处之纱布;卫生部 200 吨药品及吉普车;社会部救济物资 500 余吨,布 16 万匹;善后保管会之重要物资等。抢运地点"以台湾为原则,必要时则改运广州,惟外销物资可径运香港"。要求负责抢运之各机关"负责保持绝对机密",限本月底以前全部抢运完毕。

　△　青海马步芳与甘肃马鸿逵在甘、青交界地享堂会晤。马鸿逵主动表白说："甘、宁、青原属一家,彼此非亲即故,关系很深。目前家乡之事,我们不管,让谁来管。应该精诚团结,一致对敌,保卫西北",推拥马步芳出任西北军政长官。马步芳则许诺上任后再推举马鸿逵出任甘肃省政府主席。彼此达成默契。

　△　人民解放军三野第七兵团 30 日起向沪杭甬路前进,连续解放安吉、孝丰、武康、德清、余杭、桐乡等城,于是日渡过钱塘江,解放萧山县城。同日二野第五兵团解放赣东的铅山、东乡、玉山三城,击败国民党军夏威兵团。

　△　驻豫北新乡国民党军第四十军等部二万余人,向解放军投诚,开出城外,听候改编。新乡解放。

　△　英国政府宣布不卷入中国内战,但声明:"凡对香港的任何攻击,将视作一种侵略行为。"同时,英国远东陆海空三军司令部与香港地方当局正式成立了防务委员会。次日,英国政府宣布派喷气式战斗机一队、巡洋舰一艘"增防"香港。

　△　中央银行开始发行面额 50 万元金圆券大钞。

5 月 6 日　中共中央军委命令粟裕、张震,即行部署于 5 月 10 日以后、5 月 15 日以前数日内先行占领吴淞、嘉兴两点,封锁吴淞口江口及乍浦海口,断绝上海国民党军逃路,使上海物资不致大批从海上运走,并迫使用和平方法解决上海问题成为可能。

　△　白崇禧自汉口飞桂林到长沙停留,晤程潜、唐生智。白强调反对北平方式之局部和平,谓局部和平为"个别宰割"。傅作义的局部和平"就是缴械",暗示不能容忍湖南的和平运动,并提议湘、鄂、桂三省联防和加强"戡乱部署"。

　△　淞沪警备司令陈大庆命令所属各部,对于"市区内在军事上有价值之坚固高楼大厦,不论属于何人之产业,着即派兵确实占领,并构筑工事"。并限三日内绘具要图报备。

　△　立法院第三会期第十七次会议在穗举行,出席委员 192 人,童

冠贤主席,讨论挽救目前财政危机问题,主张征用豪富金银,充作战费。

△ 人民解放军对华北国民党军最后孤立据点安阳发起进攻,经两小时激战,全歼国民党军第四十军之第四十三师郭清、王祝三等部1.4万余人,至此华北全境宣告解放。

△ 人民解放军二野第五兵团解放衢州,俘国民党军第九十六军、第八十八军各一部2000余人,缴汽车百辆。另部于浙江西部分水西南地区,歼第一〇六军二个团另一个营,俘2700余人。同日,三野第七兵团于萧山以南歼国民党军第八十五军一个团,俘正、副团长以下千余人。

△ 英国驻华大使施谛文于月初给美国驻华大使司徒雷登一份备忘录,指出只有对解放区各级政府给以事实上的承认,才能在维持领事关系的基础上有效保护西方的利益,否则,便可能对于在中共控制地区的侨民和西方利益带来有害影响。美国务卿艾奇逊接到司徒雷登的报告后,是日指示驻有关国家的外交和领事人员与驻在国外交部商讨此事。艾奇逊强调,不论是主动表示将给予承认或通过官方声明而给人造成一种印象,中共寻求承认的措施将受到欢迎,所有这些做法均不可取;有关西方国家在此问题上应结成"共同阵线"。

△ 汉口《大同日报》被警备司令部以所谓为中共张目,勒令停刊。

5月7日 阎锡山于5月4日携方案到上海与蒋介石经三日商谈,蒋表示完全同意交出一切权力,他五年之内,亦不复过问政治,但"决不出国亡命"。是日阎由上海到桂林,向李说明所要求六事,蒋已承认五事半。陈济棠、朱家骅亦自广州到桂林,共同促李宗仁赴穗。同日,白崇禧应李宗仁电召,由长沙到桂林。

△ 蒋介石偕蒋经国乘"江静"轮离上海复兴岛,于12日达舟山岛。

△ 武汉守备区司令部发言人费声远向报界宣布,即日起武汉三镇进入战时状态,实施军事管制与宵禁。同时颁布《武汉紧急治安条例》十项,违者一律处死。

△　人民解放军在浙江西部马金镇附近山区围歼安徽保安第三旅、第五旅全部,俘安徽省府主席兼省保安司令张义纯、副司令阮云溪。同日,在江山县西南地区歼灭国民党军重建的第九编练司令部 7000余人。

△　人民解放军浙东游击队,昨日至今日解放绍兴、诸暨。二野第三兵团是日占领金华,与南下之三野第七兵团在诸暨会师。三野第二十七军解放沪杭路上之嘉兴,国民党军逃上海。

△　驻温州国民党军第二○○师第六○○团及保安独立团、永嘉自卫总队等共 3300 余人,在温州专员兼第二○○师师长叶芳、副师长夏雷率领下起义,浙东南重要港口温州解放。

△　杭州市军事管制委员会成立,谭震林为主任,谭启龙、汪道涵为副主任。杭州市警备司令部同日成立,王建安为司令员,谭启龙为政治委员,姬鹏飞为副政治委员兼政治部主任。20 日,杭州市人民政府成立,谭震林任市长。

△　上海市长陈良为抢运物资召集各中央机关负责人员会议,研究抢运具体事宜。谷正纲转告汤恩伯的几项要求称:"要绝对机密,要迅速,要确实,要统一。""恪遵行政院命令切实办理,如有员工阻挠疏运工作,将以军事力量强制执行。"会议决定成立上海市物资调节委员会以为对外行文,另于该会下推定市长陈良、联勤总部经理署署长傅仲芳、中央银行局长夏晋熊、招商局总经理胡时渊、港口司令杨政民成立五人小组委员会,以陈良为主任委员,负责物资抢运事宜。

△　在上海长期从事党的地下电台工作之中共党员李白,在上海遭国民党当局秘密杀害。

5 月 8 日　李宗仁经两次促驾,在阎锡山等陪同下由桂林飞抵广州,发表书面谈话,污蔑中共"破坏和谈,一意孤行",表示只有作战到底。又昭告官民,"上下一心,协助政府完成安邦定乱之重任"。李到穗后,即会同何应钦、白崇禧拟定全线防守计划。

△　人民解放军二野第四兵团攻占鄱阳湖之湖口县城。

5月9日　人民解放军二野第四兵团解放临川；二野第十二军解放义乌县城,国民党军第八十五军第一一〇师师长廖运升率部5000余人在浙江义乌起义。二野第十五军自上饶铅山南进,越武夷山,进入闽境,解放崇安、浦城。

△　京沪杭警备总司令部颁发《淞沪作战赏罚办法》。其赏则分别以晋升、记功、赏银元等奖励所谓"出力之陆海空军官兵",规定缴获武器赏银元20元至千元不等,俘解放军士兵一名赏银元五元,俘军级司令员或政委赏银元三万元等等。罚则规定十条,如"司令官以下各级指挥官,在作战时畏缩,不赴重点方面督战,致战局陷于不利者"、"作战不利,致使匪军突破我防地者"、"未奉命令擅自放弃阵地者"、"行动迟缓,作战不利,未能达成任务者"、"增援部队如因观望,致陷友军不利者"、"谎报军情,夸张战果,因而贻误戎机者"、"部队长规避任务,或故意与上级失却联络,因而不能适切使用于战场者"均交军法审判。"遗弃械弹,离开个人岗位或擅离阵地而降匪者"就地正法。

△　京沪杭警备总司令汤恩伯于4月4日命将国民党革命委员会京沪代表、南京分会主委孟士衡、该会宣传委员吴士文及萧俭魁三人押送上海处理,是日以所谓"推翻政府"之罪名将其杀害。

△　安阳市人民解放军捕获国民党军第四十军暂编第九纵队司令王三祝、河南第三行政区保三团团长程万府。

5月10日　人民解放军第三野战军司令员兼政治委员陈毅等发布淞沪战役作战命令。规定以第七兵团控制杭州、余杭、萧山地区,争取数日休整,准备以一部继续分向宁波、奉化、青田等地区前进,协同二野浙赣路作战;另一部担任杭州警备。第八兵团警备南京市、镇江及金坛、句容、溧水、高淳、郎溪、广德地区。以第九、第十兵团并第二十六军首先包围上海,截断敌之一切逃路,封闭上海物资之窃运,进而全歼该敌或迫敌投降,求得和平解放上海。同日,陈毅在直属机关排以上干部大会上作入城纪律的报告。

△　人民解放军二野第三兵团5日至是日在浙赣前线连克龙游、

兰溪、东阳、永康、武夷、缙云、丽水、宣平、松阳、遂昌、南城等城,歼国民党军第四十五军、五十军、五十五军、八十五军、一〇六军及第三一八师等部 7000 余人。内俘省军管区副司令陈敢、师管区副司令刘书道、暂编第二总队教育长罗选伍等人。

△　美国驻华大使司徒雷登由其秘书傅泾波向中共南京方面表示,他希望会晤南京市军管会外事处长黄华,并愿意继续当大使和中共方面办交涉,并修改商约。是日,中共中央电复南京市委,同意黄华与司徒见面,"以侦察美国政府之意向为目的","与司徒谈话应申明是非正式的",如司徒态度是友善的,"应取庄重而友善的态度"。

△　何应钦出席立法院第三会期第十八次秘密会议,报告和谈破裂经过及当前施政方针。并表示:"本应退避贤路,惟念当前局势,严重已极,国家民族之命运,已在存亡绝续之交,政局不可动荡,军事应有重心。应钦以身许国,势逼处此,不得不牺牲一己,继续勉任艰巨。"各立委提议动用国库金银外币,稳定经济,加强军事战斗力;征用富豪金银充作战费,以及追究"叛变"责任,整肃投降分子。另由梁寒操等 30 人提出由立法院组织非常时期施政纲领起草委员会。

△　京沪杭警备总司令部所组织之工运委员会召集会报会,陆京士主持,会报与研究肃清工界"匪谍"办法,决定成立行动小组与审讯小组。行动组由警备部稽查处主持,审讯组由工委会主持,按照所得之黑名单,"择其最重要者先行逮捕,逮捕后必须严惩不贷"。"行动完成后由警察局、社会局会衔布告各厂,今后绝对禁止各项非法活动,并取缔各项非法组织"。

△　淞沪警备司令部第三大队队副阎锦文率军警数十人包围虹桥疗养院。张澜临危不惧,严斥国民党反动派的暴行。疗养院副院长郑定竹及医护人员均出面与国民党军警争辩,并以身家性命担保,要求将张澜"寄押"院中继续治疗。直到下旬上海解放前夕,始由上海地下党营救脱险。

△　中共中央东北局决定辽宁省委与安东省委合并,成立辽东省

委,书记张闻天,副书记刘澜波;辽西省委与辽北省委合并为辽西省委,书记郭峰,副书记喻屏;合江省委与松江省委合并,成立松江省委,书记张策。

△　河南省人民政府成立,吴芝圃兼任省政府主席。

△　国民党中央陆军军官学校奉命迁至台湾。

5 月 11 日　何应钦于广州召开高级军事将领会议,白崇禧奉召到穗出席。会议决定以最大力量保卫华南和西南地区,并决定粤、湘、鄂、桂、赣、闽、黔、滇、川等省联防计划。

△　驻美大使顾维钧会见美国国务卿艾奇逊,除乞求援助外,并提请美国考虑参加类似北大西洋公约之太平洋区域协定问题,用以表明美国对共产党在亚洲进展与在世界其他地区之进展同样关切。

△　南京市人民政府成立,刘伯承任市长,柯庆施、张霖之任副市长。

△　人民解放军二野第十五军进入闽境,解放建阳县城。二野第十一军在丽水歼国民党军第八十五军一部,俘 800 人。同日,浙东游击队解放浦江县城。

△　美国赠送中国军舰四艘,驶抵台湾。

△　京沪杭警备总司令汤恩伯将许闻天所领导的孙文主义革命同盟组织部长陈惕卢及盟员张达生、方志农、朱大同、王文宋五人以"组织非法团体,出卖党国,危害民族,甘心投匪"的罪名杀害。

5 月 12 日　上海战役开始。人民解放军第九、第十两兵团是日起开始扫荡国民党军的外围据点。第九兵团第二十军第五十八师于拂晓攻占平湖,击溃守军暂八师。第二十七军攻占嘉善。在京沪线上之第十兵团以第二十九军(附炮五团)尾追国民党军第二九六师,于下午渡浏河,先后攻占唐行、华亭、潘宅、盛桥,于傍晚逼近狮子林、月浦国民党军第二十五师阵前。第二十八军(附炮六团)傍晚占太仓、嘉定,歼国民党军第三○八师一团,于午夜迫近刘行、杨行国民党军第二师阵地。第二十八军于是晚攻占昆山,截获准备逃沪火车二列,俘国民党军第一八二师 1500 余人。

△　国民党军第二○三师参谋长曹义,率两个营 300 余人,于金华东北向解放军投诚。

△　中国民主同盟盟员、中国民主建国会中央干事黄竞武(黄炎培之子)在上海被国防部保密局特务逮捕。黄被捕后受尽酷刑,坚贞不屈,并慷慨陈词痛斥国民党当局破坏民主、剥夺人民自由等种种罪行。国民党特务企图获取民建地下组织的目的未能得逞,于 18 日将黄活埋在上海南市车站路 190 号牢房后面的空地里。

5 月 13 日　人民解放军第九兵团夺取金山卫、松江。第十兵团第二十九军、第二十八军于凌晨零时前后起,在北起狮子林、月浦,南至杨行、刘行一带,向国民党军第五十二军第一线阵地反复冲锋,激战通宵,互有伤亡。经反复争夺,第二十九军攻占月浦镇。上午,国民党军第二九六师等部在海、空军支援下,对解放军第二十九军大举反攻,激战过午,解放军退出月浦。进攻刘行、杨行之解放军第二十八军未能奏功,退回罗店、嘉定整补。同日,三野第十兵团解放昆山、太仓、嘉定三城及青阳港、陆家浜、刘河、罗店等重要据点多处,歼国民党军第一二三军之第三○八师、第一八二师各一部 3300 余人。

△　人民解放军第七兵团一部解放浙江省青田、龙泉两城,于龙泉战斗中全歼国民党军暂三师,俘 2000 余人。同日,二野某部解放闽北吉水和回龙镇,歼国民党军京沪区军官教导团等部千余人。

△　海南岛行政长官陈济棠应陈诚之邀请,偕顾问孙家哲乘机飞台,商讨台湾及海南岛联防计划。陈携带李宗仁亲书长函一封转交陈诚、居正,请二人速赴穗一行,集商要事。

△　淞沪警备司令部代电京沪、沪杭两铁路管理局、铁道军运指挥部及各车站检查所。规定"自 14 日晨起,京沪、沪杭两路火车应酌量减少班次。凡疏散人口准尽量输出。但驶回上海火车只准空车开返,无论军队人民一律不准乘搭"。"每次火车均须酌派执法队随车押运"。

△　美国国务卿艾奇逊致电驻华大使司徒雷登,提出承认中国新

政权的三项条件：一、在事实上控制国家的领土和行政机关。二、政府既有能力又有愿望承担其国际义务。三、得到中国人民普遍认可。其第二项即要求新政权承认国民党政权与外国订立的不平等条约和协定，以维护美国的权益。同时要司徒雷登向英、法等国驻华大使强调："给共产党政权以事实上的承认将从政治上鼓励共产党，打击国民党"，"我们强烈反对任何大国匆匆忙忙给予中共以无论事实上还是法律上的承认。"

△　立法院第十九次会议，49 名委员联名提出临时紧急动议，要求向宋子文、孔祥熙及张嘉璈三豪门征借 10 亿美元，以充实继续内战的军费，即获全体出席委员的赞同通过。同时通过《为中共破坏和平支持政府对中共继续作战之决议》。

5 月 14 日　林彪、罗荣桓等指挥第四野战军先遣兵团第四十三军，在武汉以东团风至武穴间 100 多公里的地段上强渡长江。次日，第十二兵团突破团风至田家镇间国民党军江防阵地。

△　白崇禧于昨日由穗返武昌，召集高级将领会议，讨论守卫武汉问题。是日，武汉守备司令鲁道源，指挥对武汉三镇进行大破坏，炸毁三座飞机场和沿江船只 50 余艘，江岸机车厂厂房、徐家棚车站等均遭破坏。

△　兼国防部长何应钦电令，以人民解放军渡江后，国民党军"于转进途中，既未采用机动方法，窥破好机，予深入之匪以反击，复未站稳脚跟阻止匪军之冒险穷追，似此消极性之转移如不严加纠正，则影响今后作战至巨"。要求部队"振作士气"，"凡有不遵命令专以避战为能事者，决按军法及连坐法从严惩处"。

△　国民党中常会、中政会召开联席会议，商讨有关军事、经济、外交等重要事宜，并决定推举吴铁城、吴忠信、李文范、白崇禧、阎锡山、陈济棠、王宠惠七人起草军委会组织章程及党内革新方案。

△　立法院外交委员会会议，决议各案如下：一、请政府照会各国使馆，即派员来穗，藉增进邦交上之联系；二、中意友好条约案，推刘文

岛等五人先行审查;三、西北航空协定及西北商约,视中苏之外交关系发展之情形,然后再进行商谈;四、废除中苏友好条约之步骤,先根据《联合国宪章》第十四条之规定,向联大提出苏联违约背信之控诉,并提供其事实,要求苏联赔偿损失,如联大及苏联对此控诉均不重视时,政府得随时宣布废除中苏友好条约。以上各案,除第二案外,送程序委员会列入议事日程,提交立法院大会讨论通过后送行政院执行。

△ 李宗仁发布总统明令:兼任青岛市市长秦德纯呈请辞职,秦德纯准免兼职,任命孙疍丁代理青岛市市长。

△ 广州警备司令部发言人宣布,自 5 月 15 日起广州进入战时状态,开始疏散家眷。16 日,复宣布自 17 日起实施戒严,珠江、虎门加派炮艇及装甲船巡逻,凡进出珠江口任何船只,均需接受检查,如抗命,以不轨论处。

△ 国防部保密局特务继逮捕残杀民主建国会常务干事黄竞武之后,于是日又将民建上海分会理事姜化民逮捕,本月 20 日将其杀害。

△ 京沪杭警备总司令部政务委员会通报上海市政府,略谓:"资源委员会、中纺公司、中央信托局不疏散物资,对于命令阳奉阴违",要求上海市府"严行督促"。除"通报"所称当局"已现慌乱之象,步骤错乱,毫无方寸,黄浦江由军事控制,航运轮舶利用困难,且各机关以请拨、疏运、装卸、搬运等项经费浩大,中央银行迟迟核拨,故大部分物资均未及启运"外,国民党最大官办企业资源委员会委员长孙越崎、副委员长吴兆洪等已准备投向人民,从上年底起即团结各厂矿企业及业务部门负责人用各种办法抵制蒋介石命其将南京等地六个厂迁台的命令,对储存上海的大批煤油等物资,亦以请拨船位、经费等与汤恩伯等巧妙周旋,使储存上海的大量物资得以保留。孙越崎还以经济部长兼中纺董事长的身份,与总经理顾毓琼一起,在广大职工团结护厂斗争下,保全了中纺公司在沪的数十家工厂和物资。

△ 人民解放军三野第十兵团第二十六军沿京沪路东进,连克安亭、黄渡、南翔三个车站。第九兵团第二十军、二十七军解放上海西南

的青浦县城与泗泾镇。此时，完成了对上海的三面包围。

△ 人民解放军二野克闽北空军基地建瓯县城及闽中军事供给地南平县城，俘国民党军 650 余人。

△ 美国陆续增派军舰、飞机和海军陆战队到青岛助蒋内战。上月 30 日，美海军陆战队 400 名由上海抵青岛。本月 5 日、7 日，美军舰五艘、重轰炸机四架先后增驻青岛。是日，美海军陆战队 1500 名由美国运抵青岛。

△ 广州绥署副主任吴奇伟联系爱国将领李洁之等八人，在粤东、闽西率部起义，发表《我们的宣言》，表示欢迎中共领导，拥护解放军向华南进军。6 月 21 日，毛泽东主席、朱德总司令复电吴奇伟等，表示欢迎他们脱离国民党反动派，加入人民解放军行列，并希望他们"遵守人民解放军制度，改造部队，与人民解放军整个力量协同一致，为解放广东全省而奋斗"。

△ 海关奉令从是日起改征关元。先将战前"国币"基数一比一折合金元，然后将金元一元折合关元 0.625 元，以 0.5 元为最低额，凡数在 0.25 元以上者，概作 0.5 元，在 0.75 元以上者，概作一元计算。如无战前基数者，得由各关按此标准实施。

△ 台湾省政府以《台北晚报》于本月 11 日刊载《公教人员的哀鸣》一文，"内容歪僻，措词乖谬，显属造谣惑众"，饬台省警务处会同台湾警备司令部于是日将该报查封。

5 月 15 日 华中军政长官公署移驻湖南衡阳，白崇禧率公署人员离汉抵长沙，暂留长沙指挥所指挥军事。同时命武汉守军撤退。守备司令鲁道源于下午发表书面谈话，宣布放弃武汉。国防部鉴于武汉撤守，拟以张淦、陈明仁、黄杰等兵团守武长路正面；以徐启明兵团守赣西为右翼；另以宋希濂部自沙市南撤至常德、芷江一线为左翼；再以由长江退入洞庭湖的海军为辅佐，构成坚固防线以阻人民解放军第四野战军南下。

△ 华中军政长官公署副长官兼河南省政府主席、第十九兵团司

令官张轸,经中共中央中原局城工科方敬之等的教育争取,于三大战役后派代表与中原野战军副政委邓子恢接洽起义事宜。按照邓子恢的建议,张于 5 月上旬拟定了迎接人民解放军渡江,配合解放军截击白崇禧部队南逃的起义计划。14 日,张奉召到武昌出席紧急会议,白崇禧出示顾祝同密电,称已得密报,张轸图谋叛变,令将张及师长以上军官扣押送广州。张轸借机逃离武昌到金口所属第一二七军军部,一面召师以上军官会议,布置起义,一面阻击白崇禧部队的截击。是日,张率所部第一二八军之第三一二、三一三、三一四师,第一二七军之第三六九师共两万余人起义,并击退白崇禧部的包围和截击。16 日,张轸受到四野第十二兵团司令员萧劲光的接见。

　　△　进攻上海之第九兵团第三十军一部由西面越过川沙,迂回到顾家路镇,切断川沙国民党守军第五十一军、暂八师的退路;主力则猛攻川沙,歼保一旅一团、暂八师一营及第一二三军留守处。第十兵团第三十三军到达嘉定地区,各以一师配属第二十八、二十九军,继续对狮子林、月浦、杨行、刘行等地发动进攻。第二十六军于是日午后夺取南翔。

　　△　国民党军第六兵团暂编第一纵队司令李锡佑、原河西警备副总司令张权,为配合解放军解放上海,策定 5 月 16 日举行起义,是日事泄被捕。21 日,李、张被杀害。

　　△　彭德怀指挥第一野战军发起陕中战役,第一、二、三、四、六军于本日由泾河以北多路进军陕中,对胡宗南集团展开追击作战。

　　△　浙东游击纵队 10 日至是日五天中先后解放玉环、乐清、瑞安、平阳、景宁、泰顺六座县城及广大乡村市镇,歼国民党军 3000 余人。

　　△　人民解放军二野第四兵团解放南昌东南浙赣路上之进贤县城。

　　△　驻湖北黄冈之国民党军第二十五师之第九一三、第九一五团五个营起义,占领石灰窑,迎接解放军。

　　△　李宗仁私人代表甘介侯乘机离穗赴美,携有李宗仁致杜鲁门函。

　　△　国民党中常会、中政会约集民社党、青年党领导人讨论组织经济研讨委员会，朱家骅、陈立夫等 50 余人出席，会议推定阎锡山、陈启天、万鸿图、张其昀、钱穆、程天放、袁宇谦等 13 人为起草纲领委员。

　　5 月 16 日　国民党中央政治会议议决，请中央党部及政府分别通令全体党员及官吏人民，如有再发求和言论者，以"叛逆"论，予以党纪国法处分。

　　△　人民解放军四野第四十军解放汉口，武汉国民党军第五十八军及警备部队均逃窜。同日夜，解放大冶、鄂城、阳新等城。

　　△　第三野战军第九兵团第三十军再次猛烈围攻国民党军第五十一军、暂八师阵地。第五十一军军长王秉钺当晚率部向高桥突围，途中遭伏击，至次日凌晨，王秉钺以下 6000 余人被俘，师长丁作彬、邹煜南率残部逃回上海江湾。同日，第三十一军围攻周浦，歼保一旅一部、保二旅及青年军第二○四师第六一二团，俘团长张海商、浦东沿海支队司令耿子仁、江苏保安二旅旅长孙宗玖以下 2500 余人。浦东外围据点悉被拔除。

　　△　京沪杭警备总司令汤恩伯令派毛森兼任"东南人民反共救国军"总指挥，"统一指挥东南地区各游击部队，密切配合国军作战"。

　　△　淞沪警备司令部为战时集中黄浦江船只代电有关单位，规定"黄浦江江面及两岸附近所有各种船只，除系担任军运及正在分别装卸者外，着一律停泊至复兴岛以北之黄浦江下游，集中西岸为主"，限 17 日前疏导集中完毕。

　　△　上海市长陈良于上午 8 时在扩大纪念周会上训话，鼓吹上海四周有坚固之要塞工事，"与斯大林格勒相同"；粮食储备"亦毫无问题"。"战事可以持久至六个月，甚至一年或两年"。要求市民"箪食瓢浆，以迎王师"，"尽一切所有，支持国军"。

　　△　上海市民政局订颁各区保甲长实施联保联坐办法，规定正、副区长以各区为联保单位，正、副保长以全区为联保单位，甲长以保为单位，每五人为一组，互相联保。"倘发现组内人员思想反动，言行乖谬，

行迹可疑时,应即严予监察,并叙明事实,秘密层报本局核办(必要时得径行来局报告)。如有徇情隐瞒,应受连坐处分"。

△　宋子文对立法院所通过的"征借"一案向记者谈称:"那种建议,正足以表示那班人员们的脑筋如何,因为据余所知,目前中国政府和私人存在美国的外汇资产总金额不过五亿美元,他们竟要余和孔、张两氏共同捐出 10 亿美元,岂非捕风捉影。"下午宋子文偕夫人离港,道经曼谷赴巴黎。6 月 9 日,由巴黎到美国纽约,此后定居美国。

△　广州新民主主义教育工作者协会发表宣言,号召全市教育工作者动员起来,迎接广州解放,并提出当前任务四项,即:一、加强团结,自助自救,求生应变;二、坚守岗位,保护学校,维护文化;三、健全教师联谊会组织,肃清教育败类;四、自我改造,学习理论,击碎反动教育。

5 月 17 日　人民解放军第二十八、第二十九军继续对狮子林、月浦、杨行、刘行进攻,国民党军先后投入第二十一军及第九十九师增援。双方争夺激烈,形成拉锯战。在浦东方面,解放军第九兵团进攻高桥。汤恩伯调阙汉骞率第一九八师、第九十五师赴高桥增援。

△　上海合众图书馆被国民党军占用。该馆负责人徐寄顾、徐森玉向国民党有关当局交涉,希望不要占用文化机关,遭拒绝。次日,张元济亲自到馆坐镇守护。未久驻馆国民党军撤走。

△　人民解放军四野第十二兵团第四十军解放汉阳、武昌。同日第十二兵团第四十三军解放九江。

△　第一野战军解放陕中泾阳县城,并于该城以东之永乐镇及东南之泾阳塔地区歼国民党军第九十军第五十三师两个团大部。

△　蒋介石偕蒋经国抵达马公岛。国民党中央执行委员会电请蒋介石"打销遁迹远隐之意"。蒋经国感慨:此时中枢无主,江南半壁,风声鹤唳,草木皆兵,"父亲决计去台,重振革命大业。从此已无缘再享此人间清福"。

△　李宗仁在广州召开财粮会议,22 日结束。何应钦、张群、白崇禧、陈济棠、陈诚、张发奎、顾祝同等及西南各省省主席参加,决定向西

南各省人民征收巨额军粮，仅四川一省“征借”数目即达1350万担。

△ 立法院第三会期第二十次会议，通过废止《修正人民所有金银外币处理办法》、《黄金外币买卖处罚条例》。

△ 胡宗南集团从西安撤逃前，准备将西安的大、中学校向陕南和四川转移，5月13日后，西安绥靖公署副主任董钊以集训为名，把学生编成五个大队，令各校学生携带行李，于本日前到指定地点报到，随军出发。各校学生在中共党组织领导下，开展了反迁校、反集训斗争，并发动学生自行设法隐蔽，以防反动派的包围强拉，三天内几乎隐蔽一空。本日胡宗南军溃逃时，总共只带走百多名学生。

5月18日 邵子力、章士钊致函李宗仁，先就李在广州之声明，指责其“非惟不能坚持原议，砥柱中流，并设法孤立硬派使之就己，而且放弃自己立场，投身于叫嚣隳突之漩涡，使顶踵尽随主战之洪流以没，旋以主战者之声口，抨击和议之不终。此不仅显示公之信念不笃，进退失据，抑又使持节往复始终其事如某等者嗒焉丧其信守，无以对中共降心僇力诸君子，某等诚私心痛之”。继针对李继续追随蒋介石内战，指出：“公不以鄙言为可采，并不胜主战分子之胁迫利诱，竟亦翩然莅粤，同流合污，阳冠傺家，阴侪傀儡。不知公有何把握，作何打算，犹岸然以国家存亡、民主祸福为张皇工具。伤哉！伤哉！”

△ 行政院第六十次政务会议决议：一、西北军政长官公署代长官郭寄峤无庸代理，派马步芳副长官升代。二、特派卢汉为云南绥靖公署主任，谷正伦为贵州绥靖公署主任。三、派黄旭初兼桂林绥靖公署副主任，莫树杰为桂林绥靖公署中将副主任，甘丽初为增设副主任。会议还通过立法院关于向宋子文、孔祥熙、张嘉璈三人征借的紧急动议。同日，张嘉璈致函行政院，声称在任职期间奉公守法，以薪水收入开支，并无多余的个人财产。

△ 在浦东作战之解放军第三十军、第三十一军攻占高行、顾路后，向高桥及其外围据点发动猛攻，国民党军第十二军依舰炮支援顽固据守。至午，解放军突破市轮渡码头至东沟阵地，进抵江岸。沪西国民

党军后方受到威胁,淞沪防卫司令石觉调第九十五师增援,向市轮渡码头以南反扑,虽小有进展,而高桥以东阵地则被解放军突入。汤恩伯令调第九十九师及战车、炮兵一部往援。

△　西安绥靖公署主任胡宗南率部迁至汉中,西安由第十七军军长兼西安警备司令杨德亮率部驻守。

△　国防部武汉巡防舰队三艘巡逻艇、两艘炮艇官兵,在爱国士兵张慎平、胡莹、曹学海等带领下,于岳阳附近长江江面起义,25 日驶抵武昌。

△　第四野战军一部进入江西,占领九江以西的瑞昌县城。另部占领粤汉路上的军事要点贺胜桥及金牛镇。

△　第一野战军解放咸阳城,在该城西北歼国民党军第五十三师一个团全部及骑四团一部 2300 余人。

△　毛泽东、朱德复电起义海军将领林遵及全体起义官兵,赞扬他们起义是"在南京江面上的壮举","是值得全国人民热烈欢迎的行动",勉励其"为中国人民海军的光明前途而奋斗"。

△　武汉市军事管制委员会、人民政府、警备司令部同告成立。谭政为军管会主任,吴德峰为市长,萧劲光为警备司令。

△　汤恩伯经手从国库第四批运往台湾黄金 20 万两。

5 月 19 日　华中军政长官公署举行军事会议,参加者有白崇禧、程潜、李品仙、黄杰、陈明仁、夏威等高级将领,会议决定华中区的作战部署。以湘鄂边绥靖公署宋希濂第十四、二十兵团共六个军布防巴东至岳阳间长江沿岸及其以南地区;以白崇禧直属第三、第十兵团共七个军,布防南昌以西、长沙以北九岭山、汨罗江、洞庭湖一线;以长沙绥靖公署程潜部和陈明仁第一兵团共四个军(后编并为三个军)布防于长沙、湘潭地区;以第五十六军、一二七军分别布防于桂林、常德;以江西绥靖公署方天部第四、十二兵团共四个军,布防于遂川、赣州间;广州绥靖公署余汉谋部七个军,以一个军驻防海南岛,主力沿粤汉路防守粤北,屏障广州。如处境不利,则退保两广。

　　△　汤恩伯以浦东高桥地区战事吃紧,为确保高桥,秉承蒋介石旨意,调整部署,将守备沪西南之第七十五军抽调至高桥,以第三十七军与第七十五军重新编为浦东兵团,以第五十四军军长阙汉骞任兵团司令。在沪西南方面,则将原市区守备兵团改组为沪南守备兵团,改任郭履洲为兵团司令。由该兵团与第一二三军之第三三四师接替第七十五军原阵地。

　　△　第四野战军一部先后攻占粤汉路上之汀泗桥及其东北之咸宁城,歼拒绝起义而南逃之原张轸第十九兵团第一二七军第三〇九师的四个团,俘千余人。

　　△　第一野战军昨日至是日接连解放陇海路上之兴平、武功、醴泉、乾县四城,解放武功时保警 300 人向解放军投诚。

　　△　三野第十兵团第二十六军向市郊推进,攻占京沪路上之南翔及真如两站之间的国际无线电台及其西北的 12 个据点。

　　△　湖北沔阳县长刘崑生、自卫团长李太平,率所部 800 余人向解放军投诚。

　　△　自由中国反侵略大同盟假留德同学会举行大会,邹鲁、余家菊、梁寒操、陆铿、唐纵、陈立夫、徐源泉、洪兰友等数十人出席,由阎锡山主席,通过该会组织纲领八章 14 条。

　　5 月 20 日　中共中央军委关于总攻上海的时间等问题电示粟裕、张震并告总前委:一、接收上海的准备工作业已大体就绪,似此只要军事条件许可,即可总攻上海。二、总攻时间择在辰有(25 日)至辰世(31)日之间为宜,亦可推迟至巳东(6 月 1 日)左右,如何适当,由你们决定。三、攻击步骤以先解决上海,后解决吴淞为适宜,如吴淞阵地不利攻击亦可采取攻其可歼之部分,放弃一部分不攻,让其从海上逃去。四、攻击兵力必须充分。五、攻击前必须作战役和战术上的充分准备。

　　△　是日至次日,进攻浦东之解放军第二十军东渡黄浦江,以第五十八师进攻金家桥、庆宁寺、洋泾镇,第五十九师进攻张家楼、东昌路,第六十师进攻周家渡。当日,解放军占领金家桥。该地国民党军第三

十七军奉准放弃洋泾、东沟间阵地,固守洋泾、塘桥、白莲泾之线正面约
10 公里之桥头阵地。汤恩伯鉴于解放军据洋泾以北江岸,威胁沪西守
军后方,遂令第三十七军反攻金家桥,恢复江岸原阵地。军长罗泽闿亲
率五个团,于次日晨反攻,激战至下午 5 时顷,虽夺回金家桥及洋泾以
北原阵地,但伤亡营长三员以下千余人,元气大伤,当晚撤回桥头堡。
解放军第五十八师亦受到一定伤亡。

　　△　中共中央军委发出关于进入我国内河、港口之外国军舰、轮船
处理原则的指示。任何外国军舰及为敌军装载军队、物资的轮船进入
黄浦江者,均得实行攻击。停泊未动者,则不予攻击。

　　△　第一野战军解放西安。在进驻西安市区时,学生、市民齐集街
头热烈欢呼。在解放西安和咸阳的战斗中,歼国民党军第四十八师、第
十二师、保六团等各一部,俘 2600 余名。另有 2300 余名携带武器向人
民解放军投诚。

　　△　甘肃东部地方人民武装收复庆阳。

　　△　周恩来出席中国民主革命同盟(称"小民革")招待会,在讲话
中充分肯定"小民革"在中国革命中所起的历史作用,说:"小民革"与中
共之间彼此相知甚深,在斗争中同中共始终保持一致,在国民党内起了
进步的分化作用,是一个党外布尔什维克组织。中国民主革命同盟建
立于 1941 年,主要领导人有王昆仑、王炳南、阎宝航等。

　　△　张治中与原南京代表团留平成员致电李宗仁、何应钦,谓:"倘
吾人能正视战败之严酷现实,又能了然于政权更迭之常理,同人之愚,
以为革命大业,天下为公,己既不能,当让能者。今日之事,倘政府昧于
人心与大势,仍继续作决无前途之战争,则唯有导仅存之残局于毁灭,
增益其对民族历史所负之罪愆。"

　　△　美国西太平洋舰队司令白吉尔令在沪美海军军舰驶离黄浦江以
外 35 浬处停泊。美国总统邮船公司宣布该公司轮船即日起停驶上海。

　　△　湖北省人民政府及人民解放军湖北军区成立,李先念任主席
兼军区司令员及政治委员。

△ 台湾警备总司令部宣布全省戒严,戒严区域划为台北市、北部(包括台北、新竹两县及基隆、新竹两市)、南部(台南、高雄两县及台南、高雄、彰化、嘉义、屏东五市)、东部(台东、花莲两县)、澎湖五戒严区。规定基隆、高雄两市实行宵禁。并颁布"罢市扰乱秩序者杀"等十条禁令。

5月中旬 广东敌后人民武装解放龙川、五华、梅县、兴宁四城,歼保四师师部及所属四个连、保五团两个营、紫金保安团一个营,俘保四师师长彭建龙、保五团正、副团长等。

5月21日 李宗仁再度发表《告全国同胞书》,把内战的责任推诿于中共,指责中共是"为效忠共产国际而战"。虽承认国民党所处的形势"相当恶劣",仍表示要"负责领导反共战争",顽抗到底。

△ 资源委员会前任委员长钱昌照于上年5月赴欧洲"考察",于上月下旬秘密回到上海,与现任委员长孙越崎、副委员长吴兆洪会晤。钱表示弃暗投明的决心,得到孙越崎、吴兆洪的支持。钱旋返香港,与中共夏衍、乔冠华会晤。周恩来嘱中共香港党组织尽快送其离港北上。是日,钱昌照化名从香港登轮北上。

△ 淞沪警备司令部订颁《奖励检举共匪办法》,规定警备区居民,"如发现亲友、邻居及法团、店铺各色人等中有共匪潜伏分子,应即向本部或当地军宪警机关密报检举",如属确实并能捕获者,按被捕人职务大小实赏银元500元至五万元,破坏电台一部,实赏银元一万元。反之则受连坐处分。

△ 交通部向广州行政院呈报《关于路电困难交通事业已濒临绝境的报告》,诉说浙赣西段缺煤缺款,所有军车停滞株洲,无法续运。粤汉路旬日以来,全力疏运南下军队,所有客货车早已停顿。湘桂黔路缺煤尤为严重,每隔日始能开行军车一次。5月份电信贴补费至月前尚未领齐,业已贬值甚多。要求行政院采取应急措施。

△ 第一野战军在陕中连克永寿、扶风、麟游、岐山、鄠县五城。

5月22日 第二野战军第四兵团解放江西省会南昌及赣江东岸

新淦县城。

△ 第一野战军解放西安南之郿县城及子午镇,并在麟游山区歼国民党军第五十七军(第二一四师、第二一五师)及第三十师,俘官兵万余人。另部于宝鸡东虢镇歼国民党军一个团,俘 800 余人。

△ 上年发行之金圆券,除广州、重庆两市外,其他各省、市早已停止使用。是日,广州市以港币兑换金圆券已无人过问,50 万元面值之金圆券正式拒用,市场交易概收港元。何应钦急令财政部长刘攻芸设法扭转。

△ 内蒙古代表德穆楚克栋鲁普(德王)一行在广州谒李宗仁,提出三项请求:一、给予内蒙古高度自治之权;二、经济上之援助;三、枪弹之援助,以加强内蒙古之武力,抗拒共党领导下之东蒙自治政府。

△ 广州警备司令叶肇向市民广播,称凡同情共产党者限三日内一律出境。

5 月 23 日 中共中央军委确定人民解放军向全国进军的战略部署。一、第一野战军向西北进军,尽可能在年底前占领兰州、宁夏、青海,此后分兵两路,一路由彭德怀率领,占领新疆,解放兼经营陕、甘、宁、青、新五省;一路由贺龙率领,协同二野解放川、黔、康三省。二、第二野战军在协同三野占领宁、沪、杭等地后,主力集结于浙赣铁路沿线,准备对付帝国主义可能的武装干涉,待此种干涉的可能减少后,向西南进军,在第一野战军一部的配合下,解放并经营川、黔、康三省(7 月 16 日增加滇省)。三、第三野战军以主力一部,向闽、浙进军,并准备提早入闽,争取 6、7 两月间占领福州、泉州、漳州及其他要点,相机夺取厦门,解放并经营鲁、苏、皖、浙、闽五省。四、第四野战军向中南进军,解放并经营豫、鄂、湘、赣、粤、桂六省。

△ 上海浦东兵团司令阙汉骞趁解放军后续部队未至,集中第七十五军、第五十四军第一九八师及第九十九师等部在大炮、坦克、飞机助战下,对解放军第五十八师大举反扑。拂晓开始,第七十五军由高桥以西向东南进攻,第九十九师由高桥出击,夺回庆宁寺、洋泾镇等几个

已失据点,并使解放军受到一定损伤。但第十二军海水浴场阵地和第三十七军洋泾阵地相继被解放军突破。在沪西方面,守卫七堡地区之交警第十一总队前哨阵地上日被解放军突破,是日拂晓将其夺回,但主阵地左翼联络据点为解放军攻占,交警第一大队第一中队长黄英及一个分队被俘。是日晚,解放军以七堡为重点,再次猛攻,击伤交警大队长洪均山以下百余人,毙数十人。同日,解放军第二十七军进攻虹桥机场,歼交警第十八总队一个排,突破国民党军虹桥阵地,进入市区。淞沪防卫司令石觉令第二十一、五十一、一二三军各残部沿苏州河北岸占领阵地,归罗泽闿指挥,阻解放军北渡苏州河。

　　△　国民党军 15 艘军舰抵高桥向人民解放军阵地发炮,两艘被解放军击沉在海滨浴场附近,五艘被击伤。

　　△　张轸代表起义官兵向毛泽东主席、朱德总司令发出致敬电,表示"誓以至诚在你们领导之下学习、进步,作一支人民的队伍,拥护中国共产党一切主张和政策"。6 月 16 日,毛泽东、朱德复电张轸及第十九兵团全体官兵,对其义举表示欢迎,鼓励他们"团结一致,努力学习人民解放军的军事政治制度,改进官兵关系和军民关系,参加中国人民解放斗争行列"。

　　△　第二野战军第四兵团解放永修、德安,与四野第十二兵团在永修会师。

　　△　白崇禧在长沙邀宴湖南省参议会议长唐伯球、湖南人民自救委员会副主任委员仇鳌等人,声言由唐生智领导的自救会"容易被共产党的应声虫利用,我看还是取消的好"。唐伯球将白崇禧的企图转告唐生智,唐被迫于次日深夜偕李觉秘密离开长沙回东安老家。

　　△　行政院召开非正式会议,讨论财政、金融、粮食三大问题,决定税收除盐税、关税、直接税外,其余各税由地方政府征收;军粮仍依照上年之征实征借办法办理。

　　△　教育部长杭立武邀请该部历任部长蒋梦麟、李书华、朱家骅、陈立夫、王世杰、梅贻琦、陈雪屏七人,会商反共内战期间教育施政方

计,主要内容为加强以反共思想训练青年,实行"教育文化斗争"。次日,蒋梦麟等受李宗仁邀请,座谈是否重行建立一种战时教育体制。

5月24日   人民解放军第九兵团第二十军继续对浦东发动进攻,国民党军第三十七军阵地逐次遭到摧毁。是夜,第三十七军奉命向西岸杨树浦地区撤退。撤退时混乱不堪,致使副军长张止戈、特务营长洪因等人遭西岸国民党军击伤。浦东除高桥一隅仍继续顽抗外,其余各处均已结束战斗。沪西南方面,解放军第二十七军于是日拂晓攻占虹桥镇,一部攻占万国公墓,歼交警一个营,午后2时占领铁路沿线。是晚,另一部夺取龙华机场,空军第四军区撤往定海及台湾。交警第十一总队及第十八总队均后撤,苏州河以南全被解放军占领。

△   下午,汤恩伯的京沪杭总司令部、石觉的淞沪防卫司令部和陈大庆之淞沪警备司令部三个高级指挥机构,相继撤至吴淞登上兵舰,并由石觉召集其嫡系各军长、各特种部队及各单位重要人员面授撤退机宜,分配船舶、码头,准备登船撤逃舟山。同时发表重建的第五十一军军长刘昌义升兼淞沪警备副司令,授予指挥留守上海各残部的权力。

△   国民党籍立法委员徐源泉等368人于广州联名上书国民党总裁蒋介石,要求蒋到广州"领导同志修明党务"以"共赴时艰"。

△   立法院会议通过《惩治叛乱条例》及《修正三十八年整理美金公债条例案》、《挽救目前财政危机,以免全部崩溃案》等议案。

△   蒋介石于马公岛命蒋经国飞福州访福建省主席朱绍良,商谈构筑防御工事问题。

△   人民解放军第一野战军发出歼灭青海马步芳、宁夏马鸿逵的动员令。同日,解放陕南白河县城,歼国民党军第二十七军第四十七师一个团,俘1260名,伤320余名。

△   人民解放军西安军管会成立,贺龙为主任,贾拓夫、赵寿山、甘泗淇为副主任。翌日,西安市人民政府和西安警备司令部成立,贾拓夫任市长,张经武任警备司令。

△   第三野战军第七兵团解放浙东著名商埠宁波及慈溪县城,俘

国民党军第八十七军一部。另部占领奉化县城和溪口镇。

　　△　驻胶东即墨以南之国民党军第十军第二十七师第八十一团和驻即墨营口据点的国民党军第十一绥区之独立旅第二团大部及第一团（二个营）分别向解放军投诚。

5月25日　参加上海战役人民解放军突破上海市郊国民党军主阵地后,于是日夜续向市区发起总攻。一路由沪西南之虹桥、龙华地区及南市高昌庙等地攻入市区;另一路由浦东董家渡、周家渡、南码头等渡口渡江,向市区进攻。是日傍晚起,据守吴淞地区国民党军第五十二军、五十四军、十二军、二十一军(缺第二三〇师)、第九十九师、吴淞要塞、炮十团、战车第三营等部,先后在吴淞上船向舟山逃逸。淞沪警备副司令兼第五十一军军长刘昌义在江湾地区率部起义。

　　△　上海人民热烈迎接解放。南京路新新公司中共地下党支部书记张啸峰和杨俊等人,利用设在该公司六楼的一家私营凯旋电台,向上海600万市民播送《中国人民解放军约法八章》,促使一些负隅顽抗的国民党残军扯出白旗,缴械投降。大新公司和国际饭店等高层建筑上,挂出欢迎人民解放军和庆祝上海解放的长幅标语。上海美术专科学校学生在该校中共地下党支部安排下,绘制了毛泽东和朱德的巨幅画像,是日凌晨抬着画像上街,敲锣打鼓,欢庆上海解放。

　　△　李宗仁代总统令:《修正人民所有金银外币处理办法》着即废止;《黄金外币买卖处罚条例》着即废止。同日颁令:特派卢汉为云南绥靖公署主任,谷正伦为贵州绥靖公署主任;派黄旭初兼桂林绥靖公署副主任,莫树杰、甘丽初为桂林绥靖公署副主任;派汤恩伯为京沪杭警备司令部政务委员会主任委员;特派马步芳为代理西北军政长官。

　　△　国民党反共分子所组成的"中国反侵略大同盟"下午3时于广州举行成立大会,出席者阎锡山、陈启天、陈立夫、张道藩等200余人。推选阎锡山、陈启天、胡适、于斌、陈立夫、贺衷寒等30余人为执行委员。发表宣言,提出所谓八个目标和八项任务,叫嚷"反对赤色恐怖","严肃反共阵营"。阎锡山在会中致词,号召其成员"要以战斗的姿态,

紧密的团结,坚决的奋斗,抵抗惨暴共产党的南侵,进而打回老家去"。

△　蒋介石由马公岛到台湾高雄。

△　香港英国政府立法局通过《取缔社团活动条例》,该条例规定虽香港以外的社团在港的个别成员亦当作社团看待,警察可以任意进入所认为社团或社团成员的房屋内进行搜查及逮捕。

△　财政部决定将其统治区内税局编制重新调整,各省区局全部裁撤,所有各地税务直属财政部。各地货物税局与直接税局合并。

△　广东省政府成立迁府委员会,处理迁逃海口事宜。31 日,省府主席薛岳派省府委员萧次尹、韩汉英赴海口部署,省府秘书处及各厅重要档案开始起运。

5 月 26 日　人民解放军第十兵团四个军在炮二、炮五、炮六三个团的支援下,对月浦、杨行猛攻。第三十三军于是晚攻占杨行,俘国民党军 3000 余人。第九兵团攻占高桥,并于下午对被围困在北站大楼及六国旅馆内之沪南守备兵团残部施行炮击。该兵团代指挥官李铁夫(郭履洲于 24 日借机脱逃)率部顽抗至下午 6 时,被迫放下武器,李及政工处长饶钦廉、交警大队长屈能伸等被俘。市内交警部队完全肃清。

△　李宗仁主持国民党中常会,讨论党内团结案及党务革新问题。

△　国民党中政会临时会议,决定推派吴铁城、阎锡山、于右任、朱家骅、陈立夫五人,携李宗仁之亲笔函往谒,请蒋到广州主持大计。下午吴铁城等一行乘专机到台。

△　民国政府财粮会议决定"三十八年度"田赋征收原则。为配合反共军事需要,仍维持现行制度,继续征收实物,并随赋征借粮食。征实部分中央得三成,征借部分全归中央。

△　李宗仁特派钱泰为出席国际电报电话行政会议首席代表,派卢有澄、孙从钧为代表。

△　李宗仁令准云南省龙武、德钦、宁蒗三设治局改为县。

△　进军陕中的第一野战军 24 日至是日,连克潼关、华阳、华县、临潼、蓝田、盩厔六城。

△ 阎锡山复函在美国纽约之中国青年党主席曾琦,告以组织中国反侵略大同盟的情形,盼曾琦"早日返国,共襄国事"。

△ 美援运用委员会联络委员张肇元等在分署驻台湾办事处集会,商议运用美援建设台湾问题。

5 月 27 日 上海解放。凌晨 4 时,解放军第二十五军、第二十九军攻占宝山、吴淞,驻杨树浦国民党军 8000 余人向人民解放军投诚,联勤总部第十补给区少将副司令官高星恒率部 200 余人起义,上海战役结束。是役共歼国民党军 15.3 万余人,其中击毙 1.49 万余人,俘 9.45 万余人,投诚 4.37 万余人。人民解放军伤亡 1.7 万人。

△ 人民解放军上海市军事管制委员会成立,陈毅为主任,粟裕为副主任。同日,上海人民广播电台开始播音。次日,上海市人民政府成立,陈毅兼市长,曾山、潘汉年、韦悫任副市长。

△ 驻山东胶州湾西岸薛家岛之山东保安第二旅第六团及驻莲花之第一团两个连,向人民解放军投诚。

△ 浙南人民游击纵队解放温岭县城。

△ 人民解放军总部发表战绩公报:2、3、4 月歼国民党军 30 余万人,起义和投诚敌舰 56 艘,解放南京等 94 座城市。缴获各种炮 3800 余门,飞机八架,俘师长以上军官 73 名。

△ 广州绥署主任余汉谋下令通缉在粤东、闽北起义的吴奇伟、李洁之、萧文等 11 人。

△ 国民党全国各地国大代表联谊会在穗举行联席会议,通过临时动议:"速请政府以有效方法,限孔祥熙、宋子文、张嘉璈等立即捐助戡乱军费美金十亿元,如逾期不捐,其已出国者将其出国护照吊销,其将出国者,不发给其护照。"

△ 立法院第三会期第二十三次会议,讨论通过"兵农合一"案,拟实施所谓"土地改革"而"裕兵源与粮源"。

△ 蒋介石自高雄到台南,会见前来调解蒋、李矛盾的于右任。蒋对李宗仁来函不满意,仍不愿意和解,晤谈中即以"不再闻问政治"敷衍。

5 月 28 日   中共中央军委指示各野战军预防帝国主义武装干涉。要求各野战军按计划前进,歼灭国民党残余力量。在华北、华东部署充分兵力,以防美国海军协同国民党陆海军向后方袭击。

△   立法委员 80 余人所组织之"中社"建议组织"最高决策委员会",由蒋介石兼任主席,李宗仁兼副主席,行政院长任秘书长,于紧要时期作紧急决策。

△   张澜、罗隆基、史良、郭春涛、陈铭枢、闵刚侯、连瑞琦、杨卫玉等 12 位在沪民主人士发表联合声明,热诚庆贺上海解放。严重警告被蒋介石抛弃在上海及其他地区的残余军人、特工人员等等,"不要执迷不悟,再做个人的奴才和走狗,再继续做人民的敌人","应立即大彻大悟,弃暗投明,将功赎罪"。劝告中国南部一切尚未解放的各省、市的政治组织及军事力量,"今后任何苟延残喘的阴谋计划,例如所谓东南自保,所谓西南联防,甚至企图以台湾孤岛作为流亡伪政府的巢窟,都不过是全盘的幻想"。

△   吴铁城等五专使由台湾返广州,语记者称:蒋决定短期内来穗主持党务,"领导全党同志参加反共斗争"。除党务之外,一切人事问题,包括中央与各省及作战等决策,"决不干涉"。次日上午,国民党中政会、中常会联席会议,听取吴铁城等报告谒蒋经过。

△   李宗仁令:准外交部部长傅秉常呈请辞职,所有外交部部务仍由政务次长叶公超代理。

△   内政部在渝机关实验救济院、社会服务处、儿童福利站等九单位主管人迫于生活陷入绝境,联袂赴西南军政长官公署请愿。

△   《解放日报》在上海发刊,发刊词题为《庆祝大上海的解放》。《解放日报》曾作为中共中央机关报,于 1941 年 5 月 16 日在延安创刊。本年 4 月 24 日,周恩来在中南海接见一批即将南下的文化界人士时宣布,经中共中央和毛泽东批准,将《解放日报》的报名交给上海,改为中共中央华东局和中共上海市委机关报。

5 月 29 日   张澜在上海致电毛泽东、朱德、周恩来、董必武,庆贺人民解放军渡江以来所取得的伟大胜利,表示"不久将与罗努生兄(罗隆基)等来平聆教"。

　　△　驻榆林国民党军第二十二军军长左协中经派参谋长张之因赴延安谈判和平解决榆林问题,达成协议。是日上午 10 时,与人民解放军西北军区代表曹力如在协议书上签字。

　　△　中国人民解放军淞沪警备司令部成立,宋时轮任司令,郭化若为政治委员。

　　△　撤退到台湾之国民党军,分别暂住基隆、台北等地郊区学校。

　　△　美国旧金山华侨工人互助社、华侨和平民主协会、中国民主青年同盟美国分部和轻骑文艺社四团体致电毛泽东主席、朱德总司令,祝贺南京等城市解放。

5 月 30 日　第一野战军于盩厔马召镇歼秦岭警备司令部及第四十八师之第一四四团各一部 1300 余人。秦岭警备司令部所辖第三团第二营及第四十八师警卫营 1500 人向解放军投诚。另部于鄠县、子午镇、蓝田俘地方民团 3000 余人。

　　△　全国总工会常委会举行扩大会议,推选刘少奇为名誉主席,选出刘宁一等 26 人为出席世界工联第二次大会的中国代表,并决议欢迎亚洲职工代表会议在中国召开。6 月 1 日,刘宁一率代表团由平启程。

　　△　中共中央华中局及武汉军管会机关报《长江日报》在汉口创刊。

5 月 31 日　行政院长何应钦辞职获准。国民党中政会、中常会联席会议今晨通过李宗仁提名居正出任行政院长。下午 4 时,李宗仁出席立法院会议,商询对居正组阁的意见,并希望立法委员同意。

　　△　中苏关于延长合办中苏航空公司哈阿线协定由中方首席代表、驻新疆外交特派员刘泽荣,苏方首席代表谢也维基在迪化签订。协定规定,中华民国交通部与苏维埃社会主义共和国联邦民用航空总管理局于 1939 年 9 月 9 日在重庆所订立之协定,予以继续延期五年。

　　△　中华全国民主妇女联合会决定接受国际民主妇联在中国召开亚洲妇女代表会议。

△　兰州市的兰州大学、师范学院、农业专科学校、兽医学院四校发表联合声明指出:教育部所发学生膳费每月不过银币二角,员生生活已陷绝境。

△　邵力子、黄启汉在上海联络留在上海、南京的国民党立法委员范予遂、武和轩、李世军等 55 人发表声明,宣布脱离国民党蒋介石集团。

是月　是月底止,金圆券仅值 1948 年 8 月 19 日发行时的五百万分之一,即九个月左右时间内,其价值缩小了 500 万倍。

6　月

6 月 1 日　中共中央毛泽东、朱德、周恩来、董必武联名复电中国民主同盟主席张澜,对他和民盟中央委员罗隆基等准备到北平表示欢迎,并谓:"革命战争迅速发展,残敌就歼为期不远,今后工作重心在于建设,亟盼各方友好共同致力。"

△　上午,立法院举行会议,审查李宗仁提名居正为行政院长一案,投票结果,以一票之差被否决。

△　驻榆林国民党军第二十二军军长左协中依照和平解放榆林的协议,与参谋长张之因率第二十二军直属队及第八十六师三个团共4000 余人开出榆林城外。上午 10 时,人民解放军进驻榆林,宣告榆林和平解放。左协中通电宣布"与国民党反动派完全断绝关系,坚决拥护中国共产党各项主张,服从中共中央毛主席、朱总司令及人民解放军西北军区之领导,依照民主原则,在指定地点改编为中国人民解放军,脱离黑暗,走向光明,永远为人民服务"。依照协议,人民解放军西北军区派出委员三人,第二十二军派出委员二人组织整编委员会。随后,起义部队被改编为人民解放军西北军区独立第二师。

△　人民解放军解放崇明岛。次日,驻崇明县城国民党军暂一军第十师、十一师等部 3700 余人向人民解放军投诚。至此,江苏全省宣告解放。

　　△　蒋介石父子在台北拜访吴敬恒,晤谈后抵达冈山,于傍晚偕蒋经国等视察高雄要塞。次日,在高雄进一步研究台湾整军、防务及军政等问题。他认为"今后应以台湾防务为第一"。

　　△　广西绥靖公署主任李品仙致电云南省主席卢汉,谓即派桂军第三〇三师进驻百色,准备入滇"协助剿匪"。同时华中军政长官白崇禧发表成立滇桂黔边区绥靖司令部,以张光炜任司令。公然把云南划入桂军防区,作为蒋、白经营西南,保卫广西的阵地。

　　△　国民党中央监委常委会上午举行会议,讨论党纪处分案。决议将参加孙文主义革命同盟的国民党员刘不同、杨玉清、高宗禹、贡沛诚、郑吴明、谌小岑、杨沛如等永远开除党籍,并由法院依法办理。次日,行政院密电通饬所属各级机关,协拿孙文主义革命同盟盟员。

　　△　台湾省政府宣布经济独立,设立台湾区生产事业管理委员会,统一管理全省生产,由陈诚兼任主任委员。省府同日又宣布设立中央在台物资处理委员会,主任委员一职亦由陈诚兼任。

　　△　驻台湾省宪兵第四团于5月上旬在台中及台北市分别缉捕中国国民党革命委员会海军联络员方铮及政治局组长何立人,冠以"颠覆政府"的罪名,今日在台北万华机场加以杀害。

　　△　上海市军事管制委员会颁发《战时船舶管理暂行办法》,宣布开放长江、黄浦江及吴淞。

　　△　中共黑龙江省委机关报《黑龙江日报》在齐齐哈尔创刊。该报由《嫩江日报》、《嫩江农民》、《新黑龙江日报》、《齐市新闻》合并改组而成。同日,中共河南省委机关报《河南日报》创刊。

　　△　被国民党上海社会局于3月19日下令查封的《展望》周刊,经上海市人民政府批准复刊。

　　6月2日　国民党中政会今晨在穗举行,吴铁城主席,李宗仁提名阎锡山出任行政院长,经全体与会委员一致同意。

　　△　人民解放军解放青岛。国民党军刘安琪第二十一兵团在美军撤出青岛后,登舰往台湾基隆逃跑。至此,山东省大陆全部解放。同

日,青岛市军事管制委员会及人民政府成立。向明为军管会主任,赖可可、谭希林为副主任,马保三为青岛市市长。

△ 中共中央为与日本进行直接贸易问题致电东北局,指出:"在双方有利而平等的条件下,我们不需要拒绝对日直接贸易,而应欢迎日船日商到中国口岸来通商。"

△ 国防部由广州迁重庆。

6 月 3 日 立法院第三会期第二十五次会议以 254 票赞成,56 票反对,通过李宗仁提名阎锡山出任行政院长组阁。

△ 华侨民主人士陈嘉庚、庄明理、王雨亭、张殊明等由港北上,今午抵平,中共中央代表林伯渠、华北人民政府主席董必武、北平市市长叶剑英及在平民主人士李济深、沈钧儒等 200 余人到车站欢迎。

△ 中国各民主党派领导人李济深、沈钧儒、章伯钧、黄炎培、马叙伦、谭平山、彭泽民、李章达、蔡廷锴、陈其尤发表联合声明,抗议港英当局通过《取缔社团活动条例》,剥夺中国政治党派、人民团体在香港活动权利及在港的每一个中国人的民主权利。指出:"根据这一反动法案,香港就要变成'警察国家'。香港居民将时时刻刻遭受被警察搜查逮捕的威胁。香港当局这种强权夺理的举动,是自夸的'保持民主自由传统'的英国政府所干的勾当!"严正声明:"英帝国主义这一连串反人民反民主的排华政策,是对于正在走向胜利道路的中国人民的一种挑衅行动。这种挑衅是万分冒险的,必然会引起各种严重的结果。"

△ 国民党军第九十六军副军长兼师长萧续武在福建永春起义。

△ 广东第二区(惠州)行政专员廖鸣欧及保安团军官陈佩、梁一飞策划起义事泄,遭枪决。

△ 西南军政长官张群批准辖区各省、市之金银准许自由流通,不加限制。省与省之间金银流通办法另订。金银带至辖区以外各省之数量,黄金限二两,银元限 50 枚。辖区外携带金银入境者不予限制。上项规定,即通令执行。

6 月 4 日 阎锡山 3 日在台北发表谈话,谓渠所主持之新内阁系

"作战内阁"，决与共产党斗争到底。是日，阎在高雄与蒋介石晤商内阁人选及施政方针。

△ 中国国民党革命委员会发表《告前南京国民党系统党员书》，号召他们赶快觉悟过来，不应该附从背叛人民、背叛孙中山先生的蒋介石反动集团，不应该跟着即将灭亡的蒋介石反动集团走进坟墓。指出"你们的出路只有一条：投到人民的队伍来，投到民主革命的阵营来，在消灭蒋介石反动集团的残余这一工作上尽你们的能力"。

6月5日 第一野战军于上月11日发起之陕中战役结束，解放渭河以南、秦岭以北、潼关以西、虢镇以东的陕中广大地区，包括西安及23座县城，共歼国民党军2.7万余人，内俘2.17万余人，毙伤2250人，起义1320人，投诚2070人。

△ 中共中央统战部部长李维汉会晤中国农民党主席董时进，指出中国农民党并不代表农民，而是代表地主、富农利益以及组织不纯等问题，不能作为党派单位参加新政协。至于该组织中的农业技术人员，可以为新中国贡献力量。董时进表示接受批评，停止其党务活动。本月25日发表《中国农民党为停止党务活动致力于生产建设宣言》，宣布解散（2月25日董在港曾与黄炎培谈及该党领袖人物并非农民，考虑改名农业学会）。

△ 上海科学文化界假基督教青年会礼堂举行盛大座谈会。科学、文化、教育、新闻、出版、文艺、戏剧、电影、美术、音乐等各方面代表吴有训、陈望道、周谷城、冯雪峰、茅以升、巴金、梅兰芳、周信芳、陈白尘、熊佛西、袁雪芬、张乐平等162人出席。座谈会由夏衍主持。陈毅在会上讲话，他首先对在反动统治下坚持正义斗争的上海文化教育界人士致以亲切慰问，然后就革命形势及党在文化教育方面的各种政策作了详尽的解释。谈到新中国的对外关系时说，"中国不仅欢迎与美、英的正常贸易关系，而且也欢迎贷款和技术援助"。并表示欢迎文化教育界人士团结合作共同建设新中国。

△ 蒋介石对即将出任行政院长兼国防部长的阎锡山交待：东区

沿海以舟山、台湾、琼岛、长山四群岛为基地,向粤、桂、湘、赣、闽、浙、苏、鲁、冀发展。西区以甘、青、川、康、黔、滇为基地,向宁、陕、晋、豫、绥发展。

　　△　阎锡山由台湾返回广州,对记者谈话宣称:他组织的新内阁,目标是争取军事胜利,稳定金融,提高士兵及公务人员待遇,组训民众,加大地方职权等等。

　　△　中国人民解放军浙江省军区在杭州成立。王建安为司令员,谭震林、谭启龙、姬鹏飞(兼政治部主任)为政治委员。

　　△　广东省政府派第四编练司令官欧震兼任广东省保安司令部代司令。

　　△　国民党军增防江西吉安,在陕西宝鸡成立前进指挥所。

　　6 月 6 日　李宗仁令:行政院长何应钦请辞准免,特任阎锡山为行政院院长;行政法院院长端木恺请辞,准免本职,特任王令希为行政法院院长;任命孙越崎兼经济部资源委员会主任;派杨森、王缵绪、钱大钧、邓锡侯、孙震、贺国光为西南军政长官公署副长官,派夏威为华中军政长官公署副长官。

　　△　李宗仁在广州讲演,鼓励国民党人"重新领导革命运动",痛改前非,肃清一切自私自利心理,捐除以往恩怨是非成见。同日,阎锡山谈话,叫嚷"确保华南,寸土必争",要求英、美等国予以支持。

　　△　行政院召开各部、会次长会议,讨论撤逃在广州的中央机关疏散问题。决定各机关按原编制遣散三分之二;留用人员十分之七赴重庆,十分之三留穗办公。

　　△　蒋介石在黎玉玺司令陪同下乘"永兴"舰由高雄海关码头出港,沿海岸至左营军港及海军总部视察。蒋向黎等鼓励说:"共产党是决不会成功的,但我们本身能否成功,要看我们自己的做法。"

　　△　美国驻华大使司徒雷登在南京会晤南京军管会外事处长黄华。黄华要求美国政府与国民党政府断绝关系,停止对其援助,并撤退驻华的武装部队,以表明美国放弃了已经失败的干涉政策,在此基础上

承认新政府。同时指出,中共在恢复经济、建设国家方面不可能实行把自己孤立起来的政策,新中国需要与外国建立商贸关系。

　　△　上海市军事管制委员会发布布告,宣布解散在沪之国民党、三青团、青年党、民社党等组织;解散国民党中统局、国防部保密局(军统)、国防部第二厅及其所属一切法西斯特务组织。查封并没收其所有公产、档案。

　　△　南昌市军事管制委员会成立。陈正人任主任,陈奇涵、邵式平任副主任。

　　6月7日　中共中央华中局及人民解放军华中军区同时成立,林彪任华中局第一书记、罗荣桓任第二书记、邓子恢任第三书记;林彪任华中军区司令员、罗荣桓任第一政治委员、邓子恢任第二政治委员、谭政任政治部主任、萧克任第一参谋长。原中原局及中原军区撤销。

　　△　阎锡山在广州招待中外记者,宣称:"今后政府决不再考虑与共党言和,坚决领导全国军民戡乱到底。"

　　△　中共江西省委机关报《江西日报》在南昌创刊。

　　6月8日　《绥远和平协议》正式签字。中共中央于3月提出不用战斗解决绥远问题的"绥远方式",并由华北人民政府和傅作义各派出代表在北平进行具体协商,拟订了《绥远和平协议》草案。经西北军政长官公署副长官兼绥远省政府主席董其武同意,是日双方代表在北平举行签字仪式。参加者中共中央华北局及华北人民政府方面有董必武、薄一波、张友渔、杨秀峰。傅作义及绥远方面有傅作义、周北峰、王克俊、康保安。由华北人民政府主席董必武和绥远省政府主席董其武(康保安代表)在协议上签字。签字仪式后,毛泽东在中南海接见傅作义、邓宝珊、周北峰、阎又文,周恩来、朱德、聂荣臻、薄一波在座。毛泽东说:"你们商定的绥远和平条款我看了,就按那执行吧。不过,不要登报,因为你们没有写明有了北平和平解放,才有绥远和平解放。不然别处都要求'绥远方式',我们就不好办了。"

　　△　司徒雷登秘书傅泾波告知黄华称:接到美国副国务卿韦勃最

近来电,希望司徒雷登在返美前能赴北平与周恩来会见一次,以获知中共最高层方面对与美国关系的想法,希望黄华将此请求转告中共中央。中共中央领导人研究了这一请求,毛泽东亲自决定同意司徒雷登到北平晤谈。

△　李宗仁任命刘诚云为总统府参军。

△　第三野战军一部解放闽东北之福鼎县城,并在该城附近俘国民党军 200 余人。

△　流窜于南昌郊区的四个保安团共 2000 余人,在保安第九团正、副团长率领下向人民解放军投诚。

△　中国反侵略大同盟举行第一次执行委员会议,决议:一、推定阎锡山、于斌、蒋匀田、贺衷寒、胡国伟五人为常务委员,并推阎锡山为主席。二、以蒋匀田、罗衡、郑彦棻、谷正鼎、张其昀、程天放等所提出之组织宣传意见为原则,交由常务委员会拟订工作大纲。三、大量征求农工及青年群众入盟,开展"反侵略"工作。四、筹备成立各省、市及海外支部。

6 月 9 日　美国外交部远东司和联合国司联合提出由联合国托管台湾的计划,主张美国立即争取尽可能多的联合国会员国,特别是英国的支持,然后在联合国特别会议上提出由联合国在台湾举行公民投票,以达到由联合国托管台湾,实现台湾独立的目的;并由美国单方面宣布废除《开罗宣言》关于台湾归还中国的规定。

△　江西省政府主席方天由港抵穗,除晋谒李宗仁、何应钦、阎锡山、顾祝同外,并访余汉谋、薛岳等,策划加强赣、粤、湘军事联防。

△　监察院内政地政委员会、财政粮政委员会、交通委员会联席会议决议:各地拒用金圆券,效用已失,财部迄无对策,应予纠正。

△　闽江泛滥,福州市区西南部淹没,部分地区水深达七尺以上。夜间洪水与海水高潮相逢。

△　第四野战军第四十三军主力 9 日由鄂境通山附近进入赣境武宁一带,一部已至修水附近。是日,驻崇仁附近之二野第十三军第四十

三师向新淦方面移动。

　　△　国民党中央监察委员会决议永远开除杨虎城党籍。

　　△　豫西国防部第三纵队司令刘希程率部在河南灵宝起义。

　　△　国民党军第二十八军军长刘秉哲潜藏在上海，被上海市军管会俘获。

　　△　由白崇禧策划组织的类似特务组织"湖南青年工作团"成立，白崇禧自兼团长，白的亲信、省民政厅长田良骥任团部主任。

　　△　财政部钱币司在一份签呈中承认："目前金圆券贬值太甚，各地均予拒用，金圆券事实上已失去流通之效力，在币制迟迟未付诸实施前，市面上无合法之通货，系属实情。"施行了十个月的金圆券步法币之后尘，面临绝境。

　　6月上旬　蒋介石于上月下旬命青海马步芳和宁夏马鸿逵分由平凉、天水、宁夏驰援陕中，协助胡宗南集团反扑咸阳、西安。本月初，二马组成宁青联合兵团，由青海兵团司令官马继援任总指挥，宁夏兵团前线指挥官卢忠良任副总指挥。青海兵团辖第八十二、第一二九两个军，总兵力 7.5 万余人；宁夏兵团辖第十一、第一二八两个军，总兵力约四万人。宁夏海固兵团（司令官马惇靖）辖第八十一军和独立骑兵军，总兵力约二万人。兵分三路沿西兰公路东进，直扑咸阳。第一路军（中路），由宁夏第十一军担任，取道长武、邠县、永寿，沿西兰公路向乾县和醴泉进发；第二路军（右路），由宁夏第一二八军担任，取道十字镇（属泾川）、灵台县、关头镇（属永寿）、崔木镇（属麟游），沿西兰公路以南向咸阳西南之兴平推进；第三路军（左路），由青海第八十二军及骑八旅等部担任，于西兰公路左侧沿泾河推进。青海兵团之第一二九军后续到达邠县、长武一带集结，为总预备队。

　　6月11日　国民党中政会通过新阁名单：行政院副院长朱家骅、秘书长仇炳声、国防部长阎锡山兼、外交部长胡适、内政部长李汉魂、财政部长徐堪、经济部长刘航琛、教育部长杭立武、交通部长端木杰、司法行政部长张知本、蒙藏委员会委员长关吉玉、侨务委员会委员长戴愧生、政务委员张群、吴铁城、陈立夫、徐永昌、黄少谷、万鸿图(青年党)、王师曾(民社党)。次日,李宗仁以总统明令发表。

△ 国民党中常会决议通过蒋介石关于设立最高决策机构——非常委员会的提议,由蒋介石任主席,李宗仁任副主席,居正、孙科、于右任、何应钦、阎锡山、吴忠信、张群、吴铁城、陈立夫、朱家骅为委员。此委员会将从事党务之改革,以求配合新阁之"战时施政方针"。

△ 云南省政府主席卢汉为对付桂军入滇,力图自保,是日在五华山召集官绅各界座谈会,讨论桂军入滇问题。会议一致同意由省参议会致电李宗仁、白崇禧提出抗议,并要求李宗仁"采取措施,肃清特务组织,保障民权"。省参议会还号召"全省人民团结起来,作为抗拒桂军入滇的后盾","如果滇民呼吁阻桂军无效,决将坚壁清野对付"。卢汉亦宣布"本省绥署及各法团等,一致反对桂军入滇"。李宗仁见云南反对激烈,旋撤销滇黔桂边区绥靖司令部,调回桂军第三〇三师,并派广西绥署副主任甘丽初往云南修好。

△ 白崇禧宣布取缔湖南人民自救委员会。宣称:"各地自救会,擅自收编人枪,把持武力,苛扰人民,应严行取缔,以竭乱源。"

△ 第一野战军在陕中的永寿、乾县之间地区,截击沿西兰公路东犯的宁青联合兵团第八十二军之第七十六旅、第二四八师、第一〇〇师、第七十四旅,第十一军之第一六八师,毙伤青海兵团第二四八师2000 余人,并击伤该师师长韩有禄。同日,胡宗南部第五兵团趁解放军东撤,进占岐山、扶风。

△ 陕北三边地方人民武装收复安边县城。

△ 湖南《中央日报》因刊载"国军撤离赣州"的消息,被勒令停刊三天,社长段梦晖遭拘禁。白崇禧为加紧对舆论工具的控制,从 5 月中旬以来,先后有《长江晚报》、《新潮日报》、《晚晚报》、《实践晚报》被勒令短期停刊或永久停刊。

6 月 12 日 胡宗南集团进占陕中郿县、鄠县。青海兵团马步芳部进占乾县、醴泉。第一野战军于郿县东南之宁堡、金渠镇地区歼胡部第二十八师、第一六五师大部约 5500 余人,其中俘第一六五师师长孙铁英以下 3000 余人。次日,胡、马军会合于兴平。18 日,马步芳部骑兵在三原被解放军包围。

△ 据美联社堪萨斯州尉契塔是日消息:美国比契克莱夫特公司已将该公司所制 D—18 式双引擎军事教练机 20 架交给中国政府,以帮助其继续训练空军人员。

△ 新华社报道,南京中央研究院、中央图书馆、中国地理研究所、边疆文化教育馆、开国文献馆、北平图书馆南京分馆等 17 个著名学术机构接收清点完毕。

6 月 13 日 新任行政院长阎锡山及各部、会长官在广州举行就职典礼。阎发表就职演说及就职通电,宣称"当前措施,以争取胜利为第一要着","尤宜配合军事,一切为了前线,一切支援前线"。

△ 白崇禧于本月 10 日致电在港的刘斐,请其回湘。刘复电表示如白能到广州,他愿同白及李宗仁在一起详谈。12 日白从衡阳飞广州,是日晨刘斐由程思远、邱昌渭陪同秘密飞抵广州,在中华北路李宗仁官邸与李、白晤谈。刘斐介绍了和谈代表团在北平的活动情况,向李、白指出现在胜败之势已定,无法改变。并对白说"为今之计,只有德公(李)下野,因为他已失去讲和的资格,而由你率领湘、桂两省军政人员和部队举行局部起义。这样,不仅你们在政治上有出路,而且还可救全多年追随你们的部下"。白崇禧竟以"汉曹不两立",表示除与中共拼到底而外,没有第二条路可走。

△ 监察院向行政院财政部提出对"通货贬值,币制紊乱,外币充斥,公私交困,财政当局熟视无睹"的纠正案。

△ 北平各界代表、民主人士、华侨青年 200 余人在北京饭店举行茶话会,热烈欢迎南洋华侨民主人士陈嘉庚等。北平市长叶剑英及林伯渠、李济深、沈钧儒、郭沫若、彭泽民、许广平等先后致欢迎词。陈嘉庚报告了南洋华侨的现状和南洋各国民族民主运动的近况。

△ 向咸阳、西安反扑的宁青联合兵团总指挥马继援,侦知守卫咸

阳之解放军兵力不多,西安也空虚,为与宁夏兵团争功,擅自改变原定进军路线,将担任左侧翼掩护的第八十二军移至西兰公路,当宁夏兵团第一二八军到达乾县时,青海兵团第八十二军越过乾县,令第一九〇师师长马振武为咸阳步骑总指挥,集结第一九〇、第二四八师和骑八旅近三万人攻打咸阳。马继援扬言:"明天早上就把八十二军的军旗插在咸阳城楼上。"经是日一昼夜的激战,多次组织强攻,几度与守城的人民解放军短兵相接,展开肉搏,均被人民解放军击退。马部被歼 2000 余人,败退乾县。胡宗南按兵不动,坐观成败。

△ 第三野战军解放古田县城。国民党军向福州方面逃窜。

△ 粤东梅县、五华、兴宁、紫金、大埔、蕉岭六县人民起义驱逐国民党军。地方人民游击队解放惠来县城。

△ 重庆市长杨森,以渝市财政困难,公教人员无法维持最低生活,电广州行政院呈请辞职。旋得复电恳切慰留,28 日,杨打消辞意。

△ 华北人民政府命令绥蒙区改为绥远省,绥蒙政府改名为绥远省人民政府,原绥蒙政府主席杨植霖为绥远省人民政府主席。

△ 上海《大公报》报道,华东军政大学成立,校址设在南京、苏州,陈毅任校长。

△ 香港特务部不顾中国各民主党派的强烈反对,顽固实行《取缔社团活动条例》,是日强行搜查中共香港工委负责人方方的住宅。

6 月 14 日   浙江反共第二司令部司令曹家政率所部 1358 人向人民解放军浙江军区第二军分区投诚。

6 月 15 日   新政治协商会议筹备会第一次全体会议在北平中南海勤政殿开幕。参加会议的有中国共产党、各民主党派、无党派民主人士及人民团体等 23 个单位,共 134 人。中共中央政治局委员、中央军委副主席周恩来担任临时主席并致开幕词。中国共产党中央委员会主席毛泽东、中国人民解放军总司令朱德、中国国民党革命委员会主席李济深、中国民主同盟中央常务委员沈钧儒、无党派民主人士郭沫若、产业界民主人士陈叔通、海外华侨民主人士陈嘉庚等先后发表讲话。毛泽东在讲话中指出,召开新政协的时机已经成熟,筹备会的任务是:"完成各项必要的准备工作,迅速召开新的政治协商会议,成立民主联合政府,以便领导全国人民,以最快的速度肃清国民党反动派的残余力量,统一全中国,有系统地、有步骤地在全国范围内进行政治的、经济的、文化的和国防的建设工作。"

　　△　中国人民革命军事委员会发布命令,公布人民解放军军旗及军徽样式。军旗为红地,上缀金黄色五角星和"八一"两字。新华社同时发表了题为《把人民解放军的军旗插遍全中国》的短评。

　　△　阎锡山召集行政院首次政务会议,通过封锁解放区海口等案。并通过对河南省政府委员兼主席张轸撤职并通缉,派赵子立(原张轸所部第一二七军军长)暂行代理河南省主席职务。

　　△　在美国民主远东政策委员会主持下,纽约召开"庆祝新中国——拥护和平的战友"大会,与会者万余人。大会通过致中国人民的贺电。

　　△　空军第十一大队毛履武驾驶 P—47 战斗机一架起义,由陕西南郑飞抵河南安阳。

　　△　浙东临海县城国民党军戚永年部三个团 3900 余人向解放军投诚。

　　△　台湾省政府正式颁布《台湾省币制改革方案》、《新台币发行办法》及《新台币发行准备监理委员会组织规程》。台湾省政府宣称此次新台币发行,有中央银行存台的 80 万两黄金作准备金,有美钞 1000 万元作为台省对外贸易的基金。发行办法为:一、指定由台湾银行发行。二、发行总额以二亿元为限。三、单位为元,面额为一元、五元、10 元、100 元四种。四、辅币为角、分,面额为一分、五分、一角、五角四种。五、以美元为计算单位,与美元的汇率为 5∶1。六、与旧台币的兑换率为 1∶4 万,并限于 12 月 31 日前兑换。七、流通范围以台湾省区为限。八、以黄金、白银、外汇及可以换取外汇的物资为准备金,十足准备发行,可以无限制储兑黄金。此外,台湾省政府为维持新台币币值,宣布割断新台币与大陆上金圆券的一切联系。

△　上海《文汇报》复刊。该报于 1947 年被国民党当局以"泄露军事机密"的罪名强迫停刊后移至香港出版。本月 7 日,该报社 20 余人由香港返抵上海筹备复刊。沪刊恢复后,其港版仍继续出版。

6 月 16 日　新政协筹备会第一次全体会议在中南海勤政殿继续举行。李济深任执行主席,周恩来作关于《新政治协商会议筹备会组织条例(草案)》的解释报告和草案第八条关于表决问题的说明,指出筹备会的主要任务。会议修正通过了《新政治协商会议筹备会组织条例》;通过毛泽东、朱德、李济深、李立三、沈钧儒、沈雁冰、周恩来、林伯渠、马叙伦、马寅初、乌兰夫、章伯钧、张澜、张奚若、郭沫若、陈叔通、陈嘉庚、黄炎培、蔡廷锴、蔡畅、谭平山 21 人为新政协筹备会常务委员。

△　晚上,周恩来主持召开新政协筹备会常务委员会第一次会议,推选毛泽东为常务委员会主任,周恩来、李济深、沈钧儒、郭沫若、陈叔通为副主任,李维汉为秘书长,齐燕铭、余心清、周新民、孙起孟、宦乡、沈体兰、罗叔章、连贯、阎宝航为副秘书长。会议决定设立秘书处、庶务处、招待处、新闻处四个工作机构,以梁蔼然、周子健、申伯纯、宦乡分任处长。通过《各单位代表参加小组的办法》,该办法规定本届会议设立六个小组,分别负责拟定参加新政协之单位及其代表名单;起草新政协会议组织条例;起草共同纲领;拟定政府组织大纲;起草大会宣言;拟定国旗、国歌、国徽方案。指定李维汉为第一小组组长,章伯钧为副组长;谭平山为第二小组组长,周新民为副组长;周恩来为第三小组组长,许德珩为副组长;董必武为第四小组组长,黄炎培为副组长;郭沫若为第五小组组长,陈劭先为副组长;马叙伦为第六小组组长,叶剑英、茅盾为副组长。会议还通过《关于新政治协商会议筹备会全体会议执行表决具体办法》。

△　中共中央决定中共西北局委员会由彭德怀等 23 人组成,以彭德怀、贺龙、习仲勋、马明芳、王维舟、李井泉、马文瑞、刘景范、贾拓夫九人为常委。彭德怀为第一书记,贺龙为第二书记,习仲勋为第三书记。

△　李宗仁、阎锡山联名致电蒋介石,坚请莅穗主持大局。

△ 中国民主同盟机关报《光明日报》在北平创刊。毛泽东主席题词:"团结起来,光明在望"。周恩来题词:"光明之路"。该报刊登《发刊辞》,以民盟的奋斗目标"民主和平,独立统一"为目标,提出新闻方针四点:一、负责的态度;二、服务的精神;三、建设的批评;四、忠实的报导。

6月17日 中共中央就江西农工民主党及其武装问题,指示中共江西党组织,指出农工民主党在江西的地方组织颇多,成分虽然复杂,但确有一批进步分子,在赣南与我地下组织有合作关系,要慎重处理与该党有关的问题。对江西农工民主党地方组织或个别党员所掌握的武装,应交人民解放军整编。

△ 西南军政长官张群在官邸宴蒋梦麟、晏阳初、陈开泗、卢作孚、何北衡等,就川省农地减租事宜交换意见。

△ 江西省人民政府成立,邵式平任主席,范式人、方志纯任副主席。本月25日成立人民解放军江西军区,陈奇涵任司令员,陈正人任政治委员,杨国夫任副司令员,彭嘉庆任副政治委员兼政治部主任。

△ 湖南衡阳地区遭受水灾。是日长沙电称,房屋被冲毁7000余幢,田地被淹没、冲坏80万亩,死亡二万余人。

6月18日 新政协筹备会各小组分别举行成立会和第一次会议,负责起草新政协组织条例的第二小组推定周新民等草拟讨论提纲。负责起草共同纲领的第三小组会议由周恩来主持,周在会上说:共同纲领将"决定联合政府的产生,也是各党派各团体合作的基础"。会议决定由中共起草共同纲领初稿。负责起草政府组织大纲的第四小组,推出张志让、张东荪、滕代远、阎宝航、雷洁琼、陈其尤、林砺儒七人草拟讨论提纲。负责起草新政协大会宣言的第五小组,推定郭沫若、胡愈之、胡乔木拟出宣言初稿。

△ 蒋介石自高雄复电李宗仁、阎锡山,略谓:"时局艰难,兄等持颠扶倾,辛劳倍尝,感佩之余,时用系念,辱承约晤,能不遵行? 兹拟于短期内处理琐事完毕,决定行期,另电奉告。"对于国际传闻台湾由联合国托管之说,蒋介石申明:"死守台湾,确保领土,尽我国民天职,决不能

交归盟国。"

△　阎锡山向李宗仁报告拟议之施政方针。李询问几天来处理政务情况,阎答以"束手无策,坐以待毙"八字。进而说:"我们今日一切无数字,一切无专责,认识纷歧,主张各异,军事影响财政,财政累倒金融,金融减低收入。财政又影响军事及庶政,中央地方一切脱节,指挥不灵,解款扣留,要款无度,军队命令不行,作战无法部署。"以及"非常会议政策未定,处事无法贯彻,真感到'束手无策,坐以待毙'"。

△　行政院下令全面封锁中共占领区沿海港口,自闽江口起至辽河止,自 6 月 26 日起施行。

△　东北行政委员会公安部公布在沈阳破获美国间谍案,主犯佐佐木弘经(日本人)、伯彦苍(蒙古人)、吴人杰(中美混血)等全部落网归案,并缴获收发机六部、发电机三台、密码 16 本,以及工作计划、信件、地图、情报存底等大量罪证。

6 月 19 日　新政协筹备会第一次全体会议在中南海勤政殿继续举行。周恩来任执行主席。就无党派民主人士的称谓与实质问题作说明,指出:"无党派民主人士,是在中国革命的具体历史条件下发展形成的。"由于国民党反动统治的严重压迫,许多志士仁人虽然没有组织起来,但却在领导着、联系着很大一批民主人士从事民主运动。因此严格和正确地说,无党派民主人士是"没有党派组织的有党派性的民主人士"。李维汉代表第一小组作了《关于参加新政协会议的单位及其代表名额的规定(草案)》的说明,并通过了这个规定。会上还对 16 日全体会议通过的《新政治协商会议筹备会组织条例》作了文字上的修改。最后会议通过了两项临时动议:一、邓初民、许德珩、沈钧儒等提议全体代表起立向中国人民领袖毛泽东和人民解放军总司令朱德致敬,全体代表当即一致起立,热烈鼓掌。二、毛泽东提议本年 7 月 7 日由参加新政协筹备会的各党派、各团体、各单位联名发表纪念"七七"抗日战争十二周年文件,即经会议一致通过。第一次全体会议宣告闭幕。

△　中共中央主席毛泽东致函在沪之宋庆龄,谓:"重庆违教,忽近

四年。仰望之诚,与日俱积。兹者全国革命胜利在即,建设大计,亟待商筹,特派邓颖超同志趋前致候,专诚欢迎先生北上。敬希命驾莅平,以便就近请教,至祈勿却为盼。"

　　△　中华全国第一次科学会议筹备会成立大会在北平举行。东北、华北、天津等地和北平的科学界人士共 120 余人出席。中共中央领导人朱德、陈云、林伯渠等出席并讲了话。大会推选吴玉章为主任委员。

　　△　人民解放军渭南、大荔分区部队在解放潼关后进军华山。根据华山天险,避开正面,在当地群众协助下,于 14 日凌晨 3 时登上北峰,全歼北峰守军。15 日晨迫使温神洞守军投降,接连占领苍龙岭、千尺幢、温神洞三据点。盘据西峰的国民党保安第六旅旅长韩子佩,于是日上午缴械投降,华山解放。

　　△　"反共救国总队"在广州成立,参加者 3397 人。阎锡山在会上训词,谓"民国缔造艰难,不容失败"。

6 月 20 日　行政院第六十九次会议通过《行政院战时施政方针案》,在政治上"加强省县地方职权,使能适应时机,走上全面总体战的目的",并要求"加强地方武装,做到民众自清、自卫、自治","实行兵农合一,以充裕兵源"。军事上要"核定兵额,提高剿匪情绪","厉行赏罚,破格提拔忠勇有功将士,严格整饬军纪,务求做到令行禁止";"发展民众武力,做到全面总体战"。经济上提出要"改革币制,稳定金融","扶植工商业","发展农业生产"。外交上要加强"与各民主友邦反侵略阵线的关系"。阎锡山还在会上提出控诉苏联案,他说:"我们不控诉苏联,是我们失了光明,鼓励了侵略","要世界各国知道侵略中国的祸首是苏联"。

　　△　行政院第六十九次会议决议:派潘文华、陈明仁、宋希濂、徐祖诒为华中军政长官公署副长官,李品仙兼副长官,宋希濂仍兼湘鄂边区绥靖总司令,徐祖诒仍兼华中军政长官公署参谋长。29 日,李宗仁明令发表。

△ 蒋介石接获驻日本东京代表团电告,略称:"盟总对于台湾军事颇为顾虑,并有将台湾由我移交盟国或联合国暂管之拟议。"蒋即电示该团负责人详告盟军统帅麦克阿瑟:一、台湾移归盟国或联合国暂管之拟议,实际上为中国政府无法接受之办法,因为此种办法违反中国国民心理,尤与中正本人自开罗会议争回台、澎之一贯努力与立场,根本相反。二、台湾很可能在短期内成为中国反共力量之新的政治希望。三、美国政府即令单从实际的利害上考虑,亦决不能承认中共政权。四、"深盼麦帅本其在东亚盟国统帅之立场,以其对于赤祸与东亚前途之关系",应极力主张"美国政府决不考虑承认中共政权,并应本其领导国际之地位与力量,防阻他国承认;美国政府应采取积极态度,协助中国反共力量,并应协助我政府确保台湾"。

△ 行政院新闻处处长鲍静安发表声明宣布:"即自闽江口北东经119°40′,北纬26°15′之起点,往北至辽河东经122°20′,北纬40°30′为止点,沿海领海岸领海范围以内地区暂予关闭,包括永嘉、宁波、上海、天津、秦皇岛在内,严禁一切外籍船舶驶入。""自本月26日零时零分起对外籍船舶之违反此项决定者,即予制止。至外籍船舶因违反此项决定而遭遇之任何危险,应由其自行负责。"以上各节,同时由外交部分别通知各国政府转饬遵照。

△ 国民党中常会在广州召开,在粤之中常委及李宗仁、阎锡山、顾祝同、萧毅肃、程思远等出席。首由顾祝同报告上海撤退后的军事形势,继由参谋总部次长萧毅肃说明西安撤退后,胡宗南、宋希濂等部准备退守四川,而保卫广东仅能依靠白崇禧指挥的三个军。对此吴铁城责问说:"5月下旬汤恩伯从上海撤出,为什么调去福建而不调广东?刘安祺兵团从青岛撤出,为什么远去海南岛而不调粤北?从这些部署来看,国防部只准备守住沿海一些岛屿,从来没有制订保卫华南的整个军事计划。"提出"本党为救亡图存,复兴再起,当以保卫广东为首要任务",并责问:"国防部这样部署兵力,究竟是谁的主意?"顾祝同答谓:"所有部队调动和兵力部署以及有关构筑防御工事问题都是由总裁亲

自决定的。"与会者均缄口不语。

　　△　白崇禧为阻挠湖南省主席程潜走和平道路,意欲吞掉驻扎宁乡至岳麓山一带的程嫡系部队第一〇二军第三一四师,便借整编之名,交由他认为"反共坚决"的陈明仁对湖南部队进行整编,并将第三一四师番号秘密撤销。该师师长陈达探知白的用心,即与驻该师中共地下党代表罗觉生等商定,接受人民解放军江南地下党第四军第二师番号,于本月10日率部进驻宁乡莲花山,提出"打倒白崇禧,保卫程主任"的口号。程潜担心陈达此举影响湖南整个计划,经与陈明仁、李默庵商定将该师改编为保安师,动员该师开回岳麓山。是日,陈达率第三一四师分两个纵队向岳麓山开进时,白崇禧密调转向衡阳开拔的嫡系第七军及其他一部共13个步兵团,一个炮兵团,绕道湘潭,埋伏于第三一四师必经之地,待其进入埋伏圈,突然发起攻击。第三一四师于仓促中被迫应战,激战一夜,击溃桂军两个团,终因寡不敌众,全师溃散,师长陈达、副师长刘隽只身逃走。其向西突围之第四九〇团一部加入中共地方游击队。

　　6月中旬　参加太原战役之人民解放军第十八兵团(辖第六十、六十一、六十二军)、第十九兵团(辖第六十三、六十四、六十五军)及第七军、第一军之第三师、第三军之第八师等部全部到达西安、三原地区。西北战场上人民解放军力量超过国民党军。

　　6月21日　晚8时,新政协筹备会常务委员会在中南海勤政殿举行第二次会议,出席常委16人,列席五人,周恩来任会议主席。会议讨论通过五项决议:一、常务委员因故不能出席常委会,毋需请人代理。二、第四小组副组长黄炎培南下期间,其职务由张奚若代理。三、修正《关于参加新政治协商会议的单位及其代表名额的规定》全文。四、关于工商、教育、社会科学等团体的筹备发起与促成工作,指定下列代表邀请有关方面举行座谈,于一周内拟出具体方案提交常委会:工商方面由陈云、李烛尘等五人负责;教育方面由李维汉、董必武等七人负责;社会科学方面由周恩来、郭沫若、沈钧儒三人负责。五、纪念"七七"抗日战争十二周年文告由第五小组起草。

△ 蒋介石偕俞济时等由台北松山机场飞福州,上午 9 时半在福州南郊机场办公大楼召开临时军事会议,参加人员有福州绥署主任兼福建省主席朱绍良、东南前进指挥所主任汤恩伯、第六兵团司令官李延年及各军正、副军长、师长等 80 余人。首由各单位主官报告军情概况后,蒋介石训话,声称他以党的总裁地位来领导大家"和共产党作殊死战",望大家"戮力同心,争取最后胜利"。并说"台湾将是党国的复兴地,它的地位的重要异于寻常","没有福建就无以确保台湾"。这次会议就福建的防务,调整机构与部队整编等作出决定。决定成立东南军政长官公署,统一指挥浙、闽、粤、台四省军政事宜,长官人选待定。即行成立东南区点验整编委员会,以蒋鼎文、俞飞鹏充正、副主委。会后,蒋分别召见朱绍良、汤恩伯、李延年、王修身等九人个别谈话。下午 3 时,蒋乘原机返台。

△ 刘少奇率领高岗、王稼祥为成员的中共中央代表团秘密访问苏联。随团工作人员有师哲、邓力群、戈宝权。

△ 周恩来致函宋庆龄,略谓:"每当蒋贼肆虐之际,辄以先生安全为念。""现全国胜利在即,新中国建设有待于先生指教者正多,敢借颖超专诚迎迓之便,谨陈渴望先生北上之情。敬希早日命驾,实为至幸。"

△ 李宗仁明令公布《惩治叛乱条例》,凡 13 条,并废除《善后事业委员会组织条例》。

△ 胡适电辞外交部长职。阎锡山要求胡不要公开发表辞不就职的消息。

△ 香港太古公司代理之英国邮轮"安琪色施号"于是日晨在吴淞口外遭国民党飞机轰炸,四名船员受伤,一为重伤,该轮随即倾斜,搁于海滩。数小时后,国民党飞机复来轰炸,弹落英商亚细亚公司油仓,焚毁火油二万罐。英国大使馆驻广州代表科格希尔向外交部提出抗议,并声明英政府保留要求赔偿损失的权利。25 日,外交部答复英国的抗议,要求英轮驶离各封锁港口。

△ 广东省第三十次省务会议决定授权广东省银行,仍以现兑及兑现办法继续发行广东省大洋票,作为本省通用货币,票额分为一元、五元、10 元、100 元四种。

△ 李宗仁代表甘介侯晤美国总统杜鲁门,面交李宗仁致杜鲁门亲笔函,并详细解释李宗仁和国民党当局进一步抵抗共产党之秘密计划,要求美国予以援助。杜鲁门对国民党政府从东北到长江流域如此广大的土地连同美国提供的大量军火弹药如此迅速地落入中共手中表示极为失望,他说:"我希望实实在在地看到,中国军队仍然准备和愿意打仗。"

△ 行政院第七十次会议决议:一、派张官玮为黔桂边区绥靖司令官。二、派孙渡为云南绥靖公署副主任。

△ 行政院电令各省中央银行,规定金圆券与银元比值为金圆券五亿元兑换银元一元,并准照此比值缴纳各项税款。

△ 西南军政长官公署制订辖区各省、市第一期政务提要。对于土地改革,分如下四纲:一、实行农地减租,力求贯彻,以安定农村社会。二、督导垦殖荒地,扩大冬耕面积,推广优良品种,维护农村副业,运用义务劳动兴修水利。三、研究实施兵农合一政策。四、普遍成立保农会,并由下而上,彻底改组各级农会,以团结农民,促进土地改革,加强"戡乱自卫"力量。

△ 《和平日报》总社董事会议决议,将各地《和平日报》恢复《扫荡报》原名,以配合国民党残余势力"恢复扫荡精神",该报台湾版已定于23 日起改称《扫荡报》。

6 月 23 日 董必武在新政协筹备会第四小组起草提纲委员会上谈政协的性质、地位和新政权的组织问题,他说:在人民代表大会召开前,由新政协产生政府,人民政府委员会是最高政权机关,将来是人民代表大会;政务院是最高行政机关。

△ 行政院长阎锡山今晨接见由闽飞穗之海军总司令桂永清,研讨海军封锁各港口事宜。

△ 行政院新闻处发表战时施政方针,以军事为核心,一切都为支前,做到全面总体战。

6 月 24 日 中国民主同盟领导人张澜、史良、罗隆基,三民主义同志会郭春涛,民革王葆真等由沪抵达北平,中共中央代表林伯渠、董必武、李维汉以及民革主席李济深,民盟中常委沈钧儒、章伯钧,无党派民主人士郭沫若,三民主义同志会中常委谭平山,农工民主党领导人彭泽民等 15 人到车站迎接。

△ 蒋介石在台北主持东南区军事会议。同日,蒋拜访吴稚晖,决定设立总裁办公室。

△ 李宗仁令:一、总统府秘书长翁文灏呈请辞职,准免本职,特任邱昌渭为总统府秘书长。二、准中央银行总裁刘攻芸辞职,特任徐堪兼中央银行总裁。

△ 监察院第五十二次会议决议:拥护立法院决议征借宋子文、孔祥熙、张嘉璈等财产 10 亿美元一案,要求行政院迅予强制执行。下午,行政院长阎锡山举行招待监察委员茶会,哀叹目前情况"最困难的就是财政,现在已到了山穷水尽的关头,如果我们再变不出'柳暗花明又一村'的新路来,整个国政就都没办法了"。

△ 四川省主席王陵基自渝飞穗,次日晨往行政院晋谒阎锡山,报告川省政情,并请示今后施政要旨。26 日,奉召飞台见蒋介石。

△ 白崇禧为"围剿"中共湖南地方游击武装,从第一兵团抽调兵力分从益阳、安北、邵阳向宁乡、长沙方面压迫、包围;同时指使土匪头子、"西南民主联军"总司令尹立言率部从武岗到湘乡、安化边界插入中共游击队根据地。这一计划由第一兵团参谋长文于一秘密抄送中共湖南省工委。湖南人民解放总队湘中第一支队司令姜亚勋获悉,决定集中力量对尹立言部予以打击。是日拂晓向"西南民主联军"发起总攻,上午 9 时攻入其指挥所,"西南民主联军"溃不成军,尹立言落荒而逃,其副司令龙锡金以下千余人被俘。游击队获胜后向西北方向转移,致使沿宝潭公路进攻的国民党军扑空。

△　华中军政长官公署令长沙市警备司令部解散长沙市学联。

△　贵州安龙县(今安龙布依族苗族自治县)永和一带的人民群众,在中共地下党组织下,为反抗国民党反动统治举行武装暴动。是晚,群众武装开始袭击永和乡,乡长率乡丁逃跑,暴动取得胜利。其后,暴动武装采取灵活战术与前往镇压的大批国民党军展开游击战,一直坚持到贵州解放。

6月25日　第一野战军在陕西郿县东南地区的阻击战结束,粉碎了胡宗南及马家军由西向东分路向咸阳地区的联合反扑,共歼胡、马部1.354万余人(其中毙伤9770人,俘虏3410人,起义360人)。次日,毛泽东致电第一野战军第十九兵团,指示"杨(得志)兵团应立即向西开进,迫近两马筑工,担任钳制两马任务,并严防两马回击"。特别指出"千万不可轻视两马,否则必致吃亏"。

△　陆军总司令张发奎辞职获准,遗缺以参谋总长顾祝同兼任。张、顾二人于今日上午举行接交仪式。

△　西南军政长官公署政务委员会在渝市参议会召开座谈会,到工商各界500余人,讨论平抑物价办法,决定恢复议价,物价以本月22日为准。

△　台湾警备总部在基隆成立海防指挥部。

6月26日　张治中在北平发表《对时局的声明》,首先驳斥国民党中央社报道"张治中在平被扣"等几则电讯乃"一派胡言诳语"。阐述他留平80多天的所见所闻,"觉得处处显露出一种新的转变、新的趋势,象征着我们国家民族的前途已显露新的希望",使他"多年来内心所累积的苦闷,为之一扫而空,真是精神上获得了解放"。继则指出和谈破裂的责任在于国民党当局,希望国民党中央及各地方当局"能够善用理智,正视现实,以反省自咎的胸襟,作悬崖勒马的打算","现在虽未为晚,实已到了最后机会,万不宜轻忽地听其错过","继续作毫无希望的战争"。

△　刘少奇率中共中央代表团抵莫斯科。28日,斯大林、莫洛托夫、马林科夫、米高扬等会见中共中央代表团。

△ 上午 10 时，董必武、李维汉、孙起孟、张奚若、周扬、吴晗等 40 人在北京饭店举行教育界座谈会，讨论筹备召集全国教育工作者代表会议。会议决定由到会者为发起人，推选董必武、林砺儒、钱俊瑞、孙起孟等 11 人组成干事会，负责具体筹备工作。

△ 蒋介石于 24 日到达台北。是日，李宗仁、阎锡山致电蒋介石，催其赴穗。立法委员 180 余人亦自广州联名函请蒋介石即日前往主持危局。同日，蒋介石发表《本党革命的经过与失败的因果关系》的讲话，妄称"不出三年消灭中共"。

△ 吴铁城在广州广播电台播讲《反共斗争与世界前途》。宣称："如果世人认为第三次世界大战无可避免，那么第三次大战实已在亚洲爆发了。在欧洲的只是冷战，而在中国的却是热战，这种热战发展的结果，便是世界革命，那就是第三次世界大战到底不能避免的了。"

△ 海军总司令桂永清由穗飞台，先与台湾空军当局策划共同执行封锁港口事宜，后见蒋介石，报告执行封锁工作经过。

△ 美联社华盛顿消息披露：国民党当局用 1948 年 4 月"援华"拨款而在美国所购买的军火武器，已按照蒋介石的要求运往台湾。

6 月 27 日 民社党革新派领导人汪世铭就该党参加新政协事会晤中共中央统战部长李维汉。李维汉向汪表示，经过各方商讨，认为民社党革新派从过去的历史来说，如作为参加新政协的一个单位是不适当的，但革新派中之个别人士可被邀请参加，革新派的组织可以结束，其中为民主事业奋斗之青年可介绍加入民主党派。汪表示接受，但需等主席沙彦楷来平后再作最后决定。民社党革新派建立于 1947 年 8 月，因成份复杂，立场各异，造成内部矛盾日益尖锐。沙彦楷、汪世铭倾向中共主张，被邀以个人名义参加新政协。

△ 四川省府主席王陵基到台北谒蒋介石，报告四川政情。王向蒋告密说："熊克武等以中间路线之姿态，作通共的准备。"蒋嘱其"对川中抗战有功的将领，切实设法，一一予以安置，以安其心，俾免为共党所乘"。

△ 参谋总长兼陆军总司令顾祝同等一行七人,于是日下午由穗飞台北,陈诚、桂永清、孙立人等数十人前往机场迎迓。当日,陈诚宴请顾等一行。

△ 美国驻华大使馆公使柯慎思与外交部代理部长叶公超互换《关于展延及修正一九四八年八月五日协定》,规定设立中国农村复兴联合委员会。

△ 华北人民政府命令施行华北各港口出口物资一律免征出口税,并颁布《奖励土产品出口办法》。

6月28日 第一野战军第十九兵团遵毛泽东继续西进的电示,于昨日至是日,收复为胡、马军侵占之陕中醴泉、乾县、兴平、盩厔四个县城,毙伤胡、马集团官兵1.3万余名。

△ 监察院第五十五次会议通过:一、加强战地巡察工作,以激励士气案。二、撤销豫鲁区行署案。三、纠正京沪失守措施案,交国防及有关委员会修正后再提出讨论。监委王冠吾临时动议请彻查外交部签发出国护照情形予以纠举案,决议推丘念台、宋英、王冠吾三委员先行调查。四、七月份院会暂停召开,必要时开临时会。

△ 陆海空军司令部代表及交通部代表九人举行联席会议,讨论有关封锁港口之若干技术问题。

6月28日 斯大林、莫洛托夫、马林科夫、米高扬等会见中共中央代表团刘少奇、高岗、王稼祥。斯大林表示,联共(布)中央委员会决定为中国共产党中央委员会提供三亿美元的贷款。

△ 李宗仁特任刘峙为战略顾问委员会顾问。

△ 中国人民革命军事委员会任命杨成武兼天津警备司令,王世英为副司令。

6月29日 行政院举行政务会议,由阎锡山主持,讨论事项为:一、财政危机案,决议交财政部研究并拟具详细计划,改期讨论。二、监察院函请行政院强制执行征借宋子文、孔祥熙、张嘉璈在美存款10亿美元案,担心强行征借引起外交问题,决议由政府向各富户筹借财产,将来仍由政府负责偿还。三、中央各机关分地办公之公务员及直系亲属之疏散问题,决议由政府免费空运。四、划一各机关公教人员待遇及补助费案,决议交财政部主计处拟具体办法再行讨论。

△ 美国政府照会外交部,表示不承认封锁港口为合法,提出"除非能有效的实施封锁"。次日,外交部复照美国政府,声称封锁港口"系在主权范围之内,盼能与中国政府合作"。

△ 绥蒙野战军第八军与绥蒙军区合并为绥远军区,姚喆任司令员,高克民任政治委员。

6 月 30 日 毛泽东发表《论人民民主专政》一文。该文总结中国近百年革命的历史经验,阐明资产阶级的民主主义让位给工人阶级领导的人民民主主义、资产阶级共和国让位给人民共和国的历史必然性,提出人民民主专政这一科学概念。指出,在中国,在现阶段,人民中包括工人阶级、农民阶级、城市小资产阶级和民族资产阶级。"这些阶级在工人阶级和共产党的领导之下,团结起来,组成自己的国家,选举自己的政府,向着帝国主义的走狗即地主阶级和官僚资产阶级以及代表这些阶级的国民党反动派及其帮凶们实行专政"。"对人民内部的民主方面和对反动派的专政方面,互相结合起来,就是人民民主专政"。文章还全面阐述了新中国对于苏联和帝国主义国家的不同态度,指出:"积四十年和二十八年的经验,中国人不是倒向帝国主义一边,就是倒向社会主义一边,绝无例外。骑墙是不行的,第三条道路是没有的。"人民民主专政的国家必须站在反对帝国主义的战线一边,必须联合世界上以平等待我的民族和各国人民,共同奋斗。这篇文章为新中国的建立,奠定了理论和政策的基础。

△ 长沙绥靖公署主任兼湖南省政府主席程潜,在中共地下党及章士钊等爱国人士的推动下,决心走和平道路,写了要求和平起义的《备忘录》,通过中共湖南省工委送交中共中央及毛泽东主席。他在《备忘录》中说:"爱本反蒋、反桂系、反战、反假和平之一贯态度,决定根据贵方公布和平八条二十四款之原则,谋致湖南局部和平",表示"一俟时

机成熟，潜当立即揭明主张，正式通电全国，号召省内外军民一致拥护八条二十四款为基础之和平，打击蒋白残余势力"。并提出双方指派军事代表成立军事小组和短期内设立联合指挥机关、整编部队等意见。是日，毛泽东接到程潜的《备忘录》，一面电示四野陈兵湘、鄂边境，一面调派吉林省副主席袁任远（湖南慈利人）和华北军政大学总队长李明灏往武汉参加和平解放湖南的工作。

　　△　第四野战军司令部发言人警告宋希濂：如敢破坏沙市江堤，将予缉拿严惩。

　　△　胡宗南部第一二三师第三六七团团长汪平、第二十八师第八十四团团长王宋义率所部一部向解放军投诚。

　　△　上海军警联合办事处破获蒋经国临逃前在上海布置的"中训团"特务组织，特务孙平等八名捕获归案，周百扶、刘少棠、张炳生三名投案自首。

　　△　美国驻华大使司徒雷登向美国国务卿艾奇逊报告称：如果他能获准去北平，这将为美国官员提供一个同中共最高级领导人非正式会谈的绝无仅有的机会，他将给华盛顿带去关于中共意图的最权威的报告；而且"此行将是迈向互相谅解的第一步"。

　　△　经济合作总署长霍夫曼宣布中国分署长莱普汉与副署长葛里芬辞职，由分署专门助理梅国章任代理分署长。

　　是月　章士钊在香港托程潜族弟程星龄带信致程潜，信中提到毛泽东关于陈明仁在四平街顽抗的一段谈话说："当时陈明仁是坐在他们的船上，各划各的船，都想划赢，这是理所当然的，我们会谅解的，只要站过来就行了，我们还要重用他的。"陈明仁得悉中共不追究他四平街的问题，打消了走和平道路的顾虑，要求李君九向中共表示起义决心。中共湖南省工委派余志宏晤陈，陈表示："近日得悉毛泽东主席对我的谈话，很受教育。程颂公（程潜字颂云）造福桑梓，酝酿义举，子良（陈明仁字子良）深表赞同。"又说："我过去一向反共，四平街一仗更得罪了贵党，本人深为内疚，现在愿意追随颂公起义，以挽回历史过失之一二，但我的部队不能看作是投降。"

　　△　由英国租借给中国政府海军之"灵甫号"护航驱逐舰,在中共上海地下党组织下曾酝酿起义,由于"重庆号"巡洋舰起义后,海军当局加强了对该舰的控制,起义计划失败。上月 27 日"灵甫号"开往香港交还英国。该舰爱国官兵尚坛、高光祥、张炳奎、曹助燕、陈淇川、张炳中等 72 人于本月从香港分三批北上,经天津到达东北解放区,参加中国人民海军。

　　△　人民解放军浙江军区所属各军分区武装部队先后肃清余姚、绍兴、诸暨、金华、兰溪、临海、黄岩、桐庐、建德等县国民党残余武装 3470 余人。

　　△　中国人民解放军华中军区各地方部队配合主力部队,共歼国民党军和地方武装 1.82 万余名,其中 5 月份共歼 1.1 万余名,6 月份歼 6900 余名。

　　△　黑龙江讷河、克山、拜泉、绥化等 11 县本月上旬先后发生虫灾、雹灾、风灾。中旬以来虫灾扩大到 19 县,灾情继续蔓延。黑龙江省人民政府发布命令,号召紧急动员起来,展开灭虫运动。下旬,肇东、洮安、洮南、嫩江、泰安、富裕六县又发生夜盗虫,肇东有 1200 垧庄稼被吃光。

7　月

　　7 月 1 日　北平三万人盛大集会,热烈庆贺"七一",毛泽东亲临参加,朱德出席讲话。

　　△　中共中央发布纪念抗日战争十二周年口号,首次提出中华人民民主共和国的国号。

　　△　国民党设置总裁办公室,下设设计委员会及各组,分别掌管党务、政治、经济财政、军事及国际国内宣传和研究,王世杰、俞大维、张道藩、俞鸿钧、吴国桢、胡健中、方治、余井塘、雷震、端木恺、任卓宣、叶公

超、徐柏园、罗时实等为设计委员。

△ 行政院公布截断共区海上交通办法,船舶不得自任何港口驶往中共控制区,若无法截获时海军可以击沉之。

△ 川康渝民众自卫委员会在成都成立,熊克武任主任委员,邓锡侯、王缵绪、向传义、孟广澎、余中英为常务委员,陈古枝为秘书长。

△ 代总统李宗仁私人代表甘介侯在驻美大使顾维钧陪同下,会见美国国务卿艾奇逊,要求美国政府提供援助,并表示反对美国国务院发表对华白皮书。艾奇逊表示,台湾作为军事基地是无法守住的。

△ 台湾省通志馆正式改组为台湾省文献委员会,林献堂为主任委员,黄纯青为副主任委员。

△ 艾奇逊复电指示司徒雷登,"在任何情况下都不能访问北平"。

△ 英国驻华大使馆中国问题顾问柯希尔在广州向外交部提交照会,拒绝承认国民党军封闭解放区港口有效。

△ 解放军榆林地方武装解放伊克昭盟之扎萨克旗,俘敌保安副司令董国山,肃清扎萨克旗王府至榆林间的国民党军。

△ 解放军第一野战军发出消灭胡宗南、马步芳、马鸿逵部的战役指示及在少数民族地区作战的政策纪律。

△ 京(宁)沪、津浦两铁路12年来第一次修复,晚8时在上海举行首次试车典礼,直达北平。

7月2日 菲律宾总统季里诺邀请蒋介石赴菲访问。

△ 由于金圆券完全丧失信用,7月1日经行政院会议通过,是日由代总统李宗仁命令颁布《银元及银元兑换券发行办法》,进行币制改革,以银元为单位,并"为便利行使起见,由中央银行发行银元兑换券及银元辅币券",规定每券一元同于硬币银元一元,各省得发行一元及一元以下之辅币券。

△ 白崇禧在长沙召集湘桂联席会议,程潜、黄旭初、邱昌渭、李汉魂等出席。

△ 西北军政长官马步芳代表赵珮由兰州飞抵广州,谒见行政院

院长阎锡山。3 日上午谒见李宗仁代总统,报告西北战况,并请军需补给。

△　中国人民解放军总部发布 5、6 月份战绩公报,消灭和改编敌军共 46 个整编师,42.3 万余人。

△　解放军第三野战军第十兵团从苏州、常熟、嘉兴等地开始向福建进军。

△　港英当局以公共卫生危险为由,是日出动大批警察,强行拆毁九龙城内谭公道两旁木屋数百间,此后共拆毁 2000 座木屋,致使 6000余中国贫民无家可归。

7 月 3 日　总统府秘书长邱昌渭、内政部长李汉魏及立法委员程思远从长沙返广州,向李宗仁、阎锡山报告白崇禧、程潜关于保卫华南意见。白、程均主张调遣有力部队增防华南,并以强大空军配合陆军主力,发动攻势,俾一举击溃共军主力,奠定反攻之基础。

△　国民党军重新进据福建长汀、连城。

△　空军轰炸上海真如、龙华。又飞机一架至皖南望江、宿松上空,轰炸抢修江堤民船,向修堤民工扫射。

7 月 4 日　蒋介石在台北接受美国国际新闻社远东总经理韩德曼及斯克利浦斯霍华德系报远东特派员范智华访问,蒋表示对美国的援助"决无为期太晚之意念",断言"如亚洲为共产主义所控制,则另一次世界大战,更无法避免",并表示要尽"最大的努力"继续反共。当记者问:"阁下是否计划恢复政治之领导地位?"蒋介石回答说:"自孙总理逝世后,余即继其为领导国民革命之领袖,早已献身于国民革命,以谋中国人民之自由与国家独立。今后仍以革命领导者之地位,自将继续完成此一付托之重任。"

△　华中军政长官公署长官白崇禧从长沙到达常德,华中军政长官公署副长官兼第十四兵团司令宋希濂先期到达,举行湘西善后会议,收编湘西地方武装,并会商防务。

△　毛泽东致电程潜:"备忘录诵悉。先生决心采取反蒋反桂及和

平解决湖南问题之方针,极为佩慰。所提军事小组、联合机构及保存贵部予以整编教育等项意见均属可行,此间已派李明灏兄至汉口林彪将军处,请先生派员至汉与林将军面洽,商定军事小组、联合机构及军事处置诸项问题。"

△ 刘少奇以中共中央代表团主任名义致信苏共中央、斯大林,通报中国革命之情况,并谓:中共"决定在今年八月召开新的政治协商会议,并成立联合政府,现在积极进行各项准备工作;新中国将实行民族独立、保卫世界和平与民主、平等互惠地与各国通商贸易的外交原则;毛泽东将在中苏建立外交关系后公开访问莫斯科"。

△ 阎锡山出席中国国民党中央委员会及粤穗省市党部联合纪念周,作就职行政院长后的首次施政报告,强调要"以组织对组织,政治对政治,军事对军事,经济对经济,民众对民众的总体力量,以争取胜利",并表示要"迎接第三次世界大战","以完成时代所赋予的任务"。

△ 财政部公告,外币仍准许人民持有,但不得流通买卖。

△ 国民党军四路围攻解放军闽粤赣边区纵队,解放军分两路撤退,国民党军胡琏兵团重占粤东平远。

△ 空军开始向解放区各重要城市及交通线作有计划轰炸,安庆、九江、永修及沪宁、浙赣线遭到轰炸,平民损失严重。三架 B—24 型轰炸机向上海真如电台投弹 25 枚。

7月5日 行政院战时经费筹募委员会议决推行临时财产税,发行爱国银元公债三亿元,并举办爱国捐献银元一亿元。

△ 李宗仁令准免孙越崎兼经济部资源委员会主任委员,任命刘航琛兼资源委员会主任委员。

△ 李宗仁任命张光玮为黔桂边区绥靖主任。

△ 行政院副院长朱家骅在第一次战时经费筹募委员会上讲话,强调供应战时经济需要,必须真正做到有钱出钱。

△ 解放军第七兵团第二十二军、第二十一军等部攻击浙江象山半岛,解放宁海县城,歼灭国民党军第八十七军一部。

△　解放军第十兵团解放福建尤溪。

△　解放军游击队在粤东揭阳、赤寨歼敌一个营,俘敌 200 余人。

7 月 6 日　由蒋介石领衔,与李宗仁、阎锡山、胡适、于斌、曾琦、张君劢等中国国民党、青年党、民社党及无党无派人士发表《反共救国共同宣言》,表示要"为救国家争自由而与共党奋斗到底",由国民党程天放、青年党王师曾、民社党万鸿图在记者招待会上正式宣布。

△　刘少奇致信斯大林,提出中共中央代表团拟在莫斯科学习苏联以下问题:一、国家机构;二、经济的计划与管理;三、文化教育;四、苏共的组织与群众团体的组织。学习的方式是请苏联各方面工作的负责人谈话,并参观一些工厂、农庄和学校。信中还提请苏联政府为培养新中国的建设管理人才作出帮助,在苏联办一所专门学校,派出各方面的教授到中国工作等。

△　解放军第四野战军第十三兵团对宜昌、沙市发起进攻,国民党军第十四兵团发觉解放军企图后,即于 10 日收缩后撤。

△　解放军第一野战军召开前委扩大会议,确定"钳马打胡,先胡后马",即先歼灭胡宗南部主力的作战方针。

△　国民党军胡琏兵团重占梅县。

△　轰动全国的国民党军前联勤总部第四收支处长沈同尧、万国钱庄经理张裕良贪污军费一案,经行政院长兼国防部长阎锡山批示,总统府核示,沈同尧判无期徒刑,褫夺公权终身,张裕良判有期徒刑 15 年,褫夺公权 10 年。公文到达重庆西南军政长官公署后,引起军官、士兵的普遍不满。

△　原驻上海美国副领事欧立夫,驾车冲击群众游行队伍,违反警章,打伤警员,被拘留后,判拘役三日,至 7 月 9 日释放。

7 月 7 日　北平各界 20 万余人,集会纪念"七七"抗日战争十二周年,并庆祝新政治协商会议筹备委员会成立,毛泽东、朱德参加了集会。

△　新政治协商会议筹备会各党派、各团体为纪念"七七"抗日战争十二周年发表宣言,强调处理日本问题必须征求中国的意见,决不允

许由美国政府一意孤行,擅作决定,反对美国使日本继续军国主义化,宣言指出:"为了最后实现抗日战争的目的,我们一致要求迅速签订对日和约;我们一致主张在准备对日和约的时候,必须严格地遵照波茨坦协定所规定的由四国外长会议准备的程序,并且必须由中国新政治协商会议所产生的民主联合政府派遣中国的全权代表。"

　　△　中国人民解放军总司令朱德发表广播演说,坚决反对美国扶植日本侵略势力,要求按照波茨坦协定,实现日本非军事化,并进行民主改革。

　　△　代总统李宗仁发表广播讲话,承认以往政治上腐败无能,造成今日糜烂挫败之恶果,申明反共意义,并强调必须要有一个政治上的彻底改革。

　　△　代总统李宗仁发布命令:"查全国各省除新疆、西康、青海、台湾四省及西藏外,均予实施戒严,并划长江以南各省为警戒地域。"同时,行政院会议议决,将苏南、皖南、鄂南及湘、赣、浙、闽、粤、杭诸地,一并划作接战地域。

　　△　海军总司令桂永清宣称,中国政府在上海港口已作有效的关闭,倘使外国舰艇竟驶入上述领海内,政府海军必立即采取有效行动。国民党海军开始对上海等解放区港口进行封锁。

　　△　中共与民主党派发表联合声明,谴责美国应负使中国人民蒙受苦难及稽延缔结对日和约之责,并要求代表中国出席对日和约的全权。

　　△　解放军攻占当阳、远安地区,扼制白崇禧的华中局部反攻计划。

　　△　行政院令在新疆迪化参加中苏通商谈判的代表暂缓进行谈判。

　　△　贵州省参议会决筹募自卫经费,并成立捐献委员会。

　　△　福州绥靖公署枪决逃到福州的霞浦县县长徐尧炤。

　　△　解放军闽粤赣边区纵队东纵队攻陷饶平。

　　△　国民党军重占福建上杭、永定、新丰。

7月8日　蒋介石主持国民党整理党务会议,讨论改造国民党的方案,蒋力主国民党性质应为革命民主政党,而不能纯为民主政党,并决定总裁办公室组织大纲。

　　△　驻东京代表团朱世明团长致电蒋介石,报告和驻日美军统帅麦克阿瑟谈话情形:"麦帅表示中国政府决不可放弃大陆,并须确保台湾,对共产党奋斗到底。对于我政府海、空军主力集中台湾,表示同意,对于封锁匪区(指解放区)港口亦表赞同",并陈述麦克阿瑟本人极力主张援助国民党。

　　△　阎锡山主持中国反侵略大同盟第四次常会,通过保卫华南反侵略宣传计划案。

　　△　解放军第四野战军以第十五兵团、第十二兵团、附属第二野战军第四兵团发起湘赣战役,以第十五兵团一部奔袭奉新、高安,诱敌增援,但国民党军第四十八军、第四十六军等部已先期撤退,四野即以第十二兵团由湖北通城、第四兵团由江西新淦分别向萍乡地区迂回,以求包围华中白崇禧所部于浏阳、醴陵地区。

　　△　国民党军失去象山半岛上的最后据点象山县城,除舟山群岛外,浙江全省解放。

　　△　绥远省政府主席董其武向各部队长宣布《绥远和平协议》,并进行说服工作。

　　△　归国华侨联谊会筹备委员会在北平成立,彭泽民任主任。

　　△　西藏摄政达扎与印度驻拉萨总领事(英国人)里查逊密谋,突然切断与外界的电讯联系,以西藏噶厦政府名义,通知中央政府驻藏办事处主任陈锡章,以西藏境内的汉人中有共产党为由,限期驻拉萨的蒙藏委员会办事处人员撤离西藏,完全封闭汉族学校,驱逐汉民。其中包括中共地下工作人员平措旺阶(汉名闵志成)。

　　△　空军轰炸福建建阳县城,全城民房被毁三分之二。

　　△　太原军事管制委员会枪决前国民党军第三十军第二十七师师

长戴炳南,判处第二十七师副师长仵德厚徒刑 10 年。按:原国民党军第三十军军长黄樵松在太原准备起义,被戴、仵两人向阎锡山告密,黄和解放军联络员晋天被捕,解往南京后遇害。

7 月 9 日 蒋介石飞抵福州,与福建省主席朱绍良商讨福建军政问题,旋飞回台北。

△ 中共中央电湖南省工委,指示第四野战军即将发动进攻,对长沙暂不进攻,请告程潜,不要怀疑,务使长沙一带不受破坏。

△ 阎锡山主持政务会议,特任邵毓麟为驻韩国大使;陆军总司令张发奎另有任用,应予免职;张淦为华中军政长官公署副长官。

△ 华中军政长官公署军政配合研讨会在长沙开幕,白崇禧提出三大公开,即意见公开,人事公开,经济公开,实行空室清野。会议通过了军政配合方案。

△ 国民党军自舟山进攻镇海及象山港。

△ 《大公报》报道:美国国务卿艾奇逊拒绝了蒋介石要求美国援助的请求,表示美国将继续援助广州的民国政府,而不会援助台湾的蒋介石。

7 月 10 日 蒋介石以国民党总裁身份偕王世杰、吴国桢等 10 余人自台北赴菲律宾访问,在菲夏都碧瑶与菲律宾总统季里诺会商太平洋反共联盟问题。

△ 中共中央军委电林彪等,令其准备迅速进占长沙,缩短该地区无政府状态的时间。

△ 解放军第二野战军第十九军及鄂西军区部队自竹山、白水西进,国民党军以第六十九军、第九十八军、第二十七军等部三个多师扼守陕南要地安康门户、陕鄂交界的要隘关垭子,经过激战,解放军攻占关垭子,歼敌 2000 多人,俘敌第一四四师师长符树逢,解放平利,进迫安康,威胁汉中。

△ 解放军第一野战军部署发起扶郿战役,第六十一军攻击子午镇一带敌军,歼灭国民党军第十二师、第八十四师一部,解放军第十九

兵团进入阻击阵地。

△ 马步芳的私人代表马绍武在台北松山机场谒见蒋介石,面递马步芳私人要件。

△ 解放军进占高安,于高安以西歼敌第四十八军第一七六师一个团大部。

△ 英国商轮"岳州号"在浙江沿海被海军阻截。

△ 福建绥靖公署令第九十六军以古田为目标,向西北发起攻击,在雪峰地区与解放军对峙。

△ 中苏文化协会常务理事、前中央大学教授张西曼在北平逝世。

7 月上旬　立法委员徐中齐等 55 人致函川康渝民意代表联席会驻渝常务委员,指责其侵越议会权责,拒绝迁都及废止金圆券,要求其自动解散。

△ 自上月下旬以来,各地暴雨成灾。四川境内长江、沱江、岷江、涪江等江河暴涨,成都低洼之地,沦为泽国,对外交通停顿,宜宾、泸县、新津、乐山、简阳、内江、绵阳、遂宁等 77 县受灾。湖南资、沅、澧流域及滨湖地区几成泽国,为 1887 年大水以来所未有,52 县市成灾,已有报告的 23 县市,共冲毁 500 万余亩农田,房屋 5000 余栋,被灾人民 200 万,二万余人死亡。两广地区,柳州、桂林洪水泛滥,为 20 多年所未见,西江水位超过粤省过去水患的记录,西江的鹤山、高要、三水,北江的清远,东江的河源、东莞,围堤崩决,淹毙人口七万人以上。长江大水,芜湖 7 月 2 日洪水漫进市区。冀中山洪暴发,滹沱河经过无极到达安平辛营漫出河槽,潴龙河、永定河等水位猛涨,天津已达警戒水位,黄河已超过去年最高水位,徐州旧黄河决口。

7 月 11 日　蒋介石与季里诺发表联合声明:"余等鉴于已往远东国家之彼此联系合作未臻密切,又鉴于远东国家之自由与独立,现正遭受共产势力之严重威胁,余等认为远东国家应即成立联盟,加强其合作与互助,以反抗并消除此种威胁。"蒋介石并附带声明:"余此次系以私人资格应菲总统之邀请与会晤,但将以国民党总裁之资格尽力促请中国政府采取步骤,支持上述联合声明中所列举之协议。"同日,蒋介石就组织远东联盟国家问题,致电韩国总统李承晚。

△ 刘少奇应邀列席联共(布)中央政治局会议,斯大林主持。就中共中央代表团报告所提出的问题进行商谈。双方商定组织一个借款条约共同起草委员会,苏共方面米高扬、柯瓦廖夫参加,中共方面刘少奇、高岗、王稼祥参加。

△ 解放军第一野战军以主力第一、二、十八三个兵团,向胡宗南部发起进攻,胡宗南部第六十五军、三十八军及第十八兵团部连夜沿陇海路向宝鸡撤退。一野第二兵团秘密越漆水河绕道西进,从胡宗南部和青、宁马步芳、马鸿逵两军的结合部,通过大沟悬崖,是日拂晓,从胡宗南部第三十八军后方发起攻击。国民党军前敌将领不相信解放军主力已经开始突击,反应迟缓。

△ 解放军第六十一军在西安南子午镇一带歼敌第十七军第十二师第三十四团全部。

△ 解放军第十九军进占平利县城。

△ 毛泽东、朱德复电原国民党榆林驻军第二十二军军长左协中,勉励其接受和平解决榆林。

△ 华中军政长官公署军政配合研讨会闭幕,将全省划为若干绥靖区,建立军政合一的指挥中心,贯彻总体战。

△ 英国外交部就国民党军封锁解放区沿海港口问题,提出措辞强硬的抗议照会。

△ 国民党军重占粤东饶平。

△ 绥远奋斗日报社被国民党特务煽动士兵捣毁。

7月12日 蒋介石从菲律宾飞回台北。

△ 解放军第一野战军第二兵团于拂晓占领青化、益店、罗局镇和郿县车站,切断了国民党军第十八兵团的退路,将敌军压缩包围在渭河河滩绝地,国民党军西向突围,遭到解放军的顽强阻击。

△ 解放军第二野战军所部自赣江东、西两侧向吉安进攻,国民党

军赣州指挥所主任方天奉命在广昌、吉安以北部署抵抗,发生激烈战斗。

△ 代总统李宗仁令将起义的原海军第二舰队司令林遵撤职通缉。

△ 解放军闽粤赣边区纵队西纵队占领海丰。

7 月 13 日 美国国务卿艾奇逊对记者表示:"对于中菲会议,美国虽觉成立太平洋公约为时尚早",但对蒋介石与季里诺"关于经济政治合作之意旨,并不反对"。

△ 国民党军第十八兵团司令李振和第六十五军军部南渡渭河,突出重围,所部大部被歼灭。

△ 解放军第十三兵团和国民党军第十四兵团在宜昌东北进行激烈战斗。

△ 白崇禧发觉解放军迂回攻击,命令在萍乡一线的所属部队连夜后撤至攸县、茶陵地区,跳出了解放军的包围圈。

△ 行政院设立舟山防卫司令部,任石觉为司令官。

△ 海军占据长山八岛,阻截巴拿马及英国商轮驶往天津,封锁了渤海湾。

△ 中国驻菲律宾公使馆升格为大使馆。

△ 港英当局扣留广东省政府所购机关枪 1600 挺。

△ 重庆市参议会预算审查会决定,市属公教人员、工役 6 月份薪饷发给标准,高级职员约 30 元,低级职员约 19 元,警察约 10 元,工役约九元,先发三分之二,余下的三分之一,力请中央补助后补发。

△ 重庆警备司令部物价检查队,以囤积嫌疑和违反议价等罪名,查封仁记字号布店及协兴商号,拘押仁记经理吴汉初、协兴经理朱松涛。

7 月 14 日 蒋介石率王世杰、黄少谷等大批随员飞抵广州,事先并未通知广州当局,仅蒋经国前往迎接。蒋介石并发表对时局的谈话:"今日共匪窥伺我国民革命策源地之广东,中正惟以民族大义及革命责任所在,仍当一本总理大无畏之革命精神,团结全党,拥护政府,为国家独立、人民自由而奋斗。"着手超越李宗仁指挥国民党军政残局。

△　解放军第一野战军解放宝鸡,扶郿战役胜利结束,胡宗南集团第十八兵团部及所属第六十五军、第三十八军、第九十军、第一一九军四个军四万多人被歼灭,迫使胡宗南集团退据秦岭一线。

△　江西省安福县县长晏继平率县保安团向解放军投诚。

△　中国社会科学工作者代表会议发起人会议在北平中南海勤政殿召开,朱德、周恩来在会上讲话。会议成立了常务委员会,推选林伯渠为主席,沈钧儒、郭沫若、陈伯达、李达为副主席,范文澜为秘书长,胡绳等为副秘书长。会议通过中华全国社会科学工作者代表会议筹备会简章。筹备会于 7 月 17 日开幕,董必武致开幕词。

7 月 15 日　李宗仁和蒋介石会谈,蒋介石已决心重揽大权,会谈不得要领而散。

△　蒋介石举行茶会招待国民党中央委员,在会上由黄少谷分发了四个文件:《国民党改造纲要》、《国民党改造实施程序》、《国民党非常委员会筹备组织条例》、《总裁交议本案意见书》。蒋介石致词称:"我们必须决心保卫革命策源地的广州,并以广州为据点,以保卫大广东。"指出,要与共匪拼命作战到底,相信最后必定能取得胜利。

△　是日至 26 日,中共中央代表团和苏联国家计划委员会、财政部、商业部、国家银行等负责人交谈,并参观工厂、集体农庄。

△　宋希濂回抵宜昌军中,旋即部署撤退。

△　叙泸警备司令部正式成立,国民党军第七十二军军长郭汝瑰任司令。

△　广东省保安司令部督导专员、海丰县县长戴可雄率部向解放军投诚。

△　空军轰炸上海龙华机场及温州港。

△　滞留香港的国民党中央委员、立法委员贺耀组、罗翼群等 11 人联名致电代总统李宗仁:"甚盼我公贯彻原来主张,重辟和平途径,用

解人民倒悬,并葆国家元气。临崖勒马,纵已失时,亡羊补牢,犹未为晚。"

△　华北人民政府在新乡枪决豫北惯匪王三祝。

7 月 16 日　蒋介石在广州召集中国国民党中央常务委员会与中央政治委员会联席会议,提议成立中央非常委员会作为最高决策机关。

△　国民党中常会议决成立中央非常委员会,蒋介石任主席,李宗仁为副主席,孙科、居正、于右任、何应钦、阎锡山、吴忠信、张群、吴铁城、朱家骅、陈立夫为委员。非常委员会名义上隶属中央执行委员会,代行中央政治委员会职权。

△　国民党中央非常委员会召开第一次会议,议决设东南、西南两分会,讨论通过行政院长阎锡山提出的《扭转时局方案》,军事上改变过去战略,保卫华南、西南,并企图组织国际志愿队。由此,蒋介石在事实上重登前台指挥国民党军政残部。

△　中共中央军委电林彪、刘伯承等,指出,白崇禧本钱少,极机灵,非万不得已决不会和我们作战,因此,不要采取近距离包围迂回方法,而应采取远距离包围迂回方法,方能掌握主动。

△　中苏友好协会筹备委员会在北平成立,翌日推宋庆龄为主任。

△　中共中央军委下达进军华南、西南的战略部署,以第二野战军主力由湘西、贵州入川,贺龙、李井泉率第十八兵团等部由陕西入川,第四兵团暂属第四野战军指挥,参加两广作战,尔后进入云南作战。

△　阎锡山作出《保卫华南西北案》,强调"争时待机"含义有二:培养新生力量以待反攻之机;等待国际转变以待援助合作之机。徐永昌评论它"与学生们贴标语好不了多少",但说它保卫台湾一案的指导思想值得重视。徐认为,台湾在"争时待机的政策上,实为最有价值的省份"。如中共"占了台湾,我们即无远景","我们今日应赶紧的巩固台湾"。

△　国民党军第十四兵团撤出宜昌,向巴东转移。是日,解放军占领宜昌、沙市。

　　△　国民党军赣州指挥所决定放弃吉安,向泰和一线撤退,解放军进占吉安、铜鼓。

　　△　国民党军重占江西安福、崇仁及粤闽边的紫金、漳平等地。

　　△　空军轰炸沪宁路戚墅堰机车厂。

　　△　程潜派刘纯正到汉口向解放军接洽,转达程潜请解放军早日入湘的要求。

　　△　英国商船在英国海军护航下到达天津港口。

　　△　上海市军管会公布施行《国际电讯检查暂行办法》,凡经由上海市国际电台发出的电讯、口语广播稿本,均须经军管会电讯检查组检查,加盖放行戳记后始得发出和播送,并命令美英新闻处停止活动。

　　7 月 17 日　蒋介石、李宗仁、阎锡山在黄埔会谈。

　　△　解放军第四兵团自 10 日渡赣江发起追击,是日进占江西宜春。第四野战军进占鄂南枝江、公安及宜都等地。

　　△　白崇禧飞广州谒见蒋介石,翌日回到长沙。

　　△　赣州绥靖公署以“附匪”罪枪毙南丰县长沈德尊。

　　△　中央政府驻藏办事处、学校、电台、医院均被关闭后,100 余名驻藏人员开始撤离拉萨。

　　7 月 18 日　中共中央军委指示林彪,就军队南进及和平解决湖南问题进行部署,并要林彪派出代表和程潜谈判。

　　△　蒋介石向国民党中常委会议交议《中国国民党改造案》,会议通过接受。

　　△　李宗仁、阎锡山、顾祝同组成三人军事小组。

　　△　行政院会议决议设置东南军政长官公署,辖江苏、浙江、江西、福建、台湾五省区,以陈诚为东南军政长官。同时,通过《民国三十八年爱国公债条例》,呈请总统批准。

　　△　行政院电四川省政府转熊克武,川康渝民众自卫委员会未经行政院批准,即行成立,殊属非是。

　　△　行政院长阎锡山发表声明,接纳中菲碧瑶协议,并饬外交部遵

照,研拟计划,从速促其实现。

　　△　新华社就蒋介石和季里诺会谈发表短评——《帝国主义反对中国人民和远东人民的新阴谋》。

　　△　解放军第十三兵团渡江进占鄂南松滋、长阳、公安三县城。

　　△　国民党军重占永定、吉安等地。

　　△　空军轰炸皖南望江、东流一带江堤,扫射安庆沿江灾民。同时,轰炸南京电厂、自来水厂、广播电台。

　　7 月 19 日　韩国总统李承晚邀请蒋介石赴韩国访问,蒋介石决定以私人资格接受访韩邀请。

　　△　蒋介石决定在台北设办公厅,并恢复军队党代表制度。

　　△　蒋介石召集在广州的国民党军高级将领开会,指示保卫广州计划。

　　△　西安绥靖公署第三军军长盛文到达安康,接任安康石泉警备司令,部署第六十九军、第三军、第二十七军、第九十八军等部,抵抗解放军第十九军的进攻,掩护汉中胡宗南部主力的安全。

　　△　中共中央军委电彭德怀等,建议以第十八兵团攻占秦岭凤县,压迫胡宗南部后撤,然后抽兵加强西进追歼二马的兵力。

　　△　解放军第一野战军制定了钳胡打马的陇东追击战和平凉决战的作战计划,以三个军留守西安至宝鸡一线,以钳制汉中和秦岭一线的胡宗南部,保障一野后方安全,集中 10 个军的兵力,分左、右两路,追击青海马步芳、宁夏马鸿逵部,力争歼灭其主力于平凉地区。

　　△　解放军进占湘北浏阳、平江。

　　△　阎锡山在广州接见马鸿逵的代表康玉书。

　　△　北平市军管会命令驻北平的美国新闻处停止一切活动。

　　△　赖琏等在纽约组织"民主自由联盟",呼吁国民党政府彻底实行政治改革,要求美国紧急援助,反对西方国家承认中共政权。

　　7 月 20 日　阎锡山主持行政院会议,公教待遇一案,由于增加财政负担,收支难以平衡,和军人待遇也无法摆平,未获通过。

△　解放军进占岳阳及长沙、平江间重镇金井。

△　空军轰炸湘、赣前线及南京、浦口、淮南煤矿。

△　中央政府驻拉萨人员全部被迫离去。

△　西北军政副长官马鸿逵从兰州乘飞机到广州,晋谒国民党中枢,但未能见到蒋介石。

△　华北人民政府派出的驻归绥联络组由潘纪文、鲁志浩率领进驻归绥。

△　杨森就任四川省重庆市党部主任委员。

7月中旬　各地水灾续有发展,湖南、广西、广东三省灾区已达百县左右,灾民已达千万以上,湖南至 7 月 16 日,已死亡 5.7 万多人。长江中下游水情严重,为 1931 年以来所未有,安徽芜湖、望江、铜陵,苏北泰州、扬州、高邮、东乡,苏南无锡、吴县被淹。

7月21日　毛泽东致函周恩来,请周接见卢汉代表李一平,"告以卢汉如能于我军入滇时举行起义,宣布反帝反封建反蒋桂立场,则云南问题可以和平方式解决,卢汉所部可以编为人民解放军。龙云则允其参加政协,会后仍可回港"。

△　蒋介石离开广州,前往厦门,蒋经国、黄少谷等偕行。

△　华中长官公署司令官白崇禧鉴于解放军南进在即,国民党军态势不利,准备放弃长沙,部署后撤,以巩固湘西、湘南,屏障粤北、川东两大门户,并引诱解放军于衡阳以东湘赣山地决战为目的,向湘东转移,缩短防线。决定华中长官公署于 22 日自长沙移至衡阳,长沙绥靖公署自长沙移至邵阳。

△　程潜在陈明仁的建议下,离长沙赴邵阳,白崇禧、陈明仁前往送行,陈明仁即代行湖南省主席职权。

△　国民党军重占海丰。

△　李宗仁特派蒙藏委员会委员长关吉玉、青海省主席马步芳分别为主持十世班禅额尔德尼坐床典礼专使、副使。

△　美国参议院通过《北大西洋联盟公约》。

△　港英当局命令香港文艺协会常务理事周纲鸣限期出境。

7 月 22 日　蒋介石从广州到达厦门。

△　程潜离开长沙后,白崇禧对陈明仁感到放心,即自长沙移驻衡阳指挥。

△　空军轰炸上海黄浦江轮船。

△　内政部以币制改革,就全国各地工人工资问题,特邀集各有关机关负责人会商,总以战前标准为根据,而视当地生活水准及习惯由主管官署会同有关机关合理评判。

7 月 23 日　毛泽东复电彭德怀,告以西进甘、宁、青、新四省的战略构想:"如能于八月上半月完成打马战役,休整半月至一月,九月西进,十月占领兰州、西宁及甘、凉、肃三州,则有可能于冬季占领迪化,不必等到明春。"

△　蒋介石在厦门接见汤恩伯、朱绍良,并以国民党总裁身份召集闽南各军、师长,举行军事会议。

△　解放军以金明为首席代表,唐天际、袁任远、解沛然、李明灏为代表的和谈代表团到达平江,和程潜代表刘纯正谈判。

△　解放军第四兵团、第十二兵团分别进占江西萍乡、湖南澧县。第四、十二、十五兵团集结平江、浏阳、上高、分宜地区休整。是日,林彪等向中共中央军委报告部队疾病情况严重,已改为旅次行军及三伏休整。

△　胡琏所率国民党军第十二兵团向闽西进攻,重占上杭、武平等地,续向解放军刘永生部游击队所占永定进攻。

△　广州警察当局于凌晨 3 时,突然搜查市内各区"企图推翻政府的嫌疑人物",武装包围中山大学和市立职业学校,共捕去教职员学生百余人,包括中大教授 10 人。

△　行政院第七十七次会议,通过中央文职公教人员薪俸及技工、警丁、公役工资支给标准一案,最低 20 元,最高 52 元。

△　南京军管会以人民政府尚未与美国建立外交关系,而美国新闻处系美国国务院的一部分,命令南京美国新闻处停止活动。北平、天

津、汉口美国新闻处也已被当地军管会命令停止活动。

　　△　天津美商大通银行拒绝按照人民政府法令交验资金,天津军事管制委员会正式通知该行停业清理。

　　△　北平市军事管制委员会为维护人民利益,巩固革命秩序,发布布告,进行反动党派人员登记。

　　△　中华全国文学工作者协会成立大会在北平召开,林伯渠到会讲话。指出,这表现了文艺工作者在全国胜利新形势下的空前团结;并强调文艺为人民服务,首先是为工农兵服务,这就发生了要进一步联系群众的问题。1953年9月,协会改为中国作家协会。

　　7月24日　蒋介石自厦门乘轮船回到台北。

　　△　印度政府以"考察叛乱"为由,派遣锡金(即哲孟雄)行政专员达雅赴拉萨。

　　△　西安绥靖公署安石警备司令盛文率部在安康牛蹄岭与解放军第十九军等部展开激战,双方伤亡惨重。解放军于25日一度攻入安康新城后,即撤出战斗,东移至平利、蜀河口一线休整。

　　△　国民党军赣州指挥所各部退守武溪街、冈鼓岭一线,解放军进占泰和。

　　△　在马步芳派的西北军政长官公署副长官兼参谋长刘任主持下,青海马步芳、宁夏马鸿逵两部在甘肃静宁举行的军事会议上,制定了"保卫甘肃,保卫西北"的《关山会战指导复案计划》,准备在平凉地区与解放军决战。会议决定将原宁夏兵团改为陇东兵团,以卢忠良为指挥官,固守陇东和平凉;原青海兵团改为陇南兵团,仍以马继援为指挥官;中央军周嘉彬的第一二〇军、王治岐的第一一九军、黄祖勋的第九十一军等部于陇南协同马继援兵团共守天水、陇西、定西等兰州外围地区。

　　△　解放军第一野战军于21日至24日间,分别由乾县、醴泉、凤翔、宝鸡地区出发,展开陇东追击战。

　　△　徐永昌奉蒋介石之命,出巡云南和西北,是日由广州飞抵重庆。

　　△　刘纯正从平江回到长沙,向程潜的老部下、长沙绥靖公署副主任唐星汇报去武汉联络情况。

　　△　解放军进占湖南临澧。

　　△　台风在浙江宁波登陆,袭击浙、苏诸地,上海灾民五万多人涌入市区。翌日,南京江水漫堤。

　　7 月 25 日　毛泽东致电刘少奇、高岗、王稼祥,向斯大林提出苏联援建空军和海军,帮助解放台湾问题。谓:"在上海,自封锁之日起,严重的困难日益增加。但是,为了粉碎这种封锁,必须占领台湾,但是没有空军不可能占领它的。"苏联能否"在六个月至一年期限内,在莫斯科为我们培养 1000 名飞行员和 300 名机场勤务工作人员。此外,苏联能否卖给我们 100 至 200 架歼击机、40 至 80 架轰炸机,这些飞机将用于攻占台湾的军事行动。在建立海军舰队方面,我们也请求苏联帮助我们"。斯大林愿意帮助建立空军和海军,但对帮助解放台湾问题则持谨慎态度。

　　△　中央银行于 24 日宣布,准镍币流通行使,24 小时后,又发布公告称,据川、黔、湘、桂等省镍币均集中奸商手中,抢购物资,刺激物价,该办法暂予停止。

　　△　中共中央军委致电林彪等前线将领,指示自 9 月中旬起,陈赓、邓华两兵团入粤作战路线,配合在广东的游击队会攻广州,并指示中共中央华南分局书记方方于 9 月 5 日必须到赣州与叶剑英、张云逸、陈赓、邓华会合,商筹全局。

　　△　解放军第四野战军南进部队分别进占湖南醴陵、石门。湘鄂边区保安第一旅第一团全部 816 人,在团长姜玉华率领下向解放军投诚。

　　△　国民党军重占福建大田、宁洋。

　　△　驻韩国大使邵毓麟飞抵汉城。

　　7 月 26 日　蒋介石决定成立革命实践研究院,培训其党政军干部。

　　△　代总统李宗仁飞到衡阳,白崇禧、陈明仁前往迎接,下午飞抵福州,会晤朱绍良。

　　△　中共中央书记处致电刘少奇:拟向苏联定购飞机、聘请专家,准备在一年左右时间建成中国空军战斗部队;希望代表团同斯大林初步商谈,如苏方原则同意,再派刘亚楼率小型代表团赴苏具体商谈。

　　△　叶飞率解放军第十兵团到达建瓯一线。

　　△　第四野战军第十五兵团第四十八军沿赣江两侧前进,发起赣西南战役。

　　△　国民党军撤出株洲。

　　△　重庆中央银行发出暂停使用镍币公告后,行前上千群众聚集不散,警备司令部逮捕董自强等 17 人。

　　△　徐永昌偕王叔铭、萧毅肃自重庆飞抵昆明,与卢汉会谈,防止卢汉起义。

　　△　美、英两国政府通告自华南撤侨。

　　7 月 27 日　李宗仁自福州飞赴台北,蒋介石、蒋经国到机场迎接,当晚即与蒋介石会谈,前后与蒋介石长谈五次,李要求任白崇禧为国防部长,并调兵保卫广州,但都遭到蒋介石的拒绝。李即于 30 日飞回广州。

　　△　卢忠良担心全军覆没,将陇东兵团自平凉后撤至固原一线。

　　△　行政院会议通过特任陈质平为驻菲律宾公使,马步芳为西北军政长官,任命马鸿逵为甘肃省政府主席,任命董其武兼西北军政副长官及包头指挥所主任。

　　△　行政院撤销广州警备司令部,任命李及兰为广州绥靖公署副主任兼广州卫戍总司令部总司令,广州施行特别戒严。

　　△　陈明仁召集军、师级将领开会,宣布他决心与中共和谈的主张。同日,派程星龄、李君九在湖南地下党代表欧阳方陪同下到平江邀请李明灏入长沙面商。

　　△　解放军第十九兵团三日间进占陕西、甘肃的邠县、灵台、长武、

陇县、泾川、宁县六城。

7 月 28 日　台北中山堂举行欢迎李代总统大会,同日,李宗仁在陈诚陪同下巡视基隆。

△　马继援率陇南兵团在秦陇要冲固关抵抗,被解放军击溃,马部骑十四旅被歼灭。

△　解放军第十九兵团进占平凉,二马的平凉决战计划成为泡影。

△　白崇禧命令第三兵团、第十一兵团攻击醴陵一线解放军第四十六军,并令第一兵团策应。

△　徐永昌、王叔铭、萧毅肃向卢汉递交了蒋介石和阎锡山的亲笔函,并与卢汉会谈后离昆明回重庆。

△　解放军第十三兵团进占湘西桃源。

7 月 29 日　蒙藏委员会发言人指出,西藏强迫中央驻藏人员撤退是违法悖理。

△　解放军第十三兵团进占常德,压迫宋希濂部退守慈利、大庸一线湘西山地,将宋希濂部和白崇禧部的联络切断,于是,解放军进逼长沙。

△　国民党军重占莲花,以保障衡阳东侧安全。

△　解放军进占江西永新。

△　上海美国领事馆被前美国海军雇员包围。

△　程潜秘密返抵长沙。同日,李明灏到长沙和程潜、陈明仁会见。

△　白崇禧发现程潜秘密回到长沙,对第一兵团策应作战颇有疑虑,命令第三兵团、第十一兵团暂停攻击。

△　解放军进占甘肃镇原、崇信。

7 月 30 日　刘少奇和马林科夫分别代表中共和苏联在莫斯科签订苏联向中共贷款协定。总额为三亿美元,苏联每年提供 6000 万美元贷款,利息 1‰,以设备机器各种材料和商品的形式支付,5 年付清。中方在 10 年内还清贷款。

　△　东北人民政府商业代表团和苏联成立交换商品的一年协定。东北将以大豆、植物油、玉米、大米等商品向苏联出售,苏联将向东北出售工业设备、汽车、煤油、布匹、纸张、医药器材等商品。

　△　行政院会议决定,同意湖南省政府主席程潜辞职,专任绥靖公署主任,由陈明仁兼任湖南省政府主席。

　△　国民党军第四十八军与解放军第四十六军在醴陵南的黄土岭展开激战,国民党军第一三八师袭击解放军第一三八师司令部得手,解放军向醴陵撤退。

　△　晚 10 时,英国军舰"紫石英号",强行和经过镇江江面的"江陵解放号"客轮并行,将"江陵号"夹在"紫石英号"和江岸之间,以"江陵号"作掩护,从镇江江面潜逃出长江。"紫石英号"潜逃过程中,被岸上解放军发现并发出警告,"紫石英号"竟发炮攻击。"江陵号"轮船在炮战中中弹沉没,木船多艘也被"紫石英号"撞沉。

7 月 31 日　国民党中枢撤销长沙绥靖公署,阎锡山派黄杰、邓文仪持函于 8 月 1 日自广州到长沙晤程潜,劝阻程潜发动反蒋起义,并邀程潜赴广州,拟任为代理考试院院长。

　△　马鸿逵自广州到达台北谒见蒋介石。

　△　西南军政长官公署发布《农地减租实施纲要》,张群就此发表书面谈话。

　△　解放军进占甘肃清水。

　△　解放军进占湖南安乡、慈利,安乡县长率部 400 余人投诚。

　△　空军轰炸淮南煤矿。

7 月下旬　扶郿战役后,胡宗南部第五兵团及第十八兵团残部,退集凤县、佛坪、东江口及陇南地区。

　△　冀东地区自 7 月 29 日起大风三日,海啸成灾。河北各地水灾继续发展,险情迭出。

是月　云南省政府主席卢汉派宋一痕经香港秘密到达北平,与中共接洽起义。

△　河南省年余来歼灭土匪 7.8 万余人,人民政府基本上控制了全省局面。

△　台北《民族报》上,叶青向傅斯年挑起了自由主义问题的论战。

8　月

8 月 1 日　程潜发出个人和平通电,历数蒋介石和国民党政府的腐败无能,见弃于民,呼吁"当道仁贤,共念凶危,立即化除成见,继续和谈,则全国治安,固可立时恢复。如今之秉政者,苟犹有丝毫之天良未泯,当能幡然悔悟,立致祥和"。

△　广州政府开始部分迁往重庆,是日起,国防部分渝、穗两地办公。

△　中共中央致华南分局并告华中局、华东局电,华南分局以叶剑英为第一书记,张云逸为第二书记,方方为第三书记,受华中局领导,华中局第一书记林彪,第二书记罗荣桓,第三书记邓子恢,西南局以邓小平为第一书记,刘伯承为第二书记,贺龙为第三书记。

△　东南长官公署下设舟山指挥所,由郭忏任指挥所主任。

△　徐永昌、王叔铭飞抵绥远陕坝,劝董其武将部队撤至五原以西,但不可退至河西死地,董其武则要求解决部队被扣发的补给问题。

△　马鸿逵拟由其子马敦静代理甘肃省政府主席。马鸿逵电令卢忠良死守固原、瓦亭和三关口,但仅战斗一天,是日六盘山三关口要隘即被解放军第十九兵团突破,进占隆德。解放军切断了二马的联系,马部丧失了扼守兰州的门户。

△　解放军成立粤桂边纵队,梁广任司令员兼政委。

△　国民党军重占广东大埔。

△　国民党总裁办公室在台北成立,分研究、事务两部。

△　美国大使馆发言人称:"司徒雷登大使归国期间,广州将成为美国大使馆所在地,美驻华公使克拉克将成为代办;同时,美使馆参赞惠脱勒将为大使馆办事处之领袖。"

8月2日 中共中央军委复电粟裕指出:"你们积极准备攻台湾是正确的。必须从各方面准备攻台,打破干部中的畏难心理。"

△ 中共中央军委复电林彪等,同意陈明仁保留兵团司令名义。

△ 准备起义的国民党军第一兵团司令陈明仁开始按照解放军的要求,下令第一兵团及保安部队开出长沙及各交通要道,仅留一部维持长沙治安。

△ 国民党军赣州指挥所各部在解放军的强大攻击下,步步后撤,是日放弃遂川。

△ 解放军进占固原,陇东兵团逃回宁夏。

△ 美国驻华大使司徒雷登离开南京,直接回国。

△ 贵州省政府特制定二五减租办法公布,自本日起施行,12月底完成。

△ 英国商轮"摩勒号"自香港偷越海军封锁线到达上海。

8月3日 李宗仁主持中国国民党非常委员会第二次会议,经过三天的讨论,通过阎锡山提出的《反共救国实施方案》、《保卫华南案》,由行政院交主管部门实施。

△ 李宗仁任命李及兰为广州绥靖公署副主任兼广州卫戍总司令;马步芳为西北军政长官,免去甘肃省政府主席郭寄峤本兼各职,任命马鸿逵为甘肃省政府委员兼主席;特任陈质平为中华民国驻菲律宾特命全权大使。

△ 行政院会议讨论西藏问题。

△ 蒙藏委员会委员长关吉玉在兴隆山祭成吉思汗陵。

△ 湖南省政府主席兼绥靖公署主任陈明仁通电"见危受命,义无反顾,一切行动,全以卫国保乡、救亡图存为出发点"。

△ 解放军进占长沙东南军事重镇株洲,并进占沅江、益阳、华容。

△ 程潜部师长汤季楠占邵阳。

△ 马鸿逵从台北到达香港,在台北曾三次谒见蒋介石。

△ 解放军第一兵团进占天水,马继援部向定西和兰州逃跑。

8 月 4 日 程潜、陈明仁在长沙率部起义,发布《告湖南民众书》、《告湖南将士书》,宣布:"现在我们已经根据中共提示的国内和平条款,在长沙成立和平协议,正式宣布脱离广州政府,使湖南获得和平的解放,藉以减轻人民痛苦,避免地方糜烂。"当天,原国民党军第十四军军长成刚率第十师、第六十二师和第六十三师一个团逃走。

△ 代总统李宗仁下令通缉程潜。令曰:"前湖南省政府主席兼长沙绥靖主任程潜,通匪叛国,逆迹昭著,并于江日发表通电,措辞荒谬,为匪张目,实属罪无可逭,应予通缉。"

△ 彭德怀发布解放军第一野战军进军兰州歼击青海马步芳部的预备命令,以一部兵力分别牵制胡宗南和马鸿逵,以主力分三路进攻兰州,中路三个军沿西兰公路两侧经通渭进逼兰州,右路两个军沿西兰公路及其以北进逼兰州,左路三个军沿天宝公路西进,攻击二马官兵的老家临夏,再直取马步芳的根据地西宁。

△ 解放军陕北军区三边分区地方武装收复该分区首府定边县城。

△ 空军袭击上海,并第三次轰炸南京下关电力厂。

△ 达赖喇嘛之兄嘉乐顿珠应印度之邀,抵新德里。

△ 新华社香港分社因发表关于"紫石英号"的消息和短评,受到港英当局的无理警告。

8 月 5 日 美国国务院在司徒雷登大使将到华盛顿之际,发表题为《美国与中国的关系》的白皮书,即通称的《美中关系白皮书》,全文计1071 页,包括过去五年美国对华重要政策公开与秘密文件的完整记录,为美国在中国的政策失败辩护。由于白皮书对民国政府多所指责,民国政府在事先曾通过外交途径,企图阻止白皮书的发表。

△ 国民党中常委决定,行都仍设广州,绝不轻言搬迁,政府分地办公计划,仍按原定程序,自 8 月 8 日起实施。续后,广州政府机关分批迁往重庆。

△ 毛泽东、朱德复电程潜、陈明仁,支持设立由程潜领导的中国国民党湖南人民临时军政委员会及陈明仁将军的中国国民党湖南人民

解放军司令部两项机构,并由临时军政委员会派出临时性质的省政府主席及湖南人民解放军司令官,并表示:"此次先生及陈明仁将军毅然脱离伪府,参加人民革命,义旗昭著,薄海欢迎。南望湘云,谨致祝贺。"

△　程潜、陈明仁在长沙起义后发表通电称:"率领全湘军民,根据中共提示之八条二十四款为取得和平之基础,贯彻和平主张,正式脱离广州政府。今后当依人民立场,加入中共领导之人民民主政权,与人民军队为伍,俾能以新生之精神,彻底实行革命之三民主义,打倒封建主义、官僚资本主义与美帝国主义,共同为建立新民主之中国而奋斗。"

△　解放军第四野战军前锋进入长沙,受到 50 万市民热烈欢迎。

△　国民党军第三兵团副司令王景宋率两个师进抵邵阳东,第十四军进攻邵阳起义部队,重占邵阳。

△　参加长沙起义的国民党军第七十一军军长彭锷在湘潭率第八十七、第八十八师逃跑。

△　程潜派唐星等组成和谈代表团。

△　解放军陕北军区三边分区地方武装收复国民党军占领的老解放区的最后据点盐池县城。

△　行政院会议决定,撤职缉办陈明仁,任命黄杰为湖南省政府委员兼主席。

△　经行政院长阎锡山签署命令同意,德王以蒙古自治筹备委员会名义,于是日在阿拉善旗定远营召开蒙古人民代表大会,成立"蒙古自治政府",选德王为主席。会议至 10 日结束。

△　行政院电四川省政府,征实 900 万石,征借 450 万石,从 9 月 1 日到 9 月 16 日开征。

△　重庆市市长杨森兼第二十军军长。

△　四川成立全省减租推行委员会,由王陵基兼主任委员。

△　卢汉电告西南军政长官公署,大理、保山鼠疫流行,居民死亡甚多。

8 月 6 日　蒋介石从定海飞往韩国访问,并发表声明:"余自将藉此访问之良机，与李承晚总统充分交换意见，不仅商谈有关中韩两国当前重要诸务，并将讨论远东各国筹组反共联盟问题。"

△　东北人民民主政府同苏联签订为期一年的商务协定后，广州政府外交部邀约苏联大使馆代办到部，以协定"违反中苏条约"为由，向苏联提出严重抗议。

△　解放军第四野战军和谈代表团由平江到达长沙。

△　参加长沙起义的国民党军第一〇〇军军长杜鼎率第十九师大部、第一九七师一个团从长沙逃走。

△　代总统李宗仁明令湖南省政府主席兼华中军政长官公署副长官陈明仁撤职通缉究办。

△　李宗仁令财政金融改革案内有关田赋部分等暂缓实施。

△　行政院院长阎锡山发表通电，宣布程潜"动摇变节、通匪叛国"经过。

△　毛泽东指示彭德怀，西北地区民族复杂，兼用政治方式解决西北地区利多害少。

△　西南军政长官公署召开首次西南经济座谈会，由秘书长张笃伦主持，卢作孚、邓益光等出席，讨论修建成渝铁路，增加川、渝二省市电力及检讨"评议物价"。

△　台湾省政府主席陈诚评论白皮书："我们过去有着一种殖民地人民的心理，凡事依赖外人。今天美国的白皮书，可以促使我国人民觉悟，从此走上自力更生的道路。这个白皮书对于我们并无坏处。"

△　广州中央政府接到西藏地方噶厦公所 7 月 9 日自科伦坡转发的电报，以防止共产党混迹为理由，请求中央驻藏人员撤退。是日，行政院院长阎锡山电复西藏地方噶厦公所，强调噶厦公所的要求："于法于理，殊多未合，即希体察目前情势，撤销前议，迅再通知各驻藏人员仍回拉萨，执行职务。"同时，阎锡山就此事发表声明："切盼西藏地方当局体察目前情势，一本过去团结精神，勿为他人利用，迅予纠正此项措施。"

△　美国国务卿艾奇逊发表谈话，宣布"美国愿极力赞助中国成为

独立稳定国家"等五项对华政策基本原则。

△ 解放军第十兵团分左、中、右三路,分别由古田、建瓯、南平向福州开进。

△ 华中军政长官公署一方面部署接应从长沙逃归的部队,一方面部署诱歼解放军追击部队,以第四十六军、第七军、第四十八军等部,在永丰(现双峰)及其西南地区设伏。

△ 解放军第一野战军各西进兵团于5、6两日间分别进占甘肃甘谷、通渭、静宁三城。

△ 解放军占领湘中安化。

8月7日 蒋介石和李承晚在韩国镇海举行了第一次会议,就中韩关系及组织远东联盟问题交换意见。

△ 从青岛撤退的国民党军第十一绥靖区司令官刘安祺部七八万人陆续到达广州外围。

△ 驻美大使顾维钧就美国国务院发表的中美关系白皮书发表声明,要求美国支持国民党反对共产党,对美国在此严重的阶段发表这一文件表示遗憾,并宣布中国政府正在草拟对于美国国务院白皮书的答复文。

△ 青年党宣传部长王师曾就白皮书发表谈话,吁请美国针对现实有效援华,并认为:"中国民主分子之推翻中国共党政权的运动,必须外能得到民主国家之精神的物质的援助,才易于收效。"

△ 香港《华商报》发表评论白皮书的社论《美国对中国人民的新宣战书》。

8月8日 蒋介石结束对韩国的访问,回到台北。是日,蒋介石与李承晚发表联合声明:"吾人对于季里诺总统暨蒋总裁于本年7月12日在碧瑶所发联合声明中,关于联盟之主张,完全表示同意。吾人更进而同意,应请菲律宾总统采取一切必须步骤,以促上述联盟之实现。为此,吾人现在敦促季里诺总统于最短期间,在碧瑶召集一预备会议,以拟订关于联盟之各项具体办法。"

△ 广州卫成总司令部正式成立,李及兰兼任总司令,刘安祺、张镇任副总司令。

△ 国民党军从长沙逃归的第十四军军长成刚率部到达邵阳。国民党军收容长沙起义后逃归的部队,重编为第一兵团,由黄杰任兵团司令。黄杰到达芷江,移设湖南省政府。

△ 参加长沙起义的国民党军潜逃后,解放军第四野战军第十三兵团第四十九军向宁乡、湘乡追击,是日占领宁乡,歼灭国民党军第九十军暂一师大部;第十二兵团第四十六军向衡阳追击,第四十八军向茶陵、攸县追击;第二野战军第四兵团第十八军向茶陵、安仁前进。

△ 解放军鄂西地方武装占领兴山、秭归。

△ 四川省政府主席王陵基在省府国民月会上称:四川安全决可保障。

△ 宋希濂赴南郑与胡宗南商洽陕鄂边军事后回到重庆。

△ 国民党军夏威兵团重占赣西莲花。

△ 解放军进占赣南兴国。

△ 胡琏到达广州,向外界表示,国民党军第十二兵团先后收复闽西长汀、连城、上杭、武平、永定,粤东大埔、蕉岭、平远、梅县、兴宁、五华等县。

8 月 9 日 李宗仁任命黄杰为湖南省政府主席。

△ 解放军进占湘潭。

△ 解放军进克鄂西三斗坪。

△ 海军陆战队一个连在舟山群岛的嵊山岛起义。

△ 海军截获塘沽口外轮船 13 艘。

△ 菲律宾总统季里诺在美国向参议院演说,敦促支持反共联盟。

△ 广州国民党政府与韩国订立航务条约。

△ 美国总统轮船公司人员宣布,上海外国侨民向该公司登记船票,准备离开上海,船期为 9 月 14 日。

8 月 10 日 国民党中央非常委员会举行临时会议,通过以王世杰、张厉生、张道藩、陈诚、吴国桢、蒋鼎文、周至柔、谷正纲、桂永清、林蔚 10 人为第二分会委员,以黄少谷为秘书长。

△ 西南军政长官公署政委会发表为实施农地减租事宜告川、康、滇、黔、渝五省、市民众书。

△ 海南岛国民党军重占乐东。

△ 莲花县保安队投诚,解放军重占湘赣交界的要冲莲花。

△ 第十世班禅在青海塔尔寺大金瓦寺诵经堂举行坐床大典,由蒙藏委员会委员长关吉玉专使、马步芳副使(马继融代)主持,典礼开始后由关专使宣读总统命令后,即行颁赐礼。

△ 司徒雷登到达华盛顿。

8 月上旬 河北大清河、潴龙河在 4、5 日间突涨,容城一带三处决口,白洋淀水位 7 日为 10.86 米,超过 1939 年水位。自 6 月中旬至 8 月 5 日,除冀南、太行两区外,暴雨成灾,全省各河堤埝漫没者 36 县,共 927 村,被淹没土地 2.6119 万顷,各河下游泛滥成灾者 12 县,共 462 村,淹没土地 1.5 万顷,因雨涝成灾者 24 县,共 1321 村,淹地 2.3 万余顷。又:苏、浙、皖三省水灾严重,以皖北为重,灾民已达 400 万人。

8 月 11 日 参谋总长顾祝同奉李宗仁、阎锡山之命,赴台湾向蒋介石请示防卫广州的军事机宜。

△ 蒋介石召见陈诚,促速成立东南长官公署。

△ 在国民党中央监察委员会决议之后,国民党中央执行委员会决议对参加人民政协、发表和平主张的罗翼群、蒋光鼐、谭平山、贺耀组、胡庶华、刘建绪、黄统、李宗理、张潜华、金绍先、陈汝舟开除党籍。在先,中监委还宣布永远开除黄绍竑、程潜等党籍。

△ 解放军第十兵团发起进攻福州的外围战斗,右路第二十九军攻克永泰,截断福州、厦门交通。同日占领重要军港三都澳。

△ 解放军进占宁夏海原、通渭西北马营镇。

△ 马步芳由兰州经南郑与胡宗南商谈军事后到达重庆,与张群晤谈。

8 月 12 日　　新华社发表评论《无可奈何的供状——评美国关于中国问题的白皮书》:"总之,从根本上说来,美国白皮书确是一部颠倒黑白的杰作,这种颠倒黑白如果加以再颠倒,人们是可以从中获得种种有益的教训的。中国人民由美国白皮书进一步认识了美国政府的帝国主义面貌,进一步认识了应该如何向美国帝国主义进行斗争,最后,还可以由此进一步认识这一斗争的前途。白皮书是美国帝国主义反动政策在中国惨败的史册,因此它对于中国人民和世界人民反对帝国主义的斗争是一个重大的贡献。"这是新华社发表的对白皮书的第一篇评论。

△　解放军山东军区部队于 11 日起进攻长山列岛,是日攻占南、北长山岛。

△　解放军第二十一军第六十三师主力强行登陆三都岛,配合第十兵团进击宁德。

△　解放军进占湖南新化。

△　解放军第一野战军继陇东追击战之后,开始向兰州进军,以第一兵团二个军附第六十二军为左路兵团,迂回敌后,进取西宁,断敌向青海的退路;以第二兵团、第十九兵团共五个军分中、右二路攻击兰州;以第十八兵团的第六十、六十一军及第一兵团的第七军留守宝鸡地区,钳制胡宗南部,保障主力左侧及后方安全。

△　西北军政长官马步芳自兰州到广州,应阎锡山之召,报告西北一般情况。

△　行政院颁布《国民反共公约》。

△　中国国民外交协会会长吴铁城以私人资格到达东京,希望与麦克阿瑟会晤。

△　四川大学奉教育部命令,大量裁员,职员裁三分之二,教授裁五分之二。

8 月 13 日　　北平各界代表会议于 9 日开幕,是日毛泽东亲临讲话。

△　国民党中央非常委员会第二分会在台北成立,蒋介石兼任主席。

△　刘少奇、王稼祥、刘亚楼同苏联华西列夫斯基元帅会谈。苏方表示原则上同意中共中央关于组建空军的设想方案。

△　吴铁城在东京晤麦克阿瑟。

△　进攻福州解放军左路第三十一军占领丹阳镇,并攻击连江。中路第二十八军向雪峰地区猛攻。福建省政府主席、福州绥靖公署主任朱绍良、第六兵团司令李延年,在蒋介石的严令下,仍无心应战,至是奉准放弃福州撤退,第九十六军于桐口南渡闽江,向德化撤退。

△　白崇禧以所部张淦、徐汝明、黄杰、刘嘉树、鲁道源五个兵团、11个军约20万人南撤至衡阳、宝庆公路两侧和粤汉铁路衡山至郴州段,建立湘粤联合防线,东经汝城和乐昌与广东余汉谋部联络,西至芷江,力图与湘西宋希濂部重新建立联系。

△　解放军第四十九军进占湖南湘乡。

△　解放军第十五兵团第四十八军进占江西雩都;第四兵团第十八军与湘南支队在遂川会师。

△　在香港的国民党人黄绍竑、贺耀组、龙云等44人发表题为《我们对于现阶段中国革命的认识与主张》的声明,号召国民党人说:"我们应该彻底觉悟,我们应该立刻与反动的党权政权决绝,从新团结起来凝成一个新的革命动力,坚决地明显地向人民靠拢,遵照中山先生的遗教,与中国共产党彻底合作,为革命的三民主义之发展而继续奋斗,为建设新民主主义的新中国而共同努力。"

△　李宗仁派专机至衡阳接白崇禧至广州,胡宗南亦飞抵广州。

△　空军总部于"八一四"空军节前夕发表年来战果。

△　民国政府中央机关在渝办公布置委员会主任委员马国淋称:中央分地办公的决策,表示有保卫重庆及四川乃至整个西南之决心,政府稳定,必能获得民主国家尤其是美国的援助。

8月14日　新华社发表毛泽东撰写的社论《丢掉幻想,准备斗争》:"美国白皮书的发表是值得庆祝的,因为它给了中国怀有旧民主主义思想亦即民主个人主义思想,而对人民民主主义,或民主集体主义,或民主集中主义,或集体英雄主义,或国际主义的爱国主义,不赞成,或不甚赞成,不满,或有某些不满,甚至抱有反感,但是还有爱国心,并非国民党反动派的人们,浇了一瓢冷水,丢了他们的脸。特别是对那些相信美国什么都好,希望中国学美国的人们,浇了一瓢冷水。"

　　△　刘少奇离莫斯科回国。致信斯大林:根据中共中央的指示,王稼祥留莫斯科,代表中共中央与苏共中央联系,待至 8 月下旬回国参加政协会议。

　　△　代总统李宗仁在广州召集白崇禧、胡宗南、阎锡山、顾祝同、秦德纯、邓文仪、陈济棠、马步芳、马鸿逵举行西北联防军事会议,计划在兰州决战,以马步芳所部在兰州城下牵制解放军主力,马鸿逵所部退出固原后,转用于兰州,胡宗南所部出陇南,三面包围解放军,并出动空军支援。

　　△　国民党军赣州指挥所放弃赣县、南康,向信丰地区撤退。

　　△　广州、台北等地庆祝第十届空军节,台北举行空中阅兵,台湾警备总司令陈诚任检阅官,蒋介石亲往空军总司令部向空军将士致贺。

　　△　广州石牌联勤总部火药库突然爆炸,全部炸毁。

　　△　前云南参议会副会长李一平在香港对记者发表谈话,宣布龙云策动云南起义。

　　8 月 15 日　新设东南军政长官公署成立,陈诚就任长官职务,台湾警备总司令部宣告结束。

　　△　驻美大使顾维钧向美国国务院提交军援备忘录和经援备忘录,一是要求把经济合作总署的余款用作应急性援助,二是关于为期六个月的临时性援助,三是关于一年或一年以上的援助。

　　△　台湾开始在全省换订租约,实施"三七五减租"。

　　△　解放军进攻福州的部队中路第二十八军占领闽清、溪口,左路第三十一军攻击马尾,与马尾守军、由台湾增援的青年军第二〇一师第六〇三团展开激战。

　　△　国民党军退出攸县、茶陵。

　△　解放军进占兰州南的会川。

　△　解放军自 12 日至 15 日先后进占陇中和陇南的会宁、定西、陇西、漳县、渭源、西吉等县城。

　△　中共中央联络员邓力群率四人小组自苏联到达伊犁。

　△　马步芳、胡宗南到达台北谒蒋介石。

　△　重庆市长杨森公告《重庆市物价管制办法》。

　△　重庆市益民、永成、同心、聚丰、福华六行庄滥发本票一案,由重庆地方法院开庭调查。

8 月 16 日　毛泽东、朱德答复程潜、陈明仁 8 月 5 日通电,对长沙起义表示祝贺。

　△　外交部代部长叶公超对美国白皮书发表书面声明:"中国政府必须郑重声明,吾人对于中美关系白皮书内容所涉及之其他许多重要问题,在意见方面或论据方面,实有不能不持严重异议之处。吾人雅不愿使两国政府间关于过去问题之辩论,而影响两国传统之友谊,以及民主国家所维护之共同目标。中国政府为其本身之立场与责任,对于此繁复错综之长篇白皮书,不能不于适当时期,将所持观点及有关事实,对中美两国人民作详切之声明,期使两国人民能因此而更增加相互间之了解。"

　△　留广州国民大会代表集会决议对美国白皮书发表声明,声称民国政府为合法政权,通过《促进政府加强国民外交案》。

　△　吴铁城在东京发表谈话,拒绝台湾托管。略谓:台湾是中国领土的一部分,台湾人完全是中国人,如果中共不能获得外国的飞机、军舰,我们便可永久保护台湾。

　△　港英政府宣布征用中国航空公司在启德机场内的发动机修理厂。

　△　国民党福州守军放弃连江,第七十四军撤至琅琦岛;又放弃马尾,青年军第六〇三团撤至厦门,至 9 月 4 日撤回台湾。第六兵团由副司令梁栋新指挥,夜渡闽江南撤,后被解放军歼灭。福建绥靖公署主任

兼省政府主席朱绍良、第六兵团司令李延年飞离福州到厦门。

△ 海军元老萨镇冰,前海军部长、海军总司令陈绍宽通电拒绝去台湾,表示拥护共产党,参加福州解放。

△ 解放军粤赣湘纵队之北进支队进占江西大庾,并与南下的解放军会师新城。

△ 解放军进占甘肃榆中、临洮。

△ 解放军粤东游击队进占广东陆丰。

△ 国民党军重占江西南康。

△ 马步芳从台北回到广州。

8 月 17 日 解放军第十兵团解放福州,歼灭国民党军一个兵团部、五个军部、14 个师共五万余人,俘虏国民党军第二十五军军长陈士章。

△ 解放军第十三兵团第四十九军第一四六师,于 14 日占领永丰,15 日轻敌深入青树坪地区,在界岭一线遭到白崇禧部阻击,是日,又遭到白崇禧部的包围攻击,伤亡惨重,入夜被迫突围后撤。

△ 行政院院长兼国防部长阎锡山电令联勤总部着即撤销。

△ 何应钦、程天放奉蒋介石之召前往台北。

△ 马步芳、马鸿逵离粤,分别于 18 日、19 日返回兰州和银川。

△ 麦克阿瑟拒绝返国报告远东局势。

△ 港英立法局通过新的《人口登记条例》,即发给入境者及本土居民“香港身份证”,翌日正式公布并施行。同日,立法局通过《驱逐不良分子出境条例》,并一读通过《修订 1922 年紧急法》。

8 月 18 日 新华社发表毛泽东撰写的社论《别了,司徒雷登》:“中国还有一部分知识分子和其他人存有糊涂思想,对美国存有幻想,因此应当对他们进行说服、争取、教育和团结的工作,使他们站到人民方面来,不上帝国主义的当。”

△ 新政治协商会议筹备会主任毛泽东致电新疆伊犁特别区人民政府阿合买提江,邀请他们派代表参加全国人民政治协商会议:“你们

多年来的奋斗,是我全中国人民民主革命运动的一部分,随着西北人民解放战争的胜利发展,新疆的全部解放已为期不远,你们的奋斗即将获得最后的成功。我们衷心地欢迎你们派出自己的代表五人前来参加全国人民政治协商会议的全体会议。"

△　国民党军第一兵团第十四军军长成刚、第七十一军军长彭锷、第一〇〇军军长杜鼎联名通电,反对程潜、陈明仁实行"局部和平"。

△　福州绥靖公署撤至厦门,由汤恩伯代理主任。

△　国民党军第一二一师师长吕省三、副师长陈言廉率 900 余人在闽南南安官桥、云台地区起义。

△　四川省保安司令王陵基在成都中正公园检阅成都市自卫总队。

△　美参议员诺兰建议派高级将领来华。

△　就港英当局径行强迫中航迁离启德机场一事,广州政府饬驻香港特派员郭德华向香港政府提出严重交涉,并命驻英大使郑天锡向英国政府提出抗议。

△　美国西太平洋海军舰队司令白吉尔中将乘旗舰"圣保罗号"抵达香港,布置从华南撤侨。美国政府已正式要求中国政府准许"戈登将军号"通过封锁线到上海撤侨,外交部在口头上通知美国驻华大使馆,在原则上表示同意。

△　美国众议院以 164 票对 92 票否决将中国包括在军事援外计划之内的建议案。

△　美国国务院发言人怀特宣布:美国政府相信,推广日本与其他国家间的交往,在促进日本成长中,将具有极重要地位。这种交往包括参加国际会议,交换领事或从事其他双边活动。此后,战后一直没有活动的日本外交部开始活跃起来。

8 月 19 日　行政院会议提出新疆撤兵案,主撤者认为可增兵内地,对军事有利,不主撤者认为,撤兵等于抛弃领土,将来很难恢复,且实际上撤兵十分困难。

△　行政院赔偿委员会召开第五次委员会议,中国分得日本第三批赔偿物资有电力设备及各种整套设备约二万余吨,各机关分配赔偿物资分别安装于台湾或海南岛,以策安全。

△　行政院会议通过《反共保民动员委员会组织章程》。

△　解放军第七兵团自 18 日起向舟山外围岛屿进攻,是日进克大榭岛。

△　国民党军从长山列岛撤退。

△　西南军政长官张群电贺班禅举行坐床典礼。

△　遵照美国政府命令,美国驻广州新闻处于 18 日停止工作,美国驻广州领事馆是日停止办公,迁往香港。

8 月 20 日　李宗仁、白崇禧、薛岳、余汉谋举行会议,决定以余汉谋为华南军政长官,统一指挥广东境内所有部队。但余以白崇禧部能不能入粤为是否就任的先决条件。

△　吴铁城自东京返抵台北,向蒋介石呈递与麦克阿瑟会谈记录。吴铁城在为期一周的访问旅行中,曾两次会晤麦克阿瑟,对过去和现在的问题,都曾广泛交换意见。吴在发表的讲话中指出,日本两年来"所努力的对外贸易,总额只能占战前百分之十九,就中国的输出输入,在战前占总数百分之二十五,现在则几等于零。所以日本朝野人士都希望中国能够早日得到和平统一,俾可帮助他们的国家复兴"。

△　行政院通知中央各机关重庆区布置委员会,各国驻华大使馆将陆续疏散来重庆。

△　李宗黄谒蒋介石,报告云南卢汉态度不稳。

△　解放军第一野战军攻击兰州部队,进抵兰州城郊,从东、西、南三面包围兰州。马步芳任其子马继援为守城总指挥,以第八十二军、第一九二军等部五万余人守城,以第九十一军、第一二〇军、第八十一军、新编军等部部署在城郊,构成所谓"兰州锁钥"的防御体系。

△　中共中央军委复电刘伯承、邓小平等,同意第二野战军 19 日发出的关于向川、黔进军的基本命令,攻略贵阳和川东南,以大迂回动

作,先进击宜宾、泸县、江津地带之敌,完全孤立川东一带及重庆敌军。

△ 解放军第四十八军第一四三师先后占领信丰、龙南、安远后,是日进占粤赣交界的虔南。

△ 解放军进占福建莆田。

△ 澳大利亚悉尼中国饭店,被澳警方无理搜查,20 名中国海员被捕。

8 月中旬 美国西太平洋舰队司令白吉尔由香港到广州,与白崇禧会谈,重申华中部队如能开到广州,他将尽力保障供给。

△ 白崇禧部署在湘西与解放军进行局部决战,以川鄂绥署部队强渡资水、沅水,进击湘江西岸,以第三兵团指挥第七、第四十六军由永丰向湘乡攻击,以第一兵团向邵阳北地区前进,相机攻占安化。20 日起向北推进。

8 月 21 日 行政院决定设立国防部长西北边区指挥所,由徐永昌任指挥,协调西北各军。同日,决定派国防部次长秦德纯、蒙藏委员会副委员长周昆田,携带有关新疆问题方案,前往迪化。三人决 22 日同行,自广州启程。

△ 解放军第一野战军攻击兰州部队,判断敌有弃守可能,担心丧失战机,于是日仓促攻击兰州。马步芳命令由马继援指挥的兰州所部凭险抵抗,解放军攻击受阻,伤亡严重,决定暂停攻击,调整部署,准备攻坚。

△ 胡宗南自广州经重庆返抵南郑。

△ 驻美大使顾维钧与宋子文、胡适、蒋廷黻、贝祖贻等举行会议,讨论国内局势,并讨论了向联合国提出苏联违反条约义务问题。

△ 美参议员勃里奇等联合声明,主张美国切实援华。

8 月 22 日 中国人民解放军总部发表 7 月份战绩总结公报称,本月份人民解放军在西北、华中两个战场上追歼残敌,同时在已解放之河南、湖北、安徽、浙江、江苏南部、福建北部等地清剿散匪,共消灭敌军九个整师,9.918 万人,缴获大小炮 847 门,各种机枪 3815 挺,各种枪支

4.5459 万支,骡马 4974 匹,解放县城 70 座。

　　△　解放军第一兵团连克康乐、宁定、和政,是日进占临夏,马步芳从兰州抽调骑兵第八师、第十四师回守西宁。

　　△　白崇禧飞广州晤李宗仁、阎锡山报告战况。

　　△　国民党军黄杰兵团克安仁后推进至湘西新化。

　　△　解放军第四十八军第一四四师进占江西会昌。

　　△　解放军第七兵团进克梅山岛。

　　△　中国农村复兴联合委员会委员晏阳初、沈宗瀚和美籍委员贝克由广州飞抵成都,协助四川省农村建设工作。据报道,蒋梦麟、美籍委员穆懿尔将久驻台北。

　　8 月 23 日　蒋介石从台北到达广州,蒋经国、黄少谷等随行,停留一日,仅与李宗仁、阎锡山等少数人见面,会商保卫广州战略。但在兵力部署上,蒋与李发生分歧,要求收缩兵力防卫广州,反对李宗仁将刘安祺部调往广东省境之外作战。

　　△　李宗仁私人代表甘介侯在美发表声明,就白皮书所说李宗仁对苏政策问题,解释说:李代总统从来也没有同意所说的建立中苏真正合作基础,或尽量消灭美国在华势力两点。

　　△　连日来,各民主党派人士纷纷发表谈话,评论白皮书。是日,中国民主同盟总部发表题为《对美帝白皮书的斥责》的评论文章,民主建国会在北平发言人,也对白皮书发表书面谈话,强调指出:中国民族资产阶级不会变成美帝的工具。

　　△　国民党军赣州指挥所节节溃退,残部已退入广东境内,国防部即电令结束,残部进行改编整补。

　　△　解放军进占甘肃兰州西南黄河南岸的永靖。

　　△　解放军第四十八军进占瑞金。

　　△　高雄港"众利"轮爆炸,延烧岸上物资糖 2.4 万吨,死伤数百人。

　　△　英国商轮"摩勒号",在长江口外被海军截获,扣押至定海。

8月24日 蒋介石从广州飞抵重庆,巡视西南,发表书面谈话称:"今日重庆,再度成为反侵略反共产主义之中心,重新负起支持作战艰苦无比之使命。"

△ 行政院副秘书长倪炯声对重庆《中央日报》记者发表谈话称,各部、会已疏散来渝的人员约万余人,现只有十分之一的人员约千余人尚在广州。这批人员是否来渝,全由中央决定。

△ 行政院会议通过:特派孙震兼川鄂边区绥靖公署主任;胡宗南兼川陕边区绥靖公署主任;设置华南军政长官公署,特派余汉谋为军政长官。

△ 马步芳电广州军政当局要求胡宗南、马鸿逵和空军支援,并飞离兰州至西宁。

△ 国民党军重占湖南攸县、湘乡,进逼安化。

△ 中国国民党宣传部长程天放在台湾发表题为《坚定反共战争的信念》的广播演说。

△ 美国驻广州领事馆最后一批人员乘坐美国军用飞机飞往香港,从23日起,美领事馆一切事务暂托英领事馆代办。

△ 美国国务院发表白皮书的补充材料《中国的共产党运动》。

△ 澳大利亚移民部长卡尔威尔下令逮捕500名华侨,驱逐出境。华侨海员工会前曾上诉最高法院,要求判决所谓《战时难民出境法》无效。

8月25日 新华社发表经毛泽东修改的时评《湖南起义的意义》,指出:程潜、陈明仁两将军在湖南起义,严重地震撼了华南、东南、西南、西北的国民党军残部。湖南起义告诉他们,对于人民解放军的抵抗是没有前途的,惟一的光明前途,就是脱离蒋介石、李宗仁、白崇禧集团,接受中国共产党的领导,而无论什么人,只要真正做到这一步,就有受到人民谅解的希望。

△ 李宗仁特任关麟徵为陆军总司令。

△ 刘少奇自莫斯科回国,是日抵沈阳。同时来华的有柯瓦廖夫

及率领的苏联专家 220 人。26 日,刘少奇电告中共中央,拟于 27 日开欢迎会,由刘少奇作关于与苏联专家合作问题的报告。刘与柯及高级专家 30 人准备于 28 日同赴北平。

△ 台湾民主自治同盟华北总支部发表声明:台湾是天经地义的中国领土,台胞定会起来粉碎美帝阴谋。

△ 解放军第一野战军经过充分准备,对兰州外围阵地发起总攻,至下午攻占敌南山主阵地。入夜,马继援见马鸿逵、胡宗南各部未能出兵支援,信心动摇,率部通过黄河铁桥弃城撤逃。

△ 白崇禧返回湘南军中,指挥所部第一兵团第七十一军攻击湘乡。

△ 解放军连克福建仙游、永春、晋江(泉州)、南安、惠安五城。

△ 四川省政府主席王陵基从成都到重庆谒见蒋介石。

△ 傅作义偕邓宝珊等从北平到达归绥,慰问绥远部队,动员起义。

△ 中央航空公司飞行员李福遇驾驶 C—47 型运输机一架,由广州白云机场飞往解放区。

8 月 26 日 蒋介石在重庆整日召见西南有关军政首长张群、钱大钧、王陵基、孙震、李弥、罗广文、余锦源、陈春霖、郭汝瑰等。

△ 第一野战军解放兰州。马步芳部主力被歼,残部溃不成军。

△ 中共中央电示滇桂黔边区党委,向卢汉转达中共中央的五点要求:一、要让云南人民武装发展,并支援武器弹药钱粮;二、发动省参议会群众团体拒绝蒋桂军队入滇;三、地方保安部队集中应变;四、控制特务;五、卢汉部队要严明纪律,保护国家财产。

△ 重庆市永成、同心、聚丰、益民、福华六行庄滥发本票案经地方法院宣判,六行庄负责人表示不服,准备上诉。

8 月 27 日 新政协筹备会在北平举行第四次常务委员会会议,讨论修改《中央人民政府组织法(草案)》,毛泽东出席,就中央集权与地方分权问题作了发言。

　　△　蒋介石在重庆接见宋希濂,听取宋关于川、鄂、湘边区军事情势的报告;接见四川省政府主席王陵基、省议会议长向传义,听取四川省自卫委员会与省政府纠纷的报告;接见重庆附近地区团长以上人员并训话。

　　△　阎锡山在广州主持孔子二千五百年诞辰纪念典礼并致词。

　　△　徐永昌 26 日飞抵西宁,与马步芳会谈军事。是日马步芳背着徐永昌乘飞机逃离西宁到达重庆,徐即飞银川,鼓励马敦静抵抗解放军。

　　△　胡宗南指挥第三十六军、第三十八军、第六十五军、第一军向西和、宝鸡、虢镇反攻,重占西和。解放军第十八兵团以第六十军、第六十一军展开反击,迫敌南撤,阻断了胡宗南对兰州的支援。

　　△　国民党军重占龙南,解放军进占粤东焦岭、平远。

　　△　昆明公私立大、中、小学教职员集会庆祝教师节,大会决议通电全国,反对国民党政府招募日军来华助战,通电并呼吁肃清特务分子。

　　△　新疆出席人民政协代表阿合买提江等五人因飞机失事在苏联境内遇难。

　　△　邓召荫、陈剑谱、李犁洲、黄祖培、陈翰园、朱紫朝、姚忠华、赖希如、王连庆、李达等 91 人发表《我们响应黄绍竑等"八一三"声明》的书面谈话,续后,王普涵等 13 人也公开响应。

　　8 月 28 日　宋庆龄在邓颖超陪同下,从上海到达北平,毛泽东、朱德、周恩来等前往车站迎接。

　　△　新华社发表毛泽东撰写的社论《四评白皮书》(即《为什么要讨论白皮书》),指出:"白皮书是一部反革命的书,它公开地表示美帝国主义对于中国的干涉。就这一点来说,表现了帝国主义已经脱出了常轨。"

　　△　中国国民党革命委员会发表《中国国民党革命委员会严斥白皮书》。

△　国民党军第五十八军攻击湖南湘潭。

△　马步芳自重庆飞往台北,马步芳残部骑兵 22 个团到达武威。

△　行政院长阎锡山宴请参加教育会议之各大学院校长及各省、市教育厅、局长。

8 月 29 日　蒋介石在重庆主持西南军政人员会议,国民党政府川、黔、康省政府主席,及川、陕、甘、鄂、湘边区将领均到会,是为蒋介石在大陆主持的最后一次重要军事会议。蒋介石部署死守四川。会上决定,在川境之外抵抗解放军的进攻,即以陇南与陕南为决战地区。国民党军西南高级将领要求蒋介石常驻重庆指挥,但为蒋介石所拒绝。

△　蒋介石派俞济时赴昆明促卢汉赴渝,并对云南部署军事,进行防范。

△　李宗仁在广州召见阎锡山、顾祝同、余汉谋、薛岳,举行非正式军事会议。

△　湖南人民军政委员会扩大组织,以程潜为主任。

△　国民党军第十四军攻占安化,并由新化向蓝田方向突进。但因川鄂绥署部队未敢积极出动,白崇禧计划的局部攻势受挫,不得不后撤整理。

△　解放军第十八兵团进击胡宗南部秦岭防线,右翼部队进占秦岭之五林子、隘口等要点。

△　解放军第四十八军进占江西宁都,江西全境解放。

△　解放军进占湘黔边境的麻阳。

△　留日华侨联合会发表声明:"任何想使台湾独立,或交盟国军事管制,或由国际共管的企图,都是不顾台湾人民意志的恶毒阴谋。"声明说:"对日和约虽然还没有签订,但是,台湾的归还我国,已在开罗和波茨坦宣言内明白规定,和库页岛的归还苏联一样,已经是神圣的确定事实。"

△　由中国人租用、悬挂英国旗的货轮"良璧号"通过海军的封锁从香港进入上海。

8 月 30 日　　新华社发表毛泽东撰写的社论《五评白皮书》(即《"友谊",还是侵略?》),指出:"艾奇逊当面撒谎,将侵略写成了'友谊'。"

　　△　《人民日报》刊登了国民党革命委员会驳斥美国白皮书座谈会的纪要。何香凝着重驳斥了白皮书对孙中山时代国共关系和中苏关系的歪曲和污蔑。

　　△　东南军政长官公署颁发命令,设立台湾保安司令部,彭孟缉为保安司令,设立台湾省防卫司令部,孙立人为防卫司令,定于 9 月 1 日成立。

　　△　广东立法、监察委员等致书政府,请查办参谋总长顾祝同。

　　△　西南军政长官公署政务委员会举行首次政务委员会议,会议通过《公署辖区各省戡乱时期政务提要》。

　　△　韩国首任驻华大使申锡雨在广州向阎锡山呈递国书。

　　△　马继援乘飞机离西宁,逃往香港。

　　△　广州绥靖公署副主任陈策在广州病逝。

8 月 31 日　　李宗仁特派余汉谋为华南军政长官。

　　△　行政院会议议决,向联合国大会提出控诉苏联违反《中苏友好同盟条约》及其"侵略罪行"案,并派蒋廷黻、刘师舜、程天放等五人为代表。

　　△　行政院会议通过派宋希濂为川湘鄂边区绥靖公署主任,马继援为西北军政长官公署副长官。

　　△　行政院政务会议通过开放广西南部的邕宁及云南南部的蒙自两处机场为国际航空站。于是,陈纳德航空队加紧将云南的锡、钨运至越南的海防,然后转运美国。

　　△　立法院决定第四次大会于 9 月 1 日起在广州报到。

　　△　行政院院长阎锡山训令各省政府和各部、会、处,切实整饬纪纲、执行法令,一曰惩治叛乱,二曰肃清贪污,三曰统一权责,四曰健全人事,五曰撙节开支。

　　△　卢汉代表、云南省政府秘书长朱丽东偕建设厅长杨文清自昆

明乘专机到达重庆谒见蒋介石。

　　△　国民党军交警第三旅放弃福建洛阳（属惠安县）、晋江等地，经安海向莲河撤退，解放军进占泉州。

　　△　解放军第十八兵团左翼部队攻占观音堂、大王山，沿川陕公路推进，与右翼部队在秦岭南的东皎桥以北胜利会师。

　　△　国民党军联勤总司令部撤销，改编竣事，9 月 1 日起，关于军队后勤工作，改由国防部负责。

　　是月　冀东地区自 7 月下旬以来，降水 20 多日，滦河、潮白河水位高涨，流量剧增，超过 1930 年，各河决口共计 76 处，淹地约 337.6931 万亩，毁屋 2300 余间。

9　月

　　9 月 1 日　蒋介石在重庆接见云南省政府主席卢汉的代表朱丽东，询问云南情形。蒋对卢汉的政治态度不放心，一面建议广州政府安定滇局，一面令李弥所部回滇部署，监视卢汉。

　　△　行政院发言人称：重庆已成政府行政中心，广州只是政治中心与政府所在地。

　　△　新华社发表短评《反对美国对日本"不宣而和"的阴谋》，抨击美国国务院发言人怀特 8 月 18 日的谈话。

　　△　国民党军罗广文部增防陇南，支援胡宗南，加强陕南防御力量。

　　△　马鸿逵应蒋介石电召飞赴重庆参加军事会议，将宁夏军政交其子、代理宁夏省政府主席兼宁夏兵团司令官马敦静负责。

　　△　徐永昌自银川飞赴南郑，转回重庆。

　　△　贵州实施"二五减租"。

　　△　国民党军胡琏兵团重占兴宁，加强防卫汕头、厦门。

　　△　陈明仁兼任湖南省临时政府主席。

△　昆明银行从业人员联谊会发表告社会人士书,反对征兵征粮,反对苛捐杂税,反对蒋桂系统军队入滇。

9月2日　蒋介石在重庆接见甘肃省政府主席马鸿逵、四川省政府主席王陵基及川鄂绥署副主席兼第十六兵团司令孙元良等。

△　代总统李宗仁下令通缉毛泽东、朱德、周恩来等中共领袖19人。

△　解放军第十九兵团分三路进攻宁夏。北路由兰州出发,沿黄河西岸,经景泰、营盘水一线向中卫进军。中路沿黄河东岸经靖远,向中宁前进。南路于10日由固原地区出发,向中宁进军。

△　王缵绪等四川"民意代表"百余人,上书蒋介石,要求其"长期驻节陪都,坐镇西南,统筹全局"。

△　行政院副秘书长倪炯声离渝赴穗,向外界表示,中央迁渝布置工作已完成十分之九。

△　白崇禧经桂林、贵阳洽商军事后回到广州,向李宗仁报告。

△　国民党军重占粤东普宁。

△　国民党军重占陇南礼县。

△　新华社发表社论《决不容许外国侵略者吞并中国的领土——西藏》,揭露英国、美国、印度策动西藏7月8日事变。

△　《人民日报》发表题为《黄绍竑等在港发表声明,坚决拥护中共领导,共同努力建设新中国》的新闻稿,报道黄等8月13日声明。

△　重庆市中心陕西街朝天门中正路一带发生大火,延烧达12小时之久,金融业中心区付之一炬。据重庆警备司令部发表的统计,烧毁学校七所,钱庄33家,仓库、堆栈129座,民房1236幢,检获尸体2865具,受伤者4078人。

9月3日　重庆成立"九二"火灾救济委员会,蒋介石派蒋经国出席,并代为慰问灾民,饬国民党中央党部捐五万银元,作为救灾费用。

△　重庆原定是日举行"九三反共救国"游行大会,因火灾停止。

△　蒋介石为以云南为最重要后方,决定解决云南问题的原则,应

以政治为主,避免武力冲突,并于是日派徐永昌赴广州,向阎锡山转达对滇事的处置方针。同时,鉴于李宗仁准备秘密委任滇军将领鲁道源为云南省主席,空运鲁部入滇,是日蒋介石致电阎锡山说:"对于滇事处置,稍一失当,将误大局非甚少,故未决定以前,务望先电示洽商,并望能照弟嘱次宸兄所提议者实施,请以此意转告墨三兄为荷。"

△　卢汉致电张群,表示愿意到重庆面谒蒋介石。

△　代总统李宗仁就抗日战争胜利纪念日,发表告中外人士书,号召反共。

△　昆明工人、店员、学生及公务员等数万人举行示威游行,反对政府,政府中央系统人员被迫撤离。

△　国民党军重占梅县。

△　教育部召开全国教育行政检讨会议。

△　广州市警察局开始连续三天的突击检查,如发现无户籍者即予拘捕。

△　福建省政府主席任命,在蒋介石和李宗仁之间出现分歧,暂由方治兼代福建省政府主席,开始办公。

△　台湾民主自治同盟主席谢雪红发表声明,反对美国侵略中国台湾的阴谋。

△　澳大利亚政府下令将过去 25 年来先后赴澳华侨 2000 名驱逐出境。

9 月 4 日　中国国民党非常委员会决定,粤北军事由余汉谋负责指挥,部署防御华南。

△　李宗仁托人转告阎锡山,请阎辞国防部长兼职,以白崇禧代。阎锡山表示:"我不辞国防部长兼职。如代总统令免,我行政院长不副署。"

△　蒋经国代表蒋介石访问成都,翌日返渝。

△　致公党美洲华侨领袖司徒美堂到达北平。

△　解放军进迫厦门。

　　△　解放军第十八兵团进抵凤县一线,汉中门户洞开。

　　△　解放军第二兵团对从兰州沿河西走廊西逃的国民党军实施追击。

　　△　解放军第二野战军第五兵团由江西上饶出发,经湘潭、湘乡向邵阳地区开进,开始向大西南进军。

　　△　中共在南京成立海军军官学校。

　　9 月 5 日　为处理火灾善后问题,蒋介石在重庆举行茶会,招待重庆国民党党、政、军负责人及工商界人士。

　　△　四川省参议会临时大会开幕。

　　△　卢汉私人代表杨文清由重庆飞返昆明。

　　△　第一野战军第一兵团于 8 月 28 日至 9 月 2 日间渡过黄河,相继解放民和、化隆、循化,是日解放西宁。

　　△　石觉接替周嵒出任舟山防卫司令官。

　　9 月 6 日　云南省政府主席卢汉到达重庆,蒋介石要卢汉肃清反侧分子,卢汉要求增编滇省部队至六个军,并请款现银 2000 万元。蒋仅建议广州政府拨款银元 100 万元,以示羁縻。

　　△　重庆于零点开始实行宵禁。

　　△　黄杰偕湖南省政府委员自邵阳飞赴芷江。

　　△　麦克阿瑟在东京对到日本视察的美国国会议员访问远东委员会的成员表示,援华尚为未晚。

　　△　杨虎城及其一子一女,杨虎城的秘书宋绮云夫妇及其子在重庆中美合作所被杀害。

　　9 月 7 日　周恩来在北京饭店向已到北平的政协代表及各方面有关人士作《关于中国人民政协的几个问题》的报告,介绍参加政协的单位及代表名额和人选问题、政协会议组织法草案、政府组织法草案。指出政协的任务是:团结各种力量"共同反对帝国主义、封建主义和官僚资本主义,建设新民主主义的新中国"。在全国未普选以前,它执行人民代表大会的职权;普选以后,"它仍将以统一战线的组织形式而存在,国家大政方针仍要经过人民政协进行协商"。

　　△　阎锡山奉李宗仁之命,来重庆谒蒋介石,要求扣留卢汉。蒋介石未准。

　　△　程潜到达北平,毛泽东、朱德、周恩来等到车站迎接。

　　△　李宗仁在广州邀宴留在广州的中央委员,表示要在短时间内,全国各地同时来一个总反攻。

　　△　李宗仁特派胡宗南兼川陕甘边绥靖公署主任,马继援为西北军政长官公署副主任。

　　△　李宗仁公布修正《所得税法案》。

　　△　中共华南分局第一书记及广东军区司令员兼政治委员叶剑英,是日在江西赣州召开扩大会议,确定解放广东的作战方案和接管广东等重大问题,拟以第四兵团、第十五兵团及两广纵队等部分三路挺进。

　　△　解放军皖北军区部队,清剿国民党军残部,收复金家寨县城。

　　9 月 8 日　蒋介石与卢汉谈话,要卢汉肃清内部,并促其即日行动。当天下午,卢汉离渝回滇。

　　△　阎锡山与杨森同时谒见蒋介石。

　　△　蒋介石电示参谋总长顾祝同,集中现有驻粤兵力保卫广州,不要再蹈保卫长江全线的覆辙。

　　△　中共中央军委致电已到达赣州前线的叶剑英等,指示以陈赓、邓华两兵团即向南进军,夺取广州,随后以陈赓兵团西进至梧州地区,配合第四野战军在广西境内寻找白崇禧部决战。

　　△　毛泽东约见张治中,要他给新疆方面发电报,动员起义。

　　△　马步芳残部、第八十二军副军长赵遂、参谋长马文鼎等在西宁北率部投诚。该军第一九〇师师长马振武等率部于 11 日在海晏县的三角城投诚。另一支新编骑六军第二旅旅长马子英于 9 日在临夏向解放军投诚。

　　△　美国参议员麦卡锡、勃里奇、诺兰、惠理联合发表《对华白皮书备忘录》。

　　△　驻美大使馆驳美国参议员康纳利指责蒋介石移存台湾之1.38亿美元作为私人之用。

　　△　海军在长江口外截获英国货轮"隆美号"。

　　9月9日　西南军政长官张群奉蒋介石之命前往广州,向国民党中央非常委员会会议报告对滇事的处理办法。阎锡山偕同张群自重庆回到广州。

　　△　卢汉返回昆明后,保密局长毛人凤率大批特务到达昆明,是日夜开始大搜捕,时称"九九整肃"。军事学家杨杰闻讯先期脱险从昆明出走香港。

　　△　中共中央军委致电林彪等,指示以程子华兵团二个军取道沅陵、芷江,直下柳州,另以三个军,经湘潭、湘乡攻歼邵阳地区的黄杰兵团,与程兵团出芷江的二个军摆在相隔不远的一线上,对白崇禧部采取大迂回作战。

　　△　撤退到恩施的湖北省政府召开湖北省三十八年度行政会议,由省主席朱鼎卿主持。

　　△　美国前经济合作总署中国分署署长莱普汉促美国对中共政府予以事实承认,反对再予民国政府援助。代理署长梅国璋返回华盛顿,请求解冻和动用冻结的美援经费5000多万美元。

　　9月10日　新政治协商会议预备会议在北平开幕。

　　△　行政院院长阎锡山于9日听取张群报告后,提出解散云南省参议会。是日,代总统李宗仁发布命令,指责云南省参议会"言论逾越常轨,违背戡乱国策",予以解散重选。

　　△　卢汉在昆明解散云南省参议会,查封报刊。

　　△　中共中央致电邓力群并转彭德怀、张宗逊,指示以彭德怀为中共中央负责代表,在兰州与新疆方面谈判,并指示邓力群从伊犁进驻迪化,迅速架设电台通报。

　　△　白崇禧在衡阳指挥所部署决战计划,企图诱歼衡阳以东解放军,达成持久作战之目的,即集结有力兵团,于粤汉路南段,引诱解放军

于衡郴地区包围歼灭。9 日起以张淦兵团向汝城、桂东、安仁一线反攻，是日，国民党军克资兴、汝城附近的文明。

△ 马敦静在黄河仁春渡口召集卢忠良、马全良等会议，要所部送走团长以上眷属，烧毁仓库、公馆，把队伍拉向河西走廊，被部下拒绝。

△ 解放军第一兵团部率第二军由西宁地区出发，北进迂回河西走廊，与第二兵团夹击国民党军西逃部队。

△ 傅作义偕董其武进驻包头，筹备起义事宜。

△ 根据毛泽东的授意，张治中发电报给新疆省警备总司令陶峙岳、省政府主席包尔汉，希望他们当机立断，正式宣布和广州政府断绝关系，举行起义。

△ 国民党军在番禺附近击败解放军游击队。

△ 中国驻日本代表团发言人，在东京郑重否认最近关于中国政府正征募日本飞行员到台湾的中国空军服役的传闻。

△ 英国东南亚高级专员麦克唐纳与麦克阿瑟晤谈后离日赴香港。

9 月 11 日 行政院长阎锡山发表声明，美国参议院外交委员会主席康纳利所说蒋介石引退时自行动移国帑，绝非事实。

△ 西北军政长官公署及防守景泰、靖远的第九十一军、第一二〇军等部于兰州失守后，沿河西走廊西撤，是日到达张掖。

△ 云南省参议会议员万寿康、张敬惭等 18 人被捕，《正义报》等 10 家报馆被封，记者被捕，各处捕人达 180 人。

△ 教育部奉行政院令，解散国立云南大学、国立昆明师范学院。

△ 昆明绥靖公署布告，于是日起严禁所有明、密集会结社、游行请愿。

△ 甘肃省保安副司令兼师管区司令周祥初、代理第一区保安司令孙伯泉及洮岷保安司令杨复兴等在陇南岷县接受中共八项和平方案，军政联合起义。

△ 国民党军第九十军第一九一师骑兵团团长曲泽兴率部在兰州西北永登以北向解放军投诚。

△　空军出动大批飞机猛炸上海、杭州。

△　重庆南岸大火，焚毁 80 余家。

9 月 12 日　代总统李宗仁召开最高军事会议，部署湘、赣军事，阎锡山、张群、顾祝同、白崇禧、余汉谋出席。

△　蒋介石自重庆抵成都，视察军政设施。

△　东南军政长官陈诚巡视厦门、金门防务并召开军事会议。

△　中共中央军委复电邓小平、张际春、李达并告林彪、邓子恢、谭政，指示进军西南的战略部署，强调："总之，我对白崇禧及西南各敌均取大迂回动作，插至敌后，先完全包围，然后再回打之方针。"

△　重庆警备司令部由司令刘雨卿主持，举行三十八年度辖区各县局联防会议。

△　解放军第六十四军进军宁夏途中歼敌一个骑兵团，解放同心县城。

△　解放军进占青海北部亹源、大通县城。

△　广州一军火库爆炸。

9 月 13 日　蒋介石在成都举行茶会，招待四川省耆绅及立法、监察委员、国民大会代表、省参议员等 300 多人，表示要"确保"西南根据地。

△　解放军第四野战军根据毛泽东和中共中央军委的部署，采取大迂回大包围战略方针，部署三路进军，歼灭白崇禧所部。西路军是日率先由常德、桃源出发，向沅陵、泸溪、溆浦、辰溪、怀化、芷江、黔阳、会同进军，至 10 月 5 日截断白崇禧部主力西逃贵州的退路。

△　汤恩伯由厦门飞抵台北；陈诚离开厦门回台北。

△　海军总司令桂永清飞抵厦门，召集在厦门海军各单位首长举行会议。

△　解放军第二兵团沿河西走廊追击，是日进占古浪。

△　张群打消辞意，自广州返重庆，内政部长李汉魂、财政部长徐堪同行。

　　△　昆明市公私立中等学校全部解散。

　　△　美国国务卿艾奇逊、英国外相贝文于华盛顿就远东问题举行会谈。

　　9 月 14 日　蒋介石在成都对国民党中央陆军军官学校全体师生训话。

　　△　行政院会议通过,特派汤恩伯为福州绥靖公署主任。

　　△　美国西太平洋舰队司令白吉尔与李宗仁长谈四小时。

　　△　行政院会议决议,通缉黄绍竑、贺耀组、刘斐、刘建绪、李任仁、罗翼群、胡庶华、李觉、李默庵、潘裕昆、舒宗鎏、周一志等 55 人,同时决议,龙云专案通缉究办,并没收财产。

　　△　白崇禧在广州与余汉谋、薛岳商讨华南军事,至 17 日返衡阳。

　　△　解放军第十兵团一部自 10 日至是日,攻占福建沿海的湄州岛及平潭岛周围的大、小练岛、草屿、鼓屿、长屿等六岛。

　　△　解放军第六十四军进占宁夏中宁县城,续后,第十九兵团中路、北路两军先后到达中宁会师。

　　△　驻新疆国民党军整编第七十八师师长叶成、整编骑兵第一师师长马呈祥、整编第一七九旅旅长罗恕人,反对新疆起义。是日,叶成在景化召开紧急会议,下令将家属、物资转移哈密,部队整装待发。

　　△　香港英当局发表,三月来自香港开往解放区的船只 30 余艘,载货 13 万吨。

　　△　美国国务院答复伊斯勃兰公司,不允许派军舰护送商船进入上海。

　　△　海南特区军政联席会议开幕。

　　△　海空军出击大榭岛。

　　△　台风在台东花莲港附近登陆,全台水陆交通瘫痪。

　　9 月 15 日　李宗仁召开军事会议,阎锡山、白崇禧、顾祝同参加,商讨“反攻”计划。

　　△　蒋介石在成都接见财政部长徐堪,指示川、康财政问题。

△　中共驻新疆联络员邓力群从伊犁乘飞机秘密到达迪化,包尔汉等到机场迎接。翌日,邓向陶峙岳转交了张治中 9 月 10 日致陶峙岳、包尔汉等的电报,和陶峙岳等接洽新疆和平解放事宜。

△　阎锡山主持爱国公债筹募委员会第一次会议,要有钱人拿钱来认购公债,保护身家财产,强调如筹募失败,"戡乱军事必受打击"。

△　行政院副院长朱家骅自广州到台北,视察中央研究院,并晤陈诚。

△　中国国民党中央宣布开除龙云、黄绍竑等党籍。

△　解放军第二野战军陈赓兵团向粤北推进,连克翁源县属的坝子圩等据点,俘翁源县长以下 440 余人。

△　国民党军重占陆丰。

9 月 16 日　新华社发表毛泽东撰写的《六评白皮书》(即《唯心史观的破产》)。

△　蒋介石电告傅作义:"已派徐永昌委员由渝飞宁夏转包头,希与恳谈一切。"企图继续拉拢傅作义。

△　傅作义部将领孙兰峰自包头致电蒋介石:"傅作义到包,业已表明态度,现军师旅长一体要求通电和平,职已失去统驭力量。"蒋介石复电要孙"独善其身"。

△　阎锡山对外国记者谈,求反共国家团结一致,欢迎恢复美国军事顾问团,职权与范围由中美会商,美援到达,可保证合理应用。

△　解放军第二兵团进占甘肃武威。黄祖勋部第九十一军 1700 多人向解放军投诚。

△　解放军第十兵团第二十八军自 9 月 12 日起进攻福建平潭岛和南日岛,是日完全占领,李延年不战而退,至台湾后即被拘押。

△　徐永昌从重庆飞抵宁夏。

△　广州连日发生强拉壮丁纠纷。

△　东京盟军总部否认中国获得日本飞行员说。

△　美国国务卿艾奇逊答复美国驻香港总领事兰金:"本政府的政策是不对驶向上海及其他中国口岸的商船护航。"

9 月 17 日 新政协筹备会在北平举行第二次全体会议,出席 126 人,请假三人,缺席五人。周恩来代表常委会作关于筹备会议的报告,会议决议:一、批准常委会的筹备工作报告;二、基本通过常委会所提出的《中国人民政治协商会议组织法(草案)》《中华人民共和国中央人民政府组织法(草案)》,并授权常委会提交中国人民政治协商会议第一届全体会议;三、关于起草大会宣言和拟定国旗、国歌、国徽两项工作,同意原担任此两项工作的第五小组和第六小组直接向中国人民政治协商会议第一届全体会议主席团提出报告;四、关于中国人民政治协商会议的开幕日期,授权常委会决定并召集之;五、通过常委会所提出的中国人民政治协商会议第一届全体会议主席团及秘书长名单。会议正式决定将新政治协商会议定名为"中国人民政治协商会议"。

△ 蒋介石在成都分别接见国民党四川省政府主席王陵基、省议会议长向传义、西康省政府主席刘文辉,并要刘清除其掩护下的中共地下党员。是日,蒋介石回到重庆。

△ 阎锡山主持为期一周的各高级将领参加的国防部改进业务会议。李宗仁指示应达成"指挥统一,命令彻底"。

△ 美、英、法三国外长于华盛顿举行会议,英、法支持美国放弃中国的政策,并早日缔结对日和约。

△ 解放军第一兵团部率第二军于 14 日进入祁连山区,翻山越岭,于是日歼国民党军骑兵第十五旅,解放民乐。

△ 甘肃省保三团、保四团及武威自卫队等共 5800 余人,在武威地区向解放军投降。

△ 经济部部长刘航琛因经济部迁渝成员在火灾中伤亡甚多,从广州到达重庆抚恤慰问。

△ 前甘肃省政府主席郭寄峤从台北到重庆晋谒蒋介石,报告西北情况。

△ 马步芳离广州赴香港。

△ 解放军第十九兵团在宁夏发动金积、灵武战役,马敦静部掘开

汉渠放水,淹没金积西南一带。

　　△　徐永昌从银川赴绥远,马鸿宾同机前往。

　　△　陶峙岳、包尔汉联名复电张治中,表示:在保障国家领土、维护本省和平及避免军队无谓牺牲之三项原则下,选择时机,和平转变。

　　△　昆明《复兴晚报》总编辑徐继濂被捕。

　　△　美国驻台北总领事麦克唐纳发表声明:美国除少数外交参赞人员外,并无任何美军人员留台,美国在台也没有任何军事基地。

　　△　重庆当局以9月2日"纵火罪"枪决吴朝富、童登里。

　　△　外交部发言人宣布,英国商轮"摩勒号"已经释放。

9月18日　蒋介石召见国防部次长萧毅肃。

　　△　台北中国反侵略大同盟东北盟员举行全体大会,发表纪念"九一八"宣言,要求政府明令废除中苏友好条约。

　　△　西北军政长官公署撤至酒泉。

9月19日　西北军政长官公署副长官、绥远省主席董其武、第九兵团司令官孙兰峰、第一一一军军长刘万春等在包头通电起义,宣布正式脱离蒋介石、李宗仁、阎锡山集团。通电发表后,傅作义、邓宝珊、孙兰峰乘车返回北平,准备参加人民政协会议。

　　△　徐永昌在包头与傅作义三度长谈,企图阻止绥远国民党军起义,未能达到目的,于是日回到银川。

　　△　李宗仁在广州夜访阎锡山,商谈应对联合国大会事宜。

　　△　财政部发布命令,取消金银进口限制。

　　△　解放军第十九兵团突破青铜峡、牛首山防线,将马敦静部压缩在河东地区。

　　△　马鸿宾得到傅作义的鼓励,自绥远飞回银川,即电令其子马惇靖率第八十一军在中卫地区起义,与解放军签定和平解决协定。

　　△　解放军第一兵团在张掖地区歼敌五个团,解放张掖,同时,进占永昌。

　　△　解放军第十兵团主力发起漳厦战役,解放马巷、同安、漳州等地。

　　△　中国人民政协代表、中国国民党革命委员会中央执行委员杨杰,在香港被国民党军统局长毛人凤派叶翔之率特务小组暗杀。

　　△　留在南京、上海的前立法委员王又庸等 53 人发表声明,接受中共领导,决心努力学习,争取新生。

　　△　解放军第十三兵团所部解放沅陵。

　　△　美国伊斯勃兰公司两艘货轮突破海军封锁驶抵上海。

　　△　海军第一舰队旗舰"长治"舰官兵,在吴淞口外,击毙舰长胡敬端、副舰长孔祥栋后举行起义。

　　9 月 20 日　蒋介石发表《为本党改造告全党同志书》,承认国民党的失败,但仍坚持声称:"本党今日的实力,不仅超过了民二、民七和民十的革命时期,而亦绝非北伐时代和抗战初期所能比拟。我们用不着悲观失望,更不应丧气灰心。我们国民革命实在是操有最后必胜的左券,而其关键就是在我们有否健全的组织和明确的政策,能否以革命精神和严正的纪律改造本党。"

　　△　杨森晋谒蒋介石,蒋介石召见第二十军将领。

　　△　徐永昌偕马敦静飞离银川,到达重庆。

　　△　宁夏贺兰军军长马全良、第一二八军军长卢忠良、第十一军军长马光宗联名通电向解放军求和。但所部仍在抵抗,解放军调整部署,进围吴忠,金积守敌乘机溃逃。驻守吴忠的第一二八军拒绝投降,翌日,被解放军第六十四军等部击溃。

　　△　解放军进占甘肃西南藏族区中心的夏河(拉卜楞)及河西走廊的山丹县城。

　　△　解放军攻克厦门外围澳头。

　　△　新疆国民党军将领叶成、马呈祥、罗恕人等根据胡宗南电示,密谋捕杀刘孟纯、陶晋初、屈武等,胁迫陶峙岳率部南移,陶峙岳向叶成等陈明利害关系后,同意叶成等交出军队,离开新疆出国。

　　△　德王反对等待解放的意见,带着"蒙古自治政府"的印信,秘密出走,逃往阿拉善旗西北沙漠草原地区。

△　国民党军重占湘南的汝城。

△　立法院第一届第四次会期已决定在广州复会,9 月 24 日报到。

△　卢汉任云南大学、昆明师范学院整理委员会主任委员。

△　台北向公私汽车开征公路建设捐,自 7 月 20 日至是日两个月征得 240 多万新台币,按市价约合 40 多万美元。

9 月 21 日　中国人民政治协商会议第一届全体会议在北平中南海怀仁堂隆重开幕,出席各党派、各团体的代表 634 人,被邀来宾 300 人。大会由毛泽东、朱德、李济深、沈钧儒、郭沫若担任执行主席。毛泽东宣布大会开幕,并致开幕词,庄严宣布:"我们的工作将写在人类的历史上,它将表明:占人类总数四分之一的中国人从此站立起来了。"他阐明内外政策说:"我们的人民民主专政的国家制度是保障人民革命的胜利成果和反对内外敌人的复辟阴谋的有力武器,我们必须牢牢地掌握这个武器。在国际上,我们必须和一切爱好和平自由的国家和人民团结在一起,首先是和苏联及各新民主国家团结在一起,使我们的保障人民革命胜利成果和反对内外敌人复辟阴谋的斗争不致处于孤立地位。只要我们坚持人民民主专政和团结国际友人,我们就会是永远胜利的。""庆贺中华人民共和国的成立!"代表先后发言的有:刘少奇、宋庆龄、何香凝、张澜、高岗、陈毅、黄炎培、李立三、赛福鼎、张治中、程潜、司徒美堂。

△　蒋经国携蒋介石致卢汉函自重庆到昆明见卢汉。

△　宁夏灵武国民党军政当局向解放军接洽投降,但第一二八军逃至灵武的残部旋即溃散,解放军当晚闻讯突入灵武维持秩序。同时,在第一二八军溃兵冲动下,驻守黄河西岸的贺兰军也一哄而散。

△　空军出动大批机群轰炸南京、上海地区。

△　国民党陕南省地政局组织地政督导团,进行土地改革,实行战士授田、三一减租、限制私有耕地面积。

△　美国"戈登号"轮船开往上海接侨。

△　香港警察连日搜查左倾人士的住宅。是日,香港法院以貌视

法庭的罪名,判《华商报》罚金 4000 元。

　　△　英国商轮"摩勒号"被海军释放后到达香港。

　　9 月 22 日　蒋介石偕张群、萧毅肃等飞抵昆明,亲自与卢汉面谈,并在卢宅接见驻军将领,会商西南局势。当日偕张群、俞济时、蒋经国飞离昆明到达广州。

　　△　国民党中央常务委员会在广州开会,研讨蒋介石告全党同志书及召开国民党五中全会事宜。

　　△　卢汉举行茶会,招待云南省耆绅和中等以上学校校长,报告此次解散整理中等以上学校的经过和步骤。

　　△　经济部长刘航琛在重庆考察完毕,返回广州,表示要尽力救济重庆工商业。

　　△　中国出席联合国大会代表团向大会提出《控告苏联违反中苏条约与联合国宪章,威胁中国政治独立与领土完整及远东和平案》。首席代表蒋廷黻并在当天的大会全体会议席上发表声明,鼓吹反共。

　　△　驻美大使顾维钧访代理国务卿罗斯基,请表明对华政策。

　　△　马鸿宾遵彭德怀对马全良求和电的复电,在银川以西北军政副长官和家长身份召开军政负责人联席会议,敦促宁夏军政界接受和平条件,并派出卢忠良、马光天、马廷秀为宁夏军政代表,前往中宁签署和平协议。

　　△　解放军第十兵团第三十一军主力向龙溪迂回南下,国民党军第六十八军损失惨重,撤至厦门,解放军试攻厦门嵩屿。

　　△　广东省始兴县县长饶纪锦率自卫团千余人起义。

　　△　美国参议院通过"军援法"(即《1949 年共同防御互助计划》),总数为 13.14 亿美元,其中有 7500 万美元用于"泛指的中国地区"。

　　△　美国经济合作总署中国分署台湾办事处,签署美援肥料六万吨的使用合同,价值约 400 多万美元。

　　9 月 23 日　蒋介石召集李宗仁、阎锡山、吴铁城、于右任等会商召开国民党五中全会、改组党务及华南军政事项。

　△　毛泽东、朱德在北平宴请程潜、张治中、傅作义等26位起义将领。毛泽东说：由于国民党军中一部分爱国军人举行起义，不但加速了国民党残余军事力量的瓦解，而且使我们有了迅速增强的空军和海军。

　△　中国人民解放军第十九兵团司令员杨得志、政委李志民和宁夏方面军政代表卢忠良、马光天、马廷秀签定《和平解决宁夏问题之协议》。但驻银川新城和老城的第十一军所部，于22日、23日分别溃散，协议已无法执行。而银川溃兵抢劫，秩序大乱，银川军政界向解放军告急，解放军星夜进驻银川，控制局面。

　△　毛泽东复电彭德怀："宁夏与绥远无关，你们应尽可能解决马鸿逵部，越彻底越好。酌量保存马鸿宾部，照我军制度改编。"

　△　毛泽东就包尔汉和平解放新疆的准备工作的来电，复电说："尚望联络各方爱国民主分子，配合人民解放军入疆之行动，为解放全新疆而奋斗。"

　△　新疆警备总司令陶峙岳派第八补给区司令曾震五为代表到酒泉、兰州同解放军谈判，接受和平条件。

　△　空军在南京燕子矶江面炸沉"长治号"军舰。

　△　西南军政长官公署副长官钱大钧主持召集四行二局一库及参议会、银钱两业负责人会议，决定组织银团投资兴建成渝铁路。

　△　农村复兴委员会四川区办事处招待新闻界，介绍该处成立九个月以来的工作，其中第一期美援贷款水利工程共12处，平均完成70%以上，陇西渠已全部完成。

　△　苏联外长维辛斯基在联合国抨击蒋廷黻演说。

　△　日俘1127名从大连到达日本舞鹤。

9月24日　蒋介石在广州接见阎锡山、余汉谋、顾祝同、薛岳、李及兰等，部署抵抗解放军的进攻。白崇禧自衡阳飞抵广州谒见蒋介石。

　△　解放军进占粤北南雄、河源。

　△　西北军政长官公署、后方联合勤务第八补给区司令部、甘肃河西警备总部及第一二〇军、第九十一军残部在酒泉起义。解放军随即

进驻酒泉、玉门、安西。

△　解放军进占泸溪,唐生智在东安武冈起义。

△　福建省政府代主席方治、中委雷震于 23 日在广州谒见蒋介石后返回厦门。

△　国民党军第八十九军军长刘伯龙、第二十六军军长余程万到昆明与卢汉商讨清剿解放军滇黔桂边纵队。

△　英国外交部发言人在记者招待会上表示,根据《开罗宣言》,台湾、澎湖列岛已移交中国。

9 月 25 日　蒋介石接见白崇禧、阎锡山、陈立夫、顾祝同、桂永清等,会商军事。

△　李宗仁对记者表示,要用时间制胜,采取攻势防御,坚守华南、西南,一切外援不浪费,美援一定会来。

△　韩国驻华大使申锡雨拜访蒋介石。

△　解放军第十兵团攻克嵩屿、尾仔屿、集美,自漳厦战役发起后已先后歼敌 1.2 万人,汤恩伯率国民党军第八兵团、第二十二兵团残部退守厦门、金门岛。

△　解放军陈赓兵团克粤北始兴,激战韶关。

△　新疆省警备总司令陶峙岳等通电起义,声明自即日起,与广州民国政府断绝关系,服从中国人民政治协商会议领导,接受毛主席提出的和平条件,听候中央人民政府与人民革命军事委员会命令处理,并将新疆省政府改为新疆省临时人民政府。

△　新疆国民党军将领马呈祥、叶成、罗恕人等脱离军队,从迪化取道南疆出走赴印度。

9 月 26 日　上午 11 时,周恩来举行午宴,招待出席政协会议的黄炎培、司徒美堂、何香凝、马寅初、沈钧儒、周志祥、简玉阶六位老人,商讨国号问题。周就提交政协全体会议的文件(共同纲领和政府组织法)中,在"中华人民共和国"后加括号"简称中华民国"一事征求意见。除黄炎培主张用中华民国简称外,其余人均发言主张删去"简称中华民国"六个字。周同意多数意见,表示将讨论情况报告大会主席团常会最后决定。

　　△　新疆省政府主席包尔汉、省政府秘书长刘孟纯通电起义,与广州民国政府脱离一切关系,即日起接受中国人民政治协商会议领导。

　　△　毛泽东复电彭德怀,指示后勤保障问题,并指出:"解决新疆问题的关键是我党和维族的紧密合作。"。

　　△　蒋介石和李宗仁恳谈当前局势,蒋又与吴铁城、阎锡山、邱昌渭、叶公超、张群讨论外交问题。

　　△　国防部业务会议结束,通过增加士兵薪饷案。

9月27日　人民政协第一届全体会议讨论通过了《中国人民政治协商会议组织法》、《中华人民共和国中央人民政府组织法》,及四个议案:一、中华人民共和国国都定于北平,自即日起北平改名为北京;二、中华人民共和国的纪年采用公元,本年为1949年;三、在中华人民共和国的国歌未正式制定前,以《义勇军进行曲》为暂用国歌;四、中华人民共和国的国旗为红地五星旗,象征中国革命人民大团结。

　　△　蒋介石在广州邀集党、政、军首长阎锡山、张群、吴铁城、白崇禧、于右任、居正、顾祝同、陈立夫、桂永清等继续会商当前国是。

　　△　总统府发言人声明,李宗仁不同意汤恩伯继任福州绥靖主任。

　　△　立法院发言人在广州发表谈话,说明立法院复会,将讨论政治、外交及军事等重要议案。

　　△　蒋廷黻正式向联合国大会控诉苏联破坏《中苏友好条约》及《联合国宪章》。

　　△　宁夏额济纳旗扎萨克兼防守司令塔旺嘉布率部通电起义。

　　△　美国"戈登号"轮船自上海撤侨1250人到香港,加拿大、巴西、阿根廷、暹罗大使及美英使馆人员均随轮到港。

　　△　海军在上海口外扣留美伊斯勃兰公司三艘轮船。

9月28日　美国众议院通过军事援外的《1949年共同防御互助计划》。

△　毛泽东、朱德复电陶峙岳等："希望你们团结军政人员,维持民族团结和地方秩序,并和现正准备出关的人民解放军合作。"

△　立法院长童冠贤、副院长刘健群举行茶会招待立法委员百余人,决定 30 日为第一届立法院第四会期的第一次会议日期。

△　解放军第十兵团第二十八军到达厦门东北的石井集结,闽粤赣游击纵队占领平和、漳浦等城,对厦门形成三面包围,国民党军失去所有厦门外围陆上据点。

△　中国人民解放军总部发表 8 月份总结战绩公报,8 月份解放军在西北、华中、华东三个战场上,继续向甘肃、青海、湖南、江西以及福建东南等地胜利进军,扫荡残敌,并继续清剿各新解放区内之残余土匪武装。一个月中,消灭敌军 16 个整编师,23.918 万人,缴获大小炮 1100 门,各种机枪 6456 挺,各种枪支 11.4036 万支,解放县以上城市 106 座。

△　东南军政长官陈诚在招待立法委员席上,驳斥台湾交联合国托管说,指出:"台湾是中国的领土,我们自己有防卫领土的责任。"并谓:台湾防务已部署完成,安全定可无虞。呼吁各方"精诚团结,共渡难关"。

△　美国经济合作总署拨给中国 12.5 万美元,向美国购买肥料,截至现在,对华拨款已达 2.16828 亿美元。

9 月 29 日　人民政协第一届全体会议讨论通过了《中国人民政治协商会议共同纲领》,一致通过决议,由即将成立的中央人民政府致电联合国大会,声明中华人民共和国业已成立,中国人民政治协商会议所选举之中央人民政府为惟一能代表中国人民的政府,并否认广州国民党政府所派出席联合国会议所有代表的代表资格。

△　蒋介石在广州召集国民党中央常务委员会会议,议决于非常委员会下设立军事、财政与外交三个小组,协助非常委员会筹划工作。三个小组由阎锡山、徐堪、叶公超分别负责。

△　总统府令免咨政宋庆龄,国策顾问邵力子、章士钊、李明扬、张难先之职。

　　△　立法院发生倒阎锡山风波,在台北的监委王冠吾等电阎锡山,请阎打消辞职意图。

　　△　联合国大会以46票对五票批准程序委员会把蒋廷黻提出的控诉苏联案列入本届大会议程的建议。

　　△　解放军进驻宁夏北部阿拉善旗首府定远营。

　　△　解放军收复湘、赣、粤三省交界的汝城。

　　△　甘肃省政府代主席丁宜中等500余人到酒泉向军管会报到。

　　9月30日　中国人民政治协商会议第一届全体会议选举政协第一届全国委员会委员180人,选举毛泽东为中华人民共和国中央人民政府主席,朱德、刘少奇、宋庆龄、李济深、张澜、高岗为副主席,陈毅等65人为中央人民政府委员;讨论通过了《中国人民政治协商会议第一届全体会议宣言》,《宣言》指出:"中国人民政治协商会议第一届全体会议业已胜利地完成了自己的任务。""在人民领袖毛泽东主席领导之下,我们的会议齐心一志,按照新民主主义的原则,制定了中国人民政治协商会议组织法,制定了中华人民共和国中央人民政府组织法,制定了中国人民政治协商会议共同纲领,决定了中华人民共和国定都于北京,制定了中华人民共和国的国旗为五星红旗,采用了义勇军进行曲为现时的国歌,决定了中华人民共和国的纪年采用世界公元,选举了中国人民政治协商会议全国委员会,选举了中华人民共和国中央人民政府委员会。中国的历史,从此开辟了一个新的时代。"《宣言》号召:"全国同胞们,我们应当进一步组织起来。我们应当将全中国绝大多数人组织在政治、军事、经济、文化及其他各种组织里,克服旧中国散漫无组织的状态,用伟大的人民群众的集体力量,拥护人民政府和人民解放军,建设独立、民主、和平、统一、富强的新中国。"朱德致中国人民政治协商会议第一届全体会议闭幕词,宣布:"中国人民政治协商会议第一届全体会议的工作,已经胜利地完成了。我们全体一致,宣告了中华人民共和国的成立。"

　　中华民国的历史时期至此结束。

图书在版编目（CIP）数据

中华民国史. 大事记/李新总主编;韩信夫,姜克夫主编. —北京:中华书局,2011.7(2022.11 重印)
ISBN 978-7-101-07998-2

Ⅰ. 中⋯　Ⅱ. ①李⋯②韩⋯③姜⋯　Ⅲ. 中国历史–大事记–民国　Ⅳ. K258

中国版本图书馆 CIP 数据核字（2011）第 094646 号

书　　名	中华民国史　大事记(全十二册)
总 主 编	李　新
主　　编	韩信夫　姜克夫
责任编辑	张荣国
责任印制	管　斌
出版发行	中华书局
	（北京市丰台区太平桥西里 38 号　100073）
	http://www.zhbc.com.cn
	E-mail:zhbc@zhbc.com.cn
印　　刷	北京新华印刷有限公司
版　　次	2011 年 7 月第 1 版
	2022 年 11 月第 7 次印刷
规　　格	开本/880×1230 毫米　1/32
	印张 285　插页 24　字数 7610 千字
印　　数	8101-9100 册
国际书号	ISBN 978-7-101-07998-2
定　　价	1080.00 元